企强之道

薛汉根◎著

中国经济出版社
CHINA ECONOMIC PUBLISHING HOUSE
·北京·

图书在版编目（CIP）数据

强企之道／薛汉根著. --北京：中国经济出版社，2022.9

ISBN 978-7-5136-6911-5

Ⅰ.①强… Ⅱ.①薛… Ⅲ.①企业发展-研究 Ⅳ.①F272.1

中国版本图书馆 CIP 数据核字（2022）第 075671 号

责任编辑 贺 静
责任印制 马小宾
封面设计 任燕飞

出版发行 中国经济出版社
印 刷 者 北京富泰印刷有限责任公司
经 销 者 各地新华书店
开 本 787mm×1092mm 1/16
印 张 46.25
字 数 730 千字
版 次 2022 年 9 月第 1 版
印 次 2022 年 9 月第 1 次
定 价 198.00 元
广告经营许可证 京西工商广字第 8179 号

中国经济出版社 **网址** www.economyph.com **社址** 北京市东城区安定门外大街 58 号 **邮编** 100011

序 言

《强企之道》：企业获益和强盛的一部力作

“强企之道”，顾名思义，即做强企业的内在规律与实践方法。在当今国内外经济环境十分复杂、市场不确定因素日益增多的背景下，如何做强做大企业，是企业家们思考探讨的共同课题，也是企业的实际需要。《强企之道》一书，犹如沉睡多年从地底下被开采出来的矿产，显得弥足珍贵，可谓经济学术论坛中的一颗新星、启迪企业和企业家发展梦想的一盏明灯。其特点可概括为鲜明的时代性、实用的价值性、深度的创新性。

一说《强企之道》鲜明的时代性。任何一部作品，无论是何种题材，如果不与时代一起脉动，是没有生命力的，也就无法产生影响力。德国社会学家马克斯·韦伯说：“建一座好的工厂，胜过建一百座华丽的教堂。”这句话道出了民生为本、企业为基的道理。一个国家的竞争力强不强，主要体现在企业的核心竞争力强不强。企业的强盛，必然会带来一个国家经济的强盛。作者长期把研究重点放在企业方面，抓住实体经济的“牛鼻子”，非常有意义。该书作者在熟悉和掌握国家宏观经济大环境变化与走势的基础上，从宏观与微观结合的角度，针对如何做强做大企业做了比较全面和深入的研究，多角度、多层面、多维度地思考问题，从经营理念到经营战略、从改革到创新、从转型升级到经营管理、从技术进步到人才培育等，站得高、看得远、想得深，有思想、有内涵、有法则，书写了促进企业高质量发展的令人满意的答卷，助力人们放飞梦想、绘就美好的明天，由此可见其鲜明的时代性。

二说《强企之道》实用的价值性。该书有一个可贵之处，就是理论和实际结合得非常紧密，相互渗透、相互依存。这也是实用价值性的本质要求。整体来看，本书各章中“方略”的学术思想或理性知识相对较多，为引入“案例”的企业观察作了很好的铺垫与阐述；“案例”的实践经验或感性知识相对较多，印证了“方略”中的许多观点和思想，可以说两者融为一体、相得益彰。就单篇文章来看，也是理论与实践紧密结合、水乳交融。在“方略”中，以理论作为依托，进行学术探讨，理论与实际相结合，分析和诠释了许多企业和企业家关注的共性问题，在理性中思考，在总结中提升，深入而浅出，蕴含着丰富且朴实无华的哲理。在“案例”中，以理论知识为导向，以事论理，通过一些企业认识和改造自身的成功案例，把许多理性知识很自然地糅合到感性知识之中，然后又将感性知识上升到理性知识，让人信服，启迪读者。实践出真知，实践知识的内容是由目的或实践本身来界定的，正是因为作者有多年的工作经验作为后盾，其题材来自一线、来自身边、来自自我的实践，所以很贴近实际，很接地气。该书是企业经济实务的综合，将理念、战略、改革、创新、管理、科技、信息化、人才、文化等各个方面的理论探索以及不同行业数十个企业的实践案例，通过系统动态的思考和剖析以及一一对应的方法，很好地整合在一起，不管哪方面的问题，均可或多或少、或深或浅地从中找到答案，而且很直白地告诉读者如何具体实践和操作，如何去创新发展，彰显了启发、参考和实用的价值性。

三说《强企之道》深度的创新性。《强企之道》，不仅书名映射出新时代、新作为这一“创新强企”的基本要求，而且内容中无不蕴含着创新强企的动机、方法与结果。“创新强企”成了支撑本书的“主心骨”、书写文章的“风向标”。倘若细细品味和挖掘书中文章的内涵与“机理”，可用“创新”二字高度概括，其生命力也在于文章的表与里都充盈着创新，具体表现为研究课题有新意。譬如，“‘三只眼睛’找位置”“积极推进大数据在企业中的运用”“企业突破发展瓶颈的辩证思维”“‘三化’——企业做强做大的现实选择”“新科技革命——企业面临的机遇与挑战”“基于信息技术的制造业管理”“中层经理的历练与考验”“企业家领导艺术与可持续发展”“核心价值理念与企业发展有机结合”等。这些题目都给人耳目一新的感觉。对于这些文章涉及的多个方面的基本理论知识，以及一些新知识、新概念、新提法，作者都把握得比较准确。这也得意于作者学习经济、研究经济而获得的真知灼见。该书架构也有新意，分类划目有条有理、泾渭分明。每章中有若干节，每节中有鲜明的标题、清晰的方略、翔实的案例，且章与章、节与节之间相互联系，相互映衬，构成一个个创新做强企业的课题。可以看出作者在谋篇布局上有较强的驾驭能力，尤其是长篇之作，如“重塑企业家精神深入推进企业创新发展”“企业自主创新的难点和对策”“打通中小企业融资的‘绿色通道’”“向德国制造业文化学习”“晋商雄霸商界500百年探秘”等，能做到结构严谨、层次分明、表述简练。

当前，我们已进入数字经济时代，全球科技革命日新月异，企业家的知识更新需求十分迫切，要通过学习和实践，使自己具有新价值观、新科技知识、新经济管理方略、新商业模式、新领导力，努力把企业打造成创新型组织，把企业家自身塑造成学习型经营者。同时，要认真思考和回答好三个最紧迫的问题，即如何提高公司的核心竞争力、如何打通公司的发展瓶颈、如何化解公司的主要风险，从而不断营造新的竞争优势，推进可持续发展，将企业打造成高质量发展企业、品牌企业、知名企业和百年企业。

《强企之道》一书，内容丰富、涉及面广、观点新颖、表述准确，是广大企业家、企业管理者以及基层从事经济工作的同志和在校经济类专业学生值得一读的好书。

江苏省发改委原主任、南京大学教授、博士生导师

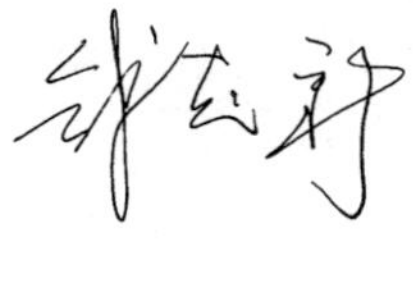

强企之道

自序

迟来的书——《强企之道》

有一首歌叫《迟来的爱》，我将《强企之道》一书称为迟来的书。

之所以说是迟来的书，是因为从1990年当时《文汇报》理论处处长周锦熙希望我将以往撰写的一些文章编辑成书，到现在已经30多年了。其间，也有一些朋友建议我出书，因有工作静不下心来，加之不愿显露自己，搁了一年又一年。常言道“十年磨一剑”，而《强企之道》前后经历这么长时间，说其是迟来的书，还是不过分的。

这次出书缘于自己年事渐高，不愿让过去多年撰写的文章随着时间流逝而丢失。现将这些碎文杂章编纂成书，一是想通过本书，激励广大企业家，帮助企业家破解困惑，起到一个抛砖引玉的作用，为推进企业高质量发展尽一点绵薄之力。二是想用本书答谢历届领导和朋友对我的关心和帮助，让我一直在经济战线上摔打磨炼，增长了知识和能力，能写出涉及多个领域的文章。同时，感谢江苏省江阴高级中学（原江阴县中学）高中三年学段的学习为我后来学习与工作打下的坚实基础，以及留下的难忘记忆。三是想对我的后辈起到一点激励和影响作用。

关于本书书名，曾有“经济纵横谈”“经济烙痕集”“经济断想”“创新之光”“企业智慧管理”“人文经济散论”等想法，但是总感到直白平淡，或名不副实，或失于宽泛。后来，我从华为在中美贸易摩擦中奋发图强、立志报国的经历中受到启发：企业强，则产业强；产业强，则经济强；经济强，则国家强。国家强大了，在国际社会才会有话语权。做强做大企业，既是广大企业和企业家的自身需要，也是党和国家的殷切期望。能够研究如何做强做大企业是一件很有意义的事情，于是“强企之术”这一书名瞬间在我脑海中浮现。后有一学者认为，“术”有专攻之意，将“术”改为“道”含义更深，于是最后将书名定为《强企之道》，并忍痛将数十篇与企业无关的作品删除。

在编撰本书的过程中，本人以迎考的心态，用心、用力、用情、用功，力求将每个课题研深研透、答准答好。

一是用心把准作品的时代大势。面对当下科技革命和产业变革日益深入、国内外不确定不稳定因素不断增多的新形势，推崇强企兴邦这一理念，遵循2018年3月5日习近平总书记在十三届全国人大一次会议上提出的“推动经济高质量发展，要把重点放在推动产业结构转型升级上，把实体经济做实做强做优”的要求，紧紧围绕做强做大企业这根主线，把企业摆到国家发展战略乃至国际竞争战略的方位上，运用理论与实践相结合的方法进行系统科学思考，对企业经营理念、发展战略、改革创新、转型升级、经营管理、技术进步、商业模式、数字经济、企业人才、企业党建与企业文化等课题，在学术上、价值观上和实际操作上，都做了全面深入的回答，体现了现实性、前瞻性、科学性，努力为广大企业高起点、高进阶、高质量发展提供真品真经，也为广大企业按照“十四五”规划与2035年远景目标的“总设计图”精心组织好企业“施工图”，提供一些有价值的实务参考。

二是用力挖掘作品的内在价值。我认为，学术类作品的价值主要体现在创新性、实用性、说服力三个方面。基于此，我努力处理好理论与实践、继承与创新、共性与个性的关系，循着“实践—认识—再实践—再认识”这一循环往复的认识事物的方法，像锻打淬火那样，由表及里、由浅入深、去伪存真，不断推陈出新，精益求精。譬如，“‘三只眼睛’找位置”“突破发展瓶颈的辩证思维”“民营企业代际交接班探讨”“创新的基本逻辑”“企业改革五个同步”等内容，基本上做到了既立足于本源，又有新的突破；既不曲高和寡，也不平淡无味；既有深刻的说理，又有深层的意蕴。同时，针对当前企业发展中的热点和难点问题，尤其是对于数字经济这一趋势，从学术知识与操作要务相结合的角度，深入学习研究，撰写了多篇与时代相契合的文章，力推企业加快智能改造和数字化转型。

三是用情赋能作品可读可用。我是区域经济建设的参与者、见证者、记录者，崇尚实际，不慕浮华，从增强学术认同、知行认同、情感认同出发，坚持作品从实践中来，再到实践中去。其题材来自一线，来自身边，来自自我实践。如“方略”中的“企业合资合作谈判要则”“反败为胜的反担保案”“工业经济四字诀”“扭亏增盈刍议”“国有企业关闭之透视”“产品和市场开发五结合”“企业自主创新的难点和对策”等，都是从我亲身经历中总结提炼衍生出来的，力求文章朴实。企业案例也是直面实际，对众多成功企业家在改革创新中的做法与经验进行梳理、归纳、提升，使其理性与感性互鉴交融，一一跃然纸上，能接地气，切合实际，可读可用。企业案例在排序上不分行业轻重、不分企业大小，而以文章内容与篇章之名是否相匹配、相吻合为原则。入选的既有大而强的企业，又有中而壮的企业，也有小而特的企业。通过这些可以“窥一斑而见全豹”，充分表现出广大企业家弘扬企业家精神、搏击市场风浪、奋力攀登的智慧与勇气。期盼这些帮助各类企业趁势崛起、强筋壮骨配置可复制可借鉴的“秘方”，能为企业拓展市场、丰盈文化、汲取财富提供参考，为各类企业不断创新发展、砥砺成长树立标杆样板。

四是用功求取作品量质并重。该书起初成形时，有15章，45万字，后来考虑到《强企之道》中的“道”，突破了原来企业管理的范畴，根据日本稻盛和夫的经营哲学思想，应将经营理念冠之于本书各章之首。据此，我细心搜集题材，补写了一些文章。同时，考虑到各章节分量匀称，对畸轻畸重部分作了调整。现全书内容共有16章，160余篇文章，林林总总，涵盖了各行各业各个方面，还涉及与企业息息相关的长三角一体化开发、沿海开发以及区域经济发展的内容。在结构上，按照编辑要求，以培训教材的范式进行编排，每个章节的标题、方略、案例一一对应，力求架构合理恰当，文字表达言简意赅。在质量上，本着少而精的原则，文章均经过几次反复筛选出来的，且仔细琢磨、反复斟酌、几易其稿，以做到去粗存精、由浅入深、深入浅出。针对“方略”中有的章节存在时代特征不够鲜明或上下衔接不紧密的缺陷，又增加了新的文章。企业运营是一项系统工程，加之信息技术的运用，会导致管理功能边界模糊，各章中的内容交叉与重复现象在所难免。倘若能有有识之士认为本书内容丰富，质量上乘，数量和质量兼而有之，“鱼与熊掌兼得”；或者将本书视为企业各类知识的“浓缩品”、做强做大企业的参考书、激励奋进前行的“助推器”，这是对我付出艰辛努力的一种莫大的鼓励与鞭策。

自序之尾，赋五言诗《心潮》一首，与读者朋友共勉。

文稿几尺高，心潮浪滔滔。
鸟鸣晨曦早，凝神沉思考。
雪压花枝俏，挑灯不觉老。
出炉书香飘，重吟奋进调。

薛汉根　于2021年腊月

目 录

第一章

经营理念

理念，从词义而言，即理性的概念，它是人们创立和发展某个组织或某项事业所遵循的既有思想、观念与法则，是事物的本质反映。随着人们对世界上一切事物认识的深入，理念一定会得到不断深化和优化。经营理念，即系统的、根本的管理思想，是经营管理者带领全体员工共同遵从的价值观，是做强做大企业的动机和思想依据。诚然，创新是企业第一动力源，而经营理念则是企业第一原动力。经营理念也常被称为“企业理念”。企业强大＝先进理念×创新能力×工作激情。经营理念执行的成果是检验经营理念正确与否的唯一标准。什么样的经营理念即产生什么样的企业。日本“经营之圣”稻盛和夫先后创建了两个世界500强企业，并拯救了即将倒闭的日本航空公司。这充分说明运用先进的经营理念所产生的力量是难以估量的。每个企业都要以管全局、管方向、管长远的新发展理念为遵循，认真优化和升华企业的经营理念，达到先进科学。这是将经营理念冠之于本书之首的缘由所在。

第一节　经营理念的核心功能：企业发展的原动力

一、方略：用心在“三力”上做出新文章

经营理念是指企业在长期接续发展过程中，继承优良传统，顺应时代要求，由企业家亲自倡导、带领全体员工追求本企业做强做大的思想观念和行为规范。经营理念显示着经营者办企业的宗旨、目标及对员工、客户和社会的责任。也有人将经营理念称为企业理念，或者企业核心价值观。这是强企的原动力，起主导作用。可见，经营理念是企业理念体系中极为重要的理念。我们应以创新为驱动，着力提高企业经营理念的领悟力、开发力和执行力，在培育和实践经营理念上做出新文章，取得新成效。

（一）提高企业经营理念的领悟力

企业经营理念是企业内外部系统的、根本的管理思想，是一切行为的引领与指针，如同一部电视剧的主题思想，贯穿整个剧情的始终。譬如，企业战略需要在先进经营理念指导下制定；企业宗旨源自经营理念提出的观点；企业核心价值观充分体现企业经营理念的核心价值。事实证明，凡是成功企业都有一位富有先进思想的企业家领导团队前进。稻盛和夫创建了两个世界500强企业，这都离不开他的先进理念。他还创造了一条被人推崇的“成功方程式”，即成功 = 理念 × 能力 × 热情。这三者中理念最重要，它是矢量，有正功、负功之分。一个人只有理念正确，才能使其强大的能力和高度的热情产生无法估量的作用；反之，造成的问题就越大。企业经营理念一般是相对固定的，尤其是百年企业。但企业经营理念也不是一成不变的，如遇有内外部环境发生大的变化，则需要作整体调整，应及时修正。尤其在当今，世界正经历百年未有之大变局，企业不能掉以轻心、仍沿袭老的一套，相反，企业和企业家要站在时代前沿，有自己创新的管理思想和经营理念，以此来引领企业不断稳健发展。

（二）提高企业经营理念的开发力

正确而先进的经营理念不是凭空产生的，而是在经营实践中不断提炼开发出来的。开发确立新的经营理念，一般需把握好以下四个环节。

一是经营理念开发遵循的基本原则。①特色化原则。企业要立足于所处的行业，确保设计的理念能在同行业中具有鲜明的个性化特色。②社会化原则。理念虽需特色化，但也需得到社会的广泛认同，因而理念的开发和设计要与大众和消费者的价值取向、文化传统和心理偏好等相吻合，以获得较高的认同感和美誉度。③合作共赢原则。在市场经济条件下，企业经营活动既是满足和引导客户需求的过程，也是与同业者争夺市场、博弈的过程，因而经营理念必须体现满足和引导客户需求以及与竞业者合作共赢的思想境界。④人本主义原则。开发和树立企业经营理念的根本目的在于激发全体员工和利益相关者的向心力和凝聚力，因而经营理念应体现事业共创、风险共担、利益共享的要义。⑤简明性原则。企业理念的措辞用语应言简意赅，既要防止过分具体而缺乏弹性，也要防止过于笼统而摸不着边际，这样有利于理解和记忆。

二是经营理念表达的主要内容。经营理念的覆盖面较广，难以描述所有内容，因而在设计时，应根据企业实际需要，明确表达的重点。一般共性内容包括：①通过成功经营，实现员工物质和精神两方面的幸福。②保障客户权益，为客户带来喜悦。③承担社会责任，促进社会发展。这是企业经营的纲领和企业精神的体现，与社会主义核心价值观相吻合。企业党建工作和企业文化建设的根本目的和任务，就是指导全体员工践行社会主义核心价值观，为企业奉行优秀的企业理念和企业文化指明正确方向，提供思想保证和组织保障。

三是经营理念开发的定位类型。经营理念应具有极强的导向、渗透、凝聚、辐射等功能，成为与其他企业既相区别又易被识别的标识。根据这一要求，其定位类型大致有以下几种：①以率先、领先、争先为内涵的“目标导向型”；②以凝聚磅礴力量为内涵的“团结奋斗型”；③以勇立时代潮头为内涵的“开拓创新型”；④以振兴民族工业为内涵的“提质创牌型”；⑤以自主可控为内涵的“技术开发型”；⑥以“双循环”为内涵的“市场开发型”；⑦以为客户和社会创造新价值为内涵的“优质服务型”；等等。

四是经营理念开发的步骤。①结合企业文化建设的做法与经验，突出经营理念这一重点，按照开发的原则、内容、类型进行检视，可以发现理念定位表述所存在的偏差，以及需要解决的企业形象问题，从而形成一个完整而科学的报告，避免企业随意和片面的理念构造。②认真学习理解先进企业的经营理念，从中汲取有效成分为我所用。譬如，稻盛和夫确立的京瓷公司的经营理念有“追求全体员工物质和精神两方面的幸福，为人类和社会的进步和发展做出贡献”，以及他总结了践行这一理念的“六项精进哲学”和“十二条经营方针”；海尔有“企业现代化、市场全球化、经营规模化”，华为有“聚焦、创新、稳健、和谐”，徐工有“国际化、精益化、补短板、可持续”等企业经营理念及其文化理念体系，企业应结合自身实际，进行消化吸收提炼再创新。③开展广泛的经营理念创意活动。组织企业管理者、企业员工、外部专家等各类人员座谈讨论，各抒己见，使其提出各种不同的理念表述，在此基础上，按照识别性、独特性、可行性的要求进行筛选，达到集思广益的效果。④赋予经营理念具体内涵。对已定的企业理念创意，组织专业人士给予科学深刻的解读，并通过联想与比喻，使其内涵延伸扩张，以便以后理念的传递和实施。最后按照理念的要求，明确企业的发展战略、经营方针以及管理者的职责和员工行为准则等。

（三）提高企业经营理念的执行力

企业经营理念不能成为外壳“标签”，而要通过提升执行力将其下沉到实处：①利用多种形式和方法，提高广大干部员工对经营理念的理解和掌握，强化人人主动承担企业经营理念落实责任的意识。尤其是企业经营者和管理者要率先垂范，做出榜样，来影响和带动广大员工合力创新、创优、创业。②将经营理念渗透到企业具体规划及远景目标的制定中，做到经营理念执行有目标、有方向、有着力点。③把执行企业经营理念与践行社会主义核心价值观紧密结合起来。通过贯彻核心价值观国家层面的价值目标理念，迸发出为企业发展壮大而贡献力量的不竭源泉和动力；通过贯彻核心价值观社会层面的治理理念，形成依法治企、规范有序的良好氛围；通过贯彻核心价值观个人层面的道德理念，使广大员工爱国爱企，忠诚尽职，奋发努力，增强市场竞争力，以充分体现企业理念与核心价值观互融互促的效果。④通过制定和完善有关制度，以良好纪律约束来保障理念执行，以有效的激励制度激发员工的执行自觉，真正体现贯彻落实的常态化、科学化、效率化。⑤总结推进企业经营理念的做法与经验，进而排查需要改进提高的方面，力推经营理念不断向更高层次、更高水平迸发。

二、案例：新程汽车工业——迅速崛起的三条法则

回到30年前，新程汽车工业有限公司（以下简称新程公司）的前身——大众汽配厂，还是一家小打小闹的小作坊，如今已成长为具有现代化气息的企业。新程汽车不仅在靖江建立了力量雄厚的基地型总厂，而且在13个城市建立了毗邻主机厂的分厂。其间，企业有过顺境，一路高歌；也有过逆境，逆势而上。现在新程公司集产品研发、模具制造、零部件生产于一体，年销售收入突破50亿元大关，是江苏省高新技术企业、江苏省纳税大户、全国多个国际品牌主机厂的优秀供应商，实现了国内同行业领跑者的梦想。要问该企业这一神话般的崛起有何秘诀，可以从与沉稳善思的董事长顾灿兴的交流中找到答案，这是因为他们自始至终恪守和实践了创新、市场、风控这三个基本法则。

（一）增强创新意识，构造发展新优势

新程公司深谙“创新是引领发展的第一动力”，将“崇尚创新，追求创

新”作为企业的价值取向。①以企业发展战略引领创新。企业在发展战略规划中，树立了“科学的战略引领就是最大的收益”理念，搭建了治企兴业的体系框架，确定了企业发展的战略目标、发展理念、实施路径和重大举措。归纳起来，就是锁定一个目标——中国各大品牌主机厂旗下最具国际能力的配套件核心供应商；实施一个战略——品牌兴企战略；明确三个关键路径——优化产业结构，加强公司化建设，提高总部经济运行效率；抓好两个重点项目——轿车配件智能产业园建设、科研（商务）中心建设；做好五项重点工作——总部与分厂的领导班子建设、人才队伍建设、企业文化建设、运营体系建设、监督与评估体系建设，简称“11325 工程”。企业有计划、有步骤、有力度地组织实施，使得目标和任务项项抓到位、件件出成效。②以项目建设带动创新。建设轿车配件智能制造产业园。征地 400 亩，分二期实施，第一期 200 亩，建成苏北地区一流的现代化模具生产基地，推进模具新技术、新工艺应用，提升模具开发的速度和水平，满足客户个性定制和快速交货的需要。同时，面向外部市场，服务周边企业，放大项目的经济效益。建设中式园林化的科研（商务）中心，用于高新技术研发、高层次人才引进、资本运作。总投资 2.4 亿元，用地 35 亩，现已投入营运，成了企业乃至靖江的一张对外名片。与此同时，按照“最优设计、最快速度、最好效益”的理念实施提质扩能技改项目，从严从高抓好全过程管理，确保项目进度快、效果好。广州二工厂建设，只用了 8 个月时间，创下了“新程速度”。杭州工厂也做到了当年开工、当年投产。新增焊接机器人 328 台，总量达 980 余台，技改总投入近 4.2 亿元，大大提高了生产效率，减轻了劳动强度。③以“四化”（焊接自动化、模具精品化、生产智能化、高强轻量化）推进创新。围绕新能源汽车配件，有选择地进入新能源汽车市场。汽车轻型化能够在保证安全的前提下，有效提升新能源汽车续航里程及能量利用率。新程公司顺应汽车轻量化这一趋势，组织顶尖人才进行攻关，先后开发了超高强度 A 柱加强板、新型分界式车用天窗加强板、轻型化轿车车身前后轮等 6 个高新产品，获得 7 件发明专利、17 件实用新型专利。围绕生产“数字化”“智能化”研发新技术。深入开展“高强度、轻量化”应用新技术研发，完善产、学、研、用合作开发机制，组织强有力的技术开发团队，对他们定项目、定标准、定时间、定奖惩，有力地提升了开发进度和水平。在不到一年时间内，机器人单机集成已提升为组合集成；攻克了机器人的柔性、共性生产难题，使自动化程度得到跃升；突破了模具新工艺运用的瓶颈，培养了与主机厂同步协调的开发能力；ERP 系统覆盖各部门、各分公司的各个方位，形成了互通互联的良性循环体系。围绕运营系统，加快推进自动化改造。智能化、自动化不仅体现在生产环节，还在大物流领域、供应链协同、内部高效管理、回应客户需求等多个环节中有所体现。目前，新程公司的上海新程、广州新程等子公司已陆续实行了 MES 系统管理，加快了生产现场的自动化改造。④以健全内部管理保障创新。坚持目标引领、科学管理，坚守效益、品牌，聚焦核心指标和管理要项，按照“计划—执行—检查—处理—培训”的循环方法，构建务实高效的管理流程，持续提升管理专业化、精细化、标准化和信息化水平。建立常态化的提质增效和转型升级工作机制，企业逐步投入 SAP 管理系统，分三年覆盖了总部及所有子公司，率先在广州、上海等地的子公司实施。SAP 项目实施后，将对企业生产、日常管理进行全流程数据化记录，优化整合企业内外部资源，建立标准的流程和严密的操作程序，在各个环节体现降本增效，从而实现高效的内管、内控、内制。

（二）强化市场意识，赢取竞争主动权

新程公司从上到下都已认清市场意识就是按市场需求变化谋生存，按市场经济规律谋发展的意识，牢固树立了“用户第一”的观念。①以新产品拓展市场。对人才、资金、设备等要素给予倾斜，满足新品开发需要。近年来，企业为多家客户开发了数十个车型、数百个零部件，为今后的长期增长夯实了基础。②以高品质产品占领市场。新程公司以创品牌为目标，以品质提升为重心，逐渐建立起覆盖企划、设计、开发、生产、制造、供应管理、市场服务等环节的全价值链的一流质量管理体系。紧紧抓住提高品质的“牛鼻子”，严格把控检具、夹具、模具制造的时间节点与精度，周密计划，保时保质完成。积极推行目标管理、品质筹划、过程控制、持续改进，以此实现全面质量控制，确保每个生产环节都产出优质的产品流入下道工序。持续提升企业管理素质，抓好科学管理、企业文化建设，砥砺员工的品格和责任心，企业的决策者、经营者、管理者、生产者全员参与质量管理，分级负责，全员共治，将“匠心”精神深植于企业管理运营的全过程、全方位，用“匠心”铸造“内涵品质”。③以优质服务赢得市场。围绕提高为主机厂服务供给能力，总部为各个分厂提供全方位的资源要素支持，以此实现智慧制造、安全制造、节约制造。严格管理底线，即达到行业标准的质量底线、业务合同交货的时间底线、原辅材料消耗的定额底线、无质量重大事故的控制底线。积极回应主机厂关切，满足主机厂需求，做一个为客户提供超额价值的供应商，在持续提升服务质量中打造企业发展新高地。现已与 10 余家主机厂建立了稳定的战略合作关系，并携手走过了近 20 年，形成了相互信赖、共创共赢的良好局面。

（三）增强危机意识，汇聚高速稳健发展正能量

前两年，由于企业形势好，经营业绩节节上升，部分员工盲目乐观、不思进取、满足于现状、得过且过、风险意识淡薄，其实质是缺乏进位争先的意识。思想认识上的误区是企业最大的危机，新程公司采用多种形式和方法引导大家回顾企业发展历程，了解增强风险意识的必要性；引导大家从国家产业政策调整，了解增强风险意识的紧迫性；从市场行情的变化，了解增强风险意识的重要性；从内部管理存在的薄弱环节和问题，了解增强风险意识的现实性。员工从中受到了教育，认识到机遇与挑战并存、风险与成功同在、“来而不可失者，时也；蹈而不可失者，机也”，强化了机遇意识、风险意识，凝聚力和战斗力得到增强。

在此基础上，新程公司建立企业回避风险、利用风险机制，经常利用各种机会进行以“没有风险是最大的风险，满足现状是最大的陷阱”为主旨的风险意识教育，做到警钟长鸣、永不松懈，筑牢思想防线。不断整合全生产要素，加快做强做大，增强自身抗风险的能力。强化资金管理，建立以一把手为首的企业理财小组，严把资金进出关，动态监管现金流，以防止资金链失衡乃至断裂。建立企业发展风险基金，每年从实现利润中按固定比例提取，藏钱于企，以丰补歉。塑造企业优秀文化，让员工在一种轻松活跃的环境中工作，同时又给员工一种充满“危机感”的紧张有秩序的工作氛围，为规避风险、稳健发展提供精神动力和支持。建立完善目标责任体系，实施经营成果倒逼法，并建立配套的决策目标、执行责任、考核监督体系以及责任追究制度，让员工增强风险意识，时刻居安思危，忧企业之忧。严格落实企业各项决策和部署，把有令则行、有禁则止和“军中无戏言”的执行力转化为员工自觉行动，形成一股积极向上、众志成城的力量，确保企业年年上水平、登台阶。

第二节　经营理念的本质基因：标新立异

一、方略：更新和把握创新思想观念的几个要点

创新，是多么凝重而又闪亮的字眼；创新，是多少人正在追寻的伟大实践；创新，是时代前进的路标和灵魂。创新则兴，守旧则亡。创新直接关乎一个企业或一个产业的发展。创新有多种要素，而思想观念更新是其中起决定作用的要素。观念创新就是不执迷于过去，做到别人认为不可能做到的事。创新的基础有两个：一是新理念的指导，二是新方法的突破。因此，要在思想观念上确立以下几个观点。

（一）创新是做强做大企业的第一动力

企业家的思想有多远，企业就能走多远；企业创新能力有多强，企业就有多强。创新就是改进和突破原有的思维方式，任何发展都离不开创新思维，改变一个角度、一个方法就能改变整个格局。创新构想是创新中最具价值的智慧。创新就是建立“新的函数”，对生产要素进行重新组合，改变资源的产出效率，或者通过改变产品和服务，为客户提供价值，提升客户满意度。它是管理者的职业保障和事业有成的基础。一个企业或产业，一旦沉迷于过去的成就，就会出现很大的潜在危机。创新没有终点，只有起点。即使功成名就，也要坚持不断创新，这样才能保持事业长青。因此，我们要自觉创新、自主创新、致力创新、达成创新、不断创新。

（二）创新要从实际出发，因地制宜，量力而行

大小企业一样，都得依靠创新来获益和繁荣，但要找准适合自身发展的路径和方法。创新必须把立足点放在自身的专长上，把力量使在自己的长处上，对于自己不熟悉的或没有足够经验的领域，不能去冒险做试验。对于自身创新能力缺乏或不足的企业，不是说不能搞创新，而是不能走高科技自主创新的道路，可采用“创造性模式”，在别人原创的基础上加以改进提高，再通过创新去超越原创者。日本在20世纪后半叶崛起，成为世界上第二大工业强国，其在科技创新方面并没有多少原创，大多是在美国原创技术上增添一些新的工艺

技术而发迹的，由此可见一斑。

中小企业同样可在细分市场中找到自己的发展空间，从而通过创新，做专做精做特，成为行业中的“隐形冠军”。也就是说，小企业也要像大企业一样，要有企业家精神和创新意识，努力将意图转化为绩效。

创新最好不要“多元化”，除非“多元化”与现有产业有共同的市场和技术，也就是说，只能“同心多元”，即在自身原有核心技术优势基础上去延伸和拓展。同时，不能将创新项目与原有业务混在一起，要与原有管理部门和业务人员分开。创新，尤其是原始创新，要坚持循序渐进，从小规模开始，“摸着石头过河”，不能一下铺开摊子，以防夭折造成大的损失。

（三）创新要突出科技创新，以此来带动和影响其他方面的创新

我国现在是世界制造业第一大国，但还不是制造业强国，原因是我们有些技术水平跟不上发达国家，尤其是一些核心技术受制于人。要摆脱这一被动局面，唯一的出路就在于坚定决心与意志，全力打造核心技术，加快赶超，不断缩小差距。要将核心技术作为企业核心竞争力的关键来抓，潜心致力研发核心技术，以核心技术开发高端产品，以高端产品拓展国内外市场。技术创新要走集成创新之路，实现多种知识融合，达到既快又好。同时，要先做质量后做产量，先创品牌后求效益，不急功近利，不好高骛远。

创新是一项系统工程，它不仅是技术创新，诚然技术创新是起牵引和带动作用的，但它还包括管理创新、产业创新、商业模式创新、文化创新等。技术创新了，有了自主知识产权，但如果其他创新如管理创新不能与之相匹配，就会导致内部不协调、运行效率上不去；只有坚持两轮或多轮驱动，才能实现效益最大化。

（四）创新要充分发挥企业和企业家的主体作用

著名经济学家熊彼特把创新定义为企业家的职能，而德鲁克则把创新从企业层面扩大到非营利机构和政府层面。创新是展现企业家精神的特殊手段。企业家是企业创新总设计师，其特殊作用是任何人都代替不了的。就企业而言，要搞好创新，所需要素较多，要求也较高。比如企业家应该在哪里以及如何找到创新的机遇，还要精准确定创新目标、创新项目，探讨创新成就事业或服务所要注意的原则和警示。总之，一旦有了创新机遇，就要积极组织、加强管理，不能走错和走迟半步，否则一旦失去先机，就会回天乏术。非技术出身的企业家尤其要注重充分利用和发挥科技人才的特殊作用。因此，每个企业家都要加强学习和修养，不断提高思维能力、创新能力、决策能力、组织协调能力等，从而使整个企业成为能攻关、能打硬仗的战斗集体，组织全体员工成就一支充满生机和活力的创新大军，永远在创新发展的路上砥砺前行，将高质量发展不断引向深入，加快做强做大企业，为所在行业发展、整个事业发展做出更多更大的贡献。

二、案例：瑞泰电子材料——挖掘疫情下的机遇

靖江瑞泰电子材料有限公司是一家只有20年发展历史的企业，主要生产SMT（自粘、热封）系列盖带、美纹纸（高温、热熔）系列胶带及其特殊胶带。董事长唐建仁对胶带行业比较熟悉，在创办企业时，即把产品定位在高端高品上，使得企业年年各项经济指标都有一个新的增长。尤其在新冠肺炎疫情这一大环境下，公司不断发现机遇、利用机遇、创造机遇，取得了突破性发展的好形势。公司现拥有数十件发明型专利与实用新型专利，通过了国家高新技术企业认证，为未来发展打下了坚实的基础。

（一）用心从危机中寻找机遇，做好迎接机遇的充分准备

在新冠肺炎疫情发生初期，公司通过认真分析，敏锐地意识到，随着疫情在全球扩散，实体贸易全球化受阻，将会改变原有的经济运行规则。但凡事都有其两面性，这一场公共危机，“危”与“机”相伴相行，其本质是一次机遇、一次挑战，风险与发展共存。从政府层面来说，危机会促使政府加强宏观调控力度，这有利于国家在推行产业政策、重组供应链等方面体现越来越多的国家意志。从企业层面来说，新冠肺炎疫情不仅改变了大家的消费习惯，也加速了传统企业的数字化进程和普及。虽然全球制造业都会受到不同程度的影响，但公司自身从事的电子产品包装以及芯片封装行业，对于拉远社交距离、非接触式服务方式和产业形态的作用将更加重要，如在远程办公、在线教育、互联网医疗、电子金融、云娱乐等行业，将更受青睐和更加普及；医疗行业使用的呼吸机、制氧机、电子温度计、红外体温计等的大批量运用，也是对相关产品供应的一次严峻考验。

基于以上认识，公司以快变应对突变，迅速调整思路，从原材料储备入手，加强人员调配，并对设备进行一次性大的技改和投入，以迎接新一轮市场的挑战。正是这次改变，让公司做好了对市场的预判和充分的准备，克服了原材料上涨、运输费用增加导致的成本上升，以及用户对高品质胶带需求急剧增加带来的供需矛盾等诸多不利因素影响，使得他们公司的发展不仅没有停滞，反而实现经营业绩较大幅度的增长。

（二）积极应对市场变化，着力挖掘机遇价值

近几年，中国制造业尤其是电子行业，由于中美贸易摩擦与新冠肺炎疫情的负面效应叠加，整个产业链、供应链受到了严重的阻碍与影响，但是来自手机、笔记本、汽车等相关电子类终端产品的消费需求得到进一步释放，相关配套产品在国内延伸得更深入、更彻底。同时，由于我国抗疫防疫有序、有力、有效，很多国外厂家纷纷改变策略，在我国国内寻求相关配套下游供应链，国内公司也采取了本土化营销策略。这一系列因素，使得国内半导体芯片配套产品市场快速活跃起来。

面对这一状况，国家站在全局的战略高度，果断提出电子产品“国产化”的要求，并出台了相关扶持政策。以供应链深受美国制裁困扰的华为公司为例，华为注册成立了哈勃投资并100%持股，哈勃迄今累计投资了25家公司，涵盖芯片设计、半导体材料、装备、工艺解决方案、微光学产品、装备检测等领域。从战略投资到早期的介入，都体现出以华为为代表的中国企业提升国内半导体产业链竞争力的决心。

市场发生的变化以及国家产业政策的调整，同样给了瑞泰公司很大的机会去追赶电子产品封测行业的领头企业，如长电科技等，这在之前是公司短期之内都无法企及的。过去许多知名内外资企业对我国国内产品普遍信心不足，如何获得客户的信任，使得客户对其产品敞开大门接受，这对于公司来说是一个严峻的考验。瑞泰公司从挖掘机遇价值出发，多措并举应对市场变化，调整发展战略和思路，视客户为上帝，企业以生产产品为主向“制造+服务”转变，给客户展示更大的诚意，对客户提出的意见和建议进行吸收和采纳，并将其转化成不断的技术创新和优化，以此来满足客户需求。同时，以消费为导向，实行产品差异化战略，加大研发力度，加快产品升级换代，重点配套半导体胶带市场；并且，优化工艺，降本增效，让利于客户，这样就稳定了市场，扭转了材料成本上升、产品价格下滑的不利局面。由于瑞泰公司牢牢把握和利用了产品“国产化”的机遇，获取了机遇价值红利，三大系列胶带产销利目标年年超额完成，抗静电热封胶带业绩更为喜人，同比增加20%以上。

（三）持续多面创新，不断创造新的发展机遇

胶带作为电子行业的配套包装材料，门类广泛、工艺复杂、技术含量高，产品更具针对性和适应性。随着其在电子、通信、航空航天、汽车以及医疗等行业的广泛应用，其产业上升空间越来越大，对新品研发也提出了更多更高的要求。为此，国家“十四五”规划及相关部门制定的条例，均对电子胶带行业给予政策扶持。首先，通过支持橡胶、新材料等上游行业的结构调整和技术升级，为行业的产业升级提供物质基础；其次，通过振兴高端机械制造业、汽车、电子等下游行业，扩大行业的整体需求和市场容量。此外，支持和鼓励优势企业做大做强，提高高性能胶带比重，促进胶带产业结构调整和技术升级。

目前，我国胶带电子行业整体发展水平与国际先进水平基本同步，一些企业先后从欧美等发达国家引进先进的生产设备与技术，同时，内部也进行创新开发，逐步使我国的电子胶带生产技术水平跃上了一个新台阶；合资和独资企业的出现也促进了胶带生产管理水平的提高，使行业焕发出新的活力。但是，我国胶带产品整体一致性方面与国外相比，差距仍然较大，目前相关胶带企业静态试验手段齐全，但动态试验设备比较缺乏，所以在监测和检测领域还需努力。另外，胶带行业属于完全竞争行业，行业的基本特点是企业多、规模小、产业集中度低、经营两极分化趋势明显。多数企业产品单一，技术含量不高，市场竞争激烈。在当前的市场竞争局势下，公司清醒地认识到，要想巩固自身行业中的龙头地位，必须把准市场脉搏，看清未来发展趋势，坚持多面创新，增强自身品牌竞争力，不断创造新的发展机遇。

公司走高质量发展道路。以品质为价值导向，确立“品质至上、信誉第一、追求卓越”的观念，加大研发投入，尤其是对高端产品的研发，深入推动胶带产品技术创新，开发出更多更高端优质产品。苦练内功，全员参与并落实管理措施和实施方案，积极拥抱新兴行业，巩固提高汽车行业的IATF16949认证培训效果。从而以高品质和高稳定性产品参与国际市场竞争，使瑞泰品牌作为我国胶带产品在国际市场赢得一席之地凸显新的优势。

公司坚持优质优价。始终将优质优价作为企业健康发展的出发点和落脚

点，将利润控制在合理区间，不断让利给客户，形成供应链多方共赢的局面。

公司坚持绿色生态发展。不断加大环保治理力度，建设高标准无尘车间，对废气回收装置进行进一步改造，不断提高自动化作业水平，改善职工工作环境，确保运行规范、清洁生产、良性发展。

公司坚持推动智能制造。近两年，公司引进了智能型涂布生产线、热封带分条机等，在提升和保证产品的稳定性和一致性方面显示出独有的优势，有力地推动了企业高效发展。时下，该公司一如既往地以加快智能化改造进程作为转型升级的主攻方向，充分发挥人才、技术、信息、管理及资源配置在企业发展中的核心作用，为自身的高品质发展抢得先机。

第三节　经营理念落地的关键：理念与实际互鉴交融

一、方略：念好工业四字诀

工业经济，支撑崛起。四字诠释，句句要记。

（一）

市场为基，筑牢根底。商场战场，智勇搏击。
供求两侧，权衡对接。细分市场，位不偏离。
现代营销，网络建齐。行销策略，组合相宜。
品牌战略，从长计议。诚信经营，以德育企。

（二）

产品为命，创新不息。集思广益，求谋问计。
捕捉信息，转化科技。精准开发，化险为夷。
主攻缺门，同构回避。新老产品，互促互利。
结构优化，同行攀比。引领用户，赢得生机。

（三）

技改为链，用功发力。选准投向，管住长期。
突出智能，新创优势。主机引进，配套自理。

要素保障，衔接相依。精心实施，万无一失。
硬件软件，同步抓起。快投快产，一鼓作气。

（四）

外资为翼，强身健体。立足本土，发展自己。
项目多赢，平等互利。合资合作，践行惯例。
引资引智，登高借梯。优质服务，自成体系。
亲商富商，吸引一批。全面接轨，俱进与时。

（五）

管理为根，工于精细。流程再造，提高效力。
结构扁平，切合实际。质效提升，重头唱戏。
开源节流，考核奖励。定期内审，科学分析。
运营资本，争早上市。集体协商，破解难题。

（六）

安全为天，常思常议。安身立命，不可麻痹。
全员教育，晓知大义。责任重大，泰山难比。
防范措施，落实仔细。消除隐患，无懈可击。
应救突发，预案齐备。制度约束，似铁严厉。

（七）

人才为本，发展至理。智力投资，长远大计。
引培结合，人才济济。高级人才，匹配不移。
闲置人才，任其调离。量才择优，用武有地。
优化配置，科学合理。挖掘潜能，重在激励。

（八）

机制为源，激活群体。现代制度，革新除弊。
治理结构，完善要义。新老三会，处好关系。
人事用工，竞岗交替。报酬分配，精心设计。
褒贬奖赔，不偏不倚。深化改革，发展真谛。

（九）

文化为魂，永续动力。价值理念，常青维系。

共同愿景，凝心聚力。行为规范，自我管理。
团队整合，和谐刚毅。提升素质，全员学习。
系统塑造，因企制宜。创新不止，勇争第一。

二、案例：光芒新能源——光芒璀璨源“五力”

光芒企名，品牌光芒，交相辉映，闻名遐迩。一个名不见经传的村办小厂，经过40多年的市场搏击，成为如今的江苏光芒集团，在国内厨卫与新能源行业的潮头浪尖奋勇前行。每当提起光芒公司，人们便会脱口而出：“家有光芒，喜气洋洋。”光芒缘何璀璨？源于“五力迸发”。

（一）光芒公司的提升力在于管理

一个企业能够由小到大、由弱到强，贯穿其发展过程的“管理”应该是一个重要的因素。管理思想、管理能力、管理模式的高低优劣决定了企业的发展质量。追溯光芒的发展历程，就是一个管理理念、管理水平、管理模式不断与时俱进和持续迭代的过程。该公司的前身是靖江第三机械厂，从1987年完善承包责任制，实行单人单机核算，做到“项项工作有标准，道道工序有定额，各种消耗有计量，每个环节有考核”；到20世纪90年代中期提出了“项项工作高标准，道道工序细定额，各种消耗计量准，每个环节严考核”（简称28字方针），使企业效益水平不断得到提高，企业积累不断增多。在我国加入世贸组织后，为了抗衡市场竞争者，光芒公司积极探索现代企业制度下的管理模式，推进企业运行市场化，及时制定了“技术与市场零距离、产品质量零缺陷、顾客满意零烦忧”的“三零”管理标准。同时，在28字方针中增加了“精准营销零库存、两化融合促发展”两项内容，演变成现在的管理42字方针，同时实行了“321”管理机制（“3注重”：注重教育、注重绩效、注重考核；“2优化”：优化岗位、优化组合；“1淘汰”：实行末位淘汰），增强了员工的市场意识、竞争意识、学习意识、成果意识和忧患意识，使企业的整体水平得到提高，有力地促进了企业稳步高效发展。

随着企业规模的发展壮大，光芒公司不拘泥于原有的管理模式，不断地改革创新经营体制机制。1996年集团公司成立后，经内部模拟市场核算，集团与分公司、分公司与车间、车间与班组制定了定额成本与责任承包制，实现三级管理、四级考核。2000 年，企业由集体所有制改为股份制，把过去的垂直管理转为扁平化管理，以产品为单位建立新的经济组织体，实施自主经营、统分结合、自负盈亏的管理措施，有效激发了各公司、部门、车间的活力，充分挖掘了人的潜力，使企业的实力不断得到增强，也培养了一批分公司当家人和管理骨干。

（二）光芒公司的竞争力在于科技

科技是第一生产力，有了高新技术，企业就有了竞争力和话语权。光芒人始终把技术创新作为企业发展的重要战略举措，狠抓产品创新和技术开发。光芒公司先后经历了产品由单一炉具向厨电系列、整体厨房延伸，产业从厨电向新能源拓展，品牌从单一光芒到“光芒”“领致”双轮齐驱，作业方式从作坊式简单加工到流水线作业再到智能化、柔性化制造的升级。通过与德国 ELA - CO 公司、上海交大等科研单位联合开展科技攻关，与西安交通大学在新能源项目研发、新材料应用攻关、“互联网 +”制造应用、科技人才培养等方面进行合作，成功开发了国内首台高效、节能、环保的无氟空气源热泵热水器，以及国内首台搪瓷承压水箱、首台阳台壁挂太阳能、首台强制循环型分体式太阳能、首台承压敞开型一体式太阳能。通过建立厂办研究所，进行自主开发，独家成功研发了防电屏技术，一举解决了困扰电热水器行业多年的用电安全问题。近年来，光芒公司结合《中国制造 2025》，确立了“用国际思维打造光芒智慧工厂”的思路，推进“科技创新”向“科技领先”升级。从有利于推进中国新能源行业产品升级换代的角度出发，确立了打造全球高品质搪瓷水箱基地的目标，投资 1.5 亿元进口关键设备，建成全自动化生产流水线，实现了由“传统生产模式”向“智能制造模式”的升级。利用最新的高效节能、智慧互联等技术，为智能家居产品赋能，先后开发了顶侧双吸油烟机、变频煤气灶、空气能热水器等产品。公司开发的“太阳能 +”多能源互补热水系统已实现远程控制、节能计量等功能；牵手韩国名企推出的智能储热电采暖炉已被广泛应用于多个城市的“明装暖气”工程；40L 方形壁挂缓冲水箱在全国热泵两联供安装工艺实操大赛上受到用户青睐，与全国各地多家经销商签订合作协议，并已安装在北极村极寒环境中成功安全运行。目前光芒公司拥有自主产权的核心技术达 16 项，有力地支撑了公司的发展。光芒公司现已成为 11 大系列、200 多种规格新能源产品与厨卫家电生产基地，其灶具、油烟机、热水器产品市场占有率雄踞华东地区榜首，光芒搪瓷承压储热水箱成为行业高品质代名词，提升了中国民营企业品牌形象。

（三）光芒公司的核心力在于人才

光芒人深刻认识到，市场竞争在科技，科技竞争在人才，人才是企业挑战力、竞争力关键之所在。与国内外百强企业的差距，表面上是在硬件和项目上，实质上是在人才与创新能力上。公司确立了“以奋斗者为本、以创新者为荣、以价值贡献者为尊”的理念，着力打造企业命运共同体（即与基层员工的利益共同体、与中层骨干的事业共同体、与高层核心的使命共同体），加大对人才资本的开发投入。通过引进人才与自培人才相结合、人才培养与使用相结合、全员培训与重点选培相结合、合理配置与优化组合相结合，不断提高员工的综合素质。为了调动人才的积极性和创造性，运用人才管理最核心的激励机制，对取得优异成绩、做出价值贡献者给予物质与精神方面的奖励；适时将优秀的管理人才提拔到领导岗位上使其挑重担，实现“只要你能，舞台跟着你延伸”；将高潜员工派出深造；对有发明专利者，以其名字命名产品操作法。十多年前的普通一线技工季汉峰博采众长，成功地研制出国内第一代冬夏型太阳能热水器，一举攻克“夏天温度太高、冬天水温不够”的行业难题，该技术获得了国家实用发明专利。企业力荐季汉峰参加国家一年一度的科技盛会，助其登上中国科学家论坛发表演讲。通过建立“能者上、平者让、庸者下”的用人机制，开创了“让有为者有位、促有位者有为”的良好局面。通过组织开展以“创新、创优、创效”为主题的三创活动，给员工提供发挥价值的平台。目前已有两个车间主任、一个部门经理、一个副总经理通过这项活动脱颖而出，既推动了企业转型升级，又培养了公司骨干力量，在全公司形成了人人重学习、个个争贡献、处处创佳绩的氛围。

（四）光芒公司的凝聚力在于文化

企业文化是一个企业全体员工共同的价值观和行为方式的体现，是企业发展的精神支柱和永续动力。光芒公司在培育企业文化过程中，一方面把员工作为企业文化的提升对象，让员工认同企业文化和践行企业文化；另一方面把员工作为企业文化的参与者和创造者，促使员工为企业文化注入新的内涵，使企业文化保持旺盛的生命力。公司通过“党建引领企业文化”工程建设，在企业内部形成了“做对社会有贡献的企业、受用户尊重信赖的企业、与员工和谐共生的企业”的核心价值观，明确了“为人类创造低碳绿色美好生活”的企业使命、“做企业龙头、创国际名牌、成百年基业”的愿景、“诚信、创新、激情、坚持”的企业精神和“诚朴敬业、用心做事”的企训，把“做产品要精艺，做企业要精诚，做事情要精心”的“三精”要求作为员工的行动准则，把“打造平安企业、打造文明企业、打造形象企业”作为企业永恒的目标，成功地将企业文化与品牌、质量、营销、服务、管理有机地结合起来，实现了民营企业核心竞争力的迅速提升，同时造就了一支忠于企业、爱岗敬业、勇于担当的员工队伍。有一位员工叫陈庆才，是企业培养的灶具专家，参加了多项国家标准的起草制定，拥有 20 多件专利。2001 年，浙江一家企业老板想挖走他，承诺给他 50 万元年薪、一套别墅和一辆轿车，比光芒公司给他的待遇高得多，但是他拒绝了，他认为“我的能力是光芒培养的，我所谓的成就是团队的努力，我能力的发挥离不开光芒这块土壤，我要扎根光芒一辈子”！

（五）光芒公司的保证力在于班子

一个企业的保证力直接关系到各项工作开展得是否有声有色、卓有成效。而提高企业保证力的最重要的因素是有一个好的领导班子。光芒公司领导班子按照企业发展要求，不断深化“党政融合”“党工共建”，配齐配强配优各级班子，重要分厂重点配，重要部门重点配，重要岗位重点配。通过“机构互补、班子互信、工作互促”，确保党政同心、上下协力，将企业推入可持续发展轨道。光芒集团董事长、党委书记范朝洪，心为民操，业为民办，利为民谋，一身正气，带领班子成员“内修外博”，修德、修身、修行，博学、博思、博友。企业领导班子团结战斗、艰苦创业、求真务实、开拓进取，克服了发展道路上遇到的一个又一个困难，解决了前进过程中遇到的一个又一个矛盾，取得了一个又一个令人瞩目的成果。党政领导之间如钢铁般团结，分工合作、配合默契。不管何种党组织管理模式，是村党组织带企业，还是企业党组织带村，都是相互依靠、相互支持。企业用地、技改项目施工、公共设施建设等工作都由党委副书记分管；村里支持企业建设，企业回报村里，从而把一个穷村变成了小康幸福村。

2004 年，光芒集团成为泰州地区第一家采用公推直选方法的非公企业，直接选举产生新一届党委领导班子。近年来，光芒公司以开拓创新的精神，创建了以党建文化引领企业文化建设的做法与经验，成为江苏省民营企业中首个优秀文化企业示范单位。党委书记、董事长范朝洪荣获“江苏省企业文化建设突出贡献人物”荣誉称号。目前他正带领着全体党员和员工，落实党的十九届六中全会精神，朝着促进企业发展、打造世界知名品牌的目标奋力前行。

第四节　经营理念的验证标准：贵在“名副其实”

一、方略：用新发展理念引领企业可持续发展

作为社会经济细胞，企业应遵循新发展理念，倡导“归零”的自我革命精神，以市场（用户）为中心、以优化结构为重心、以提升自主创新能力为核心，做到“三心”融合，才能提升产业水平，实现可持续发展。

（一）积极优化结构，增强可持续发展的效应力

企业发展的过程就是产业结构和产品结构不断调整、优化的过程。实践证明，国家每次宏观调控都是通过制定政策推动产业结构调整，促使产业从失调走向协调，谁抓住了这个机遇，谁就能求得新的突破。我国深入实行供给侧结构性改革，同样是为了既快又好发展，这与新发展理念的本质要求是完全一致的。面对当前机遇和挑战并存的新形势，扬长避短、趋利避害，谋求新发展的办法多种多样，但最关键的是抓好结构调整与优化，把产业和产品调优、调高、调新，以增强企业参与市场竞争的能力。

在结构调整中，一是要自觉与国家供给侧结构性改革深入推进的要求无缝接轨。跳出狭隘的利己主义圈子，把企业“一颗子”融入全国“一盘棋”，做到局部服从全局。进一步依据国家“三去一降一补”的政策，看一看可上的项目有没有只争朝夕快投快上，应转的项目有没有千方百计转产转好，该停的项目后续工作有没有尽心尽责全部做好。通过反复抓、抓反复，确保不缺位、都到位。二是要积极适应全球产业布局的重新调整和分工。随着科技革命步伐的加快，发达国家的产业布局也正在调整，它们主要把发展的重点放在科技研发上，而把一些制造业向发展中国家转移；同时一些跨国公司看准中国，认为中国具备培植世界重量级企业的良好环境，正在加大投入，以实现人才、开发、

生产、销售四位一体的“本土化”。因此，要充分利用全球经济一体化为企业优化结构提供的广阔舞台和更多机会，通过多种渠道和方法，把有利于拉长做强产业链的国外项目引进来、利用好，在扩大企业规模的同时，引进和利用国外的先进技术和先进管理经验，不断缩小与发达国家企业之间的差距。三是要加快构建接受长三角经济圈辐射的平台。全面而深入地把企业融入长江三角洲经济一体化中，依托沿江的资源优势和区位优势，按照产业的分工与协作，有选择地招引新项目，将外来的技术、资金与自身的优势“嫁接”，实现优势叠加，形成产业集群，放大资源效应。同时，以捷足先登的态势，盯紧大集团、大公司的调整发展思路和方案，超前开发相关配套产品，在做精、做大配套产品的过程中提升企业位置；在市场大海中，挂靠这个“联合舰队”劈波斩浪，驶向胜利彼岸。

（二）走“循环经济”之路，增强可持续发展的后续力

循环经济就是在发展经济的过程中尽量少用资源，不破坏自然生态系统，是一种生态型经济。但目前我国的状况是，资源总量和结构性矛盾很突出，人均拥有资源和经济增长目标之间差距很大，对外依赖度较高。据国家统计局等部门在网上公布的有关资料，目前，我国45种主要矿产资源只有6种能依靠国内保障供应；专家估计，到2030年，可能只有2~3种。而目前中国已成为煤炭、铁矿石和电力的世界第一消费大国，是继美国之后的世界第二石油和电力消费大国。2020年我国GDP总量达到101.5986万亿元，占世界总量的16.3362%左右，而当前我国单位生产总值能耗水平是世界平均水平的1.5倍，是日本、德国、法国等先进国家的2~3倍。同时，我国资源综合利用率偏低，矿产资源综合利用率与世界发达国家相比有较大的差距；2018年我国能源消费弹性系数为0.50，电力消费弹性系数为1.2879，与世界经济合作与发展组织（OECD）国家存在较大差距。如此状况，无论是我国的资源还是环境都难以承受，持续下去，经济发展将有可能因需进口资源而受制于国外，这样一来，企业的生存和发展就会受到很大的威胁。发展生态型经济，对于每个企业来说，责无旁贷，任重道远。

鉴于此，我们必须强化“绿水青山就是金山银山”和节约资源造福后代的理念，树立新的生产观念，切实从传统的“资源—产品—废弃物—污染物”这种高能耗、低利用、高污染的“线性经济”，逐步转变为“资源—产品—再生资源—产品”这种低消耗、低污染、高利用率和高循环率的“循环经济”。积极寻找并充分运用节约资源消耗和遏制环境污染的方式和途径：第一，对原材料进行深加工。通过改革工艺，提高深加工程度；限制或制止粗加工或初加工产品出口；制订精加工与粗加工的不同税率，推动企业向深加工要资源、要效益。第二，提高产品的科技含量。在投钱、投物的同时，把技术作为生产函数投进去。制造一种产品，尽量减少原料投入；设计一种新产品，尽量延长它的寿命。以创品牌为载体，不断采用新工艺、新技术、新材料、新设备，在节能环保、新能源等绿色技术方面取得新的突破，生产高技术、高附加值产品。第三，提高资源综合利用和废物利用水平。遵循递次和闭路循环的原则，在利用资源生产主产品的同时，通过各种技术创新，开发其衍生产品，并利用生产剩余物生产其他产品。大力开展资源节约活动，重奖有功人员，强力推动一物多用、他物代用、节约少用、废物再用、点滴利用、物尽其用，从而迅速降低发展对自然资源的依赖度，不断提高生态型经济的效益（包括经济效益、社会效益、生态效益），确保经济可持续发展。

（三）实施企业发展战略，增强可持续发展的驱动力

毋庸置疑，大企业都有自身的发展目标、发展战略和发展措施，然而众多中小企业疲于市场奔波、资金筹措，无暇制定发展战略，少数企业决策层思想还有误区，认为小企业搞不搞发展规划无所谓。殊不知，中小企业和大企业一样，有对逐利性和长期稳定发展的需要，每个企业都需要制定有参照作用的发展战略规划，以驱动企业不断追求新的目标，从“必然王国”走向“自由王国”。反之，就会因缺乏主攻目标和战略部署而打乱仗、打败仗。因此，每个企业都要从宏观环境、行业环境、内部环境三个方面进行充分的分析和预测，弄清国际国内的形势政策与法律法规；掌握行业的走势以及行业的主要竞争对手、新进入者、替代者的情况；认准自己的优势与劣势，由此判断环境可能带来的机遇和风险。在认真进行环境分析的基础上作战略选择：明确战略思想，从生产粗放型向循环经济型转变，从能人控制管理向智能协同管理转变，从投资驱动型向技术创新型转变，从以企业为中心向以用户为中心转变；明确战略重点，突出牵动企业全局的核心技术的培植、主要产品的创新与创牌等；明确战略措施和消除制约战略目标实施因素的有效途径和方法。

（四）坚持以人为本，增强可持续发展的原动力

人是最大的资产，无论企业负责人有多大能力，企业的命运最终都是掌握在全体员工手中的。因此，企业要坚持以人为本，根据人们对美好生活的向往，把发展的目标锁定为满足人们日益增长的物质文化需求，运用多种形式和方法，既满足人们物质方面的需求，又满足人们精神方面的需求。要帮助他们创造良好的工作与生活环境，尤其要把安全生产这个头等大事抓好。而现在少数企业对职工的生命安全仍然不够重视，安全措施尚未真正落细落实，事故隐患不能根除，安全事故时有发生。对此，须猛击一掌，真正从职工的根本利益出发，绷紧安全生产这根弦，建立安全生产长效机制，全方位落实安全防范措施。同时，切实履行我国对职工权益保障的有关法律法规，以对员工的高度负责和宽厚的福利来增强他们的归属感和发展的原动力。目前，国际上实行 SA 8000 社会责任标准认证的要求越来越高、执行越来越严，可以倒逼企业更好地履行社会责任，每个企业都应积极应对，把履行社会责任落到实处。

在维护企业职工权益的同时，要大力开发人力资源，加大对人力资源开发的投入。克服目前企业存在的重项目投资、轻智力投资，重人才引进、轻自我培养，重使用、轻培训，重技术人才、轻管理人才的倾向，建立吸纳、培养、使用和管理的一整套人才机制，竭力为人才充分发挥各自聪明才智创造良好的环境。在岗位管理上，崇尚人人是学习和研究者，个个是“员工企业家”。在制定重大决策时，实行“专家参与决策”的管理模式，使决策更民主、更科学。在人才培养上，“办学习型企业，育知识型员工”，实施“员工素质工程”，使每个员工用其长、展其智、尽其能。在人才使用上，不仅让他们有“英雄用武之地”，还让他们能感到自己得到发展和受到尊重，增强人力资源的凝聚力和向心力。并通过对才、智的合理整合，让人才资源更好地发挥作用，实现收益最大化。

二、案例：三鹏模具——以先进理念成就企业转型发展

江苏靖江三鹏汽车模具有限公司（以下简称三鹏公司）创办至今短短 19 载，在董事长李伯松的带领下，牢固树立“用户第一”“科技兴企”“合作多赢”的理念，坚持用先进理念引领创新转型，由“跟着市场跑”转变为“领

着市场走”，由依靠低成本优势转变为依靠科技进步，由自我为战转变为构建产业技术创新链，不断加大科技、人力、知识等要素的整合与投入力度，转化了一大批科技创新成果，获得了多项国家新技术、新产品的发明专利和实用新型专利，演绎了汽车模具和附件生产的华丽转身，书写了一条转型升级的科学创新发展之路，展露了做精做强做大的好势头。

（一）三鹏公司树立“用户第一”理念，在产品开发上由“跟着市场跑”转变为“领着市场走”

在谈到企业发展时，公司董事长李伯松深有体会地说：“企业只要有了人才和产品，就必定会有自己的一片天地。”因此，他十分注重人才和产品，以人才开发保产品开发，以产品开发促人才开发。尤其是对于那些看准的有技术性前景、市场性前景、效益性前景的产品，不管有多大的风险、需要付出多大的代价，总是要执着追求、百折不挠。在产品开发上，他既抓“人无我有”，更抓“无中生有”，由过去“跟着市场跑”转向“领着市场走”。李伯松认为，一个企业不能等到形势不好的时候再去开发产品，要趁形势好的时候抓开发，即使这个时候走些弯路、有了损失，企业也承受得了，这样才会一着主动、全盘皆活。他是这样想的，也是这样做的。几年前，一家德国公司有新产品要开发，由于产品技术要求高、生产难度大、交样时间紧，国内多家企业都因担心不能满足其苛刻的要求而婉言拒绝。后来，通过介绍，这家德国公司找到三鹏公司，李伯松二话不说，立即召集研发团队制订周密的研制计划，亲自跟踪研发进度。开发过程中遇到难以解决的问题时，他们重金聘请行业权威专家释疑解难，各部门密切协同作战，终于攻克了一个又一个技术上的难关，如期拿出了样品。当德国客户看到合格的样件时，喜悦之情溢于言表。经过近两年的磨合，如今公司已成为该德国客户在中国的优秀供应商，为其配套业务量占公司全部销售额的20%以上。

另外，公司与一家科研机构合作成功研发的DMF双质量飞轮减震器零部件项目，影响和带动了国内汽车减震系统行业取得了一个大的进步。

（二）三鹏公司树立“科技兴企”理念，在发展上由依靠低成本优势转变为依靠科技进步优势

时下，企业用工成本、财务成本、能源成本、土地成本等各类成本大幅度上升，集中增加了企业负担，过去依靠低成本优势来发展的路子已经行不通了，唯有依靠科技进步来推动发展。对此，三鹏公司见事早、行动快，及时转变发展方式，坚持走技改强企之路，借助技改贴息、设备抵扣税等优惠政策，不断加大企业技改投入，仅2012年即投资5000万元，建设了大型自动化冲压生产线和机械手自动焊接生产线。这为企业从生产简单冲压件产品向总成件产品升级创造了条件，也为企业做大做强奠定了坚实基础。

同时，公司采用现代企业管理制度，并学习借鉴丰田生产模式，对企业管理体系进行持续改进，先后通过了TS 16949—2009质量管理体系认证及韩国现代的SQ认证、GB/T 24001—2004环境管理体系和GB/T 28001—2011职业健康安全管理体系认证，扎实有效地对产品开发、生产管理、质量保证、市场营销、环境保护和职业健康安全进行全过程控制，使得各项工作执行力进一步强化，各个部门工作效率不断提高。尤其是在产品质量上，以打造精品为目标，以做精致艺术品的要求做产品，做到细节不懈追求、标准分毫不差，赢得了国内外用户的充分信赖。

（三）三鹏公司树立“合作多赢”理念，在技术开发上由自我为战转变为构建产业技术创新链

在经济全球化、产业信息化、技术高新化的今天，市场竞争不仅是企业与企业之间的竞争，更多的是产业链与产业链之间的竞争。只有实行产业链分工，建立战略合作联盟体，才能更好地抗衡市场风险，赢得较为宽阔的生存和发展空间。三鹏公司除了在汽车产业链中争取关键零部件布点外，还积极联手相关企业进行合作开发。现已做好了一个新型高科技含量的汽车关键部件国产化项目开发的前期准备工作，为后续跟进打下了良好基础。同时，它们从事业出发，全局一盘棋，依托靖江江苏省汽车零部件产业基地、靖江经济开发区国家级经济技术开发区优势，以产业集群、科学发展为指导思想，正在通过多方面的工作争取关键部件定点的深度开发。如果这一设想能够实现，可大大地延伸辐射产业链，带动上百家企业，形成数亿级的产业集群。当下，三鹏公司立足长远，面对实际，高薪聘用丰田退休高管生田康裕先生作三鹏公司的技术顾问，与合肥工业大学联合建立研发中心，进一步推进企业向丰田公司学习，降成本、增效益，引领产品开发从单一向多品种、从小件向大件、从单件向总成件迈进，以牵头厚板冲压零部件的生产为主体。并通过引进人才，改变原来做二级供应商的方式，直接向主机厂进军，积极扩大市场份额，争做后来的排头兵。现公司已在江阴—靖江园区征地34亩，将其与靖江城南园区20亩两块地融为一体，按日本、韩国和中国三方图纸进行优化整合和规划设计，且与各相关企业进行洽谈，积极开展共性技术研发，加强集成创新，构建稳定高效的产业技术创新链，打造具有创造能力和活力的产业基地，使之成为区域经济的重要支撑、产业创新的先导力量、传统产业转型升级的生力军、新兴产业发展的有效载体，让三鹏公司像鲲鹏那样在市场的广阔空间振翅高飞、勇往直前，成为全球知名企业。

第五节 经营理念的潜能释放：拨亮思想智慧之灯

一、方略：淬炼好五个基本要素

经营理念是系统的、根本的管理思想，它涉及企业管理的方方面面，譬如发展战略、创业创新、经营管理、投资融资、团队建设、文化塑造等，然而如何把经营理念的潜能充分释放出来呢？笔者认为，应以坚毅的定力，淬炼好五个方面基本要素，即树立一个意识、融入“双循环”新发展格局、坚守三个责任、弘扬四种精神、搞好五个创新。

（一）树立“一个意识”，即高质量发展意识

我国经济已由高速增长转向高质量发展阶段。高质量发展是能够很好满足人民日益增长的美好生活需要的发展，是体现新发展理念的发展，是符合量变到质变这一经济规律的发展。企业是我国经济重要组成部分，实行高质量的发展是其转型升级的现实选择，是解决生产力发展不平衡、不充分的关键之举，是企业做强做优的内在要求，是企业实现可持续发展的必由之路。大力推进产品高精化、产业高端化、企业高新化，实现高质量发展，是企业和企业家的责任与担当。企业应因时而动、顺势而为，把推进企业高质量发展作为企业发展战略来抓，着力从高速发展转向高质量发展，从数量经济转向品牌经营，从中低端产品转向中高端产品，从内涵管理转向精益管理，做到在产品品种高位度上求突破，在产品品质关键点上求突破，在产品技术制高点上求突破，在品牌

价值的高含金量上求突破，在全要素高生产率上求突破，从而实现速度、质量、效益三者的统一协调、快步并进。

（二）融入“双循环”，即以国内大循环为主体、国内国际双循环相互促进的新发展格局

“双循环”是党中央根据国内外错综复杂形势而做出的战略部署，要把融入“双循环”新发展格局作为企业发展的关键。运用辩证思维、系统思维，正确识变，科学应变，主动求变。始终坚持市场第一、用户至上，强化供应链管理，扎扎实实搞好产前、产中、产后衔接。不断创新商业模式和营销手段，巩固老客户，发展新客户，提升市场占有率。积极巩固和发展与国内百强企业、龙头企业的合作关系，实现“借梯上楼”。企业之间采取多种方式结成同盟，实行优势互补，共抗风险。积极融入长三角市场和国内大市场，深耕东亚市场，促进“双循环”，充分利用国内外两种资源、两个市场，以获得更多的市场机会与发展机会。

（三）坚守“三个责任”，即政治责任、发展责任、社会责任

一是政治责任。企业要坚定信念和政治定力，在困难较多的特殊背景下，始终坚守对中国特色社会主义的信念、对党和政府的信任、对企业自身发展的信心。在思想上和行动上与党中央始终保持高度一致，毫不动摇听党话，跟党走，遵循党的方针政策。充分发挥企业党组织的政治核心和政治引领作用。正确处理“亲”与“清”的关系，建立起新型的政企关系，共推企业发展。二是发展责任。以新发展理念为引领，以“率先领先争先”为原动力，争做以创新为第一动力发展的“领头雁”，做以协调为内在要求发展的“护航员”，做以绿色为普遍状态发展的“探路人”，做以开放为长远大计发展的“拓荒牛”，做以共享为根本发展目的的“筑梦者”。以拥抱新时代的激情，以更加务实的姿态，实行自主创新、自主品牌、自主资本，使产业升级更具增长力、企业创新更具竞争力、产品经营更具生命力。坚持既讲发展速度，又讲发展质量；坚持稳中求进、能快则快，实现各项经济指标的有效增长，实现创新性、探索性、引领性的发展。三是社会责任。把企业发展好，关爱员工，奉献社会，回报国家。

（四）弘扬“四种精神”，即创业精神、创新精神、工匠精神、学习精神

对照党中央、国务院提出的弘扬优秀企业家精神的36字要求（爱国敬业、遵纪守法、艰苦奋斗、创新发展、专注品质、追求卓越、履行责任、敢于担当、服务社会)，一是弘扬不畏艰难的创业精神。敢于迎难而上，勇于屹立潮头，善于把握机遇，不示弱，不服输，不言败，不落伍。二是弘扬敢为人先的创新精神。向第一迈进，向唯一奋斗；勇于创新，大胆创新，善于创新；以改革求突破，以创新促升级，以创牌谋发展。三是弘扬勇争一流的工匠精神。精益求精，精耕细作，精诚合作，做最好的产品，做最优的产业，做最美的企业。四是弘扬与时俱进的学习精神。学习先进成功企业的经验，吸取失败案例中的教训，点燃争先创先的激情，全面提升企业的学习力、创造力、竞争力，高点定位干事业，凝心聚力创辉煌，心怀全局做贡献。

（五）搞好“五个创新”，即产品创新、技术创新、管理创新、经营模式创新、体制机制创新

在产品创新上，走差异化优势发展之路，通过新工艺、新技术、新材料的应用，着力从中低档产品转向高中档产品，从配件转向整机，从生产原料转向终端产品，从常规产品转向名特产品。在技术创新上，围绕创新发展的核心技术，推进产品迈向价值链高端。汇集各种创新要素，努力提高自主创新能力。建立以企业为主体、以市场为方向、产学研深度结合的技术新体系，不断提升开发高新技术的承载能力与水平。倡导创新文化，强化对知识产权的创造、保护、运用。培养造就一批优秀创新型人才，为自主创新提供强大智力支持。持续进行技术改造，以适应高新技术开发和转型升级的需要。在管理创新上，通过推进企业精益管理，提高产品品质，降低成本，提高产品附加值；通过推行积分制管理，全方位量化考核，多方面利益挂钩兑现，充分调动人的积极性和创造性，不断提升企业的运行效率。在经营模式创新上，积极推进大数据、云计算和物联网等信息技术在企业中的运用，以信息技术引领传统营销变革、完善和提升电子商务、优化供应链管理、支撑数字化工厂建设。在体制机制创新上，利用企业的优质资源，招引外商和本土个体私营企业购买企业资产，参与企业重组改造，实现投资主体多元化和股本结构优化。积极整合企业资源，加快上市步伐，搞好资本运作。谋求企业之间联合，共同打造产业链、经营产业链。通过五个方面创新，全面提升全要素生产率，不断增强企业的核心竞争力。

二、案例：环球电机——在演绎高端发展法则方面下功夫

江苏环球特种电机有限公司弘扬“诚信、创新、求实”的企业精神，不断挑战自我，突破自我，在“以人为本谋发展、以质取胜求生存、以德经营赢市场”这一治厂方针的基础上，积极探索和实践了创新发展的高端法则，即“开发高端产品、引聘高端人才、与高端客户协作、添置高端设备”。在当前经济下行压力加大的情况下，掌门人朱文钦带领她的团队奋发努力，矢志不渝地恪守高端发展法则，与时俱进地演绎高端发展法则，仍保持了稳定发展的好势头，在微特电机行业取得了较好的业绩。公司被江苏省科技厅授予“江苏省高新技术企业”，被科技部授予“国家微特电机及控制产业基地重点骨干企业”等荣誉称号。

（一）开发高端产品，坚持用高端产品打造核心竞争力

该公司创办于1993年，是靖江市最早的由乡政府、粮食局和经营者三方出资组建的股份制企业，当初租用侯河粮管所一间仓库作为生产用房。从零开始，从头抓起，精打细算，勤俭办企，智慧经营，企业采用以少量资金和产品抵算设备款的方法，很快用一批新设备武装了车间，满足了生产需要。当初创办时取名环球特种电机，有其用心和内涵，所谓环球，即让产品行销全球；所谓特种，就是产品与众不同，具有高精特水准。多年来，企业一直奉行“人无我有、人有我优、人优我廉、人廉我特”的开发理念，坚持不懈地开发高端产品和特种产品。

遵循企业发展战略，企业先后与多个研究院所结盟合作，组建优秀的研发团队，从适应市场和发展企业的角度出发，紧紧围绕电机这一核心业务，不断推进产品结构调整和优化，由防爆电机转向节能防爆电机，由节能电机转向高效节能电机，由高效节能电机转向超高效节能电机，不断提升企业核心竞争力。公司与中科院上科所、南阳防爆所合作研制开发的防爆电机及其各种派生电机，最高功率达到1000kW。自行研发的YBEJ（制动）防爆电机，填补了国内空白，获得了多项国家专利。企业取得了特种防爆电机许可证、防爆电机合格证、矿用产品安全标志证，产品覆盖防爆、特种、节能的中小型电机全部系列。几年前，公司凭借自身力量设计研发的YE3系列高效节能三相异步电动

机、YB3 防爆高效节能三相异步电动机，各性能指标均处于国际先进水平，被节能认证中心认证为节能产品，进入工业和信息化部节能机电产品推荐目录。累计获得发明专利 4 件、实用新型专利 18 件，获得国家创新基金和江苏省节能项目基金奖励。同时，其与海军大学联合开发的“高静音电机”，使用了磁浮技术，声音低于 40 分贝，基本听不到声音，配套运用于军工降噪潜艇，产品技术含量高、附加值高，成为企业发展新的增长点。

（二）引聘高端人才，坚持用高端人才获取创新挑战力

开发生产高端产品需要高端人才，年轻企业的最大“短板”是缺乏高层次人才。而高层次人才，尤其是企业的技术创新领军人才，很难依靠自身的传帮带等通过企业内部来培养。为此，企业采用多种渠道、多种方法招引高级蓝领。在人才理念上，只求所有，不求所在。聘用的人才都是这一领域的泰斗和权威人士，有的享受国务院特殊津贴，曾取得多项研发成果，现在仍精力充沛，身处技术前沿，且都是“星期天工程师”，离厂不离家。为了创造宽松的研发环境，公司帮助工程师在自己家里装修研发工作室，提供有关研发和通联的设备。工作实行弹性制，机动灵活，上班自由，研发在家，试制在厂。一年三四趟来厂，每趟 3～4 天时间，工程师方便高兴，企业省心省力。工资待遇实行基本工资加项目承包费。每个研发项目实行“设计—审核—试制”一条龙承包，办事效率高，成本费用少。从建立人才长效机制角度出发，不与工程师做买卖，着力培养盟友关系，交友交心，注重感情投入，以情感人，每逢节假日，对他们进行慰问，特别是对生病的工程师，不管工作多忙，路途多远，企业负责人都亲自上门看望，使他们深受感动、心系企业、不计报酬、乐于奉献。例如，公司聘请上海煤炭研究所的一位高级工程师开发水冷采煤电机，研发耗时仅一个半月，其设计、技术、性能均达到了当时国内领先水平，该电机可供各大型矿井下采煤机使用。又如，防爆高效电机的开发，一般研发费用需要四五十万元，而企业只用了 15 万元。这一引聘方法可谓借脑用脑不麻烦、借力用力又省钱。

与此同时，公司注重培养使用各类人才，尤其是技能型人才，他们在产品试制攻关、工艺改革、技术革新等方面发挥了不可或缺的作用，成了企业技术创新的“内驱力”，催生了创新转型、持续发展的“正能量”。

（三）与高端客户协作，坚持用高端客户增强市场永续力

所谓高端客户，即优质客户，要同时满足三个条件：①有一定的批次量；②货款不拖欠；③双方互利共赢。如何吸引高端客户，并建立起长期稳定的关系？企业认为，要追求各项工作的完美，不断为客户创造价值，用优异的绩效来获得客户的认同和追随，从而获得和保留更多有价值的客户，为企业创造更多的价值。

基于这一理念，公司做到了以下三点。

第一，把提高产品质量作为创造客户价值的首要职责来抓。在产品质量上，从原材料入厂这一源头把关，确保材质达到或超过国家设计要求。在生产制造的各道工序中，严格工艺纪律，坚持标准化生产，实行自检问责、互检定责、逆检追责相结合，确保一丝不差。生产现场推行 5S 管理，以满足高品质生产需要。积极推行先进质量管理，企业先后通过了 ISO 9001 质量管理体系和 ISO 9000—2000 质量管理体系（换版）认证。成品入库实行件件检、全面检、严格检，产品出厂合格率达到 100%，企业连续 15 年获得“AAA 级信用企业”“重合同、守信用企业”等称号。

第二，加强客户管理，提升服务水平。扎扎实实抓好售前、售中、售后服务。售前，根据客户的要求，拟订生产特种规格电机方案。售中，及时处理好客户所购产品相关要求和变更等问题。售后，切实做好现场技术咨询和产品维修，及时解决运转中出现的问题，从而让客户的体验价值超过期望价值。同时，建立健全客户档案，定期通过综合分析，滚动排定好、中、差客户，并采取相应对策，做到挖掘一批关键客户、保住一批优质客户、淘汰一批差等客户。

第三，重视产品技术投入和品牌建设，增强客户的信任度和忠诚度。企业投入 580 万元，建起了高低压电机型式试验台，检测功率达到 0. 5 ~ 1000kW，保证了产品质量，使用户放心、满意。公司现有注册商标 28 个，其中“众爱”牌电机风靡省内外，畅销全国 30 多个省区市近千家企业。企业正在规划实施对创立多年的江苏省名牌产品和江苏省著名商标进行升级，力争在未来三年内创建成国家知名品牌。目前，公司在市场上的信任度和美誉度越来越高，与徐工集团、开滦集团、龙煤集团等一批高端客户群建立了长期合作共赢关系。销售渠道不断扩展，公司拥有的 YBEJ 制动电机的市场覆盖率达 80% 以上，YE3、

YB3 高效节能电机的市场份额为30%左右，用户满意率达98%以上。

与此同时，企业对供应商坚持每月8日付款，雷打不动，20年来供应商一直未变。双方遇有资金困难，能互相帮助，彼此之间的信任度、依赖度越来越高。

（四）添置高端设备，坚持用高端设备提升先进生产力

企业深知，一流现代设备既能提高产品质量，又能提高效率，是解决企业用工难的不二选择。近年来，企业将添置高端设备作为技术改造的重头戏，在一次1600万元的技术改造中，仅对设备就投入了1200万元。在添置设备时，企业坚持从实际需要出发，对于市场上自动化程度高的通用设备，直接选型引进；对于不能满足生产需要的特种设备，企业则与生产厂家沟通协商，提出改进意见，共同完成研制任务，实行定制求购。

在添置设备的同时，企业组织力量对原有的设备进行更新改造，不被前人经验和书本理论所束缚，将普通设备改造成一流设备。如在改造冲床时，企业结合自身产品特点，对定子落料的模具大胆尝试，反复改进，冲破了禁区，使一次落料口径从35cm扩大到50cm，并将三道工序改为一道工序，创下了新的纪录。另外，还将普通车床改造成数控机床，自制了多台多孔打眼机，铸铝由人工脱模改为自动化脱模，对高端设备的添置起到了“绿叶扶红花”的作用。

第二章

经营战略

做企业和打仗一样，都有一个极为重要的战略问题。战略，原指战争的谋略，后引申为一种从全局考虑实现整体目标的规划。企业经营战略是指面对不确定不稳定因素而引发的激烈竞争环境，为求得企业生存和不断发展而做出的总体性、长远性的谋划，是企业家在特定环境中赢得市场主动权和话语权的经营艺术。经营战略的实质就是优化现代经营决策。一个企业，如果缺乏战略，便如同大海中的无舵之船，随风漂泊，永远不能到达胜利的彼岸。每个企业都要在先进理念的指导下，抓好经营战略。企业战略 = 目标 + 途径 + 方法。企业家要把握好“两手抓”：一手抓制定经营战略，一手抓落实经营战略。

制定经营战略时，企业家要高瞻远瞩，有办大事的魄力。在洞察当前和未来国内外市场走势、全面掌握决策所需要的各类信息的基础上，遵循供给和需求相接轨、寻求“蓝海”与创造新价值相统一、企业资源和能力与战略相匹配的三原则，第一时间做出准确的分析判断，抓好战略定位，锁定目标市场客户群，确立某个时期内经过奋发努力所要实现的总体目标（包括在行业、全国乃至全球中的位置）。这一点在战略中占据首要地位。同时，要明确实施经营战略目标的指导思想、工作重点和关键措施。

落实经营战略，需要深思熟虑战术，要具备成事的细工和硬功。以变革创新为导向，提升企业战略管理层次，紧紧牵住打造企业核心竞争力这一战略“牛鼻子”，以科技创新带动其他方面的创新；强化战略控制环节、控制手段和控制机制，把战略规划全面落实到位；注重根据外部环境变化及时调整经营行为，以取得市场主动权；学会运用辩证思维破除落实战略规划所遇到的瓶颈和障碍，不断提升创新力和执行力。

总之，要能抓好经营战略，一靠精准的战略目标，这是前提；二靠落实战略的功夫和内力，这是关键。两者互为一体，不可偏颇。正如著名经济学家德鲁克所言：“就像挖金子，当你挖到二十英尺没有发现金子时，你的策略会是再挖两倍的深度。但如果金子是在距你横向二十英尺处，那么不论你挖多久，也永远不会找到金子，”“一切精力将会用于为昨天的问题辩护。”

第一节　战略定位：锁定目标市场与客户群

一、方略："三只眼睛"找位置

战略定位是企业经营中实现战略目标的首要条件，在战略管理中占据着头等重要的位置。巴顿将军有句名言："战略就是占领一个地方。"对于企业来说，战略定位就是通过细分市场，选定自己的目标市场与客户群。换句话说，战略定位是指产品、形象、品牌等在预期消费者（用户）头脑中占据有利的位置，其核心理念是遵循差异化。如何进行清晰准确的定位？笔者认为，可用"三只眼睛"来观察研判，即"一只眼睛看当下，一只眼睛看未来，一只眼睛看世界"，也就是立足基础、着眼未来、放眼世界。

（一）"一只眼睛看当下"

对宏观环境、行业环境和内部环境进行分析，一是要看清中央对发展经济特别是民营经济的高度重视、"一带一路"倡议和长三角一体化的国家战略给企业带来的千载难逢的机遇，特别是新冠肺炎疫情暴发以来，各级政府出台了信贷、税负等一系列扶持政策，整个经济运行态势持续向好，新基建项目将推动新一轮发展，以国内大循环为主体、国内国际双循环相互促进的新发展格局正在加快形成，我们应增强信心和预期。二是要看清目前企业和产品在行业中具有的地位和优势、产业的内在结构及所处的演进阶段和发展趋势、与行业中标杆的差距、企业市场竞争的对手和在市场中所占有的份额、企业自身与别人的优势和劣势的比较。三是要看清企业内部各类有形资产和无形资产的占有情况。做到心中有数、掌握实情，立足实际，思考企业经营的行为方式。

（二）"一只眼睛看未来"

一个企业既要认清现在，又必须看到未来的发展前景。中国经济结构将由按市场生产、按利润分配的市场经济转化为按消费生产、按价值分配的共享经济。中国市场结构越来越细分化，行业越来越垂直化，协作越来越密切化。中国未来产业即"传统产业＋互联网产业和智能化科技产业"，今后企业的根本出路唯有平台化，平台化的本质就是给创造者提供有价值的机遇。中国商业未来十年内的主题都离不开跨界互联，以互联网为基础，不同行业之间相互渗透、兼并联合，不同业态相互制衡，最后达到一种平衡状态。社会信用体系不断完善，信用将成为无价之宝。产业链的流向正在由先生产后消费转变为先消费再生产（根据消费者想法和要求进行设计和生产，实现个性化和定制化）。中国未来经济发展始终离不开科学家、工程师、设计师等一批高层次人才。

风物长宜放眼量。“十四五”时期是我国全面建成小康社会、实现第一个百年奋斗目标后，乘势而上开启全面建设社会主义现代化国家新征程、向第二个百年奋斗目标进军的第一个五年。企业应紧跟中央的战略决策部署，与国家战略规划接轨、与国家产业政策接轨、与市场需求接轨，制定相应的企业发展战略规划，为企业未来的长期生存和发展做出方向性、整体性、全局性定位，明确短期、中期、长期发展目标及相应的实施方案。坚持以新发展理念为引领，以“创百年企业”为愿景，以打造智慧企业为目标，以供给侧结构性改革为主线，以“用户至上、质量第一、效益优先”为原则，推动经济发展质量变革、效益变革、动力变革，提高全要素生产率。尤其是短期内，要注意国内外经济环境因疫情发生的新变化，在战略对策上，要既有针对性又有灵活性，立足新发展格局，主动调整优化发展战略和经营行为，推动企业做精做强做久，使基业长青、永葆活力。

（三）“一只眼睛看世界”

企业的经济活动是在不同国家和地区之间展开的。中国经济繁荣和企业发展离不开改革开放，离不开积极融入全球化进程。全球发生新冠肺炎疫情后，世界经济正处于大震荡、大变革、大调整时期，世界多极化、经济全球化、社会信息化、文化多样化深入发展，不稳定性、不确定性以及复杂性尤为突出，面临许多严峻挑战。每个企业尤其是出口外贸企业应放眼全球，厘清认识，在全国全球大范围内审视自身的发展，坚定地朝着更加开放、包容、普惠、平衡、共赢的方向发展。进一步扩大外贸出口，坚持面向世界，积极响应国家“走出去、引进来”和“一带一路”倡议，不断拓宽企业全球化格局和视野，与国外企业共同打造公平、可持续的全球供应链和互利共赢的全球商业合作模式，与国际和海外各利益相关方积极开展合作，通过发展多元化的全球伙伴关系，促进企业可持续发展。

在看清当下、未来及世界的基础上，进行战略定位，重点把握好三个基本原则：

一是供给与需求相接轨的原则。增强供给结构对需求变化的适应性和灵活性，从关注、研究抗衡竞争对手转向满足客户需求，使供给与需求在动态中不断平衡，调节企业供给，使之与用户需求相适应，让企业与市场实现较为完美的统一。

二是寻求“蓝海”与创造新价值相统一的原则。突出重点、另辟蹊径、差异化发展，避开同构拼杀的“红海”。创造特色，通过产品特性、技术领先、价值创造等，不断开拓和发掘市场，主动创造市场需求，超越现有产业竞争优势，做到低成本地提供所有产品、高质量地“帮我找到他（用户）”。

三是企业资源和能力与战略相匹配的原则。作为生产性资源的集合体，企业的战略定位需要物资、精神及智谋上的力量来支撑。应量力而行、积极作为，不盲目冒进，不错失良机，要把潜在优势变为现实的竞争优势。

二、案例：新时代造船——精准战略定位的成功实践

纵观江苏新时代造船有限公司的发展历程，其既抓住了船舶行业迅猛发展的机遇，又战胜了船舶深度调整的挑战。近50年来，该企业的造船能级从最初的小驳船到万吨级的机动船（全国地方造船企业中首家），从油船万吨级到现在的30万吨级；主流产品从散货船扩充到油船、集装箱船等普通型产品，再到目前的万标箱集装箱船、双相不锈钢化学品船等“双高”产品；技术能力由输入单一型造船转向自主综合型造船；硬件设施由常规型转向智能型；企业体制由地方国营企业转为纯民营企业；企业地位由过去名不见经传的企业变成在全国、全球同行业有位置和影响力的企业。尤其是在后金融危机的造船行业重新洗牌中，企业生产经营稳步推进，经济效益有效提升，运行质量持续优化。目前，企业生产能力、年完成造船吨位和手持订单均排在全国船舶行业前5位，综合实力在全世界船舶行业排第11位，在全国民营造船企业中排名第二。2021年，该公司完工交付船舶27艘，计335万载重吨。2021年该企业获“江苏省制造业100强”“江苏省民营企业创新100强”等荣誉称号。企业取得的这些显著成就，主要源于以企业掌舵人袁凯飞为核心的“智囊团”的观念更新，不断调整调优发展战略定位，并及时地将发展战略转化为有声有色的生动实践。

（一）高站位实施“保交船、抢订单”发展战略，为企业稳步发展夯实基础

全球金融危机的持续影响，让造船业受到了前所未有的挑战，“交船难、签单难、融资难、盈利难”已成业内常态，保交船、抢订单成为企业稳定和发展的基础与关键。企业全力以赴把“保交船、抢订单”作为企业发展的第一战略来抓，多措并举抓落实、求突破。

1. 牢固树立“保交船就是保增效”的意识

船舶订单的如期履行是确保企业效益提升的唯一途径，企业始终坚持“向管理要进度、向质量要效益”，以“钉钉子精神”一着不让抓好船舶产品的生产建造。①科学制订计划。根据产品建造特点和企业生产技术优势，结合船东个性化需求，充分做好生产前期准备和节点计划安排，统筹原辅材料的采购纳期、作业部门的班次排定、设备设施的辅助配合等生产要素，细化作业计划，在年、月、周计划的基础上，丰富日计划内容，明确每天的关键项目，确保计划的科学性和可操作性。②合理配置资源。在不断总结提升的基础上，鼓励、推行复合型工种作业制，减少工种间的作业等待，消除无效劳动，提高生产效率。③优化工艺流程。以“立体作业平地做、坞内作业坞上做、河下作业河上做”为目标推行工序前移，尽可能优化作业环境，降低劳动强度，提升施工效率。④有效实施考核。严格按照作业计划，对照目标要求考核，及时发现问题，消除制约环节。通过一系列行之有效的措施，确保生产均衡有序、目标任务高效实现。⑤强化内部管理。加强质量自主管理，促进员工技能提升，建立“自检、互检、专检”相结合的质量管控体系，使得船舶建造品质持续稳步提升、企业品牌形象日益彰显；强化成本管控，加大原辅材料采购以及生产用能消耗的预控，消除废返浪费；坚决贯彻落实“安全第一，预防为主，综合治理”的安全生产方针，狠抓安全管理，注重职业健康，营造平安和谐氛围。诸多措施的有效推进，促进了质量与效率的同步提升、生产经营目标与降本增效指标的共同实现，使企业各项工作呈现出生机勃勃的态势。2020 年 2 月下旬，该公司新建的“初心 2 号”32. 5 万吨矿砂船（VLOC）顺利试航归来，这是启动突发公共事件一级响应以来，江苏船舶制造行业完成试航的第一艘超大型船舶。这艘船价值8000 万美元，于3 月上旬向韩国船东交付，又一次被央视特别报道。

2. 牢固确立“抢订单就是抢先机”的意识

新船订单的成功签订是确保企业持续、健康发展的根本保障。企业以“个性服务、合作共赢”为宗旨，巩固老船东、拓展新客户，主动出击，走访沟通，达成共识，抢占先机，力促船舶新订单有效签订，为企业持续发展夯实基础。至2020年2月份，企业在手订单包括船只53艘，共计790万载重吨，订单排至2022年。同时，企业根据市场走势，及时调整思路，紧跟市场，多点突破。以往企业产品主要定位在大型、超大型散货船、油船上，新常态下，企业加速朝两个方向发力：一是“适销对路”，只要产品有市场，企业就承接；二是“储备高端”，即使订单量不是很大，只要能在未来占据产品高端地位，企业也利用当下生产相对放缓的时机组织攻关，为未来发展赢得先机。近年来，企业不仅承接了一批5万~10万吨级的货船、油船，更成功批量建造了万标箱集装箱船和3.3万吨双相不锈钢化学品船这样“高技术含量”“高附加值”的双高产品。目前企业在建船舶和在手订单中既有5万吨级、11万吨级、15万吨级、20万吨级的油船和散货船，也有3.3万吨化学品船和32.5万吨矿砂船等。船舶新品承接的多样化，不仅稳固了企业的生产经营，同时，提高了企业的建造能力和水平，使企业抗风险能力得到进一步巩固，后续发展态势良好。

（二）高水平实施“创新转型”发展战略，为企业科学发展注入动力

企业以“创新、协调、绿色、开放、共享”新发展理念为引领，立足自主创新，致力转型升级。

由凭借技术输入的单一造船转向兼有自主创新的综合型造船，提升核心竞争力。深入学习借鉴日本、韩国以及国内同行先进造船经验和管理理念，坚持以江苏省级企业技术研发中心和上海船舶研发公司为窗口，密切跟踪研究国际船舶科技发展新趋势和海事规划新要求，及时了解和掌握世界造船关键技术，广纳尖端技术人才，提升自主研发水平和能力。在此基础上，着眼于长远发展，选择具有一定前瞻性、探索性、先导性的产品，开展前期预研和概念设计，及早做好相关技术准备，努力形成自己的核心技术。并在推动主流产品不断由普通型转向高精特新的同时，加快对常规船舶新品种的研发，实现油船、散货船、集装箱船三大主流船型整个系列和各种规格的全覆盖，产品在做“宽”与做“专”同步协调的轨道上发展，不断满足客户的个性化需求。

由船舶制造转向船舶智造，打造发展强引擎。《中国制造 2025》明确了制造强国的发展目标，企业乘着我国从制造大国向制造强国转变的“东风”，加速推进智能工厂建设。坚持“适度投入、点面结合，局部试点、稳步推进”的原则，着重基础工作、基本数据积累，从转变全员观念、整合有效资源入手，对现有的分段制造流水线和管子、型材制造流水线进行改造升级；应用物联网、模拟仿真等前沿科技，大量引入制造机器人、数控和自动化设备；强化智能管理系统应用，并逐步将改造升级向船坞、码头延伸。努力将营销、设计、生产组织及售后服务等全过程的管理有机地结合起来，实现硬件设备设施与系统软件及物流、资金流的有效统一，有序推进人、机、技术各要素的集成优化，加快由总装造船向数字造船转变，由“制造”向“智造”转变，力争五年有起色、十年见成效。

由效率优先转向绿色先行，再造发展新优势。从追求企业效益向追求企业价值、用户价值和社会价值转移。企业以国家《高端装备创新工程实施指南(2016—2020 年)》中“海洋工程装备及高技术船舶”部分为指导，以绿色高效为目标，以船型优化为载体，以智能船舶为方向，重点关注新规范、新标准下的船舶能效管理系统和双燃料、新材料的开发应用，更加关注海洋油气开发的发展趋势，关注 LNG、化学品船等双高产品的需求和发展，努力把握市场竞争新的制高点。坚持“绿色、环保”理念，注重“节能、舒适”要求，着力建立完善绿色低碳循环生产模式，依托绿色制造体系，加速技术、产品的同步优化，以化学品船、成品油轮等双高产品为主，对接国际标准，瞄准新型材料，选用清洁能源，提升船舶综合能效，不断增强企业产品在国际市场上的竞争优势。

（三）高强度实施“人才强企”发展战略，为企业持续发展提供保障

市场竞争的核心在技术，企业发展的支撑在人才。企业始终把人才队伍作为企业建设的重要内容，善作善成，促进企业综合竞争能力的有效提升。

1. 着力建设科技人才“高地”，培养出聪明敬业的创新型科技人员队伍

企业坚持“内培外引、培用并重”的方针，通过内部建立江苏省级企业技术中心——船舶研究所，以及在上海成立的产品研发公司，重点引进和培养掌握核心技术的高层次人才、高水平的领军人才和创新团队。研发中心人才已从 300 余人扩充到 500 余人，增强了设计能力和自主创新能力。企业成功自主研发制造 32 万吨超大型原油船、万标箱集装箱船、3. 3 万吨双相不锈钢化学品船

等一批创新型双高船型，国际市场竞争力得到进一步提升。

2. 着力建设管理人才“要地”，培育出德才兼备的开拓型管理人员队伍

以“有眼界、有胸怀、有才干、能担当”为标准，企业运用“选苗子、引路子、压担子、给位置”的梯队渐进法，培养德才兼备的优秀管理人员，促进企业管理升级，以现代化管理促降本、提效率、增效益。船坞合拢周期、码头舾装周期和船舶建造的预舾装率、下水完整性等关键性指标均达到国内同行先进水平。

3. 着力建设技能人才“基地”，培养出勤奋向上的进取型普通员工队伍

按照“员工—技工—大国工匠”的发展路径，采用多种途径和方法，企业不断推动员工队伍持续优化和升级。研究出台了员工晋升通道职业规划指导性方案，畅通晋升通道，提供发展平台，激励员工成才。特别是在企业主动放缓生产节奏之时，企业利用工作间隙，统一资源调配，投入资金人力，按部门组织全员复合型工种转岗培训，提高了员工的整体素质，95%以上员工达到了大中专水平。与此同时，企业从打造高品质、名品牌出发，加强对职工的教育与引导，让大家认识到弘扬工匠精神就是每位员工在思想上、行动上的“转型升级”；号召广大员工弘扬工匠精神、保持创造热情，在工作中有追求卓越的创造精神、精益求精的品质精神、用户至上的服务精神，真正做到思想上爱岗敬业、工作上精雕细刻。企业力争通过一个阶段的努力和一段时间的坚持，在产品品质、管理水平以及员工的职业素养等方面均优于同行，领先国内，全面提升综合竞争能力，力推企业在国内外行业排名中不断进位争先。

第二节　战略核心：将变革创新作为主题

一、方略：以变革创新导向提升战略管理层次

变革创新是企业内在发展的革命性力量，也是企业获取超高额利润的根本性来源。熊彼特曾指出：推动进步的力量，并非来自过去经验的积累，而在于颠覆性的全盘创新。世界和中国500强企业的经验证明，只有将变革、再造和创新作为企业战略管理核心内容，才能使企业迅速做强做大。鉴于此，企业应

以变革创新为导向来提升战略管理层次。

（一）挑战固有理念，将观念更新作为创新导向的起点

企业推行变革和创新时，选择渐进式还是突变式？改良还是改革？企业往往偏好前者，理由是企业要稳健发展、稳中求变、循序渐进、步步为营，不可急功近利、操之过急，否则，欲速则不达。这些理由似是而非。

渐进式变革有一个根本的前提，那就是企业发展方向是正确的，对大格局的研判是准确的，否则会南辕北辙。渐进式改良是一种从外部解决问题的方法，忽视了企业内在动力和本质，只会导致企业在错误的道路上渐行渐远，使问题的解决变得更加困难，就像在数字化技术中全力研究模拟技术的日本企业一样，付出很多，却在蓝光技术面前衰败。目前原材料价格上涨、劳动力成本增加、汇率不断变化，而产品价格不仅不能涨反而要降，这就倒逼企业搞创新，改变产品内在结构，节省原材料，提高产品的科技含量。因此，企业必须对原有的理念进行审视，促进基本理念的重大转变，不断地矫正轨道，使组织每个人都关心“做正确的事”而非“把事做正确”。将突变型再造和创新作为立企之本，把不断试错、不断改进作为管理活动的主流和提高效益水平的源泉，使企业在不断修正的轨道上跑得更快。

（二）建立创新制度，将创新体制机制作为创新导向的要点

建立好的制度，是一个企业创新取得成功的关键，而体制和机制是制度的两翼。企业在突变型创新中，应注意同时研究和实行体制创新和机制创新。如成立专门组织领导创新工作、制定创新规划、认真组织实施；建立激发创新激情的人事制度、工资制度和鼓励员工创新的奖励制度；成立以科技精英为领军人物的群众性的创新小组，大力开展创新活动；针对技术难题，组织会战攻关；跟踪月度进度，考核季度成果，并及时公布。既形成你追我赶的友谊竞赛，又促进交流，信息共享。从而推动企业在经营理念、企业制度、经济行为及生产要素等方面进行不断调整和重新组合，使创新由被动式向主动式、导向式转变，由单一性向整体性、联动性转变。

（三）提高创新能力，将自主创新作为创新导向的基点

自主创新的核心是技术创新，但技术创新需要管理、市场、人才等方面的创新与之相匹配。在进行技术创新的过程中，要立足高起点、高水平，超前思

考，提前行动。积极形成自主知识产权，锻造本企业的核心竞争力，形成本企业的专利。采取突破性技术取代原有的传统技术，走出旧产品的“陷阱”，不断开发新技术、新项目。坚持走引进—消化吸收—再提高之路，聚产、学、研之力，用集成创新之策，在研发、创牌、信息化管理等产业链高端操作上下功夫、花力气，争得市场的主动权和话语权。在管理创新上，不是对组织流程修修补补，而是大刀阔斧地对组织进行再造，推行流程再造和管理信息化，实行整个价值链经营的实时端对端透明（及时了解所有部门和各个环节的经营情况）；从纵向流程转型为以市场为导向的扁平化管理。

（四）提高组织学习能力，将重塑“心智模式”作为创新导向的重点

组织学习就是为使企业适应环境变化，对其基本的信念、态度、行为、结构和方式进行调整，从而获取一种面对各种变数都能从容应对的能力。企业战略发展决胜于两个层面：一是顶层设计，整体构架设计将起到决定性作用；二是核心能力，核心能力培育起到关键作用。两个层面有机结合，会使企业既有竞争力，又能可持续发展。彼得·盛吉在《第五项修炼》中提出，最成功的企业将会是“学习型组织”，因为未来唯一持久的优势是比你的竞争对手学习得更快一点、做得更好一点。企业领导者要想让企业利用不确定性实现可持续发展，就必须提高组织学习能力。提高组织学习能力的关键有三：一是领导者应是一个学习工作化、工作学习化的学习型领导。通过有效学习，更新知识结构，重塑“心智模式”（是指一个人表现出来的特有的思维方式、价值观念和行为的总和），顺应“知本”取代“资本”的转型，在渐进式学习过程中创建出企业战略，为企业创造更大的发展空间。同时，通过领导者的身体力行，引导员工学习并产生互动效应。二是增强组织的整体学习动力。有了团队学习的自觉性与积极性，才会有对物质财富和精神财富的创造性。要以学习型企业的基本内涵为导向，设计共同愿景、发展目标和价值观，并建立起系统的学习机制，实现个人及组织目标的内在动力和机制的外在推动力相叠加，形成强大的学习动力。三是注重学以致用。善于调动整个企业的创新能力及长期的工艺积淀，并不断试错，改进升华，使其转化为创新和利用不确定性的能力，通过不断的锤炼，将企业打造成有机的、人文的、可持续发展的组织，来应对经济环境的不确定性。

二、案例：三江电器——全盘创新，铸就电机王国“小巨人”

面对新的竞争形势，江苏三江电器集团有限公司（以下简称三江集团）在董事长环一军的带领下，不忘振兴民族工业初心，牢记打造一流电机产业、世界品牌产品的使命，以全盘创新为战略，努力提升核心竞争力，在公司上下掀起了“二次创业”实现高质量发展的热潮。如今，三江集团有电机行业“小巨人”之称，是国内生产及控制微特电机产业的重点骨干企业、国家重点高新技术企业、江苏省信息化带动工业化示范企业，还荣获全国企事业单位知识产权试点单位、国家知识产权优势企业、江苏省企业知识产权贯标先进单位、江苏省实施知识产权战略先进企业等荣誉称号。近年来，三江集团的年均产值、利润、销售收入年均增长均达10%以上。

（一）三江坚持走国际化道路，不断创新企业体制，增强企业竞争优势的意志力和驱动力

20世纪90年代，三江乘借中国体制改革开放的“东风”，有胆有识，力排众议，以资产换市场，出让51%的股权给小天鹅，实现跨地区、跨行业、跨所有制改制，用三江的“资产”换取了小天鹅的“市场”，在企业改制上开辟了一条新路。当时江苏省委省政府均发来贺电，《人民日报》《光明日报》《新华日报》《解放日报》《江苏经济报》《工人日报》等新闻媒体均作了报道（后来在美的公司收购小天鹅公司时，三江公司又将该股份回购）。三江集团与无锡小天鹅集团公司实行紧密联营，成为小天鹅的配套企业，随之也成为海尔等国内著名制造商的首选动力合作商。三江电机也借着小天鹅、海尔的市场漂洋过海，铸就了“一次创业”的丰碑。

在成绩面前，企业不骄不躁，向国内外电机先进行业学习，排差距、找不足。20世纪90年代中后期，国际家电制造商纷纷抢滩中国市场，三江一班人意识到企业只有走国际化之路，才能得以继续生存和发展。他们下功夫强化管理，使质量管理体系达到外资企业审查要求，花大力气进行技术改造，使部分产品技术达到国际水准。与此同时，三江第一个在靖江开发区征用土地，建设现代化厂房“筑巢引凤”，以过硬的产品质量和优美环境，引来了第一只凤凰——香港海达科技有限公司，双方于2002年出资成立了“江苏三江迪生电

机制造有限公司”，从而迈出了通过中国香港走向国外的可喜一步。后来，得知日本富士通上海空调厂欲找一个合作伙伴为其配套生产电机，他们立即通关系、找渠道与其接触，诚邀外方来靖考察。日本富士通公司在我国开展了几十次调研，比较后认定三江集团条件优于其他厂家，产生了合作意向。后经一年锲而不舍的努力，三江集团与日本富士通公司合资建立了“江苏富天江电子电器有限公司”。合资公司一成立，就高标准、严要求、快节奏地上项目，搞开发，用了不到半年时间，即达到了将世界一流芯片和世界最先进的电机制造技术融为一体的目标。日、中公司法人治理结构互相制衡，规范运作，协调高效，对三江的各个系统也产生了积极影响，做到了当年合资、当年投产、当年见效。富天江公司起点高、效益好、发展快，成了靖江市对外开放的一个窗口。2019 年双方又签订第二次增资扩产的协议，目前各项工作有序推进，前景十分乐观。

（二）三江牢固确立自主研发理念，不断创新技术，增强企业竞争优势的开拓力和扩张力

三江集团的技术创新坚持自主开发和引进技术相结合，走引进—消化吸收—再创新之路。企业打破条条框框，敢想敢干，先后对从意大利、日本引进的全自动生产设备进行消化、吸收和再改造，大大提高了设备的可靠性和效率；对从日本引进的成熟的直流电机技术进行改进和创新，提高性价比，使其成为一种全新概念的高科技电机产品。与港商合资办企业，对引进的国外轮毂电机设计理念重新构思，大胆地进行全方位改进，坚持不懈地克难攻关，终于成功地开发了电动自行车用新型轮毂轮辐电机，赢得了这一产品的市场先机。近年来，三江集团坚持“以市场为导向”的科研开发原则，紧跟产业发展趋势，不断从高从新开发具有高技术含量、高附加值的产品。自主研制的空调 BLDC 电机顺利通过了美的集团的各项测试，成功拿到了 300 万台/年的销售订单；BLDC 电机成为某高端智能升降油烟机的配套产品，该款电机销售量已达 2000 万台/年。继空调用 BLDC 电机之后，直流无刷电机产品群的形成是该公司近年新品开发工作的一大亮点，先后为洗碗机、干衣机、抽油烟机、破壁料理机等配套。企业还先后在美国申请专利，成功突破壁垒，做出了国内唯一拥有自主知识产权的干衣机电机，成为海尔干衣机电机独家供应商。近年来，企业每年开发改进各类产品保持在一百款以上，新品投产率增幅连续 3 年达到

12%，有力地推动了转型升级。同时，企业将市场管理贯穿于产品研发的始终，组织销售、物流、财务、服务等跨职能部门协同作战，并在韩国、欧洲和日本等国家和地区，选择有实力的代理商协助开拓海外市场，在中国香港和新加坡成立自己的销售公司。定期参加国际展会，展示自己，扩大影响，使产品进入国外家电企业的供应体系。

1. 坚持自主培养和外部引进相结合，全面提升科技队伍的创新能力

企业按照“一流人才，一流团队”的指导思想，实行自主培养与外部引进并重的措施。在自主培养方面，集团特邀日本专家五十岚久男、上海交通大学刘品宽教授，对公司的科研开发人员进行定期培训，不断提升科研开发人员的能力和素质。其中，上海交通大学刘品宽教授参与的“空调用纯直流变频塑封电机”项目通过了江苏省组织部的各项审核，被列入江苏省创新人才引进计划。企业注重选送政治素质好、业务技术精的骨干去国外学习考察，并及时将一批年轻人推到一线担任要职，在实践中不断提升工作水平。同时，加大外部引进力度，采用柔性方法引入了日本专家五十岚久男、近滕和仁、沟上富夫，美籍华人陆惠宗博士、姜山博士等 14 名专家，大大提高了科技人才的层次，其中五十岚久男先生获评 2019 年“江苏省友谊奖”，使公司的科研开发水平提升到了一个新的高度。三江还坚持以建设一流平台为目标，先后与东南大学联合设立江苏省微特电机工程技术研究中心，与浙江大学合作成立浙江大学电气工程学院研究生实践基地、成立国家级博士后研究工作站平台，与南京大学张淑仪院士合作设立院士工作站，将这一系列高层次平台搭建成了科技创新网络，推动了产学研深度融合，取得了科研开发的丰硕成果。集团下属 3 家子公司均取得了江苏省高新技术企业证书，拥有 18 款江苏省高新技术产品，承担国家火炬计划项目 2 项；在知识产权方面，公司拥有各类专利 150 件，其中，国内发明专利 14 件，美国发明专利 2 件，日本发明专利 2 件，实用新型专利 132 件，得到了省、市政府的高度肯定。

2. 坚持技术改造和小型改革相结合，以满足科技创新需要

在技术改造中，围绕高新技术开发进行技改。多年来，三江始终把投入自动化生产设备纳入重要议事日程，每年确立目标、制订计划，把技改项目、投入资金与销售收入、利税均纳入考核，做到生产、销售、技改“三同步”。集团坚持每年投入 5000 多万元用于研制高技术含量的微特电机，攻关解决一系列关键性技术难题，先后完成国家级重大攻关项目 5 个，获得数十项电机方面的国家级专利证书。现拥有 12 大系列 460 个品种规格的微特电机，企业平均每两天就有一款新式电机面市。围绕生产智能化进行技改，购置智能化自动装配线、机械手等智能化装备共计 63 台套，现已完成电机绕线嵌线车间的智能化改造工作，并顺利通过上级现场验收。为保证智能化改造进一步顺利实施，集团还与上海交通大学、中国电子科技集团公司第二十一研究所等高等院校和研究所共同规划布局，根据“专业布局—试点实施—以点带面”三步骤的思路，狠抓落实，以实现从制造向智造 + 质造的转变。作为拥有 45 年电机制造历史的传统制造企业，集团不断增加新型检测器具。集团在通过测量管理体系认证的基础上，又以国家实验室为标准，完成了检测中心的全面改造。集团投入资金 1200 多万元，先后引进圆度测试仪、盐水喷雾实验机、RoHS 光谱分析仪等先进的检测设备，共计 43 台套。2012 年，集团顺利通过了“国家实验室认可”，并取得了 CNAS 证书，检验水平达到了国家先进水平，并获得了国际认可。为适应产品和市场发展趋势，集团以“智能车间”标准统筹规划投资新建直流无刷变频电机智能制造及 5G 通信产品智能化生产基地。智能化生产基地计划总投资 1 亿元，已开工建设，投产后预计年新增产值 8 亿元。与此同时，集团还注意开展技术进步上的小型改革、合理化建议等广泛的群众性活动。坚持在现场生产中发现和改进实际问题，重视上下工序互动，在零部件生产上不断创造出新技术、新工艺，并带动了 20 多家配套企业生产水平的提高。

（三）三江紧紧围绕最大化企业效益，不断创新管理模式，增强企业竞争优势的市盈率和生产力

随着企业内外部环境的变化，三江集团原有管理模式已不能适应时代进步和企业发展的需要。鉴于此，集团根据自身实际，积极重构管理模式。

1. 抓企业流程再造，从职能式管理走向流程式管理

针对管理上显露的弊端，大胆地进行变革，将观念上以财务为中心、生产为中心，改为客户为中心、市场为中心，将组织机构上层垂直设置改为直面操作部门，将工作方式纵向管理改为横向管理，从而建立起适应市场不断变化的运转协调高效的快速反应机制，目前正在向零库存管理、零距离生产现场和成品配送、零资本营运迈进。

2. 抓全面质量管理的完善与提高

针对质量体系开放、动态和复合的特性，企业全面推行质量管理与实施系列标准有机结合，不断理顺职责、规范程序、减少流程，将用户满意度运用到质量体系的完善过程中。企业深入开展质量改进或降废减损活动；稳定提高产品质量，降低生产成本；严格质量监督，开展定期或不定期的质量审核，动态监控质量体系的运行状况；强化质量体系管理的过程控制，加强对采购的原料、半成品和产品实现过程的监督控制；推行“零缺陷”和可靠性管理，提高企业的质量管理水平；持续完善 QC 稽查制度，不定期、不定时地对一线员工的操作和来料的质量进行抽查；同时制定了具体的质量考核奖惩制度，力促公司产品质量的稳定提高，最大限度地满足客户的各种需求。同时，通过日本专家五十岚久男，引入日本电机行业的 3Q5S 管理理念。为推行这一管理制度，成立了 3Q5S 管理小组，由管理部主持，事业部、品质部、工艺部共同参与。坚持每天对生产现场和作业场所进行检查，每周小结，对检查出来的问题在集团微信群以及厂区内部进行及时公告、粘贴，切实让“3Q5S 管理”成为做好各项管理工作的重要手段。从而形成了一批高质量、高档次的名优产品，提高了产品品牌的市场占有率和影响力。

抓信息化管理手段运用。在发展信息化的道路上，企业始终坚持“抓牢基础、注重实效”的原则，在各个阶段信息化过程中，稳扎稳打、周密计划、严格执行。2004 年集团上线 EPR 系统，2007 年实现采购、销售、进销存、生产等所有模块成功上线，2008 年上马 MRP 管理系统，实现了集团人流、物流、资金流、信息流的整合。早在 2011 年即开始实施“电机行业管理制造全过程信息化集成系统”建设，在已有的 ERP 及 MRP 系统基础上，应用公司现有的自动化检测及控制设备，通过生产执行系统及公司局域网进行相关数据处理，并且通过条形码技术将生产及库存数据快速、及时、准确地传送到系统中，使 ERP、MRP 系统对产品生命周期及采购、销售、库存进行更加全面的控制及管理，确保流程的通畅性及系统的高效性。

第三节 战略重点：牵住企业战略发展的"牛鼻子"

一、方略：倾力打造企业核心竞争力

企业的核心竞争力是"能使企业为顾客带来特别利益的一类独有技能"；也是组织具备的应对变革与激烈的外部竞争并且取胜于竞争对手的能力集合。打靶要打靶中心，抓战略要抓重心。要站在高起点打造企业核心竞争力，以此来带动全局，发挥起搏与互联的效应，这样企业才能更好地生存和发展。一般来说，我们可通过以下五个方面来构建和提升企业核心竞争力。

（一）深谙内涵，精准构筑核心竞争力

1. 企业核心竞争力代表着知识经济时代的先进管理理念

企业核心竞争力又称核心（竞争）能力、核心竞争优势，是不同技术系统、组织管理系统的有机融合，是企业技术、人才、管理、文化等相关众多因素共同作用的结果。它的关注点不在于企业有形的静态物质资源，而在于无形的动态能力资源。企业有多种能力，并不是所有能力都是企业的核心能力。有一些能力是社会成员共同所有的，所有企业都可以平等地获取。企业的某一产品或者某一方面具有一定的优势，并不代表企业就一定具有较强的核心竞争力；只有这种产品和技术能在较长时间内使竞争对手难以超越而得以保持时，才是企业核心竞争力的真正体现。不同企业具有不同的核心竞争力，但这些不同的竞争力都有着共同特征，即一定的独特性（独一参与市场竞争的能力，能形成自己独特的消费群体，不易被竞争对手模仿或替代）、整体性（其形成是内外部资源和技术能力及支撑能力充分整合的结果，它的功能会渗入全部资源之中，体现在企业经营的一切方面）、叠加性（即两项或多项核心竞争能力一经叠加，可能会派生出一种新的核心能力，这项新的核心能力不是原来几项核心能力简单相加，而是相互融合）、价值性（能显著提高企业营运效率，能实现和创造用户看重的价值，从而给企业带来竞争优势）。可见，企业的实力或者说竞争优势并不在于产品，而在于支撑其产品的核心技术能力。

2. 企业核心竞争力最重要的部分是核心技术

所谓核心技术，就是企业技术体系中一项或几项最为关键的、能保持企业绝对的领先优势的技术。核心技术包括技术核心和设计核心，是企业竞争核心力的基础。目前，越来越多的企业重视自身的技术创新能力。由于各个企业之间有行业、产品门类方面的不同，也有企业技术实力方面的不同，对技术创新的要求以及技术创新要求的条件也不同。有条件的大中企业，应拥有自己的创新机构，明确主攻方向，重点突破；不具备条件的中小企业，应本着量力而行的原则，在自己最具潜力的环节深入发展下去，同样可以建立竞争优势。

3. 企业核心竞争力应建立在专业分工优势上

不少世界500强企业都有过从专业化到多元化再到专业化的经历。过去为了迅速扩大规模，曾兼并过其他领域的企业，后来又回过头来进行剥离和分裂，专一深耕原来主业，又夺回了失去的优势。实践证明，坚守主业、“目不斜视”，不被一时多元的利益所诱惑，兢兢业业在一个领域内精益求精，就能在目标市场上保持多年的产品竞争优势。盲目多元化，背离自己的主业，企业规模可能会大起来，但核心优势一定会越来越弱，给企业带来的风险也会越来越大，企业的优势将不会再持续下去。强调做精做强主业，并非一概排斥多元化，但一定要理性、审慎对待多元化。可在以一业为主、一业称雄、具有强大实力的基础上搞多元化，或搞主业关联多元化，或搞过渡性多元化，并以专业优势为基础，致力于培育各自的核心竞争力（包括科研开发、销售、品牌等方面）。

（二）技术创新，高效构筑核心竞争力

企业技术创新与核心竞争力之间存在着互动的关系，技术创新能使企业在市场竞争中不断获取优势，提高自身的核心能力；而核心能力的提高，又会促进企业不断推陈出新，加快技术创新的步伐，确保竞争优势。企业应首先通过技术创新来构建核心竞争力。

1. 实行自主式、联合式、外引式技术创新

有实力的企业应立足于自我创新，建立基础层、研发层、创新层三层联动的技术创新体系。传统产业和高新技术之间并没有天然的鸿沟，以高新技术支撑的高品质传统产业，同样具有强大的发展潜力。企业应以追求国内外先进技术为目标，瞄准居于行业技术前沿领域的课题和项目，大力开展技术攻关，抢

占科研和工艺水平制高点，使传统产业得到升级，迅速培育和形成自己的核心技术能力。企业进行自主创新要考虑原来产品有哪些技术条件，信息管理系统如何；能否承受资金投入对产出、利润的压力；市场产品是否成熟。目前尚不具备自主创新条件的中小型企业，可以通过追求产品质量和优质服务来锁定消费者，在较长时间内保持产品市场竞争力，以积蓄力量适时创新技术。

每个企业都有构建核心竞争力的目标，企业与企业之间、企业与科研院所之间应进行联盟，充分发挥各自的资金、技术优势进行研究开发，用科研院所拥有较多技术之长补企业研发能力较弱之短；用企业资金实力之长补科研院所缺乏开发资金之短，达到以优补劣、优势叠加、一举多赢的目的。

为加快技术创新，企业可通过从国外其他企业引进技术来武装自己。这种引进模式收效快、周期短，但一次性投入资金较大，要求企业具备资金承受能力和技术消化能力。因此，要通过认真评估论证，引进企业所必需的技术。引进先进技术，应立足软件，强化硬件，引进国外最新专业技术及关键设备，实行引进关键设备和国内配套设备相结合。

2. 建立健全技术创新激励机制

企业内部激励机制是企业创新成功的关键。要创造一个轻松的、非正式的工作环境，容忍创新走弯路或失败。要积极鼓励竞争，竞争能带来创新，同一个技术创新项目，可组成2～3个科研小组，形成组与组之间的竞争。对成功的创新给予重奖，把每年盈利部分按一定比例与创新者分成共享，如股票奖励、股权奖励、期权奖励等。在精神激励方面，除了荣誉、晋升、出国旅游等基本手段外，企业还应重视个人成长、提供学习机会及工作丰富化等，还可以制订高远目标来激励科技人员。

3. 加大企业核心技术保护力度

认真贯彻落实国家知识产权法，熟悉专利的保护与管理，对每一次创新方案都及时申请专利，提高专利申请率，并围绕原核心专利开发应用核心专利，形成网状的专利保护，充分发挥知识产权效应。为防止核心技术流失，可对其实行分类分级管控：一是由极小范围内的人知晓和掌握核心技术、核心资料等；二是建立健全核心技术内控机制，不让一个人或一个部门独立掌控企业的核心技术；三是对核心团队人员和核心人才建立利益关联机制（利益共同体），如让其持股、行使股票期权等。为防止人员流动泄露企业核心技术机密，企业可与职工签订知识产权保护合同，明确权利和义务，通过相关机构公证。为更好地保护知识产权，还可加入“区块链 + 司法 + 知识产权”的“互联网版权保护平台”（又称知识产权保护中心），通过这一平台进行作品确认、侵权监控、侵权分析、侵权取证、代理维权，让每一件专利都能得到有效保护。

（三）变革组织，适应构筑核心竞争力

企业技术创新和组织能力之间存在着必然联系，而组织能力在某种程度上比技术创新能力更为重要。日本企业之所以在 20 世纪七八十年代较美国企业更具有竞争力，最重要的因素是它们出色的组织管理能力为企业提供了技术创新的平台。目前一些企业具有形成核心竞争力的潜在技术能力，但由于管理能力较弱、缺乏统摄能力，其优势难以发挥。鉴于此，企业应根据自身实际，通过变革经营模式来提高组织能力。

1. 抓流程再造，从职能式管理走向流程式管理

在思想观念上，将以财务或以生产为中心转变为以客户或以某项目标为中心，按流程来组织部门，从而提高构建竞争力的效率。在组织机构上，改层层设置为直面操作部门，不是依据传统职能设立部门，而是围绕形成核心竞争力，或按产品单位设立组织（事业部制），或按经营战略来设立组织机构。遵循因事设职、因职设权原则，由总部进行合理的分权、授权，充分发挥管理人员的主动性和创造性。在工作方式上，改纵向管理为横向管理，减少管理环节，增加管理幅度，适应市场快速变化，最大限度地实现技术与组织管理的功能集成。用系统的方法将关键管理活动结合起来，实行自我控制、自我管理，有效地实现企业目标和个人目标的统一，从而实现最优整体效能。

2. 抓信息工程建设，从用物质手段处理信息转向用网络手段处理信息

将信息化工程建设列为“一把手工程”，组织全员参与，统筹规划，分步实施，坚持标准，措施到位。通过阶段目标的推进，实现信息化的整体目标，在现代网络技术支持下，建成以财务管理为中心、覆盖企业管理各个系统等模块组成的企业资源系统，实现人流、物流、资金流、信息流和价值流的集成，提高内外部信息交流速度以及现代化管理能力。同时，运用建立在信息管理基础上的知识管理，重视人的作用和人际沟通，组成团队并以团队形式活动，减少管理层次，同时进行一项和多项工作，把管理推向一个更高的层次。

3. 抓核心资源开发，从重视硬件建设转向重视软件建设

核心资源（品牌、专利、人才）是企业最重要的资源，如果没有核心资源，基础资源（土地、厂房、设备）再好也发挥不了作用。因此，要十分重视通过开发技术资源和人力资源来积累软件资产。在技术资源的开发上，多引进国际经济技术，采用先进的技术和工艺，大力开发具有国内外先进水平的产品。同时，积极开展创新创优活动，不断提升产品品质，增加市场竞争力。并把人才开发作为一项长期的战略来抓，通过多种形式、多种途径，培养一批政治素质好、技术业务精的骨干，造就一支实战型、本土化的人才队伍。这样，使无形资产（软资产）作用于有形资产（硬资产），企业的竞争力就会变得更强。

另外，可采用体现柔性化、弹性化、扁平化管理特征的脑力外包，把不擅长或投入不太合算的管理部分，如信息技术管理系统、财务和人力资源管理等，交给专业公司操办，从而规避企业风险，摆脱杂务干扰，专业经营核心资源，培育出自己独特的竞争优势，使企业兼具灵活性和创造力。

（四）培育文化，聚力构筑核心竞争力

企业文化是一个企业持有的最高经营理念、基本价值观，是企业可以采取的除财务控制、行政控制、智能控制之外的一种无形控制手段，是凝聚全体员工构筑核心力、长期为共同目标奋斗的动力源泉。海尔集团是一个以文化取胜的典型，海尔文化的特点用公式表示，即海尔文化 = 日本管理（团体意识和吃苦精神） + 美国管理（尊重个性和技术创新） + 中国传统文化的管理精髓（宽容和谐）。在新的市场竞争环境下，要把以企业文化推进企业发展进步的精神力量，作为衡量企业综合实力和竞争力的重要标准。

围绕构筑核心竞争力，在培育文化的过程中，一是要塑造企业灵魂。结合企业实际，提出能滋润人心、凝聚人气、催人奋进的企业精神，引导职工树立正确的世界观、人生观和价值观，帮助职工增强竞争意识、团队意识、发展意识、创新意识、风险意识，为持续发展和核心能力开发提供强大的精神动力和智力保障。同时，注重维护职工的根本利益，畅通民主管理渠道，有针对性地做好职工思想政治工作，切实帮助解决职工的实际问题，以调动他们的积极性和创造性。二是要塑造协同作战风貌。积极倡导团结合作，实现个人智慧和集体力量的和谐统一，产生 1 + 1 > 2 的效应，并用有关机制激励展示这一风貌，

从而提高企业的战斗力和创造力。三是要塑造企业品牌形象。实施品牌发展战略，以价值最大化为目标，以创建精良产品为核心，以提高生产经营水平为依托，不断提高用户的满意度和扩大产品的市场覆盖面，从而充分发挥核心竞争力的效应。

（五）把握大势，动态构筑核心竞争力

从正反案例中可以看出，有的企业昙花一现，有的历经坎坷仍生生不息，其原因在于，市场变化时，企业能否及时调整与再造核心竞争力。当下，全球技术革命和产业革命日益加快，智能化、低碳化和服务化发展已成大趋势，智能化在核心竞争力构建结构中所占比重越来越大。不能一味地固守既有的核心优势，要不断调整和努力创新，以适应变化的外部环境，保持可持续发展的竞争优势。应站在战略的高度，以做强做大为目标，坚持创新第一动力，加大招智引才力度，使平台（三站三中心）提档升级，技术改造持续不断，产学研合作深入推进。坚持以为企业、为社会、为用户为价值导向，瞄准国际一流标准，聚焦高新技术，突破关键领域和关键环节，抢占制高点，迈向全球价值链的中高端。通过核心技术来培育自主品牌，提升发展质量，强化关键技术控制力，增强产业集群带动力，优化产业创新链条整合力，促进新产业、新模式、新业态健康成长，使企业在一个较长时间内，保持现实或潜在竞争优势的动态平衡，推进企业新一轮繁荣发展。

二、案例：赛德力机械——以核心技术托起行业全国第一

国内离心机行业的代表——江苏赛德力制药机械制造有限公司（以下简称赛德力）的前身是一家小型机械厂，40 多年来，在勤奋进取的董事长、总经理顾根生的带领下，赛德力心无旁骛，专注于制药机械行业，将核心技术作为企业核心竞争力的主心骨来抓，潜心研发核心技术，以核心技术开发高端产品，以高端产品拓展国内外市场，取得了令人瞩目的优异成绩，现已成为国内领先的一家集科研、生产、销售、服务于一体的高新技术集团企业，国内最大的分离机械生产基地之一，已建成江苏省固液分离智能系列工程技术研究中心。其产品替代同类进口产品，荣获国家多项专利，“永旋”被评定为全国驰名商标，各项经济指标在国内同行业稳居第一，产品覆盖国内 30 多个省份，且远销德

国、俄罗斯、印度、韩国等14个国家和地区，在国内同行业中享有盛誉。目前该公司正处于高速增长期，为拓展新发展空间，公司立足高起点，打造全球分离机诊断中心。

（一）坚持以科技为第一生产力，以科技创新构筑核心技术优势

赛德力人对于掌握核心技术的重要作用和意义是在曾经发生过的两件事中受到深刻启发的：一件是有一次与美国同行产品价格悬殊，美国生产的是高新技术产品，自己多是“大路货”；另一件是在走访药品生产企业时了解到，由于有的专用设备受制于国外，只能生产原料药，生产出来的产品只有微利。这使他们充分意识到，要集中一切有效资源开发核心技术与核心产品，实行“以国代进”才能取得市场的主动权和话语权。

1. 立足自我开发，加快提升自主创新能力

赛德力从完善提升研发机制抓起，强化科研和技术开发中心建设，认真制订高端项目开发计划，建立健全项目责任制，优先保障各项创新要素，明确激励鼓励政策，充分调动开发人员的积极性和创造性，确保开发选项准、起点高、速度快。譬如，2018年得知陕西一家制药厂急需购买一台进口离心机，赛德力立即前往，与对方反复洽谈论证，结果对方同意该设备由赛德力试生产。后经无数次的试验、不分日夜的攻关，替代进口产品按时运抵对方。交付后经使用表明，各项性能与国外同类产品相同，个别参数还有优势，而价格比国外同类产品低得多，大大节约了成本。赛德力还针对行业发展中的新要求，选择难点，逐一攻坚。如化工、药品原料分离过程中残存物料的消除，用人工费时费力，影响效率，可能增加交叉污染、降低物料品位，还会影响到一线操作工人的健康和一线操作环境的保护，被称为世界性难题。公司的攻关小组采用集成创新方法，将拉袋式离心机与刮刀离心机相结合，历经上百次的试验，成功研发出拉袋刮刀式离心机，较好地解决了上述问题，实现了重大突破，取得了国家发明专利。

2. 与国内知名高校、研究院所结盟，加快科技创新步伐

赛德力公司与西安交通大学、中国科技大学、扬州大学的相关材料科学和工程学院及中国通用机械研究所结盟，共同进行开发研制，使分离、环保等核心技术领先于同行，大大加快了科技创新步伐。

3. 与国际著名制药机械公司合作，加快提升制造水平

公司与瑞士福莱姆公司、德国菲马公司等世界领先的制药机械企业共同开发生产一种处于世界领先地位的集分离、干燥、灭菌、高效程序控制于一身的离心机，实现了由单一功能向集成功能的转变，产品满足了高端客户对无粉尘、无菌化生产的要求，使公司的制造水平又迈上了一个新台阶。

（二）坚持以用户满意为第一要务，以打造“永旋”品牌来彰显核心技术优势

1. 坚定走品种质量高端路线

公司每年拿出销售额的4% ~5%专门用于研发新技术，不断将高新技术融入产品之中，推进产品向差别化、高端化、系列化发展，由单一功能转向多功能，小系统转向大系统，上道数据指导下道作业。在国内率先研发了多个高附加值、替代进口的高端产品，形成100多个系列产品，年产3000余台，其中高新技术产品占比达到80%以上，满足了国内外客户的需求。

2. 坚定实行全面质量管理

建立质量一把手责任制、全员参与、全过程覆盖的质量体系。质量一把手责任制，就是总经理、分工副总经理、分公司经理、部门经理等领导的逐级责任制，通过召开质量例会等形式剖析、解决质量问题，加强监督及激励等。“全员参与”就是通过表彰、奖励等形式鼓励全体员工参与改进项目。“全过程覆盖”就是对研发、制造、采购、服务等各个环节全面实施质量改善，以各个细节的改善促进整体品质的提升，进一步擦亮“永旋”中国驰名商标。

3. 坚定诚信经营理念

公司视用户为上帝，将在产品品质上追求完美，确保产品出厂都能稳定运转，且有较高的完好率，作为讲诚信的首位要求。在服务方面想客户所想，急客户所急，帮客户所需，对于一些其他企业不愿意干的事也能当作分内任务，如对国外产品的改进、对老设备的技术更新等，只要客户提出要求，赛德力就提供服务，朝着客户满意的方向去努力。

（三）坚持以创新为第一动力，以提升创新力增强核心技术优势

1. 构建人才高地，增强知识产权创造和保护能力

赛德力花高薪引进国外顶尖技术人才，聘请国外销售顾问。为吸取国外先

进技术与管理经验，选派多名优秀人才到国外学习培训。同时，与国内外16个研发平台建立了紧密型或松散型的合作关系，不断吸取他人之长、弥补自己之短。注重通过激励制度，引领推动“操作工”向“技术工”转型。公司现有2名博士生导师、6名教授级高工、8名高级工程师、52名助理级工程技术人员，建成了一个国内领先的专业科研所和一个分离、干燥技术实验室，获得发明专利和实用新型专利百余项。

2. 实行强强联合，不断提升研发水平

重庆江北机械厂原先是一家国有企业，是全国做离心机最好的企业，但由于经营机制老化，企业发展较慢。2015年该企业进行混合所有制改革时，赛德力从长远发展考虑，应邀参与，占股59%，与重庆江机强强联合共建国家级离心机研发中心，倾力打造离心机品牌航母，提升与国外离心机企业竞争的能力以及自身的技术水平。同时，赛德力注意通过兼并重组的方式，达到技术优势与市场优势叠加的效果，收购了一家国内研发机构，将对方的研发平台与赛德力的市场平台联结，开发出我国大型船舶及军舰上用的分离机，延伸了产业链，做到了替代进口。

3. 培育新产业、新业态，打造多元价值链和效益增长极

为了充分发挥自身的技术优势，公司紧跟国家发展新能源汽车的部署，新上锂电池新材料生产设备的自动流水线，并在浙江召开推广会，提前做好市场准备。随着这一行业需求量的激增，这些措施可以助力加快做强做大企业。

（四）坚持以振兴民族工业为第一追求，以持续创新来永葆核心技术优势

赛德力离心机的开发与研究已有20多年历史，在分离、环保等技术领域形成了自身的独特优势，达到国内外一流水平，同时，占领了部分国际企业原先在中国以及东南亚地区的市场，成为外商的竞争对手。2018年某外国公司为了垄断市场，抵御抗衡，愿用高价收购赛德力，但其没有同意，赛德力认为制药是为人类健康做贡献，既然进入了制药行业就准备做得最好最大，因为接触和了解一个行业不容易，尤其是其拥有了自己的核心技术、核心产品，更不容易。要缩小与国际企业的差距、振兴民族工业，就要在核心技术上去创造、去赶超。如果卖掉公司，自己失去掌控权，以后要想在这个舞台有所作为就没有机会了。赛德力算大账，算长远账，算企业的账，算国家的账，便委婉回绝了那家外国公司的购买要求，而是商定两家公司在技术上进行合作，共同研制开

发，力争实现互利共赢。

目前赛德力公司正在规划和落实三件大事。①紧跟信息化与工业化融合的步伐，加快实现工厂制造的智能化与用户产品的智能化。鉴于离心机类型多、品种杂，实行智能化、定制化、标准化生产有一定难度，公司作为中国化学工业协会副会长单位、中国智能制药装备委员会主任单位，受托牵头开发智能制造装备责无旁贷。为此，企业成立了智能研究所，整合创新资源，汇聚创新力量，力争在短期内完成这一研发任务。同时，设立全球离心机诊断中心，该中心通过对离心机开展结构仿真、信息检测、振动分析与故障诊断的研究，使用物联网、大数据与人工智能等科技前沿技术，实现对全球离心机的实时在线监测、远程运维服务与远程故障诊断，能准确知晓客户的服务诉求信息，从而为客户提供更为优质的服务。②把准科技信息动态，持续进行技术创新。赛德力在国外设立代理处、代理商，及时捕捉产品技术和市场信息，让市场和客户成为产品技术开发的强引擎。强化科研开发和投入，规划将产品技术研发中心建成全国一流开发机构，不断增强自身核心研发能力。狠抓深度开发，延伸产业链，放大价值链，在产品的高新化、高端化、高效化上做足文章，释放核心技术的虹吸效应。③坚持科技与管理两轮驱动，着力提高运行效率。根据子公司多、分布广、产品生产状况不一的现状，正在研究探索现代集团化管理体制，力求建成有统有分、协调高效的运行管理系统，为公司稳健持续发展夯实基础，为制药行业发展、振兴民族工业做出更多贡献。

第四节 战略管理的实质：将正确的事情做正确

一、方略：以柔克刚，应对不确定性

随着环境不确定性的急剧增加，要保持企业持续的竞争优势，传统的战略管理已显苍白无力。对此，我们应以环境不确定、未来不可预测、系统复杂性和演化动态性为基点，改革管理模式，建立一套重在实用灵活、刚柔并济、进退自如的后现代战略管理机制，达到正确识变、科学应变，以变化挑战完美，以战略柔性应对不确定性，将不确定性转为确定性。

（一）不断尝试修改战略，尽快适应不确定性

有一个事例对我们很有启发：火箭在发射过程中，路程开始的3%是正确定位时间，以后的97%是朝目标不断修改的时间，这说明确立目标和定位之后，要经历的是不确定的，变化大于计划，要不断修正向着目标进军的过程。在过去的年代，人们在作决策时，紧盯着数字和市场调研报告，建立量化模型，不自觉地被各种定量分析管理工具所束缚。实际上，调查报告、统计数据、信息资讯等本身的缺陷较多，仅凭理性和分析无济于事。加之受我们的知识与经验的约束，难以看透外部复杂的环境，我们在预测上往往会出现疏漏和偏差，即使一个现在表现良好的业务结构也并非一劳永逸，需要不断进行动态调整。因此，战略管理应该具有一定柔性。在制定战略目标时，备有多种方案，一般制定三种情况下的战略目标：环境有利，采取发展型战略，使企业在现有水平上向更高一级目标发展，不断开发新产品，开拓新市场，采用新的生产方式和管理模式，扩大生产规模，提高竞争地位，增强竞争力。如果环境没有多大变化，企业经营的各个方面没有大的改变，则采取稳定型战略，或以较小的幅度增长。环境不利，则采取紧缩型战略，从现行经营战略领域和基础水平收缩或撤退，避开环境的威胁，伺机重新配置资源，达到以退为进的目的。并认真分析三种战略的可行性和利弊得失，从而选择一种战略方案，将其他两种作为备用。同时，要根据情况的客观变化，及时检讨、调整、更新战略，从而不断地从尝试修改中寻找最佳方案，形成能适应不确定环境的企业战略。

（二）积极开拓企业发展新的路径，主动降低不确定性

第一，从利润发展转向价值发展；第二，从自我发展转向并购发展，尤其侧重于技术类并购。企业发展内部是合伙，外部是合作。传统经营“规模＋成功”已过时，创新企业是“互联网＋产业”，实行线上线下一体化。不走“互联网＋”，就会被“互联网－”。

（三）加强风险防范和应急，及时化解不确定性

在充满高度不确定性和存在大量偶然性的现实商业环境中，在变化越来越快的市场上，不管战略多么正确周全、业务结构多么优良，也不可能具体到所有的细节，总会遇到始料不及的突发情况，并且在实际执行过程中也难免发生

一些偏差。因此，企业不仅要能迅速处理好突发事件或突变市场，而且要特别重视风险和危机，提前制定风险防范方案，把风险和危机消灭在萌芽状态。强化监控危机信号，于前预测防范风险，于中控制化解风险。一旦危机发生，采取紧急应对措施，以最快速度设立“战时”办公室或危机控制中心，策划一个具体的危机处置方案，调配训练有素的专业人员，有重点地采取措施，确保及时获得所需资源，并根据危机的变化情况，不断调整危机处理方案，及时化解不确定性。

二、案例 1：亚星锚链——科学优化战略，圆世界一流梦

江苏亚星锚链股份有限公司（以下简称亚星锚链）原身是一家村办厂，40 个春秋不平凡，创业成果不简单。有过民营企业兼并国有企业“小蛇吞大象”的神话；有过打破国外企业长期垄断系泊链领域的奇迹；有过一个村办厂嬗变成主板上市企业的佳音；新建了一个现代化的亚星工业园屹立在长江之畔。该公司现已成为国际锚链行业竞争实力最强和规模最大的锚链、系泊链生产企业，荣获了“国家高新技术企业”“国家火炬计划重点高新技术企业”“中国民营科技 500 强企业”等称号。这些成绩的取得，源于董事长陶安详一班人有胆有识开辟新路径，实现了发展战略的有效转型。

（一）围绕不断提高企业核心竞争力，推进产品制造向产品创造转型

该公司从锚链起家，经过几次大的技改，得到了迅速发展，规模和效益不断提升，国内不少企业看好这一行业，纷纷上马锚链生产线。公司意识到，这种竞争态势将会危及企业，需要及时调整思路，避开同类产品“红海”拼杀，寻求差异化产品“蓝海”。自 2003 年起，公司就开始寻找未来经济新的增长点。在市场调研中，公司敏锐地察觉到，海洋时代已经到来，发达国家海上石油开采已从浅海向 1000 米以上的深海发展，大量深海石油开采设备将得以投资建设，海洋系泊链的需求将会大增，很多国家也开始将重点转向海工产品。于是，公司确立了新的奋斗方向——开发石油钻井平台用的系泊链，在高端海工行业抢占市场份额，把亚星锚链打造成为世界系泊链产业的领跑者。

但是，生产系泊链门槛高、风险大，镇江锚链厂从 1992 年开始投入海工

领域，这个当时亚洲最好的锚链厂，竟然10年间没接到一个国外项目订单。日本和瑞典的锚链企业，也都因产品质量问题，在海洋系泊链上吃过大亏。西班牙等国的垄断企业也在想方设法控制全球市场，要进入这个领域难上加难。尽管如此，公司还是下定决心做系泊链，从2004年起，公司就开始调整战略，投入3000多万元进军海工行业，研发海洋石油平台系泊链。公司认为："这样高难度、高技术含量的链子不能不做，亚星的船用锚链已达到世界一流水平，如果不做系泊链，就是大而不强！"随即，公司上马系泊链制造专用机组，在开发过程中，凭借梦想和毅力，攻克了一个又一个难关，并采用国际领先的制造技术确保研发产品质量。

2005—2007年，亚星锚链R3、R4级系泊链的研发成功，打破了国外企业在系泊链领域长达30年的垄断。2005年，海洋石油平台系泊链产品收到美国API总部质量体系认可证书。当年，一批系泊链产品出口到新加坡，一举创造了中国生产系泊链的神话。2006年，RQ4石油平台锚链被江苏省科技厅认定为"高新技术产品"；2007年，高强度RQ4石油平台锚链入选"国家火炬计划项目"。

新产品问世后，遇上了2008—2010年的国际金融危机，系泊链订单几乎为零，产品销售受挫，但公司仍然坚定地走看准的路，研发、技改一天未停，反而进行了产品升级。这时有的大锚链厂也想开发系泊链，但公司已经抢先一步，捷足先登。R5系泊链的研发生产困难较多，制造所需的专业原材料国内尚处于空白；而对于超高强度钢的焊接和热处理工艺，欧美国家亦处于研究阶段。当"海洋石油981"项目组提供R5系泊链设计参数的时候，公司做出了攻关承诺，决定投入数千万元进行自主研发。国内七家高校与研究机构也参与其中，上海大学承担氢脆拉伸试验，宝钢钢铁研究所承担材料研究。产学研用四位一体，汇聚成一股强大的攻关力量，成功研制出了该产品。超高强度R5系泊链的成功研发，打破了国外少数国家长达30年的技术垄断，填补了国内空白，产品技术水平达到国际先进水平，超高强度R5系泊链获"国家重点新产品证书"。

按照"生产一代、开发一代、储备一代"的总体思路，超高强度R5系泊链批量上市时，公司又与科研院校继续合作，研究开发R6高等级锚链，努力做到产品换代节节相连、创新发展环环相扣、转型升级步步为营。目前，亚星锚链对 R6 系泊链的研发已取得成功，2020 年年初，公司与招商局重工（江苏）有限公司在上海签订“CM－SD1000 中深水半潜式钻井平台 R6 锚链”合作协议。由亚星锚链在全球首制的 89mm 直径超高强度 R6 级海洋系泊链，将被应用于我国新一代中深水海洋钻井平台建设，成为“国之重器”的重要组成部分，初步实现了大型高技术船舶和深海工程配套由中国制造向中国创造的跨越。

（二）围绕奠定行业国际领先地位，推进做产品向做品牌转型

强大的企业需要强势的品牌支撑，“拿品牌说话”已成为当今国际通行的市场准则。用品牌赢得市场，“做世界上最好的链条，做最受客户欢迎的供应商”是公司推行企业品牌发展战略追求的目标。

公司持之以恒走“质量为本、科技创新、创民族品牌”之路，恪守“质量为本、世界一流、精心制造、环环可靠”的质量方针，从原材料进厂到产品售后服务，全方位采用国际通用的 ISO 9001 系列标准管理。为追求产品“零缺陷”，公司在闪光焊接、热处理、性能测试等方面采用科学、严格的计算机全程监控和记录，以此确保产品的合格率和一致性。正因如此，比“泰坦尼克号”大二倍的“玛丽皇后 2 号”和 2006 年下水的“海洋自由号”这两个价格昂贵的世界超级豪华游轮，都选中“亚星锚链”作为其船舶安全的保证。马士基航运公司制造的世界最大的 11000 箱集装箱船，也选择了 137mm 亚星锚链作为其“保护神”。

继获得“江苏省著名商标”“江苏省名牌产品”“江苏省重点培育和发展出口品牌”等荣誉称号之后，2009 年亚星又获得“中国驰名商标”称号。在此基础上，公司始终立足自身的发展特点，制定品牌发展规划，稳步实施名牌战略。坚持以市场为导向，围绕产品结构调整，加强工艺技术创新，深入推进企业质量管理，提升质量、品种、效益和出口水平，扩大亚星产品知名度，树立了中国名牌产品形象。

2014 年，亚星以雄厚的实力，成功跻身世界前五大海洋石油公司的合作供应商名录。亚星参与完成的“超深水半潜式钻井平台‘海洋石油 981’配套 R5 系泊链”项目，再一次稳固了其国际领先企业的地位。同年 12 月，公司在北京人民大会堂领取了“2014 年度国家科学技术进步特等奖”。在此基础上，公司围绕海洋工程锚泊系统超高强度 R5、R6 系泊链的设计和生产，持续改进创新，使得自主自控核心技术能力得到进一步提升。截至2020年年底，公司申报具有自主知识产权的国家专利60件，获得发明专利授权10件，主持制定两项国家标准、一项国际标准。

（三）围绕加快做强做大企业，推进经营资本向资本经营转型

企业发展到一定阶段，只有走兼并重组、企业上市资本运作之路，才能迅速裂变壮大。1999年企业改为股份制有限公司，一年后，即收购负债累累的国有马鞍山锚链厂；五年后，收购困境重重的国有镇江锚链厂，创造了“小蛇吞大象”的佳话。当时有个收购镇江锚链厂“添零战略”：2002年公司的销售额是2亿元，10年内要实现销售额20亿元。亚星锚链2008年的销售额就达到了22亿元，提前四年实现了目标。

在兼并重组完成后，亚星锚链围绕企业上市，加快完成了一系列准备工作，于2010年12月28日在上海证券交易所A股上市，这对于亚星锚链来说是一个全新的开始。企业上市后，发展实力大大增强，为企业转型升级提供了充裕的资本支持，企业形象也很快得到提升。同时，企业信誉、品牌、社会责任得到国外公司的认可，进一步拓展了系泊链的国际市场。

当时企业一上市，净资产就增加了20亿元，在大量资本面前，公司保持清醒头脑，把握资金投向，确保资产保值增值。“船用锚链世界第一”还不够，公司要再拿一个世界海洋系泊链的冠军。近年来，为实现这一目标，公司一边围绕智能化生产，大力进行技术改造。一边按照高标准要求建设海工产业园。新建产业园占地15.9万平方米，总投资10.23亿元。该工程分两期实施，一个自动化、智能化、规模化的现代企业正在焕发着生机和活力。

与此同时，公司遵照《中华人民共和国公司法》的要求，加强法人治理，实行民主决策和监督，进入了社会化、科学化轨道。亚星锚链以50%的年平均增长速度在赶超了世界同行100年的发展水平，崛起为国内外造船、航运、海洋工程三大领域公认的“世界优秀工厂”，也被业内人士看作中国锚链走向世界、创建民族品牌的领跑者。在成绩面前，公司始终保持清醒头脑，不骄不躁，在产品创造上持续发力，在品牌打造上再上水平，在资本经营上不断探路，巩固和提高亚星在全球行业第一的地位，将打造“百年亚星”的基础进一步夯实，为中国民族工业的振兴做出新的贡献。

三、案例2：迈能高科——从产品竞争战略走向生态共赢战略

江苏迈能高科技有限公司（以下简称迈能高科）专业从事供暖、太阳能、空气能家用及商用多能源搪瓷储能水箱的研发、设计和生产制造，先后荣获国家高新技术企业、省级技术中心、省级“专精特新”示范企业等称号。近年来，在董事长朱庆国带领下，公司围绕国家“十四五”规划的“双碳”（碳达峰、碳中和）目标，结合自身的“3510”（3年、5年、10年）战略规划，聚焦核心业务，深度拓展“低碳多能源储能”新业态，从产品竞争向系统解决方案升级，从系统解决方案向生态共赢升级，不断提升数字化时代的组织能力，延展新的“专精特新”领域，为实现跨量级增长、打造全球新能源行业领先生态型企业蓄势聚能。

（一）切实更新观念，调整发展思路，瞄定战略升级

当下，全球正经历百年未有之大变局，面临的不稳定性和不确定性突出。迈能高科所处的新能源行业，与国家“双碳”目标紧密关联，这既给公司带来了挑战，也带来了机遇。国家正大力推进创新平台和落地应用示范项目建设，只有主动接受内外部环境变化和挑战，着眼长远，突破认知，跳出“舒适圈”，持续提升竞争力，才能抓住良好机遇，赢得主动权。因此，迈能高科根据国家的“双碳”目标，对标全球行业标杆，把握当今技术发展新动向，结合自身优势及行业发展走势，聚焦价值领域和客户，开发创新型多能源集成系统及关键部品，为客户提供低碳热水供热产品、解决方案及服务，并持续为社会创造价值。与此同时，迈能高科在统一管理干部思想的基础上，修订中长期规划，明确战略升级的指导思想，走融合创新之路，不是伤筋动骨，而是固本培元，以求在夯实核心业务的基础上再提升、再创造。为确保战略升级落地，迈能高科多点突破带动产业布局全面升级，并从时间和空间两个维度将具体任务和要求落实到各事业板块和职能部门，确保战略升级落地。

（二）强化科技创新，提升核心技术，支撑战略升级

迈能高科成立17年来，已主持和参与制定6项国家和行业标准，拥有专利100多件（其中发明专利15件）。公司产品已通过澳洲WaterMark认证、国际CB、欧洲Solar Keymark、沙特SASO等海外认证，并突破26万次耐压测试

行业最高标准；与全球100多家热能及暖通知名企业和领先品牌建立了战略合作关系。公司具备可再生电力、热能、暖通等全球化的联合研发创新能力，为加快技术进步、整合全产业链生态奠定了基础。

目前，公司积极响应国家“双碳”目标号召，认真贯彻江苏省科学技术厅、江苏省财政厅联合出台的《2022年度省碳达峰碳中和科技创新专项资金项目指南》，紧扣绿色低碳转型发展进行科技创新。公司成立了泰州首家国正碳中和研究院；规划建设能源、环境与健康生态国际产业园，实现应用包括太阳能光电、光热、空气能、燃气、电能等多能源模块化、数字化系统的研发制造和销售；在全球研发中心增设技术研究所；与高校、科研机构深度合作，夯实基础技术；成立工程技术中心，为客户提供方案设计、工程交付、智能服务、GMO Care + 延保等“一站式”服务。公司在本地成功为扬子江大酒店、百盛酒店集团、江苏省靖江高级中学等项目提供低碳多能源热水解决方案，助力政府碳中和学校、碳中和医院、碳中和社区、碳中和工厂、碳中和城市建设。

（三）力抓管理创新，激发内生动力，保障战略升级

迈能高科围绕行业变化、客户结构变化，不断完善、提升经营管理能力，保障战略升级。持续强化精益理念，深入弘扬工匠精神，建立健全长效精益管理机制；复盘现有制度、流程，更新和完善不符合精益生产要求的制度和流程，落实精益思想和工具到每个职能部门，提升运营组织能力，打造具有自身特色的精益工厂；导入稻盛和夫的“理念＋算盘”自主经营哲学，培养目标与理念相吻合的经营人才；学习华为的大客户营销，创新绩效管理；建立健全考核评价机制，确保公司重点项目和经营指标顺利完成；打造学习型组织，加强团队能力建设和专业知识学习，为企业技术创新、管理创新和高质量发展提供有力支撑。

公司践行“员工幸福、客户满意、社会认可、永续经营”的核心价值观，围绕“双碳”目标，尽心尽力为公共建筑、工厂建筑、商业场所和居住建筑提供低碳热水、供热产品、解决方案及服务，持续为社会创造价值，为全球气候改善做出贡献。

第五节　战略管理的关键：战略规划落实落细

一、方略：科学实施战略规划“四步曲”

战略管理是指对企业规划的制定、实施和控制所进行的管理。其管理过程实质上是争取消费者（用户）认知的过程。中小企业和大企业有同样的逐利性和长远稳定发展的需要，这决定着每个企业都要制定有参照作用的发展规划，并通过战略规划的实施，驱动企业不断追求新的目标。其实施步骤一般有以下四个方面。

（一）按照时间的同步性和空间的合理性要求，利用综合平衡和系统协调的手段，搞好分解

①空间分解。即把战略方案的内容分解到各事业部门、业务部门、分公司或车间，再由这些部门分解到岗位个人，形成层层目标明确、岗位职责清楚的责任体系与目标体系相结合的矩形系统。②时间分解。即把战略方案中的长期目标，从时间上分解成阶段性目标，确定到什么时间达到什么样的程度，便于实施和检查。正确处理近期目标与长期目标的关系，长期目标以近期目标为基础，而近期目标的确定，要建立在当前的市场定位上。因此，在战略实施中，应脚踏实地，一步一个脚印，步步为营，积小胜为大胜。

（二）建立与战略相适应的组织结构和管理机制

由于存在战略的前导性与组织结构的滞后性，在战略实施过程中，要针对组织结构的优势与劣势，设计开发出能适应战略需求的组织结构模式。可运用企业再造工程，将战略实施的关键活动划分为若干单元，然后将这些单元作为组织结构调整的基本框架，并予以匹配的责、权、利。从而由职能式向流程式转变，由纵向式向横向式转变，使企业组织更加扁平化，减少管理层次，提高管理效率。同时，配之以相应的管理方法和手段，既要有适应市场竞争考核的激励机制，不断提高员工的积极性与创造性；又要有完不成任务的追究机制，把企业风险减少到最低限度；还要随着战略任务的变化而及时调整组织结构和管理手段。

（三）严格战略控制管理

1. 紧扣控制环节

在分解落实战略方案内容的同时，确立衡量工作成果的标准，用来评价企业各级怎样达到目标和是否达到目标。建立报告和通信等控制系统，根据收集的信息资料，及时进行分析，找出实际成效与评价标准之间的差距及其原因。如果审查结果达不到预期水平，应视具体情况，采取纠正措施，并努力缩短纠正时间。

2. 强化控制手段

所有权控制。通过对子公司所有权的控制，使母公司占有大多数董事会成员席位，从而控制企业重大事项的决策，让子公司的运作更加符合母公司的意图。财务控制。除各子公司在生产、销售、分配等方面有充分的自主权外，在资金使用上由总部统一扎口，做到分权不揽权，又不失控。同时，通过预算和非财务的业绩指标来控制子公司，如生产能力、市场占有率、公共形象、员工素质等。人员控制。培养和使用忠实于公司事业的管理人员，使他们从优先考虑自身局部利益转到积极落实整体经营战略目标上来。

3. 建立控制机制

建立计划控制机制，使短期、中期、长期计划与目标相吻合，计划与环境相适应，计划内容与现有的资源和经营部门的能力相匹配，能承受一定的风险，并能调动职工积极性等。建立数据资料的控制机制，主要通过收集和提供与本企业经营战略有关的数据资料和系统来控制，其中包括信息系统、成果评价系统、资源分配程序、预算过程等，其关键在于信息的有效、及时和准确。执行部门解决争议的控制，可以通过确定和调整决策责任、建立争端解决程序、建立相应的协调组织来解决；也可预先控制，通过管理自动化、权力高度集中、与外部组织共担风险、转移或放弃某项经营活动，消除和减少有关控制活动。

（四）慎重转变企业战略

当战略分析得出需要企业远离现在的产品或市场位置的结论时，必须慎之又慎，反复考虑。如确定需要转变，该转到什么行业和产品上去，要充分调研、多方论证、科学决策。经营者要考虑怎样才能更好地满足客户现在和未来的需求，如何找到更高的竞争位置，如何抵抗行业中的多种竞争力量。企业从现在的位置到它应该到的理想位置所需变化程度是相当大的，要尽可能立足企业的基础进行调整，做到转移成本少、见效快。要进一步考察行业，多做几个细致的力量场分析，看哪些因素是帮助企业到达远景的推动力、哪些是阻止企业向正确方向移动的抵抗力，如果推动力大于抵抗力，就可以转变，否则，不可盲目行事。确定转移以后，必须采取积极的行为。经营者要承担一个或几个加强推动力或削弱抵抗力的行动；给管理者一些资源和支持以完成这些行为；设置最后期限，监督变化情况，必要时采取一些纠正性行为。还要跳出事务圈子，多想多做，努力避免转移的抵抗，推动迅速转移，以取得令人满意的效果。

二、案例：永涛实业——倾心实施水稻种植全机械化战略

江苏永涛实业有限公司（以下简称永涛实业）积极响应国家发展农业、振兴农村经济的号召，深知农机行业是薄利行业，但社会价值很大，不甘心中国农机市场由洋品牌主导，相信中国完全有能力、有实力制造属于中国自己的农机品牌，决定由农机配件生产转型为农机制造。公司利用 9 年时间打了一场创新转型的硬仗，取得了骄人业绩。

（一）紧紧围绕水稻种植全机械化战略目标，认真制定开发阶段步骤，精心组织实施

公司首先从手扶插秧机入手，在久保田样机的基础上，贴近农民实际需求，对其农机的原理和结构进行改造，研制出了新样机。为能迅速铺开市场，推行机器全部免费试用、用好了再给钱的策略。插秧机发展初期，由于久保田机器在农民心目中具有无可替代的影响力，国产农机根本无法敲开老百姓的心门，洋品牌农机的小毛小病可以接受，国产机器就是一点故障都不能有，有就要退货。面对这一挑战，公司不消极退却，相信事在人为，一边针对存在的问题不断改进提高，一边强化试用服务，闯过了一关又一关，得到了经销商和用户的认可。后来，公司通过市场调研，意识到要想在插秧机行业立足，高速插秧机就是企业生存的重要砝码，不具备高速插秧机生产能力的就是小作坊。由于高速插秧机的技术含量非常高，一些农机企业轻视了技术核心，致使上千万

元的投入都打了水漂。公司凭借自身的实力，用半年时间成功开发了高速插秧机，此举引起了久保田高层的高度关注，其产品在武汉国际农机展亮相的当天，久保田的技术团队围绕机器研究了一上午。他们惊叹于中国速度，惊讶于中国制造。富尔代高速机开发成功后，成为国产插秧机的明星品牌，标志着中国插秧机已经接近先进国家的农机水平。

在圆满完成第一阶段插秧机开发的基础上，公司及时转入第二阶段育秧机的试制。育秧机的发明创新为水稻机械化增添了实用价值，这在中国属于技术进步，超越了国外农机的先进水平，代表着中国在农机方面的创新，为农民减少了成本，提高了效率，节省了人工，减轻了劳动强度。目前这款机器已经出口到东南亚国家，在一些水稻种植的农业国家发挥着重要作用。

公司第三阶段的战略任务是研制开发苗床成型机，经过不到一年时间的努力，于 2019 年年底又开发了一款新农机——苗床成型机。苗床成型机的主要作用是制作苗床，传统苗床制作要经过旋耕、浸泡、捞渠、抹平等工序，而且全部由人工完成，最主要的是苗床晾干需要一个过程，最重要的问题是在晾晒过程中会遇到下雨，不能实行机械化育秧；苗床成型机能够实现机械化一次性苗床成型，可以随筑随铺，不受天气影响。

一分耕耘一分收获，一分执着一分荣耀。公司按照战略部署，一仗一仗打，一个产品一个产品上，积阶段性成果为全局性胜利。这三种产品的成功开发，为水稻全机械化圆满画上了句号，初步实现了由过去生产农机配件、经销农机到自己制造农机的根本性转变。插秧机、育秧机两款产品已被授权国家发明及实用新型专利 15 件，企业标准上升为国家标准，并列入国家鉴定大纲；占有全国 2/3 的市场份额。“富尔代”插秧机品牌全国第一，育秧机品牌世界一流，“富尔代”农机品牌已叫响国内外市场。2019 年 11 月 20 日，第五届中国（巴基斯坦）农化、农机及种业展览会在巴基斯坦拉合尔国际展览中心隆重举行，公司携农机产品参加了本次展览。展览会上，巴基斯坦总统等一批巴方官员观摩了富尔代农机，永涛实业董事长陈勇荣获巴基斯坦农业部副部长颁发的奖牌。公司同时拿下了 2020 年首批合作项目，喜获高速机 150 台、手扶机 600 台、育秧机 450 台及部分其他农业机械订单。

（二）继续奉行“三求”理念，在“三重”上做出新文章

这些成绩和荣誉更加激发了公司不断前行的热情，公司规划再用 3 年时间

完成后3个目标任务。①进一步提高产品质量，以农民的满意度作为产品质量追求的标准，使中国农机能抗衡世界品牌日本久保田。②走“两化”融合之路，实现制造—创造—智造的根本性转变，实现新的价值。③在提高产品质量和效率的基础上，大力开拓国内外市场，抢占洋品牌在中国市场的份额，让富尔代品牌走出国门、在世界市场上占有一块“领地”。

为了又好又快地完成后3年的目标任务，公司继续奉行“三求”理念：思维上求“逆”，不走寻常路，谋求新跨越；战略上求“新”，走创新之路，不断开辟新的发展路径；战术上求变，变中求新，变中求进，变中突破。在战略举措上，继续在“三重”上做出新文章。①重人才。通过与科研院校建立产学研合作关系，从高校引进高层次创新人才。通过多种渠道，从外市引进相关技术人才。通过与本市中等专业学校建立友好合作关系，实现校企联动，广泛吸纳一批技术人才参与新的项目研发。高强度构建人才高地，夯实创新之基，强烈推动以科技创新为核心的全面创新。②重投入。多渠道筹措资金，集聚发展农机资本，不断扩大市场，提高市场占有率。③重节奏。只争朝夕抓紧干，务求创新出实效，走出一条质量更高、效益更好、结构更优、充分释放优势的水稻种植全机械化的发展新路，在希望的田野上杀出一匹“黑马”，为中国农机争光辉、做贡献。

第六节　战略落地的解难之道：换个“脑筋”天地宽

一、方略：突破企业发展瓶颈的辩证思维

辩证思维是认识和解决矛盾的基本思想和方法，坚持对立统一、质量互变、否定之否定三个规律，就能提高驾驭复杂局面、处理复杂问题的本领。企业尤其是民营企业，在落实战略规划时，或在生产经营中，由于外部环境不确定、不稳定，难免会遇到这样或那样的“卡脖子”难题。譬如，有的是市场问题，有的是产品结构问题，有的是资金问题，等等。因此，要针对由于企业的情况不同而产生的不同的瓶颈问题，采取不同的方法解决，做到对症施策、有的放矢，打通“最后一公里”。总体而言，就是运用辩证思维，正确处理好以

下四个方面的关系，从中找出具有规律性的解决途径与方法。

（一）正确处理好表象与内里的关系，透过现象看清内在本质

从山顶看山脚，条条道路通山顶，而在山脚看山顶，只有一条路通山顶。在山顶上登高望远，一览无余。人的认知水平也一样，站在高处想问题，就能视野宽广，不会“一叶障目”。任何事物，往往“表”是现象，“里”是实质，透过现象看本质，就能找准突破瓶颈的关键所在。譬如，有的企业成本高，表象是人工费用及原材料价格等生产成本上升这些客观因素，实际上该处理的是财务上看不见的交易成本、物流成本和商务成本等这些降本重点。因此，企业应从生产成本管理转向能覆盖生产成本上升的综合成本管理，并通过实行目标成本责任制管理，推动向开源与节流的广度和深度进发，压缩支出，扩大收入，不断提高资源的收益率。

同时，要注意细节，见微知著。有些细节看似无关紧要，但事实上关乎大局。事事处处要留心细节，并要把看到的细节与经营中相关的问题联系起来分析，从中发现本质性的信息。特别要注意那些能反映本质变化、带来发展前景的细节，这些最具价值的细节往往与其他作用不大的细节混在一起，难以被人看清，这就要求我们由表及里、由浅入深地进行研究，从中找出最具价值的细节，并把握细节，走向成功。例如，企业的市场看起来已经饱和，一旦用放大镜来研究市场，就会发现市场永远不会饱和，这是因为市场的细分拓展是无限的，认为市场饱和是经营决策者思想僵化、缺乏对市场的深入研究和跨界开拓所致。通过细分市场，找准缺门产品，走差异化发展之路，将市场与科技进行整合创新，开发出高科技含量、高附加值的新产品，企业就必定能实现可持续发展。

（二）正确处理好主要矛盾和次要矛盾的关系，以聚焦解决主要矛盾来化解次要矛盾

唯物辩证法告诉我们，瓶颈问题也是众多矛盾体中的一个，要找出主要矛盾及矛盾的主要方面，然后通过集中有效资源解决主要矛盾，这样以“四两拨千斤”，其他矛盾就会迎刃而解，起到“牵一发而动全身”的作用。目前中小型企业发展碰到了瓶颈，再向上发展难度很大，突出表现在发展后劲不足、生产水平不高、科技人才匮乏，因此缺乏攀高比先的动力。解决这些矛盾，最主

要的是建立起能够促进生产力较快发展的体制机制，通过增强变革能力来提升生产力。变革能力的大小是企业繁荣和衰落的分水岭。有个比喻，可将变革能力看作运动员的肺活量。一名赛跑选手的肺活量决定了他血液能运送的氧气量，而氧气会增强其肌肉组织活动、吃苦耐劳及执着追求取得胜利的能力。企业如何增强其“肺活量”，即它的变革能力？民营企业过去靠胆量和钱办了厂，在机遇和努力下形成了一定规模，再往前发展，笔者认为，可效仿国有企业资产所有权改革，推行所有权和经营权分离，并由授权走向分权。企业应将经营权交给理念新、知识新、能力强的高级职业经理人，让其主管经营业务，企业原有产权性质不变；所谓分权，就是赠予一部分股权给打工者，使其成为合伙人，成为企业的主人，本质上是共同创业创优，这必将创造出更多更好的价值。同时，以经营方式的变革来推动组织内改革，建立起现代企业制度，进一步改革和完善用工制度、人事制度、分配制度等内部制度，从而通过这一变革来推动各个层面采用先进的技术和管理方式，不断提高生产力发展水平；使每个员工成为企业的主人，使其具有全局观，努力扩充和运用他们的知识和智慧创造新的价值、新的财富。

改革了经营机制，企业管理再跟上，就能双轮驱动、稳步前行。由于以往强调技术与市场较多，目前管理相对比较弱化，影响到企业的效益。解决这一矛盾的关键是优化管理中的短板，改掉过去沿用的一套老的管理方法和手段，采用现代信息技术来管理。因此，传统企业要树立互联网价值观，在互联网基因上寻找突破，加快推行“互联网＋”管理，以解决管理上的主要矛盾，解决管理缺少协同、数据信息孤岛、产品思维呆板等问题，达到运营高效率、结果高收益。

（三）正确处理好内因和外因的关系，以充分发挥主观能动性来应对复杂外部环境

鸡蛋从外部打破是食物，被他人食用；从里面孵化是小鸡，最终获得新的生命。这说明等待外部力量这个外因来变革，与通过内部的力量来变革所产生的效果是截然不同的。企业要解决瓶颈问题，不能等（等机会发展）、靠（靠税负减免和银行降息）、要（要政府给予政策支持），而是要靠积极进取的精神、克难攻坚的毅力、多措并举的策略。

从企业决策层面上看，有些企业处于同一地区、同一行业，原来基础大体相同，而在供给侧结构性改革中有的保持了良好的增长势头，有的败下阵来，失败的主要原因就是在机遇和挑战面前，没有把准经营决策，没有发挥好自身的主观能动性，没有管细管好内部事务。时下，民营企业又有了新一轮发展机遇，但机遇与挑战并存，机遇稍纵即逝，且总是钟情于有激情的奋发开拓者。因此，我们在战略上要紧紧抓住机遇不放，在战术上要把握好挑战巧应对。同时，做好应对可能发生风险的准备，特别要善于利用机会来克服风险。注重用信心来支撑行动，战胜困难。谁有信心，棋高一着，抢占先机，谁就能获得成功。“狭路相逢勇者胜”，同样的外部环境下，有的企业成功，有的企业失败，关键就在于内因。

从企业经营层面上看，发掘内在动力，实行内部营销，就能拓展市场、搞活营销。海尔实行“人单合一”，使员工与顾客在企业内部形成一种市场氛围和市场机制，本质上是把企业推销给内部员工，使员工通过感同身受和换位思考，提高自身的工作责任心与服务质量，激活企业内部每个细胞，从而赢得外部客户的信赖与满意。这不仅抵消了市场激烈竞争的不利效应，而且实现了多方共赢增值的正面效果。

（四）正确处理好量变与质变的关系，积极引领量变朝正向质变发展

量变与质变，既相互区别，又相互联系；量变不一定会引起正向的质变，但质变一定是由量变引起的；渺小的量变经过积累可以产生惊人的巨变。以上是从自然界发生的规律性现象来看的，企业经营中发生的情况也同样如此。某企业起步晚、规模小、基础差，但其紧紧依靠科技进步，采用滚雪球的方法，年年进行技术改造，坚持走稳步不停步、积小胜为大胜，不到十载时间，使原来在市场商海中漂泊不定的“一叶扁舟”，变成了能迎战市场大风大浪的一艘“舰艇”。但也有企业经营不善，从小的亏损到资金链断裂，直至企业倒闭，就是一个量变到质变的负面过程。在企业经营中，亏损是不可避免的，要对亏损进行分析，暂时性亏损可用后来新的收益来弥补，而对于未来没有希望的经营项目要理性决策，迅速调整经营结构，及时止损。如果企业在出现亏损时，漫不经心、拖而不决，等问题成了堆，自有资金被“蚕食”掉，再去弥补则已晚矣。因此，企业的经营者要保持清醒的头脑，在管理中加强成本核算，明确盈亏点。以现金流为王，关注资金利用率、资金周转率、资产占用盈利率，以求得一个好的资产回报率，确保企业良性运转。

因没有防控力的贷款担保而发生的连锁恶性事件也是一个例证。有些企业为其他企业担保贷款，由于对方到期无力偿还，贷款又不能展期，结果负连带责任，企业被捆绑，自身的流动资金被抽走而导致停产。为其他企业作担保，必须对其信用级别进行评估，并配有专职财会人员进行监管，发现问题苗头要及时采取措施。在企业经营活动中，一定要未雨绸缪，防微杜渐，做好防备风险预案，确保客体的量变朝着正向的质变方向发展，以争得市场主动权和竞争力。

二、案例1：永益铸管——总是在超越的“点对点”法

江苏永益铸管股份有限公司（以下简称永益铸管）创办至今，穿越了40多年时空，从一个小作坊发展成今天的现代化企业；产品从传统的铸铁管提升到国内外一流的合金钢球、稀土耐磨合金钢弯直管、大口径离心铸造球墨铸铁管和大型钢结构节点支座；市场由中国大陆拓展到欧美国家及中东、东南亚、中国台湾地区；资产由创办时的700元增加2019年的10多亿元。这一卓越业绩，源于永益铸管运用辩证思维、科学思考，创造出了独特的“点对点”法。

（一）找准科技“再生点”，引发发展“爆发点”

以傅德生为“领头雁”的一班人，在实践中深刻地体会到好产品是企业安身立命之基，是企业发财致富之源；市场容量、科技含量、经济效益是好产品的三大支柱；而科技含量决定着市场容量和经济效益。因此，他们在实施科技兴企战略的过程中，把开发科技含量高的产品作为重中之重。在开发过程中，始终坚持“先市场、后项目”的方针，每上一个新产品，都坚持多次反复比较，把起点放在“高、尖、新”和“名、优、特”上，把产品定位在没有经营风险的水、电、油等特控行业上，宁愿在调研上多花路费，也不愿在失误中多交学费。项目一旦确立，就全力以赴，争分夺秒，一抓到底，必保成功。在开发中，对于关键技术，坚持博采众长，全方位提高技术工艺水平，他们广泛吸收国内外同类铸管厂的经验，虚心征求用户意见，紧紧依靠高等院校和科研机构，论证多套方案，不断改进提高，确保产品设计的先进性、工艺流程的科学性、安装调试的实用性。在开发中，他们还坚持规模、效益、后劲“三同时”，实行滚动开发，三年一个大项目，从江苏省优产品——合金钢球，到国

家火炬计划项目——稀土耐磨合金钢弯直管，从江苏省“十五”重大科技攻关计划项目——大口径离心铸造球墨铸铁管，到国家多项发明专利、江苏省火炬计划项目——大型钢结构节点支座，产品档次不断提高，门类不断增加，科技含量不断攀升。其首研制的大型钢结构低合金铸钢节点支座获准在2008年奥运会和2010年上海世博会场馆、文化设施、高铁站房、高层建筑建设中大量运用，成为永益跨越发展新的“爆发点”。

（二）找准管理“切入点”，引发发展“支撑点”

随着家业变大、名气变响、荣誉变多，他们深知，在市场经济条件下，企业发展没有止境，前面的路还长，要投的钱更多。钱从哪里来？既不能拽住政府的腿，又不能吊住银行的手，要靠企业的精益管理，增加自我积累。因此，他们把创建名牌作为强化管理的切入点，并深深植根于永益的每一个员工和每一道生产工序。大力推行全面质量管理，强化质量保证体系，积极实施环境管理体系、职业健康安全体系、安全标准化体系等。优选质量好、价格低的原材料，认真按照国际先进标准组织生产。严格各道工序、产品入库验收和跟踪用户意见反馈，产品质量过硬、叫得响，市场份额不断扩大。现有“三分天下有其一”之称，节点支座在全国独领风骚，被广泛应用于文化、体育场馆，高层建筑，机场、地铁、高铁站房，桥梁工程等领域。永益节点成为钢构建筑领域单打冠军，市场覆盖率达80%以上，“永益”已成为驰名企业和著名商标。创建名牌活动的开展，推动了企业的综合管理和效益管理提升，由传统的深挖潜力向多元化开发智能转移。他们通过开展经济型的技术改造和技术革新活动，不仅克服了材料价格上涨、用工成本上升难以消化的难题，而且做到了增加积累投项目、节约投资上产品。同时，他们没有丢弃艰苦创业、勤俭建企的好传统，而是正确处理积累和消费的关系，多年坚持“五分法”，即三分用于发展再生产，一分用于增加职工工资福利，一分用于“风险储备金”。由于集腋成裘，实力增加，所上项目的资金大多来自自我积累。真正做到扩规模、上项目能大的绝不小；关键性设备，能高的绝不低；专用性、通用性设备能造的绝不买，从而有效支撑了企业的快速发展。

（三）找准机制“关键点”，引发发展“兴奋点”

“企”字，离开了“人”就是“止”。这个拆字一语道破了企业可持续发展必须建立在“以人为本”这一价值观的基础上。因此，永益公司改制后，把加快人力资源向人才资本转化作为活化机制的关键来抓，实施了“外引内育”“聚才兴企”的人才战略工程。公司创新用人机制，打破旧观念，向市场要人才，不论资排辈，不唯文凭，而看谁对企业的贡献大、能力强、技术水平高、思想素质好，就对谁委以重任。坚持用好的作风选拔优秀人才，将其充实到最重要岗位。永益公司一方面用优惠政策吸引人才，另一方面用真情留住人才。为拓展人才的发挥空间，搭建适合他们专长的工作平台——企业技术中心，并给他们提供舒适的环境。注重组织企业优秀技术和营销人员出国考察学习，并一次派出 6 位同志参加上海大学 MBA 学习班。选派部分骨干到大专院校进修，邀请专家来厂对科技人员进行在职培训，为员工个人发展创造条件，鼓励人才脱颖而出。公司制定了科技进步奖励条例，调动了员工的积极性和创造性，全公司上下革新挖潜、研制开发蔚然成风。公司建设的大口径球墨铸铁管项目，按原设计方案需投资 2. 5 亿元。为了既上好项目，又节省投资，公司派出工程技术人员与清华大学及国内著名的铸造研究所共同研究、共同设计，将主要进口设备改用国产设备，不仅投资只用了原来的 1/3，工期缩短了一半，产品还填补了国内空白，产品质量达到了国际领先水平。目前公司持有多项知识产权、4 件国家发明专利、25 件实用新型专利，用人机制的建立健全，有力地带动了经营机制的创新。全公司按照“集中管理，分线作战，利税挂钩，共同发展”的新模式快速高效运行，初步实现了“哪里有市场，哪里就有永益铸管”，始终不忘“永远追求企业与用户利益共存”的初心。

（四）找准目标“突破点”，引发发展“新亮点”

一个企业如果没有目标，就会不思进取，更不会取得成功；企业有了目标，还必须有科学的思维和实干的作风。稳健经营对于一个企业的未来至关重要，企业发展既要与时俱进，又不能急功近利；既要有紧迫感，又不能超越自身的能力。要时刻做好风险防范，不盲目投资，要把控有度、科学应变，不失时机地抓住发展机遇，才能实现“稳中求进、稳中有升”，才能使企业做久做强，在行业中立于不败之地，称雄市场。具有远大抱负和深邃战略眼光的傅德生，既是这样想的，也是这样做的。基于对当前客观经济形势的分析和判断，他正率领永益团队着眼未来绘制新一轮发展蓝图，创建国家级高新技术产业，打造华东地区大型特钢铸造优势企业，竭力将企业打造成始终充满活力的百年企业。2018年，公司以永益物流产业园为依托，征地300余亩，建立了永益科技工业园，项目计划投资10多亿元，将开发高科技、高附加值新产品作为实现新目标的突破点，年产30万吨球墨铸铁管智能化改造项目已开工建设，项目建设凸显绿色环保理念，将社会效益放在优先位置。项目建成后，将保持球墨铸铁管华东地区产能最大优势地位。公司目前正在积极筹划二期工程，整个项目全面竣工后，将为永益集团的发展插上腾飞的翅膀，企业的规模、销售、利税可望实现大跨越。这必将为沿江工业增添一道亮丽的风景线，使靖江这颗明珠更加璀璨夺目！

三、案例2：靖江新民拆船——倾力当好全国“绿色拆船”的引领者

自1997年成立以来，靖江新民拆船有限公司一直秉承“以人为本、科学规划、稳步发展、绿色拆船”的经营理念，奋力开拓，改革创新，从名不见经传的“家庭作坊”发展成为“国家绿色环保拆船AAAA”企业。公司成立至今，累计开票销售41.1亿元，缴纳各种税金5.565亿元。新民人用勤劳和拼搏在中国近代拆船史上谱写了新的篇章。

欧盟委员会相关专家到公司参观时曾发出赞叹：新民拆船有限公司已经是按国际最高的环保标准来拆船，这样的工厂将为全球循环经济健康发展做出突出贡献。但他们清醒地认识到，这是对他们创业的肯定，但更多的是对他们的鼓励与鞭策，他们尚需进一步弘扬过往的创业进取精神，始终践行新发展理念，持续奋进，努力当好全国“绿色拆船”的引领者。

（一）立足基础，顺应市场需求，选对拆船大产业

新民拆船有限公司创建人钱锦泉与妻子吴桂芳均出生于贫困家庭。20世纪80年代，迎着改革开放的春风，他们双双从企业辞职回乡创业，开设了西来新市水泥制品厂；到1992年，经过几年的艰苦奋斗，有了一定的资金积累后，夫妻俩又齐心合力创办起第二家企业“靖江市新市金属复制厂”；同年6月，又通过外借和自备等方式，筹集资金100万元新建了拆船板轧钢车间，开始以船板为原料生产民用建筑用钢筋。

他们抓住发展机遇，生意越做越好，钢材销售直线上升，拆船板供应紧缺的问题也暴露出来，原材料供应商苏南、上海等地的拆船厂经常出现脱供现

象，企业生产经营受到严重限制。为了摆脱企业发展困境，他们在现有基础上，盯上了拆船行业。

拆船是个投资大、技术高、见效慢、风险大的行业，他们夫妻俩深入世界各地进行市场调查，发现国际上存在大量废钢船即将报废，报废后的船舶拆解下来的旧船板、有色金属等都可以进行循环利用，他们也清楚地看到，拆船产业链的上下游供需有保障，干这个行业十分有前途，于是他们坚定了筹建拆船企业的决心。

1998 年，他们仅筹集到 200 万元资金，在青龙港港口左侧的一片长满芦苇的滩地上，创办起靖江市新民拆船厂。因缺乏资金、员工与生产工具，夫妻俩既是公司的领导者，也是公司的建设者。面对一片荒芜的江滩，他俩赤着脚和 10 多名工人趁着潮水退去的空隙赶夜挑泥沙，填平了一块又一块坑洼。并四处找煤渣，建起了可拆船场地，夯实了三公里多长的路面。因长时间在冰冷的江水中浸泡，钱总的双腿患上严重的风湿病，一到阴雨天气，疼痛难忍。他俩就是凭着这种不怕吃苦、坚韧不拔的精神，引领企业跨过一道又一道难关，使企业逐步走出困境，步入良性发展轨道。

（二）与时俱进，坚守先进理念，争当绿色发展引领者

拆船行业本是高污染行业，但是他们积极主动贯彻国家发展生态循环经济的要求，始终坚守“安全、环保、健康”的生产理念，通过引进先进的生产技术和设备，培养技术成熟的拆解队伍，优化设置科学规范的拆解流程，有效统筹船舶拆解和环保健康发展，成为全国绿色拆解企业的引领者。

钱总对各类船舶的结构了如指掌，每条废钢船到港后，他总是先从头到尾、从里到外打量一番，心中有个数，然后带领拆解主任熬夜制定拆解方案，细化工艺流程，明确靠泊、检验、消毒、拆解前准备、清油、拆解等各个环节的工作计划，针对污染防治、生活垃圾处理、废油治理、工人健康等问题制定安全环境措施及应急预案。他有早起的习惯，每天清早就起床，径直奔向拆船公司，到船舶拆解现场巡视，同时，查看工人切割板材的规整度，现场指导工人安全绿色拆解。

十多年如一日，他们带领员工不懈努力，让新民拆船公司拆解工艺水平从量变走向质变，被中国拆船协会评为“绿色环保拆船 AAAA”企业，拆解企业的内部管理和绿色拆解水平在全国名列前茅。

（三）抢抓机遇，加大技改力度，实现企业发展“三连跳”

抓机遇就是抓发展，而机遇总是垂青肯干、能干的人。如果说从新建轧钢车间到新办新民拆船公司是企业第一轮跳跃式发展的话，那么全球金融危机则是给了企业第二轮跨越的机遇。

2008 年国际金融危机来临，国际航运业跌入低谷，许多远洋货船提前“退休”，大量报废船舶涌入国际市场。新民拆船公司面对挑战，看准黄金机遇，引领企业步入第二轮跨越。当年，公司一方面开拓渠道，接轨国际市场，大量收购国际废钢船；另一方面继续加大技改投入，提升公司的拆船能力。公司先后投入了 5000 多万元进行技改，添置了门式吊机和水上浮吊，同时，对船坞进行整改扩建，拆解能力从原来每月的 1000 轻吨一下子提高到了每月 10000 轻吨，拆船能力足足提升了 10 倍。2010 年后，公司又再次扩大拆船产能，实现了第三轮跨越式发展。目前，企业拥有深水拆船坞 2 个、2 万吨级（兼靠 5 万吨级）码头 1 座，实际使用岸线 514 米，年拆船能力已经提高到 40 万轻吨。轮船的使用寿命一般是 20 至 30 年，现在拆解的大多是 20 世纪 90 年代前生产的船，今后报废的船只将会越来越多。

（四）持续奋进，优化产业结构，步入发展“新轨道”

在企业发展的道路上，只有永远把脚板踩在开足马力的“油门”上，才能保持行业领先地位。公司积极响应国家号召，深入贯彻新发展理念，确立新的战略定位，及时调整产业结构，优化主营业务，大力发展废钢回收和码头贸易等绿色可持续发展产业。公司将依托码头统筹推进传统基建和新基建，充分利用水上和陆地交通运输优势，通过开放码头打通内外贸易壁垒，融合打造规模金属交易集散基地。通过港口贸易平台，实现商品、物流信息共享，打造完整成熟的产业链商贸运营体系。目前，公司已与首钢、鞍钢、浙江中拓集团就废钢和钢坯贸易达成战略合作意向。

在新的征程上，公司循着企业战略定位的“新轨道”，干在实处，砥砺前行，致力于打造集船舶拆船、再生资源回收、码头物流于一体的综合性企业集团，为我国实施碳达峰、碳中和战略目标不懈努力，续写民企新篇章，再创新业绩！

第三章

企业改革

改革就是解放生产力，企业改革就是克服和消除不利于企业发展的因素，以增强企业发展的动力和活力。企业应遵循改革的基本要领，实行体制 + 技术 + 管理“三驾齐驱”，并首先将改革中起主导作用的体制抓好，然后再配套好机制。这是因为制度（含体制与机制）高于技术和管理，否则，技术和管理再好，企业也一定搞不好。

在体制上，要坚持从企业实际出发，因企制宜，选择不同的改制方式。国有企业应深化混合所有制改革，促进各种所有制并存发展，包括一企两制，使企业真正成为自主经营、自负盈亏、自担风险、自我发展的独立市场主体，并按照发挥国有企业在现代经济体系中核心地位作用的要求，加大混改力度，在突破中创出新经验。民营企业尤其是具有优势的中小型企业，应改革产权高度集中的结构，引进职业经理人，规范管理制度，尽快朝着现代企业制度发展轨道迈进。

在机制上，从理念、组织、流程到方法进行刀刃向内的系统变革。强化企业与职工利益共同体、事业共同体、命运共同体的意识，以建设和谐企业为目标，健全和完善集体协商制度，深化内部三项制度改革，不断增强企业的发展活力。严格执行《中华人民共和国公司法》，建立健全公司法人治理结构，有效形成股东代表大会、董事会、监事会和高层经理人员之间，既相互依存又相互制衡，以支撑协调高效的运营系统。构建内外部资产良性循环系统，实现资产保值增值，以调动股东增资扩股的积极性。建立以员工为主体的自主经营体，实行内部市场化；以用户为中心经营企业，实行外部市场化，从而挖掘用户与员工的内在潜力，创造出更高价值，让企业在新的赛道上奔跑向前。

第一节　企业改革的基本要领：体制+技术+管理“三轮齐驱”

一、方略：整体协调推进体制创新、技术创新、管理创新

改革是企业发展的“推进器”，是企业创新引擎发动的“点火器”。企业作为国民经济的主体，伴随着改革开放40多年的浪潮，大力进行体制创新、技术创新和管理创新，取得了令人瞩目的成就，为中国经济社会发展做出了贡献。实践充分证明，体制、技术与管理是企业改革发展中需要解决的三个主要问题。体制创新，能激发企业和员工的积极性和创造力，而技术创新、管理创新，能使体制创新所产生的潜能得到充分释放。坚持协调推进企业的体制、技术与管理创新，且贯穿于企业改革发展的全过程，就能再造新的竞争优势，实现企业可持续发展。

（一）体制创新：渐进式改革发展，现代企业制度基本建立，经营机制得到转换，改革攻坚尚需向深层次推进

改革开放以来，我国企业在从高度集中的计划经济体制向社会主义市场经济体制转变的进程中，一些重大改革和其他方面的改革一样，也是一步一步不断向前推进的，充满着曲折和艰难。国有企业循着放权让利→推行多种经济责任制和企业经营方式→建立“产权清晰、权责明确、政企分开、管理科学”的现代企业制度→进行战略性结构调整（抓大放小）→发展国有资本、集体资本和非公有资本等参股的混合所有制经济→发挥国有企业在构建现代经济体系中的核心地位作用的路径进行改革。企业改革的实践，使我们增强了以下三个方面的认识。

1. 企业体制改革必须把产权制度改革放在首位

1984年10月，党的十二届三中全会做出经济体制改革决定之后，开始探索“两权分离”，先后推行了利润留成、利改税、承包经营和租赁经营等多种责任制。到20世纪90年代，国务院明确了企业拥有14项经营自主权和自负盈亏责任，把企业推向了市场。由于这些改革措施没有涉及产权制度，

企业仍是僵而不活，而当时一些民营企业凭借清晰的产权制度实现快速发展，给了人们深刻启示：要使企业真正有动力和活力，必须以产业制度改革为突破口，转变经营管理体制，建立起现代企业制度。1993 年 11 月，党的十四届三中全会通过的《中共中央关于建立社会主义市场经济体制若干问题的决定》，以及同年 12 月通过的《中华人民共和国公司法》，为企业制度创新指明了方向，提供了法律依据。企业根据自身实际，采用不同形式进行改制，割断依附政府的“脐带”，真正成为自主经营、自负盈亏的经济实体，有力地推动了生产力的发展。党的十八大以来，随着《中共中央国务院关于深化国有企业改革的指导意见》的颁布，国资与国企改革深入推进，国有管理体制从管企业为主向管资本为主转变，在强化监管、确保国有资产保值增值的前提下，着力落实企业财产权和经营自主权，进一步激发了企业的活力、创造力和市场竞争力。

2. 体制改革和机制改革必须同步推进

只进行体制改革，不转换机制，等于跛腿行路。有了体制改革，才能有机制创新；机制创新又将进一步推动体制改革深入。1994 年 11 月原国家经贸委提出深化企业改革的意见，强调要把企业改革、改组、改造和加强企业管理有机结合起来（简称“三改一加强”），加快了企业的经营机制转换，全面推行劳动、人事和分配制度的三项制度改革，建立了职工能进能退、干部能上能下、分配能高能低的机制，彻底打破了职工的“铁饭碗”、干部的“铁交椅”、收入的“铁工资”。随着持续深入推进三项制度改革，员工的动力和企业的活力不断得到增强。近年来，推行职工在国有企业中参股，或以企业业务单元组织新的经济体，以及建立职工劳动集体合同和职工工资集体协商制度，确立了共创共享理念，增强了职工的主人翁意识和工作责任感，使企业的管控能力和水平得到了显著提升。

3. 企业体制机制改革必须因企制宜，对症施策

坚持从实际出发，一企一策，选用适应企业特点的经营管理制度和模式进行改革。与此同时，要与内部其他配套改革同步推进，以求得整体协调效应。

改革开放 40 多年，我国大部分国有企业已建立起现代企业制度，但是一部分公司法人治理结构不健全、不规范，运营机制阻碍着发展。为此，必须按照党的十九大精神，坚持现代企业制度改革方向，改革攻坚深层次的矛盾问题。通过引进战略投资者、资本市场上市等途径，促使企业成为股权多元化公司；建立起规范、科学的法人治理结构，实行权力、责任、利益的有效制衡；深入推进三项制度改革，使企业劳动、人事、分配制度真正与市场接轨。继续深化股份制公司改革，推动具有条件的国有企业整体改制上市或主营业务上市，不具备整体上市条件的企业要加快股权多元化改革。积极推进企业兼并重组，尤其是国有大型企业，要通过战略联盟，优化产业结构，努力提高全要素生产力。民营企业尤其是具有优势的中小企业，有植根于市场的优势，但应改变产权结构高度集中的状况，引进职业经理人，规范管理制度，尽快朝着现代企业制度发展轨道迈进。

（二）技术创新:走引进合作自创之路,企业自主创新主体地位基本确立,技术进步水平明显提升,以提高核心竞争力为目标的技术创新正在深入推进,企业自主创新能力亟待进一步提高

1. 在技术改造上，改变了过去重扩大能力、轻提高水平的倾向

由外延式发展为主转向内涵式发展为主；由靠资本增量来挖掘现有“存量”潜力转向用信息技术改造传统产业；技改资金由以贷款为主转向以自我积累为主。深入推进改造提升，突出重点，加快技术改造和设备更新，促进产业转型升级，激发企业活力。既重视产品科技含量，又重视产品市场容量；既重视近期效益，又重视长远效益；既重视品牌效应，又重视整体形象。

2. 在引进技术上，改变了过去重引进、轻消化的倾向

为彻底改变舍大求洋、全盘照搬照抄的状况，着力做到“三个同步”：一是先进性与可行性同步权衡。把引进技术的起点放在当代国际同行业中最先进的技术上，把立足点放在提高质量、降低能耗、提高效率上，把重点放在关键设备与工艺上，国内有的或自己能制造的尽量不进口国外的。二是硬件与软件同步引进。既引进关键设备这一硬件，又引进工艺设计与工艺流程这一软件，以提高工艺水平和产品质量。三是引进和创新同步进行。在引进技术的同时，注重消化吸收，在“改创”上下功夫，增强自我开发能力，以获得最佳投资效益。

3. 在技术开发上，改变了过去重生产经营、轻技术开发的倾向

基本确立了企业既是研发主体，又是运用主体，还是投资主体的基本地位。企业与科研部门的合作由过去的“两张皮”变成“一张皮”。初步建立了

技术创新市场导向机制，发挥市场决定技术创新项目、技术路径选择、各类创新要素配置、评价创新成果的作用。在开发上，由过去的行业同向化、产品同构化转向行业市场化、产品差别化。以科学发展观为指导，由经济增长方式转向经济发展方式；以新发展理念为总揽，推动经济由高速度发展转向高质量发展。打破技术创新壁垒，实行协同创新；打破行业分割，实行跨界开发。着力引进和培养素质优良、技术精湛的科技创新人才，建立起以高层次人才领军的各类研发机构与开发平台。健全创新激励机制及宽容失败机制，充分调动科技人才的积极性和创造性。自主创新中的思想缺位、资金缺口、市场缺路、技术缺乏、人才缺少等问题，正在逐步得到解决。

但就企业技术进步整体而言，还存在一些突出的问题：一是自主开发能力不强；二是产学研的合作程度不深；三是科技投入不足。目前，我国大中型企业中，有研发机构的占比还不高，研发经费占销售额的比重与发达国家相比差距较大。因此，有自主品牌的企业较少，大多数是贴牌生产，企业利润空间越来越小；产品大多处在价值链的中低端，研发和销售掌控在别人手中，缺乏竞争力和主动权。鉴于此，我们要强化自主创新意识，高标准建设自主创新体系，高水平提升自主创新能力，高质量培育自主创新人才。具体要抓好三大重点：

一是知识产权创造。在专利方面，专利的广度由重点骨干企业聚集向中小企业扩展；专利的深度由外观实用向发明转变。在品牌方面，引导企业制定品牌产品培育发展规划，认真落实相关措施，并努力实行由省级品牌向国家品牌，由国家品牌向国际品牌的梯次推进，从而提升产品附加值。在标准化方面，实施质量的“采标与认证”，加快与国际接轨；积极采用国际标准和国外先进标准，提高产品质量档次，并按照“创新专利化、专利标准化、标准国际化”的模式，积极参与或受托起草行业标准、国家标准和国际标准。

二是产业链高端突破。强化企业的创新主体地位，加大研发投入，建立研发平台，提高研发能力，掀起以增强自主创新能力为重点的二次创业。围绕高新技术领域，突出核心技术和关键环节，联合科研院所和产业链上下游企业，优先保障技术创新要素，大力开展技术攻关，抢占行业制高点。以信息化专业软件的应用及推广为重点，推动传统产业优化升级。

三是内外资源整合。面对发展环境的深刻复杂变化，企业要做到可持续发展并不断获得竞争优势，要有战略眼光、全球视野，树立开放包容合作共赢理念，主动融入国内大循环为主体、国内国际双循环互相促进的新发展格局中，坚持从本企业实际出发，制定和实施国内外资源整合战略，抓住“一带一路”和“长三角一体化”发展机遇，注重与国内500强企业及外资企业在技术研发、项目开发、品牌经营等方面开展全方位合作。大力推行配套、消化、吸收，进而进行自主创新，不断实现技术、产品和产业的升级换代。

（三）管理创新：学习、借鉴、提高，组织结构基本优化，管理方法灵活运用，新一代信息技术与精益管理开始结合，提高管理水平任重道远

巩固发展体制创新成果，提高科技创新成效，都要求企业大力开展创新管理。我国企业的管理随着计划经济体制向市场经济体制转轨，经历了一个探索、学习借鉴和自主创新的渐进过程，管理水平与世界先进企业水平的距离日益缩小。

1. 管理理念不断更新

由计划理念向市场理念转变；由生产型向生产经营型转变；由粗放型经营向集约型经营转变；由重视有形资产转向既重视有形资产又重视无形资产；由高速增长转向高质量发展；由主要依靠物质资源转向主要依靠数据、信息和知识；由以企业为中心转向以用户为中心；由追求企业利益最大化转向追求社会价值最大化。

2. 管理领域不断拓展

从最初的五大管理（质量管理、技术管理、物流管理、财务成本管理和人事管理），逐步拓展到营销管理、知识管理、业务流程管理、供应链管理、风险管理、资本营运、品牌建设、数据管理、文化管理等。战略管理从无到有，并以变革创新导向提升战略管理层次；人力资源管理已从传统的以“事”为中心逐步转变为以“人”为中心；财务管理基本上与国际接轨，建立了较为完整的体系；物流供应链管理从传统的内部物资管理发展到上下游企业协作的供应链管理；质量管理从运用全面质量管理逐步发展到应用国际标准认证。

3. 组织结构和管理方法与手段不断改进

规模骨干企业结合供给侧结构性改革，改变了“大而全”“小而全”的

组织形式，注重通过市场竞争，以资本为纽带重新组合；中小企业围绕大企业的发展方向，积极参与产业链分工，走“大而强、中而壮、小而特”的发展路线。企业内部通过流程再造，使企业从金字塔的垂直职能结构向扁平化、柔性化方向发展，母子公司、事业部、项目管理制、总部经济等新型管理模式得到采用。同时，网络组织、虚拟组织、业务外包、企业间的战略联盟等正在发展。领导体制从实行党委领导下的厂长（经理）负责制，发展到推行董事会领导下的经理负责制，再发展到现在党委书记与董事长一肩挑。现场管理从过去的抓脏乱差治理到实施5S管理；生产管理从计划调度到实施精益管理；质量管理从全面质量管理到推行六西格玛（零缺陷）管理。管理方法从凭经验管理到运用企业信息化平台，管理手段从能人管控到运用信息化技术实行协同管理。

改革开放以来，企业管理工作有了较快发展，但企业的管控能力、管理流程、信息化管理基础等还有待进一步加强和改造。因此，要紧紧围绕企业管理永恒追求的质量和效益这一目标，以构建和完善现代企业制度为切入点，紧密联系实际，探索和优化能适应本企业发展的管理模式和管理方法。

第一，强化标准化、规范化、智能化的基础管理。重视各种管理体系和管理方法的接口与融合，实行精简、高效的集约化管理。不断完善现代企业制度，健全法人治理结构和科学决策机制，提高企业活力和管理效率。切实加强财务管理，坚持“现金流为王”，合理控制债务区间。按照构建产业生态的思路，加快整合产业链、创新链、资金链、应用链，全面提升企业的运营效率和水平。

第二，注重系统全面的管理改造。随着互联网、云计算、大数据、人工智能等新技术快速向产业领域渗透，从理念到思维、组织到流程、方式到手段、领导到员工，都要进行一次变革。要正确处理好效益与价值、技术与管理、企业与员工及客户之间的关系，着力构建适应数字经济发展的管理模式，以适应变化了的内外部环境，不断推进企业可持续发展。

第三，积极采用标杆管理。在新的企业竞争与市场竞争态势下，要站在全行业乃至全球的视野，从总体上把握企业如何发展，明确和改进公司战略，提高运作水平。不断寻找和研究同行一流企业的最新实践，以此为基准开展对标找差，分析原因，加强计划和控制，使企业进入赶超一流企业的良性循环。当前要深入研究不确定环境下的应对措施，吃透国际化经营的相关规则和各国的投资、贸易规则，提高产品质量和服务水平，打造国际知名品牌，以广泛参与国际合作与竞争。发挥信息化引领作用，深化“互联网+”制造业融合发展，大力推进智能制造，加快制造业数字化转型，加快发展工业互联网，坚持建平台和用平台齐头并进，提升数字化能力和信息化水平。

第四，加强企业社会责任管理。在为社会提供产品服务、为投资者创造财富的同时，树立“企业公民”意识，以“达则兼济天下”的情怀，积极履行社会责任，与社会共同发展进步。坚持以人为本，实现企业与员工共同成长发展，与上下游相关利益者合作共赢，使企业基业长青，百尺竿头更进一步。

二、案例：华达科技——改革创新成就“生命型企业”

江苏华达汽车科技股份公司（以下简称华达科技）的前身是1980年创办的靖江柏木家具厂。近年来，在笃实干练的董事长陈竞宏的带领下，面对轿车零部件制造市场的严峻挑战，公司瞄准国内外汽车工业的走势，紧紧围绕做精做强主业，深化企业改革，力抓资本运作，加快有限责任公司向股份公司过渡，推进转型升级，倾心塑造生命型企业。尤其是2016年公司在国内A股主板上市后，深入改革创新，积极与大集团合作，实现了资本运作的重大突破，取得了令人瞩目的成效。产品辐射德国、美国、法国、日本、韩国、意大利等国际及国内自主品牌轿车配件市场，成为各大轿车主机厂A级供应商。公司荣获“全国五一劳动奖章”“江苏省高新技术企业”“江苏省生产智能化示范单位”等称号。2019年年底，该公司总经理葛江宏走进央视新闻直播间，在《逆境中谋发展，研发创新赢主动》栏目中，留下了华达科技的身影。

（一）深度实施资本运作，构建资本与产业融合平台，增强企业后发优势

华达科技从世界500强企业发展经验中受到启示：当一个企业发展到具有一定优势和实力后，只有走挂牌上市、兼并重组的资本运作之路，才能促进企业尽快裂变壮大。几年前，公司就确立了让企业上市成为公众企业的发展战略，并一直努力按照上市企业“明晰产权、尽责调查、股份改制、上市辅导、

证监会审核”等要求实施，加速完成了一系列前期准备工作。2017 年 1 月 25 日，华达汽车科技在上海证券交易所隆重举行 A 股主板上市仪式，这是华达公司在创新驱动、转型发展中具有重要历史性意义的里程碑。上市不仅提高了企业的知名度和影响力，而且让企业步入了现代化发展轨道，同时，为华达科技拓展国内国际市场提供了充裕的资金保障。

公司上市后，如何进一步运作资本、用好用足募集资金、充分发挥资本效应，是摆在华达科技面前的一大课题。2017 年 9 月，工信部发布中国全面禁售燃油汽车、推动新能源汽车的讯息，国内汽车行业产生巨大震动。面临汽车技术重大转型，“电动化、智能化、轻量化、共享化”的新能源汽车产业大有可为，这为公司深度实施资本运作提供了极为有利的契机。为寻找合作伙伴、实现优势叠加，华达科技确立和实施了“两步走”产业发展战略。

一是发挥资本优势，争得优质项目及优先并购主动权，实现华达科技前瞻领域战略性投资布局。公司利用证券公司每半年举行一次投资策略会、有众多上市公司大咖云集的机会，主动出击，抢抓商机，积极寻求与北汽集团合作。北汽集团是中国五大汽车集团之一，目前已发展为涵盖整车研发与制造、通用航空产业、汽车零部件制造、汽车服务贸易、投融资等业务的国有大型汽车企业集团，连续四年领跑国内纯电动细分市场，是全球汽车工业发展的一股强大力量。

以北汽集团作为产业资源依托的北汽产投，专注于汽车新能源、汽车新材料、汽车新技术及其细分领域投资。2017 年 10 月，华达科技与北汽产投共同成立北汽华达汽车产业并购基金。产业基金计划总规模为 10 亿元人民币，华达出资 5.5 亿元。产业基金投资方向为汽车新能源和新材料产业，汽车轻量化、智能化技术，汽车后市场等相关领域，这是华达实施资本运作的一项重大突破和创举。华达设立产业基金的目的在于：一是凭借北汽在产业内的影响力和极强的估值议价能力，优先获取最高性价比项目；二是依托北汽集团在新能源行业内的产销龙头地位，助力华达科技争取对产业链上下游企业并购重组，夯实主业，形成可持续发展的战略布局；三是有效推动公司股价上涨，提升股民回报率和创造新的增长点，实现资产保值增值。

2018 年，公司以北汽产投基金平台实施对外投资项目 5 个，项目增值和盈利达到 3000 万元；2018 年江苏省 400 家 A 股上市公司市值排名中，华达汽车科技排名第192位。

二是抢抓新能源产业战略机遇，在新能源领域项目争取新突破，实行资本与技术高度融合。华达加大研发投入，充分发挥院士工作站的研发平台作用，进一步在与主营业务密切相关的新材料、轻量化以及材料加工成型领域深耕细作。2018年年底，公司与美国特斯拉合作开发6系镁铝合金车身件产品，在高强度、轻量化镁铝焊接、成型新材料、新工艺上取得重点突破。2018年9月，通过资本运作，华达科技兼并江苏恒义汽配有限公司，控股51%，充分利用华达科技轿车总成市场向新能源汽车电池箱配套领先同行的优势，加快实现新能源产业转型。2020年3月，华达科技兼并深圳市云图控制系统有限公司旗下的深圳市云图电装系统有限公司，持股75%，获取轮胎压力监测系统（TPMS）核心业务技术储备，力促企业转型升级，从而跟上汽车产业绿色智能发展的步伐，实现与主营业务的协同稳健发展。

（二）积极推进“数字化、智能化”，实施总部、分部智能制造互联，全力塑造“生命型企业”

华达科技紧跟各大汽车厂车型更新升级，勇立“数字化、智能化”的潮头，融入绿色发展理念，融合现代科技，在产品的设计、研发、生产中融入数据技术，实现数字化运营新模式，全力塑造“生命型企业”，为企业带来更为持久的经济利益和更为良性的循环发展。

1. 数字设计，实现与汽车厂新车型同步开发

促进结构优化，实现由单品向总成件、模块化转型。深入开展“高强度、轻量化”应用新技术研发，进一步推进产学研用深度结合，充分利用钟志华院士工作站和模具CAD国家工程研究中心华达分中心及总部研发大楼这一平台，聚集高层次人才，实施重大项目开发、科技人才培育、科技合作交流和成果转化。以CAD数字化设计为突破口，全面推进运维设计工程；创新产品开发，100%实现三维建模，提高新品研发效率，缩短开发周期。结合专业化CAE仿真工具应用及数字化虚拟仿真技术，实现从面向几何设计朝面向性能设计的转变，为新产品正式试产提供可靠性分析依据，提高新品试制正品率，赢得开发先机；秉承“快”（快速开发产品）、“准”（贴近市场，实现本土化）、“新”（更多新技术运用）三大准则，参与多家汽车制造厂新车型同步开发，不断提高自我开发能力，形成自主核心技术，为创新驱动、

转型发展增添强劲动力。

2. 智能化生产，实现总部、各分部智能制造与MES（生产制造执行系统）深度融合

在武汉分公司先行实施两化融合项目获得成功的基础上，再向其他分公司全面推行。华达10年投入10亿元，大刀阔斧地推进自动化转型升级，先后建成了960小时耐腐电泳涂装线，成为长三角最优质的表面处理自动生产线；组建模、检、夹具集设计、加工、装配、调试、检测、交付全过程一条龙生产线，实现模具自制并具备“商品模”制造资质；率先在汽配制造业打造“离散型”智能工厂，组建了柔性机器人自动焊接线和自动冲压生产线，全公司拥有各类机器人达700多台套，自动化率达到80%以上，生产效率得到大幅度提升；在同行业率先推进生产制造执行系统（MES），实现总部、分部智能互联及与汽车整车厂的高度融合，优化生产制造流程，确保产品优质率和市场竞争力，成为江苏省“两化融合”示范企业，被各大主机厂认定为“最具发展潜力的轿车总成件制造基地”。

同时，为跟上主机厂新车型开发步伐，进一步完善“产品研发→工具模具设计制造→产品认可批量供货”等全过程管理制度，完成高效、低成本、零缺陷的项目开发目标。

3. 建立产品数据资源管理系统（PDM），实现产品设计与工艺设计对产品结构、产品模具及过程数据的共享与控制

应用企业开发集成平台，对产品开发流程及PDM管理进行重整，从而极大地提高了研发人员对工具和数据的共享与调用及全过程文档管理水平，确保提升项目整体开发管理效率。

鉴于华达科技创新成效显著，2016年5月，公司总经理葛江宏作为泰州地区唯一正式代表出席了全国科技创新大会。

（三）大力提速发展总部经济，不断延伸产业链，再造发展新动能

近年来，华达科技不断创新实施“总部经济”发展模式，将企业“指挥中心、运营中心、研发中心、管理中心、信息中心、人才中心”等高端智能活动聚合在靖江本部，把企业生产基地、销售与服务基地、物流与配送基地等产业链设置在广州、长春、武汉、成都、海宁、城北等各大主机厂所在地。

面对全球经济一体化发展格局，各大汽车主机厂为适应全球市场竞争，更

加突出了新车型差异化、区域化分布特征。华达科技进一步推动“总部经济”有序扩张，积极应对广汽乘用车、上汽大众、一汽大众、上汽通用、广州本田、广州丰田等各大主机厂新车型产业布点。2017 年，公司投入技改资金 3. 5 亿元，分别建立盐城、惠州（一期）、天津、青岛、长沙、海宁（二期）生产基地，于当年 10 月份起陆续投产；2018 年新增惠州（二期）、成都（二期）、宜昌（一期）生产基地建设，于 2019 年 5 月相继投产，形成了新的增长点；2019 年 12 月，在浙江萧山设置华达汽车科技杭州有限公司，为主机厂提供更优质的“本地化、近距离”生产配套服务，主动打响国内市场攻坚战，夺取市场制高点。2019 年产销超过 50 亿元，利税过亿元。

为应对新冠肺炎疫情挑战与风险，华达科技突出市场营销，强化“代表用户强化售前管控”的管理理念，2020 年 3 月印发《进一步明确营销开发部各办事处职能责任的通知》，明确营销开发部各办事处“自产品竞价—新品开发—送样认可—模具交付时限—100% 合格批产—保在供成品按计划核定二天至三天安全储备—发运周转箱管控—各类应收款回收—营销团队建设”等 13 项全过程跟踪管理职能，确保所有配套件能按时开发生产并严格执行以零库存（JIT）准时供货。与此同时，组织发动总部、分部一线员工“日班加班，上足中夜班”，确保达到车间增产值、职工增收入。公司发挥总部经济优势，抓好内外联动，战胜一切困难，将疫情的影响降到最低，确保强销扩产战略方针及相关举措得以落实，为企业扩大市场、稳健发展提供助力。

当下，华达科技正跋涉在打造更具活力的“生命型”企业的新征程中，在深化内部改革，做好人才、技术、资本相互融合大文章的同时，积极运用互联网、人工智能、大数据变革生产方式与管理模式，使企业创新能力倍增、创新活力迸发，真正成为经营业绩优、公司治理优、布局结构优、企业形象优的一流公众公司。

第二节　企业改革的主题：“一体两翼”的体制与机制

一、方略：践行“五改五同步”

企业改制是激活发展动力源泉的一项重要举措。企业改制不可能一劳永逸，倘若内外部环境发生变化，应及时调整体制和机制。企业改制要正确处理改革、发展与稳定的关系，坚持以改革促调整、以调整促发展。改制应从企业实际出发，因企制宜，选择不同的改制方式。其方式一般有以下五种。

一是规模较大、效益较好、资产较多的企业，依法组建股份有限公司。在组建中实行国有资本、集体资本、非公有资本交叉持股，相互融合，共同发展。当企业具备上市条件时，应及时争取上市。

二是一般类型的企业，改组成股份合作制企业。中等规模企业，生产经营比较正常，拟采用这种改制形式，并在条件成熟时迅快转为股份有限责任公司。

三是资不抵债的企业，在妥善处理债权债务的基础上，采取剥离重组、租售结合、托管、破产等多种形式改革。严重资不抵债的企业，采用先购买后剥离的方式，与老厂一刀两断，建立新的一级法人企业，实行一厂两制。通过产品调整、市场开拓，在生产经营趋向正常时，再将老的一块破产、新的一块搞先售后股或风险抵押承包。

四是多渠道、多形式进行嫁接，达到 1 + 2 > 3，走合资合作之路，将企业做大做强。

五是流通亏损企业，或搞抽本经营，或搞股份合作制，或搞风险抵押承包。

当然，企业改制不是一改就灵，要想取得好的效果，必须合理推进机制变革，注意实行“五个同步”。

一是改制与提高干部职工素质同步。干部职工队伍素质直接关系到改制能否成功。应把队伍建设作为推进改革和发展的战略来抓，每年坚持引进一批高学历人才，让他们深入生产一线得到锻炼，加快培养出素养高、懂技术、会管理的有用人才。

二是改制与大力开拓国内外市场同步。没有市场，企业有再好的机制也没用。应时时绷紧市场这根弦，积极实施企业市场化运行工程。确立将搞好营销工作作为干好企业的龙头来抓的指导思想。同时，注意用好企业自营进出口权。在生产经营中，注意根据市场的不断变化，及时谋求对策，以新品去拓宽市场，以质量去抢占市场，以品牌去覆盖市场。

三是改制与推动企业技术进步同步。只有依靠技术进步，才能增强市场竞争实力。在抓好填平补齐项目的同时，注重争取各级各种专项，以实施滚动技改。

四是改制与加强企业管理同步。管理出效益，有了好的效益，才能提高分红率，职工参股、扩股才有同心力。将管理作为一场硬仗来打，用改革的办法挖掘管理潜力，积极推行现代管理，实行精益生产，不断提高经济效益。

五是改制与内部配套改革同步。两者相辅相成、相得益彰。在劳动用工方面，建立"两岗一优"制度，在企业内部实行职工竞争上岗，适量动态换岗，优化劳动组合。内部分配上，按照按劳分配与按股分配相结合、按劳分配为主的原则，对企业各类人员采取不同的工资分配形式，所有职工按照职工工资集体协商确定的基本工资线，按劳、按效计酬。同时，积极配合社会保障部门，保障职工的"五险一金"。

二、案例：裕纶纺织——"凤凰涅槃"的 75 年

江苏裕纶纺织集团公司（以下简称裕纶纺织），其前身是成立于 1944 年的一家私营纺织企业。在过去的岁月里，公司殚精竭虑做实业，为地方经济社会发展做出过重大贡献。几年前，公司面对市场与成本双重压力，积极调整经营战略，乘"一带一路"东风"走出去"，重构产业新优势，目前国内外 18 万纱锭同时运转，亮出了一道新的风景线，确保了经济总量不减、税收不减、贡献不减。当下，公司正在加快本部的智能化改造，努力打造全国同行业效率最高的智能工厂。

在 70 多年发展历程中，裕纶纺织先后走过了 5 个发展阶段，面对每一次的机遇和挑战，紧紧依靠各个阶段的治厂方略和改革创新精神，进行了多次大的体制改革，总是化压力为动力，化重围为突围，化困难为机遇。

（一）紧跟国有企业改革步骤，不断深化体制改革，彻底破除了国有企业制度的藩篱

裕纶纺织诞生于抗日战争的硝烟中，当时中华大地遭受日军的侵略，而他们反抗日寇，坚持生产，积极支前。靖江解放后，裕纶纺织积极投入社会主义建设中，公私合营，舍小家顾大家，为公有经济发展打下基础。2000 年年初，为破除长期束缚生产力发展的国有企业僵化体制，公司按照现代企业制度试点的要求，进行首次改制，实行公退民进，组建了有限责任公司。2003 年，裕纶纺织又成功进行了“三置换一保障”改革，国有股权全部退出，彻底成为民营资本控股企业。2004 年 10 月，公司建立了由 8 个企业组成的有 7 亿元资产、16 万纱锭、气流纺 4480 头、喷气织机 260 台的裕纶纺织集团。

（二）在体制改革的同时，落实多种举措，增添了企业的活力和后劲

一是及时转换经营机制，大刀阔斧地改变内部人事、用工、分配制度，动真碰硬地抓，真正打破了职工的“铁饭碗”，搬掉了干部的“铁交椅”，砸掉了分配上的“大锅饭”，使企业产生了新的活力。内部建立分厂制，实行产供销一体，既减轻了总部压力，又给各分厂更多的主动权，调动了基层积极性。

二是不断完善法人治理结构，股东会、董事会、监事会、总经理之间权责分明、相互制衡、协调运转，初步建立了现代企业制度，提高了企业运行质态。

三是结合国家产业政策，不断进行技术改造。1992 年，继国家三年困难时期压锭限产后，又遇上国家再次实行压锭，公司顽强不屈，在挑战中找机遇，在夹缝中求生存，压缩棉纺锭，增加喷气织机深加工，实现了由单纺向纺织全能厂的跨越。1998 年，再次遇到国家实行“纺织压锭调整突破口战役”，要求裕纶压缩 2 万枚纱锭的难题，但公司在调整中谋发展。1998—2003 年，公司先后实施了纺部 3 万锭适应性改造项目、压锭调整后 2 万锭细纱机中试项目、织部填平补齐增加 38 台织机项目、第八批国债资金新增 130 台进口喷气织机等项目。在压锭改造中，公司都坚持用前一个技改项目取得的效益来促进和保证后一个技改项目的实施，从阶段性的技改中增强总体改造的信心和决心，努力实现当年改造当年获益、逐步改造长年获益的目标。投入由小到大，逐年增长，实现了“改造一个裕纶”“收购一个裕纶”“再建一个裕纶”的奋斗目标。

四是不断提升企业管理水平。裕纶从20世纪60年代开始抓纺织行业的工艺、设备、操作这个“老三基”，70年代抓“新三基”，80年代抓“六大”管理，90年代推行现代企业管理，一步一个脚印，扎扎实实，讲究实效；宛如打棒球，他们打的不是“一垒打”，而是“二垒打”“三垒打”，通过抓基础、升档次、上台阶，不断地夯实企业的基础。正是由于企业有了“强筋健体”，遇有任何突变形势和市场颠覆都能挺住，才能迎来新的胜利曙光。

五是建设团结战斗班子，带出一支能征善战的职工队伍。裕纶的发展，离不开一届又一届好班子的努力奋斗，更离不开一茬又一茬好领头人的率先垂范。尤其是在计划经济向市场经济过渡的磨合期，当企业处于危难之时，市政府及时调整了公司领导班子。新班子紧紧依靠大家的智慧和力量，准确决策，坚毅开拓，敢抓善管。在困难面前，巧施对策，力挽波折；在成绩面前，冷静思考，戒骄戒躁；在公私面前，该得则得，维护集体。在发展战略调整的紧要关头，裕纶唯才是举，招贤纳士，为裕纶越南公司选择了优秀带头人。一代代年轻的“一把手”，展示出了企业家的风貌，带动和影响了“一班人”。领导班子成员之间坦诚相见，精诚团结；顾全大局，不计私利；紧密配合，协调运转；踏实务实，积极进取。领导人的好形象、好作风，增强了全体员工的向心力和凝聚力，从根本上保证了企业发展。

第三节　企业改革的内因：建设和谐幸福企业

一、方略：以集体协商制度深化内部三项制度改革

企业集体协商制度是时代发展的产物，也是企业内部改革的深化。集体协商搭起了企业与职工互联互通的桥梁，是演绎共创共享的舞台，是缓解职工日益增加的对美好生活的向往与企业生产力发展不平衡不充分这一矛盾的调节器，是释放企业内在潜力的强引擎，是企业发展中一项不可或缺的管理机制。

（一）集体协商“出和谐”

通过集体协商这一平台，企业开诚布公，向职工代表亮家底、亮市场、亮政策、亮任务，让职工代表当家做主，全面了解企业情况，充分表达诉求，维护自身权益，双方增进了理解，消除了误解，厚植了感情，建立了相互信赖、相互依靠的关系，营造了团结和谐、凝心聚力的环境，为企业稳健发展、跻身一流行列起到了保驾护航的作用。

（二）集体协商“出智慧”

通过充分讨论、集思广益，可以找到增加职工收入与加快企业发展的共振点、双方意见相左的统一点、企业意志与职工意愿的交汇点，正确处理好集体与个人、职工收入与个人贡献、眼前利益与长远利益这三种关系，从而达到自我管理、自我完善、自我提高、自我超越。

（三）集体协商“出效力”

集体协商，可以强化企业与职工利益共同体、事业共同体、命运共同体的意识，促进劳动者与经营者共谋发展、共同化解和承担企业风险、共享发展成果，让全厂上下目标同向、思想同心、工作同步，必将产生新的动能，激励每个员工不断奋发努力。同时，拓宽了信息来源渠道，协商中，不仅会商了企业集体劳动合同、职工工资专项集体合同及女职工权益保护专项集体合同等有关事宜，还会有来自一线的许多合理化建议，把大家的智慧和力量集中起来，即可应对市场变化，推进企业高质量、高效率发展。

（四）集体协商“出人才”

在集体协商中，演绎共创共享“节目”，可以展示职工代表接受企业核心价值观理念和把握有关政策法规的程度，可以反映出其对话沟通的实际能力和水平，往往能从中发现人才和锻炼人才。同时，职工参加社保部门、总工会的有关培训，可以迅速提升协商谈判能力和综合素质。

集体协商“出和谐”“出智慧”“出效力”“出人才”，由此必然会产生新的“生产力”。因此，每个企业、企业家都要高度重视职工集体协商制度，坚持因企制宜、以人为本，不断探索创新集体协商的方式和方法。建立和完善“工会牵头、党政联手、职工参与”的集体协商机制。在集体协商中，把好“五关”，即职工方协商代表民主推选关、协商议题公开征求意见关、协商过程符合程序关、协商条款符合法律法规关、合同书文本提交职代会审议关；坚持集体协商“四项原则”，即以国家有关法律法规为遵循的合法性原则、兼顾企业发展和职工具体利益的利益兼顾原则、保证协商双方互相尊重和共谋发展的稳定性原则、紧扣企业生产经营与职工切身利益深化协商内容的实效性原则，做到有理、有节、有度、有利。以深入开展创建和谐示范企业活动为载体，以切实搞好春季集体协商要约行动为契机，积极推进企业集体协商质效提升，深化内部三项制度改革，提高劳资双方对集体协商的综合满意度，充分调动广大职工的积极性与创造性，真正将企业建设成和谐幸福的集体。

二、案例：靖江叉车——改革印证“彩虹总在风雨后”

江苏靖江叉车有限公司（以下简称靖江叉车）的前身是1958年建立的老国有企业，其间有过辉煌和荣耀，产品从农用机械转为物流叉车，组织也从单个企业变为若干个企业联合的总厂，为地方工业的发展输出了一批人才和技术，在国家、省级层面均有一定的地位和影响力。但在计划经济向市场经济转型过程中，由于体制性障碍和产品结构化滞后，企业发展每况愈下。1997年，通过国有资产划拨，组建了徐工集团靖江叉车有限公司，但由于没能按《中华人民共和国公司法》运作，结果事与愿违，未能摆脱困境，亏损越来越大。2000年8月，靖江纺织机械厂厂长陆铭临危受命，出任该公司总经理，2002年任该公司董事长、总经理。他上任后，怀着强烈的事业心和责任感，大胆进行改革，激发了企业活力，使得一个濒临倒闭的企业得以重生，取得了较快发展，呈现出勃勃生机，令人生起了“彩虹总在风雨后”的感慨与欣慰。

（一）从根源上铲除旧体制带来的弊端

公司摆脱困境，重振雄风，迎向未来，凭借的是哪般武艺？提高老产品，开发新产品，把准市场定位；整合有效资源，强化内部管理，提高公司运行效率，不能不说这些只是它们武艺的十之一二，最为关键的武艺是转型改制，增强内生动力。靖江叉车根据上级改革要求，紧密结合企业实际，大刀阔斧地进行改革，历经了管理制度上的四次变革：一是由计划经济向市场经济转变，由政府给饭吃转变为自己找饭吃，割断了企业依附政府的“脐带”；二是实施公司内部三项制度改革，整合企业内部资源；三是建立现代企业制度，确立企业法人制度；四是企业转型改制，变为民营企业。在最后一次转型改制中，公司认真学习借鉴同行其他企业的经验，反复磋商，广泛听取意见，确定以零资产出售，对企业实施股份制改造。新成立的公司由经营层控股、技术营销骨干入股、职工自愿参股的方式组成。根据国家有关政策，国有股全部退出，从而实现了企业从国有企业向民营企业的转变、职工从国家人向自然人的转变。

（二）从动力上大刀阔斧地进行机制创新

鉴于国有体制一些弊病的惯性延伸和职工观念的滞后制约着民营企业发展这一实际，公司在完成体制改革以后，又大刀阔斧地进行机制创新。一是调整和优化内部组织结构，使资金、管理、技术、销售等各个方面能按照市场经济模式运作，创造一个真正具有活力的组织机构。不断调整优化产品结构，重新进行产品的市场定位。在提升原有产品的基础上，着重发展与日本 NISSAN 公司合作的牵引车产品，广泛与各大航空公司、机场进行接触，引导消费，牵引车的销售年年有提升，受到用户的赞许。二是规范各项管理，内部实行授权、分责、计酬，消除扯皮、推诿现象，逐步实行从“人治”转为“法治”。三是签订全员劳动合同，实行双向选择，岗变薪变，形成能进能出、能上能下、能高能低的用人和分配机制。四是把实现公司近期和中长期发展目标作为企业文化建设的主线，系统地形成企业经营理念、企业精神、经营方针，从而激励全体员工奋发向上，争为企业再创辉煌作贡献。

近年来，公司认真贯彻新修订的《中华人民共和国劳动法》，积极推进职工集体协商制度，包括职工工资协商、职工集体活动协商，深化了内部干部人事、劳动用工、内部分配三项制度改革，砸掉了国有企业“铁饭碗”“铁交椅”“铁工资”，增强了员工的发展意识和忧患意识，公司上下形成了想公司之所想、急公司之所急、干公司之所需的良好氛围，充分释放了内在潜力，强力推动企业克服了一个又一个困难、取得了一个又一个突破，彰显了国有企业经过一场暴风雨洗礼后亮出“一道道绚丽的彩虹”。事实再一次证明，有了好的体制，又有了好的机制，企业就能在稳健的轨道上继续向前、欣欣向荣、蒸蒸日上。

第四节　公司制企业的支撑：协调高效的管理运行系统

一、方略：公司法人治理结构的现状和对策

（一）公司法人治理结构的现状

公司法人治理结构是公司制企业的基本组织架构，也是现代公司经营管理中非常重要的管理体制。公司法人治理结构主要由四大系统（股东会、董事会、监事会和经理层）组成，它们之间既相对独立，又互相联系。目前，由于对《中华人民共和国公司法》理解和操作上的偏差，加之《中华人民共和国公司法》尚需进一步完善，相当一部分公司法人治理结构还存在不健全、不规范、不科学的状况。其主要表现在以下几个方面。

1. 国家股和国有法人股及社会法人股在股份结构中占比一直过大

我国90%以上的国企经过改制，引进了民资和外资，企业资本结构有了很大改善，尤其是大公司通过上市，实现了股权多元化。然而，有些国有股份公司及上市公司，虽经几次调整股份结构，但政府持有股份（国家股和国有法人股）仍占全部股份的50%以上。非国有法人资产、投资于上市公司或股份集团公司的社会法人股同样存在股份偏大的问题。因此，大股东掌握绝大部分股权，“一股独大”，大股东成了股东大会的控制者和议案决策者，中小股东的意愿和主张得不到真正体现，往往挫伤了它们的积极性。

2. 股东会与董事会、总经理之间的委托—代理关系不顺

现代公司的委托—代理关系是，股东将资产委托给董事会、经理经营管理，董事会对公司负有受托责任，要为公司群体实现利益最大化服务，并考虑包括公司职工在内的利益主体的利益。董事会基本上是股东会的执行机关，董事在许多事项上的决定权是必须报股东会批准的。但在实际操作中，不少公司的董事会往往越俎代庖、自行其是、一锤定音，基本形成了以董事会为中心的格局。

3. 公司经理层权力膨胀，出现了较为严重的自我趋利性现象

公司治理结构被扭曲的一个突出问题是董事会成员与经理层成员高度重

叠，两种机构的职权和职责混为一谈，导致“内部人控制”，即公司内部非财产拥有者却得到了公司剩余财产的控制权力。董事会、监事会无法对其形成制衡和约束，以致不少公司的经理层对公司的长远利益、发展规划和技术改造顾及较少，急功近利的短期行为较为严重，股权所有者利益受到很大损失。

4. 监事会形同虚设，没有起到应有的监督作用

目前，绝大多数公司监事会的监督渠道不畅，其监督和控制作用没能得到充分发挥。我国尚未对监事会的独立性做出相关规定，缺乏足够的司法程序保障，监事会职员的工资、职位都由总经理管理，监事会对董事、总经理的监督职能受到限制，致使监事会与董事会不能互相制约、互相协调。加之大多数监事会职员对法律、管理方面的知识掌握不够，素质达不到要求，在一定程度上影响了监事职能的发挥，致使监事会变成一种可有可无的摆设，处于尴尬境地。

（二）解决问题的对策和途径

笔者以为，解决上述问题的重要性和迫切性是不言而喻的，解决的对策和途径应有以下五个方面。

1. 优化股权结构，降低国有股和非国有股持股比例

规范和优化产权结构是构建治理结构的重要前提。因此，除少数必须由国家垄断经营的企业外，大部分国有股要根据不同行业、不同企业的实际情况，运用多种渠道，分类、分项、分批退出；要吸收和组织更多的外资和民间资本参股，积极发展投资主体多元化的公司。

对于上市公司来说，因为要兼顾市场稳定和投资者利益，所以选择国有股退出应注意其顺序与方式：①对于产品没有市场、长期处于亏损的，而且不属于国家安全、社会安定行业的公司，可采取拍卖和协议转让的方式，将国有股全部退出；②对于产品有市场但负担太重、经营困难的公司，可采用股权互换、发行可转换债券、国有股转为优先股、国有股回购等方式，将国有股比例减少到50%左右的绝对控股地位或者30%～40%相对控股地位；③对于产品市场前景好、具有一定实力、经营状况好、历年业绩佳的公司，只需进行战略性部分退出或让国有股直接上市流通。

对于股份制公司来说，优化股权结构的方法有三：①通过增加其他法人股份及个人股份在公司中所占比重，以及增强股权的流动性，实现股权分散，降低控股比例，以适度控股的方式来解决“一股独大”的绝对控股。②引进吸收与本公司供应链协同运转、利益密切相关的合作者及重要利益相关者（譬如银行、机构等）作为战略投资者，使其成为公司的二股东、三股东，既改善股份资本结构，又有利于建立相互制衡的内部治理结构。③适度引入职工股份，以及授予经营业绩杰出管理者一定股份。

2. 完善董事会制度，提高公司运作效力

董事会作用的发挥，是构造有效的公司治理结构的关键。因此，必须进一步强化和完善董事会制度。

一是要解决董事长与总经理是兼任还是分任的问题。鉴于目前我国还没有真正形成有效监督机制的状况，笔者认为，如果公司规模大（尤其是上市公司），为更好地发挥各自职能，有利于所有权和经营权分离，防止因权力过度集中而产生负面影响，董事长、总经理应予分设；如确实有必要由一个人担任，则公司必须设立首席独立董事制度，实现董事会内部的有效制衡。对于规模不大的企业，如果经营者持大股，且能力较强，那么在公司创始阶段，董事长、总经理暂可由一人担任，但对公司领导必须有明晰的职务区分，以保证权力的相对平衡。

二是要规避董事会与股东会之间的权力之争。依据《中华人民共和国公司法》，要正确处理好股东会和董事会两者之间的委托—代理关系，坚持“同股同权”“一股一票”原则，完善股东大会的召集制度、股东提案制度和股东表决制度。对于本属股东会决定的事项，又未受股东会委托，而董事会自行作出的决议，股东会可以宣布无效；股东会对董事会已通过的与股东利益有冲突的决议拥有否决权。但是股东会也不要过度限制董事会的权力行使，应留有足够的权力空间，以提高运转效率。

三是要理顺董事会与经理层之间的职责。鉴于目前董事会成员大多数为经理层人员，在界定股东会与董事会各自权力的基础上，必须强化董事会对于经理层的约束：首先是强化董事会对于经理层的独立性；其次是明确董事会对经理层所授予的权力范围；最后是在董事会内部形成合理的运作机制。

四是要强化董事会及其成员责任。董事会成员必须忠实履行职务，维护公司利益，不得利用在公司的地位和职权为自己牟取私利，更不得合谋寻租、直接侵犯国有资产。董事应当对董事会的决议承担责任，董事自身行为影响或损害公司利益时，也应对公司进行经济补偿。除此以外，还要强调董事为股东服务的责任，免除不称职的董事，以优化公司经营队伍。

五是要积极探求董事会内部制衡机制。应学习和借鉴国外和我国上市公司一些好的做法，为保护中小股东利益，在董事会中增设中小股东董事；建立独立董事制度（含首席独立董事制度），以强化董事会对公司的监管。独立董事在董事会中占半数以上为好。一般公司应由独立董事组成董事会下设的审计、报酬和提名委员会，并应创造条件建立起自我评估机制，通过评估及时发现董事会运行中存在的问题，并将存在的问题向监事会通报，以便采取相应措施解决。

3. 建立激励、约束机制，规避内部利益冲突

为最大限度地减少股票所有者、董事会和经理层三者之间的利益冲突，以及避免高层管理人员急功近利的短期行为，应以市场规则为导向，设计一个合理的薪酬计划，大体做法有：①将高层人员获得的除现金年薪之外的奖金转化为虚拟股份，不以现金形式兑现；②从年度净利润中，按一定比例提取资金，作为绩效股份，奖励给高层管理人员及有重大贡献的业务骨干；③用部分资金购股赠股（奖励性股票不得流通或转让，不行使表决权，但享有分红、增配股权利）。除此之外，还可通过建立和完善控制权激励、职位消费激励、精神激励等机制来调动他们的积极性。

4. 强化监督，实行有效制衡

首先，弱化董事会及经理层对监事人选的控制，逐步提高监事会成员的专业素质（提倡律师、会计师和专业技术人员进入监事会）。其次，进一步细化和硬化监事会议事方式和表决程序，强化监事会独立性，保证监事会对业务监督作出独立的判断。当监事会的决议与董事会的意见发生分歧，经协商无法取得一致意见时，可由监事会临时召集股东大会进行审议，必要时可以请律师事务所、会计师事务所等专业性机构给予帮助。再次，建立内外双层相结合的组织保障体系。内双层，即公司监事会和董事会下的专业委员会，最重要的是审计委员会，其行使财务监督和风险控制权力。外双层，即政府采用的审计监督和财税监督两个方面，对于国家垄断性行业，可根据实际情况，实行派出财务总监和稽查特派员制度等。只有将内、外部监督有机结合起来，并同时采用双向进入、交叉任职的方法，才能正确处理“新三会”“老三会”之间的关系，最大限度地发挥监督作用。最后，建立和完善监事会成员激励机制和约束机制。

5. 运用市场竞争机制，推进公司治理改革

完善企业治理结构与促进市场竞争相辅相成。因此，要运用人才市场、商品市场和资本市场来推动构建良好的法人治理结构，使得“用脚投票”机制顺利形成并发挥作用。

运用人才市场，首先要做好对企业高层人员的使用。要将任命制改为竞聘制，让那些具有良好思想品质、科学思维方式、合理能力结构等基本素质的经济管理人才担任公司高级管理人员。通过经营人员竞争上岗，使得掌握经营权的经理层面临更为激烈的市场竞争，并在竞争形成的要素市场中获得部分剩余索取权，最终使得经理的管理决策和目标与企业的盈利目标相一致。

商品市场需要质优价廉的产品和优质的售后服务。它通过竞争淘汰治理结构不完善、经营绩效差的企业，而让那些治理结构比较完善、经营绩效好的企业留在市场上继续参与竞争。以过硬质量赢得用户，以忠诚客户铸就品牌，以高端品牌赢得话语权，以强势话语权赢取市场主宰权。

随着供给侧结构性改革的深入进行，以及新时代现代化经济体系建设加快推进，竞争行业已经不可能再由国家财政补贴。竞争使得效率高的企业在市场中不断发展壮大，同时，又把效率低的企业筛选出去，使参与市场竞争的企业都有积极性去不断完善治理结构，从而提高企业运行效率和效益，增强企业竞争力和影响力。

二、案例：富天江电器——合资合心谋发展

江苏富天江电子电器有限公司（以下简称富天江）是三江电器集团与日本富士通将军公司共同投资兴建的合资企业。近年来，公司紧紧围绕合作共赢、合力发展这一主线，严格遵守《中华人民共和国公司法》，结合企业自身实际，不断完善以现代企业制度为核心的企业法人治理结构、企业文化、创新体系，促进企业又好又快发展，其各项经济指标连续多年以两位数增长。公司现拥有国家实用专利 52 件，其中发明专利 13 件。公司被科技部授予“国家微特电机及控制产业重点骨干企业”和“国家重点高新技术企业”称号。时下，公司呈

现出强劲的高质量发展态势，通过实践探索出了一条中外合资企业成功之路。

（一）实行董事会领导下的经理层负责制

公司形成了适应参与市场竞争的“产权清晰、权责明确、政企分开、管理科学”的企业领导体制和组织制度，并建立了各自职责明确、互相制衡的管理模式。公司的重大决策一律实行董事会决策、经理层实施的制度。公司在进行经营决策、管理决策以及编制实施方案时，总是先征求日方意见，再召开董事会讨论决定。对于重大决策或在主要工作中出现的不同意见，富天江始终坚持以尊重日方为前提，在充分听取日方意见之后，再表明自己的观点，并耐心地分析各种利弊关系，最终取得一致意见。完善的董事会制度，助力形成了合理的运作机制，提高了公司的运作效力。

（二）运用竞争机制构建治理结构支撑体系

为适应公司治理要求，富天江以转换经营机制为动力，以提高市场竞争力和经济效益为目标，在内部建立财务部、制造部、品质部、开发部、技术部、管理部等六个部门以及五个车间，它们既相对独立，又有机联系。对各部、各工段负责人的选拔，改任命制为竞聘制，让那些具有良好思想品质、管理能力和创新思维的人担任各部的部长和各工段的工段长，并建立与他们岗位相应的约束与激励机制，使其既有动力，又有压力，强化了内部管理，提高了运行效率。

（三）处理好新经济组织与“三会”之间的关系

富天江在三江电器集团公司的支持下，建立健全党支部委员会、工会和妇代会。“三会”工作的开展，紧贴企业的各项中心任务，充分发挥了“三会”的职能和作用；新经济组织从各个方面支持“三会”工作开展。新经济组织与“三会”之间密切配合、协调，增强了企业的战斗力和凝聚力。

（四）塑造中日伙伴文化

公司初建阶段，尽管富天江要求中方人员以高姿态和友好、诚恳的态度去和日方人员交流沟通，但由于双方文化背景不同、技术水平不对等、个人素质不一样，双方的交流比较困难。公司采用多种方法促进中日文化在公司内部得以交汇融合。

首先，在沟通上交融。公司组织管理人员参加日语培训班，请日方人员当老师，介绍日本文化，同时，也帮助他们聘请中文老师提高汉语水平，并邀请日方人员参加中方的各种招待会、联谊会等，通过提高各自的外语水平，排除了交流障碍，增强了沟通能力。

其次，在情感上交融。富天江鼓励中方人员与日方人员交朋友，逢年过节邀请日方人员到家中做客，创造一切机会让日方人员充分感受中国文化，了解中国靖江的风土人情。同时，富天江派专人负责关心日方人员的生活起居；帮助日方人员及时办理或更换证件，其中一名日方人员获得了永久居住权（绿卡）；在日方人员购房、小孩上学等有困难时给予帮助，以解除他们的后顾之忧。中方管理人员家中有喜庆之事，一般都诚意邀请日方人员，日方人员也都乐意参加。中日双方人员和睦相处，其乐融融。

最后，在理念上交融。日本的企业形成了独特的先进企业文化，其中蕴含着浓厚的中国传统文化气息。为引入它们先进的经营理念，富天江虚心向日方人员请教，与日方人员交流想法和思路，从而融合三江电器集团与日本富士两家公司的文化精华，提炼成颇具特色的“亲和、忠信、高效、奋进”的企业精神。这一企业精神时刻鼓励和鞭策着全体员工亲近和谐，团结一致；忠于职守，诚实守信；勤勉工作，提高效率；共同奋斗，与时俱进。在实际工作中，公司遵循“和谐相处、合作共赢”的理念，在诸多矛盾中寻找到最佳契合点，以最优的方案解决问题。无论中日两国的政治关系是热是冷，在富天江内部，中日双方已经建立起牢固的合作伙伴关系，为中日民间友好树立了典范，为中日双方合作奠定了坚实的基础。

（五）努力营造充满活力的企业创新体系

在工艺设计中，公司积极整合国内外技术进行开发提高。在产品制造中，公司坚持引进消化吸收再创新。富天江还十分注重管理技术的创新，将 ISO 9001 质量管理体系和 ISO 14001 环境管理体系与安康管理体系整合为“三合一”的管理体系，得到国家认证中心江苏分中心的高度评价和赞扬。

公司还坚持以人为本，大力营造文明有序环境，实现企业与员工和谐、人与机器和谐、人与环境和谐。

第五节 公司制企业成功的标识：股东投资欲望日益增强

一、方略：股东资产保值增值之管见

目前，我国广大企业尤其是国有企业，按照党中央、国务院的要求不断深化改革，国有资本、集体资本、非公有资本等交叉持股，相互融合，取长补短，共同发展，取得了新的进展。如何使各方股东资产在多种所有制资本并存的情况下保值增值，实现稳中求进、创新发展，已是摆在新经济组织面前的一大课题。

（一）以建立资产良性循环系统为导向，增加股东增资扩股胆量，奠定股东资产保值增值基础

企业改革的新经济组织与股东之间的关系如同一个生态系统，企业只有不断地使股东资产升值，才能吸引股东投入更多的资金，加大高新技术投入，实现稳步发展。股东资产价值表现为两个方面：一是企业的自身实际价值，二是资本市场上的价值。经营者的目标，就是要把这两者之间的差距控制在适当区间，尤为重要的是创造企业真实的价值。企业要从长期收益、未来股东投资价值最大化出发，不断将利润投向未来，使企业有源源不断的利润支撑，让股东购买的股票有较高的红利水平。这样，股东就更有将资金投资于企业的积极性。

投资者对企业的信任是构造资产良性循环的基础。一个企业拿了股东的钱，科学地使用这笔钱，就能产生更大价值，股东就会得到丰厚的回报，由此就会对企业产生一种信赖。这样就能增加股东增产扩股胆量，不断向企业输入资本。改变投资环境的根本在于企业的规范化、透明度以及企业对股东的负责态度。事实上，企业运行与投资者的想法在某种程度上有差距，投资者希望短期内有很大回报，而运作者总想将时间拉到一定长的跨度。对于其间产生的矛盾，企业应通过沟通说理和企业发展的事实，使股东懂得在一定时期内获得回报的战略作用和深刻意义。与此同时，企业还应自觉地运用监督机制来约束自己，以得到股东的信任。

（二）以体制创新为动力，继续深化企业改革，加大资产保值增值力度

企业要用足用好国家关于社会资本参与企业重组改造的政策，借助项目强力推进这一契机，利用企业的优质资源，招引外商、外地法人和本地个体私营企业购买企业资产，参与企业重组改造，实现投资主体多元化和股权结构多元化。在选择购买主体较多的情况下，除了争取多获益外，还要更多地着眼于长远发展，深度研究各个购买主体的资本实力、技术开发能力和经营者素质，确定最佳受让主体。力争通过出让资产引入一个较好的机制，引进一批先进技术，引导一批较大规模投资，引聘一些优秀经营人才。

与此同时，认真贯彻《中共中央 国务院关于深化体制机制、加快实施创新驱动发展战略的若干意见》，强化科技人员激励机制，加大科技人员股权激励力度。通过股权、期权、分红权等激励方式，调动科研人员积极性；将用于奖励科研人员负责人、骨干技术人员等重要贡献人员和团队的收益比例，从现行的不低于20%提高到不低于50%。高新技术企业和科技型中小企业科研人员通过科技孵化取得的股权奖励收入，原则上要在5年内分期缴纳所得税。根据上述精神，要更加注重强化激励机制，给予科技人员更多的利益回报和精神鼓励，使研发人员的创新劳动与其利益收入对接、收入与其贡献挂钩、报酬与其产生的效益相当。除在年薪、岗位工资上倾斜外，要使科技人员拥有企业的较多股份，从而更好地发挥技术技能人才队伍的创新作用，充分激发他们的创新能力。

另外，从建立和谐共进的劳资关系出发，对运行质态好、有一定规模、发展前景好的企业，可推行员工持有分红股（绩效股）。这是贯彻中共中央、国务院印发的《关于构建和谐劳动关系的意见》，获得和谐久远的一大重要举措。分红股，即企业每年底进行利润分配时，拿出一定比例用来奖励本年度在营销、生产等方面取得显著业绩的员工。分红股会逐年累加，记在员工名下，员工只参与分红，没有表决权，其不能作为产权股在企业内外流通，不能由员工个人终身享有，员工也不能将其作为私人财产捐赠给亲属。但员工只要在岗工作，直至退休前均享有分红权。如果员工中途擅自离厂，该分红股即行失效。企业可以通过员工持有分红股（绩效股）来培养忠诚员工，使企业永葆青春活力。

企业还可根据国家政策和企业实际经济状况，在参加基本养老保险的基础

上，推行建立年金（即企业补充养老保险），以提高职工退休后的生活水平。企业缴纳的补充养老保险金可税前列支，这样不仅可以提升企业形象，增强对人才的吸引力，也有利于社会和谐稳定，会产生良好的社会效应。

深化企业内部三项制度改革。不断完善和深化干部人事、劳动用工、分配三项制度改革，是建立现代企业制度的重要内容。建立健全企业各类管理人员公开招聘、竞争上岗等制度，促使其增强竞争意识和危机意识。建立分级分类的企业员工市场化公开招聘制度，做到信息公开、过程公开、结果公开。建立健全以合同管理为核心，以岗位管理为基础的市场化用工制度，真正形成企业各类管理人员能进能出、员工能上能下的管理机制。完善既有激励又有约束、既讲效率又讲公平的分配机制，建立健全与劳动力市场基本适应、与企业经济效益和劳动生产力挂钩的工资决定和正常增长机制。推进全员绩效考核，以业绩为导向，科学评估不同岗位的贡献，合理拉开收入分配差距，切实做到收入能增能减和奖惩分明，充分调动企业员工积极性。国有企业领导人实行与选任方式相匹配、与企业功能性质相适应、与经营业绩相挂钩的差异化薪酬分配方法。国家级管理成果创新奖获得者、许继集团有限公司董事长兼总经理王纪年曾经说过，企业内部改革成功与否，关键要看能否在用工制度、内部分配、人才引进等方面远离“三条死亡线”，即一个企业在经营正常的情况下，员工淘汰率低于2%，这个企业就将走向死亡；职工收入由固定部分（基本工资）与活的部分（奖金）组成，若活的部分低于分配总量的15%，企业将会走向死亡；若企业内部的中高级技术人才和管理人才占全体职工的比例低于10%，企业也会走向死亡。企业一定要在思想认识上有所突破，不断创新三项制度改革，改出经验来，改出效果来。

（三）以科技创新为核心，推动企业优化升级和持续发展，构筑资产保值增值优势

企业要在思想和行为上真正确立科技创新在发展中的地位和作用。随着中美贸易摩擦的升级，各类企业将直接承受来自国际、国内的竞争压力。提高技术创新能力、加快高新技术产业化进程、加大对传统产业的技术改造力度、促进产业结构升级，既是应对和参与国内外竞争的迫切需要，也是企业保值增值的内在要求。应以瞄准国际同行业先进为目标，以科研机构、高等院校为依托，以市场为中心，用高新技术和先进适用技术改造和“软化”传统产业，制定和落实分阶段、分步骤的科技创新规划，尽快提高产品的高新技术含量，努力建成省和国家级高新技术企业。

（四）以强化管理为抓手，从严治厂练内功，确保资产保值增值落实到位

严格基础管理，重点是强化物资管理、质量管理、营销管理和财务管理，建立健全有利于资产保值增值的机制和制度。一般来说，只有当期净利润不低于期初股东权益与一般物价指数上升率的乘积时，才算是真正意义上的资产保值增值。为防止企业资产经营的短期行为，应在年度考核资产保值增值时，辅之以企业长远发展目标的考核，包括增加技术进步考核指标、基础管理升级指标以及环境保护、污染防治等社会公益考核指标。同时，要落实考核指标的相关奖惩制度，实行资产保值增值率与经营者收入挂钩，与企业工效挂钩，与经营者及责任人的行政和法律责任挂钩。对在规定期限内不能实行资产保值增值的经营者，应按照《中华人民共和国公司法》规定的程序罢免，重新选择经营者，以确保股东资产保值增值。

二、案例：三马起重——高位嫁接科尼，迈向企业国际化

江苏三马起重机械制造有限公司（以下简称三马）走过的55年历程，可以说是一部改革发展、创新求变的演进史。从20世纪80年代的厂长负责制到承包责任制，从一次改制到二次改制，从纯民营企业到中外合资企业，从粗放式管理到精细化管理，从传统管理方式到信息化管理改造，三马在无数次创新变革中“裂变新生”，2009年高位嫁接世界最大的工业起重机设备制造商——芬兰科尼集团（以下简称科尼）。合资以来，三马借助科尼全球销售网络、国际先进的管理方法和理念，加快转型升级，进入全面整合、高速增长、跨越发展的新阶段，各项经济指标连年保持高位增长，成为泰州市50家高成长型企业之一。

三马与科尼的合资实践告诉我们，体制改革不等于“一改就灵”，只有在技术、管理与文化等方面及时跟进嫁接，才能取得实在的效果。

（一）三马与科尼的技术优势和营销网络嫁接

三马立足于起重机项目，充分利用科尼带来的技术优势，创新设计理念，

实行差异化竞争，加快老产品的转型升级，以产品的系列化增加销售卖点，以产品的精细化增加销售亮点，以产品的多样化培植销售新的增长点。同时，充分利用科尼的全球营销网络优势，围绕高端发展，新建了五条生产线，产品全部配套科尼，其中马达生产线已成为科尼全球产能最大、质量最优、效益最高的生产线。并且成立了一支由25岁以下年轻人组成的管理团队，主动融入科尼的供应链管理网络，主动领会吸收科尼的先进经验。近年来，科配工厂用10%的人员创造了50%的产值、70%的利润。

（二）三马与科尼的先进管理嫁接

从提升企业运营效率出发，三马首先推行科尼精益生产的方法，对制造流程进行改造，保证零部件在制造过程中工序转送不走回头路、工序协作不出车间，减少了零部件的搬运成本；实现从毛坯到半成品再到装配过程全方位用工位器具管理，确保生产现场整洁有序；引入看板式、目视化管理模式，建立了以质量过程控制化、物流快速化等为改善内容的精益生产管理系统，一改原来的月计划粗放式管理方式为按日、周计划的产品工序的精细化经营管理模式，大大压缩了库存。同时，引入科尼的质量管理模式，规范内外部质量控制流程，构建大防范格局，变事后把关为事前预防；构建全方位控制格局，建成亚洲最先进的电动葫芦寿命检测中心，可24小时运作，自动控制、自动检测、自动记录，并与总部研发中心进行实时数据交换，及时得到对方强有力的技术支持，及时发现质量隐患，保证了质量的稳定与提高；构建严格考核的格局，铁面无私抓质量，以维护质量制度的严肃性。与此同时，公司引进科尼先进的ILM管理系统，改变成本核算机制；推行起重机项目管理，对每个项目的成本、质量、交货等方面进行全程全方位的监管，保证项目持续盈利。全面推行财务预算制度，将传统财务管理的事后反映改为事前预算、事中控制和事后考核。

（三）三马与科尼的文化嫁接

从塑造企业优秀文化出发，公司融合中芬文化，坚持求同存异，由“合资”向“合心”转变，精诚合作，优势互补，增强了凝聚力。同时，注重环保，尊重工人生命权和健康权。积极推行环保管理体系，保证员工不受环境污染影响。建立安保体系，呵护生命，让员工形成幸福感和归属感。善待员工，将员工视为企业最重要的资产，帮助他们制订职业生涯计划，促进他们不断成长进步。

（四）三马与科尼由合资到分设，实现裂变式发展

江苏三马起重机械制造有限公司于2009年与芬兰科尼集团合资，2014年6月由其全资收购，2017年3月科尼集团进行战略调整，将江苏三马公司股权转移。靖江宏程起重机械厂与科尼（上海）公司成功合作，收购三马股权、资产、品牌，并为科尼公司生产配套产品，宏程起重机械厂由此从配件生产向整机制造、标准化服务等领域转型，打开了寻求国际化合作的广阔空间。这一合作促成了“新三马”公司落户新桥镇，“新三马”以此为新的起点，传承“老三马”的品牌、文化，继续发挥“老三马”的品牌效应，加快推进“新三马”转型发展。“新三马”公司将以更多的产品组合、更好的运营模式、更灵活的市场策略、更优良的产品品质、更快的交期，适应市场，满足客户。这既是传统企业转型升级发展的生动实践，也是中小企业借船出海、高位嫁接的战略抉择。

第六节　企业改革深化的指向：建立自主经营体

一、方略：积极推行“阿米巴”经营模式

企业体制和管理机制是企业兴旺的两个“轮子”，缺一不可。企业有了好的体制，还必须配之以好的管理机制。以往惯用的“国有式”“模糊式”经营模式已让企业在市场中举步维艰，只有推行新的经营模式才能让企业“转危为安”，重现生机。如今世界各国推行的“阿米巴”经营模式（即划小核算单位，国内称之为“分之合”模式）是经多领域运用证明的近期内最好的一种经营模式。日本稻盛和夫采用自创的“阿米巴”经营模式创办了京瓷、KDDI两家世界五百强企业，而且2010年他78岁时临危受命，运用这一“魔法”，拯救了被宣布破产的亚洲最大的航空公司日航。

（一）“阿米巴”经营模式的主要做法

“阿米巴”经营模式是指在公司内部按车间（分公司）、工序设立多个既

能独立经营又能独立核算的部门，按照市场价格倒推的方式进行各部门的交易定价，让各部门形成买卖关系（内部市场价值链）。每个部门（班组）每天收入多少、费用多少、利润多少都一清二楚。企业每天的利润、成本、费用也一清二楚，一日一结算，一天一改进。同时，每个部门创造利润多少直接与该部门员工工资挂钩，让部门内的所有人都能够参与经营和管理。这一模式就像土地改革，将集体生产管理模式变成了承包到户的生产管理模式，它是精细化、精益化和精确化管理的具体体现，是靖江市少数企业推行总部经济的延伸和深化。它适用于生产经营基本正常的各类性质、规模大小不一的企业。采用这一模式的好处有四点：一是它将销售、利润、成本、费用、交期等原本属于企业的事，变成每个部门、每个员工的事，能极大地激发员工的潜能。二是它将以往只有销售部门面对市场变成从采购到销售、各部门、各岗位共同应对外部市场可能发生的变化，从而使企业能够快速在市场竞争中站稳脚跟。三是它将以往从管理层到员工的思想从认为自己在给老板干，转变为认为自己在给自己干，做到老板与各级管理者在场不在场一个样，都在认真、埋头工作。四是它将以往提高产量、保证质量、降低成本和费用、获得最大限度效益这一老板需求，变成其他经营管理者和广大员工的共同需求，不用老总喊嗓子、用手段，而是员工发自内心地坚持每天主动改进、千方百计增产降本争效益。

（二）建立健全薪酬检查考核体系，促使“阿米巴”模式真正落地

只有将薪酬考核这一体系的网络编细织密，才不会出现漏网之鱼。在检查体系方面，卢万通教授提出，可用五条经线纵向到底，用五条纬线横向到边。五条经线即文化总监（负责企业文化落地监督）、人资总监（负责规则的落地与监督）、财务总监（负责数字的及时与准确）、审计总监（负责逢单必查，铲除贪腐）、总经理（负责公司业务总的经营与管理）。每条经线对应一条垂直检查路径，管理者管好自己，管好下属，管好自己的经线。五条纬线即操作工与操作工之间互相监督、班组与班组之间互相监督、部门与部门之间互相监督、分公司与分公司之间互相监督、五大总监之间互相监督。在各个同级部门之间、上下工序之间形成买卖关系，在相互监督下保证产品质量、安全、交期。

在考核体系方面，对员工实行日考核，对管理者实行月考核。一是建好员

工考核“日工作计划落地卡”，保证事事有计划、计划有标准、标准有三量（时量、数量、质量）、三量有检查、检查有结果、结果有考核。企业把工作的各个环节做成计划镶嵌在落地卡内，通过目视化的表格管理实现全员统一方法、统一行动、统一目标。二是建好管理者考核的“月度记功与问责述职表”。每月对管理者实行“述职考核”，清除管理者的各种“思想灰尘”，打造企业内部的真正团结。对表现好的给记功、给奖励，帮助管理者实现价值的体现和品行的升华；对管理者身上出现的苗头性、倾向性的问题给予早提醒，让其及时克服和纠正。

推行“阿米巴”经营管理模式要与学习和推广现代管理“新十八法”结合起来，要坚持从企业的实际出发，适合哪种方法，就采用哪种方法。譬如，对于一些设备投资不足和具有多品种小批量市场需求的企业，则应采用单元式生产方式。这一生产方式作业人数和作业面积小、生产周期短、设定和调试时间短、在制品和库存少，能够有效避免等待浪费。同时在推行中，要走“学习、模仿、创新”的路子，既不离经叛道，又不生搬硬套，创出具有自身特色的经营管理模式。

二、案例：靖江互感器——从传统经营模式走向经营体制变革

江苏靖江互感器股份有限公司创建于1966年，是一家专业从事220kV及以下互感器、传感器研发、制造、销售、服务的高新技术企业。现已获得“全国守合同重信用企业”“国家微特电机及控制产业重要基地企业”“江苏省高新技术企业”“AAA资信企业”等称号。公司设有全国博士后科研工作站、院士工作站、企业技术中心等多个研发机构。拥有国家专利168项，参编制定多项互感器国家标准。其“迎春”牌互感器被认定为江苏省名牌产品，“迎春”商标荣膺中国驰名商标。产品采用国际标准生产，品质过硬，长期配套国家重点工程，在国家电网、南方电网得到广泛使用，并配套施耐德、ABB、西门子等中外合资企业，产品出口十几个国家和地区。2016年11月，公司在全国中小企业股份转让系统新三板挂牌。

近年来，公司学习借鉴日本“阿米巴”经营模式，凭借自主经营的完整体系，深化内部改革，颠覆了原来的传统经营管理模式，积极探索和实践用经营解决管理问题的途径和方法，初步形成了具有自身特色的“理念＋算盘＋管

控”的“靖互式”经营体制，有力地促进了企业稳健高效发展。连续三年产销利保持两位数增长，且利税增长幅度逐年增大。

（一）强化理念导向，夯实内部改革基础

经营理念是企业在长期经营过程中所形成的价值观和指导企业经营活动的原则。改革传统经营管理模式，必须要有正确的理念来引导，并且需要用理念体系中的核心价值观来拓展企业各个层面上的管理思想和方法。公司在改革旧模式推行新体制之前，首先以塑造“幸福小屋”企业文化为抓手，将理念体系中“使命”（保障电力设施稳定运行，喜迎幸福美满春天）、“愿景”（争创行业一流，打造百年基业）、核心价值观（敬天爱人、尚德守信、开拓创新、和合共赢）以及由此拓展的“算盘”经营原则（多赚钱、多分钱、持续分好钱，公开、公平、公正）和“管理二十条方针”（苦练内功、夯实基础，精工制造、精益管理，赶标超标、推动科技，管理体制、机制创新，专注业内、研发制造，信息智能、知识管理，追求人才、业态服务，文化品质、品牌卓越，协同比赛、学习改进，防控风险、高效渐进），结合稻盛和夫经营哲学的“六项精进”及“经营十二条”，编写了若干个课件材料，分期分批由总经理亲自给全体员工授课，同时通过演讲比赛、选树先进典型等方式，将这些思想理念灌输到每个员工心中，增强员工的利他观、爱人观、大局观，紧紧拴住“创行业一流，建百年基业”这一永不改变的原点，并根据内外部环境的变化及用户需求，通过调整战略战术来指导经营，达到科学应变，赢得发展先机。

（二）坚持标准引领，勇于探索创新

在统一思想认识的基础上，按照“阿米巴”经营模式的基本要领，公司结合实际，科学顶层设计，形成“靖互式”经营体制雏形。

一是按照能独立核算、能履行交易的完整职能、能符合执行公司战略这三条标准，将通过智能化改造后的生产系统划分为中压、高压、电子、智能四个阿米巴单元，设为一级巴。然后，在一级巴中再划分 3 ~ 5 个中巴乃至小巴，让各个巴成为独立核算的经营体、一个个小经营利润中心；同时，设立制造、财计、综合三个管控部。这一矩阵式组织架构，既能使各事业部（一级巴）自主决策、快速反应，又能实现对职能部门的专业化管理和资源协调配置，提高组织运行的科学化与规范化。

二是随着各部门（巴）划分的确定，引入市场化机制，采用公开、公平、公正的赛马平台，选聘巴长（团队负责人），并召开就职宣誓专题会议，以增强巴长的责任感和荣誉感，营造全员自觉工作、奋发向上的氛围。从而让员工由过去被动管理变为主动经营，由员工的被动立场转为领导的主动立场，使之具有与总部老板一样的思维，一样去动脑筋，承担一样的经营压力。这样既把压力传递下去，又培养了经营人才。

三是各个巴组织建好后，从搞好内部交易出发，形成科学、合理的经营会计报表，将其作为以后经营绩效考核和薪酬计算的依据。这是体现目标经营模式最为重要的环节，必须掌握好其操作方法。在形成经营会计核算报表之前，将经营过程中发生的各种成本费用，包括变动费用和固定费用两大部分，量化成核算数据，从中找出边际利润点，对影响利润点的超标方面进行削减和压缩。让部门负责人一起参与讨论研究经营会计和核算报表的制定，增强他们对总部的认知度和执行力。在生产过程中，依托经营会计核算报表和附加值核算报表实行独立核算，以数据化地反映阿米巴小单元经营成果，并及时将前线的数据反馈给现场，使巴长和员工能根据数据做出精准判断。同时，运用“经营分析法”，企业可以更简单、更清晰、更准确地找到影响利润的主要矛盾，再用“要因分析法”找准改善的突破口，以此提高经营绩效。

四是融合并运用先进的管理方法。公司引入长松组织系统，学习了“菲德尔薪酬法”，公司每年与管控部门签订岗位责任制合同，明确各管控部门职能职责及各管控人员的工作分析与目标，并建立了与岗位绩效挂钩的薪酬制度。同时，各事业部管理人员须接受公司相应职能管控人员的指导及考核，目的在于引导公司管理人员不断提高业务素质、服务质量和工作绩效。公司学习波多里奇的“卓越绩效管理”，坚持对照标准要求，循环推进“评价—改进—再评价—再改进”，提升管理水平。

五是开展协同竞赛，促进升级进阶。根据列出的产值、销售、利润、质量、创新等十多个竞赛指标，公司总部抓一级巴，一级巴抓二级巴，实行实绩与计划任务比，当月与上月比、今天与昨天比，巴与巴之间比、员工与员工之间比，从而比出干劲、赛出激情。同时，从增强动力、激发活力的角度出发，引导大家对标找差距。总部瞄准国内外干得最好的企业作为标杆，每个部门也从大行业中寻找自身的标杆。打破传统评价和考核的薪酬制度，在年度目标中设定挑战目标，给完成挑战目标的提供额外奖金，并将其作为干部员工考核晋升的主要依据，从而全面激励上下齐心赶超世界一流，奋力攀台阶、上水平。

（三）完善配套机制，不断提升经营绩效

1. 健全教育培训机制

利用各种形式和方法，让企业师训（明德、笃行、卓越、幸福）融入员工血液中，落实到行动上。在“明德”上，有正确的思维方式和较高的道德水准；在“笃行”上，专注业内，遵从科学规律，一步一个脚印；在“卓越”上，不断追求更好，全面达到一流；在“幸福”上，有成就感，有安全感，有愉悦感。从而让这些正向的牵引“拉力”，全面激励、催发员工的前进动力和积极性。

2. 建立各类人员晋升机制

建立绩效导向、公开透明的员工薪酬晋升机制和各类岗位晋升机制：干部和巴长晋升，看理念、看业绩、看能力，在赛场上选快马；技术人员晋升，主要看改善创新的业绩，如改革工艺、开发产品等；营销人员晋升，按照计算公式得出的绩效，看谁的销售额高；员工晋升，主要看产量质量，看团结协作。从而打通员工上升通道，激发员工上进心，昭示员工自己的成长路径及需要付出的努力成本。

3. 建立创新改革激励机制

根据公司经营理念和发展战略，广泛开展“小发明、小创造、小革新、小设计、小建议”的“五小”创新活动，营造全员参与、自我提升、注重细节、降本增效的氛围。公司专门印发文件，明确创新改善的范围，包括文化改善、管理改善、技术改善、质量改善、成本改善、效率改善、设备改善、安全改善等；明确组织与权责，成立创新改善评定委员会，负责对填报项目的可行性审查、数据核算、效果评价及奖励评级等工作；明确“五小”填报流程和奖励等级。以此鼓励员工积极提出有利于企业经营管理、生产改善、工艺技术及业务发展的可行性改善方案，挖掘员工智谋和潜力，达到降低成本、提高质量的目的。

4. 建立 PK 文化管理机制

为凝聚合力、赶标超标、持续超越，积极建立 PK 文化管理机制，明确 PK 管理的范围内容及评定奖励条例，从而形成相互托起、相互激励、相互成就的团队。

5. 建立风险管控机制

面对内外部复杂环境形势的变动，为了更好地确保实现公司总体战略目标，公司建立健全风控机制。成立风险管控小组，具体负责对公司经营活动中的主要方面进行风险识别、分析及防范应对；明确风控小组各个成员的职责，包括市场销售风险、技术风险、质量风险、人力资源风险、安全环境风险、企业文化风险、采购风险、信息系统风险、资金活动风险、资产管理风险等，确保公司能够在激烈的市场竞争中化风险为机会，变机会为优势，实现企业安全、高效、可持续发展。

第四章

企业创新

创新是企业一切工作的动力源泉和永恒主题。企业的本质在于创新。创新的关键在于创新性思维，以一种基因的方式嵌入企业各个方面，成为企业发展过程中不可取代的动力。创新不仅是产品和技术的创新，而且是全方位的创新，需要具备创新能力的经营管理者来引领和组织各种创新。切实遵循勇于创新——善于创新——不断创新的基本逻辑，充分相信创新能给企业带来价值，敢冒风险，舍得投入，遇到挫折不动摇，不犹豫，执着追求。紧紧围绕产业链部署创新链，围绕创新链培育产业链，整合各种创新资源，着力以自主创新突破自主可控的关键核心技术，以构建企业核心竞争优势。要积极探索和拓展创新的路径和方法，走引进消化吸收再创新之路，走产学研用合作之路，走自办科技研发中心之路，不断提高创新能力和创新水平。建立健全创新机制，包括发展战略机制、集成创新机制、风险管控机制、激励约束机制，让创新之光不断迸发，创新之流不断涌现。创新不是电光火石刹那间的灵感，它是艰苦的工作，要想收获更多的创新成果，贵在自觉创新、自主创新、达成创新、持续创新。

第一节　创新的基本逻辑：勇于创新→善于创新→不断创新

一、方略：科学把握创新的内在规律

创新，就是对事物多种本质规定的不断发现。创新是企业一切工作的动力源泉和永恒主题。创新就是创造，创新是形势所迫、使命所系。我们必须坚持从实际出发，把握创新内在规律，勇于创新，善于创新，不断创新。

（一）勇于创新：善处逆境，不畏艰难，自强不息，锲而不舍，成功便会向我们走来

创新就是革新除弊，否定过去不适应发展的东西。这就必然会出现新与

旧、正确与错误之间的矛盾和抗争，伴随而来的阻力和风险乃至挫折和失败也是回避不了的现实。我们该持什么样的观点和态度呢？应像伟大诗人歌德的名言说的那样，“我们的忠言是每个人都应该坚持走他为自己开辟的道路，不被权威所吓倒，不受行时的观点所牵制，也不为时尚所迷惑”。

创新的勇气从何而来？来自强烈的事业心和责任感。泰戈尔说过：“世界上使得社会变得伟大的人，正是那些有勇气在生活中尝试和解决人生新问题的人，那些循规蹈矩的人不能使社会进步，仅能维持现状。”为了变革社会，有勇气创新的人总是敢作敢为，不计名利得失，再大的压力、再大的阻力、再大的风险，都不仅不能降服他们，反而会激发他们的士气，坚强他们的意志，使他们百折不挠地为自己开拓道路。

创新的勇气也来自已经获得的经验和体会。我们做了某项试验，取得了成效，再干类似工作，心中就有谱、有方向，干起来踏实，有信心干好。邓小平曾经说过：“我们最大的试验是经济体制的改革。改革是从农村开始，农村见了成效，我们才有勇气进行城市的改革。城市改革实际上是整个经济体制的改革，这是要冒很大的风险的……进行全面的经济体制改革需要有勇气，胆子要大，步子要稳。”我国的城市经济体制改革正是按照当时邓小平同志的指示，抓大放小，积累经验，逐步推开，取得了突破性进展，创造了许多新鲜经验，增强了完善、提高体制改革的信心和毅力。

创新的勇气还来自差距的后发优势。我国与先进发达国家比，经济欠发达地区与先进地区比，中小企业与大型企业比，显而易见，都存在较大的差距。然而，差距就是潜力，逐步缩小差距或者用不长的时间赶上甚至超过，那就是后发优势。想实现后发优势，要正确对待面前的困难和矛盾。古人云：“天下事有难易乎？为之，则难者亦易矣；不为，则易者亦难矣。”与其坐而论说，不如挺而奋起。我们不能用唯条件论而要用万物变化靠内因的唯物辩证法来认识自己，解决问题，无论条件多差、困难多大，都可以大难变小难，小难变不难，有所作为也不难。我们要用习近平新时代中国特色社会主义思想与新发展理念来统一思想和行动，进一步更新观念，解放思想，以创新的勇气，实事求是地解决改革和发展中的问题。

（二）善于创新：创意思维，建设载体，超越本体，整合群体，尊重主体，迅快提升创新的层次和水平

创意思维——这是创新的前提和基础。创意思维即创造性思维，就是将发散思维与聚合思维、顺向思维与逆向思维、横向思维与纵向思维有机结合起来。发散思维与聚合思维是一对“孪生姐妹”，既强调多样性，又不排斥同样性。通过发散思维，大胆想象，跳出陈旧思维的定式，开阔视野，活跃思想，另辟蹊径，想前人所未想，探索前人未涉足的领域。然后把种种设想集中起来，进行比较筛选，去伪存真，优中选优，找出解决问题的新办法、好主意。创造性思维不像一般思维那样仅在已有经验和知识基础上去思索、分析问题，而是要善于突破常规思维和陈腐观念，给原有的经验、知识注入新的成分；也不像一般性思维那样只是以严密的逻辑推论为基础的思维活动，而是以联想、预测等高级思维形式作为基础，这样就有可能避免由一般性思维所致的知识固定化，或受某种固定的先人的观点影响，有利于发现问题、获得新知识。发明圆珠笔的匈牙利人并没有发财，因为圆珠笔漏油，用不了多久就得扔掉。而日本的中田藤三郎不按正常思维去通过研究笔尖耐磨度来解决漏油问题，而是运用逆向思维，把笔芯油墨减少到刚开始漏油的量，并据此重新设计了笔芯长度和容量，从而解决了圆珠笔漏油问题，自己也因此发了大财。

建设载体——搞任何创新，都必须依附某一载体，载体的建设，实质上就是体制创新。只有体制得到了创新，其他方面的创新才能得以保证。“地薄者大物不产，水浅者大鱼不游”，要让“大木”扎根，要使“大鱼”畅游，就要在“地”和“水”上做文章。我们搞改革，意味着探索一种为人们提供更多均等机遇的机制。有了好的机制，就能激发人的内在动力，人人都有活力了，我们事业就会充满无限生机。拿企业来说，通过产权制度改革，建立起现代企业制度，企业内部有了利益驱动的助推器，即可强有力地带动科技、管理等方面的创新，产品和企业就能提档升级，增强市场竞争力。

超越本体——创新不是将过去的传统、经验、项目全盘否定或者丢掉，而是在原来的基础上求发展、求突破。创意思维中最该放飞自由的是发散型思维，然而也得由一点向四面八方去发散。如果我们割断历史，为创新而创新，就会偏离正确轨道，把创新变成蛮干，到头来只会犯历史性错误。只有师古而不泥古，推陈出新，才能获得存在和发展的更大空间。

整合群体——我们鼓励个人独立思考、发明创造，但单个能力创新的效能远不及群体，因为个人的力量和智慧是有限的。将个人创新变成集体创新，既可避免设计方案疏漏，又能缩短创新时间，使事业得到快速发展。从企业角度来说，长期依赖一两个人，容易形成个人垄断，影响企业进步。我国的科技企业，少有像美国微软这样的大型智能企业。我们钦佩比尔·盖茨的创新能力，但更羡慕的是他身后有一支创新的团队。这就是微软高速发展的基石。比尔·盖茨创造了DOS系统，之后的Windows系统都是集体智慧的成果。只有将个人创新变为集体创新，才会使企业呈几何级数发展。目前，我们倡导坚持走产学研相结合之路搞技术开发，建立开发研制中心、成立博士后流动站、在国外设立联合开发机构等，为的是发挥集体智能，更有利于创新技术、攻克科技难点、形成新的优势。

尊重主体——历史是人民群众创造的，群众是创新主体，群众中蕴藏着极大的社会主义积极性和创造性，我们要尊重他们的首创精神。坚持走群众路线，深入群众中，发现和学习他们创造的好办法、好思路、好举措，并对其进行由表及里、由浅入深的加工、整理，使之变为系统的、有价值的经验。然后进行全面推广，并接受群众的实践检验，以进一步完善和提高。群众中的点子、主意、办法，不在于大小和新旧，更不在于“含金量”的多少，只要能解决实际问题、取得成效，就是创新。因此，我们要大力支持和保护群众的积极性，这样就可以起到以小引大、点石成金的效果。坚持了群众观点、实践观点，我们的创新就能充满活力、得到升华。

（三）不断创新：改进作风，提高能力，常创常新，与时俱进，永续从“必然王国”走向“自由王国”

历史唯物主义认为，人类社会的历史就是从简单到复杂、从低级到高级不断发展的历史，是一个不断从“必然王国”走向“自由王国”发展的历史，这个历史永远不会完结。因此，人类总得不断地总结经验，有所发展，有所发明，有所创造，有所前进。一些小型制造企业能够发展成为今天的高科技、国际化的大型企业集团，并保持强劲的发展势头，最根本的原因是它们坚持不断创新，保持了竞争的优势，将自身打造成了“生命型企业”。无论是历史唯物主义的理论，还是这些企业发展的事实，都充分说明停止的观点、悲观的观点、无所作为的观点是错误的。任何事业，只有坚持不懈地创新，才能取得持续、健康的发展。这也是每个层面上的谋事者都要深思的。

要坚持不断创新，必须把改进思想作风摆在第一位，这是创新的内在要求。解放思想、实事求是是改进思想作风的核心。实践无止境，认识无穷尽，这是历史唯物主义和辩证唯物主义的规律。当今世界在变化，我国改革和建设在推进，人民群众的伟大实践在发展，迫切需要我们进一步解放思想、实事求是。第一，我们要深入学习习近平新时代中国特色社会主义思想的理论和新发展理念，自觉地把思想认识从那些不合时宜的观念、做法和体制束缚中解放出来，从对马克思主义传统和教条式的理解中解放出来，从主观主义和形而上学的桎梏中解放出来，积极寻找适应自身实际发展的路子，真抓实干，与时俱进，与世共进。第二，要切实提高创新能力。雨果说过，“已经创造出来的东西，比起没有创造的东西来说，是微不足道的”，要能创造出更多、更新的东西，必须依赖于能力素质的进步。面对国际、国内的竞争压力，我们在许多方面还不适应。因此，要把克服“能力危机”作为提高创新水平的突破口，自觉地学习各种理论、知识，学习和借鉴先进企业好的做法和经验，不断提高自身的水平和能力。通过建立新的“生产函数”，对生产要素进行重新组合，改变资源的产出，创造新的财富。第三，创新是一项伟大工程，创新不是一瞬间的顿悟，它是艰苦的工作。应坚持从实际出发，因势而谋，因企制宜，积极组织开展有项目、有内容、有步骤的创新活动，并建立起激励机制，对在创新中的有功之臣予以精神与物质奖励，以推动创新向纵深发展。

沿着勇于创新—善于创新—不断创新之路永远走下去，开辟新的天地，创造新的辉煌。

二、案例1：凯元科技——整合创新，铸就行业单打冠军

江苏凯元科技有限公司（以下简称凯元科技）在精明善为的董事长展红明的带领下，面对传统化工产业转型升级的挑战，打破陈旧固定思维，以多品种高分子农用表面活性剂为发展方向，以绿色环保高效水性化助剂为主导，实行市场与技术整合创新，取得了卓尔不凡的成就。公司产品有阴离子表面活性剂、阳离子表面活性剂和非离子表面活性剂，是集产学研于一体的企业。公司的专业生产农用表面活性剂的产品质量和技术水平均位于行业前沿，因此成为民营化工类单打冠军，现已拥有“江苏省民营科技企业”“ 江苏省农业科技型

企业”“全国民营化工优秀企业”“国家高新技术企业”等多个荣誉称号。企业从“僵而不发”转变成充满蓬勃发展的活力和后劲。美国一家化工上市企业曾经三番五次来考察，要求凯元科技与美方股份合作，公司从技术安全角度考虑，委婉谢绝。

（一）凯元科技及时转型升级，产业革命闯出“新业态”

十多年前，国家对化工行业中小型企业进行“关停并转”整顿治理，要求其朝着绿色环保方面发展，并给出了剂型水性化发展的政策导向信号。鉴于此，展红明理性地意识到这是化工行业的一场产业革命，顺势则存，逆势则亡。他们紧跟水性化剂型这一发展趋势，面对国内水性化剂型技术的空白，想方设法研究，提供实际解决方案。为防止技术上走弯路，特地聘请了这方面的高级技术人才，组成专家技术团队，并将水性化剂型作为研发攻关课题，实行“项目立项调研、产品设计、产品实现过程设计、产品设计与过程设计定型、反馈评价再修正”五步法，突出产品实现过程设计创新，反复试验比对，其他企业开发过程一波三折，而他们却一举成功，开发出了水性助剂。这种水性助剂将原本助剂中的有机溶剂，如甲苯、二甲苯之类的换成去离子水，同时，通过工艺改进和设备协同，将农药产品中的有机溶剂换成水性溶剂，这不仅大幅度降低了成本，还因为产品绿色、低毒、无残留，可以使用在经济作物上，如水果、蔬菜等作物，其售价比常规产品要高很多，取得了理想的经济效益。从环境保护角度来看，水性助剂的研发大量减少了有机溶剂对环境和作物的污染，生态效应尤为显著。水性助剂研发的先行成功突破，引起了业界的关注与热议，为了保护知识产权，公司积极申报并获得高分子分散剂、高分子润湿剂、超高分子分散剂这三项水性助剂中不可缺少的发明专利。这些发明专利可被应用于不同产品领域，适用范围广、效果显著，获得了业界一致好评。众多知名企业纷纷与他们建立起了长期合作关系，目前产品供不应求，公司闯出了化工行业一片新的业态。

（二）凯元科技精控关键工序，生产制造实现“智能化”

在产品成功开发的基础上，公司从提高产品质量和生产效率角度出发，积极实行生产制造智能化。在生产的全过程控制中，通过控制设备设施的温度、压力和时间，对反应过程实行信息化控制、收集并管控，达到计量标准化、反应自动化、全程信息化，实现了产品的过程控制和终端控制。特殊特性过程生产装置全部由智能 PLC 系统控制。如非离子表面活性剂的生产装置，不是通过普通的浆式搅拌使之混合反应，而是将物料通过屏蔽泵抽送到反应釜的内置盘管中，物料在压力的作用下，通过特定的喷头呈现出雾化状态，使得各组分能够充分接触发生反应，成品颜色很淡，分子量分布特别均匀。该装置申报了实用新型专利，并于 2017 年 5 月获得授权。

同时，公司对传统混合车间进行了智能化改造，进出原料根据设定数据从管道自动称量进入，通过传感器模块的传导，可以更精确地实现精准投料和定量放料灌装。对反应的温度和压力进行信息化收集处理，与管道阀门进行联动，杜绝了超温超压状况的发生，不仅避免了人员的不确定因素导致的质量和安全事故，还减少了一半以上人员的使用。

（三）凯元科技健全协同发展机制，整合创新蹚出“新路子”

随着信息技术的迅猛发展，企业与外部的联系与协同越来越广泛而深入，科技创新也只有同其他方面创新进行集成，才能发挥出更大作用。公司在科技创新的路上，紧密结合企业实际，提出了“科技创新、管理创新”的协同发展构思，一方面进行招才选贤，工学工程并重；另一方面进行管理创新，夯实技术创新基础。

公司围绕提高工作效率、快出研究成果，采取扁平化矩阵式管理模式，以保证各类研发和质量改进活动快速、高效地开展。技术中心与相关部门之间保持紧密联系，以保证产品研发和质量改进需求得到准确传递，并使成果尽快得到产业化应用。对于研发和质量改进项目，采取任务制和项目责任制，每个研究人员都有短期和长期研究项目。对于重大研究项目，建立矩阵式的研究体系，即项目组成员来自不同的条线，同时，还负责将研究成果尽快实现产业化应用。为了调动研究人员早出成果、多出成果的积极性，公司建立了完善的绩效评价体系，对研究人员项目完成情况和个人能力、品行等各方面进行综合考评，其结果与晋升、提级、物质奖励挂钩。

凯元科技从打造人才高地出发，采用多种方法招引和培养更多高层次人才。公司专门在南京成立了研究所，运用这一平台，招聘博士和硕士研究生加盟，专门从事高分子表面活性剂的研发，现已开发出聚羧酸盐分散剂等一系列应用于水性化的绿色环保助剂。这些产品都是用水替代传统制剂中的有机溶剂，通过助剂和设备的协同作用，不仅能够节约成本、产生可观的经济效益，而且产生巨大的环境保护效益。公司对人才“高看一眼”，对扎根人才更是厚爱有加。董事长展红明不仅个人获得了“全国农村星火科技带头人”荣誉称号，还善于培养人、提拔人。刘阳生原是十多年前浙大毕业生，现已成为公司总经理，是江苏省“333”高层次人才培养对象。丁宇原是扬州化工学校中专生，现已成为技术副总、行业协会专家组成员。同时，公司还从优秀中层干部中提拔分管生产、销售、财务的副总，将其培养成具有高深资质的行家里手，从而形成了一支优秀高层管理团队。

凯元科技干在当前，谋于长远。公司设定的目标和愿景是：未来的凯元公司将是一个给客户提供解决方案的服务型公司。产品不是公司的主导，只是解决方案的一部分，大部分的助剂产品将由协作厂商来完成，公司只掌握核心组分和关键技术。时下，公司已经在逐步整合行业上下游和国内外的助剂资源，致力打造一个产业生态链、一个农用表面活性剂经营的平台，为客户在配方、生物测试、加工、效果评价等方面提供一体化服务。

三、案例 2：龙腾门业——闯出产业转型一片新天地

江苏龙腾门业有限公司（以下简称龙腾门业）是一家集科研设计、制造及工程安装于一体的高新技术企业，是国家人防工程防护设备定点生产和安装企业，是江苏省唯一获得“省专精特新产品”称号的核电配套防护设备企业，是国防工程研究院、中核工程公司、中国航天科技集团公司第四研究院、上海核工程研究设计院、火箭军等单位的合格供方，并与它们建立了长期良好的军民融合协作关系。其生产的民品应用于人防、核电、航空、冶金、汽车制造等多个领域；军品应用在江南造船（集团）有限责任公司、渤海重工集团有限公司以及南海工程等国家重大工程中。时下，公司生产形势红火，市场前景广阔。龙腾门业之所以能有今天的发展，是因为其懂得唯有执着创新才能转型、只有不懈奋斗才会成功。

（一）着力上好上快高端产品，走产学研用联盟之路

公司原先生产普通门窗，由于产品档次低，竞争越来越激烈，为生存发展下去，另辟蹊径，走差异化发展之路，开发新的高附加值产品。上高端产品实

行转型，说起来容易做起来难。既要搞好基础设施，提供开发的基本条件，又要有一批高技术人才进行攻坚克难。然而，这些方面都是其短板。但公司没有条件创造条件上，千方百计克服困难，解决了一个又一个难题。首先公司于2009年增资注册，由原靖江市金轮自动门窗公司更名为江苏龙腾门业有限公司，提升企业级别，并投入8000万元新建厂房、增添一批自动化设备。在此基础上，公司依托上海核工院和中核二院，采用“走出去”“请进来”的方法，组建了集政用产学研于一体的研发平台，与上海核装备技术有限公司、上海电气三家联合成立了核电特种门工程技术中心；与世界著名的特种门制造商——德国SOMMER公司签订了共同开发国内外特种门市场的战略合作协议。在与大学和科研机构的合作过程中，它们根据各自的技术优势，分别落实开发产品需要解决的不同课题研究项目。例如，公司与重庆大学联合研究超厚板材焊接工艺；与中山大学联合研究生产屏蔽门需要的新材料；与江苏科技大学合作研究撞击防护门的抗震能力；与上海核工院联合承担国家重大专项——AP1000钢板墙系统的研制任务；与核二院联合研发配套于华龙一号的防大飞机撞击特种门；等等。其中，合作开发的超大规格γ射线屏蔽门被评为“江苏省首台套重大装备”。到目前为止，龙腾门业的核电特种门已经大量应用于田湾核电、海洋核电、三门核电、福清核电等8个核电站，尚未投产的在手订单产值近4000万元，真正达到了技术为我所用、合作多赢。

（二）不断拓展产业市场领域，走军民融合发展之路

党的十八大以来，党中央着眼于国家安全和发展战略全局，对推动军民融合发展提出了一系列重大战略布局，并出台了军民融合政策。龙腾门业抢抓这一机遇，早在2012年，就将目光盯在国防工程防护的特种门研发上。在政府有关部门的大力支持下，公司先后与解放军理工大学、总参第四工程设计研究院达成合作，从民防特种门起步，经过不到两年的技术积累，成功获得地铁特种防护门生产许可，先后承接了徐州、芜湖、南通等多条地铁线的设计与供货。在此基础上，通过努力，于2016年年初公司取得了军工产品二级保密资质，通过了国军标质量体系认证，正式开始为国防军事工程服务。2016年6月，海军设计局通过中国钢结构协会找到公司，要求在不到四个月的时间内为南海工程提供二百多套高等级防护门，任务重、时间紧、要求高，接下这一重任后，公司总经理侯金龙亲力亲为，和技术人员及一线员工同吃同住，硬是在

合同签订后25日内首批发货，四个月内如期完成总任务。对此，南海工程军方总指挥对龙腾门业的工作给予高度评价，并于2018年10月专程来公司慰问、视察。龙腾门业参与南海工程建设，在军品特种门行业产生了良好反响，业务随之而来，火箭军特种抗爆门、海军的机库大门、军工企业的特大型屏蔽门订单源源不断。2020年年初又一举中标苏州地铁1号线的特种门项目。

通过核质保体系的建立和国军标质量体系的认证，龙腾门业在管理理念、管理手段、产品档次等方面产生了质的飞跃，在升级中不断完善自我。

（三）全力打造“龙腾”民族品牌，走高质量发展之路

市场局面打开之后，公司总经理侯金龙冷静思考，行稳致远，提出了“创民族品牌，铸百年龙腾”的新目标、新要求，并从多个方面组织实施。他们将其他企业的管理案例中的成功经验和失败教训与龙腾的运营状况进行比对，从中排找差距，寻找原因，对标赶超。并远涉重洋，到德国SOMMER公司考察学习，与SOMMER公司结成了合作伙伴，将德国企业的严谨作风、精细管理、创新精神吸收运用于公司中。侯总主持制订和实施了“四个凡是、三个对照”。“四个凡事”：凡事有章可循、凡事有据可查、凡事有人负责、凡事有人监督；“三个对照”：早上对照目标、中午对照过程、晚上对照结果。这一独创的“龙腾式”管理带来了精细化的现场、高质量的产品和百分之百的客户满意率。

与此同时，龙腾门业立下创新目标，每年完成一个产品研发、实现一项技术改造。按照这个目标，年初就预算好创新、技改投入，将技改专项资金先预留好，保证专款专用。从而使单重600多吨的γ射线屏蔽门、中子屏蔽门、防霾通风器、抗大飞机撞击防护门、地铁用气密推拉门、高抗力抗爆门等高新技术产品不断涌现，专利申报硕果累累。

公司还在全国范围内诚聘英才，江苏科技大学最年轻的高分子材料专家晏超、重庆大学国家重点实验室教授罗键、上海核工院陈志清高工纷纷加入龙腾，共同组建成江苏省内最强的核电特种门研发团队；总参四院的专家加入龙腾团队，组建了地铁防护设备北京设计分院。近年来，龙腾门业获得江苏省“双创人才”立项一次、泰州市“双创人才”立项二次，建立了江苏省研究生工作站，从根本上保证了高新技术研发的顺利进行，保证了企业高质量发展。

第二节　创新的突破口：自主可控行业核心技术

一、方略：企业自主创新的难点和对策

自主创新的核心是科技创新。科技创新是企业的生命，是支撑企业可持续发展的脊梁。一个企业不论何种性质、规模大小，离开了科技创新就会逐步萎缩，到头来只能退出市场；再小的企业只要创新技术，也能成为市场的“宠儿”。国家经济活力之所在的面广量大的中小型企业（目前我国有4000多万个中小企业，占我国企业总数的99.6%）的技术创新的基础与能力远不及大型企业，主要表现在思想缺位、能力缺乏、资金缺口、人才缺少、管理缺课，这是制约科技创新的障碍。而科技创新是每个企业必须思考和实践的重大而紧迫的课题，我们必须针对这些难点，采取相应对策，努力走出一条适应中小企业自主创新的道路。

（一）思想缺位怎么办?

创新活动有认识和实践两个层面，有了认识上的深化，才会有实践上的升华。如果思想认识不到位，就会说起来重要、做起来次要，导致自主创新的活动“热”不起来。

首先，要强化自主创新的意识，弘扬与时俱进的创新精神。一是要用资料数据说明模仿与创新、制造与发明、贴牌与创牌的得失利弊，让大家懂得自主创新是一把“金钥匙”，不仅能提升竞争力、培养自己的人才，而且能解开经济科技中的众多难题；只有走创新之路、创牌之路，企业才能赢得市场、取得效益。二是要用深入浅出的道理，让人们明白在经济增长的关键转型时期，产业核心技术特别是前沿高端技术在市场上是换不到的，用金钱也是买不到的；自主创新是企业稳定增长的持久动力，是今后不受制于资源与环境瓶颈的唯一途径。三是要用生动典型的正反案例，让人们看到创新则兴、守旧则亡，创新是企业自身的需要，是到达胜利彼岸的“独木桥”。从而增强时不我待的紧迫感、居安思危的责任感、奋发有为的使命感，大长不甘落后的骨气、为国争光的志气、敢于和跨国公司抗争的勇气。

其次，企业家要带头自主创新，唤起科技人员的创新激情。技术创新不能单靠科技人员，必须要靠企业家带头才能完成，因为只有企业家才能实现创新要素的重新组合。同时，企业家带头创新，就会影响和带动科技人员以更高的热情和更大的毅力去钻研技术、克难攻关。

最后，要建立“开拓、创新”的企业文化，营造人人参战的创新氛围。开拓创新的企业文化，既能激发员工的创新激情，形成和谐宽松的创新环境，也能使广大科技人员紧紧围绕企业自主创新的目标，攻克难关。要以文化创新带动科技创新，加强以“创新”为核心价值观的企业文化建设，使创新理念植根于每个员工心中，形成自主创新、奋发超越的企业文化，营造“人人是创新之人，时时是创新之时，处处是创新之地”的创新氛围，充分调动广大员工特别是科技人员的积极性和创造性，大力推动个人和团体共同创新。

（二）能力缺乏怎么办？

科技创新能力的强弱决定着企业发展的快慢，科技创新的能力有无攸关企业生死。而中小企业普遍创新资源不足、能力缺乏，短期内难以开发出产业的前沿技术和核心技术，要走“引进技术—联合研发—单独开发”这一不断提升创新能力的途径。

一是走引进、消化、吸收、再创新之路，实行渐进创新。强调自主创新，并不排斥技术引进，但要处理好引进技术与自主创新之间的关系，坚持引进与创新并举，克服重引进、轻消化吸收再提高的倾向，建立引进与创新的互动机制。在这方面要向日本学习，日本每引进一项技术，总会花费更多的精力和物力进行消化吸收，不仅学会和掌握这项技术，而且以这项技术为基础，通过创新，研究开发出拥有自主知识产权的专利和产品。有人这样形象比喻，日本人每引进100美元，就会用200美元进行学习、消化、吸收和创新，并用创新出的专利赚回300美元。引进技术要从提高研发和制造能力角度出发，围绕技术改造，量力而行，分期分批进行。同时，从系统集成创新（即运用创新）的角度出发，突出重点，找准跳出模仿、再度创新的途径和方式，切实搞好产业链上下的集成、单项技术系统集成、引进技术与已有技术系统集成、相关学科系统集成等，在消化吸收的基础上取得新的突破。

二是走产学研结合之路，实行合作创新。①通过科技中介，抓住知识流动和技术转移的机会，购买科研部门成熟的新技术和新产品。②加强与研发机构的合作，共同开发某一急需关键技术。③企业与大学、科研院所共同建立技术研究开发中心，企业出资金，科研部门出技术，风险共担，利益共享，使科技成果迅速转化为生产力，更好地服务于产业化发展。

三是走自办科技研发中心之路，实行独立创新。在借脑开发、合作开发提升创新能力的基础上，要根据企业经济与技术实力，建立自身的非独立核算的技术研发中心。研发中心由具有专业知识和研究经验的人员组成。研发活动要准确地把握市场和顾客的需求，并将其作为研发活动的指针，立足于企业实际和本地资源确立主攻方向，选择企业实现创新的有效形式，处于创始阶段的企业，经济技术实力薄弱，应以消化吸收再创新为主，辅以必要的集成创新；处于成长阶段的企业，已经积累了一定的经济技术实力，则要将创新实现形式演进为以集成创新为主，辅以必要的原始创新和消化吸收再提高；进入成熟发展阶段的企业，经济技术实力较为雄厚，应在推行集成创新的同时，加强原始创新，特别要开发具有自主知识产权的核心技术和关键技术。在引进消化吸收再创新—集成创新—原始创新的梯度发展中，可将这三种实现创新的形式有机结合，交叉进行，但都要着重于技术的开发，努力开发具有知识产权、市场前景好、附加值高的产品。从而实现从蹒跚学步到丢掉“拐杖”，实行自强、自主开发，促进传统产业焕发新的生机，确立自己的技术优势。

（三）资金缺乏怎么办?

自主创新需要持续的大量投入，且见效周期长，既要克服浮躁心理和急功近利行为，更要寻找多种筹资渠道解决中小企业资金不足的困难，以满足技术创新投资风险性和长期性要求。

一是完善自身“造血功能”，不断积累创新资金。针对企业改制后管理弱化的现状，强化企业管理，认真建章立制，扎实有效地推进管理制度化、规范化、现代化。发挥“三会一层”（股东会、董事会、监事会，总经理层）的各自职能与相互制衡作用，确保企业协调、高效运行。突出高附加值产品开发、品质管理和项目投资回报率，拓展利润空间。同时可以顺应市场需求，自主组织开发、生产、销售，取得更大主动和最佳效益。

二是用足用好国家支持企业创新政策，拓宽创新资金来源渠道。①积极争取国家财政上支持的科技型中小企业技术创新基金。②灵活掌握国家对创新企业的金融支持和资本市场建设的配套政策。努力争取政策性金融机构对国家重大科技专项、科技产业化等项目的融资和科技成果转化、高新技术产业化、引进技术消化吸收、高新技术产品出口等提供贷款。③主动运用税收激励，抓好创新投入所得税前抵扣。

三是实行企业联合开发，减轻创新资金压力。对于那些达不到国家科技战略要求的科研项目，企业之间可以通过"亲密接触"，以共同出资方式组织研发联合体，资金共投、风险共担、利益共享，抱团进行技术攻关。获取的知识产权由联合体成员共享。企业之间在自主创新和技术开发方面的联合，可以大大降低和减缓资金压力以及研发风险对企业正常运转所产生的剧烈震荡。

（四）人才缺乏怎么办?

自主创新的关键是人才，而中小企业普遍缺乏技术人才，要大力打造人才工程，在育才、引才、用才上下功夫，花气力。

一是采用多种形式培养人才。人才投资的软技术效益，作用于机械设备的硬技术投资后，产生的效益可以成倍增长。鉴于此，我们要建立以提高人才素质为核心的技术进步机制。对企业现有的技术骨干，要通过培训或脱产深造等途径，帮助他们更新知识，适应开发需要。对从一线出来的人才要加以培养、使用，将其调整到技术开发部门，使其有更多时间从事研制和攻关。还要坚持每年招收专业相关的大中专毕业生，安排他们到生产一线，使其经过理论与实践的磨炼，迅速成才，成为技术创新的后备力量。另外，还要结合技术创新和技能培训开展科普活动，有条件的企业可以建立向公众开放的科普教育基地，规模企业建立企业科协。通过科普活动，全面提升员工的技术素质和创新热情，造就千千万万的创新队伍。

二是利用多种渠道引进人才。对于企业急需的人才，可以优厚的待遇到人才市场招聘，尤其是对拔尖人才可用重金引进，使其带领若干技术人员进行攻关和开发。对于一些没有实力的小企业，往往用不起，更养不起高级人才，可以到社会上聘请专业对口、实践经验丰富、有创新潜在能力、身体健康的退休老工人或技术员，将他们安排在研发部门，从事技术研究和开发。可对他们实行长期聘用，视为正式职工，也可短期聘请，围绕一个技术难题，由其负责攻关解决，给予其合理报酬。

三是运用多种激励机制用好人才。坚持责权利相结合的原则，从改革分配制度入手，按创新的质和量，给予合理回报，解决收入与贡献倒挂、激励不足等问题。在物质奖励方面对科技创新者实行重金奖励：①新品开发奖励，即开发的新产品经鉴定已投产的第一年度，达到一定销售量的，给予产品开发人员万元以上的奖励；②效益奖，即产品投放市场后，提取产品所创造利润的3%~5%奖励给研制人员；③给重大项目的研制人员奖励干股。另外，还可根据开发产品新增效益的大小，对研制人员奖励住房、汽车等。通过这些措施，解决科技人员分配中的深层次问题。在物质奖励的同时，进行精神激励：①帮助他们树立正确的人生观与价值观，将自己的发展前途与企业发展前途紧密相连。大力弘扬先进人物的先进事迹，以榜样的力量影响和带动大家刻苦钻研技术，勇于承担风险，不怕挫折失败，不达目的决不罢休，不断提高创新能力。②对获得专利者，以其名字命名产品名称，以增强其光荣感与事业心。③为有功之人提供出国学习考察和脱产深造的机会，不断提高其实现自身价值的本领，使其成为某个行业、某项技术的第一人。

（五）管理缺课怎么办?

科技与管理是推动经济发展的两个“轮子”。建设创新型企业，推动科技进步和创新，需不断完善管理体制和机制，要以管理创新适应科技创新，以科技创新推动管理创新。

一是运用科学管理，推动企业技术进步。企业的科技创新是一个从研发开发到市场成功再到创新扩散的完整过程。要把科技成果转化为产品乃至产业化，为企业带来经济效益，必须要有科学管理作保证。因此，要在制造工艺、生产组织、产品销售、占领市场、售后服务等方面进行管理创新，建立起与之相适应的管理体制和机制。坚持以市场驱动创新，努力协调研发、生产和市场的关系，实行创新链与产业链有机结合，向创新要质量、要效益、要发展。尤其在深化改革中，要把建立科技创新机制作为现代化管理的内容。制定企业发展规划，应将科技创新作为主体与灵魂，并有具体实施的目标、步骤与措施，确保落实到位。

二是熟悉专利的保护与管理，发挥知识产权的效应。知识产权是制约竞争、维护自身利益的撒手锏，要切实对其加以管理和保护。①强化职工的知识产权意识，保护创新成果。对每一次创新方案都要及时申请专利，提高专利申请率。②提升知识产权管理水平，推动技术创新。在中小企业中，要积极推进企业信息化。企业需成立信息中心，广泛收集技术信息、专利信息、市场信息、产品信息等，对与本企业产品相关的专利进行分类管理，密切注视市场上新技术动向及对市场的潜在影响，跟踪具有巨大市场价值的新技术，并千方百计在短期内开发出新产品。对短期内无法拥有核心技术的专利要通过引进、消化、吸收、再创新，开发出围绕原核心专利的应用核心专利，形成对原核心专利的包围网，通过交叉许可取得发展空间。③积极参与制定行业标准，提升创新水平。行业标准技术是以市场为目标的技术创新的制高点，自主创新成果只有成为行业技术标准化的组成部分，才能充分发挥技术创新的经济价值。规模骨干企业要有专业标准研究人员了解和分析新技术标准发展动态与需求，引导企业进行技术创新和产品开发。同时，积极探索创新专利融入国际国内标准体系，使之逐步与国际接轨。在认真贯彻国家或国际行业先进标准的同时，有条件的企业要积极争取国家委托参与制定行业标准，提高自主创新层次和水平。从而形成企业内上下结合的知识产权工作体系，让专利工作从过去简单的申请、使用上升到统筹管理，充分发挥知识产权对企业发展的重大推动作用。

三是学习和掌握国家中长期科技规划配套政策，充分利用宽松环境加快创新。国务院发布的各项政策，为企业创新创造了良好的软硬环境，提供了新的发展机遇。目前，不少企业领导者忙于经营，对中央政策没有认真研读，只是略知一二，不能全面掌握。因此，企业要认真学习国家的政策与法规，真正弄清国家在科技投入、税收激励、金融支持、政府采购、引进消化吸收再创新、创造和保护知识产权、人才队伍、教育与科普、科技创新基地与平台、加强统筹协调等方面的具体政策内容；同时，要积极研究如何灵活掌握用好用足这些政策，使之成为企业创新的强引擎、动力源。

二、案例：海狮泵业——合力打造核级泵行业龙头

江苏海狮泵业制造有限公司（以下简称海狮泵业），怀着为中国核电事业腾飞奉献自己力量的赤子深情，以振兴中华民族工业为己任，贯彻“以民促核、以核带民、全面发展”的战略方针，致力于“以人为本、科技创新、行业领先、持续改进”，潜心研究高新技术产品，实现了由石油化工泵到核级泵的提升，成功地叩开了核电领域的大门，成为江苏省至今唯一取得核级泵设计、制造资质的企业，也是全国具备核级泵设计、制造资质的9家企业之一，铺展了做大做强企业的宏伟蓝图。公司先后荣获“江苏省明星企业”“江苏省高新

技术企业”“江苏省重大技术密集区重点企业”等荣誉称号。为更好地发展核电产业，该公司通过重整加入与其具有产业互补优势的湖南中伟集团，正在以成为核级泵的行业龙头为目标，全力打造品质一流、管理一流、技术一流、效益一流的优秀企业，产品供不应求，并向着产品系列化、市场多元化、效益规模化、企业国际化的目标迈进。

（一）认真研判市场，抢抓核电发展机遇

海狮泵业原是从事立、卧式，单、双吸离心泵和计量泵的设计和生产制造的企业。为避开国内多家企业生产同类产品的恶性竞争，公司寻找新的市场空间，追求走高端发展之路。2007 年，公司在市场调研中，看到能源发展正面临着严峻挑战和战略转型机遇。当时的能源大部分是火力发电的非清洁能源，清洁能源仅占 24. 3% 。非清洁能源由于火力发电受到煤炭资源、远程运输和污染治理等方面的制约，正处于限产和转型之中。国家鼓励和支持发展清洁能源。鉴于光电、风电、水电发展会受到自然条件限制，且有效运行效率只有 65% 左右，核电成为国家在清洁能源发展中重点扶持和大量投资的领域。国家规划到 2020 年核电装机规模将提高到 6000 万 ~ 8000 万千瓦，达到全国发电总量的 5% ，当时在建规模约 3500 万千瓦，未来的核电泵市场将是一个潜在的巨大市场。公司分析了企业开发核电泵的有利条件和不利因素。公司经过多年的历练，在泵的生产方面积累了一套成熟经验，与多家科研院所建立了合作关系，具有一批“三高”的技术人员和管理人员，拥有一批先进的生产与检测设备，为核电产品开发打下了坚实的基础，提供了较强的技术支撑。尽管核泵开发生产门槛高、要求严、难度大，但只要立足自我、借助外力、群策群力，即可获得成功。经过多方分析和权衡，海狮泵业果断决策，调集一切资源和力量上好上快核级泵产品，并且制订了三个五年计划。从 2008 年到 2018 年的两个五年计划内，先后完成了领证及样机试验、核级泵和非核级泵生产。第三个五年计划即 2019—2024 年，完成核级产品和非核级产品系列化生产，形成一定的销售规模。在此基础上，公司层层进行宣传发动，统一思想，增强信心，凝聚力量，实行整体规划、分步推进，大打一场开发核级泵的攻坚战。

（二）紧紧依托科技创新，强势挺进核电领域

面对开发核电产品的诸多关隘险口，公司瞄准第一个五年计划目标，坚持

战略上藐视困难，战术上重视困难；战略上迈大步，战术上迈小步、不停步；战略上求大胜，战术上积小胜为大胜。公司首先集中科技力量开发核电配套产品，先后成功开发了10多个规格的核电产品，为核电站常规岛提供了大量非核级泵产品。在此基础上，公司投入巨资扩建新厂区，添置高精度的机械加工、检测和试验设备，引进一批高新技术人才，运用具有现代管理水平的ERP管理软件，建立了核级质量保证体系，培养一批具有核级资质的设计、制造和检测人员。功夫不负有心人，由海狮泵业自主设计、制造的核三级乏燃料池冷却泵样机于2013年5月份通过了国家核安全局的审查，样机设计、制造过程严格执行法国《压水堆核岛机械设备设计和建造规则》RCC－M规范，并一举通过了同济大学的抗震试验。随后，该公司又取得了国家核安全局颁发的《民用核安全设备设计许可证》和《民用核安全设备制造许可证》。

核电领域为公司敞开了大门，公司抢抓机遇，乘势而上，先后与国内多家院所、企业确定了多系列、多品种高新技术产品的联合研发，其中第三代核电用泵、汽油加氢注水泵、核电厂在役维修技术水下检修装置已研发成功。以第三代核电用泵为代表的化容补水泵、余热排出泵、气动隔膜泵、厂用水泵、启动给水泵已被列入科技部国家重大专项，并获得了科技部专项研发基金扶持。2013年7月，AP1000余热排出泵顺利通过了国家能源局、国防科工委等权威部门的鉴定，CAP1400余热排出泵也于2014年1月10日通过了验收鉴定。

在核产品的研发过程中，公司经受住了重重考验。就汽油加氢注水泵来说，在如何在使用时将振动幅值降至最低这个国际性的难题面前，公司曾一度止步不前。后来公司走遍全国各地寻找震动专家，各地专家分析的原因各不相同，最后请来知名震动专家，在温度高达40℃的试验场地，夜以继日地奋战，终于全力以赴攻克了难关。依托上海核工程研究设计院开发的核电用旋壳式上充泵，通过反复研究攻关，突破了关键技术，使得在役核电站小流量、超高压设备向高可靠性、可运行性、便于维护等方面发展，形成了自主知识产权，推动了国家核电重大装备产品结构的升级，弥补了核级泵领域的缺失。

（三）着力持续改进，不断提升核电创新能力

核电产品是高效清洁能源，对安全性、可靠性的要求极高。公司在开发生产的过程中，坚持不断创新、不断完善、不断提高。

一是强化研发投入。公司始终贯彻科学技术是第一生产力的要义，加大了

在核级泵、化工泵等方面的研发投入及装备配套，以提升产品技术的核心竞争力。在核级泵领域，公司扩大对国核“国和一号”、中核“华龙一号”、中广核“华龙一号”等三代压水堆型核级泵及重要非核级泵（包括海水循环泵、主给水泵等）产品的开发。同时加大企业在小型堆、浮动堆、钠冷快堆等四代堆型以及核军工相关核泵产品的研发投入，力争早日完成核2级泵的扩证及核军工的取证工作，为未来的业务拓展提前布局。在民泵领域，公司聚焦石油化工、真空制盐、汽车喷涂等细分行业用泵，在高精尖端、模块集成、个性定制、节能环保等产品方面加大研发力度，形成系列化产品。同时，公司加强与相关科研机构及工程院所的多维度合作，不断开发新产品，增强产品的设计、制造能力，打造应用核心技术的主打产品。

二是优化内部管理。公司持续建立和完善管理制度，包括考勤规范、劳动纪律、5S现场管理、培训学习等。加强质保体系建设，完善、强化石化、民核、军工的资质管理。建立和完善以合同项目为主线的内部运营管理体系，夯实研发设计、制造工艺、采购外协等支撑后台。进一步完善营销管理制度，规范销售业务报价体系，建立对外具有市场竞争力、对内具有激励效果的营销政策，充分调动市场营销人员的积极性。

三是深化人力资源管理。完善薪酬分配和绩效考核制度，结合竞业和周边企业的薪酬水平，合理调整公司的薪酬架构，建立具有竞争力的薪酬体系，充分发挥薪酬分配的激励作用。完善人才管理体系，加大人才引进力度，优化人才结构，提高团队综合素质；改善目前单一的人才发展通道，建立人才发展中管理序列、专业序列双通道培养机制，打造江苏的泵业人才高地。

（四）积极谋划“十四五”，全力打造核级泵行业龙头

1. 重启核电板块业务，助力海狮泵业新成长

中伟集团旗下的湖南汉华京电公司（汉华京电）是一家专注于核电和核军工的高端装备制造、系统集成、总包安装和运维服务的高新技术企业，其提供的产品以压力容器非标件等静设备为主，在核电和核军工领域具有较深厚的业务基础，与海狮泵业的核泵业务具有极强的互补性。为切实加强与中伟集团体系内核电板块的业务协同度，公司一方面整合汉华京电与海狮泵业核能领域的渠道资源，助力公司拓展核军工业务；另一方面加大力度进行四代堆技术装备配套能力的开发，强化公司业务的竞争优势，前瞻性地布局中国核电发展，打

造国内最具影响力的民营核能装备及系统服务商。

2. 坚持民用、核电、军工协同发展，打造细分行业龙头

坚持民用、核电、军工泵产品共同发展的业务结构，以民促核，以核带民，民、核、军协同发展。公司梳理整合民泵产品体系，聚焦核心优势产品，尽快恢复民泵业务拓展，加大市场推广投入，借助国家“工业4.0”“智能制造2025”的战略机遇，将海狮泵业打造成化工用泵的行业龙头，成为国产领导品牌。紧抓国家核电重启的战略机遇，实现核级泵产品再研发与市场推广的同步推进，提高市场占有率；同时借助中伟集团旗下核电板块拥有的核电、军工业务基础，拓展海狮泵业在军工领域以及核能科研领域用泵业务，将海狮泵业打造成核级泵的行业龙头。

3. 整合资源，因势利导，推进公司上市进程

借助于中伟集团强大的资本运作能力，整合湖南汉华京电与海狮泵业自身的优势资源，紧跟国家智能制造的政策指引步伐，公司在集团旗下新材料板块上市成功并进入资本市场后，将全力推进本业务板块的上市运作进程，力争在3～5年时间内进入资本市场。针对营销、技术、管理系列关键核心员工，公司启动、推进股权激励机制，使员工能享受到公司发展的红利。公司通过上市的过程，塑造一家有品牌、有规模、有活力的规范型智能制造企业，为员工打造一个动心、安心、舒心的工作与发展平台。

第三节　创新驱动的推动力：构建企业可持续发展优势

一、方略：打造开启企业创新发展大门的“金钥匙”

实施创新驱动战略，是我们党立足全局、面向未来的重大战略，是加快转变发展方式、破解经济发展深层次矛盾问题、增强经济内生动力和活力的根本措施。这对于实施创新发展战略的主体企业，尤其是大中型企业，具有十分重要的实践指导意义。充分利用国家战略的机遇期，有效集聚各类资源，高起点打造开启创新发展大门的“金钥匙”，培育更多更好的优质企业，责无旁贷、任重道远。

（一）第一把“金钥匙”：创新发展战略机制，提高总揽创新发展企业的能力

战略是创新发展企业的关键，是企业的第一要务。企业有无正确的发展战略，关系到企业的前途和命运。正如乔尔·以斯所言，“数以万计企业，由于缺乏战略意义，常常像一艘无舵之船，随风飘荡，无家可归，因而难以驾驭外部世界的风风雨雨、潮起潮落”。资料表明，世界上倒闭企业中85%是战略失误造成的。问题是不少企业对战略意义认识不足，对战略形成的路径缺乏正确判断，导致科学管理能力和前瞻性预测能力相对较弱。因此，要增强战略制胜意识，从传统的确定环境下的战略管理转向不确定的后现代战略管理。在充分认识外部环境和内部条件的基础上，紧紧把握历史发展机遇，明确企业市场定位，构建企业共同战略愿景（是指企业在未来较长时间内，渴望完成和实现价值最大化目标）。

战略愿景确定之后，要积极探索清晰可行的战略路径。应在企业的成长方略上，实施归核化战略。这样有利于集中优势资源，在自己擅长的领域做强做精核心业务，培育局部领域的核心竞争优势。①在发展谋划上，实施差异化战略（差异化就是公司提供的产品或服务在全产业范围内具有独特性）。在同一行业，不走“红海”之路，而走“蓝海战略”的发展路径，通过主攻不同专业板块和业务项目，标新立异、错位发展，避开同质化，竞争差异化，达到“人无我有，人有我精，人精我优，人优我特”，实现外部环境、内部条件与经营目标之间的平衡，从而赢得超常收获。②在组织运转上，实施一体化战略。企业充分利用自己在产品、技术、市场上的优势，根据供应链的流程，通过多种形式的专业分工协作，使自身不断地向深度和广度发展，提高资源的利用深度和综合利用效率，稳定企业主营产品销供产关系和重要原材料供应及价格，增强抵御市场风险能力和企业盈利能力。上海恒源祥公司以品牌技术为载体，组建了若干个生产和经营实体，使公司成了行业的领头羊。这种虚拟组织和网络组织成本低、风险小、效能高，有条件的企业可积极有序地推行。③在经营策略上，实施低成本领先战略。就是在有限资源条件下，更合理有效地配置资源，提高集约化经营水平。不同企业应根据行业、产品特点，分析竞争态势，把握影响市场竞争的主要因素，在确保产品质量满足用户需要的基础上，确定低成本竞争策略，以取得竞争优势。④在资本运作上，实施步步为营的战略。

通过并购重组实行外部扩张要十分慎重，认真把好事前、事中、事后各个关口。做到产业相关，不搞多元；循序渐进，滚动扩张；以变应变，进退自如；扬长避短，优势叠加。同时要加强并购重组后的整合管理。始终重视资金管理，尤其注重现金流、公司负债的百分比，提高资金使用效率，不断增加自我积累，谋求长期动态资金平衡，严密防范资金链断裂。

（二）第二把“金钥匙”：完善集成创新机制，释放深层创新发展企业的潜力

集成创新是企业创新发展中的核心。比起技术创新中的原始创新、引进消化吸收再创新，集成创新能更有效地集中各种要素，使企业更快地形成核心竞争力，创造更大的市场价值和经济效益。这是因为集成创新强调融合多种单项技术，同企业的生产与管理关联度更高，可以在较短时间内实现高新技术的跨越。

集成创新的模式大体有三：一是一体化集成创新模式。结合企业技改，以解决技术性问题为主，以技术或产品为载体，组成以科技精英为领军人物的开发团队，实行技术开发、工程建设、产品制造和市场销售一体化，并在资金、人才、设备等方面给予倾斜。从而达到技术创新各要素的集成，使开发由单一性向整体性、联动性转变，促进企业掌握核心技术或核心产品。二是多角型集成创新模式。这是一种应用较为普遍的模式。对于核心技术和关键工艺，采用跨国界、跨行业合作，或与国内外大学和科研机构产学研结合，或与其他大集团大公司互补性合作，或与用户、上下游企业相结合等形式进行开发，以求事半功倍。过去美国和日本的汽车业一向是竞争对手，后来它们紧密合作，共同建立科研开发机构，在全球各地设立制造工厂，由竞争走向竞合，实现了双赢多利。三是嫁接式集成创新模式。为扬长避短、与时俱进，可采取先购买其他公司专长技术与自身技术嫁接的方式，进而提升与创新。日本企业对引进技术的研究费用远远超过引进技术本身费用，前者为后者的2~7倍。这样，引进技术不但很快得到运用，而且通过引进消化吸收再创新，成为企业自主知识产权，增强了参与竞争的能力。

（三）第三把“金钥匙”：建立风险防范机制，锻炼永续创新发展企业的耐力

风险防范是创新发展的保障。企业发展的本质就是一个不断防范、排除和

消减风险影响、保证企业安全稳定运行的过程。企业不仅要能迅速处理好突发事件或突变市场，而且要特别重视风险和危机，提前制定防范方案。于前预测防范风险，将风险和危机消灭在萌芽状态；于中控制化解风险，把损失降到最低限度。

1. 利用信息进行企业风险防范

当今信息已成为企业发展的血液，掌握充分信息可使原来不确定的信息转变为确定信息，提高风险决策的正确度，减少决策结果的不确定性，降低决策风险。因此，应通过多种渠道和方法，寻找、收集与风险防范相关的信息资料，将其转化为所需的信息形式。收集信息应掌握及时、完整、准确的原则，以保证信息数据的有效性。在一般数据收集、统计的基础上，进一步做好信息加工、分析，总结出反映企业自身经济活动内在发展趋势的规律。然后将处理过的信息，按照风险管理的使用要求，以一定的形式输出，形成风险决策所需的信息，以利于在判断、分析风险原因的过程中发掘出信息的最大潜力。

2. 利用博弈策划进行企业风险防范

处于市场经济大潮中的企业，时时刻刻都面临竞争风险的威胁。尤其是势单力薄的中小型企业，在日益复杂多变的环境形势下，应用优势互补、共同获益的双赢模式来替代势不两立、你输我赢的竞争观念，化干戈为玉帛、变竞争为竞合。采用合作博弈的方法，可以是企业与竞争对手之间的联合，也可以是与其他相关厂商或机构合作。只要能对企业博弈提供更加有利的资源条件支持，就都可作为企业合作对象。通过合理合法的合作方式将各自的优势资源整合在一起，企业就能得到更大的人、财、物支援，从而大大缓解风险压力。

3. 利用风险防范管理系统进行企业风险防范

企业风险具有突发性、客观性、无形性、多变性，以及损失与收益的对称性。防范企业风险，应从整体、全程的角度考虑企业决策行为的风控措施。因此，要建立健全风险防范管理系统，包括建立预警系统、风险处理系统、应急系统。与此同时，要严格执行工作程序，认真在法律政策、技术考核、成本考核、规模生产、销售策略等五个方面，对企业风险进行排查，以防范环境风险、市场风险、技术风险、信用风险、生产风险、财务风险、人事风险的发生。力求达到有条不紊、缜密周全、精准有效。

（四）第四把“金钥匙”：健全激励约束机制，增强推进企业创新发展的动力

激励约束是辩证的统一体，是企业创新发展的基石。两者结合运用，就能推动企业既好又快地发展。而现状总体是，激励的力度不大、约束的刚性不强。因此，要努力改进和提高激励与约束的水平和效果。

在激励方面：一是运用对标找差激励。引导企业与国内外先进企业在发展理念、科技投入、技术创新、品牌建设等方面排差距和找不足，自我加压、自我挑战、自我提高。二是运用物质与精神激励。从激发广大员工的创造力和积极性角度出发，制定创新管理办法。在物质激励方面，设立新产品开发奖、高新技术产品奖、专利项目奖、科技攻关项目奖、工艺改进项目奖、简化流程项目奖、合理化建议奖等奖项，可给予股权、期权奖励，以及奖励汽车、住房等。在精神激励方面，设立出国留学费用由企业负担、优秀人才破格晋升、杰出贡献终身成就奖等机制。从而营造你追我赶、奋发争先的氛围。三是运用国家、省级优惠政策激励。用足用好国家、省级鼓励企业尤其是民营企业在智能制造、科技研发、节能环保、人才引进等方面的补助与奖励，以及税收、贷款等方面的优惠与支持。有关部门要及时、足额将有关奖补落实到位，使之成为企业创新发展的强引擎、动力源。

在约束机制方面：一是制度约束。严格遵循新产品立项制度和决策程序，聘请有关行业专家学者进行技术开发的立项、评估、审核、咨询等工作，并吸收生产、销售等有关人员参加，确保新产品研发的准确性、效益性，并把无污染、能耗不超标作为新项目审批和核准的强制性门槛，严格执行能耗准入制和环保一票否决制。二是法律约束。严格执行《中华人民共和国环境保护法》《中华人民共和国安全生产法》《中华人民共和国循环经济促进法》和知识产权法等，对违章者，必须“壮士断腕”、依法查处，进行严厉制裁。三是规则约束。要熟悉和掌握国际通行规则，深入贯彻质量管理、环境管理、职业安全健康管理等一系列国际标准体系，并根据自身实际，最大限度地加以应用和提升。企业要继续提高经营道德水准，自觉诚信守法，树立良好社会形象；有关职能部门要联手深挖和打击假冒伪劣商品，做到上下联动、内外协同，确保社会生产和生活秩序稳定，营造良好的市场竞争和经营环境，让企业在创新发展的轨道上飞得更快、更稳、更远。

二、案例：民生容器——科技创新成就压力容器行业领跑者

近年来，民生集团践行“科技领航、业界领先”的理念，突出科技兴企的地位和作用，紧紧牵住科技创新这一“牛鼻子”，坚持用科技创新来引领发展，实现了弯道超车，进入发展快车道和黄金期。在经济下行压力加大的情况下，企业产销每年仍以两位数以上速度增长。时下，企业自主创新能力明显增强，高新技术产业强劲发展，经济运行质态裂变提升，特种装备产品质量达国际水平，国内外市场覆盖面越来越大。现已成为靖江市工业三十强、国家高新技术企业、特种装备制造行业“小巨人”，实现了传统机械企业的华丽转身。

（一）强化科技兴企意识，重建产业技术“创新链”

当今社会市场竞争越来越激烈，尤其表现为同质化产品的恶性竞争。该公司的传统民用产品同样遇到了这个难题。在科技快速发展、经济全球化的态势下，董事长倪加明强烈地意识到，要走出这一怪圈，必须依靠科技创新走差异化发展之路。几年前，公司虽经几次技术革新改造，在产品品种结构上进行了大的调整，但未能发生质的变化，企业也只能平平淡淡过日子。公司意识到，只有在新材料、新工艺、新技术的运用上取得大突破才是根本之路。于是它们到处拜请有关部门帮助寻找合作伙伴。后来国家质检总局中国特种设备研究院传来了佳音：韩国现代集团自主研发的碳纤维缠绕系列钢瓶，采用国际先进技术，拥有自主知识产权。该产品具备安全性能好、耐高压、耐高温、耐低温、重量轻（只有原来的1/3）、便于运输等优点，且通过了欧盟、美国相关国际认证，正在寻求与中国企业合作。后经质检总局推介，韩国现代集团来民生集团考察，对民生的技术水平、检测手段等表示认可，达成了合作意向。随后在2014年靖江（上海）投资说明会上，经市委、市政府牵线，双方正式签订合作协议，外方以技术入股、中方以资产入股，总投资1亿元，重建产业技术创新链。合资公司引进先进生产线，改善生产工艺，研制新型材料。经过5个月努力，新产品正式启动。产品不仅被广泛应用于汽车，还能被应用于海工、船舶、载重式货车、客车、舰艇、航空航天等各类移动载体。在此基础上，公司积极联系高端客户，实现高位嫁接，现已经为现代汽车、现代重工船舰等企业

的产品配套，初步形成了产业技术链和产业供应链之间相互促进、协同运转的格局。

（二）着力聚集科技创新资源，不断提升成果转化能力

产学研合作既是科技创新资源聚集的有效方式，也是企业实现技术创新发展的有效手段，还是促进产业结构优化的有效途径。近年来，公司运用多种途径和方式与多家院所对接，确保合作项目的落实与推进。

一是通过组织技术攻关集聚创新资源。国家质检总局将研发全自动智能气瓶水压试验装置和全自动智能阀装配检测生产线的攻关任务交给该公司。为了在最短时间内攻克这个技术难题，民生集团当即联系国内特种装备自动控制行业研发的排头兵——天津大学、长春科技大学，经过复杂的技术攻关，成功研发出系列全自动试验装置，实现了检测标准由定性指标向定量指标的突破，极大提高了生产检测效率。

针对全国气瓶生产流通安全管理问题，民生集团受国家质检总局委托研制全自动智能阀门，公司与科研院校组成技术攻关小组，并优先保证资金、设备、人才等的需要。由于协同作战，仅仅用了五个月时间，公司就研发出了智能全自动自闭阀门，当年就投放市场。该产品创新使用的阀门自闭装置，保证了阀门零泄漏，实现了对产品的采购、生产、质量控制、检测、市场流通等全过程控制，实现了产品信息和国家质检总局信息中心的互联互通，得到了国家质检总局和气瓶委员会的高度赞赏和评价，并获得多项发明专利授权，且在全国推广使用。该成果得到了英国 BP 公司、韩国现代集团等同行的充分肯定，通过了验收，其应用及生产得到了在亚洲、美国及欧盟市场的推广。

公司还和中科院理化所、清华大学核能研究院、南京理工大学、南京工业大学、天津大学、江苏科技大学等建立了紧密的产学研合作关系，提升了科技成果转化能力，在复合材料、焊接技术、自动控制等方面的技术水平有了很大提高，其产品实现了从传统劳动密集型向技术含量高、自动化程度高的高端装备升级。

二是通过提升产品技术水平集聚创新资源。2011 年倪总在中国特种装备技术标准年会上得知王学生教授是国家压力容器行业的资深专家，其在换热系统领域拥有多项发明专利。求贤若渴的倪总立即深夜拜访王教授，双方一拍即合，达成了合作框架，公司对王教授委以技术副总重任。随后由王学生教授领

衔公司创新团队，带领公司所属的省级工程技术研究中心的38名技术人员，重点开发节能环保和新能源领域高新技术产品。五年来，其团队先后开发的“高压耐强腐蚀换热脱硫储存系统”“大型高效大面积双管板式换热系统”“高效大面积双管板换热器”均为国家重点示范项目，获得国家、省级研发项目立项。王学生教授也入选江苏省“创新创业”人才计划、江苏省“产业教授”、江苏省“六大人才高峰”，并获2014年国家产学研合作创新成果奖。企业与王学生教授实现了双赢。

三是通过建设科研平台集聚创新资源。为了吸引更多的高层次人才，公司一方面在物质待遇上加大投入，另一方面注重建设省级企业技术中心、研究生工作站、博士后创新基地等研发平台。通过研发平台，引进硕士以上的高层次人才8人。同时以“请进来、走出去”的培训方式，加强自身的人才队伍建设。近三年，公司有3人取得硕士学位，培养工程师37人。企业职工的整体素质迅速提升，为科技成果的加快转化提供了强有力的智力支持，结出了丰硕的成果。近年来，公司申报各类国家专利312件，获授权专利186件，其中发明专利8件；获国家重点新产品2项、江苏省重点高新产品9项，承担国家重点项目5项、省重点项目2项。公司主持参与制定国家标准32项，行业标准126项，企业标准182项，提高了产品质量，增强了市场竞争力，提高了市场占有率，专用特种产品市场占有率达80%以上，已成为国内产品最全、自动化程度最高、质量最优的特种装备集团。企业技术开发能力迅速提高，成了行业科技进步的排头兵。

（三）加快企业技术改造，不断拓展发展空间

走进该公司的车间可以看到一条条自动化生产流水线运转、一座座智能化车间井然有序、一台台检测设备高端精密，这主要得益于公司以项目为载体，以创新为手段，不断进行技术改造。近年来，公司确保每年完成1项技术改造，承担2项以上省级科技项目。

一是围绕转型升级进行技术改造。国内传统换热产品长期受到焊接质量、使用寿命、材质三大技术瓶颈的制约，导致国内高性能的换热设备长期被美国和德国公司的国际产品所垄断。为改变这一状况，能顺利地从传统机械制造向高端的新能源、新材料、节能环保、海工装备制造升级，公司开发核能、天然气、页岩气、换热脱硫设备等高技术产品，从工艺技术、设备等方面多管齐下，投入巨资用于支付研发费用和购置设备，集中人力、物力、财力进行技术攻关，经过三年的努力，凝聚全体职工的智慧与心血，研制出能替代进口产品的大型高效大面积双管板式换热系统。该项目产品新增销售额数亿元 。

二是围绕提升产品检验检测水平进行技术改造。公司联合天津大学、长龙公司等启动了全自动气瓶智能型水压检验装置的研制项目，经过复杂技术攻关已研制成功，实现了检测标准由定性指标向定量指标的突破。该设备检测准确度高、工作效率高、智能化程度高。可通过计算机系统实现气瓶水压试验数据的采集、显示及存储，具有自动上传功能，实现了产品信息和国家质检总局信息中心的信息互联互通。该套设备于2015年11月通过了国家成果鉴定。

三是围绕智慧能源、智能制造进行技术改造。大力推进“工业4.0”，加大技改力度，建造“智能”工厂，重点研究智能化生产检测系统及过程，以及网络化分布式生产设施；开展“智能生产”，对产品原材料采购、制造、检测、充装、使用等实现全流程的智能化识别、定位、跟踪、监控和管理；开发“智能物联”，充分发挥互联网、物联网、现有资源的整合作用，使企业迈进智能制造的行列。同时，坚持以市场为导向，以现有产品为依托，延伸产业链条，不断扩大生产规模，特种装备产品国内市场占有率达到90%以上。目前公司正在开展资本运作，加快企业上市步伐，计划建成国内最大的高端特种装备研发制造基地。

第四节　创新的重头戏：实行产品与市场同步开发

一、方略：在“五结合”开发上下功夫

加快实现世界制造大国向现代化制造强国的推进，关键在于一大批骨干企业全面提高创新能力。从许多企业实践经验来看，一般可通过“五个结合”的方法，达到相互促进、共同提高创新水平的目的。

（一）创与求的结合

创与求的结合就是产品的创新与市场需求结合。根据市场需求，大胆创新，开发产品，关键在于市场调研。因为产品开发设计是一种对未来市场的投

入，是对企业自身核心竞争力的投入，也是一种风险投入；只有具备对多元化市场的洞察力，才能把握产品设计的灵魂。因此，企业要舍得花精力，组织设计、营销人员作好市场调研，了解消费者的需求、竞争单位的动向、产品价格的合理程度、商业销售点的分布和销售渠道、商品流通环节等情况。此外，企业还应邀请相关部门及用户座谈，了解国内外行情，征求对产品改进的意见，分析市场动态。做到市场行情早掌握、设计思想早拓宽、新产品早试制、产品销路早打开、生产计划早安排。

为了增强产品投放的准确性，每收集一次情报，每搞一次设计，每出一批样品，都要让职工代表参加讨论、修改、评比，有条件的企业还可以让客户参与设计，做到既发扬技术民主、提高研制水平，又避免设计上的盲目性，增强产品设计的可靠性。

（二）新与快的结合

产品贵在新。要设计开发出一流产品，一是要对产品设计有很强的新技术意识，通晓新兴技术为产品创新带来的新空间。二是要细心体察现代产品发展趋势，针对不同服务对象去创造产品。三是要充分掌握和利用新工艺、新技术、新材料开发各具特色的新产品，以满足不同客户的需要。

要把新与快紧密结合起来，从收集情报、作出决策、试制生产至销售发货，都要抢时间、争速度，环环相扣，步步主动。为此，要努力做到四个“快”：一是组织机构保证快。将传统的单行产品开发流程转变为集成的、并行的产品开发流程，建立健全一个体系、四项制度。一个体系，即新产品开发保证体系，确保产品设计人员、机台、资金、项目四落实。四项制度，包括调研报告制度、新产品试制管理制度、设计人员考核制度和产品档案制度。从组织上和制度上保证新产品研制快、投产快。二是掌握信息更新快。尽量缩短从原材料整合到拿出样品的时间。三是关键问题解决快。对新产品试制中出现的问题做到及时研究，限期解决。对于高难度产品，组织技术力量会战攻关，确保新产品按时投放市场。四是生产管理适应快。为保证新产品批量生产，加强计划调度，同时狠抓设备改造，适应生产需要。

（三）优与廉的结合

把质优和价廉结合起来，就能增强竞争力。在产品质量上，实行全面质量管理，强调从供应到顾客，从领导到一线工人，从设计到售后服务，都注重质量工作；实行零缺陷管理，以各个生产工序的质量保证成品质量；积极开展ISO 9001标准认证活动，强调以预防为主，持续进行质量改进与质量控制。与此同时，大力开展产品创优、创牌活动。通过创优创牌，创造新的附加值来弥补成本利润空间的损失。为此，对重点产品实行定人员、定机台、定工艺、定原料、定内控标准，组织一条龙生产，确保每年都有一定数量的优势产品在市场上供不应求。

降低产品成本涉及原材料成本、制造成本和期间费用，其中原材料成本占的比重最高。因此，首先在设计新产品时就应综合考虑价格因素，要求设计人员掌握价格知识，根据目标价格设计。有的可通过产品内在结构调整优化节省原材料，有的可通过工艺调整，将低档原料进行交并交融，既降低成本又能提高产品质量，努力发展质量可靠、价格适宜、市场欢迎的新产品。

（四）产与销的结合

围绕精益生产要求，进行企业流程再造。打破职能部门的界限，按生产需要的顺序来设计流程，把被分离的业务流程合理地“组装”起来，建立一个扁平化、富有弹性的新型组织。识别并剔除不具增值效应的作业活动，将所有具有增值效应的作业重新组合，以保持流程的连续性和有效性。同时在接到用户的订单后，根据实际情况，选用相应的方法，科学地制订生产作业计划。在进行过程中，跟踪监督计划执行情况，一经发现偏离脱节等问题，应及时加以调整或调度，以实现均衡生产，及时满足用户需要。

为了广开销路，搞好生产衔接，企业一方面要坚持实行以销定产，千方百计多接单、多放单；另一方面要大胆改革现有管理模式，以适应快产快销节奏。

讲究营销方略，优化营销效果。一是企业根据自身的市场定位制定切实有效的市场营销战略。二是强化经营机构，大企业建立经销公司，出口企业应争取建立具有进出口权的营销公司，一般企业设立销售能力较强的营销机构。实行销售承包责任制，充分调动销售人员的积极性。三是充分利用社会力量帮助营销。发展外地代销公司或代销人员，扩大销售网络，巩固老客户、发展新客户。四是以良好服务吸引用户，千方百计让客户满意。对来厂用户一律以礼相待，即使做不成生意，也请他们介绍市场行情、对产品提出改进意见。同时，严守信誉，保证按时交货，产销衔接，快产快销，努力在全国乃至国外拥有越来越多建立业务关系的单位。

（五）内与外的结合

要实现既能占领国内市场，又能占领国际市场，关键在于不断进行市场创新。企业必须结合自身情况，采取不同市场创新战略，慎重选择市场创新的“度”：一是全新型市场创新，即首次引入某种新的市场要素，并为实现市场化而开辟的一种市场创新活动，其创新度最高，利润也高，但投入高、风险高。二是改进型市场创新。其目标是在全新创新的基础上进行改进和再创新，它是创新度较低的一种市场创新活动。三是仿制型市场创新，其目标在于追随已经获得成功的新市场，并充分利用自身优势，来实现企业的市场创新。所有企业都可以找到有利的市场创新方式，从而成功地进行市场创新。一般在选择创新度时，要量力而行，把握创新时机，进行适度、适时创新。创新度是相对于别人而言的，而不创新是相对于自己而言的。任何一个企业，无论其创新实力大小，无论其创新水平高低，只要敢于创新，就会有所改变、有所发展。一个消费群体就是一个细分市场。企业在细分市场的基础上，依据自身实际，避免过低或过高定位。或者选择市场的“空白点”避强定位；又或者选择与竞争对手针锋相对的对峙定位；再或者由于市场状况不断变化，出现市场定位偏差，及时进行重新定位（又叫二次定位），这是每一个企业在市场定位中都必须采用的策略。每个企业都要立足以国内循环为主体、国内国际双循环相互促进的新发展格局，在巩固发展国内市场的同时，积极争取多口岸、多公司、多渠道扩大出口。骨干企业要积极申领进出口自营权，争取多出口。努力发展四个方面的销售趋势，即由沿海地区向边远地区发展，由近洋市场向远洋市场发展，由委托代理向自营出口发展，由上门推销向网上销售发展。

二、案例：金鼎冶化——匠心打造行业“隐形冠军”

江苏金鼎冶化机械制造有限公司（以下简称金鼎冶化）在创办不到 20 年的时间里，在董事长徐青春、总经理李梅桂的带领下，秉承“质量第一、用户至上”的理念，发扬“锲而不舍、日臻卓越”的精神，以科技创新引领企业发展，致力于服务国内外热处理企业，形成了小商品、大市场的格局。该企业生产热处理工装料具、吊具系列产品，拥有大型井式炉吊具、耐高温工装料具3件发明专利、10件实用新型专利，领先国内热处理专用耐热钢行业。产品热销国内外市场，其中1/3出口。产品销售和利税每年以两位数的增长速度递增。公司创业的成功之道在于不断追求创新、善于创新、深度创新、多面创新。

（一）金鼎公司追求创新：认真研判市场走势，选准产品发展方向

金鼎冶化创办时，在产品定位上是经过深思熟虑的。早在多年前，当摩托车、汽车等行业市场低迷时，公司就独具慧眼，看到了随着经济社会事业的发展，人们的消费水平将不断得到提高，其产品的市场前景会越来越好。公司认为尽管江苏是耐热钢的集散地，而泰州又尤为集中，竞争十分激烈；但只要避开同质化，走高质量、高价位之路，必定会独辟蹊径，自成体系。于是公司决定开发生产应用领域广泛的耐热钢产品。在开发中，公司咬定目标，不懈努力，任凭市场风浪震荡，产、销、利连年飘红，圆了他们的创业梦想。在企业形势好的时候，他们也不盲目乐观，而是未雨绸缪，及早筹划未来，不断开发新的产品，向新的领域发展。在企业创办过程中，他们一直注重研究国家产业政策和行业发展动态。当我国提出加快建设资源节约型、环境友好型社会，发展低碳经济时，他们十分重视，认真进行研究和分析。他们深深意识到国家将会大力支持发展环保节能设备制造领域，并对这些行业进行跟踪考察，潜心研究其战略规划。根据这一走势，他们结合自身优势，认真细分市场，遵循分步开发的原则，选定主攻风电设备制造的热处理配套装置，然后再向其他领域拓展。他们凭借成熟可靠的技术方案、先进的铸造工艺、健全的质保体系，与国内外热处理装备制造企业、大型热处理企业、国内外知名汽车制造商、风电装备制造商、垃圾焚烧等百余家公司建立了十分密切的合作关系，获得了更加广阔的发展空间。他们在实践中深深体会到：干企业不能埋头拉车，一定要抬头看路；看准了方向，选准了产品，就能事半功倍，决胜千里。

（二）金鼎公司善于创新：借脑、借智、借科技，不断加大产品研发力度

一般创业型企业的软肋就是缺乏人才。金鼎公司在开发产品的过程中，同样也遇到了这个问题。他们多头多路，解决人才瓶颈。一是重金聘请两名热处理专业博士和1名研究生，作为科技开发的领军人物。二是广泛招聘一批专业人才和熟练操作工。三是坚持每年聘用大中专毕业生，并注重让他们在实践中提高实际操作能力。四是针对产品试制周期长的特点，当试制方案拿出后，为了确保切实可行、不走弯路，邀请省级、国家科研部门的专家帮助论证，确保产品结构合理、工艺先进。为适应全球多个行业高端客户定制化需求，该公司组建自主设计团队，实行定制化自主设计。他们运用 CAXA、CAD、Solidworks 制图软件和有限元结构力学分析软件，很快满足了国内外客户的设计要求，而且生产制造工艺也渐渐稳定成熟，产品质量得到国内外客户的认可。公司对从事研发的人员，不仅工作上支持、生活上关心，而且对研发成果加大奖励力度，做到环境造就人、事业用好人、待遇激励人，有力地调动了科技人员的积极性和创造性。在开发上，公司跟踪国际前沿技术，瞄准跨国公司和国内知名企业，不断采用新工艺、新技术，大大降低了生产成本，提高了产品质量，使产品不断升级。金鼎公司已将大型井式炉吊具产品开发到第六代，市场覆盖率一直处于领先位置。而他们并未满足，在原有水平的基础上，大胆“否定”，冷静“再提升”，让产品更加“轻量化”，使用寿命更长、性价比更高。

（三）金鼎公司深度创新：严格产品质量管理，扩大产品市场占有率

光有技术创新，没有管理创新，是不能巩固和提高开发效果的。公司不仅产品品种多，而且大小不一，最小的只有几十克，不足半斤；大的有好几吨，每套价值数百万元。严格产品质量管理不仅是为了符合产品多样化、工艺复杂性这一特殊内在要求，更是以质量求生存、求发展的长远需要。公司通过技术改造，改善生产条件，满足质量管理要求。以国外客户每年都会对国内工厂工艺技术、环境排放、职工劳动保护等方面进行审核为契机，从 2013 年开始，公司实施全面改造计划，用三年时间全部淘汰了相对落后的精密铸造生产线和砂型铸造生产线，引进两条国际上较为先进的中温蜡硅溶胶半自动生产线和一条碱酚量树脂砂砂铸自动生产线。公司通过引进真空冶炼浇注生产线，彻底解决了高热、低碳含铜含铝合金常压常态化冶炼浇注这一行业中的难题。靠先进设备和工艺保证质量，在员工数量只有原来一半的前提下，实现了产量翻番，环保排放、员工工作环境等大为改善。公司执行 ISO 9001—2015 质量体系，从进料、配料、浇铸、成型、热处理、表面处理，道道把关，严格要求。公司认真编排工艺操作指导书，实行挂图、挂样生产。另外，采用专门的陶瓷成型浇铸系统，耐高温、耐冲击，以确保型腔尺寸。实时进行检测控制，及时检查修正有关问题。在产品出厂时，无论是内在质量还是外表光洁度，都按照标准严格检验。配备一名副总负责市场—技术—质量的全过程管理，责权明确，奖惩兑现。与此同时，公司注重抓技术培训，每周进行一次现场操作和理论学习，雷打不动，而且由徐董事长亲自授课，他将 20 多年来在一线实践的经验和他平时潜心研究国内外浇铸行业前沿技术的心得，不断传授给员工，以促进技术水平的提高，从根本上提高产品质量。

建厂以来，不管大小订单，都按照“八把关”要求抓到位，使得每一个客户成为忠诚客户。李梅桂总经理说：“别的公司有很多业务员，我们没有业务员，很多业务都是朋友介绍的，因为我们的产品质量好，形成了口碑效应，别人会慕名而来。”现在公司经常超负荷运转，为了保证品质，已经不随意接单。2019 年公司国外市场增长 18%，有些国外公司是通过公司输出的产品，看到产品上的商标，在网上找到他们的。目前产品已出口到德国、奥地利、美国、日本等国家和地区，与丰田爱信、ZF、现代、德国大众、奔驰、麦格纳（格特拉克）、SKF、TMK 等均建立了稳固的合作关系。德国易卜森、奥地利爱协林等国外大客户慕名而来，德国奔驰公司看到该公司的产品质量过硬，主动上门订货。国内华锐、二重、振华等大型国内知名企业也都用他们的产品。现在公司产品不需要推销，而是客户主动上门，或者从网上直接拿订单，而且是先付款、后提货，无风险。有些客户通过同行业调研，在没有到金鼎考察的情况下，即签订大额供货合同。在一些合同竞标中，他们也是稳操胜券，中标率很高。

（四）金鼎公司多面创新：重视人本管理，积极回馈社会

金鼎公司老员工多、老技能人才多，15 年工龄以上的有 40 余人，最长的干了 20 年；在其他公司用工难的情况下，该公司却年年满员，有的员工走了还会再回来。这些都成了他们不断创新、不断发展的最宝贵资源。员工之所以如此忠于企业，是因为公司人本管理上有着独到之处。第一，公司崇尚孝道文化，要求员工孝顺。员工只有孝顺，才能进入公司这个大家庭。不孝的人公司不收，因为公司认为只有孝顺的人才愿意承担责任，为家庭考虑认真工作。公司让员工之间也像家人一样相处，平日公司也会组织旅游，给员工家一样的温暖。第二，员工收入有保障，员工拿到的报酬比在其他地方要高。第三，在金鼎生活，公司提供一律平等的食宿条件。第四，员工的家人、孩子来，都会帮忙安顿好。第五，对于不回家过年的外地员工，公司领导会陪伴他一起过年，

并给他置办年货。

公司还与他人合作投资建设了几家综合性医院，还有一个专科性医院，医院有专门的管理团队，分工明确。他们的出发点不是赚钱，而是帮助更多需要帮助的人，尤其是那些看不起病的人。总经理李梅桂被评为全国孝亲敬老之星、“泰州市十佳创业女性”，公司多次被评为最具社会责任的企业。

董事长徐青春说：“现在对铸造行业产生了兴趣，越来越感到有奔头、有意义。”他还引用一位名人所说的“你所拥有的只能改善你的现在，你所创造的才能改变你的未来!”表示今后将不骄不躁，时刻居安思危，永葆创新意识，坚持转型升级不动摇，勇攀产品技术质量高峰，在国内同行中创第一、争唯一。金鼎冶化的实践告诉我们，成长型企业、规模型企业固然要靠创新才能百尺竿头更进一步，创业型企业在起步创办阶段或者培育发展阶段，只有靠创新才能播撒希望，收获未来。

第五节　创新的便捷途径：集成为“基本方法”

一、方略：以集成管理催生更大的发展优势

集成管理，顾名思义，即汇集而成之的管理。其主要含义是综合、融合、整合、结合，一体化、系统化。其核心是运用集成的理念和思路指导企业创新管理行为的生动实践。一般来说，集成管理就是通过创新性思维，以新的站位、新的视角，综合运用现代管理的方法、手段和工具，拓展各个管理要素相互交融的广度和深度，促进各项要素（包括战略规划、组织模式、生产运营、创新创意能力、薪酬体系、文化建设、学习型组织建设等）、功能（包括人力资源、资产、成本、设备、质量、技术、业务计划、供应链、内外部信息等方面的管理）和优势（包括企业自身多方面能力、公司经营业绩、与竞争对手比较的强项）之间的互补匹配，产生 $1+1>2$ 的效果，为企业赢得更大的竞争优势。具体地说，集成管理是企业围绕规划、管理、控制、提升，开展市场研究、产品设计、财务融资、生产制造、质量控制、物资流通、产品销售与用户服务等一系列创新管理活动的思想、方法和技术的总称。

（一）集成管理的特征及其与传统管理的比较

集成管理的特征主要体现在“五性”：①亦此亦彼的模糊性。集成管理的内涵与外延均比传统管理复杂，不仅管理系统中出现了如人工智能、专利、创意、技术、经验等难以定量描述的要素，而且打破了传统管理的边界，使得许多题意的边界难以准确确定，因而由过去“非此即彼”关系转化为“亦此亦彼”的中间关系。②非线性的相关性。集成管理要素之间存在着明显的联系相关性、非对称性、不均匀性；管理的投入和产出（效果）呈非线性关系，往往呈乘数效应，这也道出了集成管理的本质。③动态跟进的开放性。集成过程中要时刻关注系统内外部环境要素的变化，并及时调整相关管理参量，以保证企业运行适应外界变化要求。同时，由于企业无边界，呈全方位开放状，可通过供应链企业深度合作，充分利用内外部资源，使管理系统更加高效地运行。④统筹协调的科学性。集成过程注入了更多策略、知识等智能含量的软性要素，为其他各种要素的结合起到黏合剂和润滑剂的作用。⑤随机应变的灵活性。集成管理中突出人力资本的作用，在需要变革时，通过增加和运用新智慧、新技术、新工具等这些非强制性的柔性方法和手段，使得管理的调整转换速度快、成本低、效果好。

集成管理这一新型管理模式与传统企业管理相比，在管理理念和思路上有着明显的不同：①传统管理以产品为中心，突出企业自家效益，而集成管理则以用户为中心，突出社会综合效益，为客户、员工、股东、合作伙伴及社会创造更多价值。②传统管理重视劳动分工与专业化，技术与管理界限分明；集成管理重视系统的集成，如设计、制造、销售过程的集成，技术、管理与人的集成。③传统管理单纯注重内部资源的配置和运行，集成管理注重将企业内部资源和外部资源有效结合在一起加以利用。④传统管理注重人与机器、人与环境的关系和谐，以提高劳动生产率；集成管理注重通过组织结构、工作方式的改变，将人的智力因素和精神因素的作用发挥得更加充分、更有成效。⑤传统管理重物流轻信息流，重过程分解轻系统优化，而集成管理则与之相反，使得管理方法更加科学有效。

（二）集成管理的类型与作用

集成管理类型有四：①基于技术平台的集成管理，以技术为集成基核运作。所有企业管理行为都从技术角度出发，围绕技术这一要素加大开发力度，提高技术能力和运用水平。②基于市场平台的集成管理，以市场需求为集成基核运作。以市场需求为中心，对各种资源要素实行集成配置，发挥集成效应，使企业顺利适应市场需求变化。③基于知识平台的集成管理，以知识为集成基核运作。知识除科技知识外，还包括智力、谋略乃至文化，以及技术平台和市场平台中的有效部分，并通过人的智慧，使技术知识和市场知识相互交融协同，极大地拓展价值创造空间，不断产生新能和新质。④基于大数据平台的集成管理，以数字为集成基核运作。时下，我们已处于数据经济时代，数据成为全球最关注的资产，有人称其为未来的“新石油”。数据正在引领一场巨大变革，将带来巨大的商业价值。虽则数据既有技术属性，也有知识属性，但将数据平台的集成管理单独列为一种类型，更有利于创新发展集成管理。这一集成管理，通过发挥数据的基础性作用，进而运用互联网、物联网和云计算等这些关键技术，实现数据共享、流动和融合，形成信息技术系统，与企业其他业务更加全面有效地紧密结合，催生出企业大数据运用生态圈，加快推进产业转型升级，持续激发生产模式、服务模式和商业模式创新，显著提高运行效率和水平。

集成管理对于企业的功能作用，主要表现有五：①有助于优势面与优势度的结合，即不同优势之间的互相补充、相互作用，提高综合竞争能力。例如，从国外引进先进技术，与国内外的市场需求结合，开发出更多适销对路的新产品。又如，企业间并购，使整体优势得到进一步提高，增加参与市场竞争的能力。②有助于无形资产与有形资产结合，即将技术、品牌与设备、厂房等结合，提升企业集约发展能力。③有助于人脑与智脑的结合，即人机交融，构建起智能系统，提高科学分析决策能力。④有助于管理手段与哲理手段的结合，即管理＋哲理，提高管理创新能力。⑤有助于体制和机制的结合，企业“一体两翼”——体制＋机制，就能把企业内在潜力充分挖掘和发挥出来。海尔实行的“人单合一”模式，以及一些企业推行的日本“阿米巴”经营模式，都是这方面的例证。

（三）集成管理的表现形态

1. 结构优化的集成管理

结构优化升级，不是对原来的全面否定，而是做好结合的文章。如传统产业与新兴产业结合、服务业与制造业结合、国内市场与国外市场结合、大企业与小企业结合、投资与消费结合，这种结合是双方比重的调整和方式的创新。又如信息化与工业化融合、产业之间融合、行业之间融合、文化产品与文化融合、产业与金融融合、产业与科研融合等，这些也是集成管理中结构优化的重要内容。

2. 供应链的集成管理

企业供应链本身就是一个集成，并且开始向供应网发展。传统的供应链链节之间不衔接、不协调，不适应企业管理。通过构建数字化供应链平台，在供应商、制造商、销售商和用户等个体之间实现全链路、全方位互联互通。在信息共享互动中深度协同合作，实现上下游供需匹配、降本增效，快速响应用户，形成良性闭环运作。在新冠肺炎疫情期间，武汉火神山医院能奇迹般地在十天时间内建成投用，就是成功运用供应链集成管理的成果。同时，重视研究美欧日等发达经济体供应链战略动向以及全球疫情对供应链的影响，进一步调整优化企业供应链，譬如采用以外转内、以此转彼、以长转短、以劣转优等方法，努力实现供应链协同、高效、可持续运转。

3. 政产学研用联盟的集成管理

政产学研用联盟有一个发展过程，从合作对象看，其先后经历了产学或产研→产学研→产学研用→政产学研用这四个发展阶段；从合作方向上看，其经历了单个项目合作→全业务合作、松散型合作→紧密型合作、短期合作→长期合作三个阶段。在政产学研用这五个方面，均可根据需要结成两个或两个以上的同盟者，同盟者的优势远远胜过单独个体的优势，产生 1 +1 >2 的效果。从而实现取长补短、互相补充，缩短产品开发或项目建设周期，提高产品和项目科技含量，获得更多知识产权，大大加快科技转化为生产力步伐的目标。

4. 范式创新的集成管理

范式是一种公认的模型或模式，范式创新是企业基业长青的基石。范式创新包括技术体系、管理体系和价值体系，根本在于价值体系的创新，通过价值体系创新来影响和带动管理体系和技术体系创新。将技术、资本和市场结合在一起，即技术（基础） + 资本（关键） + 市场（根本），便会创造价值新高度，攀登发展新境界。

5. 伙伴经济的集成管理

伙伴经济是新的经济形态，企业外部的用户及供应商都是合作伙伴，应实现互利共赢。如主机厂和配套厂之间的关系不是单纯的买卖关系，而是一种协同创新的伙伴关系。知名成套设备整个产业链的一些重要环节所用的关键零部件均来源于配套厂这类“隐形冠军”，也称“黄金供应商”。企业内部，从职业经理到员工，也是合作伙伴，应分享企业价值，可通过股权分配或红利共享的方式来实现伙伴经济。

6. 团队建设的集成管理

团队是指为实现某一目标或完成某一任务，由员工和管理者组成的相互协作的一个群体。企业员工各有各的特长和优势，在团队建设中，围绕企业的目标或任务，选准认同价值观、优势能互补的个人入队，合理科学地利用每个员工的智慧和才能，以做到优化组合，相互补充，相互支持，增加整体合力。同时，通过培训团队，树立先进典型，建立激励机制，不断增强团队的执行力和战斗力。多元共生、多管齐下是团队制胜之道。企业高新产品开发的“三结合”团队，由企业经营者、科技人才与基层员工协同作战，合力攻关，便可达到新品开发时间短、效果好的目的。

7. 传统文化与创新文化相结合的集成管理

注入新的文化元素，可使传统文化得到提升，同时推进创新文化进一步发展。当今，以党建文化来引领企业文化，实行党建文化与企业文化的有机结合，将党的指导思想、宗旨和优良传统作风融入企业文化中，为企业文化的正确方向提供思想保证，已成为塑造企业优秀文化、推动企业高质量高水平发展的一个成功实践。

8. 军民融合的集成管理

军民融合是有一个发展过程的，20 世纪 60 年代，一些地方国营企业为满足国防科技工业建设需要，实行“民转军”，专为国防建设提供专用产品；到了 70 年代后期，国家贯彻“军转民”，产品也由军品改为民品；进入 21 世纪，特别是党的十八大以来，党中央着眼于国家安全和发展战略全局，对推动军民融合提出了一系列重大的战略布局，并出台了军民融合政策，有力地推动了军方与企业从源头上优化资源配置，包括制度、渠道、方式，共建集成创新新模式，如企业与军事院校和设计研究院联合开发军工产品，军事院校在企业设立教育实验基地等，不断提高军民资源的利用率并实现价值最大化，着力促进经济建设和国防建设协调发展。

9. 双链互动的集成管理

所谓双链，即机遇链与风险链。机遇与风险并存。机遇中蕴含着风险，风险中孕育着希望。机遇到来时，要抓住机遇，利用机遇，并快速决策，通过主观努力创造机遇，产生有利于成功的契机和关键环节。同时，要分析可能出现的风险，并做到防范在先，以预防消除潜在危机，从而增加机遇的更多“正值”。危机到来时，要识别风险，评估风险，采取一切有效措施，把风险产生的危害降到最低。同时，将风险中的不利因素转化为有利因素，变被动为主动，从而更多地减少风险“负值”。新冠肺炎疫情对每个企业都是一次严峻考验，各企业面对疫情，要了解抗疫趋势和行业动态，积极寻找对策，将疫情这个危机转化为自我变革的契机，将危机转化为生机。信息链带来机遇链，管理链防范风险链，两者结合，就能产生新的价值、新的优势。

10. 智慧企业的集成管理

信息将成为企业最重要的生产要素。智慧企业是未来发展方向，其主要方式是整合各信息系统，为企业经营提供科学决策，使其高效运行。智慧企业包括智能供应链、智能生产线、智能营销及客户管理。中国制造业目前整体尚处于“工业2.0”后期，要通过技术改造，加快2.0补课、3.0普及，打好数字化基础；同时，以4.0为目标，以建立工业互联网平台为抓手，利用互联网、大数据、区块链、人工智能等先进技术，并行推进智能化制造。在此基础上，再向智能供应链、智能营销迈进，并对工业互联网应用提档升级，迈上“两化”融合新台阶，全面促进企业智慧化发展。

11. 数字智能的集成管理

新技术革命带来数字革命，将出现一切数字产业化、一切产业数字化。产业数字化将是“一主多维”的集成融合，即数字为主，与其他多方面进行融合，实现数字化生活、生产、生命。企业智能化的实质就是数字化，数字化企业包括产品数字化（包括芯片、传感器、二维码）、研发设计数字化、供应链数字化、生产数字化、服务数字化。在国家提出的“科技新基建”的推动下，制造业中小企业可借助5G、工业互联网的突破，通过一切业务“云化”操作，实现在线管理功能协同，使企业在成本低、用时短的条件下大大提高效率和效益。一个地区、一个企业，目前掉队落伍，如果在数字革命浪潮中，急起直追、超前行动，便会赶上趟、追上去、走在前。

12. 产业跨界发展的集成管理

在市场经济和供给侧结构性改革的强大推动下，行业边界已明显被打破，新一代信息技术、新材料技术、新能源技术正在带动和融入各个领域、各个行业的深度创新，新兴产业得以加快培育壮大，传统产业得以有效改造提升。同时，基于生产要素的重新组合，企业创造正在由工业经济时代主要依靠劳动、资本、土地等有形资源向数字经济时代主要依靠知识、科技、管理、数据等无形资源转变。企业竞争也在由单个组织之间的竞争向整体产业链、平台生态圈的竞争转变。2020 年 2 月底，工业和信息化部提出进一步深化 5G 与工业、车联网等重点行业的融合发展，在 11 个国家部门联合发布的《智能汽车创新发展战略》中，“5G 和车联网协同建设”第一次被写进汽车国家战略文件。可以预见，在政策、技术、产业三重因素的共振下，车联网产业将会得到更快发展，成为未来发展的重要增长极。

13. 企业改革的集成管理

深化企业改革是坚持和完善社会主义基本经济制度、推动经济高质量发展的重要内容。党的十八届三中全会做出的全面深化改革的决定，以及党的十九届四中全会通过的公报与决定，都明确要坚持以公有制为主体、多种所有制共同发展的混合所有制。这种混合所有制，就是指国有资本、集体资本和非公有资本交叉持股、融合发展。通过多元持股、改变股权结构，建立和完善法人治理结构的制衡约束机制，进一步推进现代企业制度建设，不断增强国有经济竞争力、创新力、控制力、影响力、抗风险能力，加快做强做优做大国有资本。

在开展体制改革的同时，还要改革企业的内部机制，尤其是薪酬体系。中央明确“坚持按劳分配为主体，多种分配方式并存”，并明确“健全劳动、资本、土地、知识、技术、管理、数据等生产要素由市场评价贡献、按贡献决定分配的机制”，这些都是集成管理的典型运用。中国宏观经济研究院教授常修泽将深圳华为现行的所有制结构称为“劳动者的劳动联合和劳动者与资本联合相结合”的一种“新型的集体所有制”经济。华为不是国有，也不是私有，华为有 18 万员工，其中 10 多万员工持股，而任正非先生所持股份只占 1.24%，这就大大提高了员工的积极性。这也是华为在这场中美贸易摩擦中不会被打垮的根本原因所在。

二、案例 1：三阳公司——20 年坚守，殚精竭虑铸辉煌

20 年前，三阳公司在团结集镇是一家小打小闹的作坊式企业；20 年后，它在城北园区建成了一座闯荡国内外市场的现代化食品企业，并厚积薄发一步步走向新的辉煌。现有 3 万平方米标准化厂房、8 条自动化生产线，年生产能力可达 5 亿元。产品有 3 大系列，28 个规格品种。其产品不仅在国内形成销售网络，而且开拓了国外市场，在澳大利亚与悉尼澳圣食品公司合办了肉脯生产企业。公司拥有发明专利 4 件，实用新型专利 68 件，“可奇”牌肉脯为“江苏省名牌”。先后获得“全国食品行业信得过产品”“上海食品博览会金奖”“上海世博会特供产品”，连续 16 年获得“全国重合同、守信用企业”“全国商业和谐示范企业”等荣誉称号。在这一项项骄人业绩的背后，三阳公司有着怎样的坚守？在改革创新加速发展的今天，该公司又有着怎样的未来？

（一）两种管理，齐头并进

以年轻有为的董事长陈沛为首的一班人，理性地学习和实践“食品安全是道德工业”这一理念。他们懂得合乎道德的管理能够确保企业用正确的方式做正确的事，能够赢得消费者的尊重和信任。因此，他们针对食品行业的特殊要求，将道德管理作为公司的头等大事来抓。首先，根据《中华人民共和国食品安全法》的要求，参考社会道德规范，本着实事求是、切实可行的原则，制定出符合企业核心价值观的道德准则，并以制度的形式制定了企业不同层次人员的行为准则。随后采用多种形式和方法，不断向员工灌输诚实守信的意义和遵守道德行为准则的具体要求，使广大员工的价值取向和企业的发展目标保持一致。在此基础上，将企业道德准则落实到企业决策制定和重大行动中，从源头上确保做符合道德规范的事。并建立健全严格可行的评估机制和追溯问责制度。坚持把企业道德准则作为人员进出、员工升降的基本要求，且具有一票否决权。同时，通过企业一把手的言传身教，以及担当道德行为责任管理层的真诚务实工作，赢得公司员工的信任和积极响应，营造出一种员工乐于贯彻企业道德准则的环境氛围，让道德管理给员工带来尊严，给企业带来声誉和竞争力。

与此同时，他们围绕让食品成为百姓的放心食品、满意食品的核心，强化产品质量管理，认真贯彻 ISO 9000 全面质量管理体系和 HACCP 国际食品安全体系。一是严把原料进厂关。在山东、安徽、湖北等地建立猪肉供应基地，通过正规渠道购进猪肉原料，猪肉入库严格索取三证，即检验检疫证、车辆消毒证、无毒免疫证，做到不合格的原辅材料不入库，确保猪肉达到卫生检疫标准，从源头上确保产品质量。二是严把生产工艺关。严格按照生产流程和工艺标准组织生产，每道工序都有严格的质量跟踪和食品卫生保障。从员工进车间开始的每一个生产环节都做到规范化、制度化。坚持生产车间每两小时用酒精喷洒消毒一次，每班对操作工进行一次卫生检测。设有车间监控探头，通过视频联网可以看到整个生产现场，发现问题及时处理。公司按照 5S 管理标准，不断改善生产环境。通过设备改造，增加自动化程度，既避免了食品安全隐患，又减轻了员工劳动强度。新建的现代化烘烤车间，以及采用的间接式燃气炉，均属行业首创。上海天驽食品公司老总看到后，随即召集该公司技术人员前来现场观摩。三是严格产品质量检验制度。实行自检、互检、抽检相结合，树立下道工序也是用户的观念，上道不合标准的产品不流入下道。出厂产品实行批批检验，不达标准不出厂。为提高检验检测水平，企业新建了 168 平方米的化验室，购买了现代化检测仪器，其化验室被食品市场监督权威部门认定为泰州市的标杆。上海质量体系认证中心认为三阳公司检验设备先进、可信度高，可直接出具食品检验报告。

（二）两个市场，全力拓展

市场是一个企业的命脉所系，大多数食品企业面对竞争的“红海”，依靠同类产品、低价格、同一市场进行发展，市场竞争也更加白热化。三阳食品凭借对市场规律的深刻领悟，凭着一个个爱打拼、善打拼的团队，走出了一条不同寻常的市场拓展之路。

在国内市场上，依靠可靠渠道深耕市场。公司大力拓展渠道建设的广度和深度，带动业务的增长，通过召开产品订货会、合作洽谈会、上门联系大卖场、参与省级以上大型活动来提高渠道数量和业务占比。与三阳公司签订合作协议的食品商场已由原来的 3 家发展到 12 家，其产品在上海覆盖面达 80% 以上。产品原热销江浙沪一带，现已遍及北京、合肥、成都、重庆、武汉等城市，形成了辐射全国的销售网络。积极推进专业化合作和网销、电销业务，有效实现业务的提质增长。他们还根据不同地区细分市场，开发不同风味的产品。原味肉脯、新加坡口味猪肉脯一直是三阳公司的拳头产品，为了丰富企业产品种类，三阳成功推出台湾风味的猪肉丝，受到客户一致好评。公司的大客户来伊份公司一笔签下上千万元猪肉丝订单。为提高产品档次，公司马不停蹄地开发出原生态黑猪肉脯和各种口味的牛肉脯。原生态黑猪肉脯由三阳公司与雏鹰集团合作推出，雏鹰集团是国家重点龙头企业，企业利用三门峡市荒山、荒坡、荒地40万亩，轮牧放养原生态黑猪。2019年下半年，雏鹰集团准备以黑猪为原料制作黑猪猪肉脯，经来伊份公司介绍，他们寻求的第一家猪肉脯加工厂就是靖江三阳。三阳公司通过一系列创新使得产品不仅营养化、生态化，而且品种多样化，现有传统口味、香辣口味、新加坡风味、马来西亚风味等几十种产品，不断引导广大消费者进行消费。

而三阳公司更值得称道的是对国外市场的拓展。由于三阳食品在国内市场销量大、影响大、口碑好，六年前澳大利亚悉尼澳圣食品公司在国内考察了20多家食品企业后，认为牵手三阳，新开一家专门生产肉脯的企业是他们的最佳选择，于是主动联系，慕名而来，经过现场考察、洽谈，双方较快地达成了合作协议。对方负责投资和市场，三阳公司负责产品配方、生产技术及内部管理，双方各占一定的股份。目前产品已经进入澳大利亚32家大中型超市，澳大利亚人齐夸公司生产的牛肉脯和袋鼠肉脯口味鲜美、软硬适中、老少咸宜。曾在澳大利亚悉尼工厂做负责人的陈沛总经理介绍，由于澳大利亚牛肉是全球最优质的牛肉，袋鼠是由政府每年控制宰杀的纯野生动物，且袋鼠肉具有很强的保健作用，市场销量以30%～40%的速度递增。为了满足消费者的需求，公司购买了新厂房，增加了生产流水线，市场份额迅速扩大。公司拟将澳大利亚澳圣食品引进国内，将国内食品出口到澳大利亚，实行互促互进、良性循环。国内国外两个市场拓展，如同三阳食品快速驱动的“双轮”，支撑着这个有梦想的食品企业持续健康发展。

（三）两股力量，优势叠加

一个企业要成功发展，既要充分挖掘企业内部主体力量，又要注重利用企业外部的客体力量。三阳公司在企业内部分层分类制定员工职业生涯发展规划。对拟接班的年轻人压担子，让其在一线锻炼提高，加快成长成熟。对各类专业人才，注意帮助他们更新知识、提高水平、发挥专长作用。并注意引进使用食品专业人才，仅2019年公司就引进了6名专业人才。对一般员工，则通过学习培训、技能比赛、拓展训练等方式来提高他们的整体素质。同时，公司在办公楼大厅安装了人民日报社的新闻电视屏，引导全体员工知晓天下事、办好企业事、做好个人事。

在企业外部，多管齐下。公司注重与科研院所合作，共同研发产品。公司已与上海食品研究所、南京农业大学、江南大学展开合作，先后开发了多个口味独特的新品种，如芝麻牛肉脯、桂花香肉脯等。与供应商及客户共建双赢模式，做到责任各自担当、利益共同分享。前来订货的客户络绎不绝，产品供不应求。知名原料供应商也都争相与三阳公司合作，建立长期合作伙伴关系。实行开放式办厂是公司的新思路，每年定期组织媒体和消费者到企业内部进行参观监督，使大家在公开透明的参观中了解三阳食品的整个生产过程，让其证明三阳的任何一个细节都经得起大众检验。同时，还在孤山中小学设立阅读基金，用于赠送书籍和发放学生奖学金，使公司成为学校的教育基地，让学生从小就了解三阳、热爱三阳。公司还连续两年与市委宣传部联合举办“三阳开泰·春天送你一首诗”活动，多名全国著名作家、诗人创作诗歌，盛赞靖江肉脯，扩大了靖江在全国的影响力，提高了企业知名度。

企业内部主体力量和外部客体力量优势叠加、相得益彰，有力地保障了企业发展的活力和后劲。

（四）两个目标，奋力前行

三阳公司经过20年的历练，日趋成熟，食品质量安全成了参与市场角逐、实现持续发展的“法宝”和“基因”。2019年11月份，三阳公司以新厂房、新设备、新产品、新包装亮相。公司员工收入高出行业工资标准20%以上，分配机制健全完善，实行职责、权力、利益三挂钩，突出价值贡献导向，用一系列切实可行的考核办法激发队伍的积极性和创造性。2020年三阳公司已进入新一轮发展阶段，以国家新颁布的食品安全法为契机，认真制定了企业发展规划。三阳公司定位于精品工厂，不求最大、只求最好，用最好的管理、最好的食品做精做强企业。到2022年，实现两个主要目标：一是产品销售开票超过5亿元，每年以30%以上的幅度递增；二是促使品牌建成国家驰名商标，让国内“可奇”牌与澳大利亚“澳圣”牌比翼齐飞。努力争取从现在靖江食品行业的排头兵向龙头企业跨越，为“靖江肉脯”这张全国名片增光添彩。为了实现这一目标，公司推出“六大战略”，即产业化战略、生态化战略、差异化战略、精益化战略、客户关系战略、员工价值增长战略。明天的三阳一定会登上新的台阶，取得新的突破。

三、案例 2：顺达模具科技——在创新赛道上铸造国内模具行业一流品牌

江苏顺达模具科技有限公司成立于 1993 年，是一家集产品研发、模具制造、零部件生产等于一体的国家高新技术企业。公司能够为客户完成模具制造－压铸成型－精密加工－部件装配的全工序、全产业链配套生产，在汽车、通信、工具、电机、纺织机械、农用机械等行业领域获得众多世界知名企业的信赖与支持。企业开发的模具产品已被广泛运用于多家世界 500 强企业，主要合作客户为日本牧田、TTI、美国史丹利、德国凯驰、德国博世等企业。同时，还为通用、大众、奔驰、特斯拉、奥迪 A8、宝马等高端品牌汽车提供从模具到零件的批量供货。近年来，公司每年的销售额维持着 30% 以上的增速。30 年来，在兄弟俩董事长黄智宏、总经理黄智钢的带领下，顺达模具从一间不足 50 平方米的小厂房，发展为长三角地区压铸模具行业的“领头羊”，走出了一条苦练内功、坚守品质、顺势转型的品牌创建之路。

（一）苦练内功，坚定走技术支撑发展的路线

模具行业是制造业中最重要的基础性产业，被称为工业之母。要想在激烈的市场竞争中脱颖而出，掌握技术最为关键。创立之初，公司没有性能卓越的精密仪器与设备，有的只是过硬的手工技术。深受父辈的耳濡目染，他们兄弟二人从模具钳工的基本功练起，埋头苦学，一磨就是十几年。在做企业的过程中，他们将引进人才、培养人才、造就人才作为推进企业发展的战略举措，增强企业发展的软实力。企业采用“送出去、请进来”的培训方式，定向培养有管理能力的技术人员。多次组织技术人员赴欧美、日韩等国家和地区学习借鉴先进理念和先进技术，提升技术开发层级；与上海交通大学、南京理工大学等高等院校开展紧密合作，增添技术开发能力。

为把人才用好管好，他们着重营造良好的企业文化氛围，搭建创业创新平台，建立健全技术开发激励机制，使人才各尽其能、各展其长、各得其所。同

时，他们身体力行，带领企业技术团队钻研技术，专攻各类大中型精密压铸模具、冲压模具技术，成功突破了一个又一个技术瓶颈，获得了多项知识产权。现拥有自主研发专利20件（其中发明专利6件，实用新型专利14件）、省高新技术产品7件，建有企业技术中心和研究生工作站。目前，企业技术人员近百人，占员工总数20%左右，为打磨高质量模具产品奠定了坚实的基础。

（二）坚守品质，倾力满足客户需求

质量是企业立足的根本，一旦客户对产品不满意，想要再争取客户就很难。为了保证每件模具都开发成功，他们始终沉在一线，带领技术团队破解技术难题，严把质量关，确保产品的精准度，坚守品质这一生命线。

用户就是衣食父母，所以他们时刻想客户之所想、急客户之所急、应客户之所应。有一次，张家港一家企业接到了国外某知名企业的一份生产订单，指定由顺达模具进行模具开发。模具准时交付后，这家企业的配套生产企业出现技术问题，于是将零件压铸生产、精密加工、表面涂装任务全部交给了顺达模具公司。这时，原定的生产进度已经被拖延了整整3个月，时间十分紧迫。根据相关合约，万一不能及时交付产品，这家企业需要承担很大的赔偿责任。这家企业的负责人忧心忡忡，找到了总经理黄智钢。接下生产任务后，黄总和企业管理人员、技术人员一起，24小时吃住在车间，采用“歇人不歇机”的方式加紧生产。最终，当满载着10万台设备的整整70只标准集装箱准时送达码头时，张家港这家企业的负责人激动万分，当场表示今后将和顺达模具形成永久稳固的合作关系。就这样，顺达模具这个毫不起眼的“小作坊”，用专业与努力，不仅收获了一批又一批可靠的长期合作伙伴，也得到了来自身边朋友甚至同行的支持。

（三）顺势转型，推进模具行业上台阶、上水平

早在多年前，顺达模具就意识到，单单从事模具制造只是“替别人做嫁衣”，企业发展难以上规模。因此，在升级企业设备的同时，从2005年起，他们将模具产业延伸到零部件制造业；2013年，公司又瞄准快速发展的汽配行业，开始进军汽车用冲压模具领域，投入1000多万元引进冲压模生产设备，匹配技能人才，在冲压模生产制造领域的研发设计、生产能力得到稳步提升，先后成为悦达起亚、上汽通用、一汽大众、特斯拉、奥迪A8、宝马等汽车企业的配套供应商。

随着我国装备制造业的快速发展，模具工业的模具用钢、高精密设备、扫描检测、软件应用等各项技术均得到了快速发展；同时，我国正在推进网络化、智能化、数字化的发展。面对新形势、新挑战，他们意识到只有顺势转型、深度创新，实现由顺达制造到顺达“智”造的转变，公司才能抢占“智能制造高地”。因此，公司不断加快装备智能化改造，完善智能化和自动化的经营管理模式。根据汽车主机厂对新车型开发周期和开发成本提出的更高要求，公司采用3D打印新技术和先进模具设计理念，以计算机提供数模，将新产品开发从原来的6个月周期缩短至15天左右的超短时间，大大提高了产品的市场竞争力。

当前，顺达模具在坚守模具主业的基础上，正在加快技术创新、生产工艺创新、产品开发创新、管理创新步伐，战略性地布局3D打印、模具大数据、5G通信等领域，加大高精密设备投入，不断采用新材料、新技术、新工艺开发新产品，延伸产业链，丰富产品线，引领行业创新发展。

企业研发团队还充分运用互联网技术和机器人自动化技术，开发模具售后管理软件，通过采集大数据对模具运行状况进行实时管控，第一时间为用户提供各项运行数据，及时预警告知模具的保养时间、故障情况、使用寿命等监控情况，为客户高效率的生产提供最好的保障。

下一步，该公司将以更加开放的姿态对接国际市场，狠抓科技创新，形成关键技术自主可控的竞争优势，不断提升顺达模具行业一流品牌的水平，在制造业发展中发挥积极作用，为经济社会事业发展做出新的贡献。

第五章

转型升级

转型升级是企业发展的必然选择和必经之路，是企业高质量发展的第一需求。在发展过程中，企业要经过生命周期的多个阶段（创业—成长—成熟—转型）才能创造持续伟业。在这里，笔者将企业生命周期第四阶段的衰退期改为转型期，旨在突出衰退期应采取的战略，以求将传统生命周期的线性系统转变为生态循环的闭环系统。企业转型不是转行，而是通过对业务和管理进行结构性变革，来获得新的经营绩效和新的存续生机。转型升级是一项系统工程，需要多个方面的协同，譬如，用高新技术开发高附加值产品，就需要用现代化管理手段和方法来提高研发效果。转型升级，既要有高层的策划和推动，也需要调动各个层面员工的积极性和创造性。转型升级，要树立新发展理念，坚持“三心（以市场和用户为中心，以优化结构为重心，以提升自主创新能力为核心）融合”为准则，以优质企业为目标，因企制宜，把准转型的方向和重点，精心策划转型路径。就制造业而言，重在由中低端产品转向中高端产品，由传统制造转向智能制造，由提供产品转向提供产品及服务，由自我为战开发技术转向构建产业技术创新链，由传统管理转向精益管理。转型升级不可能一蹴而就，有一个渐进过程，需要艰辛努力。在转型阶段，要有“归零”的自我革命精神，不断否定自我，挑战自我，跨过“极点”，便会进入新的发展阶段，让专精特新企业成为国内市场领先的“小巨人”企业，让“小巨人”企业成长为国际市场领先的单项冠军企业，让企业大集团发展成为具有生态主导力、国际竞争力的领航企业。

第一节　转型升级的动能：创新驱动“强引擎”

一、方略：深入推进创新驱动转型升级

发展源自创新，战略成就未来。党的十八大报告中提出，要实施创新驱动发展战略，把全社会智慧和力量凝聚到创新发展上来，这为广大企业转型升

级、跨越发展进一步指明了方向和路径。创新转型既是应对风险、克难攻坚的基本出路，也是推动经济又好又快发展的关键举措。机遇总是钟情于勇立潮头、奋发努力的人。因此，要以创新之智，破解当前之难，实现稳中求进；以创新之勇，争抢发展先机，调优产品结构；以创新之才，聚集研发之力，构造竞争优势；以创新之举，练就硬本领，实现企业可持续发展。

（一）企业家是创新转型的驱动力

一个企业能否稳健高效发展，或是说能否取得创新转型的顺利成功，关键取决于企业家的理念与思路。因为只有企业家才具有经营决策权和发展要素配置权。创新无定式，每个企业应结合自身实际，找准创新转型的战略目标和发展方向，目标方向一旦发生偏差，将会险象环生。经济学家熊彼特曾将创新定义为企业家的职责。每个企业家都要有创业创新的信心和激情、淬炼发展的真功夫、集思广益的新智慧、强烈的社会使命感和责任感。一个优秀的企业当家人，既要精于管理，又要精于技术。这对于大多数企业家来讲，不可能同时兼备，但必须重视科技，强化科技意识，善于借脑开发，借力发展。美国优秀企业成功的经验，就在于实行企业家和科学家优势互补、共融共进。我们不少企业的经验也印证和诠释了这一真谛。

（二）开发新品应由“以高新技术为导向”转变为“以市场为导向”

企业发展的过程，实质上就是不断开发新品、不断优化产品结构的过程。一个产品好不好，检验的标尺是市场，再好的高新产品，如果没有市场，就不是好产品。要树立“用户第一”的理念，在产品研发上，由“跟着市场跑”转变为“领着市场走”，主动创造市场，努力为用户创造价值。因此，开发时，要作充分的市场调研和可行性论证，增加对新技术产品进入市场的评价内容。开发新产品既要具有先进技术，又要具有市场价值，在开发阶段就充分考虑该产品的市场前景。切实解决好往哪里走（方向）、走多快（速度）、走多久（可持续）的问题。尤其是对于看准的那些具有技术性前景、市场性前景、效益性前景的项目，要舍得投入，执着追求。在产品开发上，既抓“人无我有”，更抓“无中生有”。开发产品是一项系统工程，要坚持技术和管理两轮齐驱。开发新品要有与之相匹配的资源与管理，这样才能将开发的效益发挥到最大化。从新品开发到市场成熟有一个渐进过程，不能急功近利、一蹴而就，也不能慢条斯理、故步自封。因此，开发产品要做到不盲目、不跟风、不浮躁、不停步。

（三）企业的多元并发，要坚持同心多圆，不能脱离原来的核心优势

企业转型不是转行，没有不好的行业，只有不好的企业。立足原有基础搞开发，速度快、风险小、效果好。在研发过程中，既要注重新品开发，也要重视老产品的提档升级。老产品只要嫁接新工艺新技术，不断做特、做优、做新，同样会有新的增长点。要坚持以老养新、以新促老，新老产品双丰收。对于众多中小企业来说，只要内外兼修，根据自己的特长和技术特点，在大行业的产业链中寻找自身定位，在产品细分市场中寻找适合自己的产品，专注做产品，潜心搞开发，过硬抓质量，殚精竭虑地将产品做精做强，就能放大自身优势，成为业内不可替代的“尖兵”，同样可以做“行业巨头”。

（四）增强科技兴企意识，以科技创新建立转型发展战略支持

突出科技创新在企业中的地位和作用，明确科技创新途径和方法。科技创新主要靠人才，高度重视企业科技力量的培养和发展是企业家的高明之举。对于大多数企业来说，缺乏高端人才是共性问题。要以人才开发保产品开发，以产品开发促人才开发。因此，在立足加快自我培养人才的同时，要通过多种渠道、多种方法招引高层次人才，以强化科技开发力量。同时，要坚持走产学研联合之路，广泛开展与高校、研究所的合作，有条件的企业应从“项目型”向“基地型”“一体化”转变，从产学研互动中走出创新的舞步。坚持“合作多赢”理念，在技术开发上，由“自我为战”转变为“构建产业技术创新链”。在经济全球化、产业信息化、技术高新化的今天，市场竞争不仅仅是企业之间的竞争，更多的是产业链与产业链之间的竞争。只有实行产业链分工，建立战略合作联盟体，才能抗衡市场风险，赢得广阔的生存和发展空间。深入推进战略性新兴产业、先进制造业健康发展，加快传统产业转型升级。坚持项目带动战略，促进企业向高技术、高端产品、高附加值转变，提升企业综合实力、市场竞争力和持续发展能力。

（五）坚持不断创新转型，永葆企业竞争优势

认识在发展，创新无止境。可持续发展是企业追求的永恒主题，也是企业必须重视的战略课题。唯有不断创新发展，才能长久占领优势。要勇于创新、善于创新、持续创新，不断从“必然王国”走向“自由王国”。企业转型升级不只是产品，它还包括市场、销售、管理、品质、品牌、工艺、技术、设备等各个方面。管理要从粗放经营转向集约经营，品牌要从省名牌转向创国家名牌乃至世界品牌，设备要从机械化生产转向智能自动化生产，切实提高品质和效率。创新转型、科学转型、智慧转型，是每个企业必须思考和实践的课题。让我们携起手来，在党的十九大精神的指引下，以自身发展实际为基础，科学谋篇布局，深化企业改革，健全体制机制，把大家的智慧和力量汇集起来，加快转型升级步伐，以改革、发展、创新的新成绩，不断回报社会，为中华民族的伟大复兴做出新的贡献。

二、案例1：广宇建设——调整转型，适应经济发展新常态

江苏广宇建设集团（以下简称广宇建设）是国家房屋建筑工程施工总承包特级资质企业。近年来，广宇一班人，在年轻睿智的董事长蔡永进的带领下，认真学习和深刻理解我国经济发展新常态的内涵和要求，从主动适应“新常态”出发，立足企业实情，坚持以提高质量和效益为中心，把调结构、转方式放到重要位置，突出创新驱动，强化风险防范，有力地促进了企业平稳健康发展。在建筑业竞争十分激烈的情况下，其产值、工程结算收入和利税均比上年有了一定幅度的增长。

（一）广宇建设以总部为根，由经营“空心化”转向经营“实体化”

由管理服务型向实体经济型转变。常言道：“根深叶茂、厚积薄发。”只有总部做强了，才能带动分公司的发展，也才能有能力开发新的项目。以往他们多以指导、协调、服务为主，分公司利用集团的资源出外承揽业务，集团本部只能收取企业管理费，却要承担分公司的经营风险，往往缺少主动权和话语权。为改变这种利少弊多的状况，他们调整企业发展思路，转变经营模式，改变过去一味由分公司接项目，集团公司不直接参与项目经营管理的局面，实行“两条腿”走路：一方面，扶持有实力的分公司开发外埠市场，形成自己的优势市场；另一方面，集团公司充分利用自身优势和资源，承接大项目和政府重点建设工程，然后由分公司组织实施，逐步实行“总部接项目、分部做项目”的发展模式。与此同时，强调产业结构优势，实施“235”计划，即着力培育2

个年产值超20亿元的产业基地，打造3家年产值超10亿元的分公司，扶植5个年产值超5亿元的规模市场。地区性分公司立足本地市场，深度开发，形成地区优势，树立品牌形象。调高企业发展层次，发挥大型施工企业优势，积极与中央、部属企业和大集团企业强强联合，建立长期、稳定的合作关系，规划每年合作项目达10个以上。目前，公司已与华北油田、中航工业、金鹰集团、大龙房产、达安地产等企业建立了长期性战略合作伙伴关系，从而不断地推进企业做实做强，成为实体型而不是松散型的公司。

（二）广宇建设以市场为先，由传统建筑市场转向建筑新兴市场

随着国家调控房地产政策的实施，房地产的“黄金期”已经过去，形势一直低迷、跌落，建筑业也因此不断萎缩，再也不可能像过去那样取得爆发性发展，企业也不能再在民用建筑上搞拼打。但是国家城镇化、新农村建设的加快推进以及产业优化升级的技术改造，为建筑业提供了新的发展机遇，建筑工程产品面临升级换代的新需求。他们深谙资质是施工企业的生命线，坚持以“多元化、广覆盖”的思路来打造资质平台，不断完善提高国家特级建筑企业资质，加快升级水利水电、公路、地基与基础等资质，积极申报一些高附加值资质、特种资质，为进入新的市场领域取得了“通行证”，形成了错位竞争、错位发展的格局。钢结构公司在中小型结构桥梁领域已具有较强的竞争优势。在市场开发中，注重巩固好上海、南京及本地等原有市场，不断开发边远市场。其18个驻外分公司，以驻点城市为基础，覆盖周边，形成以点带面的市场布局。且有基础、安装、装饰、幕墙、市政、钢结构等7个专业分公司为项目配套补充，形成总承包优势。新开拓的陕西、甘肃、河北等市场均呈现较好的发展态势。同时，按照建设部规范市场的要求，公司集中整顿清理分公司，对运行质态不好的分公司及时关闭，对市场比较混乱的分公司及时进行调整。并实施挂靠“零”容忍制度，坚决杜绝不具备条件的队伍挂靠施工。确保优势资源流向优势分公司，形成合力抢占市场的良好局面。目前公司业务已拓展到国内60多个大中城市，以及沙特、阿联酋、菲律宾、卡塔尔等国家和地区的海外市场。

（三）广宇建设以管理为基，由粗放型管理转向集约型管理

一是夯实内部管理。规范投标管理，充分考虑项目的可行性、可能性和可靠性，坚决放弃资金不落实、条件苛刻、标准过低的风险项目，防范决策风

险；强化项目成本管理。注重成本事前、事中、事后的管理。定期进行经济活动分析，严格控制成本费用，防范资金风险；细化项目管理，贯彻实行工程项目终身追究法律责任的要求，建立健全质量安全管理体系，层层明确责任，坚持动态管理，严格巡查、抽查制度，防范质量风险。二是实行分级管理。公司新出台《关于分公司分级管理考评办法》，对分公司在市场开拓、诚信经营、质量安全、工程创优等方面进行综合考评，着重扶持一级分公司做大做强，稳步提高二级分公司运行质态，逐步调整并转取消三级分公司。针对建筑业市场复杂多变的形势，在经营思路上由“遍地开花”转变为有选择地承接优等项目。制定《经营工作负面清单》，明确哪些项目可多做，哪些项目不能做，着力提升分公司的综合竞争力和风险防范能力。三是升级信息化平台。根据自身特点，公司优化软硬件系统，更新企业门户网站，推行远程视频监控系统，将科学的信息化管理手段深入公司每个规模工程之中，做到信息在“第一时间”反映，问题在“第一时间”解决。

（四）广宇建设以科技为翼，由做长产业链转向做优价值链

广宇建设坚持“科技树立品牌、科技开拓市场、科技创造价值”的理念，下功夫、花力气推动企业科技进步。在提高创新能力上，依托省级企业技术中心，加强与高等院校和科研机构的合作，尽快形成企业专有的技术创新骨干力量和团队，积极开展技术研发、QC 攻关、工法创新和行业标准编写；积极跟进和探索建筑工业化的发展趋势，着力在建筑业前沿技术、核心技术和应用技术领域中取得突破。在加大创优力度上，合理制定创优目标，分解落实省优、国优项目，强化工程项目的过程管理和控制，抓好质量、安全管理和科技进步检查与评比，同时加大创优奖励力度，激发创优热情，在各分公司、各项目部之间形成“比、争、赶、超”的热烈气氛。在加强人才队伍建设上，实行自培和外引相结合。采用派出去学习、岗位锻炼等方法，快速提高现有人才技术素养。同时利用广宇品牌优势招揽人才，建立企业人才高地，并从多方面支持他们进行技术创新。公司先后获得了 3 项国家工法，10 项发明专利，15 项省级工法，建成了一大批层数高、跨度大、技术难的新技术应用示范工程。2013 年上半年，凭借雄厚实力，公司承建了江西南昌金融大街建设项目中的一幢写字楼，高 58 层 272 米，为靖江本土建筑企业承建的第一高楼，树立了项目标杆及企业形象。

（五）广宇建设以文化为魂，由表象文化转向深层文化

广宇建设注重通过企业核心价值观（打造知名企业、构建广宇大厦）来完善提升企业精神（奋斗不息、拼搏不止）、经营理念（先人一步、快人一拍、高人一筹）、企业作风（真诚、负责、合作、共赢）、市场观（以诚信开拓市场、以诚信服务市场、以诚信引领市场）、质量观（人居为上、追求细节）、人才观（以人为本、唯才是举、知人善任）等，并不断对其赋予新的内涵和要求，使企业文化与时俱进，适应企业发展的需要。在文化建设中，公司重点抓好诚信文化、品牌文化、环保文化、安全文化等文化制度的构建和完善，使企业文化“固化于制，落实于地”。同时，推进企业文化向深层延伸，将企业精神、质量观等文化融入每个项目中，将品牌理念、团队理念等融入每个员工心中，在建筑工地上实行标示统一、服装统一、行为规范统一、宣传标语统一，时刻提醒每个员工齐心打造精品工程，合力塑造优质品牌。让文化力产生生产力，进而提升企业竞争力。

三、案例 2：星源电站设备——在逆势中缔造新优势

江苏星源电站冶金设备制造有限公司（以下简称星源），在稳健笃信、心底无私的董事长兼总经理朱华平的带动和影响下，全体员工积极响应中央“一手抓疫情，一手抓经济”的号召，开足马力复工达产，坚毅开拓奋进，呈现出逆势中强劲发展的新态势、新优势。公司已通过了“双创人才研发项目”验收，增添了产业发展的新空间。现为集引进、科研、试制、开发、生产制造为一体的综合基地，产品被广泛应用于电力、冶金、矿山、石化、洗煤等行业。建有江苏省研究生工作站及耐磨、耐热工程技术研究中心，拥有 12 件发明专利和 50 多件新型实用专利。荣获“国家高新技术企业”“江苏省星火技术密集区重点企业”“江苏省民营科技企业”“泰州市绿色企业”等称号，成为国内耐磨耐热行业翘楚。公司已从名不见经传的一家村办厂嬗变为蜚声国内外市场的优秀企业。

（一）“星源”缔造优势之一：优化产品结构，从中低端产品转向中高端产品，有一个科学协调的产业结构

星源已风风雨雨走过 30 年，企业在产业结构调整中不断向前发展。这家

企业历史上先后涉足服装、煤炭、热处理行业。20 世纪 80 年代中期，机械行业不景气，即向电力行业转产，开发了电力配套产品，创立了“星源”商标。90 年代，随着市场经济的不断发展，产品趋向同构化，企业间的竞争越来越激烈。星源意识到要在电力行业占有一席之地，必须加快结构调整。公司根据市场需求，与江苏大学、河南科技大学、郑州大学、上海发电成套设备研究院等高等院所合作，潜心研究定项目，齐心协力破难题，土洋结合添设备，成功开发了一批耐热耐磨耐腐新产品，获得了国家专利，填补了市场空白，赢得了竞争主动。

进入 21 世纪以来，围绕转型升级，公司谋求新的发展路径，加大产学研用合作力度，凭着一股子钻劲、拼劲、倔劲，相继开发了堆焊复合研磨辊、欧冶炉主体配件、气化炉炉篦等高精尖产品，做到人无我有、人有我优、人优我特。2018 年，公司与全球著名的丹麦艾法史密斯公司合作开发重型辊式破碎机耐磨套，该产品铸件材质要求高，检测十分严格，100% 铸件须通过 VT/UT/荧光 MT 检测，如有一点缺陷，必须直接报废；每 25 件为一批次进行机械性能检测，每批货抽取一定数量进行 γ 射线检测，必须符合铸钢件标准参考射线底片的规定；材质的硬度须严格控制在规定的指标之内。历经一年多时间的研发，产品质量未能达到预期设计要求，铸造的耐磨套表面存在细小龟裂纹，铸件内部存在超标的缩孔，UT 无法通过第三方检测。为解决这一难题，星源借助推进双创人才计划的东风，于 2019 年年初聘请郑州大学材料院刘胜新教授，在他的指导下，首先推行使用三维动态浇注模型软件，从根本上提高了设计和铸造水平。董事长朱华平深入一线，带领研发部加班加点查找问题、剖析原因，有针对性地采取措施。公司投资近 100 万元成立了检测中心，添置了美国 GE 超声波探伤仪、金相仪、型砂试验分析仪，从原材料开始排查问题，用型砂分析仪检测树脂砂的灰分和水分，用金相仪分析工件的碳化物是否超标，用光谱分析仪检测工件的化学成分，用波美度表检测涂料的浓度，用排除法查找浇注过程的隐患。同时公司投资近 200 万元，新上了热处理车间，新增了全自动计算机控温热处理设备，用水基淬火代替了传统的油淬，有效保证了产品质量，彻底消除了产品的表面龟裂难题。公司还在模具制造、检验、炼钢浇注、热处理、机加工等工序中的 20 多个工位，实行层层严格把控，有效地控制了产品质量，保证了 γ 射线检测的合格率，使第三方检测一次性通过，得到了艾法史密斯公司的高度评价，现产品已通过艾法史密斯公司销往世界各地。并于2020年4月获得了泰州市双创人才计划项目奖补。

（二）“星源”缔造优势之二：强化技术改造，由传统铸造转向现代铸造，有一个高质高效的制造系统

铸造对于冶金行业来说，是一个极为重要的工序。传统铸造劳动强度大，难以保证质量，环境污染也较严重，越来越不适应中高端产品的生产需要。公司从建设绿色环保型企业出发，按照现代铸造行业要求，对原铸造车间进行了全新改造，新上了一条自动化智能流水线，前后总投资3000余万元。重点对几个主要关键工序进行脱胎换骨的革新改造。由传统消失模铸造改为酚醛树脂砂铸造，铸造过程由中央计算机控制室控制，采用砂再生回收系统、电除尘系统，有效保证铸造环境。在确保浇铸控制准、产品质量好的同时做到节能环保，彻底改变了传统浇铸大多凭经验手工操作，容易出现质量差异大、劳动强度大和环境污染大等问题的状况。公司正在筹建的星源工业园，将再上一到两条自动智能流水线，以进一步扩大产能规模，提升生产水平。

（三）“星源”缔造优势之三：活化营销，从传统营销转向现代营销，有一批长期稳固的销售渠道

一是通过建设一支优秀营销团队开拓销售市场。公司采用多种渠道、多种形式加强对营销人员政治素质和业务素质的培训与提高，使他们忠诚企业、能攻善战。公司虽然地处偏僻，但由于注重量才用人、感情育人、政策引人，外地的人才相继而来。有的营销员一家全都来到公司就业，有的营销员带来七八个人来这里跑销售。二是以增设销售网点培育销售市场。总公司在重庆、新疆、内蒙古等地设立分公司，负责产品信息的采集与反馈、产品的销售和售后服务，培育与发展市场。在分公司职责中明确：分片不分家，重点客户合力攻关，团结协作；包片不包用户，鼓励良性竞争，各显其能。实行零库存以产促销，无积压产品，加速了资金周转。严格按“五包”进行考核，硬奖硬赔，不打和牌。三是以网络平台覆盖销售市场。公司在五大电力集团（华能、大唐、华电、华润、国能）及冶金宝武集团网站上，建立了面向全球客户的销售平台，采用以网络平台销售模式为主体的运营方式，淘汰以往的销售员上门推销模式，简化销售流程。通过网络平台销售，覆盖市场面广，缩短销售中间环节，节省销售费用。四是以优质产品和服务巩固销售市场。公司一贯坚持“让客户满意，铸星源品牌，全员参与，全过程控制”的质量方针，将品质放在第一位，保证产品出厂合格率100%。始终为客户提供优质服务，服务现场实现48小时之内到达，顾客投诉处理及时率达到100%。同时，实行特事特办，满足用户需要。几年前，公司在大年三十夜接到一家客户紧急求购电话，时间紧、要求高，公司想用户之所想、急用户之所急，立即组织安排，从大年初一就开始生产，抢时间、赶进度，做到如期保质交货，客户非常感激，送来了锦旗。五是以品牌建设扩大销售市场。公司多年来坚持和践行与国内外客户共创共享价值的理念，以过硬质量、诚信经营，培养忠诚客户，不断提升知名度和美誉度，吸引客户慕名前来求购。现已为国内几百家电厂管路进行了技术改造，并与多家公司配套出口海外电力项目工程。与哈尔滨锅炉集团、东方锅炉集团、上海电气成套联合公司、四川机械进出口公司、北京巴·威集团有限公司、美国通用、台翔重工、日本三菱、宝钢集团新疆八一钢铁有限公司、重钢、鞍钢、马钢、南钢、梅钢等200余家大型公司（企业）进行了长期合作，与其中一家客户已保持近30年的业务合作关系。企业稳健发展，具有以强大销售市场作后盾的优势。

（四）“星源”缔造优势之四：深化内部改革，企业经营目标从高层团队包保转向分块分条承包，形成灵活有效的经营机制

公司结合企业实际，学习和借鉴日本“阿米巴”的经营模式，组建社会自然人股份公司。在进行产权制度改革的同时，在企业内部建立分块分条承包的经营机制，划小经营核算单位，层层传递压力，人人头上有指标，个个身上有压力。分块承包模拟分公司和事业部的管理办法，除产品研发、资金管理、业务合同由总部统一管理外，其余生产、质量、安全、消耗、进（发）货、核算统一由金工、钣金、铸钢等车间自主管理、自负盈亏，上下道工序实行买卖制。每年初，根据全年的递增幅度和去年完成的实绩，与各块商定承包指标，对超额完成部分实行分段累进奖励，并与其签订承包合同。年终按照合同严格考核、兑现。对于因客观环境因素导致某项指标不能完成的，总部会给予一定补偿，力求做到公正、公平、公开，从而有力地调动了员工的主动性和创造性，充分释放了企业的内在潜力，在逆境发展中不断创造出新的优势。

企业在内部改革中，从搞好代际交接班出发，对青年一代加强传帮带，将以江苏优秀企业家、江苏省慈善之星朱华平为代表的第一代创业人敬业执着精神，和以朱国伟为代表的第二代创业人机灵聪慧优势完美结合，确保企业薪火相传，基业长青。

第二节 转型升级的本质：提升企业价值创造能力

一、方略：发挥制造业在高质量发展中的主力军作用

我国经济已由高速增长阶段转向高质量发展阶段，这也成为企业的共识。推动高质量发展，振兴实体经济是着力点，制造业是主力军。实现高质量的发展，是推进产品高精化、产业高端化、企业高新化，加快企业转型升级的现实选择；是攀升产品台阶、拓展品质内涵、扩大品牌影响、提高经济效益，解决生产力不平衡不充分矛盾的内在要求；是打造百年企业，实现基业长青、可持续发展的必由之路。每个制造企业和企业家都应顺势而行、主动作为，把推进高质量发展作为一项重要战略任务来抓。坚持以新发展理念为指引，以“稳中求进、提质增效”总基调为遵循，扎实践行高质量发展要求，进一步强化市场导向、创新导向、集约导向，加快从数量和规模扩张向质量效益提升，从产品经营转向品牌经营，从内涵管理转向精益管理，以质量变革、效率变革、动力变革，推动企业向更高水平、更优品质、更大效益提升，走出一条速度、质量、效益三者统一，具有鲜明特色的企业创新发展之路。

（一）突出创新驱动，力推高质量发展

创新是发展的第一动力，要使创新成为高质量发展的强大动能。

1. 坚持技术创新

按照系统创新思维，以技术创新来带动其他各个方面创新。建立健全以企业为主体、市场为导向、产学研深度融合的技术创新体系。实行人无我有、人有我优的差异化开发战略，加快产品创新、工艺创新，在高端环节和核心技术上取得突破，推动由低端制造向高端制造迈进，由一般制造向精密制造跃升，以求在关键领域实现由跟跑到引领的转变。建立以专利、品牌、标准为核心的

知识产权战略，将实施知识产权战略融入企业经营战略之中。强化产学研用结合，加大研发和创新力度，创造较多填补国内空白、世界一流的技术成果，并及时申报发明专利予以保护和使用。同时，争取牵头或参与国家乃至世界行业标准的制定，使企业自身成为“专利—标准化”的制定者和使用者，以赢得市场话语权和竞争力。

2. 加强集成创新

根据创新内容，有效集中各种创新要素，进行选择、集成和优化，形成优势互补的有机整体，产生 1 +1 >2 的效果。实行新技术、新模式、新业态、新产业相结合，依托以互联网、物联网、云计算、大数据等为代表的信息技术，着力推行和深化“标准化 + 技术创新”“机器人 + 智能制造”“互联网 + 新的商业模式”，以此全面变革传统管理和企业运营模式，提升企业核心竞争力和市场价值。

3. 坚持全员创新

在充分激发科技人员创新创造积极性的同时，鼓励技能人才及一线员工对工艺、技术、设备进行的持续改善，在全员微创新实践中孕育大创新，以此提升企业整体创新能力。

（二）突出转型升级，培育高质量发展

转型升级是企业高质量发展的第一需求，进行企业转型升级要着力搞好以下三个方面的转变。

一是由生产制造向智能制造转变。根据智能制造特点，分类开展生产过程智能化、产品智能化、管理智能化、服务智能化等工作。在工作中，应从机器人智能装备开始突破，通过机器人代替人工作业来改变生产方式，提高生产效率和产品质量，实现节能增效的现代化生产及管理。

二是由提供产品向提供产品及服务转变。发挥生产性服务业对制造业升级的牵引和助推作用，走现代化制造业和生产性服务业“融合发展”之路。以价值链延伸与再造为重点，拓展面向产品全生命周期的增值服务，加快实现从生产加工向材料供应、研发设计、品牌建设、管理服务、营销推广等环节的延伸，推动服务化模式创新，不断增加服务要素在投入产出中的比重，创新多种形式的“产品 + 服务”经营模式，将高端服务业元素嵌入制造之中，实现企业在服务中收益、增值、创新，形成制造与服务相互支撑、相互促进的向价值链

高端攀升的发展格局。

三是由产品经营向品牌经营转变。以实施“精品工程”为抓手，全面提升质量意识，把为客户提供优良产品和优质服务放在第一位。弘扬精益求精的工匠精神，践行全面质量管理，达到产品零缺陷、品质零瑕疵、服务零投诉。认真比照我国《装备制造业标准化和质量规划》，实行由现有产品“及格”标准转向先进标准。一方面加强标准化执行力度，积极贯标、达标，确保不低于标准化的“及格”线，让标准成为质量的“硬约束”；另一方面根据创新进展和市场需求及时更新标准，尤其要跟进关键技术标准的更新，促进技术和产业创新，促进制造业向中高端升级，并争取用高于国际标准的中国标准来带动企业“走出去”。通过提高品牌质量、降低品牌价格、提高服务质量来提高性价比，为品牌创造价值；通过高价值产品、高标准技术、高水平服务来提高客户的满意度和忠诚度，扩大国内外市场覆盖率和影响力。

（三）突出“两化融合”，聚力高质量发展

坚持从培育制造业新动能出发，加快信息化的融合深度。以“互联网＋先进智造”、《中国制造2025江苏行动纲要》和工业和信息化部发布的《工业互联网创新发展行动计划（2021—2023）》”为导向，积极建立企业数据中心或入驻第三方数据中心，加快“企业上云”，形成联网协同、智能管控、大数据服务的制造模式；发挥集聚效应，加快发展制造业众包、众创、协同制造、智能服务等一系列新模式和新业态；着力让制造向数字化、网络化、智能化、服务化转变，促进全产业链提升，切实提高企业的核心竞争力。同时，根据“两化融合”需要，突出重点推进技术改造。围绕实施智能制造工程，推进企业智能化改造，努力建成一批智能生产线、智能车间和智能工厂。围绕绿色制造推进企业绿色化改造，促进发展方式向绿色低碳、清洁安全转变。围绕实施开发高新技术工程项目，推进企业高新化改造，实行技术改造与技术创新融合互动，将高新技术渗透到产业之中，将创新成果转化运用到现有产业，推动企业向集约型、创新型转变。

（四）突出管理创新，促进高质量发展

一是在完善公司法人治理结构、规范企业化运作的基础上，狠抓企业管理提升。坚持价值创造导向，结合自身业务特点和管理模式，划小核算单位，精细核算资源配置效果。建立全员绩效责任制，将经营压力传导到基本业务单元和每一名员工。进而在研发设计、资源配置、供应链管理、生产制造、市场营销、售后服务等全价值链中，全面推行精益管理，大力降本增效，提升价值创造能力。

二是坚持做强增量和优化存量并举，切实搞好资源整合。实施内部资源重组，进一步提高资源效率和集约化经营水平，加快培育一批“专、精、特、优”等重点产品，清退不具优势的低端环节的污染产品、亏损产品。与此同时，倡导同行业结成联盟，实行抱团发展。产业相同的企业，在产品品种和产业链等方面的互补性、协同性较强，应以具有核心技术或优势资源的企业为龙头，按照产业链、价值链、供应链三者兼顾的原则，采用紧密型或者松散型的方式进行整合，实行强强联合或者优势互补，以利消除同质化竞争，将优质产品进一步做强做优。规模骨干企业要带头参与到区域先进制造业企业集群发展中去，以带动整体制造业水平的提高。抓住深度改革的契机，主动参与国企与民企的混合所有制改革。注重走军民融合之路，主动向军方推介相关技术和产品，推动民企与军工加强合作，实现军民互通共享，形成多领域高效益发展的格局。在开展对外重组和战略合作时，要看是否有利于提高自主创新能力，严格控制核心业务以外的投资，严格控制多元化冲动，坚决摒弃单纯追求规模的兼并重组。

三是积极创新上市挂牌，提高企业发展能级。已经上市的企业要用足用好已经募集的资金，或用于自身高新技术开发投入，实现资本增值；或收购重组中小企业来加快自身发展；或强强联合，对前景好的行业实行再投入，让资本快速升值。新三板企业要进一步提高发展质量，尽早转入创新层，加快转板升级，增强融资能力，争取更多发展机遇。至今还没有涉及资本市场的企业，要积极创造条件，争取早日迈进资本市场。总之，要结合自身实际情况和发展阶段，“量体裁衣”，找到适合自己的平台，插上资本翅膀，实现企业发展与飞跃。

（五）突出打造优秀人才团队，保障高质量发展

人才是企业的核心资源，要想实现高质量发展就必须有一支高素质的人才队伍。一是培养一批具有“36 字”精神的优秀企业家，让其成为企业创新发展、追求卓越的标签。加快培养“创新代梯队”，让更多青年创业新生代脱颖

而出。二是强化科技人才供给。加大技术人才外引内育力度，确保每一个重点发展领域都有领军人才，并赋能赋权，实行年薪制和股权、期权激励，充分释放他们的创新力和创造力。三是大力实施精英蓝领培养工程。加强技能人才队伍建设，多方法提升技术工人技能水平，多举措提高技术工人待遇，让技能人才既有晋升通道，又可进入工程技术和管理人才序列，为有创造力的员工提供广阔的发展空间和平台，充分发挥技能工人创造更好效益的作用。

在打造优秀人才团队的过程中，要注重以人为本，用优秀文化塑造人、高尚情操陶冶人、时代使命激励人。善于以企业使命、企业价值观为核心来凸显"至尚品质、至诚服务"的经营宗旨，大力营造"创新文化""质量文化""品牌文化""诚信文化"的浓厚氛围，逐步形成高质量战略与价值观、内部管理诚信文化与外部市场文化的统一，使企业文化成为广大员工同心协力建设一流企业、高质量发展企业的价值取向和行为准则，为在新时代新征程上同筑中国梦、企业梦贡献自己全部的智慧和力量。

二、案例：大中电机——围绕"四高"施"三招"

面对残酷的国内外同行业市场竞争，江苏大中电机制造有限公司（以下简称大中电机）紧紧围绕"高端技术、高端产品、高端市场、高端回报"的战略目标，发扬"创为先、质为本、精为魂"的大中企业精神，大力施"三招"，即深入开展"提升全员素质、优化经营结构、加强品牌建设"的三项重大活动，使企业步入健康、稳步发展的良性轨道，并使其核心竞争力不断增强。"大中"电机先后荣获"国家微特电机及控制产业基地重点骨干企业""国家级高新技术企业""中国名牌产品""中国驰名商标""全国机械工业500强企业""全国品牌培育示范企业""国家守合同重信用企业""国家标准化良好行业AAAA企业""江苏省重点培育和发展的国际知名品牌""国家级绿色工厂"等称号，成为商务部认定的机电产品出口基地、全国中小型电机行业智能制造示范企业。

（一）突出人才队伍建设，提高全员整体素质

高端技术、高端产品需要有高技术研发团队和高技能、高素养的员工队伍作支撑。为此，大中电机着力培养、引进和用好人才。

①培养人才。采取与上海电器科学研究所、西安交通大学、华中科技大学、扬州大学等名所、名校合作，建立长效培训机制。有计划地选送有培养前途的中青年专业人才到大专院校、科研单位进行深造；对高级技师、技工等人才，依托职业技术学院、技校进行培养，使公司的每一位员工不出公司即能学习专业知识，提升自己的技术水平。公司有先后取得相应资格的工程技术人员1086 人，其中有高级工程师 18 人，高级技师 6 人，满足了新品研究、开发、创新及生产的需要。②引进人才。积极开辟引智渠道，与一些科学院士、教授、专家级的高级人才建立特聘关系。采取“外聘专业教授、顾问、星期日工程师”等方式，吸引人才到公司兼职，研究重要课题或进行专业培训。③用好人才。以公开、平等、竞争、择优为原则，建立有利于优秀人才脱颖而出、充分施展才能的选拔任用机制。以鼓励劳动和创新为目的，建立健全与工作业绩相联系的人才激励机制，全面推行技术人才年薪制和员工岗位绩效工资制。通过建立规范有效的分配制度和奖励制度，使全体员工牢固树立终身学习的理念，在学习中提升水平，在工作中完善自我，成为学习型团队中的优秀一员。实现企业“以人为本”和员工“以企为家”相统一，将个人成长的目标与企业发展紧密结合起来，最终实现个人价值和企业发展的升华。

（二）把握市场发展方向，不断优化经营结构

实现企业发展需要对市场有敏锐的洞察力，准确把握市场脉搏，及时调整策略。在充分调研市场的基础上，对产品实施差异和无差异相结合的营销策略，主动开发市场、创造市场。针对不同的市场情况，实现企业营销管理的全面创新。除利用各种媒体宣传产品外，还通过大中电机自己的电子商务平台，使国内外客户对企业的高新产品形成认知，迅速占领国内外市场。

通过对产品结构和用户结构的调整，退出低价的自杀性竞争，清退了微利甚至亏损的产品。大中先后开发了 YX3、YE3、YE4、YBX3、YBE4、TYJX、NEPM 等全系列高效、超高效、高附加值产品；同时，紧跟国家产业政策调整步伐，抓住国内外市场对高效、超高效电机需求量大的契机，与耗能大户，如煤炭、石油、化工、钢铁、造纸等行业的高端客户建立合作关系，已与世界500 强企业如 ABB 公司、凯士比水泵、米拉克龙注塑机械、斯万霍尔克林吊、JD 公司合作配套，在俄罗斯的市场也大幅度增长；在国内，与中石化、中海油、宝钢集团、首钢集团、神华集团、西部石油、中船重工、宏华石油等企业配套，销售量占全国使用总量的40%以上，占领了相当一部分高端客户市场。

运用ERP、OA、MES、PLM、3D打印等先进的信息化工具，建立客户信息数据库，及时掌握市场、客户及其需求动态。建立快速信息反馈和收集体系，提升对市场反应的应变能力，适时调整营销策略，确保产销平衡。如遇客户要求缩短产品的设计开发、制造周期，则在价格不变的情况下，确保进一步提高产品生产质量和效率。公司利用产品全生命周期管理系统（PLM）的分步实施，通过ERP的成本核算及报价系统，在合同洽谈阶段及时计算出项目产品的成本价格，使公司在商务洽谈和价格竞争中赢得主动；利用ERP成本分析系统，及时分析、找出降低产品成本的关键因素，采取措施，进一步降低成本，从而使得企业的各项能力资源得到充分利用，进一步缩短产品的生产周期，降低库存，减少占用资金，提高了企业的市场竞争力。

（三）注重品牌建设，提升核心竞争能力

大中人懂得“产品有价，品牌无价”这一道理，紧紧围绕“以顾客为中心”，牢固树立“创品牌、树形象、拓市场”的宗旨，在产品质量、企业文化方面精心培育大中品牌。为了保持品牌并促进品牌不断增值，大中电机持续加快技术创新速度，不断地推出满足市场需求及符合国家产业政策的具有高技术含量、高附加值的新产品。在技术创新的管理上，不仅注重老产品工艺优化和质量改进，同时在新品开发上，注重对新技术、新材料、新工艺、新结构的运用，以此引领高端制造。每年技改投入不低于3000万元，淘汰落后生产工艺装备，增加专业高精设备，全面提高工艺、工装水平，降低劳动强度、提升产品质量、提高生产效率，同时降低设备能耗，不断提升企业的核心竞争力。在技术创新的方向上，紧紧围绕国家产业政策，瞄准国内外市场，其自主研发的高效、超高效电机，已形成自主知识产权，适用于水泵、风机、压缩机等行业。这些产品安全、可靠性好，维护量极小，对环境无污染，消耗资源少，是典型的节能、绿色环保型产品。产品性能指标达到了国际同类先进水平，得到了国内外客户的一致好评。重视知识产权，公司共授权了56件专利，有效维护了企业合法权益。

大中视质量为品牌生命。坚持贯彻“质量第一、诚信为本、科学管理、持续改进”的质量方针，不断完善和提升全面质量管理，严格把控产品质量，控制工作质量。运用六西格玛管理模式，针对产品在生产过程中存在的问题，分

析其产生的原因，制定切实可行的纠正和预防措施，实施质量的改进与创新。同时积极宣贯卓越绩效评价模式，不断把先进的质量管理方法灌输给每一个员工，提高了质量管理水平和全员质量意识。树立“以诚取信、以质取胜”的理念，专门成立了“技术服务中心”，为顾客提供产品售前、售中和售后的技术咨询及服务工作；根据顾客的需求，帮助安装、调试，培训顾客正确使用和维护产品；帮助用户做好预防性维修和恢复性维修工作，使产品保持或恢复规定的功能；及时处理用户反馈信息，尽快解决用户提出的有关技术、质量等问题；建立用户档案，开展客户访问，了解产品在使用过程中的质量状况，并及时向公司有关部门反馈质量信息，实施产品持续改进，树立“大中”的品牌形象。

大中人领悟到品牌形象是企业文化的载体，又是文化的力量，将文化熔铸在企业的品牌之中。以品牌文化建设为契机，带动公司综合素质的提高，尤其是人的综合素质的提升。在信任员工的基础上，激发员工的创造性和能动性；倡导员工进行有效学习，推动企业整体素质的提高；培养有利于员工与公司共同发展的价值观，增强向心力和凝聚力。另外，整合营销策划、广告宣传、客户关系等各个方面，让顾客能够体会到公司品牌文化内涵，提升公司的知名度和品牌形象。

第三节　转型升级的路演：八仙过海，各显神通

一、方略：中小型企业转型升级之路

中小型企业是最活跃的经济细胞，且面广量大，在我国经济社会中占据着举足轻重的地位。在目前加快转变经济发展方式的热潮中，它们和大型企业一样，越来越感到转型升级的重要与迫切。

（一）调整优化结构，是转型升级的重心

首先，打好企业基础，提升产品档次，在结构优化上求突破。坚持“市场第一、因企制宜”的原则，追求成长速度与成长质量、扩大规模与增加效益、有形资产与无形资产的有机结合，着力从中低档产品转向中高档产品，从配件

转向整机，从生产原料转向终端产品，从常规产品转向特种产品，不断拉长产业链，增加产品附加值。其次，根据国家工业和信息化部等部门联合印发的《关于加快我国工业企业品牌建设的指导意见》，应大力创建和打造企业品牌。突出质量与技术的核心作用，推行精益管理，深入开展国际标准对标，逐步从产品贴牌生产转向产品创牌，从弱势品牌转向强势品牌，从国内品牌转向国际品牌，掌握市场的主动权和话语权。在巩固提高产品制造水平的同时，推动优势产业向价值链“微笑曲线”两端延伸。

在此基础上，瞄准高端竞争，走差异化战略、归核化经营之路，开发生产原产业的相近产品。在开发中，坚持不是前沿的技术不开发，不是市场容量较大的项目不开发，不是有良好经济技术效益的产品不开发，不是自己熟悉的领域不开发，着力在系列开发、深度开发、综合开发上下功夫，形成自身的产业特色，增强市场竞争能力。

（二）提升自主创新能力，是转型升级的根本

1. 正确处理引进技术与自主创新之间的关系

通过引进技术，只能缩小差距，不能获得核心技术。要在引进消化、吸收的基础上再提高、再创新，求得新的突破。因此，应由过去专注产能投资转向更加关注创新能力的投入和建设，重视信息技术对提升企业技术能力和管理效能的助推作用。针对开发中的技术难题，调集精兵强将进行会战攻关，获取企业自主知识产权，乃至拥有发明专利。加强知识产权的创造、运用、保护和管理，积极争取牵头或参与行业标准和产品技术标准的制定与修订。

2. 强化产学研的深度合作

研发工作，“研”在专家，“发”在企业家，企业是技术创新的主力军，科研院所是改善者和协调者。企业不仅要拥有自己的科研机构和团队，而且要与科研院所签订长期的、紧密型的合作协议，各方围绕目标各司其职、各展所长。要以国际视野和战略思维来选择合作项目，将合作重点放在发展战略性新兴产业和改造传统产业两方面。以产业提升为目标，实行传统产业改造与新兴产业开发紧密结合，开发生产高新技术产品。科学选择新兴战略产业项目，实行新兴科技和新兴产业深度结合，让科技引领企业发展，依靠科技创新推动产业转型。真正做到传统产业高端化，新兴产业资本化。

3. 加快打造人才高地

中小企业要从“汗水经济”转向“智慧经济”，科技人才短缺是个瓶颈。要全力打造创新一流人才高地，构建立体的人才治理制度，实行市场选人、契约用人、绩效管人，形成一支规模适应、素质优良、结构合理、梯次分明的人才队伍。具体可从外部和内部两方面来建设：外部角度，以引进急需的高精尖技术专家为重点，通过招商引才，在引进合作项目的同时，引进人才和技术。借助工程技术研究中心、博士后研究工作站及企业院士研究所等载体，招引海外高层次人才，培养和集聚领军人才和创新团队；通过多层次、多渠道、多方式地推进国际合作与交流来提高创新水平。内部角度，开展紧缺人才的定向选拔和培养，加强高技能人才队伍的建设。实施公开聘用制和岗位管理制，建立制度化、常态化的教育培训机制，完善教育培训内容体系，创新教育培训方式方法，提升他们的技术能级和实际水平。同时，积极探索国际通行的产权、期权、股权的激励机制，建立人才与资本结合、技术与贡献结合的分配导向，并给人才提供一个充分施展才华的天地和创业创新平台。通过实现人性化和人才本土化管理，充分调动各类人才的积极性和创造性，创造人人成才、人尽其才、才尽其用的良好氛围，为转型升级提供人才支撑与智力保障。

（三）跳出本地圈子，是转型升级的路径

江苏制造业“两头在外”（即原材料供应在外，产品销售市场在外），但其制造业水平一般优于其他地区。要实现扬长避短、优势互补，应实施“走出去”战略，立足全国乃至全球配置资源，进一步拓展发展空间。

1. 将企业办到生产要素充裕的地域去

例如，与原材料供应基地合作办厂，既能解决材料价格波动难以控制的问题，又能节省运输费用，还能因减少重复工序而节省燃料。这样既加快了发展速度，又提高了经济效益。又如，沿江企业由于发展受到长江岸线的限制，可以将海洋工程的有关项目落户到沿海地区，实行江海联动，优势叠加，放大效应。

2. 将企业办到市场空间大的地域去

国家大力支持西部地区开发建设，不仅投入巨额资金，而且实行省、市挂钩扶持。可通过有关渠道，掌握项目建设规划，弄清建设中需要的主要设备和建成后需要的大宗原材料，然后结合自身的产业优势及长远利益，有选择地到那里办厂，既可节省投资成本，又可创造新的市场优势。

3. 将分厂或研究所办到整机厂的附近

中小企业大多为大企业配套，在整机厂附近办分厂或研究所，能在第一时间准确捕捉整机厂的结构调整信息，有利于争取落实新品配套布点，协调内外部新品开发过程中的衔接，跟踪新品检测试验及交样认可，做好新品售后服务工作，从而取得新品开发主动权和优先配套权。

（四）整合有效资源，是转型升级的关键

1. 积极创造条件上市，转变企业发展方式

企业上市不仅能吸纳社会资本，解决企业发展的资金瓶颈问题，而且有利于建立共创、共享、共险、共赢的利益共同体。已经具备条件的优秀企业要积极主动疏通有关渠道，迅速进入辅导期，加快完善有关工作，争取早日上市。正在成长发展中的骨干企业，要瞄准目标，快速发展，创造条件，争取列入上市规划。已经上市的企业，要充分利用好上市募集资金，或进行技术改造，或新上项目，也可在海内外收购有利于增强核心能力的资产，进一步强化核心业务。总之，通过企业上市，变自我决策为外部决策，变红海战略为蓝海战略，变偏重实体经济为协调发展实体经济与虚拟经济。

2. 建立战略联盟，带动全产业链发展

在利润越来越平均化的今天，从垄断经营中获取垄断利润已经行不通。企业之间应通过谋求联合，共同打造产业链，共同经营产业链。实行上下游有机结合，上游企业产品可以成为下游企业生产的原料，下游企业的产品也可以满足上游企业需要；在企业间，由新兴产业的产品为传统产业提供原料，利用高新技术对传统产业进行改造。这种环状产业链，能够合理利用资源，有效降低环境风险，既是发展循环经济的新途径，也有利于进一步优化产业质态。在操作中，以技术见长或以产品优势为龙头，以资本为纽带，按照股份制形式运作，或联合开发“两高一新”（高技术、高附加值，新兴产业）产品，或联合上大项目，形成合理、完整的产业链和科技成果转化的群体优势。也可与省内外“大块头”企业对口合作，提高产业集中度和市场控制能力，谋求稳固发展，同时引进智力和资本。

3. 运用“退出机制”，加快企业裂变发展

需要退出原产业领域的企业，要在充分论证的基础上，立足原有资源，尽快进行转行转产；或将企业整体出售给收购方，自己另辟蹊径，另谋他业，打造新的优势。对于资不抵债且扭亏无望的劣质企业，要尽早按照法律程序，进行破产清算，甩掉包袱，然后进行资产重组，另起炉灶，以做到“凤凰涅槃，浴火重生”。对于合资企业，通过双方友好协商，将中方的部分或全部股份转让给外方，用置换出来的资金新征土地、新建厂房、新上项目，从而放大资本效应，促进企业裂变式发展。

（五）健全运行机制，是转型升级的保障

1. 创建安全质量防范机制

在企业面对的诸多风险中，安全生产风险和质量事故风险属于企业运行风险，且始终贯穿于运行全过程。如果得不到有效控制，将导致安全事故和质量事故，使企业承受重大损失乃至关门倒闭。因此，要引入企业风险管理，建立风险防范机制。围绕实现风险管理目标，提供科学合理的保障方法，包括建立风险防范组织机构、动态管理的制度、层层把关的监督制度、消除隐患和发现问题的沟通制度，以及激励与考核的快速改进机制等，切实做到准确预期、预测，发现苗头，快速反应，及时有效解决好一切隐性和显性问题，杜绝重大事故。

2. 改革薪酬激励机制

①设立创新奖励基金。此基金专门用于奖励在创新中取得显著成效的集体和个人。积极组织动员员工，围绕开发和生产中的问题，大搞群众性革新活动，运用多种形式和方法，让员工接受技术培训和业务学习，提高他们的创造能力。通过举办一定规模的操作技能比赛和开展群众性的合理化建议活动，引导一线员工加入创新行列，并制定一套完整的创新管理细则，实行月月考核，季度评定，年终兑现，鼓励员工增强创新的主动性和创造性。②搞好企业的二次分配。年终企业剩余积累部分，除了企业固定资产增值和股东投入增值外，还有人力资源的增值部分。应通过劳动关系三方协商，按照贡献份额大小，确定一个再分配的三方合理比例，让员工也能分享到积累的一部分，真正做到企业与股东、员工共挑重担、共担风险、共享成果。③改革股权结构。有条件的企业，尤其是家族制企业，可推行员工配股，建立更加合理的股权结构和管理模式，实现由“家族企业”向“企业家族”的转变。让所有员工有认同感和归属感，视企业为家，增强企业的内在动力。

3. 构建企业文化机制

企业转型是以市场为导向，以客户为中心，注重创新、自我突破的一次变革，需要建立追求卓越、勇于创新的企业文化机制。在确定“绩效导向、强调执行”的企业文化主基调的同时，企业一把手要提升自身修养，做到言传身教，用人格的力量教育人、影响人、凝聚人。

（六）政府积极导向，是转型升级的引力

1. 政策推动

一是要出台和落实创新激励政策，引导企业围绕现有主业寻找突破口，大力开展科技创新。鼓励有经济实力和科技研发能力的企业进入战略性新兴产业领域。二是要推动有效资源向优势企业集聚。现在大多数企业的用地情况是一边由于国家的约束越来越紧，企业征用地难，一边闲置不用，或利用率很低，要通过整合、挖潜来突破“瓶颈”。可运用“土地利用率、土地使用效率、单位面积贡献率”三项指标对所在地企业进行盘点考核，着力在提高土地产出率上下功夫，对长期圈而不建、占而不用的土地依法清理收回，实现“腾笼换鸟”，千方百计引进投资规模大、质量效益高的龙头型、引擎型项目。三是要进一步加大对污染重、耗能高、产品档次低的小企业的淘汰力度。按市场化运作方法，对能耗超过限额标准的企业实行惩罚性电价、水价；设立奖励基金，鼓励企业提前或按期淘汰落后产能。同时，政府要加强对资本市场的引导、培育和监管，让其在创新转型中发挥好催化作用。

2. 科技拉动

围绕科技创新，在园区打造专业科技孵化平台，目标直接锁定省级、国家级有关计划项目。如节能环保、新一代信息技术、生物医学、高端设备制造、新材料、新能源等新兴战略产业项目。将这些项目研究开发成功后，采用有价转让的方法，输入给中小企业，以帮助它们迅速越过技术短缺的鸿沟，到达转型升级的“彼岸”，从而建成一批产业链完善、创新能力强、特色鲜明的战略性新兴产业集聚区。

3. 典型带动

根据地区的产业特色，培育和选树一批不同类型转型升级的先进典型，认真总结推广它们的做法与经验，并给予一定的表彰奖励。同时，帮助企业营造良好的外部环境，从各个方面支持企业，让企业学有真经，赶有标杆，比有参

照、干有动力，力促企业转型升级节奏快、举措新、效果好。真正做到大而强、中而壮、小而精，实现可持续发展。

二、案例1：双江石化——从“油品制造”迈向“油品创造”

江苏双江石化有限公司（以下简称双江石化）在转型升级中成为一家江苏省高新技术企业。公司产品先后被评为“江苏省著名商标”“江苏省名牌产品”；跻身高端军用油品生产领域，成为中国人民解放军原总装备部军械技术研究所军用油液研发、生产基地”，研制成功并推广军内使用的油膜清洗专用油，获得“军队科技进步三等奖”。这让我们看到了双江石化转型升级生产高附加值产品的累累硕果，也看到了创新转型的力量和未来。

（一）从生产普通油品向高端油品转变

该公司原来生产配变用油，虽然市场占比大，但附加值很低，尤其在市场无序竞争情况下，产品以假乱真，竞相降价。有时为了争市场、保运转，油品竞价还低于基础油价位。市场的恶性竞争让公司明白，在配变这一普通油品上追求量大，打产品价格战，只会越来越被动；必须调整优化产品结构，打好产品价值战，在主变油品上提高附加值，才能争得主动、稳住阵脚。公司通过改革优化工艺，严格控制各个关键生产环节，提升产品档次，由原来只能满足配变用油需要上升到能提供质量上乘的主变用油。不仅增加了销售额，而且提高了销售利润率。同时，公司抢在国家执行变压器油质量新标准之前改进油品生产标准及检测方法，并对检测仪器升级换代，提升生产和检测水平，确保油品质量提升。公司还召开用户恳谈会，邀请变压器油“新国标”起草专家来靖，为企业工作人员及客户解读“新国标”，学习“新国标”中的新增项目及检测方法等，并帮助用户掌握鉴别油品质量的方法。由于公司将质量视为生命，视用户为上帝，实施了一系列产品服务升值举措，使与会人员深受感动，感到用双江油品十分放心，不少大用户当即与双江石化签订常年固定供货合同。常州上能变压器公司组织品质部技术人员和总工程师来靖调研，调研结果一致认同，现已达成合作，并批量供货。

（二）从同类油品向缺门油品转变

面对油品市场强劲的竞争对手，公司意识到要做大做强，企业绝不能挤在独木桥上搞比拼，必须跳出同类油品的圈子，独辟蹊径，走差异化发展的道路。公司在主变油品市场占据一席之地后，大长敢为人先的胆识，相信自身的市场把握能力，制定了新的竞争策略。按照攻缺门、拓市场的思路，立足现有技术力量，瞄准代表油品最高端技术的军用油液市场，联合原总装备部军研所、总后油品研究所，集聚智慧，反复试验，攻坚克难。先后研制出武器装备通用防护油、软膜防锈油、油膜清洗油、航空液压油、军用装甲车防冻油等产品，并通过了军队专家评审，现已陆续供应部队使用，取得了较高的市场声誉和可观的经济效益；获授权专利 12 件，填补了国内市场空白；荣膺“军队科技进步三等奖”。

军用油高端技术的掌握，为公司开拓民用同类产品市场奠定了基础。公司将军用油技术转化并运用到民用产品开发上。不久前，他们根据某大型工程机械公司的需求，量身定制多级通用液压油。该油可替代 4 个级标的国标液压油，并且具备换季不需换油的特殊性能，较好地满足了公司的急切需求，而且超出了产品价值范围。同时，也为同类型企业提供了一种新型油品的选择，拓展了市场空间，使得产品价值链得到了延伸，实现了高端技术效应的最大化。

（三）从高端油品向特殊油品转变

在突破军用油品这一缺门面前，他们冷静思考，戒骄戒躁，不满足已经取得的成绩，不断挑战自我。把不断开发特殊油品作为转型升级的又一战略选择。前不久，当他们在市场上了解到目前安全燃料技术仅由少数几个国家掌握时，立即意识到这又是一次提升水平、加快发展的好机会，决不能放过，应该抓紧搏一搏。为了不走或少走弯路，较快打破技术垄断，开发出具有自主知识产权的安全燃料技术，他们与有关方面紧密合作，奋力研究开发安全燃料技术。安全燃料技术的研发，一方面，满足国防和国家公共安全的战略发展需要；另一方面，通过对该技术的民用化，推动我国燃料技术安全应用乃至整个安全能源产业升级发展格局的优化。该项目采用高分子纳米技术研发特殊燃料，这种燃料在极端环境下不会发生燃烧爆炸。科技部对该项目高度重视，将该项目列为重大专项，并提供了 1000 万元研发资金，公司在两年时间内就完成了产品验收。该项目的投产，改写了中国油品历史，而且使双江石化取得了裂变性发展。

（四）从传统企业管理向现代化企业管理转变

转型升级是一项系统工程，不仅要用高新技术研发高附加值产品，而且要用现代化企业管理方法和手段来提高产品研发效果。对此，他们理性地认识和实践。一是坚持质量第一的理念，树立品牌战略意识。建立健全全面质量管理体系，组建专业性、责任心强的质量管理队伍，并由企业最高管理者直接管理。由于产品质量可靠，在市场招标中屡屡获胜，品牌效应日趋明显，正在争取国家驰名商标。同时，按照国家级检测中心标准，投入1000多万元，新建产品质量检测中心，购置了大量的先进检测仪器。该检测中心已经国家初审，正在出具报告，近期即可获得国家认可。这不仅实现了自身产品全检不出门，还能为其他油品生产企业出具国家认可的权威检测报告。二是建立健全内部管理体系，不断提高运行效率。健全“成本内控体系”，树立全面考核观念，细化财务预算管理，提高精细化管理水平，有效降低了企业运行成本。电耗由原来的120kWh/t下降到现在的60kWh/t，煤炭消耗由原来的60吨/月下降到现在的10吨/月。完善“安全管理体系”，严格落实安全生产责任制，加强安全隐患检查整改，确保安全生产无事故。构建“效能访查体系”，开展业务效能监察，提高服务满意度，营造合作共赢的发展环境。改进“绩效考核体系”，强化绩效考核，实行目标管理，提升绩效水平。建设“示范标杆体系”，开展先进典型选拔、评比和培养工作，使各个层面、岗位都能学有标兵、超有对象，在全厂范围内形成了奋发向上的浓厚氛围。三是重视人才队伍建设，建立优秀团队。他们在加强员工队伍和中高层管理干部队伍建设的同时，把研发队伍建设放在重要位置，努力培养复合型技术人才。通过培养和提高现有技术人员技能水平，发展研发队伍；招聘专业对口硕士学历以上的技术人员，充实研发队伍；采取产学研联合的方式，壮大研发队伍。并坚持每年招收对口专业大学生，进行人才储备。目前全厂大学生占职工总数40%，大专生占20%；研发中心和检测中心本科化工专业占80%，大专占20%，发挥着中流砥柱的作用。

三、案例2：正茂锚链附件——高起点锻造东南亚业内“小巨人”

江苏靖江正茂锚链附件有限公司（以下简称正茂锚链附件）坐落在偏僻的侯河小镇上，它的前身是侯河机械厂，后来转产船用附件而改名锚链附件厂。

2000年，该厂由乡办集体改制为民营企业。近年来，在董事长褚德华的带领下，公司大力度抓开发促发展，抓质量拓市场，抓管理增效益，企业的发展态势犹如企业字号“正茂”的含义“茂盛正是时”，充盈着生机和活力。其船用附件产品为国内外市场规格最大、品种最全、品质最优者。该企业已成为中国乃至亚洲地区规模最大的附件专业化生产基地。

（一）正茂人把准市场脉搏抓开发，产品结构由船用锚链附件向海洋石油平台系泊链附件扩张

2010年，正茂人根据船舶行业下行的趋势，预测到他们为船舶锚链配套的船用锚链附件生产行业也会随之步入低谷。于是他们当机立断，抢先一拍，在坚持巩固原有产品市场的同时，及时呼应船舶行业向海洋石油平台发展、锚链产业向海洋石油平台系泊链开发转变。他们根据自己的实际情况，在这一新领域寻找适合自己开发的产品，定位开发系泊链附件。系泊链附件相对于船舶锚链来说要求高、难度大。为此，公司组建以总经理马雪为首、35名工程技术人员参与的开发团队。在项目实施中，碰到了抗拉强度和耐腐蚀能力等技术难题，他们以那么一股钻劲、拼劲和倔劲，放弃节假日休息，夜以继日地连续作战，经过多次修正工艺、反复试制，不断探索，不达标准决不罢休，苦战攻关，终获成功。他们按照“成熟一个，投产一个”的思路，先后开发了14种附件、5个级别的各种规格产品，有效地实现了船用锚链向海洋石油平台系泊链的梯度延伸，满足了市场需求，增强了企业竞争能力。为了保持科技人员持续开发的积极性，公司设立了力度较大的新产品开发奖励基金，奖得技术人员开心、员工动心。同时，积极做好新产品知识产权保护工作，获得授权专利20余件，且多期享受到省市技术创新扶持资金和产品出口奖励基金。

（二）正茂人提升产品质量拓业务，市场结构由国内市场向国际市场拓展

从尽快开拓国际市场出发，公司制订了以质量提升为主的分期实施计划。一抓国际质量体系贯标和认证，为产品出口打基础。在按照国际标准认真修订和严格质量管理制度的同时，在制造设备上采用自制和引进“两条腿”走路的方针，立足自我设计、自我制造，同时引进、运用现代化先进装备，如智能程控模锻锤、机器人抓手、数控中心、天然气蓄热炉等，不仅能以一流的设备生产一流的产品，而且大大提高了生产效率和安全生产系数。二抓世界主要船级社的认证和认可，为产品出口打开绿色通道。在申请注册商标，改贴牌为创牌的基础上，按照各个国家船级社的认证标准逐个对标，先后通过了英国、美国、挪威、德国、法国、意大利等世界主要船级社的认证和认可。并且其系泊链附件产品拥有美国石油协会API标志使用权。三抓合资合作，为产品出口扩大覆盖面创造条件。为能以企引企、以商招商，他们加快企业技术改造。近年来，公司投入近5000万元，用于征地、造厂房、添设备，发生了脱胎换骨的变化。企业展示出的实力吸引了外商来厂投资。2004年3月与美国美丹国际贸易有限公司合资，中方占股54%，美方占股46%，由于双方合作愉快，有利可图，美方于2006年12月又追加投资。与美方的合作，不仅改变了企业民营的性质，而且扩大了企业的市场影响力。现在其产品除为国内镇江正茂、江苏亚星、佛山安可、青岛、莱芜、淄博等知名企业配套外，还出口到韩国、日本、新加坡、欧美等国家和地区。

（三）正茂人强化企业管理增效益，管理结构从科学管理向文化管理延伸

在产品创新、市场创新的同时，公司不断进行管理创新。在实现从传统管理向科学管理升级后，他们顺势而为，因势利导，着力向管理的最高境界文化管理推进。正茂人意识到再科学的管理制度，再现代的管理手段，也要靠人去运用和执行；员工的整体素质决定了现代管理的成效。因此他们把培养人、塑造人、提高人作为文化管理的核心内容。一是全面提高员工的学习能力。采用内部培训与引进培训相结合、自主培养和委托进修相结合、集中学习和个人自学相结合的方法，全面提高员工的思想政治觉悟、科学文化知识和业务技术水平，以适应转型发展的需要。二是不断增强上下执行力。通过企业多种文化载体和丰富多彩的活动不断灌输和培育员工的企业精神和经营理念，让他们从思想深处产生共鸣，产生潜移默化的作用，从而养成好的习惯和行为。同时让职工参与民主管理，除定期召开职工大会向员工报告工作外，还认真贯彻执行职工集体工资协商制度，充分尊重员工的民主权利，让员工分享企业改革发展成果，年年提升工资福利。广大员工以厂为家，珍惜岗位，呵护企业，使得企业的凝聚力、战斗力大大增强。三是持续提高企业的创新力。他们把企业远景定位为世界锚链式附件制造中心，把打造成百年企业作为工作目标，坚持在创新中发展，在发展中创新。他们正在筹划启动高端人才培育工程、产学研联盟提升工程、深度创新转型工程，努力把企业的自主创新能力提高到一个新的水平，确保发展规模再上一个新台阶。

第四节　转型升级的重点：结构优化“打头阵”

一、方略：企业产品结构调整之策

企业发展的过程，就是产品结构不断调整的过程。近年来，企业出现的产能过剩、资金短缺、经营亏损等问题，实质上是产品结构性矛盾的反映。在供给侧结构性改革中，作为面广量大的中小企业，必须首先把调整产品结构的工作抓好。

（一）立足现有基础，挖掘内在潜力，实行快步调整

在经济新常态下，中小型企业已不可能像过去一样大多靠投入、添设备、上项目来开发产品，而必须主要用现有技术、设备等条件来优化结构。只要充分发挥这些基础条件，调整结构的工作就能取得投资省、上马快、效果好的新突破。实行快步调整，应从三个方面开发：一是在原有产品上搞系列开发、延伸开发。从市场需要出发，通过采用新工艺、新材料、新技术来使原有的产品改变性能、增加品种、扩大用途。实践证明，这可以较快地收到适应性调整之效，是缓解产销矛盾的一条捷径。二是利用原有的设备、技术进行缺门产品开发。在众多的产品信息中，企业应反复调研、筛选、论证，并通过产品技术咨询机构，帮助企业权衡决策，以克服产品开发的盲目性，增强产品开发的可靠性。三是打破产业边界，进行交叉开发。在销售市场不十分景气的情况下，要借这次供给侧结构性改革的机会，通过跨产业部门和技术领域的竞合，开发出有市场、有效益的融合产品。

（二）抓住发展机遇，发挥综合优势，实行重点调整

当下，各级政府为改善经营环境，出台了一系列扶持民营企业尤其是中小型企业发展的税务、信贷等方面的优惠政策。我们要紧抓这一机遇，抓好结构调整，走“五接轨”的发展路径。①调整与省和国家有关部门的产业政策接轨，开发“笼子”产品，以求得技改项目的优先立项，获得资金扶持。②调整与国家导向接轨，开发超期产品，有目的、有计划、有步骤地开发高精特产品，并使其逐步形成批量，变成新的主导产品。③调整与区域工业发展的特点接轨，开发优势产品。通过全方位的产品创新创优，搞出自己的特色。④调整与“一带一路”建设接轨，开发外贸产品。捕捉国际市场信息，提高技术水平，用先进的设备和技术开发战略性产品。⑤调整与横向合作的大公司、大工厂的结构调整接轨，开发挂靠产品、“配角”型产品，争取“攀亲”结盟，以增强抵御市场波动的能力。

（三）依靠科技进步，推动升级换代，实行深层调整

第一，抓人才培养与引进，以知识结构的优化促进产品结构的调整与优化。第二，抓纵横联合，增强企业的技术吸收和开发能力。第三，抓技术改造，适应产品开发需要。第四，抓科技投入，创造产品开发的条件。按销售额的3% ~5%，提足产品研发基金，加快固定资产折旧，以集中更多资金用于安排技改和科技开发项目。

二、案例：阿波罗空调——统筹兼顾攀高端

贯彻《中国制造2025》精神，主体在企业，核心在科技，关键在人才，载体在产品。江苏阿波罗空调净化设备制造有限公司（以下简称阿波罗公司）在干练善谋的董事长邵光明的带领下，牢固树立“科技是基础、管理是动力”的发展理念，遵循“冷暖于心、竞合共赢”的经营方针，将使“阿波罗”发展成为中国民族品牌作为冲刺目标，持续深入地推进科技进步，使企业的创新能力和竞争能力不断得到增强。现已成为集研发、设计、制造、营销、工程安装和服务于一体的现代化企业。该公司专业为发电企业配套，致力于提供核电产品和军工产品，是中核集团、国核工程有限公司、中国中原对外工程有限公司、中国核工业华兴建设有限公司等核电企业及江南造船集团有限公司国营第四二六厂、沪东中华造船有限公司、中船重工701所、719所等军工企业的合格供应商，同时，获得了原总装备部装备资格承制单位证书以及江苏省武器装备科研生产单位保密资格审查认证委员会批准的二级保密资格。

近年来，尽管市场变化多端，给工业企业带来多重压力，但他们凭借区别

于其他企业高端领域中的高端产品，闯出了一片发展“蓝海”，各项经济指标仍保持了两位数增长的良好势头。

（一）主打产品与新上产品并进，不断优化产业结构

阿波罗公司成立以来的29年，实际上是一段紧紧依靠新工艺、新技术、新材料不断开发新产品的发展历程。公司重视和关注科技革命和产业变革带来的新的发展业态，拓展产品开发方向，超前规划和布局，加大投入力度，全面增强创新能力，着力攻克一些关键核心技术，在高端制造领域占得先机，掌握了竞争的战略主动。虽然也属空调行业，但公司发展路线与其他企业迥然不同。在创业的前两三年，该公司将生产工业用空调净化设备作为技术练兵夯实基础的过渡阶段，随后即为火力发电企业建设配套开发产品。在开发过程中，除严格执行制冷、通风、除尘净化设备的通用标准外，公司还根据用户个性化需求，进行定制化设计生产，并在通过全面质量管理体系换牌升级认证的基础上，进行3C认证，确保产品安全性能和内在质量。当下，公司生产的百余项品种、千余项规格型号的产品已销往国内外230余家火力发电用户。用户一致反馈用阿波罗产品，运行安全、效率高，放心、省心。

阿波罗公司将发电配套产品作为主打产品，聚集多种有效资源，不断地提档升级，市场覆盖面越来越大。在此基础上，他们抓住我国核电发展这一契机，积极研制开发核岛用配套产品。由于核岛用配套产品的要求极高，在全面提高企业研发能力和管理水平的同时，公司将取得生产核电配套产品的各项资质作为一场硬仗来打。为取得全球权威机构认证资质，公司独立研制复合防火防烟阀，精心制作3批次22台样机送往美国，多次派员前往美国UL实验室见证试验，经过长达17个月的努力，通过了美国保险商实验室的UL555及UL 555S标准认证，取得了国内首个UL认证证书和UL标准使用认可，填补了该项国内空白。在防火阀的研制过程中，根据技术参数要求，群策群力解决多个难题，通过了同济大学土木工程防灾国家重点实验室振动台试验室对核安全级防火阀样机的抗震试验。为验证产品设计的匹配度，公司与上海理工大学合作建造了国内一流、综合AMCA标准及国家标准的风阀性能测试装置。并委托北京中机生产力促进中心对核设备进行抗震分析，确保核安全级防火阀的可靠性、测试性、安全性和环境适应性。在组织生产时，实施项目管理模式，即针对每一个核电项目，独立成立一个团队，并通过内外部培训和实际工程项目实

践，不断提高团队的开发和创新能力。该公司核电产品广泛用于国核工程有限公司浙江三门核电站、山东海阳核电站、中国中原对外工程有限公司巴基斯坦恰希玛核电厂、田湾核电站3/4号机组核岛、中核华兴建设有限公司HEA工程、中国核电工程有限公司海南昌江核电站等。

阿波罗公司在向高端攀升的过程中，步步为营，永不满足。十年前，他们凭借洞察市场的能力和敏锐的战略眼光，看到国家十分重视国防建设，意识到产品向军工领域发展的前景十分广阔。军工产品相对核电产品要求更高，但他们不畏艰难，不惧关卡，相信事在人为，路在脚下。于是在发电配套及核电工程配套产品持续创新升级的同时，拉开了开发军工产品的帷幕。他们以质疑的工作态度、严谨的工作方法、良好沟通的工作习惯，紧锣密鼓地推进开发进程。2011年8月，公司通过了北京军友诚信认证有限公司GJB/T 9001B—2009武器装备质量管理体系现场审核，取得了军工质量管理体系认证证书。在进行三方武器装备质量管理体系认证的同时，积极申报原总装备部装备承制单位资格审查和海军二方质量管理体系认定，并于2012年2月通过了海军装备部组织的装备承制单位资格审查和海军二方质量管理体系现场审核认定。最近，又获得了中船重工集团719研究所对管道式消声器生产的认定，并且取得国防武器装备科研生产单位保密资格认证委员会二级保密资格认可。其产品被编入《中国人民解放军装备承制单位目录》，可广泛运用于海陆空工程建设。该公司已先后完成了9家军工厂为大船建造配套产品的研制生产，以及海军在役舰船用冷水机组和柜式空调的维修任务。前年承接了大连、江南造船公司12艘大船的配套产品生产任务，销售额达亿元，且近年来有了大幅度的增长。

（二）刚性揽才与柔性引智并济，不断提升自主创新能力

科技是先导，人才是关键。多年来，江苏阿波罗坚持“刚性揽才”与“柔性引智”相结合，使企业创新能力得到较快提升。

公司高薪从西安、大连等地引进多名专业对口、有实践经验的总工程师以及核电领域的国内领军人物。通过参与重大科研工程、高层学术交流、国内外学习考察，落实创新激励政策，建立省级工程技术中心等，充分发挥高层次人才的作用，不断提升研发和创新水平。先后开发了多个高新技术产品，攻克了多项技术难题。其中一项产品成功攻克噪声低于3分贝的技术难关，获得了知识产权保护；承接的第三代核电技术AP1000相关工程项目中独立研发的新型耐高温低泄漏低阻力防火阀，通过美国UL认证，达到国际先进水平，填补了国内空白。目前有国家发明专利2项，获得国家级实用新型专利20项。其他产品国家已受理实用新型专利12项。

公司坚持引智与引才并济。先后与苏州大学研发中心、上海同济大学、上海708所、武汉701所、719所等科研院所建立长期合作关系，共同研发多项经保密办审查的产品。与上海核工程研究设计院共同研发的新型耐火手动隔离风阀已通过成果鉴定，并应用在AP系列核电站后续工程中。同时，针对CAP1000及CAP1400核电工程项目，共同研究开发的MY78IRWST排气和溢流装置，目前已经完成样机生产，正在准备试验和鉴定。企业的核心技术和竞争能力不断得到提升。

（三）硬件配置与软件管理并重，不断提升品牌水平

公司围绕创建“阿波罗”知名品牌以及“质量第一、创新发展、精心制造、顾客满意”的质量方针，在硬件配置上和软件管理上下功夫、花气力。

1. 在硬件配置上，各类设计手段先进科学

公司采用先进的设计手段进行三维实体建模，实现装配模拟和运动模拟。采用ACS暖通专业设计软件，进行空调冷热负荷、焓湿图计算，水系统的水力计算，风系统的冷热、通风计算等，有效地提高了产品设计的合理性和准确性。

（1）各项验证设备层级较高。公司斥资680余万元，建成了国家级空调系统检测中心，申请了国家认证，不仅可对公司六大类产品进行全方位检测，还为市内其他空调企业出具产品检测报告提供了方便。并按照国内外核电标准，建立了防火阀、排烟阀综合性能测试台架、阀门综合性能测试台架（AMCA测试中心）、计量室、理化分析室、机械性能检测室等。拥有各种检测、检验设备23台套，为核电产品研发、设计验证、样机性能鉴定试验、出厂试验提供了充分的检测、验证手段。公司还与国外实验室（如UL、LAP、AMCA）等建立了长期的合作关系，信息互通，技术互信，有效地保证了产品性能设计、结构设计、安装设计的准确性。

（2）各类生产设备一流水平。公司拥有各种生产设备291台套，国内一流的钣金加工设备、切割设备、焊接设备及数控机床110余台套，确保了精密加工工艺的实现，完全可以满足现有产品加工制造的需要。

2. 在软件管理上，重点抓好全面质量管理、5S 现场管理和分块经营管理

（1）全面质量管理，横向到边、纵向到底。公司按照 GJB 9001B—2009 标准建立的质量管理体系覆盖了全过程，编制了质量手册和 17 个程序文件，明确了各级各类人员和职能部门的职责权限，开展了质量管理体系标准知识和体系文件培训。建立了 70 份质量体系记录和百余份产品检验、试验记录。并将每年编制的设备周期检定计划（周检率、周检合格率）纳入质量目标考核；周检计划委托市质监局计量所实施检定；内审和质保监督时，均对设备控制情况实施检查。对焊接、无损检测的特殊人员坚持持证上岗和定期复训。公司还制定了严格的供应商管理体系，特别是针对 AP1000 系列核电站所采用的美国标准的材料，建立了一套完整的供应商链条，对美标材料的供应商进行严格的质保评审和筛选。由于他们实行全员、全面、全过程抓质量管理，强化了设计、生产、检验等过程控制，极大地提高了工作质量和综合管理素质，确保了产品实物质量目标的实现。产品在市场上的信誉度和名誉度日趋提高。不久前，一客户也将一家企业生产核电产品质量不过关的业务转交给他们生产。

（2）5S 现场管理，文明生产，有条不紊。产品部件按定制划分堆放。地面上铺设铁板和橡胶，产品下线不落地。上下道发扬团结协作精神，工件流转顺畅高效。并采用视频监控，对生产现场实行全面、全程、全时监督。发现问题，及时处理。车间看板及时公布生产完成情况，表扬好人好事，提醒注意事项。由于长期坚持执行 5S 管理标准，车间清洁、整齐、秩序、文明，人员有素质。

（3）分块经营管理，责权明确，奖惩分明。公司以三大类产品为单位设立制造部，进行封闭式承包，实现签订业务合同—生产制造—销售服务一条龙。每年初，公司都会与三个制造部分别签订承包合同，合同内容包括销售、利税、质量提升、新品增加值、安全生产等指标以及考核与分配等条款，年底严格按考核实绩兑现，有力地调动了大家的积极性与创造性。公司还拥有完善的“以顾客为中心”的销售和服务网络，在北京、广州、成都等各重要城市设有十多个直接派驻的办事机构，能及时有效地为客户提供售前、售中和售后服务，为产品在高端领域发展起到了“推进器”的作用。

当下，阿波罗公司紧紧抓住我国“一带一路”建设和《中国制造 2025》

的发展战略机遇，进一步加大科技进步力度，提高三大类产品的水平层次，不断增加在市场上的话语权和主动权，创造明日更加辉煌的业绩。

第五节　转型升级的关键：企业家是“总设计师”

一、方略：遵循产品开发的基本理念

从众多企业的实践经验来看，产品开发能够获得成功，其内在因素主要有五点。

（一）产品创新是企业转型升级的核心内容，产品创新能否顺利成功，关键取决于企业家的理念与思路

企业家是创新转型的驱动力，是总设计师、领跑者、第一责任人。一个理想的企业当家人，既要精于管理，又要精于技术。这是大多数企业家不可能同时兼备的。但企业家必须重视科技，强化科技意识，实行借脑开发，借力发展。众多优秀企业成功的经验，就在于实行企业家和科学家优势互补，共融共进。

（二）任何企业发展的过程，实质上就是不断开发新品、不断优化产品结构的过程

过去如此，现在如此，将来仍然如此。从新品开发到市场成熟有个渐进过程，不能一蹴而就，也不能一劳永逸。因此，开发产品要做到不盲从、不浮躁、不停步。

（三）开发新品要从以高新技术为导向，切实转变为以市场为导向

一个产品好不好，检验的标尺是市场，再好的高新产品，如果没有市场，就不是好产品。因此，开发前要作充分的市场调研和可行性论证，并找准和落实部分新品的销售对象和销售渠道，真正做到市场在前，开发在后，未雨绸缪，万无一失。

（四）研发产品是一个系统工程，要坚持技术和管理两轮齐驱

研发新品要有与之相匹配的管理，只有这样，才能将开发的效益发挥到最

佳状态。实行精细化管理，要真正做到项项有标准、事事有依据、条条有规定、件件有考核。

（五）在研发过程中，既要注重新品开发，又要重视老产品的提档升级

老产品只要嫁接新工艺新技术，做专、做精、做深，同样会有新的增长点，并且见效快、风险小。要坚持以老养新、以新促老、新老产品双丰收。

二、案例：欣盛空调——转型升级孕育新希望

近年来，欣盛尚驰科技股份有限公司（以下简称欣盛尚驰）在沉稳善谋的董事长盛立兴的带领下，以开拓进取、追求一流的精神，不断调整产品结构，谋求转型升级促发展，走出了从小打小闹到高打高落的路径，在“三转”（从中央空调末端转向主机生产，从单一产品转向系列产品，从产品制造转向设计安装）上下功夫、求突破。公司目前已成为江苏省高新技术企业，其“欣盛”商标为省著名商标，拥有28件实用专利、2件发明专利、5个高新技术产品，是空调配件配套领域十佳民族品牌。

（一）围绕高端产品，抓好深度开发，从以中央空调末端配套为主转向主机生产

欣盛尚驰的前身是孤山一家村办企业，底子薄、规模小，运转艰难。企业改制后，获得了发展的动力源。公司根据市场需求，克服多种困难，着力开发产品。公司以节能环保、低碳减排为使命，拥有AET系统技术、PET空调系统自控集成技术，这两项技术是应用于水源热泵空调系统、空气源低温高效技术及空调系统智能化控制的核心。公司生产各类空调设备，包括主机系列，以及空调末端系列、通风空调配件系列、3C消防排烟设备、自控产品等5个系列26个大类共计1000多个规格的品种。大多数产品都获得了高新技术产品称号，并以大批量流水线、专业化、标准化、智能化的模式生产，提高了产品质量和工作效率，降低了成本，获得了众多国内外知名品牌OEM合作。

公司主动出击，与科研院所联盟，搞产学研合作，迅速将掌握的前沿技术融入产品，使产品具有高技术含量。公司一边引聘技术人才，招收有技能的员工；一边通过多种渠道和方法培训职工，提高其操作水平和技能等级。同时，采用自我积累和适度贷款相结合的方法，解决技术投入的资金瓶颈。近年先后

投入上千万元，添置了十多台套国内一流的全自动化的生产和检测设备，适应了开发和生产需要。公司始终如一地将质量放在第一位，严格按照先进的工艺技术进行生产，严把各道生产质量关，使产品得到了用户普遍信任和好评，企业的影响力和美誉度越来越高。上海世博会会馆、北京鸟巢、北京机器人大会、北京国际大兴机场、北京化工大学、三门峡大型工业展览馆等重点工程都使用了他们的空调产品。上海地铁隧道空调工程，一共有九条，其中有七条是该公司承揽提供的。

（二）围绕重点工程，抓好特色开发，从单一产品转向系列产品

为满足广大用户的需求，公司狠抓特色产品开发，生产多个品种的产品，并将产品挤入国家重点工程。2018 年公司参加了北京大兴国际机场工程竞标，要在十多家知名企业中胜出，确实很不容易。为打进国际机场项目，他们仔细分析对手的优势和弱势，针对性地制定了投标方案，做到“道高一尺，魔高一丈”，最终一举中标。北京大兴机场设备要求高、难度大。为确保这一仗打响，公司专门成立了技术攻关小组，针对工程的特点缜密地优化设计，认真地组织制造，不放松任何一个细节。从生产中央空调配件单一产品，到主机，再到系统集成，始终不停止追求更好更强的步伐。可以说，欣盛尚驰从一个只有几个人的企业，发展至今成为中央空调行业的知名企业，都是一步一个脚印，踏踏实实、兢兢业业地走过来的。正是因为永无止境的追求，欣盛尚驰实现了从单一到多元的华丽转身。公司将发展智能控制作为自主资产，融合中央空调配套使用，使产品更具有个性化，智能控制业务占公司总业务的 50%，并且以超越 50% 的目标发展。在可再生能源领域，已批量生产风能发电轮毂罩、机舱罩。为北方煤改电提供清洁能源供暖供热设备，公司研发了太阳能·空气能热泵机组。2005 年欣盛迁址城北园区，也进入了业务高速发展时期。2010 年，欣盛进入空调主机行业，在产业升级的同时，也跑出了科技创新“加速度”。2010 年该公司在江苏沭阳建成了 10 万平方米的中央空调产业园，整个企业正在沿着高质量发展的轨道稳步前行。

（三）围绕打造品牌，抓好综合开发，从产品制造转向设计安装

他们在经营中意识到：一个企业只搞整机制造，不搞设计安装，不仅品牌难以叫响，而且利润率也难以提高，同时，还会因卖产品给安装公司而缺乏主动权和话语权。为发挥企业整体效应，他们拓展业务范围，向产业链的两端延伸，不仅提供产品，而且帮助设计、安装，实行整体工程承包、一条龙服务。他们改革内部机制，执行扁平化管理，模块化运作，减少中间层次，理顺管理流程，执行任务一竿子到底，职责明确，提高了企业执行力，实现了运转快节奏、高效率。为保证产品质量，确保每个环节不疏漏，每个零件零缺陷。坚持诚信经营，讲求社会责任，树立良好的形象。另外，公司在15个大中城市设立了办事处，还在北京、天津、成都、西安等高速路口树立广告宣传牌，增加网络推广，结合现代信息化，以提高企业知名度和产品品牌效应。公司依靠高质量、优服务赢得市场，在大型招标现场屡屡获胜。近年来，公司相继获得了ISO 9001质量管理体系认证、ISO 14001环境管理体系认证、OHSAS 18000职业健康安全认证、机电安装二级资质，具备了节能低碳认证和建设部颁发的机电设备安装二级资质，荣获了“AAA级优秀施工企业”“江苏省著名商标”“百优企业”和中国制冷行业“十佳民族品牌”的称号；其空调末端产品被评为中国“十大品牌”，在2019中国暖通与舒适家居行业品牌评选活动中被评选为风机盘管匠心品牌和中央空调十佳杰出品牌。承揽了多家星级宾馆、医院、厂房、大学、体育馆及国家大型工程等重点项目，提供从设计到安装一条龙服务。欣盛尚驰在董事长盛立兴的带领下，锁定“绿享世界、百年欣盛、还地球一片蔚蓝”的崇高目标，正一步步成长为空调领域的行业翘楚。

第六章

企业经营

经营与管理是企业运营中的两个主要部分。经营与管理既有内涵区别又有内在联系。经营是侧重于对外进行市场活动的行为，追求从外部获取资源进行整合，树立企业形象；管理则是侧重于对内理顺工作流程，发现问题与解决问题的行为，强调对内部资源进行整合和建立秩序。做企业必须注重经营，研究市场和客户，为客户提供有特色的产品和服务。显然，离开经营则无从谈管理；而管理跟不上，经营就会僵化，导致企业原地踏步甚至倒退。经营牵引管理，管理服务经营。这正如宇宙中的“阴”和“阳”，有“他”必有“她”；也如人走路的左右脚，只有一前一后协调配合，才能跑得更远。可见，把经营和管理放在一起研究，本是顺理成章之事，本书将两者分章设立，是为了让企业高层将经营与管理认清悟透，尽心尽责抓好企业经营管理。

经营是龙头，管理是基础。经营是选择做对的事情，管理是把对的事做好。韩非子有句政治名言：“纵成必霸，横成必王。”同理，经营企业也是一样，做产业专一而纵成，通过不断锤炼提升，将专业做精做特，做到极致，终成霸业；做平台需要横成，通过整合内外部有效资源，构筑产业生态系统，营造更强的市场竞争优势，终成王者。围绕做行业第一、国内第一、世界第一的目标，牢固树立先进的经营理念，以用户第一，不断满足用户的新需求为经营的核心；以用户利益高于企业利益，从为用户创造的新价值中分得“一杯羹”作为经营的灵魂；以创建品牌，让品牌成为企业形象代言人作为经营的亮点，从而把经营水平提高到一个新阶段。抓好经营中关键的“三大管理”（客户关系管理、敏捷管理、价值管理），以缔造新的市场竞争优势。灵活应用经营的基本方式，抑或以技术为中心，以技术逻辑为内生动力，应用前沿知识和技术开发新产品、新服务，以满足客户日益增长的新需求，进而提高企业的市场地位；抑或以财务为中心，以财务准则为遵循，通过经营性资产投资项目来净增效益，增加企业财富；抑或以市场为中心，以一切为用户为导向，不断提高综合服务质量，提升产品功能，在满足用户现实需求和潜在需求的前提下，实现企业的商业目标。有一定规模的企业，应积极推行总部经济这一新趋势的经营模式，把产业迅速做大，释放集群效应。

第一节　经营模式新趋势：发展总部经济

一、方略：把握好发展总部经济的几个问题

在当前全球经济形势发生巨大变化和信息技术快速发展的背景下，选择先进科学的经营模式，对所有的人力、物力、财力等有效资源进行整合，让企业价值成倍提升，从而达到营利目的，这是一个极为重要的课题。而总部经济是企业做大做强的一种最高效、最受推崇的资源配置模式。已具一定规模与实力的企业发展总部经济，应把握好以下三个方面的问题。

（一）企业总部经济的基本概念

在谈及总部经济时，往往有人把总部经济与集团化经营混为一谈，概念不清。总部经济模式不同于集团化经营模式。所谓总部经济模式，即遵循“成本最小化、利益最大化”的“最经济原则”，以追求单一产业价值为目标，将企业总部与加工制造基地在空间上分离，企业总部向核心城市转移，加工制造基地则向成本较低的区域拓展，形成集产品研发、生产、销售、服务于一体的系统化的经济形式。简言之，总部经济是一种能够使企业、总部所在地、生产加工基地所在区域“三方”利益都得到增进的经济形态。总部经济一旦形成，就能够给区域经济带来税收供应、产业聚焦、产业关联、消费带动、劳动就业、资本放大等明显的外溢效应。

所谓集团化运作模式，即以母公司为基础，在同一类企业或不同类型企业之间，以产权关系为纽带，通过合资、合作或股权投资等方式，把三个或三个以上独立法人，在研发、采购、制造、销售、管理等环节紧密联系在一起，实行优势互补、协同运作。其优点是：资源共享，节省成本和费用；优势互补，提升营运效率和效益；避免同行内斗，屏蔽企业利益；增强创新能力，加快发展步伐。

（二）发展企业总部经济的基本条件

其基本条件有四个：①企业具有核心竞争优势，至少有一项优势，抑或技术，抑或产品，抑或市场，超过同行，“独领风骚”，使得企业有条件实现内部不同组织的分离与布局。这是发展总部经济的最基本条件。②企业有产能规模扩张需要，或者需要跟进主机厂开发高新产品，在经济欠发达地区或在主机厂附近设立新的生产基地，以较低成本获取丰富的土地、劳动力等常规资源。③企业有高端化、差异化发展目标与规划，对战略资源的需求上升，需将总部迁移至城市核心区域，以吸引优质资源，尤其是高层次人才的集聚，达到以较低成本获取密集战略资源的目的。④城市核心区域能够满足企业设立总部的条件。譬如，拥有高素质人力资源和科研教育资源，能让公司总部以较低的成本进行资源密集型价值活动，以创造新的价值；具有良好的区位优势和良好的交通运输网络设施；具有良好的经营环境，包括优惠政策、法律保障、信息通道、多元文化等专业化服务的支撑体系。

（三）建立科学、高效的总部经济内部运行系统

1. 运行机制

本着统分结合、有统有分；权责相当、放管有度；绩效挂钩、奖惩分明的原则，在统分上实行“六统六分”。“六统”，即统一规划和布局，合理分工，科学发展；统一关键设备有偿使用，实现资源共享，达到使用价值的最大化；统一资金调度、监管，确保资金链有序有效运行；统一谋划技术改造，变企业单一考虑为总部内部整体考虑，防止重复投资建设；统一产品价位，便于公开合理核算考核；统一考核奖惩，调动分公司的积极性。“六分”，即分公司按照总部下达的各项任务，尤其是生产任务，包括安全生产，自行组织落实；分公司财务实行独立核算，自负盈亏；分公司的原辅材料采购，在总部统一价格范围内，实行近地比价采购；分公司在征得总部同意后，可利用剩余生产能力自己组织业务；分公司可在总部人力资源部下达计划后，实行自主招聘和管理员工；分公司自行处理民事等各类事务。在实施中，如发生重大事件，应及时报告总部，以便及时帮助处理。在权责上，在配强配好分公司班子的同时，明确权、责、利，强调团队精神，分工不分家，协同作战。在奖惩上，每年年初总部与各分公司签订目标责任状，同时明确具体考核奖惩办法，年中由总部派出

人员进行内审，年终除特殊情况外，实行硬碰硬的考核兑现。

2. 经营管理

建立提质增效和转型升级的常态化机制。健全 SAP 管理系统，实现对总部及子公司生产、日常管理进行全流程数据化记录，多维度分析业务数据状况，优化整合内外资源，建立标准流程和严密操作程序，在各个环节体现降本增效，从而实现高效的内管、内控、内治。

3. 内部改革

像华为、海尔等企业那样，积极导入“利益共享”理念，实行员工持股的合伙人管理模式，建立起为“劳动者的劳动联合和劳动者的资本联合相结合”的一种颇具特色的集体所有制经济制度。从而提高企业凝聚力，平衡好股东关系，吸引高级人才，释放新的巨大潜能。

4. 党的建设

加强党的建设是企业稳健发展的根本保障。总部党委应本着把“支部建在连上”的精神，从发挥基层党组织“两个作用”出发，主动与分公司所在地的党委进行对接，建立分公司党组织。该组织实行双重管理，既属所在地党委领导，也属总部党委领导。并制定党建工作考核办法，将考核结果以权重计分的方式，与经营任务考核结果一并列入全年目标考核之中，年终统一进行考核奖励。

5. 企业文化

优秀的企业文化是组织形态的强大支撑。各分公司遵循总部的企业愿景、企业使命、企业核心价值观、企业精神、企业经营方针等文化体系的内涵与要求，结合分公司实际以及分公司所在地的本土文化，塑造出各具特色的企业文化，做到总部共性文化融入分公司个性文化，分公司个性文化体现总部共性文化。

二、案例 1：新程汽车工业——新模式催发企业迅速崛起

翻开新程汽车工业有限公司（以下简称新程）的发展历史，可看到一串熠熠闪光的数字，2004 年到 2011 年的 8 年中，产销从过亿元到超 16 亿元，翻了四番；2012 年到 2019 年的 8 年中，产销又翻了三番。公司现在集产品研发、模具制造、部件生产于一体，是江苏省高新技术企业、纳税大户，全国多个国

际品牌主机厂的优秀供应商，成为国内同行业的佼佼者。新程的迅速崛起源自以董事长、总经理顾灿兴为首一班人的战略思考、科学定位、创新发展。他们以使命为导向、责任在先，“风物长宜放眼量”，及时调整产业布局，变革经营模式，大力打造和发展总部经济。

（一）审视变革发展战略，总部经济已具规模

在实践中，顾总体会最深的一点是“一个成功企业家，首先是战略思考的先行者”。在新程创办至今的20年间，他们既有顺境的一路高歌，也有逆境的艰难攀升。尤其是经受了一场前所未有的金融风暴的挑战和考验后，新程人越来越清醒地认识到，在经济全球化的大背景下，要抵挡外部世界的风风雨雨、潮起潮落，不断在竞争中求得生存发展，以往的理念、模式和方法已完全不适应，必须增强战略意识，从传统的确定环境下的战略管理转向现代不确定环境下的战略管理。近年来，汽车市场由“短板”变成“长板”，汽车制造厂不断降低汽车销售价格，使毛利率不断下滑。主机厂为了应对竞争，将整车竞争转换为整个供应链竞争，将盈利重点由整车转移到零配件上，每年都以6%～8%的幅度调价，而配套企业的原材料成本、人工成本、商务成本不断上涨，要挣脱这些压力，唯有立足靖江，跳出靖江，走总部经济发展之路，实行跨地区发展。

几年前，公司结合产业创新转型，制定了总部经济发展规划，并一步一个脚印，认真组织实施。按照总部经济的模式进行空间布局，把总部布局在靖江，将生产基地布局在主机厂所在城市，以及时跟进主机厂新车型开发，降低运输费用，不断提升市场份额。公司从高、从严、从快，统筹兼顾，两手齐抓，一手抓总部发展，一手抓生产基地建设。通过自我积累、银企合作、资金管理三管齐下，投入资金达5亿多元，突破了资金需求量大的瓶颈，并使资产负债率控制在红线之内。运用引进和自培相结合的方法，克服了人才和技术力量不足的困难。广州、烟台、盐城第一批分公司竣工投产，形成销售超亿元企业后，在郑州、武汉设立第二批分厂，在沈阳、长春、大连设立第三批分厂。通过总部与分公司的功能链条，实现了不同区域优势资源在同一个企业集中配置，替代了传统的合作模式，达到企业、总部所在地和生产基地所在地的多方共赢。

(二)强化企业总部建设，牢固占据价值链中高端地位

发展总部经济，关键在于总部实力强不强。因为总部处在价值链分工中的高端地位，总部有了雄厚的实力，就能将丰富的资源辐射到生产基地，从而带动生产基地的发展。近年来，公司围绕培育研发、资本运作、营销、战略管理等高端环节优势，紧紧依靠科技进步，着力在产业的“专”“特”“高”方面求突破、上水平。

1. 在“专”字上打硬仗，实现零部件专业水平国际化

紧扣市场、成本、服务三大主题，跟随主机厂发展。坚持汽车配件这一产业定位，专注于核心业务，不在靖江比，而在全国乃至全球同行业比，在主业上做专做精做深，以求成本低、质量好、技术精，创造新价值，争做行业“小巨人”。面对客户的复杂多变，为满足个性化定制和快速交货的需求，最关键的是提升开发模具的速度和水平。对此，公司征地50亩，投资1.2亿元，用于新建独立模具车间。按照现代化水平的标准建设，请一流专业设计院设计，一流的建筑安装公司施工，购置国内一流装备，引进国际一流关键设备，配齐一流检测设备，配备一流设计人员和技术人员，实行一流的现代管理。从而有效地解决了过去模具的“卡脖子”问题，畅通了上下道工序流程。现在专业为上海通用、一汽大众、东风日产、东风本田、东风悦达、广汽本田、上海大众、长安福特等十余家国际品牌轿车厂配套，且是以上主机厂一级配套成员。同时由于汽车零部件的多元化，保证为各国各类车型配套，任凭市场波动，保证“东方不亮西方亮”，保障企业各项指标年年增长。

2. 在“特”字上下功夫，积极开发特色零部件

创造设计特色和服务特色，实施差异化竞争，不在价格上做减法，而在价值上做加法，提高产品附加值，变满足市场为创造市场。KD件在中国无供应商，该产品以往只能从国外进口，为响应配套国产化，公司组织顶尖人才进行技术攻关，新开发的国产件，采用一体成型，相比KD件分体焊接，提高了零件强度，节约成本约35%，受到东风日产公司的表彰奖励。同时贯彻“顾客至上、精益求精、持续改进、持续提高”的质量方针，认真执行国际质量体系、环境体系、职业健康体系等标准，并对所有焊接设备进行技术改进，增加防错装置，实行焊接自动报警，保证不漏焊点；电流自动群控，分布不虚焊。还新上了机器人焊接流水线，大大提高了工效和质量。

3. 在“高”字上动脑筋，大步向高附加值的关键零部件生产迈进

公司加强科技创新和品牌创新，建立了研发中心及专家小组，强化科技创新平台建设，与苏州大学等科研院所联盟，实行产学研合作，联合开发新工艺、新技术。为增强人才队伍力量，在加快自身培养的同时，引进了两名日本专家，分别负责开发和管理，有力地推动了开发高端产品的进程。不久前，公司申报了国家产业高新项目专项基金，并获得财政补贴430万元。公司不满足目前的发展水平，为争取市场的主动权和话语权，提前预测五年后的汽车市场行情，明确后续将新能源汽车配件作为发展重点，目前正在与有关主机厂对接，积极做好前期开发工作，为未来作充分准备。

（三）建立健全内部机制，运行有序、协调、高效

衡量企业运行质态，主要是考量总部与分厂之间能否有序、协调、高效运转。为此，公司建立健全了职责明确、权责匹配、管控结合、流程顺畅的内部管理机制。

1. 界定总部与分厂的职责

生产基地（分公司）对外是独立法人，对内是配套分厂（车间）。总部实行“五统”，即统一财务结算、统一采购供应、统一设计研发、统一模具制造、统一考核分配；生产基地（分公司）实行“五包”，即包生产任务、包质量安全、包按时交货、包革新增效、包创优夺牌，改过去传统的包产值、包分配、包上缴的“经营承包”为目前的“责任承包”，将执行计划、品牌塑造、人才培养等“软指标”变成与经济绩效同等重要的“硬责任”。既有效地增加了公司层面的监控能力，又使得分公司心无旁骛，专注现场，切实提高管理水平，多出精品，提高合同履约率，使得市场持续扩大。从而形成公司所想即分公司所求、公司所谋即分公司所为的良性联动局面。同时，有利于正确处理总部所在地和生产基地所在地之间的利益关系，明确税费缴纳办法，做到合情合理，各得其所，共同发展。

2. 权责匹配，以权力制衡约束绝对权力

公司从上到下都以职责界定权力，以流程限定权力，任何人都只能在职责范围和流程框架内行使自己的权力。如针对装备、材料采购等敏感性业务，建立多节点独立操作、节点间相互牵制的工作流程，有效减少了“跑冒滴漏”现象的发生。

3. 运用先进管理手段，提高运行效率

针对点多面广、管理错综复杂这一实际情况，公司开发运用管理信息技术，实施ERP管理，根据业务流程集成各种数据，建成统一管理平台，各个模块互联互通，信息共享共用，为各级管理者和相关财务人员制订计划及监控计划执行情况提供了方便，并有利于总部与分公司、部门取得联系，准确把握运营脉搏，发现问题及时解决。同时，全面推行日本丰田管理模式，做到现场可视化、过程控制严格化、人文环境亲情化。目前公司决策公开透明，管控及时有效，运行畅通有序。

（四）塑造优秀文化，增添品牌内涵

顾总说：“企业团队合力很重要，”而合力来自使命感和责任感；有了强烈的使命感和责任感，就会产生强大的凝聚力和战斗力。多年来，他们围绕团队建设，运用树立新理念、新标杆、新目标等方法塑造优秀文化，为新程品牌增添了新的内涵。

1. 树立新理念，用企业发展历史和市场竞争形势启发人、教育人

引导员工回顾企业发展中历经顺境和逆境的“两重天”，让他们懂得珍惜今天，与企业同行同力，与岗位相依相长。引导员工认清市场经济条件下竞争的严峻与残酷，从来没有救世主，只有自己拯救自己；强者则上，弱者则下；创新则进，守旧则退；前进则胜，停步则败，让员工懂得珍惜今天，永不满足、不断创新。还注重员工参与民主管理，每季度召开恳谈会，鼓励员工提合理化建议，让员工感受当家做主的自豪与责任，增强了对公司的认同感和归属感，从而使“以人为本、追求卓越”的理念和“诚信唯实、创新自强”的企业精神入脑入心，融入员工的血液中，见诸员工的行动上。

2. 树立新榜样，用身边人和身边事引导人、熏陶人

每年坚持以“完成任务好、业务技能好、道德素质好、攻关创新好、遵章守纪好、团结文明好”的“六好”作为先进个人和先进集体考核标准，并根据新的目标任务，对各个部门、分公司及各个岗位提出新的内容和要求，年终认真组织考核评选，并设立单项集体奖，在承上启下的年度动员大会上进行表彰奖励。会后将他们的先进事迹写入教科书印发到各个部门、各个分公司，让大家认真学习讨论，有力地推动了公司比先进、学先进、赶先进、超先进的竞赛热潮。

3. 树立新的目标，用企业愿景和发展蓝图鼓舞人、激励人

公司根据靖江市开启基本实现现代化新征程的要求，认真总结过去几年“创新求变”取得的成绩与进步，与先进单位比不足、排差距、找原因，并发起了“二次创业、高新崛起”的总动员，提出了新的目标、新的任务。目前，一场“携手新程、崛起新程”的活动正在如火如荼地展开。公司在加快建设好跨地区六个分公司的同时，积极在其他汽车主机厂附近布点，不断拓展新的市场；加快靖江新程三工厂的建设，建成冲压、焊接、物流一体标准化工厂；加快一流人才的培养与引进，适应企业快速发展需要；加快以技术创新为核心推动企业转型升级，全面提高水平；积极参与能体现靖江形象、靖江水平的汽车配件商城建设，为靖江发展多做贡献。

我们坚信，在顾总的带领下，新程公司作为一支朝气蓬勃、团结进取、不惧困难、勇于挑战的团队，一定会一直奔跑在追赶与崛起的大道上，一定会挑战成功，铸造新的辉煌。

三、案例2：天骄物资——商界高质量发展典范

把时针拨回到20年前，江苏天骄物资有限公司（以下简称天骄）的前身四达日化用品厂，宛如江河中的“一叶扁舟”，漂泊不定，如今已经蜕变成商海中的“一艘巨轮”，市场风云越发多变，前进的步伐愈加矫健。公司从小到大、从弱到强，从1998年一个四达日化厂到现在拥有1家母公司、5家全资子公司、4家合资控股公司的企业集团；注册资本从1998年的20万元增长到2000年的1.6亿元；经营方式从单一的销售日化产品，到目前的五大基业互助互促的经营格局。现已成为靖江市服务业十佳企业，多次受到市委、市政府表彰。这些成就的取得，用董事长龚祖修的话说，“靠的是同心同德、共谋发展的合作精神，靠的是开拓创新、永不满足的坚定信念”。

创新模式，整合资源，构建高质高效发展新优势。经营模式的创新是企业追求效益最大化，加快发展壮大的最为现实的选择。在经营过程中，他们通过不断探索创新，形成了5种不同的经营模式。

（一）链状结构经营模式

该集团经营的主业商贸，包括钢贸工程、能源散货、粮油农业三大板块业

务。对此，公司采用链式管理，并针对不同板块采用供应链、物流链与价值链或单一或整合的运作方式。

在钢贸工程板块，采用供应链模式，相继联合或代理国内大型知名钢厂的专用品种钢材，成为舞阳钢铁、重庆钢铁、首钢、鞍钢等大型钢厂的一级代理商，专营于造船、桥梁、海洋工程、钢结构等行业重点工程项目用钢。由于有完善的管理制度和高度的责任感，缜密做好上游产钢企业与下游用钢企业对接与沟通，三方协调互动，及时响应变化，准确收货发货，执行标准流程跟踪，催单、对账等从不出现任何差错，取得了生产厂家与用户的信赖。与新世纪造船、西电集团、中泰钢构、华西海工、中建钢构、中远船务、哈电集团等十多家大型企业建立了长期战略合作关系。同时成功中标并批量供应国内一批大江河海桥梁、车站、码头等大中型工程项目。

在能源散货板块，则采用供应链与物流链相互结合的方法进行服务。不仅选择合适的物流线路、接点及物流方式，还对所选择的供应各要素进行组合，使得各个中间节点物流成本最低、效率最高。公司利用多年积聚的需方优势，紧密围绕既有合作的钢厂原材料供应，巧妙运作大宗散货的金融属性、整合贸易中各个环节的服务资源，为大批终端企业，特别是在板方坯、焦炭、矿石、电煤、炉料、冷轧用基料等主原料上创新实行易货、串材、商业保理、代订代销、货权质押等多种商业模式，探索实践了一条物流链条式营销、融资合作营销及供应销售一体化的好路子、好方法。

在粮油农业板块，在盐城注资2500万元成立江苏正德粮油购销有限公司，从事农产品购销业务，接着与江苏阜宁粮食局合作并承包经营全资国有的东沟粮管所，随后又与国有粮食企业在苏皖粤等地为江苏洋河酒业股份、中粮集团、上实集团和中储粮公司等企业的下属工厂配套，走出了独特的“订单农业”购销加工服务之路。

（二）工贸结合模式

创业之初，公司实施工贸结合促进企业发展，成立“靖江市天骄油漆有限公司”，掌控一家生产油漆的化工企业60%的股份，从事生产销售。时隔一年，逐步改制为国内、国际品牌油漆的代理销售，并试行独立核算、自负盈亏的经营责任制，现已建立稳定的客户群，处于良性运营状态。随后与重钢集团、新扬子造船集团、重庆轮船集团、春和集团共五家股东组建成立重钢靖江钢材加工配送中心，主要从事钢材的剪切、预处理、加工配送，将在服务重钢中发展天骄，实现共赢多赢。

（三）三方共建共融模式

投融资是天骄优先发展的产业，天骄先行轻资产运作资本，参与发起或投资入股商业银行，相继成为江苏长江商业银行、吴江农商行靖江润丰村镇银行、徐州农村商业银行的股东和董事，每年都能为公司创造可观收益。为使资产保值增值，同时也为经济社会事业发展尽力，从2009年起，就积极参与政府工程建设，成功摸索出融资与项目管理的三方共建共融模式，即PPP模式，有选择、有步骤地与政府合作建设城市基础设施项目。公司先后对湖南长沙机场至株洲的荷塘大道、泰兴、靖江等多个项目进行数亿元资金的战略投资。随后又对连云港灌云段S324省道项目以及总高69层的安徽省第一住宅高楼进行项目建设战略投资。由于在项目初期就从法律、合同以及投资框架设计等方面做好了铺垫，并以特许权协议为基础，通过签署合同来明确双方的权利和义务，与政府建立了"利益共享、风险共担、全程合作"的共同体关系。因此，合作的项目均能顺利完成，达到比预期单独行动更为有利的结果，赢得了政府及施工方的好评。

（四）实体创投模式

公司将实体创投视为对未来布局砥砺深耕的事业窗口，为集团战略再转型再发展培育基础。2010年，对三峰靖江港务进行了长期性投资，将建成重钢集团实现大物流中转和球团加工的重要基地，为该企业成为靖江金属材料产业一家百亿元级的龙头企业带来更多商机。

同时充分利用国家一类开放口岸、亿吨大港的靖江港，在新港园区创办了靖江万通船代公司、江苏天骄国际船代公司，为在靖江中转的国内外海轮、江轮及货主，提供在一关三检、边防、海事等部门办理进出港签证核销的服务，还为货主的货物配载、装卸、财产保险、水陆铁联运、交易交割提供真实、可靠的信息来源。去年，又与"全国文明村"徐周村共同投资合作乡村旅游事业，根据乡村旅游的规划，建设生态农业休闲走廊、徐周主题民宿、孙家老宅文博园、良友生态园等，合资运营徐周村旅游文化公司，为打造特色乡村旅游小镇助力加油。

（五）资产增值经营模式

公司在不断放大多项产业经营效应的同时，紧抓房地产市场开发，继在靖江市城区黄金地段投资建造面积超 1 万平方米的天骄大楼后，2011 年又扩建了天骄二号楼，并对外出租，为公司提供稳固收益，奠定了雄厚的固定资产实力。由于注重优质物业管理和服务，公司被靖江市政府确定为靖江市创业孵化基地，获得了一系列创业扶持，使天骄如虎添翼。同时，公司为入驻的 90 多家企业创造沟通平台，组织联谊活动，在靖江成功打造出优势突出、声名远扬的品牌写字楼形象。

第二节　经营之道：科技是源头，市场是龙头

一、方略：在三大重点管理上抓出成效

经营是一门宽泛的学问，在企业经营中占据着极为重要的地位。经营区别于管理，经营是指企业围绕市场与客户进行的决策与行动，而管理则是企业优化工作流程、发现与解决问题的行为。经营与管理相互渗透，密不可分，如同天地中的“阴和阳”、“他”与“她”。然而经营是龙头，管理是基础，企业发展的规律就是经营—管理—经营—管理的交替前进，犹如人的左脚和右脚不断配合前行。因此，企业要做大做强，必须首先关注经营，研究市场和客户，并为目标客户提供有针对性的产品和服务；然后再把基础管理跟上去，即能收到理想的效果。

（一）加强客户关系管理

企业经营首要问题是拥有客户群，企业的使命就是创造客户。客户关系管理是一个不断加强与客户交流、不断了解客户需求并不断对产品及服务进行改进和提高，以满足客户需求的连续过程。企业与用户的关系，应从传统的买卖关系转变成合作关系，双方将结成一体，互促互利，实现一次性“短线”收益转向多次“长线”收益。其途径和方法有以下几种：

1. 多通路与客户沟通互动

沟通是人与人、人与群体之间思想和感情的传递反馈的过程。多通路沟通

包括微信在内的主流渠道、线上线下通道、QQ 群、电话直线沟通等。通过这些通路，加强与客户之间的交流和互动，让客服接收并回复客户消息。譬如，应用有特色、有创意内容的微博营销，让企业直接接近用户，与用户对话，倾听客户声音，与用户互动，达到投资少、见效快的目的。如果沟通渠道单一且客户分散，可将接待组件挂载在网站、微信、活动页上等，以有效整合多渠道的客户信息，扩大承接客户的范围，顺畅响应各类来访客户咨询要求，不让客户咨询和商机流失。

除多通路沟通外，还有平时用得较多的面对面的沟通与交流。尤其是与陌生人的初次见面，事先要有充分准备，做到心中有谱，即在合适时间、合适地点，对合适的人，用合适的方法说出合适的话。在交流开始时，营造一个让客户愿意和你交流的氛围；交流中，讲究技巧，多听善问；有分歧时，巧妙地引开话题，进而与客户在情绪同步的情况下沟通。总之，“想钓到鱼，就要像鱼那样思考”，做到有的放矢，提高沟通效果。

苹果公司的标志是缺了一角的苹果，这缺掉的一角是用户，只有将用户加进去才是完整的。这就说明苹果的产品设计是与客户互动的，通过将内部封闭式创新转变为与用户互动的开放式创新，不断迭代优化产品，成为世界名牌。营销中要拥有一个客户，一般需经过 5 ~ 7 次沟通，初期不成功是正常的，不要急功近利，选准了对象，坚持就是胜利。

2. 多场景让客户体验

俗话说，“百闻不如一见”，应诚邀客户实地考察，参观企业产品陈列室和生产现场，参加企业举办的展销会或参加有企业摊位的国内外展销会，尤其是策划举办以服务为舞台、以商品为道具进行的让消费者难忘的活动，让消费者直观外在，体会内在，将企业印象留存于消费者心中。从而使客户根据自己与企业互动产生印象与自觉，形成产品广告→宣传品→公司访问→厂商的产品销售→客户使用→引导用户接受其服务与延续的流程，达到增加客户信息量，提升用户满意度，树立品牌形象，最终为企业赢得客户的目的。

3. 多环节为客户服务

企业经营取向，即从研究产品到主要研究客户，集中精力满足客户各种需求。因此，企业产品要从制造商跃升到能满足客户一切需求的供应商。从前期市场规划、早期的产品设计、中期的设备制造安装、后期的物流运转，直至最终的集成服务，实行全过程周期服务。鉴于此，要建立好管理好客户库，或者说客户档案，通过分析客户库画像（包括用户社会属性、生活习惯和消费行为等），了解客户构成，持续跟踪客户需求，跟进商机转化，让产品整个设计、运营、推送更加科学合理。

4. 多方面让客户受益

正确处理好企业与用户之间的利益关系，企业利益与用户（包括消费者、供应商、合作者等）利益发生矛盾时，应克服短期行为，从长远利益考虑，发自内心敬畏客户，让用户利益高于企业利益，做到对客户“零亏欠”“零风险”。另外，正确处理企业对用户和竞争者之间的利益关系，坚持用户第一，竞争者第二。任何时候把客户放在第一位，全方位为用户创造价值，培养出更为长期、更为紧密、更为优质的客户；对于竞争者，在关注的同时，将博弈转为合作乃至联盟，实行共同开发、共同发展。

（二）加强敏捷管理

敏捷管理是在超倍速市场竞争中一种新的管理模式，其目的是积极创造新的顾客机会和快速响应市场机会。从全面提高企业运营能力出发，在生产、营销、管理等各个层面上进行系统变革，构建起一个灵活快速响应市场的系统。

1. 组织结构变革

从适应市场变化快的需要出发，大企业组织要从“航空母舰”变为“联合舰队”，在“自旗舰”的统一领导下，各自灵活作战，发挥集中和分散两方面优势，更加适应现代市场经济发展环境。企业要从过去垂直管理变革为扁平化（横向）管理，削弱中间环节，直接面向基层，将企业管理植入业务流程中，做到速度快、效率高。企业内小组织经营是个大趋势，每个小组织成为一个创业主体，实施自主经营。海尔通过内部自主经营改革，在全公司8万人中组建2500个自主经营体，使每个主体都是创业者，成为自己的CEO。内部平台化创业，让员工从“他组织”变成“自组织”，大大提高了内部市场化的运营效率。

2. 经营模式变革

面对企业经营的挑战，通过改变内部经营模式来适应外部经营环境变化快的要求。应用C2B全新的经营模式，由消费者或用户主导企业的经营和生产，通过互联网，实行线上咨询、线下下单；定制设计、柔性生产；精准配置、个性服务。从而建立起以规模化定制为主导的新型生产模式，既能快速响应市场，又能大大提高生产效率。

3. 经营管理变革

遵循管理基本规律“道”（本）、“术”（用）、“势”（变），三者有机结合，随变化而变化。将重点放在企业基本能力的供应链上，企业要对供应链的成员执行像内部一样的管理措施，包括人、机、料、法、环、流六个要素的评估和监控，保障各成员厂协同运转，同步发展。同时，要求供应商随市场需要而响应变化，提高产品适应能力；与经销商从单纯的买卖关系变成紧密合作关系，既提供培训提高销售能力，又帮助其开拓用户；对经销商或销售人员彻底放权，并强化监督，实现放管结合，有节有度。

（三）加强价值管理

重新构建内部价值链是提升企业经营效果的关键。企业的内部价值链是指企业内部各职能部门、各流程环节，即企业内部各战略单元的价值链。重构企业从事的与客户有关的物资与技术的各种价值活动，为顾客创造更多价值。

1. 营销方式，由重视产品价格转向重视消费价值

传统的营销主要是研究如何将产品销售出去，盈利过度依赖销售额的上升。传统的营销模式就是卖产品，往往卖者要卖出好价格，买者则想要质量好、价格低，两者背向而行，因此，他们的关系是“一锤子买卖”，难以产生“回头客”。现代营销主要通过拓展服务提高产品附加值来获取利润。这一模式不是卖产品而是卖服务，通过消费的系统服务，创造一系列的新价值。鉴于此，建立和运用网络社区，不断与客户互动沟通，让用户参与全过程价值创造，最终形成企业的精准客户群，向他们提供极致的产品和服务，这样，企业价值链便会从创造产品转向创造客户，进而转向创造更多价值。

2. 经营系统，由重视补短板转向重视扬长板

在企业经营中，科技是源头，市场是龙头，两者结合起来，就能产生新的价值。目前在企业经营系统中有三块主要短板，即科技创新力度不强、市场应变速度不快、信息化应用水平不高。其解决方式是“扬长合短”，即充分发挥长板优势，采用合作方式来解决短板。企业作为商业的生产和组织者，要克服以往重市场营销轻技术开发的倾向，充分发挥企业研发机构的作用，切忌形同

虚设；加大与科研院所的合作深度，真正成为科技进步的同盟者；加快引进和培养科技人才，建立“永久”牌优秀团队，以确保企业科技不断创新，不断进步。要有良好的应变能力，关键是建立起快速反应的市场机制和市场应变系统，该系统包括分销、生产、财务三大功能，促进信息流、业务流、物流、资金流渠道顺畅、合力合拍，从而提高市场应变能力。解决信息化水平不高的问题，首先要树立起正确的智能观，自觉把信息化建设纳入企业经营战略规划，不断提高信息应用的水平和层级，真正做到认识到位、规划到位、资金到位、人员到位、项目落实到位。

3. 经营模式，由重视企业经营转向重视经营企业

企业经营与经营企业是两个不同层次，企业经营着重生产经营，通过利润增长实现价值；经营企业是资产运作，可使资产迅速增值。经营企业首要的是将核心资源（人才、数据、品牌、技术等）资本化，最后实现价值增值。这就是从硬资产经营转向软资产经营，并将企业的资源集中配置在核心业务上或价值链核心环节上。充分利用软资产来经营业务，利用积累的无形资产（又叫异性资源）并购企业，这一方法非零点起步，成本低、发展快、效果好。同时，将生产环节部分或全部转包出去，使企业价值中心从生产走向服务；将非核心业务、非核心技术转为外包，将硬资产对外租赁，通过软资产经营，大幅度提高价值创造能力。从而让经营模式从橄榄型转向哑铃型，做大微笑曲线两端（即品牌市场和研发设计）服务环节，不断提升企业价值创造能力。

二、案例 1：味巴哥食品——倾心打造食品新典范

“味巴哥”是江苏味巴哥食品股份有限公司（以下简称味巴哥）打造的肉脯新品牌。味巴哥，顾名思义，即食品味道独特、品中之王。“味巴哥”不仅言简意赅，而且还有三分洋气，令人耳目一新。味巴哥品牌的拳头产品“蜜汁肉脯”已获得国家发明专利，口感独特、多味兼有、回味无穷。2014 年年初“味巴哥”蜜汁肉脯一进入市场，即受到广大消费者的热捧。2016 年蜜汁肉脯通过了“中国绿色食品论证”。2017 年“味巴哥”在新三板上市，成为中国肉脯上市第一股。公司现有 61 项国家专利证书，“味巴哥”成为江苏省著名商标。2020 年建成投用的高达 11 层的味巴哥科研大楼，简洁大气、高耸挺立，

现代气息浓厚，与味巴哥品牌寓意一脉相传，成为靖江市“肉脯地理标志”中的新典范。时下，公司正在打造中国肉脯第一品牌，引领行业新发展。味巴哥起步较晚，而之所以发展如此之快，是董事长、总经理张文跃带领一班人，秉承“严格的专业管理与多元开发”的发展战略，以“创造更健康美好的食品休闲生活”为理念，坚持走差异化发展之路，不断挑战自我，突破自我，倾心做高端食品所取得的丰硕成果。

（一）味巴哥开发产品有新理念、新门道

味巴哥食品公司原是专为大中专院校提供速冻调理食品的工厂，生产的食品有鸡排、牛排、肉串、狮子头等速冻半成品，在江苏同行业中名列前茅。面对食品市场竞争愈演愈烈，张总强烈地意识到企业要想稳健长久发展，不能墨守成规、满足于在低端市场分得一杯羹，必须以品牌为支撑，在继承中大胆创新，从半成品向成品转型，从低端向高端升级，做其他食品企业没做过、做不了的事情。

他们通过网络和超市调研，认真分析了现今肉脯行业市场结构，看准了靖江肉脯被列入国家非物质文化遗产这一资源优势。但靖江肉脯生产厂家多，品牌复杂，产品单一，渠道相同，无法满足各类消费群体的需求，仅局限于江浙沪市场；寻找新的发展途径、走差异化发展之路、让产品和品牌走向全国成了他们的不二选择。发展休闲食品是公司食品结构调整的方向，休闲食品适用广、耗用快、潜力大，属于朝阳产业。于是他们结合自身人才和技术力量，毅然决定充分利用靖江肉脯的知名资源，拓展肉脯多元发展，开发休闲食品。

为能开发出一款独特的休闲食品，张总带领开发人员到有关大专院所请教探讨。按照满足消费升级需求、天然健康需求、方便快捷需求的原则，组织制定开发目标和工艺技术标准。在开发中，实行内部和外部结合、继承和创新结合、试产和试销结合，加快了开发进程，取得了好的效果。通过与扬大烹饪教授及老师合作，攻克了既锁住产品水分又使产品不易变质的难题；通过与江南大学国家重点实验室合作，使产品既疏松又有嚼劲，软硬适中，越嚼越香。这款产品一进入市场，即得到消费者的认可和青睐。

（二）味巴哥创造品牌有高起点、高水准

我国已进入中等收入阶段，消费者在温饱之余，追求吃得好、吃得健康、吃得安全、吃得休闲，消费升级已势不可当。简单地说，公司就是要把产品价值做实、做多，把品牌做高做新，用产品内在价值满足人，用产品内在的品牌附加值吸引人。味巴哥公司深谙这些道理，围绕打造蜜汁肉脯第一品牌，注重在产品价值和品牌形象上下功夫、花力气。

①投产前，在产品原料上精心挑选。严格控制猪肉来源，优选合格供应商，精选上等猪后腿肉，加强原辅料材料质量检验，从源头上保障品质，做到肉质紧实，轻轻一撕，猪肉纤维清晰可见。②生产中，严格工艺流程。严格按照作业指导书进行操作，注重33道工序生产的每个细节，特别在关键环节上实行标准化、规范化管理。譬如，加入的辅料不添加任何防腐剂；入烤箱烘烤达到3小时；真空包装无渗透；产品进杀菌锅高温不低于121℃等。③成品入库，严格产品检验。对所有成品都按相关标准严格检验，确保每批产品经检验合格后再出厂。真正使蜜汁肉脯具有三大特色："新味道"——浓浓的蜜汁猪肉脯爽滑润口，辣辣的山椒嵌入肉脯，激情劲爆；"够新鲜"——产品始终无氧化，无污染，长期保存色泽风味新鲜如初；"更健康"——无淀粉添加，无防腐剂添加，无过多调料抢味，秉承经典配方，保证猪肉脯的嚼劲和原味肉香。2016年获得中国知名休闲食品品牌"百草味"的青睐，携手合作其名下主打肉类零食猪肉脯产品，将味巴哥的味道又提升一步，带向了全中国。2018年，味巴哥荣获百草味"最佳品质合作伙伴奖"。

（三）味巴哥拓展市场有多渠道、多门路

一是挂靠国家知名食品公司。同尚等大型超市帮助代理销售，现已年销售近50万提味巴哥礼盒，年供货量达到3000万元以上。二是将产品打入高端场所销售，通过味洲食品公司这一桥梁，与部分高铁火车站便利店进行合作销售。近期正在将产品推向航空公司。为强攻高端市场，公司引进高端包装线，在包装上进行创新，进一步提高消费者的认知度。三是在靖江建立直营店销售。公司在加强立体广告宣传的同时，模拟便利快销模式，打造配送中心，在靖江开设二十余家直营店，在城市中心设立旗舰店，成立配送中心，方便客户，并承诺随叫随到，再远的乡镇不超过半小时即可送达。同时在中高档酒店进行产品展示和销售，让用户感动，与用户互动，让客户在享受优质服务的同时，用他们的口碑帮助宣传"味巴哥"，以集聚更多"粉丝"。四是以多元产品扩展销售。在拥有蜜汁肉脯特色产品的市场优势下，依旧不骄不躁，紧跟市场需求，反复求索，研发出了适应市场的多元化高品质产品。在传统肉脯市场中，开发了基于传统肉脯工艺衍生出的“三天极鲜”系列产品，将传统肉脯的干香、嚼劲发挥到了极致，每批产品从出库到进店销售，周期均在三天以内，确保每一片猪肉脯都在味道最好的时候，送到顾客口中。在脆烤肉脯市场中，味巴哥使脆烤肉脯的丰富口感更上一层楼，严管工序，革新工艺，确保每一薄片香脆入味，让消费者感受到新层次的味蕾刺激，命名为“功夫脆片”。他们还先后成功研发出炭火烤肉系列与“卤遇有约”系列产品，产品甫一推出便广受好评，在多个渠道上取得了良好的销售成绩和口碑。现公司生产速冻调理、卤味休闲、烧烤食品 3 大类 5 大系列 50 多个品种，有 8 条现代化流水线在运转。2020 年春节出现了供不应求的好势头。

（四）味巴哥发展愿景有新航标、新作为

味巴哥以打造百年美味食品企业为愿景，正在谋划和启动新一轮发展。围绕打造全国肉制品品质安全新标杆，公司与江南大学联合成立了中国休闲食品研发中心，挂牌成立了江南大学食品研究博士生工作站。根据现代消费市场，以“创新时尚新肉脯”为追求，继续潜心研发工艺，创新冻干技术，进行肉脯深度开发，在休闲食品上做出新味道、新特色，使食品真正做到休闲型、功能型、保健型，以适应多种不同的消费群体。打造质量保证体系，提升检测水平，持续提升品质，保障食品安全，创出一流品牌。公司按照旅游工厂的标准，建立“肉脯小镇”旅游体验中心，设置靖江中国肉脯文化博物馆及中小学生肉脯科普基地，以充分展示企业文化品牌，让消费者更加了解靖江肉脯的丰富底蕴，使其成为靖江对外的一个窗口，提高靖江的知名度和美誉度。为进一步完善提高味巴哥肉脯自动化、智能化生产水平，正在建设 ERP 管理中心，提升生产排程和管理水平，达到降本增效的目的。建立味巴哥全网营销中心，运用新媒体实行线上、线下营销，达到快产快销、方便用户的目的。建立味巴哥中央办公区，进一步优化工作环境，规范工作行为，提高办公效率。建立味巴哥职工俱乐部，在工作之余为员工提供各类文体活动平台，可以愉悦心情、陶冶情操、改善体质，让员工以充沛的精力、更好的心态投入明天的工作中。在今后岁月里，公司将不忘初心，以“味巴哥”这一自主品牌为主导发展方向，致力打造中国休闲食品行业主板上市企业，让“味巴哥”品牌叫响全国，走向世界，让世界尝到中国味道。

三、案例2：武新泵业——倾力打造高、精、特企业

江苏武新泵业有限公司（以下简称武新）二十多年来尤其是近年来，面对经济下行的压力，在精于技术与管理的董事长刘金坤的带领下，始终保持拓荒创业的激情、奋发争先的精神，瞄准打造“高（产品高端化）、精（管理精益化）、特（品牌特色化）”这一目标，奉行“市场第一、产品为王”的理念，以创新促发展，以开发升水平，使企业发生了深刻变化。现已成为氟塑料泵、磁力泵生产基地，国家高新技术企业，全国重合同守信用企业。目前尽管市场变数大，但凭借其产品在市场上的知名度及市场竞争力，公司仍保持了稳健发展的好势头。

（一）走差异化发展之路，开发高端产品，在“高”字上下功夫

公司注重产业细分和专业发展，主攻人无我有、人有我特的环节，着重开发产业链高新产品、缺失产品，以及推动产业链发展的关键产品。长期以来，受高科技材料及泵制造技术落后的限制，我国化工行业所需的特种用泵只能依赖进口。因此，公司立志要为振兴中国泵业打开一道绿色通道，在开发和完善非金属耐腐蚀泵系列的同时，将不锈钢磁力驱动离心泵作为重点开发项目。为了既快又好地开发新技术，公司与沈阳水泵研究所、江苏理工大学等科研院所建立长期联合开发机制，发挥各自优势，推进泵业从中低端向高端发展。

公司走引进消化、吸收再创新之路，先后引进德国、美国、日本、中国台湾的产品和优秀水力模型，结合国内外高科技材料和自身的设计生产能力，以高标准严要求努力达到或超过国外先进水平。公司与浙江巨化集团联合开发的替代进口产品，比日本设备更耐高温、耐强腐，使用寿命更长，现有28种规格产品供用户选用。公司消化吸收德国技术开发的全塑夹板加强型化工离心泵成为我国高科技化工用泵，被列为“国家火炬计划”，填补了国内空白。公司开发的耐高低温、高精度的多管式磁力传动离心泵创造性地在泵腔与传动部中间增设加温或冷却系统，既可冷却，又可升温保温，解决了许多化工行业在高黏度、结晶体、高温气化等介质中无法输送的困难，在国内独此一家。产品一问世，即受到外资企业及国内化工行业的青睐。

公司走集成创新之路，广采百家之长，融合多种先进技术，取长补短。

开发的氟塑料合金耐强腐蚀离心泵获“国家高新技术产品”称号，获得中国新技术新产品博览会金奖，被列为国家重点保护产品。开发的氟塑料合金自吸式耐强腐蚀离心泵，克服了传统自吸泵的缺点，具有自吸时间短及自吸高度高，输送介质范围广，安装、拆卸、维修方便，使用寿命长等特点。前年采用先进水力模型开发的MD型节能环保型磁力传动离心泵，效率高、汽蚀余量低、节能、卫生、环保，适用于制药、食品、水处理、精细化工等行业，很好地帮助苏州高新技术开发园区一家日本独资企业解决了日本进口设备限供的困难。

公司还根据国内潜在市场需求，经过不断创新和改良，在非金属耐强腐、耐磨液下泵的支架部位设有“迷宫动力”密封装置，及耐空转停机密封装置，很好地解决了停机时腐蚀性气体泄漏，以及开机液位高时液体溢出的问题，获得了国家发明专利。自主研制开发的全塑料耐腐抗磨化工离心泵符合国际标准，装有自行设计的“游移内置式”机械密封，既可水循环冷却，也可气流冷却，获得了多项专利，替代了进口产品，达到了国外同类泵先进水平，有力地推动了产业发展。

据统计，公司共完成8个系列200多个规格品种的氟塑料离心泵、氟塑料磁力泵和不锈钢磁力泵。获国家高新技术产品2个，实用新型专利4件，发明专利2件，有4个系列的泵填补了国家空白。产品被广泛用于石化、医药、化工、环保、冶炼等行业，用户达600家。目前，慕名而来的客户络绎不绝。斯福瑞制药公司是外国独资企业，原想全部采用进口设备，来靖考察后，全部改用武新产品，现已营运投产。浙江新安江迈图公司是美、日、中三方合资企业，生产多晶硅，原想采用进口设备，后日本股东来靖考察后，也确定全部使用武新产品。武新的产品不仅满足了用户的各种需求，也大大提升了企业的运行效率。

（二）走质量效益型之路，狠抓精益管理，在“精”字上花力气

产品质量是企业生命。公司一直把“创新无止境、品质零缺陷”作为第一要务，紧紧围绕将企业建成“氟塑料泵、磁力泵生产基地”这一目标，多种措施齐上，持续提高精益管理水平。建立健全质量管理制度，重点突出ISO 9001质量体系、ISO 14001环境体系认证的贯标和达标，并把这些质量、环境管理过程高度概括为“写你所做、做你所写、记你所做、证明符合”四句话，便于

大家记录、使用。严格产品质量责任制，确保每个产品部件有生产、质检编号，在组装、检测过程中有问题可直接追溯到个人，坚持“三不放过”。不断购置高精自动化设备，保证产品质量、生产效率不断提高。积极参加全国行业标准起草，及时获取新的泵行业标准及技术改进，提高产品研发、设计能力及内在质量。

为从根本上保障产品质量，公司把职工思想品质教育放在十分重要的位置来抓。这是源于刘董事长深谙“万事心为本，未有心至而力不能者”的道理。公司每年坚持培训员工两次，每次除技术、业务培训外，重点进行团队精神、忠诚守信、爱岗敬业教育，使员工懂得“有了好产品、有了好质量，不愁没市场、不愁没效益”“智慧有价、忠诚无价”“饭碗在手中、质量在心中、做事先做人”等方面的道理，并通过每年举办技术操作比赛以及创优评比活动，不断推进员工技术和业务水平的提高。

同时，刘董事长每次开会都对股东和中层管理者强调：“过去我们是大集体的时候，我们要像私企一样干；现在是私企的时候，员工一定要享受到大集体的待遇。”以此来增强企业的凝聚力和执行力。由于公司多管齐下抓质量，产品合格率及产品质量稳定提高率保持在90%以上。建厂以来无合同纠纷，无失信记录。企业经济效益也随之得到提高，步入了良性循环轨道。

（三）走产业价值链之路，打造特色品牌，在“特”字上动脑筋

武新从企业与用户双赢多赢角度出发，围绕打造“武新”品牌，从制造业转向制造服务业。注重从产业价值链的制造中间环节向附加值较高的两端延伸。公司向产业价值链下端环节延伸，除向用户提供质优价廉的产品外，还帮助用户培训设备操作人员，上门指导，搞好维修，排除故障。盐城一家企业购买了其他企业生产的磁力泵，用不到两小时就出了毛病，虽几经检修也无济于事。后来该厂找到武新公司，他们并没有因非本公司生产的设备而推托，很乐意地接受了该厂的求援。也曾先后五次派员上门帮助排查问题，分析原因，后来终于找到了问题的症结，并进行了很好的解决。该厂对这种服务精神十分感动，一直记在心上，双方现已结成合作伙伴。每当连云港、淮安等地的客户因设备发生故障打来电话，总是在第一时间赶到现场，在第一时间帮助解决。用户夸赞他们是“流体专家”“名中医”。

向产业价值链上端环节延伸。公司重点帮助特需用户搞好设计开发。无锡一家化工企业开发新产品，需要6台负压高、真空量高的离心泵，在四处难觅的情况下，经上海化工设计院介绍来靖求援。通过技术交底与洽谈，武新帮助这家企业开发生产了这一设备，用户很满意，并将整体项目的泵交给他们生产。

想用户之所想，公司从保证设备安全运转出发，在泵的设计上实行机电一体化，采用信息网络技术，在泵体上安装了温控仪、泄漏报警器、震动报警器，超负载、空载保护器，一旦温度过高或有泄漏，部件损坏，就会立时发出信号，可停机运行，确保操作人员能及时进行处理。

武新公司从制造业向制造服务业转型才刚起步，但他们明白，用户所在各个行业的具体情况不同，以及产品的材料、生产工艺工况的个性化，设备不能通用，只能定制生产，发展制造服务业的空间较大。他们下一步拟依靠自身的优势做系统工程，向总设计、总承包方向发展，不断增加产业价值。同时引进一批高科技泵类专业人才，成立泵研究所，开发一流化工泵产品，如耐空转磁力泵、耐颗粒磁力泵、磁力传动液下泵、磁浮搅拌器、屏蔽泵等。并将电子商务提档升级，用服务和智慧打造“武新”品牌，让创新驱动武新在经济新常态下更好更快发展。

第三节　经营的核心：用户就是上帝

一、方略：100 -1 =0 与用户满意度

营销界有一个著名的等式：“100 -1 =0”。其意是：即使有100个用户对一个公司满意，但只要有一个用户对其持否定态度，公司的美誉就立即归零。有关资料显示，每位非常满意的用户会将其满意的服务告诉至少12个人，其中大约10人在产生相同需求时会光顾该公司；相反，一位非常不满意的用户，会把不满意告诉至少20个人，这些人产生相同的需求时，几乎不会光顾该被批评的公司。国外有一种“1:25:8:1”的说法，意思是一个满意的老顾客可以影响25个顾客，诱发8个潜在消费者产生购买动机，其中至少有1个产生购买行为；相反，1个不满意的顾客会影响25个潜在消费者的购买意愿。尤其是当

一个企业因质量问题或重大安全事故被曝光，导致用户对其失去信任，销售量急剧下降时，企业至少要经受三年冷落，不知要用多大代价才能挽回这一损失。可见，用户满意度直接关系到企业收益和成效。许多企业的事实证明，企业发展到一定阶段，用户满意度将成为其能否持续发展的关键，不断提高满意度，将成为企业竞争的焦点。而构成满意度催动力的主要因素有产品自身特点、市场细分深度、价位因素、员工服务理念、企业公众形象等。如何培植这些因素，使顾客满意度真正达到100%呢？

（一）致力开发生产高品位、高质量、高技术产品

产品是赢得客户的基础。没有好的产品，其他方面做得再好，用户满意度也不会高，企业会得不偿失。因此，要通过各种渠道，尤其是要运用互联网这一现代手段，准确、及时了解国内外市场上产品的技术信息和用户的需求情况，与自己企业的产品进行比较，找出差距，迅速修正企业行为，从产业链的中低端向高端攀登，使产品领先于市场。同时，明确产品的开发期、成长期、成熟期、衰退期四个阶段的目标，施行策略，从而通过精心的营销和管理，让产品生命周期延长，并且积极研制替代产品，保持用户对企业产品的需求长盛不衰。

（二）科学进行产品市场定位

同一个产品，尤其是轻纺类产品，因品质、款式、品种、颜色等方面的不同，在不同国家、不同地区、不同消费群的市场有着明显差异。因此要通过调研和分析，弄清某一产品特定的市场容量、市场竞争力、近期细分市场情况、竞争者所占有市场份额、潜在市场多大、产品市场趋势是否预示着目前市场的主要变化，然后有的放矢地在市场缝隙处进行产品定位，并通过多种营销手段，将产品转化为商品。切实搞好售后服务，增加顾客信任度，使潜在用户转化为现时用户，将满意用户转化为忠诚终身用户。

（三）牢固树立“客户就是上帝”的理念

在产能过剩的今天，过去的卖方市场已全部变为买方市场，企业要想生存发展下去，必须强化“用户就是上帝”的意识，以物美价廉和售前、售后的优质服务来实现产品超值，增强竞争力。美国花旗银行的精神为“不断创新，因为开心”，花旗相信没有开心的员工，就没有满意的员工，也就无法生产出用

户满意的好产品，也无法提供令用户满意的服务。企业把员工看作上帝，员工才能把用户视为上帝。企业可运用员工参与管理、思想沟通、职工培训、激励机制来调动员工的积极性。高素质、充满活力的员工队伍，比最好的硬件措施更能令顾客满意，创造优异成绩。可以说，员工就是企业品牌代言人，也是企业和用户保持联系的桥梁和纽带。

（四）讲究和应用销售策略

随着市场竞争日趋激烈，企业越来越认识到争取市场、赢得并长期留住客户的重要性。许多事实表明，开发一个新用户的成本，是留住老用户成本的六倍，而流失一位老用户的损失，只有争取20位新用户才能弥补。随着销售对象对产品的购买意愿和要求的变化，企业要顺势而行，调整销售策略。通过让利促销、重复购买激励等方法，对现有市场进行防卫，使已占有的市场份额不再丢失。熟练掌握国际贸易游戏规则，不断拓宽外销渠道。同时，瞄准产品新的买主进行强攻销售，打破现有市场格局。还可沿着一个同态客户群的需求“矿脉”去持续开发业务，或将已经获得的客户资源作为重要的战略资产，以此再造企业业务，如几店一体的模式，做到客户资源不是与别人共享，而是自我共享；或面向同一客户群的非竞争行业的企业，通过打“产品包”的方法，共享、交换客户资源；或向能够满足特定客户群需求的企业“出售”我们所拥有的客户资源；等等。以此放大客户资源效应，创新共享客户资源的商业盈利模式。

（五）塑造以品牌为核心的企业形象

企业在公众心目中的形象对用户满意度有着至为关键的影响。而好的企业形象体现在有一支好的职工队伍、一位好的企业家、一个好的品牌产品，三者之中品牌为至尊。品牌是企业象征，是企业文化的积累和工业文明的沉淀，是企业根据消费者的要求不断打造出来的。由于产品选材考究、制作精细、检验严格、服务一流，品牌日益深入消费者心扉，容易产生情感效益和竞争效益。“宁撞金钟一响，不敲破鼓三千。”现在用户购买商品时，大多数要进名店，把品牌作为首选，因为买品牌放心、用品牌舒心。以品牌提高用户满意度和市场占有率，最具吸引力和影响力。有了品牌要创名牌，有了省级名牌要创国家品牌和世界品牌，品牌档次越高，知名度和美誉度越高，市场的覆盖面就越大。

但创品牌、保品牌、发展品牌是一个动态过程，不能一劳永逸，要在技术和管理上赶超世界先进水平，把最新科技成果应用到产品的研制开发上，生产出新一代更受用户欢迎的产品。塑造品牌、提升品牌，是企业永远不能满足的追求和必然的归宿。

二、案例1：永昊螺栓——“小产品、大作为”的四条法则

江苏永昊高强度螺栓有限公司（以下简称永昊螺栓）在经济环境变化的形势下，始终保持企业产销两旺、客户接踵而来。不论是国内的还是国外的，凡是来的都是“一见钟情”“一拍即合”。其产品已经成功配套于中国十大电梯集团等数百家大中型企业，尤其可喜的是，永昊螺栓已成为国家电网特高压直流线路工程金具用螺栓指定合格供应商，且出口巴西、西班牙、印度等十几个国家和地区。永昊螺栓是一家螺栓生产企业，“小产品”有“大作为”，这主要源自董事长朱汉华带领一班人践行专心于产业、潜心于产品、精心于品质、倾心于品牌这四条法则。

（一）专心于产业做强

永昊螺栓创办至今已有24年历史。其间历经几次国家宏观调控，公司产品虽是小螺丝，靠不上什么国家鼓励发展的产业名录，更谈不上有什么优惠扶持政策。但他们没有好高骛远、见异思迁，而是一门心思干自己当初选定的产业。过去，房地产、股市“钱景”一度看好，但他们没有被诱惑去炒房、炒股，而是把全部精力集中在研究发展产品上，将企业积累资金全用于上项目、搞技改。用朱总的话说：螺丝虽小，但用途广、作用大，随着产品精密度越来越高，价位也在不断提升，有的特殊位置的小螺丝价格甚至超过黄金的价格。他们坚信，在这一行业中，只要不断地深耕细作，也能干出一番大事业。他们看好这一行业、热爱这一行业、专注于这一行业。他们“小品大作、小企大业”，凭借多年的艰苦努力，在细分市场中建立了优势，并不断加大研发力度，每年确保将销售额的3%用于再投入，通过创新来巩固和扩大优势。专业化生产程度越来越高，不仅专门从事各类系列化螺栓生产，而且对重要产品如航空螺栓、军工枪械螺栓实行封闭式专机和专车间生产。自动化程度也越来越高，除少数异形产品不能进行全自动化生产外，其余均实行自动化生产。目前公司

已成为“中国螺栓十强企业”“江苏省高新技术企业”，正在向行业领军企业奋力攀登。

（二）潜心于产品做精

公司立足于现有的基础进行延伸开发、系列开发、深度开发，以满足各行各业客户的要求。与此同时，公司以国家产业政策为导向，以市场为中心，以技术创新为手段，牵手高端客户开发急需产品，联合科研院所开发高端产品，依托自身技术中心开发关键产品，从而开发了一批高新产品，如配套于高铁、航空、风电、核电、西气东输、矿山等工程使用的各种螺栓。为推进产品不断向高精特发展，一边积极引进高层次人才，一边精选有管理潜能、有培养前途的一线骨干去深造，努力打造一支精干高效的创新型人才队伍。紧固防盗螺栓是一种在特殊要求下使用的紧固连接零件，电力铁塔、高速公路防护栏等项目设施迫切需要这种产品。而该产品技术要求高、生产难度大，为了攻克这一难题，公司汇集所有技术力量，充分发挥大家的智慧和力量，较好地解决了紧固件无法拆卸连接用螺栓的技术问题。为充分释放新产品的潜能，公司积极联络中核、广核、三核，以取得生产许可证；积极联络西安、南京、武汉等铁路局，以争取指定产品指标，产品市场占有率不断提高。

（三）精心于品质做优

公司克服只顾及眼前利益、缺乏长远发展眼光的倾向，将提高品质放在最高位置，深度追求产品质量。通过培训提高员工整体素质，弘扬工匠精神，一丝不苟地执行标准，精益求精、追求完美。通过调整工艺、革新工艺来提升产品质量。通过强化质量评价指标体系和考核体系，加强理化测试中心建设，夯实计量、检测检验和认可认证这个质量基础。并通过内部局域网对产品生产进行即时监控，定期对质量保证体系进行评估，以保证整体工艺一直稳定在较高水平。制造过程中，公司实行严格的在线监测责任制，确保上道不达标的产品决不流入下道工序。生产现场采用 6S 管理，以促进产品质量的提高。由于质量过硬，公司产品已成为江苏名牌产品。

（四）倾心于品牌做特

公司不断改善生产条件，提高管理水平，来适应品牌建设的需求。认真制定了信息化建设 5 年规划，并按计划严密地组织实施。已建成覆盖产供销、研发、财务、资产、人才、物资管理等相互衔接融合的信息化数据，正在以提升智能化、数字化与全程管理信息化的协同来推动公司的研发、制造和市场的发展，以提高产品质量和科技含金量来提高品牌价值。实施“标准化＋”战略，提高产品标准，让产品标准与国际标准接轨。加强诚信建设，传播企业经营理念和企业文化，完善合作多赢机制，不断拓展合作的空间。根据用户需求精心设计生产，将生产定制化融入品牌之中。公司切实以品质铸就品牌，用服务创新价值，使得用户的满意度和忠诚度越来越高，“永昊”品牌在国内外市场越叫越响，产品的市场覆盖面越来越广。

三、案例2：王子橡胶——给“王子”高品质产品正名

靖江王子橡胶有限公司（以下简称王子公司）是2000年10月由中日合资企业改制而成立的日商独资企业。品牌与企业字号同为“王子”。独资后的王子公司，在总经理的统领下，摒弃过去重市场、轻质量的不良倾向，积极引进国内外一流的技术与管理经验，实行出口与内销质量一个标准，产品达到国际先进水平，品质过硬，品牌叫得响，声誉驰名中外，呈现出国际化销售趋势，已成为日本“王子”集团橡胶材料、鳞片防腐材料的主要生产基地，企业步入了稳健发展的轨道。公司的产品之所以能驰名中外，是因为他们有着独特的经营理念、严格的质量管理、先进的技术设备与和谐的员工队伍。

（一）独特的经营理念

一个企业的经营理念统领着方方面面的管理。有什么样的经营理念即有什么样的管理。王子公司的经营理念为“为了投资人及公司员工而存在”。为此，公司必须要可持续地获取正当利益。该利益必须用于回报投资人，用于对公司员工的公平分配，用于公司将来能持续获利的投资。为了可持续获取利益，他们的目标是生产十年后依然能让客户满意的产品。细细研读这一经营理念，不难发现这一理念的核心是使企业真正成为承担社会责任的公司。围绕这一核心，层层阐明，环环紧扣。为使股东和员工持续存在，公司就要持续地获得利益，并进行公平分配和发展投入。为了可持续获利，就要生产长期令客户满意的产品。在这一经营理念的引领下，公司牢固确立“顾客至上、质量第一、诚

实守信”的经营方针，把产品质量和服务质量视作关乎企业生死存亡的生命线。在市场竞争十分激烈的情况下，他们宁可少销售，也不让价，更不会通过牺牲产品质量来获取利润。并将发展战略和落实具体任务紧密结合，不断赋予产品新的内涵，使产品的使用价值远远大于产品的自身价值。譬如，他们生产的用于排烟脱硫尾气领域的玻璃鳞片在全国颇有名气。为了保持这一声誉，他们坚持严格按日本标准组织生产、检验，并定期请日本专家帮助鉴定，提出改进意见，不断追求品质完美。有一次他们生产安装的产品已经通过了验收，得到了客户的认可，但公司还是邀请日本王子公司总部的专家对产品进行重新检测，以防出现疏漏。即使客户只要求一年运转正常的质量，他们也要确保整体使用寿命达到十年以上。这一严谨的态度、高度负责的精神，深深感动了员工和用户。这些都是他们独特经营理念的真实写照，也是企业基业长青的根本所在。

（二）严格的质量管理

好的产品质量必须依靠先进的工艺、完好的设备和过硬的操作技术。但这三者中，工艺设计最重要、最关键。倘若工艺设计不合理，设备再好、技工水平再高，要生产好产品也是一句空谈。因此，在产品质量上，他们从源头抓起，从基础做起。在设计产品时，注重市场调研，广泛收集信息，比较世界各地的产品差异，将世界上该产品的高性能、少用材、低能耗、环保型等特点集于一体，使产品在生产前就具有其他产品不可比拟的优势。在生产过程中实行全过程监督。材料采购货比三家，当国内替代材料质量达不到要求时，不惜代价从国外进口。公司全员参与质量管理，对各个岗位设置明确的产品质量把关责任，每道工序有产品交接记录，对反馈的意见进行跟踪，逐个层次、逐个岗位倒推。每周召开质量分析会，对已发现的问题及时研究整改，对可能发生的质量问题进行预测和预防。公司持续推进 ISO 9000 质量体系，通过培训建立了一批由中层以上管理干部和部分优秀员工组成的 ISO 内审员，确保严格按照体系要求运行。坚持做到不合格的材料车间不使用、一线操作不合格的部件不流转、不合标准的部件不组装、有瑕疵的产品不出厂。同时，还不定期地邀请客户来公司考察，介绍客户到其他生产厂家考察，让他们在比较中认识、了解王子公司。并在全国各地建立了一整套完善的服务、销售网络，辅以现代化的信息技术手段，准确、快捷地为用户提供售前指导和售后服务，外部发放用户意见表，内部建立质量追踪卡。全公司上下形成总部、部门、车间和用户合力抓质量的管理网络和质量责任体系，用质量、诚信赢得了客户的信赖。

（三）先进的技术设备

“工欲善其事，必先利其器。”生产高、尖、精产品要靠设备作保证。为此，该公司引进日本王子橡胶化（株）全套先进的技术，并从英国、德国、瑞士进口先进的生产设备，大大提高了产品的生产能力和市场竞争能力；既能生产近乎亚洲最大的、可蒸气硫化或热风硫化的硫化罐，也能生产小口径、超长度的管道橡胶衬里；既能满足供应不同要求的玻璃鳞片树脂，也能提供高难度的现场安装。该公司生产的衬里胶板和鳞片配合材料能适应各种恶劣的工作环境，其抗蚀能力、耐高温性、耐久性、耐热性在同类产品中最佳。在当前增本减利的情况下，公司结合提高质量与效率、降低能耗抓技改，改革工艺。原来炼胶车间生产的混炼胶片用水冷却，功效低、能耗高，后购置风冷机，用风冷却，功效提高与能耗降低均达到3%～5%。原来生产橡胶制片使用的是平板硫化机，其大型模具进出要靠人工装卸，后来进行技术革新，改为全自动装卸，不仅劳动强度降低，功效提高10%以上，而且产品外观质量有了提高。目前公司正在制定方案，拟将日本橡胶制品技术研究的新成果搬进中国，将技术、专家转移到王子公司来，公司产品的核心竞争力提升和企业的发展后劲指日可待。

（四）和谐的员工队伍

质量是企业的生命，人是决定产品的第一要素。王子公司出厂的每一个产品都是出自员工之手、经过员工之眼，只有员工生产零缺陷产品，才能大大提高产品的正品率。而员工的责任感与积极性来自哪里？制度固然重要，但最重要的是人性化管理。为了塑造企业亲和力，公司首先让员工感到在“王子”有生存发展的空间，有实现自身价值的机会。公司采用“请进来、走出去”的办法，进行自培和送培，全面提高员工的素质。有计划地组织员工参加日语培训班与技能讲座。坚持每年一次至二次派衬里人员去日本总部进修，现已轮训了八十余名骨干。并注重将一线敬业爱岗、有能力的人逐步充实到管理队伍中来，将优秀的人才不拘一格地提升到部长位置。公司顾及员工的长远利益，解除他们的后顾之忧，实行“五险一金”，及时缴纳各项费用。坚持每年对员工身体进行全面检查。员工们说：企业对我们如此关爱，我们怎可不对企业尽心尽力？目前，公司正朝着既定的目标，以推动产品国际化发展为己任，为打造“王子”品牌和世界一流“王子”而奋发努力！

第四节 经营的灵魂：有诺必践，以义制利

一、方略：企业诚信的难点和对策

近年来，在社会主义核心价值观的指引下，全国上下开展了多种形式的社会诚信教育活动，尤其是各企业围绕诚信经营，制定了具体的行为规范，着力反假纠偏，取得了阶段性效果。企业信用就是其身份证的意识已基本确立，市场经济秩序有了明显好转。但是企业之间的不平衡性较大，相对而言，中小型企业差于大型企业集团和跨国公司，起步较晚的企业差于发展起步早的企业，在一些企业中仍不时发生经营失信行为，这不仅影响企业的生存和发展，而且危及一个地方和国家的形象。对此，要认真贯彻2020年国务院办公厅《关于加快推进社会信用体系建设 构建以信用为基础的新型监管机制的指导意见》精神，针对目前经营诚信中的难点，采取有力有效措施，根除违法失信的痼疾，使守法诚信的品质得以根深叶茂。

（一）目前企业经营诚信的难点及缘由

梳理归纳，目前部分企业的诚信问题大致有以下五个方面：

一是会计信息失真，虚报、瞒报统计数字。或者由于公司股价高低和盈利水平与企业经营者的利益休戚相关，企业十分关注短期有效的财务报表，当公司资本不足以维持高股价时，或者盈利水平不理想甚至出现亏损时，便会产生财务造假行为。或者企业申报银行项目贷款时，为了提高资信度，可能会另搞一套财务报表，骗取金融机构的信任，导致企业盲目扩张，其后果是负债率太高和资金链断裂，加大了财务风险。或者为了迎合少数领导的政绩工程，企业在指标中渗水分，做假账。当目标任务不能完成，由于销售多报要纳税，不敢作假，因而在产值上任意虚报，致使产销率低得令人生疑。或者以牺牲环境来谋取短期效益。有的企业虽有环保设施，但不按标准排放，更有甚者，暗地排

放未经处理的污染物。或者为了少交税，企业把不该进入成本的支出打入成本，变相地增加成本，以减少增加值和利润。

二是假冒伪劣商品隐藏较深，价格欺诈防不胜防。在产品制作中，违反工艺要求，偷工减料，粗制滥造，导致产品质量不符合标准。有的企业盗用他人品牌，侵犯其他企业的正当权利。或用虚假广告来哄骗客户或消费者，使得一部分人受骗上当。有的在出货时，把关不严，导致不合格产品流入市场，坑害消费者利益。

三是工程招投标流于形式，工程质量低下。明里是公开招投标，暗里是“圈里套”。有的投标单位不符合资级要求，便借用其他企业证件，从而获得准入投标门槛。进而打入内部，拉关系，送好处，在标书标的上打主意，骗取招标方的信任而中标。最后由于投标方技术和资金力量不足，工程质量没有保障，导致工程低劣事件的发生。

四是借款拖而不还，企图逃废债务。当债权方追款需要对账时，债务方以种种借口或设置其他障碍不予对账，增加了债权方清理债务的难度。

五是执行合同不严肃，失信行为屡屡发生。有的卖方抓住买方的急求心理，不仅乱抬物价，而且无能力供货也满拍胸脯，使签订的合同不能履约，给对方经营活动带来不良的连锁反应。

探究以上问题的根本原因，主要有以下四个方面：

（1）缺乏商德，极端的利己主义思想作祟，一味地追求自身利益，损害竞争者、社会公益和市场道德秩序。

（2）社会信用体系建设滞后于市场经济发育，有关企业经营的法律法规还不够健全和完善，往往难以及时发现和揭露企业失信行为，使不良企业逃脱了法律的制裁。同时，因失信风险成本低，惩戒力度不足，他们心存侥幸，欺骗作假。

（3）对征信认识不足，未能充分利用征信这一平台，对供应商的供货能力、质量、价格，对经销商的支付能力、合伙人的信用水平等缺乏科学的评估管理手段，造成企业经营风险偏大和无效成本偏高。

（4）法人治理结构不健全，股东会、董事会、监事会、经理层之间缺乏相互制衡和约束，在重大问题决策上缺乏直接监督，导致出现失真、失控现象。

（二）解决诚信难题的对策与措施

失信是社会顽疾，必须施以良药猛方。笔者认为，在以下四个方面双管齐下，定能有所奏效。

1. 道德约束和法治信用双管齐下

道德约束与法治信用相辅相成，道德约束是法治信用的基础，而法治信用是道德约束的保证。道德约束的首要问题是诚信观念的确立，诚信是中华文明的精髓，是生产、经营的基本道德规范和操守底线。“诚者，天之道也，诚之者，人之道也。”民无信不立，事无信不成。在经营过程中，企业要把信用视为企业的命根子，诚信地对待每一位客户和每一个合作伙伴，以赢得更多的客户和伙伴，进而确立在市场上的竞争优势和社会上的知名度、美誉度；诚信地对待每一位员工，以树立崇高威信，做到赢心盈利。而企业诚信的关键在于企业领导，企业领导要自觉成为诚信环境的守护者和创造者。在企业中大力宣传践行“诚信做人、以德立身，诚信经营、以德治企”的理念，明白“君子之言，信而有征，故怨远于其身”的道理，营造“守信获益，失信失利”的浓厚氛围，使全体员工像爱护自己的眼睛一样爱护企业信用，做诚信人，办诚信事，用社会道德规范约束经济活动中的失信行为。

在加强道德约束的同时，必须辅之以法治信用。近年来，国家先后对《中华人民共和国公司法》《中华人民共和国会计法》《中华人民共和国合同法》等法律法规作了修改完善，为企业依法经营、依法立信提供了准绳和武器。企业和企业家应认真学习、深刻理解，知法、懂法、用法。积极参与做好公共信用管理平台，建立健全贯穿于市场主体全生命周期，衔接事前、事中、事后全监督环节的新型管理机制，提升自身的监管能力和水平，维护市场秩序，共建优良营商环境，推动高质量发展。同时，有关部门应根据国家有关法规，制定相应的配套条例，以加强可操作性和执法力度。对严重失信者，学习国外有关经验，加大失信违法成本和罪罚落实力度，让那些心存侥幸者知险而退，使其不敢以身试法。

2. 信用管理与企业管理双管齐下

企业的信用管理主要是抓好能提升信用能力的、基础性的信用信息工程建设。企业信用信息工程包括授信管理和获信管理两个方面。在授信管理方面，最重要的是依法建立真实完整的会计资料。在此基础上，建立健全企业信用信息数据库，以准确反映企业生产和经营情况。在获信管理方面，运用类似于企查查、天眼通等信息查询系统，及时、准确地收集整理经济交往对象的企业资质、资产运转和合同履约的信息以及市场动态和政策环境变化等重要信息，并将其全部输入信息库，实现数据可比对、过程可追溯、问题可鉴别。

在此基础上，坚持将企业信用管理渗透到企业内部管理的各个领域、各个方面，努力发挥企业信用管理对推动现代企业制度建设的重要作用。加强企业财务信用管理，按照国家统一的财务制度，建立严格的财务预决算和内部财务管理及审计办法。加强质量信用管理，切实搞好产品全过程的质量控制，严格按照工艺要求组织生产，强化质量检测和计量标准化工作。加强纳税信用管理，严格按国家税法要求，及时足额缴纳税款，不做偷税、漏税的不法行为。加强企业信用监督管理，建立健全企业内部监督体系和岗位责任体系，坚持自上而下监督与自下而上监督相结合，形成完善的自我监督体系。分解和落实信用责任，横向到边，纵向到底。确保每个不同岗位都有明确的权利、义务和责任，一级对一级负责，形成质量信用责任链，共同对产品质量和信誉负责。

3. 恪守诚信与防范失信双管齐下

马克思曾经说过，商品生产必须完成从实体到金体这一“惊险的跳跃”，再从金体通过采购原料变成实体，形成一个完整的简单再生产循环，假如这个惊险跳跃不能完成，那么“摔”坏的将不是商品，而是商品生产者。而恪守诚信是完成“跳跃”到“循环”的一个至关重要的因素。企业在市场竞争中，面对市场上的诚信考验与企业内部的信任要求，应积极搞好企业信用论证，提高信用管理水平。为能服人以信，企业要塑造充满信任感和荣誉感的企业文化，坚持正确的价值取向和道德取向，建立企业战略管理的“信誉机制”，以诚信为荣，以失信为耻，在任何场合、任何时间、任何业务中都要履行合同，恪守信用。

与此同时，要强化风险意识，积极防范失信方可能给守信方带来的损失。在目前社会信用体系有待健全深化的情况下，企业随时会遇到来自内外部的各种风险，在自身讲诚信的同时，要积极预防可能出现的失信风险。委托有资质的第三方征信评估机构，对其供应商和经销商做好经常性信用调查，做到动态掌握、科学判断、及时应对。决不能掉以轻心，要谨慎操作，严格把好每一道关。对“萍水相逢”的生意，由于缺乏深层了解，更应慎之又慎。对原辅材料供应，尽量与生产厂家直接联系，实行定点供应，不做或少做中介公司的生意。在业务结算上，积极采用国际信用结算方法，或者采用银行保函的做法，这样既能拓展业务，又能控制风险。充分利用银行内部的信用风险评级机制，通过信息的有效收集与处理，解决信息的不对称性，以求信息的真实和全面。同时重视和国内各类信用担保机构的合作，使其在企业经济交往中发挥不可替代的独特作用。

4. 激励守信与惩处失信双管齐下

通过激励和惩处，让守信者得利、失信者受损，在全社会营造弘扬诚信、摒弃失信的环境。在激励诚信上，一是各级政府要彻底消除地方保护主义和“人情网”等对企业信用经营和市场竞争公平交易活动的负面影响，全力打造“诚信政府”形象，不断推动社会信用建设。二是加快培育信用示范。通过推广信用评级、信用升级、信用公示、信用淘汰等多种形式，提高企业信用层次，形成一批信用示范企业，以示范企业推动诚信建设。三是银行要分辨不同企业的信用，在严格而精确的信用评级基础上，构造信贷风险管理流程与制度，采用抵押和担保的信贷工具，给予与企业信用等级相应的授信额度与贷款利率。四是企业申报的各级各类项目要与诚信挂钩，对诚信高的企业予以优先，对信用程度不高的企业加以限制或取消资格。五是把诚信与否作为评先选优和职业经理人评定的先决条件。

在惩处失信上，一是注意整合现有社会信息资源，优化信息资源管理。不断完善发改、市场监督、环保、财税、人民银行等有关部门联合建立的企业信用信息征集与信用评价体系，及时、准确、全面地记录市场主体行为，特别是将失信记录建档留痕，做到可查、可检、可溯，并及时披露失信主体，联合进行处置。二是认真按照《国家征信管理条例》的规定，继续实施企业信用分类监管“金信工程”。严格按守信、警示、失信和严重失信的认定标准执行，严格监控失信企业，关闭严重失信企业，其法人代表终身不得从事挂牌经营活动。三是加快构建跨地区、跨行业、跨领域的信用联合惩戒机制，从根本上解决失信企业反复出现、异地出现的问题。四是充分利用企业联合会、企业家协会以及各个行业协会的功能，制定自律规则和惩戒措施，发挥行业监督作用，对于损害行业整体形象的企业给予资级限制或其他相应制裁，以净化市场，维护公平竞争秩序。五是加强对隐藏较深的伪劣产品制造者和贩运者的侦查与打击，市场监督部门对揭露伪劣商品者，要像公安部门对提供侦查重大案件线索的知情者一样，予以重赏。从而打击失信者，保护守信者，形成守信“君子”有功、失信“小人”受罚的局面，大力营造全社会诚实守信的浓厚氛围。

二、案例：天林五金——视诚信为第二次生命

江苏靖江天林五金交电有限公司，多年来秉承“诚信为纲、客户为要、员工为本、奋斗为荣”的经营理念，从一个年销售千万元的公司发展成为年销售3亿元的公司，目前已跻身全省五金行业领先位置。公司为A级纳税人、银行“AAA”级资信等级客户，2022年再次被泰州市企业信用管理协会评为“AA”级、“守合同重信用”企业，被泰州市消费者协会评为“2021年度诚信单位”。公司董事长、总经理尹天麟被评为“全国商业优秀企业家”。

（一）对客户讲诚信

诚信就是一诺千金。天林公司承诺客户的无论有多大困难都要做到。为确保客户订货及时送达，公司备有18辆车辆，运力超150吨以上，确保当天采购、当天送达，20多年来，从未发生一起延误送货。2022年疫情期间，公司为确保某大型船厂生产，在上海受疫情影响无法供货的情况下，不计成本从外省仓库调货供给；诚信就是要遵循“契约精神”，而天林公司在疫情期间却将契约精神加上温度来履行：疫情期间一些商家订单因企业停产、减产而取消，天林公司均能无条件协助取消合同。路遥知马力，日久见人心，天林公司的客户群不断增加、朋友圈不断扩大。

（二）对合作伙伴（供应商）讲诚信

公司意识到，与供应商建立起稳固的合作关系是搞好经贸的基础，他们站在双方合作共赢的立场上，认真制定合作方案，尤其是对因市场原因造成需要调价商品的问题，都能按供货合同协议约定的要求执行，从未发生过争执。同时，做到对方有难、尽力济难。在疫情期间，武汉一家企业遇到复工的困难，公司想办法提前安排资金，共度时艰，得到了合作伙伴们的赞赏，纷纷表示愿与天林公司合作。金桥焊材、大西洋焊材、京雷焊材、东成电动工具、上海通

用集团等国内知名品牌均落户天林。近年来，有一些新增品牌，如三力士公司的三角胶带、河北廊坊的盛森磨具等，也与天林建立了合作关系。

（三）对员工讲诚信

企业的发展离不开员工的努力，企业应该为员工谋福利。尹董事长带领公司管理层制定了合理的薪酬制度，把员工的利益与公司的发展紧密结合在一起，积极造福员工。每月评选中，有60%的员工能够得到公司的表彰和奖励；到年底，对符合各种奖励政策的员工和有特殊贡献的员工，按承诺实施奖励，一一兑现，不打折扣。有力调动了员工的积极性，集聚了人心，在工作中抢着做、帮着做的员工越来越多。

（四）对社会讲诚信

公司要求每一位员工在日常工作生活中遵守诚信的同时，把守信的品质带入家庭和社会。当疫情发生时，公司不忘企业社会责任，积极组织免费发放口罩上万只、消毒液数千瓶，并吸纳20多人就业。

第五节　经营的亮点：把品牌擦得更亮

一、方略：高起点打造企业品牌

品牌与战略、模式构成了企业运行中的三大重要组成部分。品牌是产品进入市场的利剑，也是企业综合实力的重要标志。企业之间的竞争，无不反映出企业品牌之间的竞争。做品牌要有自主品牌，要逐步提高层次和水平，由做品牌向做知名品牌发展，循着由市、省到国家乃至世界品牌的梯次发展。做品牌要逐步提高境界，钱志新（2016）认为，第一步要做好品牌企业，成为一棵大树；第二步从做企业上升到做产业，形成产业链，成为一排树；第三步，从做产业上升到做生态系统，形成一片森林，成为产业生态系统的领导者。

（一）做品牌，要有核心技术

核心技术是品牌的精髓，是打造品牌的关键，只有拥有他人难以模仿的核心技术，才能在市场上安营扎寨。其途径是搞好产学研用合作直至联盟，通过整合有效资源，破解核心技术、关键技术难题，将科技优势转化为生产力。然而核心技术是动态的，不会一劳永逸，要随科学技术的发展与迭代，不断注入新的技术元素，包括新工艺、新技术、新材料等，以保持核心技术在行业中占有领先地位。

（二）做品牌，要有过硬品质

品质是品牌的基础，叫得响的品牌必须要有过硬的产品品质。过硬品质应本着高质与高新并举、盈利与赢心共存的原则，向质量型发展进阶，严格原材料进厂关、严格生产制造过程控制、严格质量改进与提高、严格产品出厂检验。其关键是抓好精益管理、匠心制作，重点是坚定走专业化道路，完善提升质量保证体系，对标先进苦练内功，使产品质量得到稳步提高。学习日本企业的经验：一是准时化，通过看板拉动生产，确保在规定时间内保质保量完成任务；二是自动化，由操作者自己发现问题、解决问题，并不断改进，实现精益求精。美国与日本在品牌管理上有明显不同，美国专而大，一个品牌只做一个产品，在做精做深的基础上再做大规模；日本企业大而全，一个品牌做很多产品。相比之下，专而大为好，做多个产品不及做一个产品。

（三）做品牌，要构建企业信任状

信任是品牌的核心，信任可以拉近企业与消费者的距离。信任状是塑造品牌的“助产士”。信任状为客户提供了选择品牌的理由，吸引顾客关注和购买。信任状的内容大致包括：产品与众不同的特色、精湛的工艺与流程、消费者的认可度、企业的形象、团队的素养、权威人士的观点等。其核心是诚信，“以心推诚，则不言而信矣”“诚信，天下之结也”，要像爱护眼睛一样呵护企业的诚信。品牌要创新提升为名牌，讲名牌就要实现品效合一，即企业做销售时既能听到品牌的声量，又能看到有效果的销量，这就需要培养一批粉丝群体，特别要有铁杆粉丝，从而发掘品牌优势，为客户创造更多价值。

（四）做品牌，要有快速响应市场的能力

①要有“猫捉老鼠的敏捷”，关注和发现社会及网络上的热点、风口，敏锐发现其中的商机，做好适合自身品牌的方案与推广；②要有“猫头鹰的眼睛”，密切关注各类市场动态和政策变化趋势，做好品牌发展规划预案，以便

及时适应新市场、新情况；③要有“狼的理智”，理智分析市场机会，迅速但不乏科学地进行决策，不盲动、不退缩；④要有“蚂蚁的行动力”，团队合作、不辞辛劳，将针对市场机会的决策转化为行动，构建迅捷开发体系，抢先把想法转化为产品，投放市场，做市场先入者，打响品牌；⑤要有“马的警惕”，及时发现经营、决策、舆论上的危机，平时做好应急预案，提高危机处理能力，让品牌转危为机。

（五）做品牌，要有企业品牌文化

品牌文化是一个企业的灵魂，品牌要升级，其文化必须升级，要不断拓展品牌文化内涵，契合企业经营定位和消费者的预期。通过战略规划，采用“借梯登高”“借势造势”等战术手段来提升品牌形象，提高消费者对品牌的认知度和忠诚度。注重提炼出品牌的核心价值，包括研究提出品牌名言，使人能在第一时间联想到一种固定的品牌风格，从而达到提高消费者认知的目的。发掘和讲好品牌文化的故事，包括创业历史、创业者的成长经历，加强消费者对品牌的认同。打造行业明星，提升品牌形象，集聚更多的品牌簇拥者。

二、案例1：迅达摩托——打造苏中一流汽摩行业品牌

江苏靖江迅达汽车摩托车有限公司（以下简称迅达公司），在全国优秀商业创业企业家陆绍山的带领下，倾心致力打造汽车摩托车经销品牌，筑起了一座令人仰慕的丰碑。一幢高达十二层的现代综合大楼巍巍矗立在城区江平路的繁华地带，销售维修一体化的六个分公司昂首坚守在靖江市区的周围。迅达公司成为苏中一流汽摩行业翘楚，“迅达”品牌成为最具核心价值的一块“金字招牌”，它像磁铁般吸引着爱车族前来选购汽车、摩托车。时下，市场竞争十分激烈，汽摩销售依然红火。“迅达”的崛起，背后是陆总一班人的超人智慧和艰辛付出。

（一）迅达人洞察市场，把准舵盘，及时调整发展战略

在市场不确定因素日益增多的情况下，如何积极应对，把企业做强做久？陆总在回顾企业发展历程时，深有体会地说，企业发展得好不好，发展战略很重要，而发展战略的核心是居安思危，企业家要有战略思维。这句话

切中要害，因为任何一个产业都是波浪式向前推进的，企业冲过一个巅峰，必将迎战下一个浪头。只有在市场大潮的起伏中顺势而为，才能制胜。事实正是如此。

20 多年前，陆总经销螺丝螺帽时，就以敏锐的目光从大中城市摩托车销售走红中观察到摩托车在农村城市发展的广阔前景，率先在靖江经营摩托车，并迅速扩大经营规模，从卖螺丝的小店大步跨进了摩托车卖场。在摩托车生意红火时，他居安思危，很快意识到摩托车将进入饱和期，加之人均收入提高了，崇尚汽车的潮流谁也挡不住。于是 2001 年他亲自去北京等地调研考察汽车市场，疏通有关渠道，加盟北京新华夏汽车连锁有限公司，于 2003 年上半年，迅达创办了第一家汽车销售公司。不到 10 年时间，规模已从当时租赁的六间门面扩大到如今的六大经销公司，营业面积达 5000 平方米。2010 年，随着社会车辆拥有量的不断增加，他意识到汽车维修保养必须跟上，且市场广阔，于是又办起了汽车修理厂。

后来，他又在思考，靖江是个人口中等的县级市，即使按达到国外 6 人一辆的用车标准来测算，靖江的市场空间达到饱和也用不了几年，况且并不是只有迅达公司独家经营。在汽车市场即将饱和时，企业发展应向何处去？通过整合现有的可用资源，迅达投资了 3800 多万元，于 2018 年年底，建成了一幢集行政办公中心、汽摩销售广场、金融服务中心、餐饮住宿会所等功能于一体的迅达大厦，为实现迅达产业链的转型升级，向实施多元化发展迈出了坚实的一步。同时在靖江市规划的靖江国际汽贸城征地 10 亩，建成一座现代化的进口汽车 4S 店。他说："经过几个发展阶段，企业等于上了一条大船，虽然掉头比不上小船那么容易，但它能抵御市场的大风大浪。"正因为他们从办公司以来始终遵循"循序渐进、量力而为、逐步发展"的经营方针，做一个项目，巩固一个项目，发展一个项目；走一步、看几步、跨大步，企业才能稳健发展，功到自然成。

（二）迅达人勇于创新，强化管理，打造迅达亮丽窗口

在确立经营战略目标的基础上，迅达人铭记"物竞天择、适者生存"这一名言，讲究经营策略，不断改革创新，营造了一支一流的汽摩联合舰队。

1. 合理布局，实施差异化竞争

公司摒弃市区多家销售公司挤在一起倾轧的经营模式，在城郊接合部的不

同方位设立了5个汽车4S店、2个汽车销售分公司、一个汽车修理厂以及一些摩托车销售公司及各乡镇分销店。各销售公司分别实行综合品牌销售与独立品牌销售，各类品牌、各种系列、各种档次兼顾，同时形成左厅右室、前店后厂的格局，店堂左边是产品展示厅，右边是办公洽谈区；前面卖商品，后面搞修理。进了一家公司，既可买车，又可修车，满足了不同爱好人群、不同消费层次的需求，增强了市场竞争能力。

2. 科学管理，力求效益最大化

公司按照集团公司的运作模式，强调绩效永远是第一位的。本着精干高效的原则，总部设立了两部一室（即财务部、业务部、办公室），只有11人。总部对下属公司采用统分结合的管理方法，即分级管理，分清职权，分开核算；统一供货渠道，统一资金调度，统一人员配置。对下属公司全部实行经营承包，并通过科学测算，下达销量、毛利率、费用、利润等主要经济指标。部分公司经理实行年薪制，职工实行基本工资加绩效工资。年终考核时，将经营绩效摆在第一位，硬碰硬、公平公正，有力地调动了管理层、部门经理和营销一线员工的积极性和主动性。

3. 精心服务，打造用户满意工程

在经营范围扩大的过程中，配备能胜任的营销和维修队伍，为用户提供全方位、全天候、无假日的售前、售中、售后服务，明确每一次买卖的完成即服务的开始，倡导用心服务、真情服务。做到亲情化、规范化服务，修理时严格执行节能环保工艺标准，并积极探索维修新工艺。同时，配备了紧急救援车，使发生重大故障的车辆能得到及时援助。有一年除夕下午4时，迅达接到东兴镇一客户反映前天刚买的摩托车，怎么踩也打不着火，尽管当时外面下着滂沱大雨，他们仍急用户之所急，立即安排维修人员上门服务，原来是用户使用方法不当。问题解决了，用户交口称赞迅达服务好，后来还经常带着亲朋好友前来购车，这位顾客成了迅达的义务推销员。

（三）迅达人塑造文化，更新理念，支撑企业基业长青

公司在实践中领悟到企业文化之于企业如同空气、阳光之于人一样重要，于是自觉塑造企业的先进文化，确立新的理念，收到了事半功倍的效果。

1. 打造企业诚信文化

把诚信经营作为立企之本、兴企之源。以创品牌为先导，遴选知名企

业、知名品牌的汽摩供应商作为合作伙伴，共同建立相互信任、长期稳固的友好关系，从未发生一起合作纠纷，赢得了供应商的信赖。同时，由于厂商直接供货，无须经过“二传手”，不仅确保商品正宗，杜绝了拼装车、杂牌车的进入，而且在满足用户需求的同时，也使其得到了价格上的实惠。信贷上讲信用，多年来，公司从未发生过一笔逾期还贷，多家银行也争着为迅达公司放贷。迅达公司先后被评为“江苏省诚信单位”“全国摩托车行业十佳诚信单位”。

2. 打造勤俭节约文化

迅达公司虽拥有大笔资产，但陆总从不张扬，也不奢侈，一直普普通通。他卖高档车，现在坐的还是十几年前的旧别克车，他的穿着也很朴素，住房也不是豪宅。这与陆总对财富的认知是密不可分的。他说：“财富是社会大家共有的，我们只是财富的保管员，只是暂时对财富有较多的支配权。现在社会贫富悬殊，要节约，不能浪费，否则，会对员工和社会产生负面影响，成为发展的制约因素。”

3. 打造执行力文化

迅达公司运用多种形式向职工灌输“企兴我荣、企衰我耻”的荣辱理念，以正确的思想引导人，以先进理念激励人，培育良好的职业道德，加强正能量的传递。认真修订和完善各项管理制度，组织学习行业管理规程，按时召开职代会，充分尊重职工的民主权利，促进执行力提高。全公司要做到干事雷厉风行、处理问题立竿见影、执行指示令行禁止。

（四）迅达人澄怀观道，勇担责任，上下左右良性互动

陆总办公桌正对面墙上挂着“澄怀观道”的字匾，意在纯洁心灵：明辨是非，概括了陆总的思想境界与高贵品质。在谈及企业成功的体会时，他说：“老板发财不能认为都是自己有本事，而是一靠党的政策，二靠政府支持，三靠员工努力。如果说我自身努力也算一条，那也只是我懂得珍惜改革开放给我提供的这一舞台。我们不能忘记社会各界的支持，同时也不能忘记员工的辛勤努力，不能沽名钓誉，要真心回馈社会，不能作秀，这样才能增加正能量、避免产生不和谐因素或者不和谐音符。正因为他有如此高度的认识，所以能正确处理企业与政府、企业与社会、企业与员工之间的关系。”

1. 正确处理企业与政府之间的关系

20 世纪 90 年代后期，企业正处在发展时期，迅达公司按照镇政府的要求，先后托管兼并了面临倒闭的内衣厂，参与整合了扬靖物资公司。吸纳安置 60 余名原厂职工，对安置员工与迅达公司职工一视同仁。另筹集了 30 多万元，为上述两单位离岗员工和内退人员补发工资和补偿金，帮助政府卸掉了一个大包袱。由于企业支持了政府，政府也从多方面支持企业，如迅达综合大楼的建设和城南园区汽车 4S 店土地的征用等，都离不开政府的大力支持。

2. 正确处理企业与社会之间的关系

他们认为，企业发展离不开社会支持的各种资源，企业发展了，理应回报社会。这几年，迅达公司结合企业经营发展需要，先后安置社会下岗职工、残疾职工和退伍军人 29 名，占其职工总人数的 25%。公司还先后与靖城四个村结为帮扶对子，资助特困户子女上学，资助贫困户建房，帮助特困户找工作。此外，公司踊跃参加光彩事业、慈善事业、新农村建设及社区城中村改造等，慷慨解囊，从不吝惜。近年来，公司累计用在公益事业上的资金有 60 多万元。他们行善做好事，提高了在社会上的影响力和美誉度，使企业发展的宽松环境有了保障。

3. 正确处理企业与员工之间的关系

企业视员工为宝，员工视企业为家。企业关心员工、尊重员工、维护员工合法权益。员工分享企业发展成果，工资水平逐年提升，“五险”按期足额缴纳。与此同时，企业积极帮助员工规划职业生涯，通过多种途径、多种形式对员工进行培训，提高员工综合素质，将有发展潜力的人才派送到外地乃至国外学习深造。企业对员工一片心，员工对企业一片情。员工普遍感到成长有奔头、工作有劲头，公司上下充满新的活力、新的憧憬，较快地圆了陆总刚创业时对公司“迅达”字号所寄予的期望和梦想：让用户用上迅达卖的车，能一路顺风、迅速到达；让企业自身迅速兴旺发达，为社会多做贡献。

三、案例 2：顺达警用——“顺达”品牌驰名于全国武警装备市场

江苏顺达警用装备制造有限公司（以下简称顺达公司）在董事长陆宝兴、总经理张翠金的带领下，以建设一流现代化警用装备生产基地为目标，秉持“以人为本、以客为先”的经营理念，始终保持旺盛的奋斗精神和创新

能力，取得了骄人的业绩。该公司注册资金1亿元，占地面积33000平方米，是一家专业从事生产和销售警用、反恐防暴、防弹防护、刑事侦查、安全防范等军用、警用装备的综合性专业单位。现生产和销售11大类千余种产品，其中专利产权产品180余种，部分产品通过了欧盟CE认证、美国FCC认证，还通过了五星售后服务认证。先后获得市、省乃至国家颁发的多项荣誉，是华东地区最大最强的一家警用装备生产基地，也是中国警用装备十大品牌企业之一。其产品覆盖中国境内，并远销东南亚、非洲、欧洲、中国港澳台等国家和地区。

（一）顺达人用高端产品培树企业品牌

产品是企业立足市场的基础，高端产品是战胜竞争对手的关键。近年来，公司将研发高新产品作为生产经营的头等大事来抓，不断推进从生产单一警用器材产品向生产高端警用装备转移。前几年，法国、比利时、土耳其先后发生恐怖袭击事件，反恐成为保障各国安全的首要任务。中国自2016年1月1日起开始实施《中华人民共和国反恐怖主义法》，习近平总书记和李克强总理强调要加强反恐工作，警务部门也对反恐装备提出了新的要求。面对严峻的国际形势和国内安保需求，公司敏锐地意识到，这是警用装备迈向高端研发的良好契机，也是作为警用装备生产龙头企业的一份责任与担当。他们从适应反恐实践需求的角度出发，决定集中一切创新要素，研发制造更优质、更先进的反恐装备产品。研发生产反恐装备产品要求高、难度大，产品虽有行业标准，但无工艺技术参数，且原材料的差异性很大，加大了研发的难度。“明知山有虎，偏向虎山行。”他们不畏艰难险阻，结合企业实际，勇于挑战反恐装备新技术，由公司领导、技术人员和车间主任共同组建研发小组，以严谨的科学态度，集思广益，这个设计方案不行，再谋另一个设计方案，反复试、试反复，终于解决了一个又一个难题，取得了一个又一个成功。例如，公司研发的防弹衣护心板，既要达到高强度级别，子弹凶器进不去，又不能分量过重导致身体受不了。他们对不同材料、不同层数的护心板不知试验了多少次，研发中心将设计方案交给车间试制，车间试制后再交研发部门测试，测试不达标再拿方案交车间试制，经过二十多次反复，才找到最佳的生产工艺方案。又如，开发固定式遥控路障这一产品，遇到了减速板块的材质问题。在试用多种材料不能满足设计要求时，他们以敢为人先的创新精神，大胆采用材料混合配方的办法试着干，连续三天三夜，进行了数十次反复对比试验，终于解决了这一难题，并且取得了发明专利，正所谓“顺达路从探索出，梅花香自苦寒来”。

他们在取得研发高端产品的突破后，不骄不躁，乘势而上，从满足反恐防范的需要转向研发市场前沿产品，在产业链上不断延伸，现已形成高端的警用装备、单警装备、刑侦勘察、执行装备等多种警用系列产品，抢占了国内外市场制高点，树立了顺达企业品牌形象。

（二）顺达人用过硬品质提升企业品牌

他们深知生产警用装备是保护生命安全、维系社会稳定的一件大事，自觉地把研发生产高质量的产品视为企业的神圣使命。多年来，他们一直坚持以严谨的态度、过硬的质量、优质的服务为宗旨，严格执行警用装备国家标准、行业标准，持续不断地提供品质可靠、性能过硬的产品。为确保产品质量，他们精选国内外各种优质原辅材料，从源头抓起。“工欲善其事，必先利其器”，他们舍得投入，结合企业技术改造，引进多台高端精加工设备。一进入机械加工中心，就可看到一排排、一台台自动化智能设备，便知产品制造质量有了保证。在技术上，特聘资深专家和教授进行生产现场指导，并对员工和管理人员进行多方面的技术与业务培训。公司通过了 ISO 9001:2008 质量管理体系认证、ISO 14001:2004 环境管理体系认证、OHSAS 18001—2007 职业健康安全管理体系认证，全面推行全面质量管理、环境健康管理，并严格执行。严把产品质量关，实行产中检、入库检、出厂检，确保件件产品无瑕疵、质量过硬。公司由于丰富的产品种类、优质的产品质量，受到了国内外客户的青睐。2008 年的奥运会、2010 年的世博会，顺达公司均成为定点供应单位，多种产品被选用，并获得公安部门的高度赞扬和肯定，顺达品牌的影响力也越来越大。

（三）顺达人用文化元素擦亮企业品牌

不论任何人、在任何时间到顺达公司，一定会感受到浓厚的文化气息和积极向上的发展氛围。董事长自题自书“创新、实干、关爱、奉献”的企业精神、“质量是我们的生命，客户是我们的成就”的企业宗旨、“以人为本，以客为先”的经营理念、“热诚、安全、效率、准备”的工作标尺，充分体现了顺达人的高远境界和博大胸怀。他们将这些文化体系中丰富的文化元素，通过实施制度建设，包括健全培训制度、绩效考核管理制度及激励约束机制等，与企业体制机制融为一体，相互促进。通过实施典型示范，包括发掘、培养、总结、宣传、表彰先进典型和先进人物，用榜样的力量教育人、鼓舞人，用这些典型迸发的思想火花擦亮企业的品牌。通过多种文化传播的形式和载体，包括自建的网络、多媒体、微信服务公众号、宣传栏等，以及开展各种文艺活动和外出旅游等系列活动，不断将企业的文化元素灌输给每个员工，内化到每个员工的心，外化到每个员工的行。从而让广大员工争做尽忠职守的人、团结合作的人、主动进取的人、处世灵活的人、敢于挑战的人、知恩图报的人。前年，公司先后两次遇到盾牌与防刺服批量大、交货时间紧的情况，不需动员，一、二线人员主动加班加点，有的还将家属带来厂里加班，确保按时按量交货，充分体现了员工的主人翁思想。正是他们这支高素质的团队，提升了企业的运营效率和竞争力，增强了企业品牌的美誉度。

第七章

企业管理

企业管理，就是整合各类资源，充分发挥管理功能作用，不断提高投入产出比，以获得丰厚回报，实现企业既定目标。管理重在掌控、把握细节。企业要坚持把提高企业生存和发展能力作为管理的落脚点，不断提高永恒追求的质量和效益。企业要认真研究和抓好被称为企业管理“王道”的优势管理，通过以供应链为主的系统化管理，以设计、生产与管理为内容的精细化管理，以打造绿色型、价值型、知识型、品牌型“小巨人”企业为目标的特色化管理，使企业的比较优势上升到竞争优势，并使企业的优势更优更久。通过调整产品优结构，强化营销拓市场，标本兼治强管理，不断提升企业的盈利能力和水平。建立和完善以资金管理为中心的理财机制，健全现金流预算管理制度，优化现金流管理流程，抓好影响现金流的关键要素，把牢现金流这一企业“命脉”，不断提高资金的使用效率。进一步深化企业管理，由管理制度化上升到制度流程化，再上升到流程信息化。建立健全风险防控机制，保障企业稳健持续发展。高度重视基于人的企业管理，学习和运用日本松下幸之助的“人才观”及稻盛和夫的“经营哲学”，确立员工既是企业管理对象，又是企业管理参与者的管理思想，使员工通过为用户创造价值体现自身价值，进而实现员工价值与用户价值最大化的融合。

第一节　企业管理的“王道”：优势管理常态化

一、方略：“三化”，企业优势更优更久的现实选择

优势是一种核心能力，是企业长期积累形成的。企业的优势主要体现在产品、技术与市场上，因此，加强对企业优势的管理十分重要。优势管理又叫长板定律，是让企业从积极的决断中去看事情，从中发现自己的“木桶长板”，找到目标的最佳支点，并通过投资资源，不断加强长板，发挥出最大的潜能，

取得最大化的价值和收益。然而，企业优势是动态的，让优势管理处于常态化，即可使企业永续发展、基业长青。这是优势管理的“王道”。对优势的管理，主要是在系统化、精细化、特色化三方面下硬功和花气力，使比较优势上升为竞争优势，成为强大的核心能力。

（一）从系统化方面进行优势管理

现代的企业竞争已不是企业之间的竞争，而是供应链乃至生态系统之间的竞争。优势系统化管理主要是打造高效运营的供应链。供应链管理是对商品和服务流的管理。供应链是任何组织运行的基础，其优劣决定着企业的成败。每个企业都有自己的供应链，应努力把它管理好，使之成为企业经营的核心能力。作为供应链的组织必须具有核心资源，主要包括品牌、技术、设计、订单、金融等，供应链就好比珍珠串成项链，这些就是串珍珠的金丝。鉴于供应链是一组在经营上首尾相接的群体，应通过管理夯实供应链中各个环节，提高组织成员的职业化水平，降低供应链运行成本，加快对市场的响应速度，达到价值增值。

关于供应链管理：

首先，从规划和设计上优化流程。从提高公司绩效的角度出发，围绕管理流程化、流程信息化，可从三个方面来优化流程：一是将以产品为中心的经营模式转变为以用户为中心，在流程上，由过去从采购原材料到制成品，再到由销售网络把产品送到用户手中这一顺向供应，转变为从用户开始，逆向向组织传递需求；二是通过强化评审机制，选择品质优、价格低的原材料或半成品；三是协同优化，通过信息网络，组织企业上下游合作伙伴协同运作，供应和需求同步，快速响应市场，以供应链的柔性化来满足用户个性化需求，并通过供应链成员对网上信息透明度的控制，确保诚信和信任，从而通过对整条链的管理，最大限度地提升自身价值，获得市场竞争优势。

其次，将优化供应链流程与优化价值链结合起来。处理好系统与重点的关系，既掌握系统这个大局，用系统来提升企业综合竞争能力，又把握好重点这个局部，由20%的重点来创造80%的价值。在优化全程价值链时，主要掌握企业经营核心业务，即价值链高端，其余采取外包或众包形式，并像管理自己内部一样，将业务外包管理好（包括人、机、物料、流、环等因素），从而获得最大价值。同时，围绕创新发展，利用互联网开发用户价值链，为用户提供增值服务。组建资源价值链，将相关资源整合起来，譬如，帮助优化下游销售渠道商的价值链，使它的成本和利润保持在合理区间，以减少最终客户支付的价格，从而提高产品的服务性价比。

最后，进行供应链流程再造。企业供应链已由供应商、外包商、合作商和用户组成供应网，在互动中实现合作。供应链再造是指为企业重新构建价值链、供应链和核心业务流程。再造时，应积极精简供应方，以减少中间环节对供应链的牵制。根据中央提出的“以立足国内大循环为主体、国内国外双循环相互促进”的新发展格局，主动调整核心思路和路径，充分发挥我国超大规模市场优势和内需潜力，让国内外资源相互补充、相互作用，使有限的资源发挥更大的作用。并根据业务发展需要，逐步从专业化公司向平台化公司拓展。专业化公司构成的价值链是从科技研发到生产制造再到物流营销完整的价值链；平台化公司构成的是价值网，通过产生生态系统构成一个层级更高的价值系统。流程的实施，主要依托信息网络平台，通过信息流引领商流、物流和资金流，使整体高效运行。

（二）从精细化方面进行优势管理

精细化实际上就是精益管理，也是工匠精神之灵魂，能深耕细作、精益求精，专注、专心于自己的行业。精细化管理已成为时代潮流，且贯穿于企业的方方面面。一是精细化产品设计。为客户设计个性化产品，设计过程中，在考虑满足客户需求的同时，还要注意优化内部结构，以节约成本。二是精细化生产。做到流程精益设计、全员生产维护（TPM）、产品品质提升标准、生产全自动化，同时注重持续改善生产的各个环节，采集从物料投产到成品入库的全生产过程中所发生的信息，并对物料消耗、设备监控、产品检测等进行管理，最大限度地降低成本、提升效率、提高质量、确保准时交付等。三是精细化管理。建立起以责任为中心的管理制度体系，横向到边、纵向到底，包括责任制度、核算制度、考核制度、奖惩制度和控制制度，做到责权利相统一。明确各个层次的职责与职能，基层关注细节，埋头干事，认真按要求做好每件事；中层关注环节，分工办事，相互紧密协作，落实好各项任务；高层注重大局，重在谋事，集中精力管大局抓大事，上下形成一个协同作战体系，使管理卓有成效。四是重视数据库建设，对生产经营过程中的数据实行全过程记录，如业务收入、材料费用、库存、订单、应收账款、现金流等真实数据，为企业积累海量数据打好分析基础，以保证决策精准。五是精细化服务。树立“企业是用户的‘大管家’”的观念，从客户需求到经营企业，从企业本位走向客户本位，从以价格为中心转向以价值为中心，由为企业创造利润转为为客户创造价值，由过去的“老三包”转向系统服务，不在价格上做减法，而在价值上做加法，全心全意为客户服务，做到创造价值的最大化。六是精细化规划。精细化规划是推动企业发展的一个至关重要的问题。企业有了好的规划，就有了明确的发展方向和目标，就能沿着规划线路去实施。因此，经营者要利用现代化管理手段，对市场进行充分调研分析，紧密结合自身在行业中所具有的优势和劣势，对今后的发展有精准的判断和清晰的思路，从而谋划制定出一个具有前瞻性、科学性、周期性的中长期规划。与此同时，制定出近期尤其是本年度的经营计划，做到长期规划、分段实施，并注意根据客观变化的情况，及时修正和完善自己的规划和计划，做到稳扎稳打、步步为营。

（三）从特色化方面进行优势管理

特色不特、优势无优，也就是没有特色。有规模是发展的基础，做出特色才是真正的优势。一是打造绿色型企业。树立绿色经营理念，走循环经济发展之路，以低碳导向再造整个价值链，包括低碳设计、低碳技术、低碳工艺、低碳运营、低碳回收等。通过加强节能减排改造和全过程低碳管理，达到低消耗、低污染、低排放、高产出的目的，提升企业的碳资产管理价值。二是打造价值型企业。首先，夯实基础价值，开发生产具有市场竞争力的适销对路产品，否则，一切都无从谈起。其次，夯实核心价值，提高业务方案水平，实行增值服务。利用互联网，以产品定制化来满足个性化需求；以生产智能化实现定制产品；以经营服务化创造主体价值。最后，拓展价值，跨界开发新的延性价值。云平台是智能大脑，其知识宝库中存在海量数据以及应用系统，企业应通过与云平台链接，获得数据共享，运用智慧系统，走向智慧发展。三是打造知识型企业。知识资产已成为企业的核心资产，知识创造核心价值。知识管理就是利用知识的无形资产创造价值的艺术。国外研究表明，在企业市场价值中，七分之六取决于知识资产。从有效发挥资产作用的角度出发，将企业的知识资产向全体员工开放，共享知识，提升员工素质；通过全员培训知识学习，更新知识，提高人力资本水平。特斯拉公开了所有专利与同行分享，实际上通过同行共享专利加快了拓展市场的步伐，同时，进一步激发了技术创新。企业围绕核心技术，持续进行创新，并抓住机会，集中资源配置，聚焦突破，以保持核心竞争优势。四是打造“小巨人”企业。“小巨人”企业的优势主要体现在企业最大竞争力的学习力上。学习力的内涵，不是简单的学习培训，一个学习力好的企业，最有效的发展方式是不断试错快速迭代，不冒风险试错是最大的风险。在网络时代，小企业围绕一专二精，在细分市场中找准适合自己的专业，坚持小事大做，利用互联网构建一个行业性大平台，并深耕细作专到极致，以成为行业单打冠军乃至世界级领先企业为目标。五是打造品牌型企业。在打造核心竞争力上下功夫。不靠机会、模仿和产能扩张，而靠提高领导力特别是创新力，来打造企业核心竞争力，使企业走上良性循环的轨道。通过持续创新，不断巩固和发展已有的核心技术的优势地位，以赢得市场的主动权和话语权。在拓展国内外市场上花气力。运用多种形式和方法，争取多接单、接好单，并通过打造智慧供应链，实现利益相关者多赢共赢。同时，从满足客户需求的角度出发，不断创新产品。注重知识产权保护，实行商标注册，避免商标被仿冒而带来风险。在塑造企业优秀文化上做文章。企业文化的灵魂是企业经营者的价值观，其核心在于价值观创新。企业要将价值观融入全体员工的思想观念中，成为员工的自觉行为；同时，融入生产经营全过程，成为企业可持续发展的动力。在共同家园、共同奋斗、共同分享上创出特色，做出水平，做到内强素质、外树形象，让文化内化于心，固化于制，外化于行，不断提升企业知名度和竞争力。

二、案例：恒力制动——奏响高质量发展“四重奏”

江苏恒力制动器集团历经 60 多年发展，企业由小到大，由弱到强。尤其是 20 世纪 90 年代以来，董事长、总经理徐旗钊带领全厂员工始终践行“品格、品质、品种、品牌”的经营理念，在创新创业的道路上，战风斗雨，攻坚克难，勇毅前行，书写了光照历史的骄人篇章，创造了属于时代的美好前景。目前公司是国内商用车制动器品种最多、系列最全、产量最大、规模实力最强的专业供应商，是国内众多整车厂和车辆厂的独家配套商。公司现为江苏省高新技术企业，江苏省文明单位、江苏省两化融合创新示范单位，15 年蝉联“靖江市工业三十强”单位。公司旗下拥有 3 个全资子公司、4 个控股子公司、1

个港资公司及2个成员企业，形成了以汽车配套件为主、跨界发展物联网产业的多元化产业集团。不仅自身得到了迅猛发展，而且带动了靖江市数十家汽车配件企业发展。当下，面对新的发展机遇和高质量发展要求，公司紧跟时代步伐，奋力开拓，为“品格、品质、品种、品牌”赋予新的内涵、新的要求，唱响了“四重奏”，打出了组合拳，务实交出高水平、高质量发展答卷，聚力打造恒力百年品牌、百年企业。

（一）锻造高素养、高品位品格，把准高水平、高质量发展的根本之策

品格、品质、品种、品牌一脉相传，密切相连，相互促进。且将品格冠之于首，这是因为他们深谙实现高水平、高质量发展的关键是人。公司先塑人品，后造精品，再创品牌，着力打造一支“奋发向上、勇于创新、能征善战”的优秀团队。①用企业精神凝聚人。运用多种形式开展宣传教育，使“团结创新、恒力发展”的企业精神融入每个员工血液中，成为新的动力源，实现员工对企业精神由认知到认同，工作态度由谋生到敬业，思想感情由愉悦到归属，对企业由信任到依托的飞跃和升华，达到内化于心、外化于行。②用先进文化陶冶人。在立足企业传统文化基础上，引入江淮公司“全员学习、系统思考”“天下大事必作于细”“有质量才有天下”及宇通客车“一切以客户为中心”“崇德、协同、鼎新”等先进理念，实行高度融合、无缝接轨。通过学习借鉴，为企业管理文化增添了新的内涵，即质量第一，精心制造，永创新高，蔚然成风。③用文明道德提升人。公司以每年销量递增30%的幅度和每天要有进步为目标，以创优争先为载体，以先进典型为示范，使“创文明集体、做文明职工”的活动内容不断深化，范围不断延伸，标准不断提高，考核不断规范，形成了层层树先进、处处学先进、人人当先进的浓厚氛围。目前公司领导有事业心，中层干部有上进心，员工有责任心；上下有志必远，有诺必践，有坚必摧。从而锻造出了“人敬业、性刚直、争第一”的品格，为企业高质量发展提供了精神支撑和动力源泉。

（二）构筑高标准、高水平品质，把准高水平、高质量发展的关键之处

品质是品牌的内核，是在市场中取胜的先决条件，更是高质量发展的关键。他们抓软件练内功，抓硬件添外力。一抓员工技能提升，保障产品质量。实行全员精准培训制度，全面提高员工综合素质。新员工实行岗前培训，考核上岗；老员工分期分批进行轮训。通过技术等级考核晋升、实战演示训练、技能操作比赛等方法不断提高员工实际操作能力。员工做到“三不”：不接受不良品、不制造不良品、不传递不良品；干部也做到“三不”：不因人情照顾质量、不因生产让步质量、不因成本降低质量。二抓推行现代管理模式，稳定产品质量。导入卓越绩效体系，积极争创市长质量奖。制定 APQP 管理流程，搭建产品全生命周期管理平台，实现了正、逆向质量追溯，质量全流程管控，以及质量失效风险预警。完善“两化”融合体系，通过智能制造，实现产品质量的持续优越。同时不惜代价投入资金，完备检测试验手段，能满足制动器产品从原材料进厂到成品出厂的全过程质量控制检测需要，成为国内同行业中检测设备最齐全、档次最高的开放式检测中心。三抓标准化 + 技术创新，提升产品质量。在行业内，他们第一个推出“客车制动器标准”，并对产品质量指标进行自我提质加挡；第一个将制动器总成性能及各项指标做到国内第一；第一个开发出了 24.5 吋气压盘式制动器，领衔制定客车用这一产品行业标准；第一个采用以锻代铸的新型工艺；第一个采用非调质钢的新型材料；第一个采用纳米复合工程表面处理剂代替电泳、电镀，提前 4 年完成汽配产业链环保提升，有效规避了现行节能环保超强整治产生的影响。

（三）开发高科技含量、高附加值产品，把准高水平、高质量发展的升华之基

产品是品牌的载体，也是打开市场的钥匙，更是高质量发展的基石。公司根据制动器“安全、高效、环保、智能”的发展方向，树立“新产品、新市场、新价格、新后劲”的开发理念，确立与主机厂“同步开发、超前开发”“人无我有、人有我优、以快制胜”的开发方针，率先在行业内开展“新、标、特、效”制动器立项研发，基本做到产品专一系列化、产品精益高端化、产品市场多元化。在开发中，一是加强产学研联合，提高研发水平。公司与江苏大学、江苏科技大学、上海电机学院、南京工程学院等高校进行了产学研合作，双方在“优势互补、互惠互利、共同发展”的基础上，逐步建立“产学研”一体化全面合作的平台，实行定向选题、分工协作、联合攻关、共同研发。完成了江铃重卡引进福特技术制动器的国产化项目；目前公司研发的新型气压盘式与鼓式制动器已成功进入比亚迪、吉利汽车、五龙集团、银隆集团等新能源汽车的标配序列；其创新产品液压卡钳总成、液压鼓式总成已成功进入庆铃汽

车配套，正在向乘用车领域拓展。产品更新换代速度加快，打通了各种类型各个规格的产品序列，市场空间越来越大，前景预期广阔。二是设立产品研究所，积蓄研发能力。为壮大研发能力，公司在抓好现有技术人员素质提高的同时，大力引聘行业顶尖专家和专业人才，现已形成技术核心团队 20 余人。为激发创新热情，公司从各方面为他们创造条件，为他们提供宽松的工作、生活环境，让他们担任项目开发牵头人，给他们优厚的待遇。有计划地对关键技术和疑难问题进行研究和攻关，取得了显著成效。已获得 6 件国家发明专利、20 多件国家新型实用专利。每年新产品销售占 30% 左右。且在产品开发上不断创新，初拟以电子智能为驱动，开发与制动相关联的产品，形成一个新的系统。该研发机构被评为省工程技术中心。三是不断提高工艺装备水平，满足研发制造需要。从适应制动器产品加工精度高、工艺规程复杂、环保要求高等特点出发，公司坚持每年进行技改投入，积极引进高柔性化、高精度、高效率的加工中心或数控设备。与此同时，立足自我，发挥工程技术人员的创新引领作用，实施传统设备的自动化改造，如今由恒力技术团队自己研发制造的专机设备达百台以上，这些设备不仅自动化程度高、生产效率高，而且有效降低了工人劳动强度，为整车的制动性能提供了强有力的技术保证。

（四）创造高价值、高地标品牌，把准高水平、高质量发展的决胜之要

品牌是企业形象的缩影，也是一种潜在的竞争力与获利能力，更是高质量发展的追求。他们视品牌为生命，从最初的创牌、保牌到提升品牌，付出了艰辛的努力。①建立完整的创新体系，在培育品牌核心力上下功夫。为推进不断创新，公司专门设立了创新改善管理办公室。坚持以技术开发为重点，建立了以技术质量总监为主导的技术与质量监控机制，以技术、质量系统为主的职能执行机构，以主任工程师、项目工程师为主的项目开发部门，有计划地对新产品、新工艺、新设备、新程序，特别是对关键技术进行研究与开发。专门添置了多台用于创新研发的先进装备，如德国进口 3D 扫描仪、3D 打印设备等。公司还对工程技术人员进行分工，按划分区域负责各块市场，主动参与主机厂的老产品改进和新产品开发活动，从而及时有效地改善结构与材料设计，提高了整车制动性能。通过产品开发、市场开拓和生产经营的紧密结合，公司加速了科研成果向现实生产力的转化，增强了核心竞争力。还针对原材料成本价格上涨和产品价格下跌的双重压力，扎扎实实以技术降成本，向管理要效益。全面推进6S管理，不断提升现场生产管理水平，着力营造安全高效的生产环境。②坚持强中求大、大中求强，在放大品牌的影响力上花气力。他们领悟到品牌与规模经营相辅相成，没有大的规模，就没有大的品牌；没有响亮的品牌，就难以上规模，企业难以发展。本着“整合资源、优势互补、抱团发展”的宗旨，公司组建集团后，加强对分公司的扶持，支持技改投入、产品开发，以适应集团公司的整体规划、布局和发展，并要求所有产业链配套企业共同维护好恒力品牌，立志做有责任感的企业。该公司不久前又与一家合资生产电子标签的香港企业商定，由港方再投1亿多美元，开发了智能包装项目，以延伸产业链，放大价值链。他们在做好国内市场的同时，积极拓展国外市场。作为宇通客车拉美地区最大出口国的古巴工业部领导一行来靖江考察，对恒力制动器在古巴的业务发展规划进行了深入沟通，他们将致力做好古巴的备件市场销售和服务，提升了恒力在海外的品牌知名度。③他们瞄准新标杆，在提升品牌竞争力上打硬仗。主动寻找国际国内先进企业竞争对手开展对标找差，落实具体赶超措施。还通过采购国际品牌产品对比，进行研究学习，优化设计，取长补短，提升水平。同时，他们借助企业搬迁重建之机，高起点规划，按照“工业4.0”智能制造的思路与要求，优化工艺路线和生产布局，高标准建成国内一流的制动器研发、制造基地，让“恒力”成为靖江又一驰名的新地标。

第二节　企业管理的落脚点：提高生存和发展能力

一、方略：扭亏增盈刍议

企业亏损的原因，笔者认为有以下四个方面：一是原材料、燃料尤其是金属材料的提价幅度较大，加之职工工资、福利、补助等费用增加，企业内部一时难以消化，因而造成亏损。二是供求失衡。国家实行供给侧结构性改革，市场很快出现了结构性疲软，造成产品积压，导致效益下降。三是一些亏损企业商品经济意识较差，供销力量不强，市场信息不灵，经营头脑不活，销售渠道不畅。四是企业实行改制后，以改代管，管理松懈，导致产品质量下降，原辅材料消耗过高，加之内部约束机制不健全，不少亏损企业“跑、冒、滴、漏”

现象严重。当然，对亏损企业不能一概“以成败论英雄”，但亏损企业要正视自己，既看到自己的问题和困难，又看到自己的作用，看到自己的潜力，看到自己劣势中的“优势”，不能怨天尤人，也不能等（等市场好转）、靠（靠支持资金）、要（要优惠条件），而是要以积极进取的精神去化解矛盾，变不利为有利。要加快转型，从主要依靠资源驱动发展转到主要依靠创新驱动发展上来；从依靠减税让利转到依靠改善经营机制、增强活力上来；从依靠产品涨价转到依靠“双增双节”、增强自我消化能力上来；从依靠单纯追求产值、粗放经营转到依靠科技进步、开发高附加值产品、提高效益上来；从制造型转到制造服务型上来。

（一）立足基础，在调整产品结构这个“制高点”上花气力，切实扭亏增盈

产品结构单一、开发新品无所作为，是亏损企业的通病。亏损企业要扭亏为盈，最终还是要靠产品结构调整。在深入推进供给侧结构性改革的情况下，企业已不可能像过去那样较多地靠投入、添设备、上项目来开发产品，即使金融环境宽松，亏损企业也无法靠贷款搞技改，必须主要依靠现有技术、设备等条件，紧紧围绕国内外市场的需求来优化结构。①在原有产品上搞系列开发、延伸开发，通过采用新工艺、新材料、新技术来改善原有产品性能，增加品种，扩大用途，拓宽销路。②利用原有的设备、技术进行缺门产品开发。在众多产品信息中，企业要按照“市场热点＋工艺新起点＋企业立足点＋产品开发点”这条公式去反复调研，筛选论证，并向新产品技术开发公司咨询，帮助企业权衡决策，以克服产品开发的盲目性，增强产品开发的可靠性。③加大产学研合作力度，努力开发高新技术产品，力求做到生产一批、储备一批、开发一批。

（二）强化销售，在开拓市场这个“突破口”上下功夫，推动扭亏增盈

针对目前亏损企业产品的特点，可采取如下几种办法：①全员营销。实行目标管理，严格奖惩。同时，进一步调整充实供销队伍，改变队伍老化、力量单薄的状况。进一步调整和优化营销政策，以调动全员营销的积极性。②易物巧销。以产品换取自己所需的原辅材料或生产设备。③网点赊销。将积压产品先赊给销售网点，等网点销售后再结账，减少网点销售的风险，以争取多网点销售。④价差促销。可根据不同地区、不同季节、不同用户采取不同的价格，以价格优势拓宽市场。尤其是对于长期积压的产品，降价幅度可大些，以使呆物变活物。⑤挂靠扩销。在立足自身努力开辟渠道的同时，借助外力搞“曲线营销”。要积极与有关设计院所合作，请他们推荐销售；与名牌大厂、大店合作，依靠名牌打开销路；与外贸口岸公司合作，将产品打入国际市场。既向经济发达地区和国家规划靠拢，又向“老、少、边、穷”地区渗透。⑥厂际联销。亏损企业之间可以相互帮助推销，更提倡好企业利用自己的信誉帮助差企业销售。一个地区或一个部门，可以把所属产品编印成目录单，向营销人员提供洽谈业务的资料，做到“出门一把抓，回来再分家”。⑦网络快销。应用O2O模式，实行线上线下互动销售，做到快产快销。

（三）标本兼治，在强化管理“积累源”上做文章，加快扭亏增盈

亏损企业的共同特点是整体素质不高、管理水平较低，没有调动起工人积极性。要把扭亏增盈的重点放在提高企业整体素质上。在抓好经营的同时，狠抓内部管理，不断将管理工作引向制度化、规范化、科学化。建立岗位与责任、贡献与报酬相一致的绩效考核机制，一项一项、一环一环地把基础管理抓到实处。同时要把强化管理和实现“双增双节”（双增双节是“增产节约、增收节支”的简称）目标任务结合起来，以管促改，以改促管，既改又管，克服过去以改代管、放松管理的弊端。从增产上要效益，算出每个企业的盈亏临界点，千方百计扩产；从技术上要效益，搞好技术改造；从降本节支上要效益，压缩三项资金（应收款、发出商品、库存产品），紧缩三费（非生产性开支费用，非生产人员费用，非生产性建设费用），降低三耗（物耗、能耗、工耗），提高三率（优质品率、劳动生产率、资金利用率）。还要塑造好企业文化，以企业愿景、核心价值观和企业精神，激发员工的积极性和创造性，共同为企业扭亏增盈、转型升级出谋划策，贡献力量。

二、案例：天鹅乐器——“天鹅”缘何蜚声全球市场

江苏天鹅乐器有限公司（以下简称天鹅公司）在巾帼骄子陈红梅董事长的带领下，凝心聚力，执着追求，克难奋进，战胜了国内外竞争对手的挑战，

“天鹅”口琴在市场上越叫越响，名声越来越大。天鹅产品在全国同行业中生产规模最大、品种规格最全、品质最优、科技含量最高。公司先后获得“江苏省名牌产品”“江苏省民营科技企业”“中国乐器行业50强”“中国驰名商标”等称号，拥有110件国家专利。产品竞争力越来越强，60%的产品行销海外，40%的产品占据国内市场70%份额。产品远销美国、德国、英国、瑞典、韩国、日本、新加坡、澳大利亚等40多个国家和地区。天鹅公司这一产品成就大市场、大名声，靠的是他们在“三精（精心设计、精益生产、精耕市场）”上下功夫、花力气。

（一）在精心设计上下功夫

多渠道抓信息，新思路抓设计，大力度抓开发。

1. 在高端产品上抓开发，由中低档产品向高中档产品转型

1998年，公司派人参加了美籍华人在北京举行的半音阶口琴展销会，当时一把半音阶口琴卖价高达400美元，美籍华人建议他们进行研制，当时国际上只有德国一家企业能生产口琴。他们认真解剖国外这一产品的内在结构，仔细揣摩生产工艺，根据国外先进技术，结合国内实际，大胆自行设计。试制中几经周折，不怕反复，集思广益，攻克了簧片和音孔板之间密封度不好引起漏气等问题。目前该产品质量不逊于国外产品，而价格仅是国外产品的1/10，提高了产品性价比。仅这一种产品，就获得了国家9项实用新型专利，被认定为“江苏省高新技术产品”。他们年年参加世界乐器博览会，捕捉新产品、新技术信息，并认真消化、吸收、再提高。他们强化企业研发机构建设，明确开发项目，严格绩效考核，并从人才、资金、设备等方面予以倾斜，确保年年有新成果、新进展。进一步加强产学研联盟，与上海、北京、西安、南京等音乐院校建立长期合作关系，不断研发具有国际先进水平的乐器产品，争创世界一流知名品牌。

2. 在特殊产品上抓开发，由常规产品向特殊产品转型

他们组织技术力量开发了普通口风琴的升级换代产品——全乐理口风琴。该产品是器乐教学、音乐学习的理想乐器。不久前，在此基础上新开发的填补国际国内空白的37键全乐理口风琴一经问世，即得到了国内外消费者的喜爱，学校、部队纷纷下订单，多家媒体前来采访，国家一级演员周仕华用这一产品演奏后连连称赞。日本、韩国等国多家公司主动提出将天鹅公司作为在中国的生产基地，目前产品供不应求，跻身世界领先品牌行列。他们还开发了特别调口琴，由过去的只有一个 C 调，增加到 12 个音调，能适应各种调别乐曲的需要。他们自行设计开发的电声口琴，克服了原有音量不足的问题，获得了国家发明专利。

3. 在多品种上抓开发，由单一产品向系列化产品转型

从满足不同国家、不同消费者群体的需要出发，他们千方百计克服技术力量不足、管理环节增多等困难，先后开发生产了 5 种多音孔系列口琴，4 种多孔、多音、半音阶口琴，4 种多键系列口风琴，以及 10 孔 20 音布鲁斯口琴，和弦、低音贝斯伴奏口琴。同时还开发生产了竖笛、葫芦丝、打击乐器等，为国内外客户、音乐爱好者及中小学生提供了音阶准确、音色优美、演奏轻松的各类优质乐器。在 2012 年中国国际轻工消费品展览会上，“天鹅”乐器获得“精品奖”“最受消费者欢迎奖”“科技创新奖”和“文化创意奖”等殊荣。

多年来，“天鹅”坚持以人为本，多形式培养人才。立足企业培养“永久牌”人才，定期组织科技人员到知名企业进行技术交流，拓宽开发视野，提升自主创新能力。舍得投入培养人才，曾经在资金最紧时仍挤出 10 万元，一次性选送 5 名中层干部到高等院校深造。同时，不断组织内部培训和技术比赛，提高实际操作水平。还从提高工资标准、评选先进、关心员工等方面来稳定队伍，调动职工的积极性。

（二）在精益生产上花细功

生产一把口琴要在冲压、抱簧、订压簧、调音、装配、成品等六个大车间完成 100 多道工序，而且每道工序的要求都很高，不能有半点偏差。他们视质量为生命，在生产全过程中，严格要求、精益求精。

1. 严格把好材料入口关

口琴的内在结构比较复杂和特殊，要求小批量、多规格供应铜材，常让供应商感到麻烦而且不划算。对此，他们派出人员协助供货厂家设计开发，确保材质达标、价格合理、供货及时。同时，从多个渠道进货，不吊在“一棵树”上，并严格检测检验，以满足产品需要，掌握生产主动权。

2. 严格执行各道工序工艺标准

推行现场 5S 管理，改善生产环境。每个大车间按照自身需要完成的工序，合理设立作业组，每个作业组就是一个生产单元，也是一条流水线。每道工序认真采标、对标、验标，道道严格把关，上道工序不达标不流入下道工序。并组织技术人员开展技术革新，改造生产设备，提高自动化水平。如在冲压车间采用激进硬质自动模，座板材料进去，成品音孔板出来，一次性完成冲音孔、冲订簧孔、装塑孔和两头孔。既保证了尺寸稳定、平整度好，又提高了生产效率。

3. 严格执行质量保证体系，建立质量管理网络

从上到下，层层设立质检员，建立责任制，明确每个员工既是操作工又是检验员，实行自检、互检、抽检、终检相结合，做到专管成线、群管成网。积极采用先进质量管理制度，在同行业中率先通过 ISO 9001 国际质量体系认证。加快企业技术进步，进口日本先进音准仪，一改过去凭听觉鉴别为仪器验音。严格产品的质量检验制度，坚持做到“四不准、四不放过”，增强了员工的质量意识，赢得了用户信赖。多年来，产品出厂合格率达 100%，从未发生退货和索赔事故。

（三）在精耕市场上花气力

将开拓市场作为搞好口琴生产的切入点。陈红梅董事长同营销员一起，跑遍全国各大城市，巩固老渠道，开辟新渠道，并大刀阔斧地改革营销机制，建立营销网络，市场分片划区，整合营销队伍，实行产品销售买卖制，明确考核奖惩，调动了营销员积极性。在此基础上，陈红梅董事长多次跑省，争取自营出口权，同时争取挂上省牌。外销由口岸代理转为自营出口和口岸代理并重。为了提升自营出口能力，借力国内优势企业参加世界乐器博览会。在摸到门道后，公司自行组团，设立摊位，打出了“天鹅”品牌，使得直接订单不断增多。他们还同国家教仪公司建立合作关系，通过教仪公司同国外采购商签订销售合同，现常年向全球最大的三家乐器销售公司供货。

同时，通过自我积累、适度贷款和科学调度资金，加快加大技改投入。继续引进关键的生产和检测设备，提高设备先进性和实用性。不断调整生产工序，大力改造现有设备，提升自动化生产水平。抓好工夹模具制作，搞好标准化生产，确保每把口琴都能同国际名品媲美。

第三节　企业管理的关键：现金流为王

一、方略：企业理财应以资金管理为中心

企业体制改革，为企业经营机制转换提供了动力。但是，不少企业尚未真正完善和提高以资金管理为中心的理财机制，导致仍存在着一些明显的薄弱环节。

（一）应收款数额较大

由于市场信誉机制尚未真正建立，市场信誉缺失，有些企业不能按合同如期付款，拖欠货款情况严重，应收款占到流动资金的40%左右，且还款单位信用意识不强，收回应收款的风险系数较大。有的企业缺乏风险防范意识，合同不严密，双方争执不下，导致民事诉讼发生。

（二）企业经济效益微薄

正处于发展期的企业，80%以上都有扩张计划。但部分企业项目起点低，投资收益率不高，企业利润微薄，总资产报酬基本为零。有的企业长期投资收益率偏低，如果被投资企业亏损或破产，将使企业蒙受巨大损失。也有的企业不能量入为出，忽视现金流风险，导致资金链断裂，危及企业正常运转。

（三）企业负债率偏高

为了搞投入、上项目，企业与企业通过相互担保获得银行贷款，企业负债包袱较重。同时由于双方不是同行，又不能参与管理，万一某一方发生严重问题，另一方将负连带责任，导致双方同时被套进“黑洞”。

（四）存货储备不合理

没有确立最高和最低的储备定额，资金的综合利用水平较低。有的企业对市场预测不准，盲目进材料，加大了产品材料成本，往往无利可图，甚至发生亏损。

（五）资金周转缓慢

在资金使用筹划上不合理、不科学，导致资金周转缓慢，不能充分发挥有

限资金的效益。

（六）生产设备利用率不高

对部分可安排三班制的设备，只安排二班制，甚至只有一班制，不能充分发挥设备的效能。有的设备长期闲置不用，不仅不产生效益，还需支付维修费用。

造成一些企业资金运行质量不高、经济效益不理想的主要原因有三：一是财务管理仍处于传统经验型管理状态，与规范化、程序化、科学化、法治化的要求相差甚远。二是财务管理基础薄弱，内控制度失灵，会计核算马虎，财务信息掺假，人为控制成本增减，经济效益的高低往往由领导“一锤定音”。三是企业经营机制转换不彻底，其思想观念、工作方法、管理模式尚未全面转入市场经济轨道。

鉴于此，切实加强以资金管理为中心的企业理财，直接涉及企业的生存和发展，必须在这方面下功夫、花力气。

1. 加速资金周转，促进资金增值

资金循环和周转是企业运转的主要表现形式，必须努力扩大销售，提高收入的安全性和完整性，做到各项营业收入和其他业务收入都能按时足额入账。这是其一。其二是提高资金变现能力，增加资金周转次数，从流转速度中求增值。采用积极回收应收款、要求大宗订货预付货款、推迟应付款时间或重新协商付款方式、充分利用银行透支额度、清理并出卖积压库存和闲置设备、以易货交易取代现金交易减少开支等办法来增加现金流。其三是加强货币资金管理。货币资金是处于两次周转之间的间隙资金，对此管理不严，会使资金周转延缓，影响生产经营活动的正常进行。因此，要遵守国家规定的现金管理制度，认真执行现金使用范围和库存现金的限额，坚持查库制度，严格现金存取手续，严禁坐支现金。单位之间的一切经济往来，除零星支付现金外，都必须转账结算。另外，要编制货币现金收支计划，确立货币资金最佳持有量，从而控制货币资金。其四是充分发挥固定资产效能。通过填平补齐来解决前后道、主辅机不配套问题，使生产能力适应生产任务需要，提高固定资产的使用效率。对于闲置不用的设备，应尽早处置变现。同时要加速固定资产折旧，把固定资产转移到产品中的那部分价值转化为货币资金收回来，用于固定资产再生产。其五是认真搞好投资决策。运用回收期间法、会计报酬率法、现净值法、

内含报酬率法、盈利能力指数法对项目收益进行评估，然后以项目收益为依据，认真进行项目选择和项目决策，确保收益率不低于银行贷款利率。一旦发现投资风险，要及时对症施策，化险为夷。

2. 加强资金核算，降低成本费用

一是切实抓好投入产出的成本核算。按照成本管理程序，搞好成本预测，认真编制成本计划，严格成本控制（控制材料费用、工资费用、制造费用和期间费用），规范成本核算与分析，健全考核奖惩制度，把成本管理抓出水平、抓出效益。二是通过减员增效，减少原辅材料消耗，提高劳动生产率，努力降低生产成本与劳动成本。三是搞好量本利分析，认真测算保本点以及实现目标利润的销售量、销售收入和销售成本。认真执行销售合同，及时办理结算，尽快取得销售货款。四是严格规范会计核算。制定各项费用标准，明确审批程序，加强事前预算、事中检查、事后考核，对成本费用该转的要转，该提的要提，该摊的要摊，不弄虚作假，搞虚盈实亏。五是加强存货控制与管理。以尽可能少的存货成本来维持正常的经营活动，提高资金的综合利用水平。力求让存货成本和存货资产达到最佳结合，寻找最合理的存货储备，为公司带来最佳经济效益。在存货日常管理中，建立存货资金归口和分级管理制度，制定存货定期检查和监督制度，加快存货资金周转。管好存货变动，重视存货现值，努力通过材料的购销来处理好存货的历史成本与市场成本的差异。

3. 加紧资金结算，保障资金安全

（1）严格控制应收账款发生，宁可让利，也不要赊欠货款。在为了与竞争对手争夺市场份额而不得不赊欠促销时，应通过传统信用分析法、信用评分法对其信用质量进行检验和评价，然后根据信用等级进行信用确定。切实加强应收款的管理与监督，想方设法压低逾期未收账款的比率，将其控制在应收账款总额的1%以内。加强收款绩效考核，通过设立具体量化指标来评价其绩效，并据此实施奖励。应及时清理未能收回的应收账款，定期与欠款单位进行核对，并取得核对确认书面凭证；对时间长的应收账款应派人或去函催讨，以保持债权的法律时效。

（2）调节现金收支，改善现金流量。加速收回货款，增加现金流量。通过银行业务集中法、邮政信箱法来减少资金浮存。合理安排现金支出，尽量利用供应商提供的赊销期，不提前或推迟支付账单。有效管理资产，减少现金占用，严防坏账侵蚀销售利润。

（3）正确处理国家、投资者和职工三者之间的关系，做好利润分配。运用成本费用利润率、销售利润率、资金利润率、人均利润率来评价利润水平。对实现后的利润，遵守利润分配原则和分配程序，首先弥补经营性亏损，然后及时足额上缴所得税。企业在税后利润没有弥补完上年度亏损时，不能提取公积金和公益金。企业在向投资者分配利润前，经董事会决定，或按公司章程规定，可以提取任意公积金。提取任意公积金应有利于控制利润分配水平，以减少各年度因利润分配水平不同而造成的波动，保持长期稳定发展。企业当年没有盈利，不得向投资者超前分配利润。

（4）努力营造一个既有民主又有法治、更有监督的行之有效的内部控制体系，包括民主管理、经营业务处理程序、依法理财、内部监督、考核奖惩等制度，以保障资金的安全。

4. 加快建立现金流风险评价标准，努力降低现金流风险

判断企业财务是否处于安全运营状态，着眼点便是研究考察现金流入与现金流出之间在时间、数量及结构上的协调对称程度。循着这一逻辑，企业需采用如下五个方面的现金流风险评价标准：

（1）现金流量比率 = 现金流入量/现金流出量

该指标主要用于分析或估测企业现金流入对现金流出的总体保障能力。现金流量包括经营、投资、筹资等方面的现金流入与流出。如果现金流量比率大于1，即现金流入量大于流出量，表明从整体上讲，企业对各种现金的支付是有保障的。

（2）维持当前经营能力保障率 = （经营活动现金流入 - 非现金消耗性成本）/经营活动现金流出

在企业的成本消耗中，有相当一部分，如固定资产折旧、无形资产和长期待摊费用摊销等，不必在当期支出现金，我们称之为非现金消耗成本。该比率的安全值为1。如果该比率为1，说明企业通过自身正常业务经营，不足以取得足够的现金维持现有的经营规模；如果该比率大于或等于1，说明企业有能力通过正常商品的购、产、销带来的现金流入满足企业简单再生产需要。

（3）经营现金流量纳税保障率 =（经营现金净流量 + 所得税 + 增值税）/（增值税 + 所得税）

纳税现金流出量是一种“刚性”约束。营业收入与营业利润相应派生增值税与所得税。经营现金流量纳税保障率小于1，表明企业不得不通过借款甚至压缩或占用未来经营活动必要的现金预算进行弥补。企业应尽可能使该比率大于1。

（4）经营现金净流量偿债贡献率 =（经营现金净流量 - 维持性资本支出）/到期债务本息

该比率表明企业所取得的经营现金流入量在弥补了经营现金流出量、支付了应纳税款并满足了必要的追加性现金支出后，可用于偿还到期债务的水平，亦即剩余经营现金净流量对偿债的贡献能力。该比率大于1，表明企业完全可以到期偿付债务；反之，不得不通过举借新的债务或其他资金融通途径来偿付到期债务，从而加大了财务的风险性。

（5）理财活动安全保障率 =（投资活动现金流入 + 借款收到的现金 - 偿债和利息所支付的现金）/投资活动现金流出

本比率的安全值设定为1，在投资初期通常是现金流出大于流入的，如果本比率大于或等于1，说明投资活动不至于影响债务的偿付；如果本比率小于1，说明投资活动已过度，如果不及时吸收投资或投入经营现金流量，将危及企业生存。

为降低现金流风险，要重视现销，压缩赊销；改善现金流的结构状况，不断提高经营活动所产生的现金流在整个现金流中所占比率；提高企业的信誉度，保持与客户、供应商之间的良好关系；尽量避免资金过多地被“固化”到固定资产中去，以减少成本压力，给未来发展留有余地；把企业各项业务的事前和事中控制作为财务职能的关键来抓，从而使以上五项比率处于安全阈值。

5. 加大队伍建设力度，不断提高企业理财水平

能否做好理财，关键在于队伍的素质。要通过培训教育，努力造就一支德才兼备的人员队伍，既有高尚的职业道德、高度的工作责任心，又有精湛的管理技术、深厚的管理功底，还有较高的学识水平。这样，在企业领导的重视下，企业理财水平就能有质的飞跃，企业的经济效益必然会有一个新的提高。

二、案例：扬阳化工——管好资金链，畅通现金流

江苏扬阳化工设备有限公司是一家专业生产工业搪玻璃压力容器设备的企业。在实践中，他们深刻认识到市场是龙头、资金是血液，牢固树立“现金流为王”的理念，企业一切活动围绕着现金流的畅通安全开展，大大提高了企业资源配置效率和资金使用效率，有力地推进了企业的稳健发展。公司连续多年被评为AAA级资信企业，连续29年被工商部门评为重合同、守信用企业。公司年生产能力达63000吨以上，国内外用户达1500多家，产品市场销售量占22%，居世界同行首位，是二十一届国际搪玻璃大会指定参观企业。

（一）既抓开源，又抓节流

企业的资金积累主要来源于开源的业务，有了充足的业务，就能保证企业满负荷运转，为快产快销快资金回笼打好基础。他们坚持以高品质稳固市场，以新产品拓展市场，使得用户越来越多，业务量越来越大，资金周转量也越来越大。他们以回笼的资金进行再投入，购买原材料进行再生产，形成良性循环。尽管年年生产，流动资金随着业务量的大幅增长而增加，但他们不靠银行，而靠自我资金的周转。即使新上项目，也不搞长期贷款，且把资金用在添置关键设备上，同时，算好使用时间与效果，尽早把贷款还掉。他们意识到，如果一味地靠银行贷款，而业务不好，管理不到位，势必走上一条不归路。

在抓开源的同时，他们也狠抓节流，总经理朱晓和打了个比方：企业是个“资金池”，开源如同用大水泵往池中打水，如有漏洞不节流，打进去的水越多，漏掉的也越多，最后是“竹篮打水一场空”。为了守住“资金池”这个钱袋子，他们制定了严格的财务制度，不仅一把手亲自抓执行，并且组织了一个团队来具体抓落实。同时，他们积极参与银行理财，以降低财务成本。对于大笔回笼的货款，除留足作近期使用之外，其余部分以“天天赢”的活期存入银行，如需使用，可随存随取，十分方便。对于客户货款实行保函理财。由银行开具保函，届时自动本利结算，既不用向用户要钱，同时也获得了如同银行存款的利息。

（二）既抓资金占用，又抓资金运用

在资金占用上，他们把握好三个指标：①企业被客户占用的资金：应收账

款及应付账款；②企业被存货占用的资金：存货；③企业占用供应商的资金：预付账款。这三个指标集中反映为资金活动所产生的现金流量。他们根据生产需要，合理安排资金买材料，实行库存最高和最低限额管理，确保既不超储占用过多资金，又不因材料脱节而影响生产。将在制品、产成品、发出商品所占用资金控制在合理区间，促进企业资金迅速顺畅流通，提高资金的周转率。

在管好资金占用的基础上，不断创新资金运用方式来获取新的效益。公司是钢板用材大户，在钢板进料上，以赢得市场的理想价格获取先机。总经理朱晓和对这方面十分用心，他根据国内外经济形势，以及油价、铁矿石的价格，有时还持逆向思维，把准市场脉搏，本着安全性、效益性、稳健性的原则，认真研究，准确判断，慎重行事，在价格低位时及时吃进材料，为企业带来可观效益。比如，2020 年新冠肺炎疫情期间，钢板每吨价位 3900 ~ 4000 元，公司预知到疫情过后价格会上涨，果断购进了 5000 吨，后来钢板涨到每吨 4400 元，无形之中挣了近 300 万元。

（三）既抓变动成本，又抓固定成本

制造业的变动成本包括：与生产相关的直接材料、直接人工、辅助成本、制造费用中与生产有关的分摊费用、营业中的促销费用、销售人员的提成工资等。固定成本是指在业务量的一定变动幅度内成本总额不会随之变动而相对稳定的那部分，包括企业管理费用、销售费用以及车间生产管理人员工资、固定资产折旧费等。他们区分变动成本与固定成本之间的不同管理范围和内容，通过成本分析和寻找降低成本的途径来降低成本。在变动成本上，他们针对生产成本，尤其是材料消耗这个大头，把管理做细做实，不流于形式。在材料使用上做到大材大用、小材小用、边角料利用、废料再利用。他们甚至连焊渣也收集起来出售，不像过去那样废弃。同时，从财务到营销，从原材料进厂到成品出厂再到货款回笼，实行 ERP 管理，确保一环不失、一着不让。在销售货款回笼上实行谁经手谁负责，明确回收时间，如果超过期限，供销员要负担银行利息，消除了过去空账有实账无的现象。在固定成本上，从小事抓起，从点滴做起，通过节约各个时期的绝对支出和增加产品产量及商品流转量，来降低单位成本中的固定成本。

第四节　企业管理的重点：开源节流增效益

一、方略：成本管理“五要素”

成本管理是财务管理中的一项支管理。提高成本管理水平，是提高用户价值、企业经济效益的有效途径，也是促进企业整体素质与经济效益提高的最现实、最直接的有效途径。成本管理贯穿于企业生产经营全过程。在思想观念上，要从传统单纯以控制成本为准绳转变为以现代成本控制与价值提升兼而有之为准绳，从整体上增强竞争力。成本管理是企业提高经济效益的重要途径和长期任务。

（一）切实抓好成本预测

这是成本管理的首要环节，也是正确编制成本计划的前提条件。准确地预测企业成本指标，能为企业经营者做出正确决策提供依据。财务主管组织的成本预测过程，实际上就是出主意、挖潜力、争效果的过程。所以成本预测不能由财务部门关起门来算账，而必须与企业各个部门、各个车间（分公司）密切联系。通过收集整理资料，具体分析，认真测算，确立预测值，提出目标成本预测、功能成本分析预测、成本降低幅度预测的最优方案。

1. 目标成本预测

认真制定成本标准，使成本管理有客观依据。企业应该参考同行业的平均先进水平，分析企业成本的历史资料，把它编制成一种工具尺度，用以控制日常成本，并据此进行比较，以衡量成本管理工作的好坏。

（1）确定目标成本。方法有三种：一是可根据产品价格、成本和利润三者之间相互制约关系来确定产品的目标成本。二是可选择某一先进成本作为目标成本，将平均先进定额制定的定额成本或标准成本作为目标成本，也可从国内外同类型产品成本中选出先进成本水平作为目标成本。三是可根据本企业上年实际平均单位成本和实现企业经营目标要求的成本降低任务，测算目标成本。这种方法只能用于可比产品。

（2）分解目标成本。应结合企业的行业特点，或按产品结构分解，或按产品形成过程分解，或按产品成本指标分解，从而将目标成本这个大指标，尽可能地分解成若干个小指标，以便落实到各有关部门和个人，成为具体的奋斗目标。

2. 功能成本分析预测

所谓产品功能，是指产品具有满足消费者需要的功能与价值。产品功能预测分析（也称价值分析）就是把功能与成本这两个侧面结合起来进行分析，其目的是以最低的总成本实现产品的必要功能。功能与成本之比，构成了功能成本比值。在运用功能成本进行预测时，应首先选择分析对象，掌握数据资料，然后开展分析评价，提出改进措施，最后确定以最低成本费用来实现产品必备功能或满足用户需求的最优方案，预测体现经济效果的全年净节约额和成本降低率。

3. 成本降低幅度预测

成本降低幅度主要指财务主管预测可比产品成本的降低率和降低额，也是挖掘企业内部潜力、努力降低成本的一个重要手段。可先按上年预测（实际）平均单位成本计算年度可比产品总成本，然后通过测算直接材料费用、直接工资费用、制造费用、废品损失等各项主要因素的变动，来确定影响成本的程度。

（二）认真编制成本计划

成本计划是组织职工挖掘降低成本潜力的有效手段，也是建立内部成本管理责任制的基础。在搞好成本预测的同时，必须认真编制好成本计划。

在编制成本计划时，以先进合理的技术经济定额为依据，与企业其他计划指标紧密衔接，并发动有关职能部门与分公司或车间共同编制。

编制成本计划要有步骤地进行。第一，在广泛收集和认真整理相关资料基础上，预算和分析上期成本计划的执行情况。第二，进行全部计划指标的初步预测，确定计划期的目标成本，并拟订下达各车间、各部门的成本控制指标。第三，组织和发动各车间、部门讨论控制成本指标，编制预算，制定增效措施。第四，综合平衡和汇编全厂成本计划和费用预测。

在具体编制中，小型企业可实行一级预算，车间不计算成本，由财务部门根据有关资料测算平衡后直接编制。大中型企业一般实行分级核算，车间要计算成本。因此，应先由各车间根据财务部门下达的控制指标，编制车间成本预测，然后由财务部门汇总全厂成本计划。

在编制辅助车间成本计划时，由于辅助车间是为基本生产车间和企业管理部门提供产品和劳务的车间，对于先行发生的费用，要按一定方法分配到各受益单位的产品成本和费用计划中去。在编制基本生产车间成本计划时，首先应编制车间直接费用计划和制造费用预算，其次根据生产的产品品种及规定的成本项目计算编制车间产品成本计划。生产辅助车间和基本生产车间的各项目计算方法，一部分按规定的标准或定额计算，另一部分则按上年实际发生数，综合计划期节约费用的要求来确定。

在此基础上，再编制包括主要产品单位成本计划、全部产品成本计划、期间费用预算在内的全厂成本计划。

（三）严格成本控制

成本控制是指财务主管在企业生产经营过程中，按照预定的成本目标，对构成产品成本的一切费用进行严格的预算、调节和监督，及时揭示偏差，并采取有效措施予以纠正，使产品实际成本被限制在预定的目标范围之内。科学地组织成本控制，可以用较少的物质消耗和劳动消耗，不断降低产品成本，提高企业经济效益。成本控制是财务主管实施成本管理的重要环节，也是落实成本目标和实现成本计划的有力保证。成本控制一般包括以下几项基本内容：

1. 控制材料费用

①通过改进产品设计，落实先进工艺；制定材料消耗定额，实行限额发放制度；通过控制运输和储存过程中的材料损耗来严格控制材料的消耗数量。②降低材料采购成本。一是在确保原材料质量的前提下，突出一个适当优、低等级的采购比例，进而确定材料的平均采购价格；以上年度最后一个季度的实际采购价格作为计划年度的采购价格，或者在此基础上结合计划年度新的情况，作出必要调整，形成预测采购价格，从而严格控制材料的购买价格。二是经济合理地组织材料运输，就近购买材料，选择适当运输方式，提高采购效率，严格掌握各项采购开支，借以降低采购成本。三是合理采用新材料和廉价代用材料，既有利于发展新产品、新技术，又有利于材料节约使用。

2. 控制工资费用

①制定先进的定员定额。②实行工资定额和平均工资水平双重控制。③完善内部分配制度，加强日常监督管理。在企业内部，不搞“一刀切”，结合企

业的生产特点，采用灵活多样的分配形式，除常用的计时、计件工资制外，还可实行动态工资制、岗位技能工资制、超额分段累进计件工资制等。

3. 控制制造费用和期间费用

这两项费用都属于综合性费用，大部分开支不与生产量成比例变动。因此，要实行费用指标分口分级管理。制造费用是车间或分厂为组织管理生产而发生的，应由车间或分厂负责管理；期间费用是由企业行政管理部门为管理和组织经营活动而发生的，应由各有关科室负责管理。为了保证制造费用和期间费用预算的正确编制和执行，要制定合理的费用开支标准，并按月确定费用计划指标，严格控制费用开支。

4. 积极落实降低成本的其他措施

（1）根据成本具有的综合性能，围绕降低成本这个中心，合理选择生产组织形式，优化劳动组合，重视品种翻新，保证设备良好运转，稳定提高产品质量，合理规划物耗与能耗，有效运用各项资金等，以最少的物化劳动和活劳动消耗，去实现最佳的经济效益。

（2）在运用经济管理手段的同时，还要以先进的技术作保证，将经济管理渗透于技术管理全过程。确保对老产品的改进和新产品的设计先进合理，应随着生产技术的改进及时对工艺规程进行调整，使产品的性能、成本、数量、交货完美结合，尽可能以最低的成本实现产品的全部功能和价值。

（3）从经济价值的角度去研究市场的供需关系和竞争状态，研究国家经济政策的调整、资源供应等外部动态环境的变化。在此基础上，分析企业内部的条件和潜力，凭借先进的管理手段，对成本管理的各个环节、对象，包括消费者的需求、产品的设计、物资的采购、产品的销售，进行系统的定性、定量分析，寻找降低成本的有效途径，以求得理想的经济效果。

（四）认真做好成本的核算和分析

根据谁耗费、谁承担、谁负责的原则，建立和完善归口分级的成本管理责任制。对成本数据进行分析后，将其按责任归类，纵横分解到部门、车间、班组和个人，明确责任成本，建立成本责任中心，选派责任会计，实行责任成本核算，与企业内部经济责任制挂钩。细化各项定量标准，以利核算分析。同时定额成本应随客观条件的变化而作必要的修改，保证成本标准的客观性、合理性和连续性。建立健全信息反馈系统，提供真实、准确、可靠的资料。按月按单项产品搞好成本分析，严肃、认真地搞好成本核算，以实际成本和预算的成本进行比较，从中找出成本升降的原因，以利成本管理的完善和提高。

（五）审慎建立健全考核、奖励制度

为使考核合理、科学和可操作，应规定业绩考核的标准尺度、计量方法，以及业绩报告的内容、时间、程序等。同时，明确奖励办法，让被考核人明确业绩与奖励之间的关系，知道什么样的业绩将会得到什么样的奖励。通过货币奖励和非货币奖励的形式，对业绩显著者进行奖励，调动经营管理人员的积极性。总结推广先进典型，推动成本管理工作的深入开展，以求实现企业总目标。

二、案例：华达汽车科技——“抓两头、核中间”的目标成本管理

早在25年前，华达汽车科技有限公司的前身华德汽配厂，就已针对汽配产品大批量生产、生产品种越来越多这一实际，为确保投料—产出—销售全过程流转数据分门别类统计准确，把降本增效贯穿生产全过程。在总结多年经营管理经验的基础上，公司创出了汽配生产管控“抓两头，核中间”的目标成本管理模式。由结算中心具体负责清核结算汇总，财务部负责考核把关，并以文件形式下发到各个车间。其主要内容包括：

（一）“抓两头”

首先抓原辅材料投入这个“头”，即按单件产品耗用的原辅材料定额，按月度产量任务核定应领用的原材料量，严把投入关，要求领用的材料 = 应产出的正品 + 定额损耗 + 边角料；其次抓产成品入库这个“尾”，即按产出成品数，抓应入库正品数，也就是应产出成品 - 在制半成品 = 入库成品，严格按照定额关龙门。

（二）“核中间”

实行产品从领料开始到产品入库的生产全过程的跟踪管理，包括控制因人、机、料主客观原因引起的变动数量；制约各道工序流转过程中的跑、冒、滴、漏；通过跟踪质量管理，监督按标准生产，确保产品质量；控制期间费用按定额使用，严把中间管理环节关。为进一步细化深化这一目标管理，将这一企业内部改革和加强企业内部管理相结合，建立了这一管理组织模式，并明确

有关具体规定，如“统计工作规定”“质量监控规定”“统计机构责任人员及其他人员按责计酬规定”“考核竞赛奖评选条例”等。该管理模式实施后，各个车间、各个环节从严把关、从细核算，数据做到日日清，笔笔准，抓出了成效。这一做法得到了全市的重视，抑或召开工业大会，抑或印发文件进行推广，并获得“江苏省管理创新成果奖”。

该企业得到了上级的肯定和鼓励，不骄不躁，不断完善提高。以抓模具车间这一重点来带动其他车间。针对企业以冲压件生产为主、模具成本消耗大的实际情况，公司专门制定颁发了《关于模具目标成本管理的规定》，对生产模具目标成本依据、核算价值，按模具承包合同附件中核定的目标成本依据、模具完工清结总值、档案归档等（第一阶段）目标成本管理的各个环节作了多项规范性的规定。后来，又制定了《关于模具目标成本管理（第二阶段）承包领用、管理和模具消耗目标承包的规定》，对核定承包模具消耗费的依据、承包模具目标消耗的方法和内容、模具管理职责、制度等都一一进一步明确。在模具车间先行深化的基础上，由其他车间效仿，使得效果越来越好。

近年来，公司一直坚持目标成本管理这一模式，利用互联网平台，构建ERP和MES管理系统，实现了人工管理向信息技术管理转变，进一步提高了目标成本管理水平，有力促进了生产效率和经济效益的不断提高。

第五节　企业管理的危机理念：福兮祸所伏，祸兮福所倚

一、方略：构建和完善企业危机预警管理机制

（一）充分认识危机预警管理在现代企业管理中的地位和作用

危机预警管理，顾名思义，就是预防警惕危机的发生和减少危机发生的损失。对于企业来说，危机预警管理就是在调查研究的基础上，对未来将要发生的情况做好充分的准备，以便风险欲来对策先行，危机欲来防范在前。正如孙子兵法所称：“无恃其不来，恃吾有以待也；无恃其不攻，恃吾有所不可攻也。”

危机预警管理的主要内涵，包括建立危机预警（预测危机事件）、剖析危

机要害（找出危机症结）、隔离危机（防止风险扩大）、危机免疫（防止类似危机重演）。企业预警管理职能与战略管理职能、执行管理职能一样，都是企业管理职能结构中不可或缺的，它的进入不仅使企业管理功能更加完善，也使企业战略管理职能和执行管理职能的内容得到补充，从而形成管理职能的三维结构，并通过三维结构职能的合理分工、职能互补，提高企业的科学管理水平，使企业步入良性运行的轨道。

原国家经贸委早在《“九五”企业管理纲要》中即提出建立企业预警管理系统。20 多年来，这一系统已经在大型企业集团和跨国公司得以建立，但与规范化、制度化、科学化的要求还有距离，比起西方发达国家企业的预警管理来说，只能说处于起步阶段。大多数中小企业还未能从理性方面来认识和掌握它，也没有将其纳入企业管理范围。

（二）建设多角度危机预警管理机制

构建企业危机预警管理机制，应着眼于建立和完善自我管理、自我监督、自我约束的自律机制，把危机预警管理活动贯穿于企业生产、经营的全过程，使企业危机预警管理机制的建设达到规范标准化、措施专业化、实施方便化的目标。具体而言，要着力于抓好五项预警系统。

1. 危机风险识别与评价系统

（1）危机风险识别。在企业财产、责任等风险出现前或出现时，采取各种方法，系统、连续地辨别可能发生的危机，并确认其性质，是实行有效预警管理的基础。这些方法包括以下几个方面。

第一，内、外部环境分析。首先全面、系统地分析企业的内、外部环境以及内、外部环境对企业生产经营的影响；其次分析企业与内、外部环境的相互关系及其稳定程度，当环境变化时，可根据这种关系发现潜在的风险与损失因素。

第二，经营状况分析。通过对经营体制包括经营者、经营方针、管理制度、资金、业务结构、收益机能、收益分配与积累、代谢机能、业务推进等的自我评估，以及通过对经营业务包括促进产品开发和革新、改革企业文化和人事制度等方面的自我诊断，即能辨别出好、中、差企业。

第三，财务状况分析。通常使用财务比率分析、趋势分析、绩效分析等方法。财务比率分析是通过对企业各项财务比率进行分析和研究，从而发现、预测企业经营管理中存在的问题；趋势分析是将连续多年的报表并列在一起，选用关键性数据加以比较，从而判断变化趋势是否对企业有利；绩效分析是通过分析企业的财务状况、最近五年财务盈亏平衡情况、资金负债表以及常用的财务比率等，判断企业的运行质态。

第四，自然财产分析。由企业委托保险公司或保险咨询服务机构，对自然财产的潜在损失和由于风险事件的出现可能造成的消极影响、赔偿责任进行调查分析，提出预防风险损失的措施，并向企业建议可向保险公司投保的项目和应向保险公司投保的项目。

第五，项目投资分析。项目投资是一项复杂的系统工程，为使项目上准、上快、上好，应事先对可能存在的各种风险进行分析，如市场风险、技术风险、资金风险、资源风险及原材料供应风险、环境污染风险等。此外，还应考虑地域、时间和社会条件及政策等因素的影响。

（2）危机风险评估。在识别企业风险之后，正确掌握定量与定性的评估方法，对各种危机发生的可能性和各种危机造成的潜在影响进行衡量（估计），为危机预防提供依据。

其一，定量评估法。这是用数量描述企业危机风险的方法，一般通过统计分析、数学计算和计算机应用来实现。在企业与过去发展模式基本相同，且某个危机的历史资料较多的情况下，即可通过分析过去的历史资料来预测将来危机发生的概率有多大以及每次危机发生时造成的损失平均值是多少。通过对各种潜在损失发生可能性的计算，即可得到损失频率的估计。

其二，定性评估法。由于数量方法的局限性，加之对那些无法使用确定概率表示的危机，需要通过定性预测的方法评估危机风险。其中较好的方法有头脑风暴法（由会议主持人向参与者说明要评估的危机风险的基本情况，鼓励参与者大胆提出自己的看法）、名义群体法（要求每个被邀请人员将自己的意见独立地书写出来，然后向群体说明，让大家进行讨论评价）、电子会议法（即名义群体法与计算机技术相结合的方法）、德尔菲法（类似于名义群体法，但它不要求参与者出席，而是在背靠背地征询专家意见的情况下进行评估）。

在危机风险评估中，一是要注意到其动态性，随着环境变化，企业危机发生的可能性和影响会发生改变，其种类也会发生改变；二是要注意人的心理感觉，即人们对危机风险的主观感觉和危机风险客观结果之间存在差异；三是要注意发挥全员积极性，让企业所有员工参与进来，利用集体智慧做好评估工作；四是要警惕危机管理中的数字化陷阱，在不同的危机风险评估中数字代表的意义不同，必须恰当运用。

2. 危机预警信息系统

从有利于快速反应、减少危机预警成本和提高危机预警效果的角度出发，运用电子预警硬件体系和指标性预警软件体系，建立起能弥补风险识别和风险评估不足的有效危机预警信息系统。

（1）信息收集子系统。全面、准确地收集有关危机风险源和危机征兆等信息。

（2）信息加工子系统。由于信息与危机之间缺乏必然的联系，危机预警系统收到信息后，需对其进行整理和归类，并把较为全面、真实的信息转化为一些简单、直观的信号或指标，为系统决策做好准备。

（3）决策子系统。无论哪种类型的危机预警系统，在制定决策依据时，都要确定危机预警各个级别的临界点，以及这些临界点的各种信号或指标。在具体决策中，系统根据信号或指标判断是否达到了危机警报的临界点，达到了哪一个临界点，从而决定是否发出危机警报和危机警报的级别。

（4）警报子系统。警报子系统根据危机反应者和潜在受害者的特点选择合适的方法，进行有效的沟通，让其迅速、准确地获得信息，以便采取正确的措施。

3. 危机预防和控制系统

根据危机的不同情况，通过对危机预防和控制措施的成本与效益分析，采用成本效益分析结果中对企业最为有利的措施，力求避免危机发生或减少危机发生的可能性，降低危机可能造成的损失。

（1）危机风险回避。为了避免某种危机发生，放弃和终止某项计划的实施，或者改变生产活动性质和工作方法，以提高工作质量。回避是经济、有效的，但也有其局限性。回避了一种风险可能产生另一种危机风险，或使某一种危机风险加大。对于可以回避的风险来说，有时可能会因预测的偏差使企业因回避而丧失获利机会。因此，应在预期的期望值小于预期危机发生可能损失时再进行危机回避。

（2）危机风险转移。在危机风险无法回避，或者具有不经济性时，可考虑风险转移。实行危机风险控制转移有以下几种方法：采用出售、分包或免除责任协议的方法来转移；通过保险来转移；用诸如期货交易中的套期保值的财务型非保险转移等。但危机风险的受让人不是保险人，一定要选择一些风险控制能力较强的组织和个人进行转移。

（3）接受危机风险。对于一些无法回避、无法转移或者回避、转移不经济的危机风险，要接受下来。通过财务或非财务手段改善风险标的特征，使接受风险成为有利的行为。

4. 危机事件管理系统

（1）危机开始阶段，尽早发现危机。危机发生需要一定的时间和条件，因此要尽早发现危机，并采取行动，尽可能阻止事物由量变到质变。如果质变已经发生，可采取有效的反应措施，延迟危机爆发，降低爆发程度。

（2）一旦危机发生，要及时采取紧急应对措施。认真策划一个具体的危机应急计划，并及时有条不紊地采取行动：以最快速度设立“战时”办公室或危机控制中心，调配训练有素的专业人员，使危机反应有一个统一的指挥中心；分清主次，有重点地采取措施；搞好后勤保障，确保及时获得应对危机所需的资源；危机发生时，使受到危机影响的用户站到企业一边，帮助企业解决有关问题；根据危机的变化情况，不断调整危机处理方案；抓好人的管理，积极处理好危机对人的心理和生理影响，增强员工对企业的归属感和使命感。

（3）危机基本得到控制，及时转向恢复管理。首先，应由企业内部负责正常运作的经理和技术人员及部门危机处理人员组成危机恢复小组；其次，向受影响者调查了解，以及组织专门人员进入危机现场，对危机的损失进行评估和现场调查；再次，分门别类归纳整理，以达到对危机损失的全面认识；最后，发挥能参与危机恢复的所有成员的力量。

5. 危机预警组织机构系统

按照经济性、合理性、灵活性和整体性的原则，建立适应监控不同要求的组织结构。

（1）实行人员代替部门的组织设置进行常规监控，即企业内部生产过程中日常性的单项指标的技术性监控。

（2）由起业务中心作用的部门负责综合监控。常规监控的职责是预控内外不利因素对企业的交互作用，而综合监控的职责是对常规监控进行整体化、综合化的单项监控，并对企业内部生产过程和外部经营过程进行综合性监督。综合监控以市场监控为主，具体包括对经营、环境、资金、管理、失误等的监控。

（3）由企业最高领导部门直接领导有关部门进行危机监控。危机监控是企业陷入严重困境或遭受重大挫折时，对严重恶化形势的一种特殊监控，涉及管理系统高、中、低各组织层次及各横向职能范围。

（三）整体推进危机预警管理

1. 政府推动

政府除强化如安全生产管理、技术质量监督、消防等危机管理部门的职能外，还应通过宣传教育，引导企业高度重视危机管理，帮助经营者增强危机意识，提高危机反应决策水平，并将危机预警管理与后劲指标一起纳入年度目标考核内容。在大、中专院校课程设置中，应将此列入公共基本课程，在条件成熟时开设危机预警管理专业，以培训危机预警管理的专门人才，逐步提高其危机预警管理水平。

2. 中介助动

工商、税务、银行等部门鼓励社会有识之士建立预警咨询公司，做到政策上放宽、税收上优惠、资金上支持。咨询公司应具有强烈的社会责任感，认真帮助企业策划预警管理，可按为企业服务量大小收取一定的费用。现有的会计师事务所、审计事务所、安全评价所要进一步完善职能，严格按照国家法律办理业务，做到不草率从事、不见利忘义、不出半点差错。

3. 企业主动

自觉地将危机管理与管理创新放在同等重要位置，正确处理危机与机遇关系，将生产经营活动中具有举足轻重影响的环节作为危机预警管理的重点，认真制订合理周详的预警计划。本着先易后难、循序渐进的原则，在实践中积累经验后逐步扩大监测范围、完善指标体系、丰富监测信息处理系统。同时，通过在职培训、案例分析、角色扮演、行为模拟、实地演习等多种方法培训员工，提高员工危机管理素质。将应对危机事件和实施安全保障措施而支出的费用列入企业预算，具体在企业各个部门分摊。加强危机预警管理检查和总结，发现薄弱环节，及时加以整改，不断提高企业危机预警管理水平。

二、案例：恒力制动——健全风控机制，推进持续发展

江苏恒力制动器制造有限公司始建于1958年，是国内较早从事汽车制动系统，汽车关键零部件研发、生产、配套的企业。专业生产汽车制动器总成，属A类安全件、关键汽车零部件生产企业，为商用车配套。目前，公司已成为国内商用车制动器行业的龙头企业，创造了三个第一：品种规格第一齐全、第一个开发24.5吋气压盘式制动器（国内最大规格）并领衔起草行业标准、国内主机配套OEM第一大供应商。

在企业发展过程中，他们把企业使命定位在“向社会提供安全，向出行者创造美好”，践行品格、品质、品种、品牌“四品”理念，注重既抓企业发展，又抓企业风险防范，不断健全经营风险预警机制，建厂以来，从未发生一起重大经营失误或生命财产事故，保障了企业持续稳健发展。

（一）建立发展战略管控机制

在实践中，该公司一班人认识到，从战略层面上来讲，一个企业没有风险意识，就是最大的风险。董事长徐旗钊说：“这个市场的下一刻究竟会发生什么，谁也预料不到。尤其是处于当前不确定、不稳定因素不断增多的情况下，越要心怀危机，想着如何把企业做成百年企业、百年品牌，不让恒力制动器成为市场中下一个倒下的企业。”他们树立了“恒力式危机意识”，在制定发展规划时，有形势有利时的扩张型战略，有形势一般时的平稳型战略，有形势不利时的收紧型战略，并在每年年初制订年度计划时，同时检查发展规划。在外部环境有利，又有前瞻性、创新的产品时，就大胆投入；形势不利，企业有差异、有风险时，就立即收缩，达到张弛有度、灵活掌握、赢得主动。与此同时，他们在全公司广泛开展“居安思危、居安思变、居安思进，挑战传统、挑战自我”的“三思两挑”思想教育活动，促进员工增强市场意识、忧患意识。全面建立公司内部控制体系，每年聘请专家加强对中层以上干部进行运营风险预警培训，提升应对动态的内外部环境的战略管理和运营管理能力，同时增强管理人员的认同感与责任心，认真带好自己团队，发挥好职能部门的作用。

（二）建立集团管控机制

该公司设有三个控股公司、一个合资企业、三个成员配套企业。本着优势

互补、资源共享、互利共赢的原则，制定了集团管理章程，按照章程条款进行管理，实行“五统一、四独立”：统一工作部署、统一计划、统一质量标准、统一培训、统一考核评比；独立核算、自负盈亏，独立承担民事责任，独立开展经营活动，独立党组织设置，做到有统有分、自主与自律相结合，既不至于失控，又可调动基层积极性。

（三）建立财务管控机制

公司制定实施《财务管控规定》，重点把好资金链管理。准确掌握经营、投资及融资三大块产生的现金流，实行资金统一调度安排。加强对发出商品及各类应收款的监控，加快资金回笼，提高资金利用率。设立月度财务分析报告制度，每月由财务总监负责向董事长、总经理提交整体经营状况分析，以便掌握真情，发现问题，及时整改。新上项目投入量力而行，立足自我，不盲目向银行贷款。本着对银行、供应商、员工“三负责”原则，将负债控制在适度范围，确保有能力承受资金风险，不把固定资产视作流动资产。企业做得越大越要注意掌控，对高层管理人员授权有度、权责相当，以防越权失控。对资金使用（含单据审批）及实物出厂实施总经理“一支笔”，紧紧守好企业“钱袋子”。

（四）建立供应链管控机制

面对行业市场变化快、品种规格多、交付周期短的特点，严抓计划管理，以“两个最好、一个最少”，即计划出产率、交付率最好，场地产品物料积压最少，积极满足客户需求。上下游、上下道紧密衔接，协调高效运转。强化原材料和外加工采购及供应销售的合同规范签订与计划管理，完善信用体系，严格遵守市场运营规则，避免发生企业信用风险。

（五）建立质量管控机制

公司生产的制动器是汽车上的“撒手锏”，直接关系到人们生命财产的安全，他们以做产品就是做安全的高度负责态度，十分重视产品质量。从原材料、配套件入厂到总成出厂，全过程实行质量监控。遵循“三不理念”，做到不以生产让步质量、不以成本降低质量、不以感情照顾质量。一线员工坚持“三不”：不接受不良品、不制造不良品、不流出不良品，做到“三自一控”（自制、自检、自改，控制产品质量）。贯彻“精益生产”方针，制定了一系列严格的操作程序和考核机制，加大质检力度，建立了问责机制和激励机制，形成了人人抓品质，以及公司向客户负责的互动循环机制。

（六）建立安全生产管控机制

公司始终围绕“抓生产必须同步抓安全”的要求，持之以恒抓好三项工作：一抓安全教育，运用多种形式和方法帮助员工增强安全生产意识，并为每个工种量身定制专门培训课题，确保全员成为合格的操作技术工。二抓安全管理，坚持党政同责、一岗双责，实行管理横向到边、纵向到底、责任到人、不留死角。三抓隐患治理，疏防结合、一着不让。推行安全隐患分层审核，公司安检科每天巡回各车间现场，生产部每月进行一次安全检查，安全领导小组在分工驻点的同时，每月组织一次全厂性安全检查。同时，每年组织车间、部门义务消防员开展一次安全消防应急演练，不断提升他们的应急处理能力。

与此同时，公司应用信息技术，全面提升风险管控水平。车间基于互联网技术，将产品全生产周期追溯系统与现有的 ERP 进行融合，以追溯为过程、ERP 为结果，对每个零部件进行唯一的内部授权赋码，从产品设计到成品实验的纵向，从原材料物流到产线数据共享的横向，都实现了物物相连，自动感知。车间产能、生产效率、安全节能、质量水平、产品追溯等都达到了行业领先水平。

公司建有相对完善的通信网络架构，建立标识管理系统，运用实时工业以太网、4G 通信技术连接，稳定可靠、通信速率高、软硬件产品丰富、应用广泛以及支持技术成熟，机房内接百兆主干光纤，局域网采用千兆光纤，网络连接集中于中央节点，便于网络维护和资源配置，实现工业控制网络与企业信息网络的无缝衔接，形成企业级管控一体化的全开放网络，从而实现设计、工艺、制造、检测、物流等各环节之间的全面互联互通，并形成对产品局部或全部生产流程的信息追溯能力。该公司现为江苏省两化融合示范企业、泰州市十佳智能制造示范企业。

第六节　企业管理的教益：反面即正面

一、方略：国有企业关闭之透视

反面的教训，即正面的经验。透视关闭企业不是否定我国国有大中型企业在改革开放大潮中搏击奋进所取得的辉煌成绩，而是以败为镜，提示人们要正视这类问题，不要重蹈覆辙。在市场经济条件下，无论是国外企业还是国内企业，有生有死是经常发生的事，问题是我们如何确保企业不被竞争的浪潮冲垮，把关闭企业减少到最低限度。令人记忆犹新的是，在新旧体制交替的磨合期，过去曾为国家做过较大贡献的一些规模骨干企业衰退直至关门，不仅影响了我国工业化进程，而且由于社会保障机制不健全，职工不时集访、越访。后来，通过企业改制和职工身份置换，企业甩掉了包袱，轻装上阵，步入了良性发展轨道。但是，如果在今后的经营战略和战术中发生偏差和错位，企业仍然可能夭折。

因此，透视关闭企业原因，以史为鉴，积极防范企业风险，有着十分重要的现实意义和深远的历史意义。

透视关闭企业的原因，一般有以下八个方面。

（一）企业体制、机制老化

受我国过去几十年计划经济体制的影响，一些国有企业仍习惯于国家下计划、投资金、包销售。在产品经济向商品经济转变时，未能真正转型，企业没有完全走向市场。后来虽推行现代企业制度，企业成了自主经营、自负盈亏的经济实体，单纯的国有经济成分变成了多种经济成分的混合型经济，但内部的经营机制仍未得到彻底改变，职工的“三铁”（铁饭碗、铁工资、铁交椅）思想仍较严重，企业缺乏动力、活力、后力，久而久之，企业不得不沉沦没落。

（二）产品结构调整滞后

随着经济的发展，生活水平不断提高，人们对消费品的追求日趋多样化、高档化。不少企业超前思考、抢先一拍，以新产品引导消费，刺激消费。而有的企业仍抱着老产品过日子；有的虽意识到了这一点，但由于缺乏资金、技术而无力开发，产品仍是老面孔。不少老产品积压在仓，造成贬值，多生产一天多亏损一天，导致企业只能关门停产。

（三）项目投资失策

有的项目立项时缺乏周密论证，把过时技术当成先进技术；有的虽有高新技术，但上项目的时间拖得过长，当产品问世时，人家早已投放市场，实现了批量生产；有的设备选型不准，不能适应产品生产工艺的要求；有的搞“钓鱼”项目，不能量入为出，形成“半拉子工程”，从而把企业拖垮。

（四）经营管理不善

企业管理不严，资金使用分散，贷款拖欠过多，导致企业因缺乏资金而无力运转。有的企业由于质量问题而失信于用户，最后丢了市场。更有甚者，少数人利用管理上的薄弱环节，内外勾结，转移利润，牟取好处，最后把企业挖空。

（五）企业发展战略失误

一些企业依靠成功实施内部管理型战略而迅速崛起后，理应围绕核心产品继续扩大规模，以求规模效益，然而，却用筹集到的大量资金分散兴建与核心产品关联度不大的企业，而没有能力形成新的核心竞争能力，在宏观环境发生变化、市场竞争更趋激烈时，难以与竞争对手抗衡，导致企业连年亏损，由兴旺走向衰败。

（六）法人治理结构不完善

有些国有大中型企业曾经是全国推广学习的典型，在推行现代企业制度后，由于治理结构存在不少缺陷，股东会、董事会、经理层、监事会四者之间的利益制衡机制不健全，不能严格按《中华人民共和国公司法》的规范运作，在运行中失策、失责、失控，导致了根本性灾难。

（七）核心竞争能力没有形成

绝大多数经营者只注意企业行为的外在效果，如产品的市场占有率、品牌的知名度、企业的生产规模等，却很少认真分析形成竞争优势的内在因素。成功企业不能静心地总结成功的根本原因，失败企业更不能找出获得成功所应培养的核心能力。这是求生存时期的企业通病，结果是企业疲于奔波，不仅发育不良，生存本身也成了问题。有些企业虽具备了建立核心能力的潜能，但由于高层管理者注重的只是将公司的不同业务部门拼合成一个机构，而不是将其融合为一个有机整体，因此不能建立起核心能力。有的甚至把关键性技术卖给竞争对手，使竞争对手迅速建立起新的核心能力，导致自身失去已建立起来的核心能力。

（八）安全生产问题

有的企业重生产、轻安全，缺乏严密的安全防范措施，对企业存在的隐患不能及时整改，往往导致“一把火”“一声炸”，企业从此化为乌有。

那么，如何规避风险，使企业之树常青、不断发展壮大呢？

第一，审时度势，与时俱进。目前，企业遇到了国内外百年未有之大变局和全球新冠肺炎疫情，政治与经济的错综复杂，使整个市场的不确定性、不稳定性显得尤为突出。党中央高瞻远瞩，在构建经济“双循环”大格局的基础上，又做出了建立全国统一大市场的战略部署。这既给企业带来了机遇，也带来了挑战。每个企业都应自觉地将企业放到这一大背景、大环境中去考量，主动接受竞争与挑战。无论是好企业还是差企业，都需保持清醒头脑，树立一分为二的辩证观点，懂得万事万物都会受主客观因素的影响而发生变化这一道理。差企业只要坚持不懈地努力，就会将劣势变为优势；好企业不努力，盲目乐观，坐而论道，原有的优势也会丢失。因此，每个企业都需保持积极的心态和饱满的激情，在创新中以变应变，以新理念谋划新思路，以新思路创造新优势，以新优势提升竞争力，从而让企业立于不败之地，掌握更多的主动权和话语权，更好地走向未来。

第二，坚持以创新求发展，在创新中以变制变。面对激烈和升级的市场竞争，实施创新发展战略，认真抓好对市场环境准确理智的战略分析、果断负责的战略决策、独具创新的战略举措。通过构建覆盖生产运营各方面的创新体系，将技术创新、管理创新、组织创新、观念创新等有效地协调、聚合在一起，形成企业业务流程的系统创新驱动。企业提升创新能力，虽然离不开创新体系建立，但更需根据企业创新的整体性、系统性特点，全方位整合内外部资源，优化创新机制。企业经营者是创新决策的主体，员工则是创新实践的主体。而企业文化对创新发展战略起着重要的支持和保障作用，通过建设企业文化，树立起以创新为核心的价值观念，并使之成为员工进行创新性工作的动力源泉。

第三，以提高产品竞争力来提升企业竞争力。产品竞争力是竞争力的直接体现，是由技术竞争力决定的。掌握和运用先进的科学技术，促进核心竞争力的动态化，这是一个企业“万岁”的秘密所在。产品创新有两个基本条件，一是产品创新需要抓住市场发展变化的基本趋势，深刻反映用户（消费者）的预期需求；二是创新产品需要有一套灵活的营销策略来引导市场，开拓市场。坚持以市场需求为导向，紧跟技术进步潮流，在相关技术方面领先，不断调优调高产品结构，以求能更好更快发展。在开发新技术和新产品的同时，还需对老产品进行改造升级。许多案例证明，传统产品也有创新发展空间，运用新技术、新工艺进行嫁接，老产品同样可以创造新的价值。实行开发新产品和提高老产品相结合，做到以老养新、以新促老，新老产品相互见长，优势叠加。

第四，实行经营战略和企业管理模式的有机结合。企业能否发展，最大的决定因素是经营战略。经营战略直接关系到企业的生死存亡，一旦发生偏差，就会全盘皆输。一个好的经营战略，需要一个好的经营管理模式来落地。在企业发展初期，需要更多地把精力集中在科技兴企、质量创牌、渠道销售上。当企业成长壮大后，应围绕主业实施兼并、收购战略，吸收优势资源，实施低成本扩张。坚持贯彻立足自我的发展方针。扩大再生产主要依靠企业的利润积累，而不是把主要希望寄托在银行贷款上，以减少企业融资带来的风险。

第五，不断完善和实施现代企业制度。以深化产权制度改革来推进经营机制创新。进一步调整优化股份制结构，通过吸纳多类投资主体，包括以知识技术持股的知识技术所有者，依靠知识技术创新、知识技术力量来发展新的经营。对于法人治理结构中存在的问题，如股东会拥有的最高权力失控、监事会形同虚设、董事会与经理层权力之争，以及高层管理人员利用权力捞好处等现象，需要在进一步明确权责利的同时，从激励和约束两个方面来调整他们的行为，使他们各司其职、各得其所、协调运转。加强法人治理制度建设，围绕产品和市场开拓两大主题，不断对企业内部用工、人事、分配等方面的经营机制进行改革，以求新的突破。

第六，加快培养一批适应知识经济时代所需要的企业人才。千个计、万个策，归根结底靠的是人。注重对不同层次、不同类型人才的培养。培养人才，既注重学历层次的提高，更注重在实践中出真知、出才干。目前，高级技工吃香也就是这个道理。培养人才，需像搞技改投入一样，认真制定规划，舍得投入，早出人才。培养人才，还需注重企业家队伍的建设，从教育、培训、管理等方面多管齐下，加快造就一批精明能干、驾驭局势、开拓进取、勇于探索的企业家队伍。

二、案例：神龙海洋——破产重组谱新章

江苏神龙海洋工程集团有限公司（以下简称神龙海洋）成立于1956年10月，历经60多年的风雨历程，从以打捞救助为主业的专业化公司，发展成为以水下工程为特色，集市政管道、道路、桥梁、污水处理、地基基础、房屋建筑、水利水电、港口工程等多门类专业化施工于一体的综合性施工企业。目前，具有国家工程总承包一级资质。公司先后在全国28个省份优质完成了100多项大型工程；在印度、马来西亚、圭亚那、菲律宾、伊朗等国承接的境外工程受到广泛好评。公司与美国、日本、荷兰等国的工程技术人员及科研人员开展工程技术合作和研究，高海拔潜水技术居世界领先水平。公司先后获得“江苏省文明单位”、建设部“文明建设先进单位”称号，数次被评为“江苏省建筑业优秀企业”。在2008年抗震救灾中被授予“江苏省工人先锋号”，《人民日报》、中央电视台多次报道过公司的业绩，数十家新闻单位对公司在工程建设领域做出的贡献给予了高度赞誉，公司在国内外市场上影响较大，有“水下蛟龙，建筑奇军”之称。

2003年，公司按照上级部署，将国有企业改为股份有限公司，由于经营机制未能得到彻底转换，适应不了当时因国家政策调整带来的建筑企业生存环境的变化。特别是公司内部管理的松懈和缺失，使得一些工程项目严重亏损；有些个人利用公司开放经营的漏洞，鱼目混珠，盲目承接项目，造成工程项目严重亏损；有的以工程项目的名义，套取公司巨额资金，导致公司债台高筑，银行账户长期处于被冻结状态，有的正在施工的工程项目甚至因部分诉讼案件被冻结资金，不仅严重损害公司声誉，而且造成严重的经济损失。另外，还有一些不正常的对外担保，更给公司带来沉重负担，导致企业被压垮。2018年5

月，因公司严重资不抵债，靖江市人民法院宣告公司进入破产程序。在这种窘境下，从职业潜水员历练成为江苏神一海洋有限公司总经理的倪福生，以过人的胆略和高度的事业心、责任心，毅然决然站了出来，带领一帮有抱负、有担当的精英担起了重整公司的重任。尽管公司各方面问题很多、困难很大，但他们积极配合法院一起制定了能最大限度保护分公司和合作伙伴实际施工人的利益、最大限度保护广大职工的切身利益、最大限度保护原江苏神龙海洋工程集团有限公司股东利益的重整方案，于2019 年5 月成功实现了重组，并以坚韧的毅力和无畏的勇气积极开展工作。

（一）建立新的组织架构，制定各部门岗位职责、规章制度及工作流程

通过建章立制，规范管理，完善审批流程，用法治代替人治，避免人为失误和权力异化。

（二）整顿以前的银行账户，使银行结算和工程投标恢复正常

为挽回不必要的经济损失，他们组建了六个清债工作小组，对历史遗留的债权债务进行清理，并对公司以前的财务及已完结工程做了司法审计。聘请律师团队对有欠款的单位或个人进行清理，通过多种途径向债务人追索欠款。从而解除了十多家法院的查封，保证公司基本账户安全，确保公司正常经营不受影响。

（三）针对建筑市场竞争日趋激烈的局势，切实加强在建工程管理

全面梳理排查在建项目，重点关注存在的质量问题、安全隐患，特别是对于资金有缺口的项目，派出工作组进入工地现场督查，确保在建工程处于正常可控状态。同时，积极寻求新的机遇，努力开拓新市场。积极策应西部大开发，大力拓展中西部市场；深度参与“一带一路”沿线国家和地区的建设，着力推动陆上、海上设施的互联互通；瞄准雄安新区和粤港澳大湾区建设，准确定位，有的放矢，不断扩大市场份额。在经营策略方面，勇于改革创新，不再局限于以前的收管理费模式，而是探索以公司直营方式来操作。

（四）将强化风险机制、确保经营效益作为企业经营管理的重要内容

明确与决策、执行、操作这三个管理层级相对应的风险管理责任，包括资金安全、质量安全、施工现场安全等。同时，界定公司内部各职能部门、各岗位被授予的风险管理职能和权限，将风险管理落实到具体岗位具体人员，从而构筑起一道多级、多层的风险管理防线。

通过以上几方面卓有成效的工作，他们稳定了公司的局面，使这个有行业特色和市场影响力的老牌企业重新获得了生机。目前，神龙海洋正满怀着信心和激情，内抓管理增效益、外拓市场树形象，奔向光辉灿烂的明天。

第八章

资本运作

资本运作又叫资本经营，它是企业利用资本市场，运用资本运作的规则和技巧，通过买卖（经营）企业资产或者其他各种形式的证券和票据来实现价值增值、效益增长的一种经营活动。资本运作与产品经营相辅相成，产品经营是资本运作的基础，资本运作对生产要素的有效配置，可以拓展经营领域，扩大市场份额，产生规模效益，降低经营风险。在资本运作中，要坚持融资与投资“两手抓”，处理好内源融资与外源融资之间的关系，打通企业融资的绿色通道，用好用活资金，让“资金”这一血液在生产经营活动中处处流畅。要坚持从实际出发，切实抓好兼并、收购与重组这一资本运作核心，达到1+1>2的效果。要下功夫招引合资合作项目，拓展资本运作的开源途径。加快经营资本向资本经营转化，将企业上市作为聚要素、优治理、塑品牌的重要途径，让资本成为“云动力”。充分发挥金融在资本运作中的“压舱石”作用，优化资本结构，提升投资项目收益率。从而通过对资本的科学运作，实现价值快速增值、效益快速增长。

第一节　资本运作的重心：投资融资“两手抓，两手硬”

一、方略：打通中小企业融资的“绿色通道”

资金在企业生产经营活动中的周转宛如人体中的血液循环，只要一处不畅通，就会全盘受挫乃至崩溃。资金已成为企业生存和发展的“压舱石”。当下，国企、大企业的资金问题已基本得到缓解，而面广量大的中小企业仍处于捉襟见肘的境地，尤其这次新冠肺炎疫情给中小企业带来了新的压力。深入研究融资这一课题，从中找出内在规律，把握融资要领，打造融资“绿色通道”，具有重要的现实意义和长远意义。

（一）认真制订一个完整而科学的融资计划书

企业进行融资之前，要认真分析内外部环境现状，特别要考虑这次新冠肺炎炎疫情带来的影响，以及未来几年的发展趋势，弄清融资的利与弊，从全局全面的角度制订好融资计划书，用于指导融资。计划书首先应有融资的指导原则及行为准则。在指导思想上，确立防疫与发展两手抓、两不误，立足于内源融资（依靠自我积累与自我力量发展），积极争取外源融资（直接融资与间接融资），通过优化资本配置，释放内在发展潜力，增强可持续发展能力。进行融资决策时，正确处理好融资规模与融资成本、融资收益与融资风险、债权资本与权益资本、融资期限与项目建设和生产周期、用款与还款等之间的关系，做到量力而行、匹配相当、科学安排，以内部条件来适应外部环境。同时，计划书中要有实施的具体内容与要求，包括融资的规模与用途、新投资项目或技改项目的可行性报告，以及融资的委托方与投资方等。

融资计划书在满足融资规范要求的基础上，需突出重点进行描述，描述项目核心竞争力这一亮点，吸引投资者的注意力；描述项目解决市场需求这一痛点，提高投资者的认知力；描述项目投入产出这一热点，聚焦投资者的吸引力；描述项目团队结构这一要点，增强投资者的信心力。计划方案在集体讨论取得意见基本一致的基础上，应提请金融专家等权威人士帮助咨询与论证，切实做到避免盲目性，增强可行性。

（二）选准合适的融资渠道和方式

中小企业融资有着多种各具特点的渠道和方式，选择时，应根据融资优序理论和西方发达国家一般采用的“内部融资优先、债务融资次之、股权融资最后”的顺序，先是企业资金的“内源融资”，若资金不足，再用外部资金进行“外部融资”。外部融资的方式，有综合授信、信用担保贷款、项目开发贷款、出口创汇贷款、无形资产抵押贷款等十余种可供选择。具体操作中，需综合考虑融资方式选择的多种因素，做到“三个区分”“三个结合”。

“三个区分”，即区分不同行业、不同项目用途、不同企业生命时期。就行业来说，制造业资金需求量大、涉及使用面广、周转较慢，难以融资，风险相对也较大，宜用长期债务贷款；科技型企业是高投入、高成长、高回报、高风险，高投入往往伴随着高风险，但也有可能带来高回报，能引发投资者兴趣，融资难度相对较小，宜用权益投资；服务业所需资金一般规模不算太大，且资金周转快，容易获得银行贷款。

就不同项目用途来说，用于生产的流动资金一般是债务融资，到期还本付息，但要预防到期不能归还的风险；项目投资一般用股权融资，不需要还本付息，风险相对较小，但也有用债券融资的，或兼而有之；收购兼并企业，可采用杠杆收购融资。企业在收购其他企业时，以被收购的企业资产和将来的收益能力作抵押向银行筹集资金，然后再用得到的贷款作为收购企业的资金。这一融资杠杆方式，既能帮助收购企业解决资金不足的困难，推进企业优胜劣汰，提升行业竞争力，又能让银行用收购企业的资产做抵押，保障放贷的安全和利益。

企业在不同的生命周期，所需的资金特点不同，应选用不同的融资方式。①企业初创期，需要一定的“门槛资金”，可通过租赁方式来解决生产设备、厂房和办公用房等固定资产添置的所需资金。后续研发和试销售所需资金，可通过吸收“天使”的个人风险投资来解决。还可进入金融网络市场，利用互联网 P2P、众筹等方式来解决创业期所需的资金。②成长期，企业用于技术、产品及市场开发的资金需求量变大，可采用银行贷款、增资扩股、民间借贷、商业信用等方式来解决，如企业属于高新技术型企业，还可争取政府科技部门的创业基金支持。③成熟期，是企业发展的黄金时期，企业各方面有了较好基础，可在重点进行债务融资的同时，结合上市所需条件吸引新的投资者，通过多元化权益融资，调整和优化原有股权结构，为上市做好前期准备。④扩能期，是企业发展机遇期，企业要从充分发挥市场份额稳定及产品技术上乘等优势出发，实行融资方式组合。合理分配融资方式比重，特别要考虑企业上市，中小企业一般适应在二板上市，通过上市直接融资（股本融资、债券融资），并置换企业原来的风险投资，让资金链良性运转。通过 2～3 年努力，通过转板，募集更多资金用于开发和发展，真正实现有效扩张。⑤再生期，介于企业成熟期与衰退期之间，即企业成立 30 年左右的时候，像老鹰在 40 岁时痛苦地更换喙、爪和羽毛而获得新生一样，应通过多种渠道和方式，聚集更多的创新资源，包括资金、技术、人才等，对企业的产业结构、生产方式、组织结构、商业模式等进行一次大的变革，即全面的转型升级，过好这一关，企业即可焕发崭新的活力，迈向百年企业。在变革转型中，应注意传统企业与创新企业、大企业与小企业、新企业与老企业之间的结合，做到扬长避短、优势互补、倍增价值，加快实现华丽转身。

在“三个区分”融资过程中，要把“三个结合”考虑进去。一是结合考虑融资方式的资金成本。通过分析比较，尽量选择成本低的融资方式及融资组合。二是结合考虑企业自身盈利情况。如果企业盈利处于上升趋势，投资创利率大于债务资金利息率，可选择债务融资；反之，则不用或者少用债务融资。如果创利水平较高，可通过股权融资或公司可转换债券的方式融资，但要考虑到发行普通股会稀释企业股权，有可能产生控制权旁落他人的风险。三是结合考虑企业的资产结构与资本结构。若固定资产在总资产结构中所占比重较高，总资产周转慢，则宜用权益方式融资；若流动资产占总资产比例较大，其资金周转快，则宜用流动负债筹措资金。在资本结构中，资产负债率高的企业，宜通过增加股权投资来降低负债率；如负债率较低，可适度增加负债，分享税前还息的财务杠杆利益。

（三）切实防止和化解融资风险

1. 优化融资行为，最大限度地降低融资风险

债务融资一定要量力而行，不能超越负债比例，若负债过高则需及早调整，保持一个适度的负债规模。还要合理安排长期与短期债务贷款，以错开到期还款，减轻财务压力。同时，在融资时，要按照融资渠道以及不同银行间的不同信贷政策，认真评估选择有利的融资产品，尽可能地降低融资成本，让筹措资金预期的总收益大于融资总成本。选择最优的融资结构，即资本结构，正确处理好债务与股权的比例关系，提高偿债和再融资能力。另外，还应考虑合理的融资规模、最佳的融资机会、合适的融资期限，以达到借贷平衡、降低风险、提高效益的目的。

2. 认真做好财务分析，规避经营中的财务风险

除运用“保本保收益”方法分析估算自身偿债能力外，还应通过月度财务报表这一经营“晴雨表”进行认真分析，随时掌握融资中发生的变化，合理安排资金，并制定防止到期不能还债的可行风险预案，做到风险未来、防范先行。

3. 从宏观与微观相结合的角度，把准融资使用的风险度

在使用融通资金的过程中，会因宏观环境变化使得原来分析和预测的有利与不利因素发生新的变化。因此，要运用现代网络，及时了解和掌握国内外政策调整及其带来的利率、汇率等变动的各种信息，进而认真分析，如对企业有威胁，应实行项目收缩型战略，以减少投入风险带来的损失；如对企业影响不大，则保

持原来的扩张型策略，加快加大投入力度，力争项目早投产、早见效。

（四）增强企业自身融资能力

1. 深入推进中小企业股份制改造

中小企业大多数是民营企业，应加快体制机制的转变，通过股份转让与交易，做到外部融资，增强企业发展的内生动力。建立财产所有者控股、职业经理人管理的模式，小微企业应实行家族控制、经纪人管理的模式，从而摒弃家族式管理的弊端。按照股份制公司要求，建立健全企业内部法人治理结构，积极推行现代管理制度。持续优化产业结构，推进产业链由中低端向中高端转移，逐步解决增长方式粗放、产业结构不合理问题。紧紧围绕“两化”融合，抓好技术改造，建设智能工厂、智能车间，提高全要素生产力，获取更多的效益，解决自我积累少、资产负债率高的问题，进一步增强企业的造血功能和融资能力。

2. 加强以资金管理为中心的财务管理

建立健全企业财务预决算制度，围绕财务指标，开展增收节支、降本增效活动，推行成本倒逼法，最大限度地降低成本费用，提高企业净利润。做好税务筹划，选用最佳纳税方案，用足用好国家有关税务优惠政策，提高自我积累能力。按照国家规定，在企业获得的净利润中提取盈余公积，形成内部积累；并将向投资者分配利润或股利后的剩余部分保存，作为未分配利润，留存以后年度分配，以增强企业资金的流动能力。对于年度分配的利润，适量选用股票股利、负债股利、财产股利等支付方式，以减少现金支出的比重。与此同时，按照现行会计准则，提足固定资产折旧基金和大修理费用，并充分利用国家允许缩短固定资产使用期限这一政策加速折旧，以间接增加内部留用利润。进一步完善财务管理制度，严格遵守《中华人民共和国会计法》，杜绝弄虚作假，确保信息真实可靠，解决信息不对称问题，以赢得银行的信任与支持。

3. 切实解决信用危机

有句谚语：“布靠缝线，木靠胶粘，钱靠信连。”要增强诚信意识，积极参与和共建金融系统信用信息管理平台，实现自我约束的相互信任，让诚信经营、依法经营成为企业的理性选择。建立健全信用风险管理制度，纠正“纸上谈兵”行为，对到期归还的贷款，提前做好资金安排，如遇特殊情况有困难，也得像孙悟空用变身术一样想尽一切办法来解决，切忌推诿拖延，更不得企图逃避债务，真正做到重合同守信用，以信取贷、以诚取胜。

（五）灵活掌握和运用政府与金融机构出台的扶持政策

1. 由过去传统的“眼睛向上，用钱找银行”向“眼睛向下，用钱找民间”转变

民间闲散资金充裕，具有较大发展潜力的中小企业可运用合伙、合作的方式，将民间资金直接吸纳进来使用。国外企业一些国家鼓励企业向民间有一定净财富的有钱个人进行融资，将自发而又分散的民间投资称为“天使投资”，让企业发展得既快又好。我们应大胆运用、加快运用、有效运用。还可进入网络市场进行融资，以实现资金供给者和资金需求者之间的资金直接流通，并获得其他资源的有效补充。

2. 由过去的“我贷我用”向“我贷他用”转变

如供应链融资，以具有实力的核心企业为支撑，联合上下游企业，从银行获得金融产品和服务。其还贷来源为上下游企业在交易中产生的现金流，由核心企业作担保，银行通过封闭贷款操作流程来实现专款专用，既可有效控制基于交易风险而产生的信用风险，又可解决中小企业融资困难。又如异地联合协作贷款，有些中小企业为某些大企业或大集团提供配套部件，在生产协作产品过程中需要补充流动资金，可由大企业或大集团统一向一家主办银行贷款，然后向协作企业提供必要资金，由当地银行配合进行合同监督，也可由主办银行与大公司或集团异地协同企业的开户行合作，分头提供贷款。

3. 由过去的“一贷一用”向“一贷多用”转变

如金融租赁，又称融资租赁，这一模式下所有权与使用权相分离，设备承租方看中了某家公司生产的某种设备，委托出租方金融租赁公司出资购买，然后再由出租方以租赁的形式将该设备交付企业使用，当企业在合同期内还清租金后，即将设备的所有权归还出租方。通过金融租赁，缺乏资金而又急需设备的工厂，可用少量资金获得所需技术设备，边生产边还租金；生产设备的厂家能加快产品销售，防止产品积压占用资金；租赁公司可将资金用活并产生效益。

解决中小企业融资问题，需要企业、金融机构、政府“三驾马车”合力齐驱。在企业提升融资能力和信用水平的同时，金融机构应彻底摒弃“重大轻小”“亲公远私”的倾向，将中小企业与国有、大企业一视同仁，放在同等重要位置，给予同等服务质量，尤其要把央行对中小企业贷款的优惠政策落到实处。真正做到对国有、大企业“锦上添花”，对中小民营企业“雪中送炭”“放水养鱼”。政府应不断创新和完善中小企业投融资机制，建立企业信用信息和融资对接平台；加大对中小企业投融资的财政资金支持力度；健全和完善中小企业融资协作平台；及时帮助化解资金纠纷与困惑，为企业营造一个良好的发展环境。

二、案例：亚星锚链——滚动运作资本裂变快

江苏亚星锚链有限公司（以下简称亚星锚链）除总部在靖江外，另有亚星马鞍山锚链有限公司、正茂集团有限公司两家控股子公司，是全球综合实力最强、规模最大的锚链生产和出口企业。公司从一个手工作坊起家，连续10年以平均50%的增速赶超了世界同行100年的发展水平，崛起成为国内外造船、航运、海洋工程三大领域公认的“世界优秀工厂”，亚星品牌已成为世界公认的知名品牌。

（一）亚星锚链坚持量力而行，提高对外滚动收购成效

亚星人在实践中认识到，企业发展到一定阶段，积极整合内部和外部资源是企业获得迅速发展的战略选择。因此，他们克服重实业生产、轻资本运作的偏向，立足自身基础，积极对外滚动扩张，把外部资本和公司实业衔接起来，放大业务经营优势，拉动企业跨越式发展。2000年，在研究探索的基础上，他们接受了马鞍山市政府将濒临倒闭的国营马鞍山锚链厂全部债务剥离后的51%送股，一年后又出资收购其余49%。通过品牌输出、加强管理，使该厂迅速获得转机。在正常运行后，进行企业改制，拿出一定数量的股份配送给高层管理人员，并大胆进行内部改革，调动了员工积极性，企业得到了发展，年销售额从原来1000多万元增加到1亿多元，利润达到800多万元。

此后的2005年，他们又瞄准过去一直是行业老大、规模仅次于亚星的中央企业——正茂集团公司。该企业产品系列均与亚星锚链相互覆盖。长期以来，由于体制机制老化、经济效益低下，企业僵而不发。他们对此反复讨论，认真权衡，看到正茂集团不仅有一定规模的资产，而且人才基础较好，如果收

购控股，通过各种资源重新整合，必定能使企业得到快速发展。目标确定后，他们花了三年时间，实施过程中的难度远远超过想象，政策变、人事变、市场行情变，国内外出现多家竞争者，亚星凭借自身优势，并得到了市委、市政府的支持，于2007年9月出资1.4亿元，成功收购了这家老牌企业55%的股权，且亚星单方面增资1.2亿元扩大股比，与中船集团形成紧密型战略合作关系。亚星总部对分公司的管理实施“四个集中调控”，即在原材料与重大物资采购上集中调控、技术研发与新品开发集中调控、产品定位与销售集中调控、资金筹措与使用集中调控，做到统而不死、活而不乱。收购后的第一年，即2008年，各项经济指标增长50%，被列为镇江前10名企业。同时，将隶属原正茂集团的一家军工企业迁至靖江沿江开发带，通过全面整合，较快地扩大了出口产品优势效应，取得了裂变式发展。民营企业收购中央企业的“蛇吞象”故事被广泛流传。

（二）亚星锚链积极策划上市，吸纳社会资本为我所用

他们在取得收购重组的基础上，走上市资本运作的直接融资通道。企业上市不仅能解决企业发展的资金瓶颈问题，而且能分散企业经营风险。对此，他们按照“优质、规范、诚信、约束”的要求，学习、借鉴其他上市公司的做法与经验，结合自身的实际情况，积极探索和实践。他们采取各种有效措施，加快培育新的增长点，壮大经营业务规模，不断提升资产质量的投资回报率，创造更好的资源配置条件。在认真做好股权改革等上市前的准备工作的基础上，于2008年5月向证监会报送材料，2008年11月即在主板上市。同时他们将募集到的大量资金用到重大项目建设上，加快了企业发展步伐，增强了企业抵御市场风险的能力，营造了企业的核心竞争优势。

第二节　资本运作的方式：兼并、重组、收购

一、方略：资本运营之窥见

综合运用内部管理型战略和外部交易型战略，整合内部和外部资源，是企业获得发展核心能力的根本途径。而资本运营作为企业外部交易型战略的运

用，兼并、收购与重组是其最复杂、最普遍的运作形式，也是资本运营的核心。抓好资本运营有着十分重要的意义，是加快企业发展的战略选择，也是挖掘企业潜力的现实召唤。资本运营涵盖内容多，操作技术性强，需要科学与艺术的结合。笔者本着在学习中实践、在总结中提高的精神，力求探索出一套带有普遍规律而又行之有效的资本运作方略。

（一）立足基础，循序渐进，滚动扩张，稳操资本运作胜券

企业资本运作的目的是通过低成本扩张，增强企业实力，提高参与竞争的能力。但进行资本运作之前，必须衡量一下自身是否具备某一方面优势，或是市场优势，或是产品优势，或是资金、人才优势。离开了这个基础和条件是不现实的。正确的态度是，既不能把资本运营看作有实力企业做的事，自认为没有能耐，高不可攀，与己无关；也不能不掂量自身是否具备了一定的基础。对那些实力还不强、优势还不足的面广量大的中小型企业来说，要量力而行，循序渐进，走弱弱联合、强弱联合、强强联合、合资合作之路。①弱弱联合。在不改变产权关系的条件下，实行承债式兼并，虽然负债率有所增加，但总资产有所扩大，特别是能解决企业发展所需的场地和技术人员、技术工人的问题。②强弱联合。即经过几年奋斗，企业具备了一定实力，为适应迅速发展的需要，可继续实施兼并，但可兼并一些摊子较大的困难企业，利用他们的厂房和设备，建立分厂，开发新品。这样为新产品进入市场节约了成本，也节省了时间。为防止由于对内部情况吃不透而产生决策上的偏差，导致困难企业把好企业拖垮的情况出现，可以先租赁，后托管，再兼并。即先行租赁这类企业的厂房、设备，扩大生产能力，安排职工上岗，定期缴纳租金；在企业能够基本正常运转的情况下进行托管，由好企业派出领导班子，将产、供、销纳入统一管理，人、财、物仍归原厂，独立核算，自负盈亏。在实现扭亏增盈的前提下，再行兼并。兼并时，对严重资不抵债企业，可根据债权、债务相当的原则进行交割，对一些呆账、死账仍挂在老厂的，待历史遗留问题基本处理完毕后，再全部接收。③强强联合。当企业资产已经很雄厚，并在市场上有很大影响时，为取得新的突破，围绕主导产品提质扩产，对相关企业进行兼并，且是看准一个兼并一个，力争达到 1 +1 >2 的效果。④合资合作。在对内走并购之路的基础上，对外实施“产权为主、控股为主、品牌为主”的合作战略，吸纳境外资金、技术，创办外资项目，填补产品生产和出口空白，加快向国际市场发展的步伐。

对于目前实力不强的企业，可以按照以上方法尝试；对于一个刚开始进行资本运作的企业，由于没有经验，为了谨慎起见，也应这样走一步看一步，稳步推进。从而一步一个脚印，一招一个战果，步步为营，滚动扩张，积小胜为大胜。

（二）围绕“核心”，突出重点，不偏不倚，规避资本运作误区

所谓“核心”，即企业的核心竞争力，它是企业取得和保持竞争优势的源泉。其识别标准主要有三个：①能使本企业给市场（顾客）带来长期性的利益；②能使本企业在同行中保持长期领先地位；③能使竞争对手难以模仿。

企业在实际资本运作中，必须注意与其产业、产品的相关性和互补性。各个生产经营单位不能各自分离独立运行，而要经过组织协调，把看似零散的单位重新整合，才能充分挖掘潜力，发挥整体效益。有些企业搞多元化经营，是因为想在产品市场发生突变时，“东方不亮西方亮”，能用市场形势好的产品来弥补暂时市场萎缩的产品。一般来说，搞多元化经营，必须是“相关多元化”，如果并购项目与企业原先所具有的核心能力缺乏内在联系，又不能形成新的核心能力，则最终会使原来的竞争优势丢失。这种单纯追求投资领域多元化经营的现象是资本扩张的最大误区。因此，搞多元化经营，对于绝大多数企业来说，必须在原来的产业和产品基础上搞延伸开发、深度开发、系列开发。有的企业由于过度扩张或盲目对新行业的投资经营等问题而一败涂地。有的企业在一元化和多元化之间犹豫徘徊，一度偏离了自己的行业。后来回过头看，发现自己的“根”还是原来的产业，又及时把注意力转移过来，一门心思做自己的产业，走专业化发展道路，避免了掉入“多元化”陷阱。通过正反对比，可以得出一个深刻的启示：企业的活力取决于企业的竞争优势，而竞争优势的取得在相当大程度上又取决于资本运用的有效性，以及由此培植起来的核心能力，没有植根于核心能力的投资，就变成了一种走入误区的资本扩张。必须牢记这一经验教训。

（三）洞察形势，以变应变，进退有余，把准资本运作方向

企业的发展如同战争，有进有退，有攻有守。有时可全面出击，有时又需暂时退却。因此，企业必须根据对市场变化的把握、对未来的判断和自身的分析，不断调整经营行为和资本结构。有时从某一领域完全撤出，有时又集中力量去开拓全新领域，该扩张的扩张，该收缩的收缩。充分利用有利时机，进行股份转让、资产重组，就可以化僵局为活棋，化劣势为优势。①通过重组，放弃没有关联或关联较小的行业，剔除一些企业本身不善于经营的资产，可以减轻压力，除旧布新，充分利用现有资源获得新的发展。②通过重组，从一些领域退出，用获取的资金再去收购有利于发展高科技产业的其他高科技企业，尽快地缩短与世界同行业最先进企业的差距。③通过重组，出售某公司产权，可偿还债务，保持良好的信用，确保新组建的公司在收支平衡的基础上提升筹集资金的灵活性；还可减员削支，防止边际利润下降。④通过重组，把不同部门划分开来，这将便于各业务部门对市场需求变化做出更为灵活、更具弹性的回应，并避免任何内部分拆和重组。世界上最著名的 AT&T 公司，由于大肆兼并，形成了从资讯生产、服务到分配的垂直整合的庞大的美国第五大企业。几年前，其为了适应美国国会彻底修订的保护电信业公平竞争的电信法案实施后的竞争局面，将企业分解成三家公开交易的全球性公司，分别负责电信服务、电信设备和计算机业务，其凭借多年的经验和技术条件，可以更加敏捷灵活地向各自的全球领域继续扩张。可见，企业发展到一定规模后，根据企业内部条件、发展规划和外部竞争环境，适时调整和重组，实行分而治之、以退为进，既可巩固前期内部发展和外部交易成果，又可为下一步的发展战略构筑坚实的基础。

（四）讲究方法，因事制宜，恰到好处，优化资本运作效果

进行资本运作，一般要掌握四项原则：①坚持以创品牌形成企业经营模式，在具备实力和优势的基础上再搞相关多元化经营；②以有利于企业规模发展和素质提升为基准，保持产业关联，稳步推进；③选择那些“硬件”健康，一旦注入正确的经营理念和严格的管理制度就能活起来的企业为兼并对象，即吃“休克鱼”，而并非吃“死鱼”；④运用品牌无形资产进行低成本扩张，通过输出企业文化和管理模式激活不良资产，“以无形盘活有形”。在操作程序上应该由近到远、由小到大、由内到外，步步深入，步步推进。中国海尔在这方面是个典范。他们在创建品牌的基础上，先在青岛兼并一些企业，后又将兼并触角伸向烟台和贵州、浙江、湖北、安徽等地，产品也由白色家电扩展到黑色家电，并以计算机为主打进米色家电领域。1998 年至今，他们为了充分利用全

球市场，先行打开欧美等发达国家市场，再进入发展中国家市场。1999年，海尔建起了占地600亩的美国海尔工业园，在洛杉矶、纽约分别建立了设计和营销中心，率先实现了在美国的本土化发展。如今海尔已完成了由中国海尔到国际海尔的跨越；实现了三个1/3，即1/3国内生产、国内销售，1/3国内生产、国外销售，1/3国外生产、国外销售。开拓了实施品牌发展战略、多元化经营发展战略、国际化发展战略的三个阶段新的天地，创造了新的辉煌。在操作方法上，运用多种手段，包括：建立合资企业、引进外来资金、进行技术转让、实行战略联盟、股份制改造，以及上市、兼并、收购与重组等，或者将某一手段直接多次运用，或者几个手段交替互用。同时，企业间可以相互借用力量，循环往复，机动灵活，随机应变。对于规模较大的企业，可以化整为零，分段收购。如香港中信泰富公司运作的全过程就采用了这种方式，所涉及的企业之多、采用的方式之活、运作的频率之高、股权的变化之大、企业的发展之快，都是前所未有的。

（五）优化结构，扬长避短，优势叠加，放大资本运作效应

在资本营运中，要从不断释放资产潜能出发，认真优化资本结构，达到趋利避害，获得质的飞跃。

1. 进行企业间联合，实现优势互补

按照企业产品与市场的定位，以及企业的发展目标，以资本为纽带，让多家公司联合起来，使整个组织越来越大，财富呈几何级增长，竞争地位迅速上升。在既缺少资金又缺乏经验的情况下，要创建外向型高科技企业，首先自身要具有技术和人才实力优势；其次要寻找熟悉当地和欧美等国际市场，有长期海外贸易经验的公司；最后要寻找能够提供贷款来源和法律保证的公司，从而把这三家公司的优势结合起来，通过资源合理配置，发挥各自优势，就能在海外发展成功。在海内外产业结构上，也应运用互补原理，把生产基地主要放在国内，在境外或国外搞开发和贸易。海内外公司统一指挥，人员、资金统一调配；海内外企业互为依托，连成一体。这样必将形成竞争力和抗风险能力都很强的阵容。

2. 稀释民营资本，用“知本”制衡资本

创办企业时，不少民营企业的资金都是老板个人的，想怎么花就怎么花。为满足企业规模扩大的需要，必须要吸纳家族资本和社会资本。企业规模扩大

了，量是扩张了，但要向高新技术方向发展，取得质的飞跃，靠的不仅是资金，而且是另一种更重要的资源——人才“知本”。这就要招揽一批科技人才，而技术、管理、营销也是生产力，也应作为“知本”股参股，以调动各方积极性。研究民营企业发展轨迹，一般不外乎三次稀释资本的举动。第一次，创始人用家族资本“稀释”自己资本。通过吸收家族资本，扩大资本规模。第二次，用社会资本“稀释”家族资本。第三次，用“知本”制衡资本。在原有家族股、企业股之外，增添“知本股”，在股东队伍中加入技术、管理、营销等方面的精英。同时，通过股东会、董事会、监事会，用“知本”力量制衡资本力量，使家族企业发生质的变化，不断得到新的发展。

3. 设计合理的股权比例和股权制度，激励企业每位员工

现在大多数企业经营者已经认识到，要使企业健康成长，需要把企业改造成投资多元化的股份制企业，尤其要考虑公司的职工股份问题。经验证明，股权比例和股权制度设计不好，就不能带来好的效果。例如，有些工人虽然有股份，但占比很少，认为这一点股份算不了什么，亏本损失不大，赚了钱也不会有多大的好处，实际上并不关心企业发展。因此，用股份还是股份期权等激励，都是值得深入探讨的。笔者认为，可以通过股份和股份期权的结合使用，增大分配量，促使每个员工尽其能、用其功、得其益。

（六）内外战略，互用互补，相得益彰，提升资本运作水平

企业内部管理战略和企业外部交易型战略对于企业发展的推动作用不同。内部管理战略是一种产品扩张战略，即在现有资本结构下通过整合内部资源（包括控制成本、提高生产效率、开发新产品、拓展新市场、调整组织结构、提高管理能力等），维持和发展企业竞争优势，横向延伸企业生命周期，使企业核心能力得以培育和巩固。外部交易型战略是一种资本扩张战略，即通过吸纳外部资源（包括组建合营企业，吸纳外来资本，开展技术转让、战略联盟、长期融资、兼并与收购等），推动企业生产周期向纵向扩展，有助于吸纳和发展新的核心能力。将两种战略合理组合，互依互用，相辅相成，就能获得更大的发展空间，使企业立于不败之地。两种战略的实施，要靠“内科医生”——企业家与“外科医生”——银行投资家的分工和合作来完成。制定并实施企业内部管理型战略这一任务，可由深谙本行业特征、善于资源配置的企业家和本行业内部专门人员来完成。制定并实施外部交易型战略，需要广泛深入的分

析，需要精细严谨的策划，需要有资本市场方面的操作能力，仅仅依靠企业家的自身努力是不够的，需要这个领域的专业人员，即投资银行的参与与配合。在经营管理层面上，企业家是主角，不仅要关心产品与销售，更要关心资金筹措、投资决策等资本运作；不仅要善于通过管理型战略整合内部资源，而且还要善于通过外部交易型战略吸纳外部资源。在这个层面上，投资银行家是配角，但他们应该在一定程度上具有企业家的经营意识、决策能力和管理水平。在资本运作层面上，投资银行家是主角，他们以对企业的了解为基础，制定并实施交易型战略，特别是运用新的金融工具推动企业资本营运。在这个层面上，企业家是配角，但应具有远大目光和过人胆略，依靠银行投资家选择交易型战略手段，制定实施方案，寻找交易对象，确定交易价格，做出融资安排。企业家是企业内部支撑的内应力，银行投资家是企业外部推动的外应力。只有这两类群体的有效配合，才能真正使交易型战略得以实施。企业家要将依靠投资银行家运作资本与自身改革和发展结合起来，以积极主动的态度配合投资银行家。企业的发展，需要更多、更高素质的企业家和投资银行家，从政府角度来说，既要培养一批高瞻远瞩的企业家，又要培养一批业务精通的投资银行家，同时还要培育一个特殊的银行业。企业家和银行投资家互用互补，就能不断提高资本运作水平，推进企业又好又快发展。

二、案例1：艾兰得营养品——整合全球资源，成就中国营养保健品企业国际化典型

20年前，中国营养品行业第一颗VC含片在艾兰得（前身为江山公司）诞生。自2010年4月江苏艾兰得营养品有限公司（以下简称艾兰得）成立之后，在董事长常亮的带领下，其以开拓进取的精神取得了跨越式发展。从2010年起，引进新投资人的艾兰得迈上了进军国际营养保健品市场之路，加快从价值链低端向高端的战略转型。公司瞄准欧美市场，用8年时间完成了全球布局：2010年，收购美国老牌营养品制造商国际维生素公司；2014年，收购美国加州营养品公司“亚当营养”；2016年，收购荷兰营养品行业的“百年荷兰健康草本调理品牌”布荷姆、全球仿制药巨头百利高的美国营养品业务以及英国最大营养品制造商布鲁奈尔公司、英国知名膳食补充剂渠道品牌佰讴；2017年，收购一家英国非处方药医药公司和一家美国上市公司以及全球软胶囊领域领导

型企业康泰伦特药业旗下的浙江海宁软胶囊工厂。从而打通了全球营养品生产、研发、销售全产业链，横跨亚洲、北美和欧洲建立7个生产基地、2个物流中心和3个国际先进研发中心。公司是国家级高新技术企业，与江南大学、南京中医药大学、南京理工大学等高校院所均开展了产学研合作，也是国内营养品行业唯一通过美国药典委员会（USP）膳食补充剂GMP认证的企业，同时以“零缺陷”通过美国食品药品监督管理局（FDA）的现场检查。公司全球雇员超过4500人，其中欧美员工近3000人。全球销售网络遍布70多个国家和地区。公司目前已成为全球最大的营养品制造服务商，已经占据了美国营养品市场50%以上、英国营养品市场70%以上的份额。在中国医药保健品进出口商会发布的中国医药外贸榜单“保健品出口20强”中，艾兰得2014—2018年连续五年位居榜首。艾兰得发展如此之快，主要得益于其实施海外并购，整合全球资源，走国际化之路，快速嫁接国外的市场、技术、品牌、服务和质量管理。

（一）通过收购建立海外本土化平台，使艾兰得产品快速进入欧美营养健康品终端市场

美国和欧洲是世界上营养与保健品消费最大的两个市场，两个地区占据了全球近60%的份额。通过海外收购，艾兰得的产品顺利进入欧美营养保健品终端市场，同时借欧美市场的接受程度作为质量“背书”，进一步走向全球市场。目前艾兰得已成为美国和英国最大的营养品制造服务商，同时，以英国子公司作为“桥头堡”，欧洲高端市场的销售也呈快速发展态势，尤其是2020年8月收购英国OTC（非处方药）医药公司Max后，公司产品从营养品领域延展到市场更为广阔的OTC领域，同时也为中国医药保健品企业进军发达国家医药市场提供了新的发展路径。

（二）进行全球供应链垂直整合及运营一体化管理创新，使整体运营效率大幅度提高，综合竞争优势显著增强

每次并购完成后，公司都从原料的全球集中采购开始，在研发、采购、物流、生产、销售等方面进行全方位资源纵向整合供应链，发挥多种协同效应，有效实现了研发配方共享、质量体系统一、信息系统互动、生产能力互补和全球资金融通，使得整体运营效率大幅度提高。IVC被艾兰得收购后，

其营业规模连年保持高速增长，用工数从最初的100多人跃升至2020年的近1500人，成为美国最大、成长最快的营养品制造服务商，连续三年入选新泽西州年度成长最快企业50强。英国Brunel公司被艾兰得收购后，仅三个月就实现月度扭亏为盈，并购的整合效应非常明显。公司与花旗银行合作，搭建了中国自贸区第一个全功能型跨境双向人民币资金池，实现了全球资金融通管理。

（三）利用被并购企业成熟的产品和品牌，通过艾兰得的国内渠道资源，将海外产品反哺给中国市场

作为一家国际化取得初步成功的本土企业，艾兰得始终不忘反哺中国市场。消费需求升级、人口老龄化、健康中国战略，都让我们看到了中国营养健康产品市场的巨大机遇。欧美市场作为全球保健食品监管最严的市场，其产品品质得到了中国消费者的高度信赖。艾兰得收购的“Bloem”是荷兰百年草本健康调理品牌，“Biocare”是英国膳食补充剂的高端品牌，为了把国外公司的优质营养保健品引入中国，公司成立了跨境业务运营中心，通过在天猫国际、网易考拉、唯品国际等跨境电商平台开设官方旗舰店和品牌自营店，为中国消费者提供符合国际最高质量标准、值得信赖的营养保健品。

（四）努力促进中国文化和欧美文化的完美融合

中美、中欧之间存在很大的文化差异，企业之间的管理文化也有着很大差异。收购能否成功，关键看双方的管理文化能否融合。面对不同文化，艾兰得人跳出中国人的思维模式去换位思考，尊重对方的文化。IVC收购中，公司除在美国当地聘请一名有国内工作背景的美籍华人担任CEO外，没有派驻一名人员，也没有裁减一名员工，相反，通过吸引员工入股和股权激励来提升IVC员工的归属感和积极性。国内外公司之间的人员交流也十分频繁，采购、研发、生产、质量、销售等部门定期召开视频会议，并到彼此的工厂学习取经，取长补短，达到了1+1>2的效果。

（五）坚持先“走出去”并购，再“走回来”发展

公司以“走出去”完成海外并购为起点，持续推进“科技创新在美国，消费体验在欧洲，成长空间在中国”的战略部署。加快“走回来”步伐，用国外优质产品反哺国内市场，在靖江打造恒艾健康服务产业园，与南京中医药大学合作共建“健康产品研发中心”，助力“健康中国”建设。今后，他们将坚持全球供应链整合，推动全球采购与运营协同，共建共享生产信息化平台，推动全球研发协同创新，使艾兰得获得强大竞争优势，将其打造成“全球营养健康解决方案首席提供商”和“全球营养健康产业创领者”。在“新智造新营养”靖江国际高峰论坛上，公司获中国医药保健品进出口商会常务副会长孟冬平称赞，称其为中国营养保健品企业国际化的典型，并期待营养品行业第一个“独角兽”从靖江起飞。

艾兰得的实践有以下几个方面启示：

（1）当企业发展到一定阶段，要取得跳跃式发展，必须充分利用自身的技术与管理优势，走兼并发展战略之路。并购特别是海外并购能使企业进行裂变式发展，但兼并方与被兼并方在产品品种和产业链方面要有较强的互补性和协调性，同时，兼并方在技术能力和管理水平等方面都要有比较强的优势，以使这些优势渗透到被兼并方中去，并注意将国外优秀的品牌、网络、技术和服务等导向性资源与国内企业进行嫁接，做到双方资源重新分配和优化，这样就会收到好的效果。

（2）确定兼并重组时，要认真制定整合规划和实施方案，在先行试点取得成功的基础上再行推开，并因企施策，分步实施，逐步完善。在实施中，妥善处理好被兼并方的冗员、债务、产能整合等多方面的问题。产品产能的整合要兼顾产业链、价值链、供应链三者，以达到提高全要素生产力的目的。

（3）并购是一把“双刃剑”，每一次并购都会使企业资产增值，但同时也会增加企业经营压力。企业兼并后，仍要把关键点和着力点放在产品和技术这一立足点上，加大与高等院所的合作力度，共同深度开发新技术和新产品，通过具有高技术含量、过硬质量的产品来扩大市场占有率，加快将企业做强做大。

三、案例2：扬阳化工设备——走资产整合之路，打造国际“扬阳”品牌

江苏扬阳化工设备制造有限公司（以下简称扬阳化工）是一家有着40多年历史的企业，在“中国最大，世界知名，建成具有国际市场竞争力的专业公司”这一企业发展战略的引领下，从事专业生产的搪玻璃压力容器设备，越做

越精、越做越强。公司目前拥有 A2 类压力容器制造许可证及 D1、D2 压力容器制造许可证，是搪玻璃设备国家标准、行业标准的起草制定单位。产品远销俄罗斯、泰国、日本、匈牙利、韩国、南非、印度、沙特阿拉伯、孟加拉国等国家和中国台湾地区，销量雄踞世界同行首位，是 21 届国际搪玻璃大会指定参观单位。

（一）从双方互利共赢出发，出资收购毗邻生产厂区

2019 年，公司生产产量不断增加，产品种类不断扩展，客户需求不断多样化，经江苏省特种设备安全监督检验研究院监检的产品已超过 1 万台，原有的厂房容量已经趋于饱和，无法满足公司发展需要。为解决这一矛盾，公司不新征用地搞基建，而是利用其他企业多余的厂房搞发展。江苏环胜铜业有限公司有两个厂区，占地面积较大，有闲置厂房，而生产流动资金又不能满足业务发展需要。为了使两个厂同时得到更好的发展，双方本着互惠互利的原则，经过友好协商，扬阳化工以 2 亿元资金，受让毗邻环胜铜业占地 185 亩的一块厂区。目前两个企业经过资产优化后重新规划发展，环胜铜业在注入新的资金后，结合技术改造，产质和产能得到了稳步提升；扬阳化工将获得的新厂区与原来的老厂区进行整体规划，重新布局，并瞄准创世界扬阳品牌，全力打造全新升级版。

（二）充分整合有效资源，不断提升产业水平

扬阳化工在全国同行中率先采用国外先进冲孔工艺，使产品质量稳步提高。为了打造知名品牌，公司不断提高市场竞争力，让产品参与国际竞争，筹划投资成立搪玻璃压力容器研发中心，培养优秀的专业技术研发团队。在自动化生产技术方面，先行采用机器人自动焊接和切割工艺，由制造转向智造，以高效率、高质量赢得更大市场。在工艺技术方面，针对搪玻璃设备的使用性能取决于搪玻璃瓷釉质量这一关键节点，他们借助国际交流日益增多的机会，拟与国外同行业合资合作。运用国外先进的烧成工艺和瓷釉配方，对原有工艺、技术、配方实行进一步调整优化，研制出具有多种性能的搪玻璃设备，提高产品的性价比，以适应用户的新需求。

与此同时，为了适应精细化工和医药行业领域的市场发展需求、增强企业的发展后劲，公司对现有生产设施进行了相应的改造。在全体员工与专业设备安装技术人员的共同奋战下，150000L 低温冷喷搪烧炉已经在新厂区安装投产。低温冷喷搪烧炉炉门升降采用电动升降机构，操作方便、使用灵活。搪烧炉单炉能同时烧成 5000L 反应罐 8 台，最大规格能烧成 150000L 反应罐 1 台，并能同炉烧成多个规格或非标件的搪玻璃设备。在烧制过程中，采用冷进、冷出、立式、缓慢曲线升温工艺，使得炉内产品能及时释放各种应力及搪玻璃化学反应中产生的各类杂质和水分，能控制因热胀冷缩产生的变形，保证搪玻璃质量。

2020 年 6 月 24 日，公司发往陕西省安康市两台 50000L 搪玻璃反应釜，为做好此次产品发货工作，明确了发货注意事项及要求，质检部门对产品进行了出厂前的质量细节检查，并在确保产品发货时间的同时，对装卸、运输过程中的安全事项进行了对接，确保顺利到达收货目的地。

第三节　资本运作的战略选择：由经营资本转向资本经营

一、方略：企业上市板块与比较

企业上市是热门话题，也是企业家们需要思考践行的重要课题。而目前一些已具备上市条件的企业却对上市态度不积极，这既有企业董事长、总经理思想认识和方法掌握上的问题，也有近两年来我国证券市场资源配置作用发挥不充分以及政府的引导与推进力度不足的问题。对此，笔者想就以下四个方面谈一点认识。

（一）廓清当前部分企业已具备上市条件但没有上市欲望或上市欲望不强的种种疑虑

目前部分企业具备了上市条件，但由于思想上有“六怕”，直接影响了上市的推进步伐，应予澄清和克服。

1. 怕别人参与管理

怕上市后别人参与管理的环节增多，管理上自主权受限，认识不到投资公司参与管理有利于改善企业智力结构、提高企业经营决策水平和企业管理水平，使企业步入规范化、民主化、科学化的管理轨道。事实上，如果保持 51%

的控股权，就不会失权受影响。当然也要防止股票上市流通过程中，有可能被其他的市场主体（企业或个人）通过在交易市场购买股份而持有过度（即达到或超过控股比例），使企业的控股权落入他人之手。

2. 怕别人股大分配得多

有的企业怕股份不大分配少，想等企业做大一点再上市。没有学会算大账，担心别人分红得大头，看不到上市能使规模得到迅速扩大，利润也会随之增多，虽然股票要分红，但利润绝对值增加了，企业得到的利润将远远超过上市前的水平。同时，企业形势好的时候要抓紧上市，否则，一旦市场发生变化再想上市就悔之晚矣。

3. 怕税务上不能讨巧

有的企业认为没有上市时，信息不对称，可以少缴或漏缴一点税，但却没有看到这方面的风险，要负法律责任。上市后，虽绝对不可能偷税漏税，但规模扩大了，利润绝对值高了，相对收入也高了，多纳的税仅是利润绝对值里的很小一部分。有的企业还担心过去的漏税部分在资产审计中暴露出来，要补缴税款。

4. 怕上市难、麻烦多

有的企业认为上市不如向银行贷款方便。实际上，具备条件的企业上市并不难，可以请专业机构来做。银行贷款虽然简便，但贷款要还本付息，在还款期到来之时，企业可能会有较大的财务压力，如果贷款规模过大，还有可能将企业压垮。而上市得来的钱，是企业发展的永久性资本，而不是短期的发展资金，不需要还本付息，只是参与分配。万一企业经营中出现问题，股权不集中反而有利于企业分散风险。有的企业在上市前期工作中走了点弯路，仍心有余悸。应该“亡羊补牢”，而不能因噎废食。也有的企业改制后股权结构比较复杂，通过整合，这一问题也是不难解决的。

5. 怕上市募集来的资金没有项目投、不能及时产生使用效益

目前，企业正面临经济发展的新契机，只要用心多方寻找，就不必担心没有项目，即使一时没有项目，也应提前做好上市的有关准备，因为有项目不等于马上就可上市，中间还有一年的辅导期，可以边找项目，边做准备，有利于缩短企业上市时间。

6. 怕企业信息公开

企业上市有信息披露制度，企业的财务信息、技术信息、经营信息都要及时向社会公布。有的企业担心完全暴露在公众的视线之下会给企业的经营带来被动影响，特别是一些经营信息的披露，有可能会给竞争对手以可乘之机。但企业上市发行股票，是一种特定条件下的“全面”推介活动，可以调动全部媒体资源，所产生的巨大效应是花再多的钱打广告都难以达到的，随着企业社会知名度的提高，产品自然会比其他企业的产品更具竞争力。

总之，无论是上市直接融资还是贷款间接融资，都各有优点和缺陷。但两者相比，直接融资的优点大于间接融资，且直接融资本身的缺陷相对其优点来说微不足道。因此，企业要从自身实际出发，有选择地进行融资。诚然，当企业达到一定规模时，要想做到跨越式发展，走上市之路就是一个重要的战略选择。

（二）企业上市的途径和方式

企业上市从区域来分，可分为境内上市和境外上市。

1. 境内上市

上市的方式有主板、中小板、创业板、科创板。新三板属于挂牌，不属于上市。

主板上市多为市场占有率高、规模较大、基础较好、高收益、低风险的大型优秀企业；中小板主要服务于即将或已进入成熟期、盈利能力强，但规模较主板小的企业；创业板是以创新型、创业型、成长型的企业为服务对象；科创板主要服务于国家战略、突破关键核心技术、市场认可度高的科技创新企业。

（1）主板

主板，是指沪深交易所的主板。

主板上市条件：

一是主体资格：依法设立且合法存续的股份有限公司；持续经营三年以上；最近三年内主营业务没有发生重大变化；最近三年内董事与高级管理人员没有发生重大变化；最近三年内实际控制人没有发生变更。

二是财务与会计：最近三个会计年度净利润均为正数，且累计超过人民币3000万元；最近三个会计年度经营活动产生的现金流量净额累计超过人民币

5000 万元，或者最近三个会计年度营业收入累计超过人民币 3 亿元；发行前股本总额不少于人民币 3000 万元；最近一期末无形资产占净资产的比例不高于 20%；最近一期末不存在未弥补亏损。

（2）中小板

中小板上市条件：中小板是深交所的主板市场中单独设立的一个板块，其上市条件与主板完全相同。它以“小盘”为突出特征，流通盘为 1 亿元以下。

（3）创业板

创业板上市条件：创业板于 2009 年在深交所启动，相对于主板，其上市门槛较低。

一是主体资格：依法设立且合法存续的股份有限公司；持续经营三年以上；主要经营一种业务，最近两年内没有发生重大变化；最近两年内董事、高级管理人员没有发生重大变化；最近三年内实际控制人没有发生变更。

二是财务与会计：最近两年连续盈利，净利润累计不少于 1000 万元，或者最近一年盈利，且净利润不少于 500 万元；发行后股本总额不少于 3000 万元；最近一年期末净资产不少于 2000 万元；最近一年期末不存在未弥补亏损。

创业板与中小板相比，主要区别在于上市标准不同：

①净利润：创业板要求最近两年连续盈利，净利润累计不少于 1000 万元，或者最近一年盈利，净利润不低于 500 万元；中小板要求净利润最近三年为正数，且累计超过 3000 万元，最近一年期末不存在未弥补亏损。

②营业收入：创业板要求最近一年营业收入不少于 5000 万元，最近两年营业收入增长率不低于 30%；中小板要求最近三年营业收入累计超过 3 亿元，或最近三年经营现金流量净额累计超过 5000 万元。

③股本要求：创业板要求发行后总股本不低于 3000 万股；中小板要求发行后总股本不低于 5000 万股。

④资产要求：创业板要求最近一年期末净资产不少于 2000 万元；中小板要求最近一年期末无形资产占净资产比例不高于 20%。

⑤存续时间：创业板要求依法设立且持续经营三年以上，中小板要求依法设立且合理存续。

（4）新三板

新三板是相对于旧三板而言的，其挂牌条件有：①拟上市公司必须是非股份公司；②必须具有稳定、持续的经营能力；③无资产和收入要求；④主营业务突出。

在新三板挂牌条件中，并无明确的财务指标要求，对企业是否盈利也无硬性规定，只要是持续经营能力较强、在细分行业中有很好的发展前景，并承认履行披露信息义务的股份企业，均可通过主券商推荐申请挂牌。

新三板挂牌大体流程有：首先由拟新三板挂牌企业跟主办券商签订挂牌协议；在满足新三板挂牌条件的前提下，启动股改程序，将审计的净资产值整体折股，由有限公司变为股份公司。其次由主办券商会同中介机构对公司进行尽职调查；同时由主办券商设立内核机构，对申请材料进行审核；审核完成后，主办券商将相关材料报送全国股份转让系统公司审查。最后报证监会核准。

新三板挂牌的好处在于：能提高股份转让的流动性；企业资产可形成市场价格；增加品牌价值；提高综合融资能力。在融资中，企业可通过定向增发（申请定向发行债券或股票）、中小企业私募债（发行审核实行备案制）、银行信贷（授信增额）、优先股（双方利益兼顾，企业能保持控制权，投资者能有分红回报保障）等多种渠道融资。

与主板、中小板、创业板相比，企业申请在新三板挂牌转让的费用低、审批时间短、挂牌程序便捷，一般50个工作日即可完成，且还有优惠政策，这是新三板挂牌转让的优势。

（5）科创板

科创板上市条件：

①主体资格。符合中国证监会规定的发行基本条件，持续经营三年以上的股份有限公司、具有直接面向市场的独立自主的经营能力、生产经营符合法律法规及国家产业政策。

②市值及财务指标。根据科创板"审核规定"，发行人申请股票首次发行时，应至少满足五套标准中的一套要求。

科创板上市流程：股东大会决议→提交注册文件→上交所受理→上交所审核问询→证监会发行注册→挂牌上市。

科创板的好处：在首批过会企业中，科创板发行上市条件的包容性较为明显。在科创板设计的五套标准中，包括市值、营业收入、经营活动现金流、研发投入和产品的技术优势等综合因素，虽然也参考了财务指标，但强调持续经营能力，不强调持续盈利能力，对于尚未盈利或存在累计未弥补亏损的企业，只要其核心产品有明显的技术优势，就可以在科创板上市。

科创板与其他板块比较：与A股现有板块相比，科创板是多层次市场的重要补充，同现有板块之间存在较大的互补性和差异性。科创板更聚焦于科技创新特征明显、主要依靠核心技术开展生产经营、具有稳定的商业模式、市场认可度高、社会影响及形象好的企业。与境外服务创新的企业板块相比，科创板的导向更明确、特色更鲜明。科创板与目前创业板、中小企业板不同，放宽了涨跌幅限制，上市前5天不限涨跌幅，第6天开始设限20%。

科创板开通条件：主要是50万元、24个月这两个条件，50万元是指：申请权限开通前20个交易日证券账户及资金账户内的资产，日均不低于人民币50万元；24个月是指：参与证券交易24个月以上。50万元以下投资者可通过公募资金参与。

科创板公司重大资产重组上市条件：根据审核规则，科创公司实施重组上市的，标的资产对应的经营实体应符合《科创板上市公司证券发行注册管理办法》规定的相应发行条件的股份有限公司或有限责任公司特征，并符合下列条件之一：①最近两年净利润均为正，且累计不低于5000万元；②最近一年营业收入不低于3亿元，且最近三年经营活动产生的现金流量净额累计不低于1亿元。

重组上市的标的资产对应的经营实体存在表决权差异安排的，除符合《科创板上市公司证券发行注册管理办法》规定的相应发行条件外，其表决权安排等应符合《上海证券交易所科创板股票上市规则》中的规定，并符合下列条件之一：①最近一年营业收入不低于人民币5亿元，最近两年净利润均为正且不低于5000万元；②最近一年营业收入不低于5亿元，且最近三年经营活动所产生的现金流量净额累计不低于1亿元。

根据《上海证券交易所科创板股票发行上市审核规则》，科创公司股东在公司实施发行股份购买资产或者重组上市中所取得的股份，应遵守《上市公司重大资产重组管理办法》中关于股份限售期的相关规定，除同一实际控制人控制之下不同主体之间转让股份外，科创公司实施重组上市，标的资产对应的经营实体尚未盈利的，在科创公司重组上市后首次实现盈利前控股股东、实际控制人自本次交易所取得的股份登记之日起，3 个完整会计年度内，不得减持该部分股份；在以后第 4 个、第 5 个完整会计年度内，每年减持不得超过公司总股份 2% 。还要按照要求，对重组信息进行披露，掌握重组的审核内容、方式、程序等。

（6）北交所上市企业

2021 年 9 月，国务院为继续支持中小企业创新发展，深化新三板改革，批准设立中国第一家公司制证券交易所，即北京证券交易所（以下简称北交所）。根据《北京证券交易所股票上市规则（试行）》（以下简称《规则》），北交所公司上市主要条件有：

①在新三板挂牌满 12 个月的创新层公司；

②最近一年期末净资产不低于 5000 万元；

③公开发行的股份不少于 100 万股，发行对象不少于 100 人；

④公开发行后，公司股本总额不少于 3000 万元；

⑤市值及财务指标符合《规则》规定的 4 项标准中的任何一项。

北交所上市公司的特点是，企业盈利能力强、研发强度高、整体呈上升趋势。

北交所上市与沪深交易所上市的主要区别有以下几点：

①上市企业类型不一样。上交所主要是以国企央企和科创板为主，深交所主要是以民营龙头企业和创业板为主，北交所主要是以中小企业和专精特新企业为主，主要对象是精选的一些市值不大的公司。

②上市要求不一样。北交所上市门槛稍低一点，要求净利润 3000 万元左右，而沪深交易所上市门槛净利润要求在 5000 万元左右。北交所新发行的股份比较灵活，对于发行后低于 4 亿股的新三板企业，只要社会公众股不少于总股本 25% 的比例，最低可以只发 100 万股；而在沪深交易所上市，社会公众股至少需占新发行总股本 25% 的比例。对于控股股东持股比例较低的新三板企业来说，可以较低稀释股份获得一个上市公司身份。公司上市时间也不一样，北交所从申报到上市大约只要半年时间，而沪深交易所从申报到上市要两年左右时间。

③股票涨跌停限制不一样。新股上市首日，沪深交易所涨跌停限制是 44% ，北交所新股上市第一天没有涨跌停限制；个股日常涨跌停限制，沪深交

易所是10%，北交所是30%。

④公司来源不一样。沪深交易所公司来源是全国优秀企业，北交所公司来源主要是新三板创新层、基础层企业。

⑤打新股门槛不一样。沪深交易所打新股不需要账户里有资金，只需要有相应的股票市值；北交所打新股不需要提前准备市值，但需要冻结申购期间的申购资金。

⑥组织制度不一样。沪深交易所是会员制，北交所是公司制。

2. 境外上市

（1）直接上市。直接上市，直接以国内公司的名义向国外证券主管部门申请发行的登记注册；同时发行股票（或其他衍生金融工具），向当地证券交易所申请挂牌上市交易，即我们通常说的H股（在中国香港上市）、N股（在纽约上市）、S股（在新加坡上市）。

（2）间接上市。间接上市，以间接方式在海外上市，国内企业在境外注册公司，境外公司以收购、股权置换等方式取得国内资产的控制权，然后将境外公司拿到境外交易所上市。

间接上市主要有两种形式：买壳上市（亦称借壳上市）和造壳上市（亦称红筹上市）。其本质都是通过将国内资产注入壳公司的方式，达到国内资产上市的目的，壳公司可以是上市公司，也可以是拟上市公司。

（3）其他方式。中国企业在海外上市通常较多采用直接上市与间接上市两大类，但也有少数公司采用存托凭证和可转换债券上市。

符合境外上市条件的境内股份有限公司均可向中国证监会申请境外直接上市融资。境外上市条件有五个：①筹资用途符合国家有关政策和规定；②申请公司净资产不少于4亿元人民币，过去一年税后利润不少于6000万元，境外融资不少于5000万美元；③具有规范的法人治理结构、较完善的内部管理制度和稳定的高层管理层；④上市后有可靠的分红派息的外汇来源；⑤严格按规定程序提交申请材料。

适合在境外上市的企业，一般有以下几种：在境内上市遇到障碍上不了市的企业；等不及在境内上市排队的企业；市场和产品就在境外的企业；落实国家“走出去”战略的企业；先境外上市后回到境内上市的企业。

（三）境内上市与境外上市比较

总的来说，境内上市与境外上市各有利弊。

1. 上市机制

境外上市完全是市场行为，没有控制指标，采用的是注册制，只要证券公司认可，就能在境外上市，当然也须有境外推荐人、主理商、会计师事务所、律师事务所等中介机构的深入参与；而境内上市实行的是审核制，要经证监会批准，且业内人士（保荐人）的通道（上市）指标受到限制。境外上市相对比较容易，但事后管理相当严格，如在美国上市的企业，对分红有明确的规定，达不到分红标准的企业会被退市。而境内上市尤其是上主板市场虽然比较难，且排队上市的时间长，但事后管理没有境外上市那么严格。

2. 运作时间

海外运作效率相对较高，只要企业本身符合条件、市场认可，很短时间内（在中国香港、新加坡只要一年左右）即可完成发行上市的运作计划；而国内上市运作完成一般要两年左右。

3. 融资规模和成本

国内发行股票的融资成本比较低，同样一个发行计划，在国内可以融到更多的资金；境外资本市场的融资费用比较高，在中国香港地区和美国上市的费用一般都占融资总额的10%以上，如果融资数额小，比例就要高达20%。

4. 再融资机会

国内上市后再融资比较困难，企业增发配股受到的限制较多，比如说，再次配股之间要相隔一年，三年净资产收益率平均超过6%；相比之下，境外市场的再融资较灵活，主要取决于企业本身对融资成本的评判，证监会和交易所只是监督有关的程序是否合规以及有关信息是否已经披露等。

5. 风险评估

企业在国内上市最主要的优势是经营大环境熟悉、资本运作方式熟悉、市场关注度和了解程度比较高，上市后一般不会发生大的震荡。鉴于时下全球经济的不确定性、不稳定性较多，到境外上市可能会遇到难以预测的风险，因此不能盲目跟风，要慎之又慎；如果不急于融资或没有其他特殊需要，综合各方面因素考虑，应将国内上市作为首选。从而达到有利有度利用境内境外两个市场、两种资源，以促进自身的改革发展，不断提高市场竞争力。

（四）政府加大企业上市的引导与推进力度

1. 运用多种形式和方式宣传上市的意义和作用

上市能改善企业融资环境，为二次飞跃集聚资本；有利于彻底清产核资，使企业产权清晰化；由于股权分散，能分散企业风险；能促进公司治理结构和智力结构的优化和完善，提高企业管理水平等。企业通过上市，可以改变传统经营模式，迅速做大做强，这也是应对中国入世后融入全球经济挑战和压力，抗衡市场竞争，求得企业生存与发展的重大选择。充分认识到这些，可以增强企业上市的主动性和积极性。

2. 适时组织规模骨干企业负责人到上市先进地区和企业学习考察

浙江曾经出现过民企上市热，绍兴杨汛桥一个小镇就有10多家民企上市公司和拟上市公司。在国内外买壳上市已成为浙江民企上市的主渠道。不少民企试图摆脱“土财主”和“家族制”色彩，向“公众公司”转型。目前，浙江是全国上市和拟上市最多的省份。江阴市已形成上市企业板块，且年年都有新的企业上市。通过上市，公司募集了大量资金，新上了高新技术项目，扩大了规模，提升了层次，尝到了甜头，得到了实惠。浙江的发展模式表明，企业发展到一定阶段，要想有新的突破，必须采用新的运作平台和新的运作模式，而上市就是新的平台和新的模式的实际运用。到先进地区和企业学习取经，更新观念，激发热情，掌握上市操作程序和方法，可以增强企业上市的决心与信心。

3. 积极抓好企业上市典型

地方政府可以选择大而强、经营者有积极性的企业作为上市试点企业，并组织力量到试点企业开展工作，加快企业上市进度。通过试点突破、规范操作，推动一个地区企业的上市工作。

4. 认真制定企业上市规划

按照实行产业经营、资本经营双轮驱动、国内上市和国外上市双轨运行的要求，通过政府引导，企业自主，双方努力把亮点做亮、特色做特。做到规模骨干企业抓资本扩张，做大规模；成长优势企业抓核心产业培育，搞活资本经营；中小企业抓项目投入积累资本。通过建立三方同步推动的运作机制，确保当年有企业上市，培育3～5家企业来年上市，选择一批重点扶持作为后备上市企业。

5. 加强对企业上市工作的领导

将上市工作列入党委、政府重要工作议程，指定分管领导。建立企业上市推进指导小组，定期研究和及时解决企业上市工作中出现的新情况、新问题。如针对漏税问题，政府应明确表态，通过先补后退的办法给企业吃“定心丸”。在大力鼓励企业上大项目的同时，政府要为企业推介高新技术项目。制定企业上市的考核奖励办法，加大推进力度。每年组织召开企业上市推介会议，把企业上市工作不断引向深入。

二、案例：华达汽车科技——A 板上市的成功实践

（一）统一思想认识，明确规划整体部署

华达汽车科技自 2007 年起实施总部经济以来，主动应对国内、国际轿车增量，实施国内产业化布局，打造极具竞争实力的产业化轿车总成及模块化制造基地。为突破市场不断拓展扩张所带来的产业链创新及资金链短板，2011 年 10 月起公司谋划走资本运作之路，推进企业上市，同年正式组建 IPO 团队启动 A 股上市工作，与保荐机构（股票承销券商）齐鲁证券有限公司（现更名为“中泰证券股份有限公司”）、致同会计师事务所负责人、北京金杜律师事务所中介机构合作共同推进上市。

自 2013 年起，围绕规范企业上市管理，重点实施总部、分部员工“五险一金”全员推进、职工尽职调查、配套客户及协作方访谈、明晰资产产权、守法及合规性证明等。2013 年 8 月，公司由有限责任公司整体变更为股份有限公司，2013 年 8 月 24 日创立华达汽车科技股份有限公司。

（二）谋取创新之路，打造科技强企工程

企业上市的核心在于不断创新，华达汽车科技实施了“两手抓”。

一手抓“研发创新”。通过不断优化华达内部创新管理机制，加大了高技能人才队伍的培育，打造了“省级企业技术中心”，建立了中国汽车工程钟志华院士工作站，为企业创新搭建了创新平台，确保在轿车总成件、新能源产业转型方面提高“智力支撑”，实现每年 2.5 亿元新产品增加值。

一手抓“智能制造”。自 2013 年起，华达打破传统生产模式，率先在同行

业打造了“离散型”智能制造车间，荣获江苏省“两化融合”智能制造示范企业，并在总部城北工厂及分部进行全面推广复制，不断满足客户对高质量、规模化的配套需求。

（三）抢抓行业机遇，成功实现企业上市

2014年12月，公司正式向证监会提交IPO申报材料，历经补充申报、反馈、初审会、发审会、封卷等一系列长期必需的上市流程，经历了2015年股市大幅波动和两次IPO暂停，华达公司坚持走创新发展之路，抓住国内、国际汽车产业迅猛发展的机遇，以优异的业绩赢得证监会的肯定，公司前期各项管理基础合规，最终于2016年12月30日获得中国证券监督管理委员会《关于核准华达汽车科技股份有限公司首次公开发行股票的批复》，并进行首次公开发行股票网上路演。

华达《汽车科技简史》第六章“实施上市融资”显示，2017年1月25日，华达汽车科技股份有限公司正式在上海证券交易所挂牌上市，股票代码为603358，公司首次公开发行股票4000万股，发行价31.18元，募集资金11.49亿元。

（四）拓展上市融资，实施优质产业兼并

在坚持稳打稳扎做好主营业务的同时，公司充分利用上市公司的投融资平台，积极开展资本运作，构建多元化产业结构，持续提升公司核心竞争力。

华达《汽车科技简史》第六章“实施上市融资”显示，2017年10月28日，华达科技与北京汽车集团产业投资有限公司共同发起成立靖江北汽华达汽车产业并购基金，这是华达实施资本运作的一项重大突破和创举。基金总规模10亿元人民币，其中华达公司出资5.5亿元，北汽集团出资4.5亿元，基金以北汽集团作为产业资源的依托，对新能源汽车产业链上下游、汽车相关产业链中的项目进行优中选优并购。

2018年8月1日，公司出资2.47亿元收购江苏恒义汽配制造有限公司51%的股权。将华达公司与各大汽车厂配套市场扩展到恒义公司，实现优势互补、资源共享，进一步提高了公司的市场拓展、竞争能力与盈利水平。

2019年8月23日，公司出资5000万元认购“共青城橙芯”股权，间接参与对中芯集成电路制造公司的投资，主要用于MEMS微机电系统、高端功率器

件等生产制造，为公司向新能源汽车、汽车智能化技术的转型提供了发展战略支持。

2019 年 9 月 27 日，公司受让“江苏长江商业银行股份有限公司”4.76%的股权，交易总额合计人民币 7985.25 万元，有利于公司促进开发银企合作市场、创造金融市场投资收益，有利于扩展公司产业结构多元化、提升公司综合竞争力。

2020 年 2 月 3 日，公司出资 1500 万元收购“深圳市云图电装系统有限公司”75%的股权，快速取得了汽车胎压监测系统（TPMS）业务所需的全部核心技术专利及软件著作权，为公司开展相关业务提供了必要的技术储备。

第四节　资本运作的开源途径：招引合资合作项目

一、方略：企业合资合作项目招商谈判要则

在大众创业、万众创新的热潮中，不少企业都在千方百计招引大项目、好项目，旨在与国内外大集团企业及科研院所进行高位嫁接，迎战我国“一带一路”和《中国制造 2025》的机遇和挑战。诚然，取得一个项目的成功，要做的工作很多，但谈判是其中至关重要的一个环节。且谈判是一场复杂的智力竞争活动，既要做考虑战术的强者，又要做考虑战略的智者。根据靖江市企业的一些情况，现将合资合作谈判的要则作一简略梳理、归纳。

（一）谈判前：做好充分准备，不仓促上阵

项目招商谈判是在前期调研、接触交流的基础上进行的。由于时下合作信息较多，且存在信息的不对称性，在谈判之前，必须充分论证，分辨项目的真伪、优劣，以防效率低下、污染严重乃至失真项目误入，决不能“见佛就拜”，要争取引入那些高科技、节能环保以及优化产业结构的项目。如属第一轮谈判，要按照合作项目一般要涉及的几个问题，如组织模式、投资方式、股权结构、双方责权利等，事先要集体认真商量，形成一个具体意见。同时要对合作核心问题的利益分割形成预备方案，便于意见不一致时进行调整，争取第一轮谈判多统一，少留异议。如属第二轮或第三轮谈判，要对上

一轮谈判备忘录中分歧方面的问题，按照双赢理念，站在双方利益的位置上，拿出一个比较靠实、供大家再议的意见。不能单从自身利益考虑，要摒弃小农意识，从企业长远发展考虑。尤其是与国外大企业集团合作时，不要算让出股权的小账，要算嫁接到技术、品牌、市场等方面的大账。不要担心外方控股导致自己失去话语权，或者担心引进不了人家的核心技术；也不能一味地要求保持合资前的待遇和收入，不愿共担风险；更不能违反原先的原则与构架，绕圈子，把“大方”变成“小气”。应从诚意合作、互惠互利角度出发，把注意力集中到共同利益上，设想出多种选择方案，尽量缩小双方差距。

与此同时，要吃透和掌握国家有关政策及本地政府的规定，使谈判条款合规合法。在一个地区，招商引资的优惠政策是统一的，但在实际操作中，可以根据企业的情况灵活掌握。价格可以在原来的标准基础上适当降低，但不能优惠过多。至于价格优惠多少，要按投资额的大小和产业项目的含金量来确定。如若进行资产重组，则应对原有资产认真评估，通过算账的办法，将优惠让出的部分讲明白，不能“一捆柴”暗箱操作。并且要妥善处理好股东之间的利益关系，避免因此引发矛盾。同时，要执行国家有关规定。如中外合资企业，注册资本（法定资本）与投资总额（运营资本）要相匹配，企业注册资本占投资额的比例要符合规定。外商以人民币投资的，必须是外商在中国境内举办的其他投资企业获得的人民币利润，并向审批机关出具所投资企业的利润分配证明及该企业纳、免、减税证明。项目如属特殊行业，需经有关部门前置审批等。对这些政策和规定都要心中有数，不能偏离。

另外，就谈判的地点、时间、议程及参加人员一一对接落实。这样有利于按谈判的程序进行，围绕主要内容讨论，既可节约谈判时间，又可推进谈判向着成功的方向转化。

（二）谈判中：运用正确的谋略和技巧，提高谈判各方需求的满足度

1. 礼貌用语，表达准确清晰

谈判一开始，礼貌用语能给人一种轻松的感觉，增加和谐融洽气氛，为接下来的正式谈判做好铺垫。由于谈判涉及诸多方面内容，在表述时要准确，不能含混不清，以防引起误解。更不能或因没有集体研究，或因情况不明，导致表态不一、前后矛盾，引起对方怀疑乃至反感，没有给人一种实事求是的感

觉，在思想上就难以产生共鸣，反被认为在“卖关子”，产生不利于深入谈判的障碍。

2. 准确运用谈判语言，避免缺乏可能性、圆润性及缓冲性

这里有个小故事，很好地说明了适当表达问题的重要性。一名教士问他的上司：“我在祈祷的时候可以抽烟吗？”这个请求遭到断然拒绝。另一名教士去问这个上司：“我在抽烟的时候可以祈祷吗？”这个问题经过这样表达，抽烟的请求就得到了允许。正确运用谈判语言，容易给人以受到尊重的感觉，有利于推动谈判进展，而且能把想让对方知道的信息传递过去。在不危及自己利益时，尽量少用断然否决对方的语言。当对方语言过激时，也要胸怀全局，随机应变，谦让容忍；不要针锋相对，挥袖而去，以便下次再行谈判。直言快语虽显性格爽朗，然而常为谈判所忌。总之，不管怎么陈述，都要力求控制情绪，达到能进能退、恰到好处。

3. 把握时机，高超提问

问是谈判重要环节。通过询问，一方可以探知另一方的需求与动机，同时表达自己的目的和底线。可以说，“问”是谈判达成的途径和手段。在双方心情比较平和、对方表述告一段落的时候，采用恰当与高超的提问，能够促使磋商向着愉快、友善的方向发展，达到最佳的结果。

4. 出现僵局，慎重处理

谈判时双方时而意见一致，时而意见相左。这时首先要专心致志，听取对方意见，做好记录，不要分散精力。产生意见分歧时，要耐得住性子，不要急于反驳。应以巧妙的方式表达自己的异议，不能简单处理，一般要留有商量的余地，使双方都有回旋的机会。或者以婉转的方法，让一时难以达成一致的问题暂时搁一搁，先讨论下面的问题。或在这一问题上作一些妥协，而在另一个问题上仍维持自己的立场，在保证自身目的达到的同时，让对方有获胜的感觉。合理利用时间拖延的策略，给自己和对方留一定的空间，既能提高谈判质量，又能结交到更多的朋友。

5. 引入第三方帮助洽谈，化解久议不决的难题

谈判中遇到的难题，多为“利益交割”，即“交换需求”和“交割比率”这一利益核心问题。可请双方比较熟悉且有一定资历的人出面帮助协调。第三方介入，如同增添了“调节器”和“润滑剂”，容易掌握双方的底线与要求，同时通过第三方的协调，会较快地使双方之间的差距逐步缩小乃至获得成功。

（三）谈判后：认真履行合作协议，加快推进项目建设

谈判后，要迅速形成有法律效力的规范性合作协议，准备好向工商部门提交所需的各种材料，办理公司批准证书。同时，诚实守信，多措并举，加快项目实施进度。成立项目建设领导小组，落实项目责任制，合理分工，科学安排，挂图作战，严格按时间节点推进，确保项目高速度、高质量地完成。

二、案例：裕纶纺织——乘着“一带一路”东风在越南合作办厂

早在1997—2000年，江苏裕纶纺织有限公司（以下简称裕纶纺织）曾发挥自身在管理、技术、品牌、市场等方面的优势，实行低成本扩张，先后在兴化、东台、泰州等地租赁或重组纺织企业，使裕纶纺织实际控制的产能在原来5万锭的基础上翻了一番多，取得了良好的经济效益和社会效益。近年来，纺织大环境发生了很大变化，国内纺织产能严重过剩，且受人力、运输、劳动力、能源等成本上升过快等因素影响，中国纺企不再拥有低成本优势，大批订单转移至东南亚国家。裕纶纺织在面临行业宏观形势变化的同时，还有自身的具体情况，由于历史原因，人员和债务包袱重，艰难负重前行，在国内很难有突破，必须寻求新的发展之路。时至2013年9月，公司积极响应国家“一带一路”建设的号召，多次组织去越南考察，最终确定与越南南定省宝明工业园区合作，将其作为部分产能转移的基地，投资建设纺织染项目。2014年3月，公司在越南南定省宝明工业园区投资组建裕纶（越南）纺织染有限公司，注册资本800万美元，规划总投资3900万美元，发展纺织染项目。一期纺纱项目3.5万锭于2015年6月全部投产并正常运行，生产经营步入良性循环。鉴于一期项目取得的成功，公司于2017年5月实施了二期4.5万锭纺纱项目，经过一年的建设，于2018年5月全面竣工投产，在精梳和普梳纯棉漂白纱的基础上，增加了各种纱支规格的紧密纺纱、赛络纺纱、气纺纱等产品门类。至此，裕纶（越南）纺织染有限公司已形成8万锭棉纺产能，吸纳当地员工就业650人，目前越南公司年产棉纱12000吨，生产运行良好。2017年11月12日，习近平

总书记访越，中越签订《中越产能合作项目清单的谅解备忘录》，裕纶纺织染项目被列入《中越产能合作项目清单》；2017 年 11 月 17 日，泰州（越南）“走出去”推介会在越南河内召开，泰州市委、市政府领导对裕纶纺织“走出去”成功办厂的经验给予了充分肯定。

第五节　资本运作的“压舱石”：发挥金融机构“领头雁”作用

一、方略：打造银行服务品牌的有效之举

企业在运作资本的过程中，无论采取何种方式，尤其是涉及收购、兼并、重组的，都离不开金融机构的介入和支持，起着十分重要的“压舱石”作用。面对国有商业银行深化改革与经济新一轮的发展机遇，作为金融机构，应以促进服务经济和广大企业发展为己任，大力推进金融创新，全线打造银行品牌，拓展信贷市场，提升存贷比率，不断增加有效放贷，使各项业务取得更加明显的成效。

（一）强化银企互动意识，尽心打造品牌形象

银行与企业之间的互动关系，宛如一个硬币的两个面，缺一不可，银行离开企业，即会失去生存和发展的空间；企业离开银行，难以实现顺畅、高效运转。在金融体制深化改革的今天，成为联结银行与企业的纽带和桥梁的品牌，不仅是中资银行增加核心竞争力的基础，而且是我国商业银行成为国际化商业银行的着力点。因此，要把开展品牌经营和研究其诸多要素摆到重要位置上来抓。通过多种形式和方法，充分认识打造银行品牌的现实意义和战略作用，弄清什么才是品牌的核心，什么是品牌最基础的而且是不易更改的元素，如价值观、理念、文化和声誉等。在统一广大干部和职员思想的基础上，组织和发动大家努力在多层次、多形式、多方位中创建品牌，超越单一品牌，塑造有效的整体品牌形象。这样，不仅银行品牌的寿命可以无限延长，而且银行未来的延伸产品都可以在这个品牌下尽情展示，还可以在与客户的沟通过程中充分体现整体的品牌特色与优劣。

（二）提高服务质量层次，抓住打造品牌的关键

银行的服务质量与工作质量是银行品牌的生命。银行要想创出自己的品牌，就必须在服务质量和工作质量上高人一筹。有形的竞争是暂时的，而质量的竞争却是永恒的。基于这种认识，要更新观念，大胆创新，构建业务营销与金融配套服务相结合的大服务格局；综合服务手段，组合服务方案，建立同业合作的新型经营方式，组织银团贷款，扩大贷款规模，摆脱单一金融机构信用集中度的制约；利用各行信贷政策的差异，向外地金融机构推介贷款项目，实现优势互补和业务交叉，多渠道为开发项目落实贷款。同时，完善内部机制，建立分层次、高效率的直接营销服务机制，使利益分配与目标市场的营销业绩充分挂钩，落实分层营销责任制。从而对政府运作的重大项目做到“三个主动”“三个优先”，即与政府搭建的融资平台主动对接信贷政策，主动对接放贷条件，主动对接贷款方式；企业评级先行，项目评估先行，贷款授信优先。

（三）突出个性化特色，夯实打造品牌的基础

做客户的朋友是银行的最高期望，而银行出色的客户服务是有效建立品牌的基础。当客户体验到了这种银行服务带给自己的好处之后，他们便会热衷于再次接受服务，从而带动银行服务的整体提升。因此，要把个性化特色贯穿于品牌建设的全过程，认真抓，反复抓。鉴于中小企业种类多、融资需求不一，但都面临着信用等级不高、落实担保难的问题，银行要积极贯彻国家发展中小企业的政策，在信贷政策与信贷产品上进行重大调整。跳出原有法人客户信贷管理体系，建立一套全新的中小企业信贷管理办法，不把具有个性特色的广大中小企业与大型企业放在同一尺度下衡量评级，而采用简化的评价指标与程序，即以客户年销售收入和可抵（质）押物价值为主要指标，客观真实地评价中小企业使用级别和信贷额度。新的中小企业贷款流程不仅快捷、便利，而且适应性强。除房产抵押外，还可依据资金占用特点和资金结算方法，为企业设计动产质押、国内保理、循环贷款等个性化信贷产品和服务组合的方法。对于不具备相关条件的小企业，银行要主动了解企业需求，指导其如何创造条件获得贷款，从而为企业解决资金瓶颈问题。企业只有对银行服务的满意度提升，才会主动到银行去咨询信贷、开立账户。银行品牌越个性化，客户与银行之间的关系就越牢固，品牌本身的价值也就会成倍增加。

（四）坚持科学发展，提升打造品牌的水平

为实现加快发展与可持续发展的有机结合，银行部门应持科学的态度和方法，努力找准信贷投放的切入点。一是把握好信贷投放与国家宏观调控政策的结合点。按照上级依据国家宏观调控政策做出的行业贷款指引，结合实际，将开发区建设项目、高新科技产业、两化融合项目、兼并重组项目等列为信贷重点投放对象。二是把握好信贷投放与地方经济发展战略的结合点。对于地方经济的重点、热点项目，动脑筋想办法，开通绿色通道，争取早投快投，尽量满足需要。三是把握好信贷投放与自我管理水平的结合点。切实提高信贷管理水平，实现贷款投放规模与风险控制能力的同步提高；同时，加大不良资产处理力度，积极谋求银政合作，批量处置不良贷款，为取得上级银行更大的信贷授信权创造条件。对于国家信贷政策，既掌握原则，又灵活运用，以更好更快落实项目资金。

（五）塑造企业文化，力保打造品牌的效应

银行能不能创出品牌，在很大程度上取决于它的文化形象，也取决于银行员工的文化素质。银行要树立服务经济大局的意识，在服务地方经济发展的过程中，以创造金融名店为抓手，正确处理金融风险与经济发展的关系，从风险控制和改革创新两个方面加快完善公司治理机制，营造内控环境，夯实管理基础，严格岗位分离制度、授权管理制度和规范化管理要求。注重人的培养，注重职业道德规范的培育，形成经营发展、内控完善与人的价值实现的有机统一。从而增强自身经营能力，提高管理水平，扩大发展规模。由此可见，银行要有自己的品牌，而品牌就是物化的文化。人创造了企业文化，企业文化又创造了全新意义的企业。谁掌握了文化，谁就掌握了创造品牌的钥匙。从这个意义上说，银行的竞争，实际上就是文化力的竞争。

二、案例：长江商业银行——创新中小企业特色服务

江苏长江商业银行是靖江土生土长的一家法人银行，成立于 1988 年，前身是靖江市长江城市信用社，2008 年 10 月改制为江苏长江商业银行，至今已

有34年的发展历史。30多年来，尤其是近年来，该行始终坚持以地方经济发展为己任，以打造特色品牌银行为目标，以塑造优秀文化为支撑，坚持依法、合规经营的原则和审慎稳健的经营风格，不断创新金融服务方式与手段，不仅有力地支持了地方经济发展，而且自身也保持了良好的经营质态。在近年经济下行的压力下，该行不良资产一直控制在较低水平，营业收入增幅持续保持在两位数以上，各类监管指标均优于监管要求，得到了社会各界的认可。连续多年被《金融时报》评为“最具竞争的中小商业银行”；2020年年底，先后获得“江苏省红十字会博爱奖”“中国红十字会贡献奖”；2022年1月，获评“2019—2021年度江苏省文明单位”。

（一）立足小微市场定位，积极开发特色金融产品

30多年来，该行始终坚守小微企业市场定位，建立了一套完整的小微企业金融服务体系。在政策引导方面，该行下发了《关于全面做好1000万元以下小企业贷款投放工作的通知》，全面推动党中央关于支持小微企业发展相关政策的贯彻落实。在产品创新方面，该行围绕“创新绿色融合”目标，立足区域产业特色，积极开发绿色节能贷、智造贷等特色产品，充分满足小微企业在更新落后产能、业务转型升级方面的资金需求。充分发挥该行票据业务优势，解决小额票据“贴现难”问题，积极为小微企业提供小额票据贴现服务，有效缓解小微企业资金燃眉之急。新冠肺炎疫情期间，该行推行“复工应急贷”全力支持小微企业复工复产。在服务效率方面，该行将在风险可控的前提下，进一步下放权限、简化流程，并强化限时办结机制，及时有效地为小微企业提供金融服务支持。此外，该行还将进一步优化让利机制，除了各项业务收费能减则减、能免则免外，还将大力推广年审制贷款，帮助小微企业尽可能地降低融资成本，将普惠金融政策落到实处。通过全行努力，该行小微金融业务发展良好，取得了良好的社会效益。目前，该行小微贷款余额占全部贷款接近90%，小面额票据贴现业务每年办理的规模超过250亿元，平均每张票面金额在20万元。商业银行成立十年内，累计发放小微企业贷款达5000亿元，培育了一大批“小老板”，还帮助数万户市民、农民脱贫致富。

（二）积极开展同业合作，加大对民营企业的支持力度

该行充分利用法人银行的优势，围绕企业发展需要，想方设法推动与政策

性银行、大型股份制银行、国有资产管理公司在银团贷款、融资租赁、保理业务等方面的合作，全面提升服务实体经济的能力，以满足重点骨干企业的需求。该行又与进出口银行、农业发展银行等政策性银行建立合作关系，批量获取小微转贷专项资金，每年向人民银行申请小微企业再贷款、再贴现指标规模，并已在银行间债券市场成功发行多期小微企业金融债券。将这些资金全部投入工业制造和商贸流通等领域，很好地支持了小微、民营企业和实体经济发展。同时该行正在探索银政企合作，搭建平台，衔接多方资源，实现多方共赢。

（三）全面推进跨区域经营，放大总部经济效应

自2010年起，该行开始实施跨区域经营，先后在泰州、扬州、宿迁、盐城、南通和无锡等6个地级市设立了分行，在泰州辖区的姜堰、兴化和泰兴三个县级市（区）设立直属支行。目前，该行通过积极推动跨区域经营，实现各方面资源对民营经济的倾斜和反哺。一方面，增强资金流入效应，整合全行各辖区资金，优先满足民营经济信贷需求。在2019年信贷政策中，该行将对助推地方经济转型给予充分的关注和倾斜，明确提出加大对重点骨干企业的支持力度，重点支持航空装备制造、新能源汽车、大健康、节能环保等新兴产业发展。另一方面，通过积极做大规模、做厚利润，进一步放大税收效应，有效提升纳税能力，为政府财税收入做出更大的贡献。目前，该行资产总额已突破385亿元。2021年，该行存款余额306亿元，贷款总额291亿元，入库税款1.8亿元，为地方发展做出了积极贡献。

（四）高度重视金融科技创新，不断提升金融服务水平

早在成立之初，该行便确立了以电子化为主体的渠道建设战略，并有效构建了电子渠道、物理网点互为补充，线上、线下深度结合的渠道体系。为积极顺应金融科技发展的新趋势，2014年下半年，该行明确提出了“线上再造一个长江银行”的战略愿景，并先后与微众银行以及京东、360等主流的互联网公司合作开通了线上贷款业务，在互联网金融领域赢得一席之地。该行又与腾讯、华为等科技巨头开展战略合作，成功实施了新数据中心建设项目，使该行成为国内少数几家建成分布式云架构数据中心的城商行。此外，该行还建设了自己的互联网金融核心系统、网贷平台和线上零售评分模型等系统架构。目

前，该行自主研发的 20 万元以内的纯线上小微企业贷款即将正式上线运行，线上电子账户的输出和综合支付的输出也指日可待，这将极大地提升该行支持和服务民营经济发展的能力。

第九章

技术进步

技术进步是企业高质量发展的关键与重点，是提高企业生产力和综合实力的战略支撑。要强化科技是第一生产力的意识，牵住科技创新的“牛鼻子”，以科技创新构筑企业核心技术优势。注重技术升级改造，重点针对产业链、供应链的关键环节，以强链、补链、固链解决“卡脖子”问题，推进企业高质量发展。加强产学研用合作，发挥各自优势，整合互补性资源，加快高新技术应用和产业化。注重知识产权的开发、保护和利用，充分释放科技成果潜在的巨大力量。培育壮大科技创新平台，充分调动企业技术研发中心、博士后工作站、院士工作站等研发机构的积极性和创造性，不断开发新产品、新工艺、新技术、新材料，使企业的科研开发水平提升到一个新高度。坚持立足自我、争取外援、科学推进，选准上好高新技术项目，逐步完成从技术追随者到局部领先者再到技术规则制定者的“三级跳”，加快实现关键领域和关键环节自主自控，不断提高科技进步对企业发展的贡献率。

第一节　技术进步的主要内涵：企业创造力和竞争力

一、方略：走好科技进步“三步棋”

一个企业尤其是传统产业要想实现产业升级，应坚持以市场为导向，以用户为中心，紧紧抓住技术进步这根主线，着力提高企业的工艺装备水平和产品开发能力，努力培育企业的科技技术人才和技术创新体系，增强企业创新力和竞争力，使企业在激烈的市场竞争中赢得发展先机，获得良好经济效益。

（一）提高装备水平，努力为产业升级提供必要的技术条件

一是瞄准一流设备成套更新。可通过多种渠道融资或争取省、国家专项资金支持，引进当今世界上最先进的制造设备，以满足高精特产品研发和生产需要。二是对现有设备进行适应性改造。组织“三结合”技术改造团队，自己动

手对原有设备进行配套改造，以提高装备水平。三是依靠联合重组为我所用。利用自身管理和技术优势，通过联合兼并重组等形式，共享优良设备，充分发挥优良设备的作用，做到投资省、上马快、效果好。

（二）强化新品开发，不断为产业升级提供充足的换代产品

一是立足高新化开发新产品。走差异化发展之路，大力开发人无我有、人有我新、人新我精的高附加值和高技术含量产品。二是立足绿色化开发新产品。根据消费者与用户需求，切实搞好绿色设计、绿色制造、绿色包装等一系列流程，让“绿色”贯穿于绿色产品的全生命周期。三是立足系列化开发新产品。在原有产品基础上，通过应用新工艺、新材料、新技术，开发多品种、多门类、多领域的产品，以形成新产品优势。

（三）夯实创新基础，切实为产业升级提供可靠的支撑力量

一是加大力度，培育创新体系。规模骨干企业各自建立企业的科技研发中心，每年由中心直接开发新产品和完成科研项目，使之成为所在公司科研开发的主阵地。二是放开眼界，广泛获取信息。企业长期与大专院所等单位合作，在把它们作为自己“信息库”的同时，设法挂靠国外一些高新技术企业，让其成为新材料新产品试验基地，不断从那里汲取营养。充分发挥企业驻外办事处的作用，定期召开用户座谈会，及时迅速地对市场信息进行反馈。并通过参加行业会议、加入国际互联网等办法，多渠道捕捉各类苗头性、前瞻性信息，不断让自己的老产品焕发新面孔。三是加快步伐，培育科技人才。除积极外聘专家教授作为技术顾问外，应积极招聘专业对口的大中专毕业生。此外，注重对人才实际能力的培养锻炼，通过实行项目聘任责任制，使科研人员有职有权，为其创造自我发展、自我实现的小环境，使企业形成人才—产品—效益的良性循环。

二、案例：靖江互感器——大力度研发，扮靓“迎春”品牌

近年来，江苏靖江互感器厂有限公司紧紧围绕“专业化、规模化、品牌化、国际化”的发展战略，确立“一切为用户着想”的核心价值观，致力于新产品的研发与制造，实现了由中压互感器向高压互感器的延伸，由传统电磁式互感器向智能电子式互感器的提升，由单一互感器产品向互感器、隔离开关、

断路器等输配电设备的多元化发展。高新产品的研发，催生了新的生产力，提高了市场竞争力。目前公司能承担220kV及以下300多个系列、5000多种规格的互感器、隔离开关等输变电设备的生产与服务，年生产能力达20万台以上，拥有62项专利。省著名商标“迎春牌”产品在国内外市场上越叫越响，产品供不应求。尽管这几年市场不确定因素较多，但主要经济指标连年较大幅度地增长，公司已从过去一家不景气的乡镇小厂跃居为江苏省高新技术企业、全国城乡电网改造所选互感器设备定点生产企业、全国互感器行业五强之一、国家微特电机及控制产业基地重点骨干企业，获得国家工商总局授予的“全国守合同重信用企业”荣誉称号。

（一）“当家人”引领，推进科技开发

一个企业创新转型能否顺利取得成功，关键在于当家人的理念和思路。当家人是转型升级的驱动力、总设计师、第一责任人。因此，熊江咏总经理平时工作再忙也要挤出时间学习，以把握住行业发展的脉搏，取得开发产品和市场的话语权。公司建立了以市场为导向，企业为主体，产学研合作的科技开发体系；根据国家产业政策和行业发展规划，认真制定了“十四五”发展规划，每年有具体的实施计划。在实施和落实中，自己带头身体力行，主研的LQZJ-10型新型互感器填补了国内空白，在国家行业权威杂志上发表了十多篇论文，被选为国家互感器标准化委员会委员。同时，把提高员工素质作为科技开发的支撑，注重职工培训、人才培养。公司每年坚持请有关专家分别对技术骨干、营销人员、一线工人开展培训。对新进大学生要求每半年交一份思想汇报和技术报告，参加一次内部选拔考试。员工定期进行等级技能考试，并与工资调整挂钩。把大家的幸福和乐趣建立在不断学习、不断进步上，使每个员工都成为岗位上的能手，工厂和技术人员在本行业很有话语权。通过努力，公司建起了全市第一家国家级博士后工作站。公司上下形成了科技兴企、质量兴企、品牌兴企的浓厚氛围。

（二）“三大部”齐上，加快科技开发

高新技术开发，既要有当家人的导向性，又要有部门和广大员工参与的积极性。前年他们结合股份制改造，深化内部改革，建立健全了高效、协调的运行机制。将原来垂直式管理改为扁平式管理，按照三大类产品建立了高压、中压、光电这三个大部，等于三个分厂。每个大部形成研发、生产、销售、服务一体化，实行自主经营、独立核算，自负盈亏。每年年初，公司与三个大部签订经营责任制合同，同时，下达新产品、新市场开发任务。他们面对多领域、多层次的用户，每个用户都有其产品型号、品种、规格和外形的不同要求，产品不能复制，只能根据用户要求“量身定制”。在开发制造中，公司按照招投标总的框架协议，严格执行工艺路线，认真把好技术交底、对接、确认、会签等关键环节。三大部之间分工不分家，实行信息共享、资源共享、协同作战。每个部门坚持每天召开晨会，每十天由分管生产技术副总召开部门工作例会，及时沟通和交流，加强部门之间、班组之间的合作。对于部门提出的关键性难题，由公司协调，或组织力量攻关，或与大用户、大公司会商，或请科研单位帮助解决，确保研发一个，成功一批。公司强化了检测中心、信息中心、培训中心三大公共服务平台，同时加快技术改造，在新港园区新征土地116亩，建立了现代化高压车间，新上了自动化生产流水线和数字化管理系统，以及新的高压互感器屏蔽测试中心，更加适应新品的研发和制造。企业内部实行精细化管理，部门之间、公司与部门之间的结算统一通过“内部银行”平台进行。为鼓励各部门开发新品的积极性，新品开发中的外购图纸资料费、试验费可分三年摊销，其他费用一次性计入当期生产成本核算。并严格绩效考核，奖惩具体明确，每月根据考核实绩，评选先进个人和团体，年底总评兑现，调动了大家的积极性和创造性。近年来，公司先后开发了10kV、20kV、35kV组合式电流、电压、电子式互感器系列，GIS充气柜用电子式电流、电压互感器系列，符合IEC61850－9－2标准的高压电子式互感器系列，以及多功能电能表。每年由企业自主研发的新品达28个以上。尤其是独特的高低压部分光电隔离设计，使得电压互感器二次短路可能危及设备、人身安全等的问题不再存在，运行安全可靠，为全国各大电网提供了安全可靠保证。在制造中，公司视质量为生命，认真执行ISO 9001、ISO 14000的标准体系，严格过程控制、严格产品检验、严格售后服务，培养了一大批忠诚客户。产品长期配套于美国GE、施耐德、西门子、ABB、伊顿、库柏等几十家中外合资企业，在国家电网、南方电网、火电、核电、水电、风电、铁路、钢铁、石化、建材、民航等重点工程广泛应用。在火神山医院需要尽快建成投用的关键时刻，武汉市供电公司施耐德电气公司，要求用最快速度完成电力主设备RM6－S环网柜现场安装工作。施耐德公司接到任务后迅速联系靖江互感器公司，要求提供 JSZV12A－610R 电压互感器和 LDZC－10PU 自供电型电流互感器。靖江互感器公司迅速安排人员，分秒必争，加班加点，完成了产品设备调集发运。有力地配合施耐德电气公司顺利完成了电力主设备 RM6－S 环网柜的现场安装、调试，圆满完成了火神山医院的电力保障任务。产品出口东南亚、中东、西欧、非洲等国家和地区，在国内外享有较高声誉。

（三）产学研合作，深化科技开发

在立足于自主开发的同时，公司借助于科研院所力量，开发高难度技术产品，以缩短产品开发周期。近年来，随着光电技术的迅速发展，许多科技发达国家已将目光转向利用光学传感技术和电子学方法来发展新型电子式电流互感器。而电子式互感器产品是一项涉及多学科多专业的光电高科技产品，具有良好的技术先进性和技术延伸性，可作为传统电磁互感器的替代产品，在世界范围内属待开发的高新技术产品，开发全数字智能化变电站用电子式互感器是目前及未来的必然趋势。为此，公司与东南大学联合，成立了电子式互感器关键技术攻关小组，通过国内外资料研究、互感器性能分析、材料试验等方法，确定了系统平台，解决了电网中传感技术的关键瓶颈问题。同时，公司自身也成立了制造工艺研发小组，通过大量理论计算和计算机模拟试验，设计了最优的生产工艺，并通过多次局部放电试验，确保工艺可行，最终检验结果符合产品性能要求。在满足相关要求后，公司又成立了制造攻关小组，负责模具制造、机械加工、对外协作、试验等工作。经过紧张而有序的努力，在两个月时间内，拿出了样品，经武汉高压电器研究所试验，产品各项性能指标合格，且取得了两项技术突破。采用专利技术锰铜丝电阻串联调节法和符合屏蔽法，精度达到0.1级以上，填补了国内空白；采用集成有源精密测量技术，结合独家开发的测量技术和保护线圈共用技术（国内首创），使产品主要技术性能指标达到国际先进水平。

公司与武汉大学联合开发了电子式互感器校正仪；与中科院电工研究所共同研发了智能电网测控元件；与省电力公司、扬州北辰公司合作共同研发了新型的隔离开关等。通过科技合作，取得丰硕成果。至今已有 170 多种产品通过电力工业电气设备质量检验测试中心的型式试验，18 种产品通过江苏省高新技术产品认定，62 项技术获得国家知识产权专利认定，1 项技术获国家重点新产品，5 项技术获国家火炬计划，1 项技术获省自然科学基金扶持，9 项技术通过中国电力联合会新产品鉴定，主要产品的技术指标居国内领先水平，部分产品填补了国内空白，研发水平达国内先进水平。

时下，公司正在研究更高电压等级的电子式互感器系统，研究设计及生产满足相关标准的电子式互感器系统平台，力求搞好技术储备，并进一步完善产品产业化的全套工艺和装置，迅速转化为生产力，为公司发展提供强有力的动力源。

第二节　技术进步的核心：建立关键技术自主可控体系

一、方略：企业高新技术项目应注意的几个问题

（一）充分调研，反复论证，科学决策

把选准项目作为搞好技术改造的根本保证来抓。为了选准好项目，一般要坚持四个原则：

1. 坚持科学民主决策的原则

当项目策划确定了目标之后，在众多情况下，要进行调查、分析、研究、综合对比。最后由企业权力机构集体讨论，选定最佳项目方案。在筛选和确定项目的过程中，要充分听取大专院校、科研单位和行业协会的意见，确保上一个成功一个，下好企业技改“一颗子”，走活企业“一盘棋”。

2. 坚持从企业实际出发的原则

把影响开发新品、提高质量、创建品牌、增强出口创汇水平的“卡脖子”的关键技术和设备作为改造的重点。坚持走投入少、产出多、质量高、效益好的发展路径。

3. 坚持大力发展高新技术的原则

高新技术对未来工业发展影响深远，是未来工业国际竞争的重要领域。我们应跟踪研究和开发国际高新技术，大力提高生产效率，增加加工通用性、节能降耗显著的机电一体化装备，利用现代化信息技术和计算机辅助设计技术，提高产品的柔性生产能力。

4. 坚持项目相对独立又互相联系的原则

确立一个较大技改项目，不但要从全局考虑它的整体性，还要从局部考虑它的独立性，不能顾此失彼。应把大项目分为若干相对独立且又互相联系的单个项目，做到有分有合。

（二）从适应参与国际竞争需要出发，以能在国际市场上打拼的“领头”企业为目标，认真制定和完善企业的发展规划

根据国家产业政策和适应两个市场需要，科学地分析宏观环境、行业环境、内部环境的实际情况，在此基础上进行战略选择，高起点、高水平地制定分步实施的技改规划，争取用3~5年时间，做到与国际贸易接轨，大多数企业能与发达国家工业企业抗衡。具体要把握好五点：

1. 走依靠技术进步发展的道路

大胆引进外资，加速改造进度。集中人力、财力、物力，重点改造一批投资少、见效快的项目。通过资产重组，使人、财、物各尽其能，增强技改的优势。从一个地区的角度来说，电镀、染整项目的改造应打破企业围墙，采用股份制的形式，选择靠近电镀中心及污水处理中心的地点，达到风险分散、上马快、效果好的目的。

2. 实行引进设备和替代进口相结合

以改造关键设备为主，把有限的资金用在刀刃上。对于国内能达到或接近国外先进水平的设备，无须进口，既可以节省投资，又能达到高端产品的工艺质量要求。而对于一些没能力制造的，或者与国外先进设备相比有明显缺陷的关键设备，就要舍得投入，引进国外先进设备，以满足高端产品生产需要。

3. 坚持技改速度、效益、后劲“三统一”

企业要参与国际竞争，扩大出口创汇，就要引进国外先进的技术装备，走用人少、效率高的技改路子，努力实现“技术改造—提高产品质量—扩大出口—增加效益—再技术改造”的内部良性循环，以及“引进设备—消化吸收—扩大出口—增加效益—再引进设备”的外部良性循环，努力提高自我积累和自我改造能力。

4. 把创建品牌作为技改的重要战略来抓

要提高我国工业品的非价格竞争能力，关键在于树立品牌意识，实行品

牌投入，实施品牌战略。通过技改，加大新品研制力度，加快产品提档升级，加强企业管理，做到硬件、软件一起上，把技术改造贯穿于创优创牌的全过程。

（三）外争内挖，开源节流，千方百计筹措技改资金

资产不足，是技术改造中的共性问题，也是制约企业搞技改的“瓶颈”，应通过多种渠道和途径进行资金筹措。

1. 上争专项贷一块

实施重大技改项目，光靠自有资金、市内资金是不可能满足需要的。在立足自我的同时，要把眼光向外，瞄准国家大盘子，挤进“笼子”，争取获得更多资金。因此，要按照上级的要求，积极申报技术改造项目，争取年年滚动投入。

2. 提高效益筹一块

通过强化内部管理，提高企业的效益水平，优先把设备折旧资金、大修理基金和新产品开发基金提足，确保自筹资金一块落实。效益好的企业，可以通过设备提前折旧、提高新产品试制费留成比例，多提一块资金用于技改。

3. 外资嫁接补一块

利用外资对老企业进行改造是重要途径，应强化大开放、大市场的观念，通过多种途径、多种方法进行招商引资，广泛地开展合资合作，或上新项目，或对原有设备进行改造。

4. 优化股权结构集一块

用足用好社会资本参与国有企业重组改造政策，吸引外商、外地法人和本地个体私营企业购买国有资产，实现投资主体多元化和股份结构多元化，使改制企业不断向混合所有制企业发展。

5. 退二进三增一块

有的骨干企业受场地限制，过去在扩产时不得不另选别地，使得生产线拉得过长，不便管理，增加了生产成本。但这些地块大都临街靠路，应结合城市规划进行整体退出，用置换城区土地的资金，到开发区征用土地，按现代化标准厂房和现代化一流设备进行全程改造，实行一次规划，分年实施，一步到位。

（四）组织力量，严密管理，真正实现技改项目早实施、快投产、高效益

1. 明确项目经理

组织技改团队，做到人员到位、职权到位、资金到位、任务到位。

2. 把好设备选型关

在设备选型过程中，调查要深，起点要高，性能要好。由企业领导、总工程师组织有关成员到同类企业进行调研，分析比较多种设备的技术性能、工艺要求、价格等，以保证项目竣工后迅速发挥应有的技改经济效益。

3. 应用现代化管理方法组织项目实施

在项目实施中，把先进的现代化网络计划系统工程运用于项目实施的全过程。采取“挂图作战”方法，把项目分解成若干个子项目；并根据“必须、效益、可能”的原则，制成技改工作网络图，规定每个子项目的开工时间、结束时间、具体负责部门及负责人，同时明确协作部门，做到职责分明。对一些大的项目，厂部应与具体实施部门和协作部门签订项目承包责任制，规定各自的责任、权力和奖惩。按照“期、量、质、费和安全”五要素的实施标准进行严格考核，强调工程质量和安全施工，确保技术改造的经济性。

4. 实行软硬件同步抓，发挥技改效能

一抓消化吸收。针对设备先进，引进自动化、电气化、数字化程度高的特点，建立专研小组，积极与科研单位、大专院校合作，尽快掌握使用和维修的技能与方法。二抓超前培训。做到设备引进前与设备安装调试前的培训相结合；国外安装技术人员上课和外出学习培训相结合；理论知识与操作实践相结合。三抓备品备件和储备管理。对引进设备还未使用的备品备件，按设备的保管标准要求，采用按专业分类，由专人保管，保证备品备件100%完好；建立引进设备技术档案，积累有关资料；对部分易损件进行测绘、仿制，从而确保设备正常运转，减少外汇支出。四抓管理制度。根据引进设备的结构性特点，制定设备维修制度和实施细则，将保全保养、维修保养周期和各类管理人员的工作标准纳入正常考核，使先进设备和引进设备的管理逐步达到制度化、标准化、规范化。

二、案例1：金秋竹门业——科技发力，打开行业世界一流大门

每当业内人士提起中国工业自动门，便会夸赞江苏金秋竹门业集团（以下简称金秋竹）生产制造的“金秋竹”品牌自动门。金秋竹历经50年风雨，俨然金秋世界的翠竹，格外挺拔而坚韧。其从一个校办厂成为国内自动门行业的“旗舰”，拥有工业特种门、核能安全防护、GRP节能板材、常规工业门、消防联动智能开窗机、采光通风设备等六大产业板块，金秋竹已成为中国工业自动门行业的民族知名品牌，展现了科技创新成果，实现了从“拓荒牛”（钢窗）到“苦行僧”（工业自动门）再到“领跑者”（工业特殊门及核电防护产品）的华丽“三级跳”，离“中国最大、亚洲第一、世界一流”的目标越来越近。

（一）敢为人先，勇做“拓荒牛”

1971年办厂之初，他们一无厂房，二无设备，三无资金，四无技术，五无产品。所谓的生产，就是修理“三机一泵”（脱粒机、电动机、拖拉机和水泵）。随后，他们也摸索着搞小产品，最后都以失败告终。产品做不了，就尝试做外协加工，无奈因为技术和设备太差，合格率不达标而赔工赔料。面对严峻的现实，倪剑松厂长深入考察调研，加强人才的引进与培养，从江阴等地请来了技术师傅，于1980年成功开发了适销对路、面广量大的新产品——钢（纱）窗配件，产值连年翻番，到1985年，销售已过百万元大关。在此基础上，倪厂长带领他的团队群策群力，分工不分你我，试制不分昼夜，个人不计得失，通过不到一个月的艰苦攻关，完成了开窗机产品的开发任务，从此开始涉猎建筑（配套）行业。1991年秋，他们从新丰小镇辗转到靖江城区，将靖江开窗机厂改设为靖江金秋竹门窗总厂，实现了金秋竹发展史上的第一级跳跃，为开创我国工业自动门这一全新的产业奠定了坚实基础。

（二）苦练内功，甘为“苦行僧”

当年，人们对于工业门的认识还普遍停留在“钢木结构、手动启闭、遮风挡雨”这一原始阶段，国内没有这方面的专家，也没有成熟技术可借鉴，但他们敏锐地意识到，随着时代的发展和社会的进步，工业文明方兴未艾，高品质的工业自动门潜在市场巨大，于是他们充满信心，毅然决然走上了我国工业自

动门行业的“拓荒”之路。

面对缺乏专业人才和技术这一现实，除了面向社会招聘引进之外，他们先后选送了10多名优秀的年轻员工到高等院校脱产进修培训。鼓励员工自学成才、参评职称、提升自己。同时，公司于2003年在上海成立研发分部，高薪聘请10多位在沪国企退休的资深高工，专业从事技术设计、工艺工装等方面的研究与改进，公司每月组织他们来厂与年轻工程技术人员交流互动，为自主研发提供了人才保障。缺乏专用设备，他们就组织科技人员到厦门、苏南等地观摩借鉴，集思广益，先后成功自制了一系列工业自动门生产的专用设备。遇到技术难题，他们就在组织内部攻关会战的基础上，开展产学研合作，圆满攻克了有关机械设计、电气控制、模具制造等方面的技术难点。鉴于行业尚未规范，他们主动对接原国家建设部建筑标准设计研究院，主编和参编有关工业自动门的建筑标准设计选用图集和行业标准，争取了行业领域的话语权。还于2000年创建了国内同行中唯一的自动门窗研究所，相继自主开发了电动伸缩门、推拉门、平开门、上翻门、上移门、折叠门等门类新产品。通过与德国、澳大利亚、瑞典等国外厂商协作，引进开发了工业提升门、民用车库门、遮阳卷帘门窗等一系列具有国际先进水平的新产品，填补了国内空白，这些产品行销全国及东南亚，“金秋竹”在我国工业自动门领域声名鹊起。

（三）转型升级，争当“领跑者”

随着工业自动门产品逐渐被大众所熟知，从业者也趋之若鹜，一时间，工业自动门生产企业和作坊遍地开花，众多价廉质次的产品充斥市场，竞争激烈，乱象丛生。他们深刻意识到，唯有进一步提升科技含量和产品档次，才能甩开同行的恶性逐利，立于不败之地。2006年，以公司整体搬迁到城南园区为契机，将企业战略目标定位于“中国最大、世界一流”，持续以科技创新作为根本和着力点。

一是构筑人才洼地。公司系统修订了旨在招、引、育、留科技人才的特惠政策。基本年薪：根据科技人员的思想品德、学历、职称、工作年限、业务能力等，每年综合评定一次，评定合格的较上年度递增5%～10%。合同分解奖：针对销售合同，如属非常规产品的，视产品复杂程度，给予合同金额0.1%～0.5%的合同分解奖励，每半年结算。新产品开发奖：科技人员圆满完成公司下达的产品开发和改进任务的，给予相应的嘉奖，并在新产品销售过程中给予合同金额0.5%～1%的提成。成本节约奖：公司对每笔合同订单的成本情况实行“一单一结算”管理，如实际成本低于目标成本，经公司审计部门核实后，按节约成本金额的10%～20%对科技人员进行奖励。年终二次分配：每年底，公司拿出净利润的20%，以子公司和各职能部门为单位进行再分配，其中技术部门的二次分配份额为总额的30%～50%。优先吸收德才兼备的科技人员加入党组织，目前的科技队伍中，党员（含入党积极分子和预备党员）占比超过60%。

二是倡导绿色环保。原来工业门的门板普遍采用泡沫夹芯板或聚氨酯发泡板，耐候性较差，废弃后难以降解，尤其是焚烧时会产生大量的有毒烟雾，环境污染严重。2009年，公司从德国引进开发了玻璃纤维增强树脂中空采光板（GRP），经国家建材检验认证集团、国家建筑工程质量监督检验中心等权威机构检测，该产品兼备保温隔热、隔音降噪、耐腐蚀、耐老化、机械强度高、可降解、透光度高、阻燃安全等八大优点，填补了国内空白，达到国际同类产品的先进水平。GRP板材是替代传统泡沫夹芯板、聚氨酯发泡板、PC板的理想板材。2015年，该公司在新港园区使用该板材作为墙面板建成21000平方米大型厂房，专事工业特种门和核电防护产品的研发制造，被住建部评定为三星级绿色建筑示范工程。

三是丰富产品内涵。在率先开发飞机库大门系列产品的同时，公司与中科院合肥物质科学研究院、中船重工七一九所达成战略合作，自2012年起进军核电核能行业，该系列产品和服务主要包括核电、核军工、核屏蔽材料、核试验和检测、核废料处理等，目前该公司通过了HF 003核质保体系认证以及核军工质保认证，正在与国家权威检测机构联合筹建大型生物屏蔽门的防火防爆检测基地，产品入选中核、国核、中广核等核电设计、建设单位“合格供应商”名录，近年来产品销售始终名列行业之首。公司还对传统产品进行了升级改进，其中应用于地铁、高铁领域的动车库折叠门，已完成50000次无故障检测试验，全面替代欧洲进口产品。

四是提升服务品质。鉴于工业门是个偏产业，许多专业从事工业建筑设计的设计院工程师并不熟知工业建筑与工业门的技术接口。该公司在向设计单位广发《国家建筑标准设计选用图集》的同时，开行业之先河，创建“设计师互动平台”，该公司科技人员为设计院设计工程师在线解答有关工业门产品的技术疑难问题，与他们推敲研讨技术方案，指导他们确定产品选型，这一举措深得广大设计人员的好评。

转型的阵痛擦亮了“金秋竹”这块金字招牌，升级的成果成就了金秋竹行业领跑者的地位。公司自动门窗研究所被认定为江苏省特种门工程技术研究中心、江苏省特种门技术中心、江苏省特种门工程中心、江苏省博士后创新实践基地、中科院泰州应用技术研发及产业化特种门分中心，多次主持并完成了国家级“火炬计划”、省级“双创计划”等项目。截至目前，公司全系列产品申请国家专利72件，其中发明专利10件；联合国家建筑标准设计研究院主编和参编了《飞机库大门》等5项行业标准和《铝合金、彩钢、不锈钢夹芯板大门》等9册国标图集，公司注册商标55件；系列产品被评为“江苏省著名商标”“江苏省名牌产品”；在国内同行中率先通过ISO 9001质量管理体系、ISO 14001环境管理体系、ISO 18001职业健康安全体系认证，公司相继被授予“江苏省高新技术企业”“江苏省民营科技企业”“江苏省创新型企业”等荣誉称号。

三、案例2：京成机械——以产品技术强推企业稳中攀高

江苏京成机械制造有限公司是一家年轻企业，创办至今20余载，董事长丁秀成带领一班精兵强将，高擎科技兴企这一大旗，坚持以市场为导向，以客户为中心，大力创新产品技术，在转型升级和稳步发展中攀新高、上水平。公司现为国家高新技术企业，拥有数十项知识产权，“京成”被授予江苏省著名商标、江苏省名牌产品，连续多年入选“中国科技型中小企业”，展示着京成人做强做优企业的坚定信念与执着追求。

（一）面向市场，持续优化产品结构

产品技术是企业安身立命的第一要素，而市场走势是产品技术开发的风向标。京成人从企业创办以来，一直根据市场的变化和客户需求，不断进行产品开发，优化产品结构。开办之初，企业主要生产除灰弯直管、煤粉弯直管、中速磨辊套系列产品、E型磨环、电力备品配件。由于产品简单，加之“大锅饭”体制，企业只能勉强维持生存，甚至陷入举步维艰的境地。

1999年3月企业改制后，临危受命的董事长丁秀成以舍我其谁的胆略，

高薪聘请专业人才，筹措资金，添置设备，改造厂房，成功开发了冶金设备、电力设备、化工设备、矿山设备等工业领域使用的耐热耐磨钢制品、喷燃器、耐腐蚀管件、复合陶瓷管、双金属耐磨管、稀土合金管道、锅炉辅机设备，让企业迅速得到了转机。随后，在很长一段时间内，随着制造工艺技术的不断进步，公司采用具有先进工装技术水平的离心铸造、消失熔模铸造、精密铸造、砂型铸造等先进工艺方法，生产出高强度可焊性耐磨钢、耐高温稀土耐热钢产品部件，为国企上海锅炉厂、哈尔滨锅炉厂、东方锅炉厂、武汉锅炉厂、北京巴威公司等国内主流厂电站锅炉主机配套。特别是在全国各大电厂低氮改造过程中，公司成了烟台龙源、徐州燃控科技、北京国电、北京哈宜、武汉天和、中节环立为等单位的一级供应商，并根据客户的材质、耐磨耐热、相关介质要求，以及提供的设计图纸，开发研制出各类市场需要的产品，与全国冶金、电站、矿山、洗煤等系统领域近300家用户建立了良好的供需关系。

近年来，蓝天保卫战打响，受中美经贸摩擦等不确定因素影响，国家电力能源市场饱和紧缩，地方环保要求日趋严格，对企业生存发展提出了严峻挑战。公司积极适应市场变化，努力挖掘和开拓新的市场空间，在稳定电力、冶金行业原有市场份额的同时，以产品多元化向石化矿山、水泥制品、航空军工、垃圾焚烧等领域开拓延伸。2018年，公司与卓然（上海）设备制造公司紧密合作，为其配套生产乙烯裂解炉等相关核心零部件，与中国航天三江集团合作，研制军工特种车辆核心零部件。

在抓好国内市场的同时，公司积极对标国际市场，获取产业高端市场和技术资源，产品先后出口至东南亚、印度、俄罗斯、美国等国家和地区。2019年，公司与奥钢联集团等国际名企配套合作，成为其“全球合格供应商”，用新产品、新技术、新服务赢得了全球市场，为企业进一步开发高端产品、拓展市场奠定了坚实基础。

（二）建立联盟，合力攻关高新技术

一个企业强不强，取决于有没有好的产品，而有没有一个好产品又取决于是否有核心技术。京成人一直梦寐以求新产品，以加快把企业做强做大。他们在了解和掌握国内外科技动态的基础上，与高校及科研院所建立联合体，结合企业实际，采用“借梯登高”的办法，瞄准先进技术，确立新上项目，合力攻关。

近年来，现代工业的发展对机械产品等各种零部件表面性能要求越来越高。约80%的零件失效是由磨损引起的，其中因磨料磨损而失效的约占50%。该公司以往生产均采用传统高铬材料，产品使用寿命相比国外产品短，常收到客户反馈的改进意见。国内外学者专家在耐磨材料改性、合金化、热处理工艺等方面开展了大量研究，但都没有从根本上改变纯金属衬板耐磨性低的缺陷。为解决这一世界性难题，公司与昆明理工大学进行战略合作，不搞花架子，以企业为圆心，双方共建校企联合中心，引进昆明理工大学材料科学，以工程学院蒋业华院长为主导，李祖来、山泉等教授组成研发团队，与京成团队一起进行协同研发，形成教授上门服务、企业登门请教的热络互动局面。邀请学校专家团队赴企业前，公司首先"吃透专家"，即仔细研究相关专家的科研成果及擅长领域；同时"吃透企业"，即与企业一道详细梳理技术"堵点"。然后，将问题分门别类"点对点"精准推送给专家，现场"精准治疗"。经过昆明理工大学专家团走进企业"望闻问切"，有效解决了多个技术"病灶"。他们舍得投入，永不言败，经过2年多时间的反复试制，开发出超耐磨性的蜂窝状结构陶瓷增强铁基（ZTA）耐磨材料。ZTA耐磨金属陶瓷，由金属陶瓷、高铬铁通过特殊的熔铸工艺铸造成型，巧妙的构造设计使其合成物紧密融为一体。该金属陶瓷材料既有金属陶瓷的高硬度和高耐磨性，又具有金属的良好韧性特征，硬度高、耐磨性好、导热性好，是耐磨损性与耐冲击性的完美组合。这项研发已完成中试，即将进入试产，一旦成功将大幅提升公司产能，创造可观的经济和社会效益。该产品技术与纯金属耐磨件相比，耐磨性提高4~5倍，超过国内外同行业产品技术水平，价格比国外低30%。这项技术将实现国产化替代进口，打破国外在此项目上的垄断地位，其技术涉及水泥建材、火力发电、钢铁冶金、矿山等领域的耐磨、耐热件产品，应用广泛，市场潜力巨大，其意义非同一般。

（三）推进技改，释放产品技术开发效能

公司在开发产品技术的同时，千方百计筹措资金，围绕产品技术效能释放，大力进行技术改造，不断淘汰陈旧设备，引进智能先进生产装备及环保设备等一流设施。2016年，投资3000多万元进行技术改造，购置了负压熔模自动生产线、树脂砂自动生产线等智能化装备共计69台套，新增各类新型机械加工设备35台，大大提升了公司产能和技术水平。与此同时，公司加强建设理化实验室和检测中心，舍得投入，先后购置了水分仪、光谱仪、超声波探伤仪、光谱仪、金相显微镜、型砂试验仪、万能试验机、冲击试验机等先进检测仪器设备，与国家级检测中心——靖江市综合产品检测中心建立了良好的合作关系，为公司技术研发搭建了很好的平台。还选送年轻质检人员到上海、南京、泰州等大中城市相关科研技术单位进行培训和进修，努力提升他们的质检技术水平。公司连续多年被泰州质监局评为“计量合格确认单位”“执行标准先进企业”。

（四）创建品牌，提升产品技术内涵

品牌是企业技术进步的标签，是进入市场的一柄利剑。而品牌一半是质量，一半是文化。公司把打造责任心强、业务技术精的优秀团队作为创建品牌、铸造百年京成的重中之重。既重视外部引进高层次人才，又注重培养公司现有年轻人才。先从上海交通大学材料学院引进博士生导师担任总经理，又从央企猎取优秀工程师担任企业中层干部。2019年公司从湖北工业大学重薪招聘3名铸造材料专业的本科生，充实并加强技术力量。通过提高员工素质和技能来保证产品质量。与上海交通大学、昆明理工大学、华中科技大学、江苏大学等科研院校建立了广泛而密切的联系，经常邀请铸造行业的专家、老师来公司培训、授课，或组织外出到行业标杆企业进行参观学习。坚持“品质至上，质量第一”的方针，将“客户满意”作为检验产品质量的唯一标准。连续多年通过质量管理体系认证、环境管理体系认证、职业健康管理体系认证。从原材料进厂到产品售后服务，全方位采用国内外一流质量标准进行管理。推行V法等新生产工艺，努力提高生产效率。定期开展质量、安全和铸造工艺技术学习培训，保证各项生产工艺的严格实施。质检部门对每天浇铸产品应检尽检全检，从设计开始，由细节做起，到用户满意为止，追求产品“零缺陷”。公司改革薪酬分配制度，实行全员考核制，将业绩与效益挂钩，激励全体员工多干多得，干好多得。公司自主研发的“京成牌”DGPZ型喷燃器喷嘴、双金属复合管、耐磨合金铸造弯直管等均被评定为“江苏省优质产品”，公司生产的各类产品技术指标均达到并超过国家技术标准，位居同行前列。2015—2019年连续五年无质量投诉。

公司以党建引领企业文化建设，以文化服务企业发展、服务品牌建设。在广大党员干部员工中积极宣传“爱党爱国爱企”核心价值观，认真贯彻“团结进取、创新务实、至精至诚、铸就永恒”的经营方针，以“当铸造行业引领者”为奋斗目标，以做各类央企合格供应商为契机，广泛开展“党员示范岗”“为国旗争辉”“争做‘两学一做’模范”等争创活动，真正让广大党员示范在岗、奉献在先。并注重将年轻先进党员培养成业务尖兵，将优秀员工发展成党员，从而以党员的先进性来带动和影响广大员工，不断增强公司的凝聚力和战斗力，促使产品技术开发在广度和深度上更进一筹，让“京成”品牌打得出、叫得响，让企业技术不断进步，在高质量发展中稳升攀高。

第三节　技术进步的力量：企业“生命钟”永不停摆

一、方略：做好综合分析是科学决策的可靠保证

凡是企业，每上一个项目，开发一个产品，都要运用“硬”技术和“软”技术进行定性和定量的综合分析，把综合分析的过程变为科学决策的过程，坚持做到市场容量不大不上、科技含量不高不上、综合效益不好不上。在综合分析中要着重把握好以下三个重点。

（一）既重视产品的科技含量，又重视产品的市场容量

产品有一定的科技含量，既能防止人家模仿而增强竞争力，又能满足人们日益增加的物质文化生活水平的需要，还能提高企业的经济效益。产品有科技含量，但要分析其产品的现有市场和潜在市场究竟有多少，还要注意这一产品投放市场的价格与其他类似产品价格是不是差不多。如果产品技术先进安全，价格稍高一点，人们也愿意买；如果产品科技含量高，但价格偏高，就会因用户买不起、不愿买而没有市场，这也就失去了投资的实际意义。在综合分析产品或项目时，若有较高科技含量，但市场预测不明显，加之投入大，回报率不高，在权衡利弊时，就应予舍弃。一个产品、一个项目能不能上，既要看其科技含量高不高，又要看其市场容量大不大。只有当这两方面同时具备时，才能拍板决定。我们要上的是有市场的高科技产品，即使现有产品的科技含量一般（当然不是低水平的重复产品），但只要市场容量大，或者是缺门产品，即使小

产品、小项目，也可抢着上；紧接着进行技术创新，改进提高，创出特色，提高参与市场的竞争能力。美国吉列T型剃须刀就是这样走过来的。一次，吉列先生从农夫用的耙子上得到启发，经过八年努力，T型安全剃须刀取代了老式剃须刀，产品刚投放市场，一年只卖出53把刀架，170片刀片，他没有因此而对这个产品失去信心。他认为剃须刀片虽是小产品，但与世界上二分之一的人有直接联系，一个巨大的市场正等待着自己去开发，他持续耐心地改进产品并努力向男士们推荐。吉列从发明第一把剃须刀开始，已创出多代产品。1991年被列入世界500强之一，当年营业额达50多亿美元，产品在全球25个国家的48个工厂生产，感应式剃须刀拥有23项世界专利，并获得美国、日本、法国、加拿大等国家所颁发的高科技和尖端技术设计名誉奖。

（二）既重视近期效益，又重视长远效益

企业上产品或项目，应分析其近期效益和长远效益。正确的处理办法是两者兼顾、近远相得。只要近期效益，而不重视长远利益，那是目光短浅，急功近利；只要长远利益而不要近期效益，那是舍近求远，虚无缥缈，远水解不了近渴。当两者发生矛盾时，就要看市场大趋势，如果宏观有利，产品销售情况好，就可以多考虑长远效益；如果宏观不利，产品销售情况又不好，则要多注意短期利益，做到以近期效益来保证长远效益，以长远效益来促进近期效益。我们上产品，要注重产品的市场周期，上项目要注重投入回收期，都是在积极寻找近期效益和长远效益的最佳磨合期。我们推销产品，实行“包修、包换、包退”，看似一时受到损失，但赢得的是忠诚用户带来的长远效益。不少企业采用广告、降价等促销手段，体现出它们既有“好酒不怕巷子深”的质量意识，又有“好酒还要常吆喝”的商业意识。在论证项目时，还要考虑生态、环保等方面的社会效益，兼顾近期效益和长远效益，以实现可持续性发展。在年度考核时，既要考核当年完成的各项指标，还要考核新产品开发、技改投入等后劲指标，以促进企业干当前，想长远。大名鼎鼎的无锡小天鹅公司（现为美的无锡小天鹅公司），早在20世纪后期就积极推行“末日管理”，为的是企业长盛不衰。面对市场的竞争，他们明白企业有末日，产品有末日，不能陶醉在以往的成绩中而裹足不前，充满了危机感。而在“末日管理”理念的支配下，小天鹅公司形成了自己独特的经营管理模式。销售收入、利润年年高速增长，世界上每卖出的20台洗衣机中就有一台是小天鹅。可见，小天鹅就是同时考虑近期利益和长远利益的典范。

（三）既重视利用外资，又重视引进技术

市场的竞争实质上是先进科学技术的竞争和较量，与外商合资经营，不能仅着眼于利用外资，更重要的是引进先进技术，促使企业由“外延发展”所形成的“短期繁荣”向由“换型改造”所形成的“长期繁荣”转变。因此，在招商中，应通过多种形式、多种方法、多种渠道来寻找利用外资、技术引进的最佳方案，努力达到技改起点高、步子快、花钱少、效果好的目的。具体工作中要坚持“三个同步”。

一是先进性与可行性同步权衡，争取最佳投资效益。在引进技术时，首先注意其先进性。把引进技术的起点放在当代国际同行业中最先进的技术上；把立足点放在提高产品质量、提高生产效率、提高产品更新水平上；把重点放在关键的设备和工艺上，以求得从根本上改变企业技术落后的状况，促进企业上质量、上水平，适应国际市场的激烈竞争。其次注意其可行性。不能一味贪大求洋、全盘照搬照抄，而是有选择地引进技术。只引进“卡脖子”设备，其余的使用原有设备，或购买国内设备，既能解决难题，又能节省外汇。

二是硬件和软件同步引进，提高工艺水平和产品质量。在引进技术过程中，既引进硬件，又引进软件。在硬件的引进方面，利用工贸结合和中外合资渠道，引进关键设备。在软件的引进方面，注意花少量的钱购买软件，以获得最佳效益。譬如引进先进的工艺流程，将工艺流程缩短；引进先进的工艺设计，增加零配件的通用性和互换性，降低废品损失，提高正品率。

三是引进和创新同步进行，增强自我开发创新能力。在引进技术的同时，注重消化和吸收，在“改创”上下功夫。我们要学习国外先进技术，但不能崇洋媚外。应组织工程技术人员解剖人家的装备和工艺，对照收集的有关资料，反复研究试制，拿出适应本企业生产要求的、效果优于国外的国产化的先进工艺技术。

与此同时，要重视提高企业素质，防止因工人不能熟悉掌握现代化设备或者管理工作跟不上而出现引进中的“肠梗阻”，以适应引进技术的需要。

（四）既重视品牌产品效益，又重视企业整体形象效益

“创产品品牌，树企业形象”是一项系统工程，也是对立辩证的统一体。

许多事实说明，品牌产品必须要有知名企业作保证，只有通过培育知名企业，才能保住品牌产品，同样知名企业也必须要有品牌产品作支撑，否则企业的知名度不能提升，也不能得到长久保持。每个企业家都要追求创建品牌，塑造企业形象。

品牌是得到顾客公认、能产生巨大效应的企业产品品牌、商标和商号，也就是说，要从这三个方面创建品牌。品牌产品有其生命周期，而品牌商标、品牌商号的生命期比较长久。同时，可以随时考虑调整，使那些成名产品的名称固定成为企业中较长久的名号。不少企业的产品品牌名称，已逐步变成品牌商标，最后都变成企业名称。我们不能片面地认为，只要是出了名就是企业名牌。知名品牌包括产品的知名度和品牌的美誉度。高知名度不等于是高美誉度，知名度不算高的产品美誉度不一定低，要想自己的品牌成为“名牌”，就必须使其同时具有高知名度和高美誉度。

塑造好企业形象，一般应请专业咨询公司进行企业整体形象设计，从企业的视觉识别系统、精神理念、行为规范等方面，对企业产品、员工进行“包装”。在视觉识别系统方面，应导入国际流行的 CIS 系统，对企业标识、产品包装、厂容厂貌、办事机构、交通工具的外观进行统一设计和改造，形成鲜明独特的风格。在精神理念上，要将意和情融为一体的简练用语作为企业精神，并将此灌输给每个职工。在行为上，以做一个合格的四有（有理想、有文化、有技术、有觉悟）职工为主线，广泛开展“三我”（我为产品添亮点、我为岗位树形象、我为企业作贡献）活动，使每个员工在行为和气质上都展示出团结、奋发、向上的崭新精神面貌，从而通过创品牌、树形象，形成企业整体形象效应，使企业独占鳌头，永远立于不败之地。

二、案例：凯特尔工业炉——生动演绎高新技术转危为机

当人们感到制造产业“阵阵寒意”时，江苏凯特尔工业炉有限公司（以下简称凯特尔公司）内外却是另一番“暖意融融”的景象。凯特尔公司凭借什么在市场的风口浪尖上“闲庭信步”？在一次采访中，公司年轻潇洒的总经理耿凯兴致勃勃地告诉我们：凯特尔公司创办历史不长，现在已是国家高新技术产业基地，能有今天这样的好势头，关键靠的是高新技术。

（一）立业：在创业中靠高新技术强身固体

一个企业在创业阶段，其产品的技术档次往往是由低层向高层逐步发展的，也有的企业看准了市场，越过产业链的低端，直接向中高端进发，凯特尔公司选择了后者。公司掌门人耿凯原来在太和工业公司工作过，他不仅有强烈的商品意识，而且有较好的人脉关系。当21世纪开元之钟敲响后，耿总心里涌动着创业的激情，在各方支持下，办起了这家企业。经过多方咨询认证，反复权衡，决定选择技术含量较高的工业炉。为克服产品技术难度高、技术力量不足的困难，他一边引聘国内外专家，招聘本科以上专业人才，走产学研相结合的道路，实行借脑开发、借梯上楼；一边采用选派技术人员参加各类大型展销会、赴国外同行业公司参观学习、到高等院校及科研院所进修等多种途径、多种方法进行培训，以快速提高现有技术人员的开发能力。公司上下形成了科技队伍内外结合、老中青共融、齐心协力开发的良好局面。

在技术开发过程中，他们注重以满足客户需要为中心，每开发一个新产品，都由耿总亲自带队调研，凭借敏锐的市场洞察力和超前的发展意识，把握市场动向，准确决策项目，既保持主导产品这一强项，又不断研究开发客户特殊要求的新产品。为加快开发，实行“定项目、定时间、定奖励”的科技承包方法，将科技人员的收入与开发成果挂钩，有力地调动了科技人员的创造热情。该公司还与国外知名工业炉公司进行交流合作，使公司的产品制造和控制技术始终处于国内外前列。为全面提升研发和生产能力，加大科研投入，每年科技活动经费支出占销售收入的8%以上。公司先后成功开发了多个国家、省级重点高新技术产品。经有关权威部门检测，被江苏省列入攻关计划的微型自控全氢燃烧罩式炉，其性能完全达到国内外产品的先进水平，是理想的替代进口产品，获得2件国家实用型专利，1件国家发明专利。高新技术的开发，不仅增强了市场的竞争能力，给生产经营注入了新的生机，而且培养和造就了一支强有力的技术开发团队，增添了公司的发展后劲。如今公司宛如一棵茁壮成长的大树，屹立在新桥工业园的创业热土上，令人啧啧称赞。

（二）竞业：在竞争中靠高新技术独占鳌头

他们深知市场竞争无情多变，要掌握主动权和话语权，必须在产品技术上胜人一筹。他们坚持走科技化、产业化和实业化的发展道路，用先进的过硬技术促进产品发展，用真心诚意赢得大宗订单，用优质售后服务赢得客户青睐。为使产品技术永远处在领先地位，密切关注市场动向，采用多种渠道、多种手段捕捉筛选信息，及时采用新工艺、新技术、新材料，不断提升产品档次。该公司原来没有专业从事工业炉设计、开发的技术研究中心，仅与上海、武汉等地的钢铁、化工研究所建立了单项技术开发合作关系。公司与南京理工大学联合创办了“南理工—凯特尔工业炉工程技术研究中心”，共同打造国内冶金与热处理技术方面的高端研发平台，不断跟踪世界热处理工业炉的发展趋势与最新成果，提升开发的深度与广度。他们分析全球钢铁行业受金融危机的影响，通过企业重组和技术创新来扭转不利局面，看到冷轧生产的自动化、连续化、高速化程度的新技术将会迅速发展，整个冷轧工序组成一条连续作业已是大势所趋。于是他们重点研制开发连续退火炉机组，整个开发工作正在紧锣密鼓地进行，很快将会成为企业的一个新的经济增长点。

为充分挖掘技术创新的效能，公司将技术创新与管理创新紧密结合起来，对产品实行全方位的质量控制与严格的检验制度，推行 ISO 9000 质量系列标准。不断进行技术改造，增添自动切割、机器人自动焊接等精良设备，且有一整套从材料试验、探伤到整机试验的先进检测设备。车间设有 120 余张正反工艺标准对照色彩图样，实行自检、互检、抽检，以建立全员、全面、全过程的质保体系。同时，他们采用直接销售模式，与国内冶金行业各大企业达成了战略联盟，既防止了国外厂商对中国市场的垄断，又推动了产品个性化设计创新。他们还通过调整营销策略，将公司所有部门、所有人员整合为一个高效统一的有机整体，紧紧围绕顾客与市场，确保高新技术开发速度快、效率高。公司产品连年在全国多家大型钢铁公司以及各省市中小型钢铁企业、有色金属行业得到广泛的应用，市场占有率达到80%以上。并多次在与国外的艾伯纳和洛伊公司的市场较量中取胜，进行访问交流的国际友人纷至沓来，并由美国 URT 公司代理产品销售。产品已出口到印度、马来西亚、越南等多个国家，近期也有向中东、西欧出口的意向。

（三）兴业：在发展中靠高新技术基业长青

他们在实践中尝到了依靠科技进步的甜头，同时领悟到随着科学技术的日新月异，企业只有不断地开发与创新，才能永远立于不败之地。他们围绕做大做强企业，从有利于发挥现有资源优势出发，结合当前发展形势，从长计议，制定了公司发展规划。规划以“依靠科技创新，振兴民族工业”为宗旨，以环保、节能、高效为准则，以提升产品水平为发展重点，力推产品由原来的单一型燃气炉向多品种燃气炉发展，由单一罩式炉向多种工业炉型发展，由原来的低温炉型向高温炉型发展。为能顺利实现发展规划，他们大力构建各类人才引进机制和激励机制，实行物质激励与精神激励相结合、理性激励与情感激励相结合、机遇激励与竞争激励相结合，充分发挥大家的聪明才智。他们加大科技研发资金投入，在确保企业科技资金到位的同时，积极申报各类科技项目，争取国家、省科技资金的扶持，形成“在研一批、投产一批”的良好研发循环。新开发的高新技术材料正在组织实施，目前资金全部落实到位，各项工作稳步推进，有望成为替代进口的又一高科技产品。同时积极申领一、二、三类压力容器制造许可证，为向多品种工业炉发展创造条件。他们着力实施技术标准和知识产权策略，努力提高专利的拥有量和质量，加快打造知名品牌，积极争取将企业的技术和检测标准纳入国家标准或国际标准，以掌握技术和经济竞争的主动权。他们积极塑造具有“凯特尔”特色的企业文化，使企业员工的追求和企业发展目标相一致，将技术创新主体从“企业”深化到“员工”，把企业技术创新管理纳入日常管理，以确保创新体系的有效运行。

凯特尔公司历经立业、竞业、兴业的路径，给了我们四点深刻的启示：

（1）不能等危机来了才去应对，未雨绸缪才能占据主动。要像凯特尔公司那样，从办企业开始就注重研究和打造抵御市场风浪的核心竞争能力。企业有了核心竞争能力，一旦遇到危机，凭着高新技术这把“利剑”，就能“过关斩将”，求得新的机遇。

（2）研发高新技术，不可能毕其功于一役，要靠长期科学发展的积蓄。要像凯特尔公司那样，永不满足已经取得的成绩，持续进行研发，用国内外的优势来弥补自身的不足，不断打造产业优势，增强企业的竞争力和影响力。

（3）高新技术的研发能否取得成功，取决于企业的一把手，因为研发的资源需要一把手来配置，是其他任何人所替代不了的。企业领导者要像凯特尔公司耿总那样，高度重视高新技术的研究与开发，把工作重心、投入重点放在研发上。为保证有足够的精力抓大事，实行科学分工，严密考核，奖惩分明，高效运行。他的“三三制”工作法也具有一定借鉴意义。

（4）应对危机，或“危”中求“机”，或转“危”为“机”，或防“危”待“机”，都必须重视学习实践新发展理念，针对企业实际，因企制宜，一企一策。从长远角度看，应将开发利用高新技术作为持续发展和结构调整的关键来抓。中小企业只要像凯特尔公司那样，始终不渝地坚持开发运用高新技术，一定会走向更加灿烂美好的明天，一定会取得更加令人瞩目的成就。

第四节　技术进步的常规武器：技术改造是永恒主题

一、方略：以技改推进高质量发展

许多企业发展的事实表明，在国家经济调整转型时期或遇到市场重大震荡时，凡注重技术改造，技术装备水平以及产品质量得到提升，拥有自己知识产权自主品牌的企业，不仅受到外部冲击较小，而且还会获得新的发展机会。在当今经济新常态下，技术改造是推进企业技术进步，提升产业水平，培育行业龙头企业和“隐形冠军”的重要渠道；是深化供给侧结构性改革、深入转型升级、实施高水平高质量发展的有效抓手；是推进新旧动能转换，增强企业内生动力，实现内涵式、可持续发展的现实选择；也是企业长期发展战略的永恒主题。我们应对接《中国制造 2025》、“互联网 +”等，全盘统筹，切实做好技术改造。

（一）突出重点，因企制宜，分类推进

1. 围绕“机器人 + 智能制造”进行技术改造

按照智能转型、绿色发展、安全可靠的要求，企业结合自身实际和行业特点，聚焦“设备互联、数据互换、过程互动、产业互融”四个关键环节实施技术改造。一抓存量装备智能化改造。即通过物联网、云计算和自动化控制等技术，对机器设备和生产流程等进行自动化、数字化和智能化改造，在企业内部形成“自动化生产线 + 工业机器人 + 专用网络”的工业物联网，使企业从单机单件生产向连续化生产转变，提高传统制造方式的自动化、智能化、网络化水平，大幅度提升制造效能。二抓以“机器换人”为重点的智能化改造。积极运

用机器人和先进适用装备来改变生产方式，将劳动力解放出来，降低劳动成本，提高生产效率和产品质量，实现节能增效的现代化生产及管理。三抓制造过程智能化改造。推进先进成熟的加工方法，构建智能生产、智能检测和智能物流系统。机械、船舶、汽车零部件等离散制造行业的企业，应加快建设“智能车间”，从关键环节和关键工序着手，推进智能制造单元和装备智能化升级、工艺流程再造、基础数据共享；电机电器、食品、铸造等流程行业企业加快建设“智能工厂”，提高互联互通集成能力，形成联网协同、智能管控、大数据服务的制造模式，全面提升生产管理精细化和智能决策科学化水平。四抓产品升级智能化改造。应用先进技术和智能化设备研发生产具有社交化、人性化、功能复合化和数据终端特点的智能产品，提升产品智能化水平，争创江苏省“高精特新”产品。五抓现代服务智能化改造。按照市场化、专业化、社会化发展方向，结合自身实际，向研发设计、物流、营销、品牌推广、终端服务等上下游延伸，培养智慧企业，推动生产制造型企业向服务制造型企业转变。

2. 围绕产业迈向中高端进行技术改造

以投资结构优化促进产业结构的不断优化。通过采用先进技术装备，加强新一代先进技术开发和产业化应用，推进差别化新型产品迅速发展，提升核心竞争能力。实行技术改造与技术创新融合互动，提升企业的技术装备水平和创新发展能力，将高新技术渗透到产业之中，将创新成果转化运用到现有产业，推动经济向集约型、创新驱动型转移。注重将受制于人的关键技术与工艺列入攻关重点，设立核心技术技改投资项目，通过产学研深度合作，集中创新要素和科技资源，加快突破核心技术和关键技术，努力实现关键技术自主自控，让核心技术催生高端产品，以高端产品开拓高端市场。大力推行企业从卖产品到提供整体方案，从生产型制造转向服务型制造，借力“互联网 +”这架“梯子”向微笑曲线高端延伸。立足军民两用领域高端市场，加强军民融合项目建设，有效推进军民产品、资本和人才融合，提升技术水平和研发能力，聚力于在产品品种高位度上求突破，在产品品质关键点上求突破，在产品技术制高点上求突破，加快推进产品从中低端转向中高端，从产品制造转向产品创造，从产品创新链转向价值链。

3. 围绕绿色制造进行技术改造

绿色制造就是使用绿色资源，通过绿色生产过程，得到绿色产品的一种可持续发展的生产方式。建立面向生产全流程、管理全方位、产品全生命周期的智能化绿色制造模式。按照产品在制造过程中节省资源，使用过程中节省能耗、无污染，产品报废后便于维修再利用的要求，做好绿色设计，在环境、健康与安全三方面协调平衡。坚持以源头减量化、废弃物资源化、产品再制造为重点，以节能和循环经济为目标，采用先进技术工艺和先进技术装备，实施过程清洁化改造、能源利用高效低碳化改造、水资源利用高效化改造、基础制造工艺绿色化改造等，不断提高绿色制造管理水平，降低单位工业增加值能耗，大幅削减主要污染物排放，合理增加节能、节水、环境标志，实现经济、社会和生态共赢。

（二）精准技改，落细落实，达产达效

1. 抓好技改项目的可行性论证

潜心力保项目的先进性、科学性、效益性，切忌盲目性、随意性。转变观念，即由过去单纯以设备为主的生产制造环节向研发、设计、营销等生产全过程和产品结构优化的整体改造转变，力促企业运转平衡、协调、高效；由“零打碎敲”技改向促进企业专业化、规模化、集约化改造转型，推进做强、做大、做优；由着眼于单个企业改造向整个产业链的技改转变，实行补链、强链，充分发挥优势叠加作用，让产业链、供应链、价值链更加协调高效。充分发挥“智囊团”的作用，集思广益，科学决策。根据产业政策，分析行业前景和企业发展预期，进行分析比较，选上符合绿色制造要求的无污染、能源消耗少、科技含量高的项目。采用新技术、新工艺、新设备、新材料等，对现有企业生产设施、工艺条件及生产服务等进行改造升级。投入资金要用到高端技术设备和技术研发上，运用“腾笼换鸟”方法，尽量不再征地搞基建。注重投入产出比，力求投资省、周期短、效益高。

2. 抓好技改项目实施

本着先急后缓、先近后远、先重点后一般的原则加以推进。制定技术改造整体方案，分步实施，量力而行，滚动推进。新项目，要与旧的、已有的项目分开，重新设立机构，不再沿用原有企业结构的管理方式来执行，以集中精力上好上快，避免压力过重而变成包袱。重大项目要分段实施，不能一下子铺开

摊子，以防中途夭折导致重大损失。重大项目应由企业家和创业者负责，或由高层管理者直接负责，明确薪酬待遇、奖励和激励、人事决定和相关规定来鼓舞他们的行为。制定实施细则和年度工作方案，协调相关事宜，确保有条不紊，达到预期效果。建立项目实施绩效评估机制，通过项目成果与预期目标比较，确定奖励额度。从而落实好责权利，按序时进度推进，做到快投快建、达产达效。

3. 抓好技改项目要素保障

技术项目的主要要素是资金、土地和人才。在立足自我积累的同时，要拓宽多种融资渠道以提供技改资金。除适度信贷外，还要通过上市、发行债券和短期融资券、中期票据等直接融资方式筹集资金。按规定将项目上报备案，积极争取各级政府引导性产业发展基金支持。对接国家强基工业项目和两化融合项目，争取将突破设计、材料工艺、试验、检测等产业发展瓶颈的重大项目列入国家强基项目计划。同时，吸纳更多社会资金投向智能制造和新兴产业项目。对于重大项目的用地，争取在城乡规划中优先落实。大力引进和培养一批熟练掌握生产技术和工艺的高技能人才，培养一批熟悉智能制造和服务型管理的人才。还要吃透政策，用好政策，将国家增值税转型、进口设备免税、企业研发费用加计扣除、固定资产加速折旧、高新技术企业税收优惠、科技成果转化引导资金、科技人员激励、国内设备首购首用奖励、重大装备（首台套）保险补偿和省重大产业项目中的先进制业用地支持、信贷支持等优惠政策落实到位。通过不懈努力，使企业技改年均增长率达到15%以上，企业技改占工业投资比重每年提高两个百分点以上，技改投资中新技术产业投资比重每年提升两个百分点以上，不断推进企业健康稳定发展。

二、案例1：双星特钢——科学优化产品结构，打造中国行业一流品牌

多年来，敢闯肯干的江苏双星特钢有限公司（以下简称双星）董事长顾开明带领他的团队，以建设靖江一流北大门形象为己任，以“世界磨机看中国，中国衬板看双星”为愿景，以打造“中国一流衬板生产基地”为目标，弘扬敢于拼搏、敢为人先的“亮剑”精神，紧紧依靠科技创新，加大新品开发力度，科学优化产品结构，使双星跃上了一个新的台阶。至今，已开发四大系列100

多个品种衬板，获得22件发明专利。生产的产品畅销国内及亚洲地区，多项发明填补了行业空白。公司目前是“中国金属耐磨材料技术最佳衬板生产企业”“中国衬板建材机械行业领军企业”“江苏省高新技术企业”“江苏省成长型企业”“江苏质量管理优秀企业”“全国重合同守信用企业”“5A级咨询企业”，其“爽星”牌商标被列入江苏省著名商标。实践使他们认识到，科学优化产品结构，不断创新高技术产品，企业就会持续发展，否则，企业这个“生命钟”就会“停摆”，甚至倒退。

（一）挑战国外产品，科学开发替代进口产品，由普通传统衬板转向新型高效衬板

双星从创建开始，就走科技发展之路，举技术创新之策，不断提高产品的科技含量和附加值，增强在国内外市场中的竞争力。20世纪90年代，国内水泥企业经过数轮扩张改造，Φ4米以上水泥磨机增多，而国内高锰钢衬板在大型磨机工作环境中因外部冲击值高，磨损较快，并经常出现篦板断裂、篦板变形、堵塞等问题，多数企业认为国外产品硬度、韧性、耐磨性及使用寿命等远优于国内产品，都愿到国外求购。面对这一情况，当时他们就产生了一种不服气、不服输的思想，认为人家能做到的，他们也一定会做到，并且意识到这是一次自我提高的好机会，必须紧紧抓住。于是，双星人暗下功夫，挑战国外产品，坚定走科技创新之路，调集各方力量进行科技攻关。公司与东北工业大学联合，根据磨机特点，反复研究试验，不断优化合金配方，设计生产出的新型节能衬板，能在不影响衬板自身带球能力的情况下，将钢球物料和衬板的有效粉碎面积提升到百分之百。

同时，针对产品硬度均匀性、渗透性、耐磨性不能达到理想状态的这些问题，围绕改变风淬火或水淬火工艺这一核心，公司组织科研团队，开展了油淬火工艺的改革创新。采用油淬火新工艺生产的耐磨机衬板，其淬火渗透率高、表面硬度均匀，抗拉强度和抗冲击值都得到大幅度提高。配用这一衬板的不带立磨或辊压机的闭路磨或开路磨的吨水泥耗电大幅下降，充分发挥了球磨机的潜力。其开发的铬钼合金耐磨衬板表面硬度、冲击韧性、抗拉强度等重要技术指标，均达到或超过行业标准，与国外产品水平媲美。双星成了中信重工、朝阳重工、中材国际、中天仕名等一大批国内大型企业的供应商。实践证明，使用新型高效这一衬板，设备维护费用下降了30%，使用寿命提高到18个月以上。产品进口的国产化，改写了中国衬板的历史。

（二）紧跟国家产业政策调整，大力开发高端产品，由中低档磨机衬板转向高档磨机衬板

进入 21 世纪，我国调整和出台的产业政策，对节能环保提出了新的要求。2500t/d 以上的室外预分解窑逐渐成为我国的主流窑型，磨机也越做越大，而原使用的铬钼合金耐磨性、抗冲击性已不能满足大型水泥磨机生产需求。面对新的挑战，公司一班人深入水泥企业考察，发现国外衬板挤占市场，且价格昂贵。于是立即和中国水泥协会、东南大学等单位联系合作，借鉴合金结构钢的化学成分组合，通过提高衬板的淬透性、强韧性和硬度来优化材料的耐磨性，以适应中低冲击载荷或是无冲击载荷的磨损工况。经多次攻关，新产品终于研制成功，并很快形成批量生产，产品一经推向市场，即表现出了卓越的性价比，立即受到大型水泥磨机制造企业的青睐。

为了充分释放产品开发效应，实现从粗放型生产向精益化生产制造转变，公司不断加大技改力度，通过多种渠道筹备资金，大力度进行滚动技改。先后添置先进的中频电子数控电炉、大型抛光磨光机、大型油槽等设备，具有 8 万吨以上的年生产能力，居全国行业之首。同时建立了标准化实验室，添置了直读光谱仪、数控碳硫分析仪等先进的理化检测设备。除“硬件”改造外，公司还加大了“软件”投入和开发，先后通过了 ISO 14000 环境管理体系标准认证、ISO 90001 质量体系标准认证，建立了公司质量管理制度和产品质量标准。对各工序环节建立了严格的检测台账，强化炉前、炉中化验，通过电子仪和温控装置，分组分时按材质要求严格核定各种金属元素，确保材质元素含量及各项性能达到核定标准。同时，每年举办职工技能比赛，聘请资深人才在公司全面开展岗位操作技能培训。还投入大笔资金，将优秀员工送出去学习、培训，不断提高一线工人的操作水平，有效地保证了产品质量。

（三）围绕客户需求，精心开发特殊产品，由共性衬板转向个性衬板

客户是企业的“衣食父母”。客户要求是第一位的，企业一切业务都应围绕客户要求来展开。几年前，在了解了大型粉磨企业需要立磨粉磨后，双星从为客户提供最优的产品和服务出发，决定研究立磨衬板。公司与天津建材研究所及国内知名科研院所合作，开发立磨辊皮及衬板等配套产品。通过对产品的耐磨性、抗冲击韧性延伸率、抗拉强度和使用寿命等各项经济技术指标进行严格监测，不断优化完善合金组合配方，提高产品性能。公司开发的高铬镍四合金立磨辊皮及衬板已成功应用于大型立磨，实现了由卧式磨机衬板向立式磨机衬板的转型。

面对我国市场对破碎机锤头、磨机钢球钢锻、磨机衬板隔仓板、冷却机篦板等的需求，公司审时度势，确定了“做专、做精、做特、做强”的整体发展思路，先后开发过沟槽衬板、双曲面衬板、分级阶梯衬板、环沟衬板等4个系列100多个品种，深受广大客户的欢迎。

公司还借助亚洲耐磨件创造基地，打造中国制造的品牌磨机衬板。积极贯彻行业标准，实现研发、制造、营销、服务的专业化，进一步提升产品的档次和品质。公司研发团队现与上海交通大学、江苏大学合作，成立校企研发中心，经常深入该产品的使用单位现场，进行考察诊断，根据铸钢级配、熟料易磨性、混合材料等不同条件，个性化设计衬板，用双星的技能为各领域量身定制，满足市场需求。

（四）着眼持续稳健发展，加快开发多元产品，由单一建机衬板转向建机与矿机衬板并重

由于国家宏观调控，建筑机械行业发展曾一度受到限制，且因产能过剩，引发过度竞争，这同样对配套行业带来很大影响。对此，他们在做精、做特、做强建机衬板的同时，走多元发展之路，采取同源技术（即同一技术源），发展多领域、多方面运用，通过拓展一个应用去开发一个新市场，打好“组合拳”，不将鸡蛋放在同一个篮子里。他们开始将眼光瞄准了矿机领域，即铜矿、铁矿、金矿、铝矿等矿机衬板的研发。因矿机对耐磨材质要求更高，开发的难度较大，他们即与天津水泥设计院、上海交通大学等科研院所联合研发。首先买回市场上现有产品进行分析，在反复试验中，不断优化铬、钼等合金配比，完善油淬等生产工艺，形成稳定的耐磨、耐腐蚀的高质量综合合金材料。在制作衬板过程中，进行创意设计，在原先用整体耐磨合金铸钢的基础上改为耐磨合金铸钢与普通钢合成，表面为耐磨合金铸钢，而基体为普通铸钢，也就是双金属面衬板，从而达到耐磨减震的目的，既节约了成本，又延长了产品使用寿命。为了抢占市场，多元经营，在取得铜矿磨机衬板突破后，公司立即组织力量分线分块作战，成功地开发出用于不同矿磨的产品，迅速赢得了矿磨衬板的市场份额，在很大程度上降低了公司的经营风险。

双星人深深懂得乘势而上、不进则退的道理。在新的挑战与机遇面前，始终坚持以人为本，牢固树立爱拼才会赢的理念，永葆昂扬斗志，用踏石有痕的行事风格、开拓进取的精神，积极调整发展路径，加大产品和市场开发力度，不断创造新的优势，将“爽星”牌衬板打造成名副其实的国内品牌产品，为双星成为我国民营行业龙头这一目标坚持探索，不断向前迈进。

三、案例2：耐斯数码——突出技术创新，打造行业一流水平

江苏耐斯数码科技股份有限公司（以下简称耐斯数码公司），是生产经营数码喷墨打印耗材的专业工厂，于2012年12月在天津股权交易所挂牌上市。近年来，公司突出科技创新，致力于数码喷墨打印介质的研究、开发与生产，相继研发生产了“普通型数码喷绘相纸”“高分辨率快干型电脑数码喷绘相纸”“SOL数码影像喷墨打印相纸（片）”“弱溶剂型数码彩喷相纸（片）”“HSP分子热升华数码打印相纸”“户外环保型PE喷绘广告灯箱布”“环保型PE喷绘广告刀刮布”“POE高级环保系列产品”等一系列具有高科技含量的数码打印介质及环保制品。公司目前拥有30项自主专利技术，七大系列产品，其中ECO系列、PE灯布、PE刀刮布、POE高级环保篷布均在国内处于垄断地位。由于设备先进，工艺、技术独特，多年来在国内外享有盛誉，一直引领国内行业新潮流，销售量占国内市场份额达20%，并出口美国、新加坡、意大利、印度、韩国、中东等40多个国家及地区。先后获得“江苏省高新技术企业”“江苏省科技型中小企业”“江苏省数字企业”“江苏省管理创新示范企业”等称号，被计算机行业协会耗材专委会授予自主创新企业银奖，“耐斯”商标自2005年至今被认定为“江苏省著名商标”。

（一）认真分析市场行情，强化科技创新意识

公司生产的数码喷墨打印介质产品涵盖广告业、影像业、办公、医疗、印前打印、艺术仿真、电子线路板、军用地图等多种行业。目前国内市场容量大约100亿元人民币，国外市场容量大约120亿元人民币，且每年以15%～20%的速度在递增。而数码喷墨打印介质产品的特点是技术含量高，工艺复杂，品种系列繁多。早在20世纪90年代中期，美国HP公司发明了“热发泡式数码

喷绘机”，开创了图形数码化的新时代，将广告、海报、看板、图表从烦琐的手笔制作中解放出来，在广告行业以及其他行业引发了一场革命。这种技术自1995年后进入我国，发展极其迅速，如今的大街小巷、超市商场、公路侧、户内外无处不见喷绘图文。21世纪初，日本的CANON、EPSON公司以及美国的HP公司又将数码喷墨打印延伸至影像业。十多年来，数码喷墨打印技术发展十分迅速，新产品新技术层出不穷，不断升级，而一些具有国际最先进水平的打印技术，如热升华打印技术、户外环保型PE喷绘打印广告布等技术在欧美国家已普及，在我国还处于空白，市场上此类产品全依赖进口。作为行业排名前列的耐斯数码公司，致力于科技创新，提高企业核心竞争力，带动行业产业结构调整，赶超欧美先进技术，不断扩大国内外市场份额，已成为公司当务之急的重要任务。

在认识科技创新对于企业发展的重要性、必要性的同时，公司紧紧依靠企业党支部、工会、妇联等党群组织，运用多种形式和方法，积极开展丰富多彩的创新争优活动，增强全员的自主创新意识，调动全员的创新精神，不断提升企业创新能力，使公司的科技创新规划得到了顺利实施，取得了实实在在的效果。

（二）加强研发机构建设，适应科技创新需要

1. 加强企业创新人才队伍建设

坚持把发展、培养、使用、凝聚优秀科技人才作为科技发展的首要任务。推行人才引进机制、人才培训机制、人才任用机制，科学地运用人才，稳定人才队伍，激发人才的创新热情，提高企业自主创新能力。

首先，加大高学历、高职称、高素质人才的引进力度，注重人才队伍的培养。公司通过网络、电视、媒体等多种渠道招聘研发管理人才。近年来，公司聚集了一批高素质的研发人才，拥有一批在数码喷墨打印领域卓有成就的研发人员，这些人员涉及的专业、门类比较齐全，目前公司中大专以上学历的科技人员占职工总数的36%左右；直接从事新品开发研究的科技人员占职工总数的11%。其次，重视对现有人才资源的培训、管理和配置，定期对生产一线的员工开展政治思想、文化、业务技术培训，以提高整体素质。从而形成一支创新能力强、懂管理、了解国际国内市场规则的研发、管理、营销团队。

2. 加大科技创新投入

加强企业研发创新机构的建设，提高研发能力，设立专项经费用于科技创新工作，以保障各项研发活动的顺利进行。近年来，公司投入研发经费在全年销售收入中的占比逐年上升，达到5.5%以上。

3. 建立科技创新激励机制

实行高薪激励机制，激发科研人员的开发热情，鼓励他们多出科研成果。对于成功研发出新品的科研人员，实行重奖。研究所与科研人员制定目标承包经济责任制，将具体课题项目与具体人员挂钩，任务明确，职责分明，奖惩兑现，调动研发人员的积极性，充分发挥研究机构开发高新产品的作用。同时鼓励员工拓展思路，广泛开展技术创新。公司设立合理化建议奖，凡有合理化建议被采纳者，按产生的效益给予奖励，从而有力地促进了创新科技成果的转化。

（三）做好产学研合作，提升科技创新水平

作为计算机行业协会的会员、打印耗材分会的理事、国家行业标准《喷墨打印纸通用规范》的第一起草人，耐斯数码公司认真贯彻实施国家“十三五”及“十四五”规划纲要，研究和发展信息打印输出技术，推动和普及环保打印耗材。积极承担国家、省、市的科技项目，不断提升科技创新水平。为增强自主创新能力，公司聘用深圳米迪亚科技公司的吴坤山博士、台湾的吴博崇博士为常年技术顾问，不定期来靖指导研发工作。并与“中国科学院化学研究所”签订技术协作协议，将其作为该公司的技术依托单位，不时委派技术人员前往研讨、交流。平时遇到一般技术难题通过电话及传真咨询，遇到重大技术难题均邀请他们前来会诊。该所宋延林等三位博士作为公司聘请的技术顾问，每年几次莅临公司指导并授课，让他们掌握国际国内最新的信息和最前沿的技术，了解行业发展的趋势，提升了技术人员的素质，增强了公司的研发能力。

近年来，公司的“ECO弱溶剂数码打印相纸”“HSP分子热升华数码打印相纸”承担了科技部中小型企业技术创新基金项目，“户外环保型PE喷绘广告灯箱布”承担了江苏省高新技术出口产品研发项目，“高分辨率快干型数码喷绘相纸”“SOL数码影像打印相纸”“HSP分子热升华数码打印相纸”“户外环保型PE喷绘广告灯箱布”等产品获得了国家重点新产品项目、省高新技术产品项目等。

(四) 强化各项管理，提升科技创新成效

1. 加强知识产权管理

公司一直注重保护和支持发明与创新的专利权，拥有较为完善的知识产权管理制度，已先后申报了30件专利（24件发明专利、5件实用新型专利、1件外观设计专利），其中已授权25件专利，5件发明专利实质性审查生效。

2. 坚持自主品牌建设

“耐斯”品牌多年来一直被认定为江苏省著名商标，耐斯产品一直获得广大用户的一致赞同。而品牌的根基是产品质量，好的产品必须有一流的质量和服务，该公司始终将品牌建设贯穿于生产、经营的全过程。公司狠抓质量管理，强化“质量第一”“以质量求生存”的观念。遵照ISO的二十八字方针，不断整理整顿，以“5S”管理为基础，抓好质量管理：①健全质量管理制度与质量管理队伍；②经常不定期地举行质量培训班；③进一步贯彻PDCA工作法、标准化及质量统计方法；④现场质检、巡检跟踪、质量反馈三大块既有责任分工，又有机结合，形成一个闭环的质量管制系统，切实搞好质量风险预防。将有可能产生的质量缺陷消灭在每个生产环节中。树立“质量第一、利润第二”与“用户利益第一，企业利益第二”的观念，强化“下道工序就是用户”的意识，努力做到上道不合格产品不流入下道，凡有瑕疵的产品一律不出厂门，使“耐斯”产品真正成为最值得信赖的商品之一。

第五节　企业进步的阶梯：项目为王

一、方略：企业项目投资“八要则”

企业进行项目投资的目的是壮大实力，提高参与市场的竞争力。倘若投资不慎，则很容易遭遇“滑铁卢”。因此，在进行项目投资时，应切实搞好可行性论证，做到选准选好项目；在项目实施时做到快建快投。具体来说，要遵守以下八项要则。

（1）掌握宏观走势，看准政策和经济背景导向，顺应产业发展方向，不上国家限制发展的项目，选上国家鼓励发展的项目，比如环保型、节能型项目

等，达到多机遇少风险。

（2）认真分析企业的实力，选择能体现自身优势的项目。在选择项目的顺序上，第一，扩能项目；第二，在原来业务范围内增添新的生产经营内容；第三，在原行业中转产；第四，跳出原行业从事其他经营活动。总之，不上没有基础或不熟悉的项目，切忌好高骛远、急功近利。

（3）树立“蓝海战略”理念，拓展产业发展空间，开辟潜在市场。同时深入细分市场，明确客户群体，确保项目投产后，有较长时间的销售旺盛期。对市场需求潜力小、竞争激烈的行业，应设立风险分析和防范的屏障。

（4）做好投资项目的收益评估。要确保项目有很好的盈利性，且会有稳定、持续的增长期，一般能在5～7年内收回投资成本，不要将超过十年的投资收益率差的项目列入技改。同时，要提高土地利用率，建厂房要尽可能向纵向空间延伸。

（5）注重将大多项目资金用在添置先进设备上，不要在厂房上舍大求洋多花钱，力戒“笼大鸟少”或是有好“鞍”没好“马”。“工欲善其事，必先利其器”，要用一流设备生产一流产品。

（6）要注意防止企业资金分散，避免陷入多元化陷阱。许多企业由强变弱，除其管理机制存在严重缺陷外，还有一个主要原因是其经营状况好时，为求高增长而盲目投资。投资大师巴菲特说过的“不要把所有鸡蛋放在同一篮筐里”是错误的，投资应该像马克·吐温建议的，“把所有鸡蛋放在同一篮筐里，然后小心地看好它”。我们应该牢牢记住这句话。

（7）积极寻找化解风险的投资方式。可几家企业或投资者联合起来共同投资，然后再将大项目分解成若干部分单独开发。也可承包大项目中的小项目，成为产业链中的一部分，或在热门产业中选择一些冷门产业进行投资。同时，进行项目投资要坚持量入为出的原则，一般自我积累部分不要低于银行贷款，更不能挤占企业流动资金上项目，防止出现资金链断裂。还要注意项目投产后的配套资金，要防止配套资金不落实而造成项目竣工不能投产或者产能与产出不相匹配。

（8）要不拘一格选用人才。放开选用人才视线，选用真正掌握投资知识的专业人才，千万不要囿于“圈子里”的人，以防用没有投资专业知识和实际操作经验的人，导致投资折腾多缴学费。

二、案例：迈能高科——全力打造热能竞争力

江苏迈能高科技有限公司（以下简称GMO迈能公司）以做太阳能行业“英特尔”为使命，以开拓创新、勇争一流的精神，以打造热能核心竞争力为抓手，不断开发光热技术，已成为集研发、设计制造、服务于一体的水箱制造专业公司。公司储热水箱年产达到200万台，拥有50件专利，产品服务200余家国内知名企业；并出口60个国家和地区，是中国搪瓷承压式热水系统出口最大企业，标志着中国超大容量中央热水系统技术达到国际水平。

（一）深谙核心竞争力内涵，精准打造核心竞争力

他们懂得核心竞争力是能给企业带来竞争优势的不同技术系统与组织系统的有机融合；其最核心的部分是核心技术，即企业技术体系中一项或几项最为关键的技术，是保证企业获得持续竞争优势、难以仿制和替代的基础；企业核心竞争力应建立在专业分工的优势上。他们既不搞多元化，也不搞大而全，而是走差异化的发展道路，开辟属于自己的“蓝海”。他们定位做“名配角”，打好多能源储热行业“英特尔”牌（水箱）与多能源燃气互补专家牌（燃气热水器），把热能行业做精、做优、做强。同时，根据客观情况的变化，及时调整自身的发展目标，通过分析国家的能源政策和法律法规，看到太阳能建筑一体化是未来市场的发展趋势，且只有分体式太阳能才能满足消费者消费水平提高的要求。主动提出做行业内太阳能与建筑一体化的幕后推手，当隐形冠军。朱总谦逊地说：“我们不是英雄，但我们与英雄并肩作战。”他们从节能环保出发，致力于研究创新太阳能与建筑一体化的关键技术，即分体式（包括壁挂式）太阳能中央热水系统，取得了突破性成效。他们凭借“蓝金钢内胆”专利DMC、承压敞开两用等多项核心技术在分体式太阳能领域闻名遐迩。独家设计提供分体式热水系统的“上海世博会生态样板房工程”获得科技部颁发的科技创新一等奖；蓝金刚热泵太阳能专用水箱获得国家知识产权局举办的第三届国际专利与名牌博览会专利金奖等多项殊荣。

（二）多渠道创新技术，高位打造核心竞争力

企业的技术创新与核心竞争力之间存在着互动关系。技术创新能使企业在不断的市场竞争中获得优势，提高自身的核心能力；而核心能力的提高，又促

进企业不断推陈出新，加快技术创新步伐，确保竞争优势。迈能公司运用多种方法进行技术创新来打造核心竞争力。一是实行自主式技术创新。他们针对众多太阳能企业对新型承压分体式产品没有很好规划这一情况，整合专业的产品、工艺设计师团队，建立科研和实验中心，对太阳能产品进行家电化设计，与客户共同设计、规划产品线，开发客户个性化产品，为客户量身定做高中档的阳台壁挂、分体承压、多能源结合的太阳能热水系统以及热泵水箱等产品。现已自主设计开发阳台壁挂夹套系列、集中供热分户使用、胆中胆、盘管系列产品。在换热部件方面开发出了大容量分体式单盘管、双盘管多能源互补水箱系列产品；大容量空气源、地热源热泵系统，能实现机械、温显、计算机、线控、遥控等多种控制方式，研发的专利琳琅满目。二是实行联合式技术创新。他们和同济大学、江苏工业大学、南京航空航天大学等多家科研院校建立了长期的产学研合作关系，充分发挥各自的资金、技术优势，进行研究开发，用科研院所拥有的较多技术之长补企业研发技术较弱之短，用企业资金实力之长补科研院所缺开发资金之短。并与云南师范大学、江苏工业大学建立了博士后流动站，建成了江苏省第一个光热工程技术研发中心，研发适合中高层建筑的节能太阳能热水系统，在国内率先摘取了非承压方式革新为承压方式科研成果。“GMO 承压式搪瓷水箱”颇受业界青睐与追捧，被誉为行业“英特尔”。2018 年又投入千万元进行技术研发升级，采暖由电能转变为太阳能。三是实行外引式技术创新。他们与澳大利亚、德国、韩国、西班牙等国多家大型企业结成战略合作伙伴关系，实行优势互补、共同提高。并且联手 AO. 史密斯公司共同制定实行分体式太阳能承压系统国家标准，研发分体式、阳台壁挂式太阳能技术，力推分体式太阳能升级换代。为加快技术创新，他们从国外引进最新专业技术和关键设备，认真消化、吸收、提高，以提升研发能力和制造能力。前年新上国内第一条大容量商用搪瓷水箱流水线，一举填补了国内空白。该生产线按照压力容器标准重新布局设计，采用等离子弧焊，处于国内领先水平。

（三）变革管理，聚力打造核心竞争力

企业技术创新和组织能力之间存在着必然的联系，出色的组织管理能力，能为技术创新提供平台。他们根据自身实际，通过变革经营模式来提高组织能力。一抓流程再造。引入日本丰田公司精细生产管理模式，从职能管理走向流

程管理。他们以客户或某项目标为中心，按照生产工艺流程来设置部门，改善生产物流线，减少管理环节，加大管理力度，最大限度实行技术与组织管理的功能集成，从而提高了效率。二抓信息工程建设。从用手工处理物流信息转向用网络手段处理信息流，全面推行了 ERP 管理系统，使信息贯穿销售模块、财务模块、成本模块、计划仓储模块、生产模块管理的全过程，使管理效率提高了 50% 以上。三抓核心资源开发。从重视硬件建设转向重视软件建设。在技术资源的开发中，采用先进的技术和工艺，大力开发具有国内外先进水平的产品。坚持以创牌为抓手，积极开展“创优创新”活动，不断提升产品品质。在各大城市设置办事处，为用户提供零距离服务，连续十年没有产品出现质量事故。运用多种形式、多种途径，培养事业心强、技术业务精的骨干，造就一支实战型、本土化的人才队伍。同时通过开展“天天改善”活动，发动大家为企业建言献策，企业提供相应奖励，充分调动了大家的积极性和创造性。这样，使无形资产作用于有形资产，企业竞争力就会变得更强。

GMO 迈能公司不断追求创新，持续打造核心竞争力。他们深知世界任何事物都是不断发展变化的，今天的竞争优势不等于就是明天的竞争优势。他们站在抢占市场制高点的高度，不断分析预测国内外经济技术的变化趋势，及时把握当今技术发展的最新动向，不断调整自己的战略战术，努力运用先进的、前沿的技术武装自己，持续不断地创新，构建并强化企业的核心竞争力。为能专心、专一、专注多能源的研究与开发，他们始终不渝地坚持“多能源储热行业的‘英特尔’”发展战略，主动融入国家产业转型的大环境，认真制定了以太阳能为主的新能源开发发展的十年规划，并一步一个脚印实施。近年来，GMO 迈能公司在产品开发中，按照国际最高标准，跻身海外市场，企业的合作伙伴澳大利亚康特公司，是澳大利亚上市新能源公司，已将生产基地搬到靖江，助力公司进军澳大利亚市场，成为迈能产品走向全球的一个关键点。未来，GMO 迈能公司还将继续占领行业高峰，成为行业“隐形冠军”，做新能源领域的“追梦人”。

第六节　技术进步的生力军：中小企业成“燎原星火”

一、方略：中小企业在“双革四新”上下功夫

目前，面广量大的中小型企业设备比较简陋，自我积累不多，需要立足基础搞革新改造、自力更生上水平。尤其是当前形势要求企业进行自主创新，但由于中小型企业受多种条件限制，难以一下子打造出具有核心技术的自主知识产权，需要走渐进创新、融合创新之路，以求厚积薄发，取得大的突破。而大搞“双革四新”（技术革新、技术革命，新技术、新工艺、新材料、新设备），是实现渐进创新的一种途径和方法。因此，要积蓄力量，稳中求进，快速发展；要上新水平，构建新优势，革新不能停。“双革四新”之风要常吹，要在“四个结合”上下功夫、花气力。

（一）重点突破与小改小革相结合

随着社会主义市场经济的不断完善，卖方市场转向买方市场，用户对产品的要求是高质量、低价格、绿色环保，而一般小企业的现有生产条件难以适应这些要求。要改变生产条件，革新是条路。面对面广量大的革新任务，要把结构最复杂、效率最低的工序一一排出，再将革新难度较大的列为重点，组织有干部、技术人员、工人参加的三结合攻关小组，集中力量打歼灭战。遇有拦路虎不畏艰难，做到图纸不全自己绘，资料缺乏自己查，材料不足自己找，条件缺乏自己创，缺乏技术自己钻，踏宽企业革新的路。

搞革新是一项艰辛的任务。要向革新的深度和广度进军，靠少数人不行，必须发动广大工人群众一起参战。在抓重点突破的同时，注意组织开展群众性的小改小革。要积极引导，做到常年坚持，循序渐进，逐步完善，以“绿叶扶红花”，积小胜为大胜。

（二）自创与仿制相结合

自行设计制造设备，不能闭门自守，应组织有关人员到兄弟单位参观学习，开阔眼界，并力求在人家的基础上有所改进、有所创造。积极主动争取与大专院校紧密合作，与大用户深度合作，不断开发新技术、新产品。这样既能

在革新道路上不走或少走弯路，又能提速度、上水平。

（三）引进人才与自培人才相结合

搞“双革四新”，关键靠人才。而人才缺乏是中小企业的短板，解决这一问题，要“两条腿走路”。一是运用多渠道多方式引进急用对口专业技术人才，并用好留好；二是挑选素质好的技术工人去大型企业跟班一线学习，以迅快成才，让其成为企业“永久牌”的技术中坚力量。

（四）近期实施与长期规划相结合

根据企业财力、物力和技术力量，本着先易后难，先近后远、先急后缓的原则，拟订当年的具体计划和后两三年的打算。对哪些先改先攻，哪些后改后攻，用什么方法，大约所需时间，都要进行统筹合理安排。做到既有高度热情，又有科学态度；既能把“双革四新”搞上去，又能完成生产任务；既能实施近期项目，又能为以后上新产品、新技术、新设备打基础。在近期实施中，注意在现有设备上挖潜力，向老设备要产量、要效益、要速度。对现有产品，可通过延伸和深度开发，扩大品种，提高附加值。

干当前，想长远，通过当前工作为长远规划打基础。在实施近期项目时，就筹划后两三年的目标规划。组织人员论证项目的先进性、可行性，计划所需资金从哪几个渠道来解决，并派出人员赴外学习和掌握先进技术，确保项目按时竣工、按时投产、按时达产。

实践告诉我们：

（1）要把“双革四新”不断引向深入，企业领导必须站在技术革新的前列。企业领导通过深入车间参加劳动，看清薄弱环节，明确主攻方向，组织大搞革新，给职工做出好榜样，“双革四新”活动的开展就会既轰轰烈烈，又踏踏实实。

（2）必须解放思想，敢想敢干。思想不能保守，不能被困难所吓倒，不能被前人的经验和外国的资料所束缚。要敢字当头，突破禁区，做到“柳暗花明又一村”。

（3）认真落实鼓励开展“双革四新”的政策。对于有显著成就的集体和个人实行精神鼓励和物质奖励相结合。坚持月考核、季评比，对在“双革四新”中涌现出来的先进个人和先进集体运用多种形式与方法进行宣传、表彰，并根据贡献大小，予以不同的物质奖励。通过大树先进，大立标兵，营造革新光荣、革新有功的热烈氛围。

二、案例1：华洋电力机械——在革新中快速发展

在国内外市场复杂多变、供给侧结构性改革深入进行、企业之间竞争日趋激烈的大环境下，中小型企业该向何处走、怎么走？江苏华洋电力机械制造有限公司（以下简称华洋公司）一班人恪守“诚信永恒、创新务实、科技兴企、发展做强”的经营方针，以市场为导向、以科技为引领，大力推进“双革四新”，调高调优产业结构，走出了一条又好又快的发展道路。

（一）产学研合作，聚智开发，加快做强“主打”产品

20世纪后期，华洋公司立足自我、整合资源，由从事电镀行业转型生产耐磨耐热钢产品，并不断向系列产品开发。在大力开发产品的过程中，注重研究分析用户对各类不同产品的需求及需求量的大小，而后将需求量大的高难度产品作为企业研究与提升的重点。在分析中，公司看到冶金行业用的炉篦条及冷轧设备中的矫直板是用户生产设备中的易损件，且用量较大，便将此列为公司的主打产品。他们针对这类产品易损寿命短，经常要维修更换，影响生产效率等难题，从双赢的角度出发，想用户所想，解用户之忧，组织力量重点攻关。公司聘请上海重型机器厂总工程师驻厂作技术指导，与山东省冶金设计院股份有限公司、四川电力设计院、中国建材配件研究所长年合作，并得到《烧结球团》杂志的有力支持。通过多种工艺技术的融合运用，持续改进提高，较快地取得了新的突破。主打“炉篦条”使用寿命从原来的9~18个月，增加到现在的18~36个月，获得了极大提升，得到用户单位的一致好评。冷轧机设备中的矫直板，原先只有3~6个月的使用寿命，现在能达到3~5年，大大提高了钢厂的出钢量，减少了维修量，节省了维修费用，使钢厂产能效能大幅度上升。且“防糊堵篦条”“高强度耐磨合金钢的矫直板”“球磨机入口料斗”获得实用新型专利。

（二）加强研发团队建设，提高自主创新能力，不断推出升级产品

华洋公司除引进10多名对口高层次人才充实到技术、质检部门外，还通过多种渠道和方法自培专业技术人才32人，并培养了一批素质较高的技术工

人，为自主开发制造增强了创新力量和创新能力，使多类产品得到了有效提升。

他们采用新技术开发提升产品质量。原来他们为火电厂提供的双金属复合耐磨弯直管使用寿命短，容易变形，影响产品质量。针对这一问题，他们在引进消化国外先进技术的基础上，实行吸收创新再提高，试用金属与陶瓷复合工艺技术，开发出金属陶瓷耐磨结构件，这种弯头的耐磨损性是不锈钢的7倍，铸钢的6倍，重量只有耐磨合金钢的一半，使用寿命可达15～30年，是一种完全可以替代稀土合金材料的新产品。公司还根据国家推广的高新技术设计，开发生产具有国际先进水平的陶瓷内衬复合钢管。该管从内到外分别由陶瓷、过滤层和钢组成，形成牢固的冶金结合，具有良好的耐腐、耐磨、耐高温及高强度、高韧性、高抗机械冲击和高抗热冲击的综合性能，至今没有一种复合材料能与之相比。公司还根据国家推广的高新技术设计，开发生产具有国际先进水平的陶瓷内衬复合钢管，其综合性能，至今没有一种复合材料能与之相媲美。

他们采用新材料开发适用于大小电厂除灰系统的电除尘插灰闸板阀，其材料由原来采用的高强度耐磨钢改为高合金耐热钢，开启次数可达10000次以上。

采用新工艺开发双金属复合管的静态铸造，由原来的型砂底盖箱铸造改为采用消失模真空吸铸复合工艺浇铸，解决了弯管难以复合的难题，填补了我国防腐耐磨工业输送管道浇铸的空白。

采用新结构开发可调缩孔的闸板，由单芯改为双芯，从根本上消除了偏心流动的缺陷，大大减少了流动阻力和对管道壁的偏磨，延长了输粉管道的使用寿命，受到了用户赞扬。

（三）以用户为中心，强化经营管理，多产快销优质产品

按照全面质量管理“三全一多”（即全过程的质量管理、全员的质量管理、全企业的质量管理，多方面的质量管理）的要求，他们首先抓员工素养培训，开展“四爱一争”（爱国爱厂爱家爱岗，争当优秀员工）活动，牢固树立质量是企业生命的意识，以厂为家，敬业爱岗。不断提高实际操作能力和水平，严格执行产品工艺要求，做好每一个细节，实行道道把关、人人把关。认真贯彻ISO 9000质量体系认证，实行严格检测检验，切实抓好炉前分析、硬度检测，

探伤检测。提升质检人员的职业道德素养，做到上道不合格不流入下道，终检不合格不流入仓库，更不流入市场。由于执行严格的质量检验，产品合格率达100%，质量达到“零缺陷”。建立企业24小时跟踪服务制度，一旦出现质量问题，能在第一时间内解决，用户满意度达100%。

与此同时，从放大产品市场效应出发，他们坚持“两条腿”走路、双管齐下：一是迅速提高营销人员素质，改革营销奖励政策，加大传统营销力度；二是挂靠专业知名网络平台，加大电子商务网上招投标力度。该公司与山钢、山东设计院、国电、华电、华能、大唐各大电力系统建立电子网络销售平台，你需我供，从而使业务量稳定增长，合作的用户不断增加。在冶金行业，与宝钢、山钢、陕钢、四川钢铁等20余家钢铁企业常年合作；在电力行业，与华电国际集团、国电集团、大唐集团、华能集团、国电投集团、中石化自备电厂等80余家电厂常年合作；在建材行业，与中建材集团、四川星船城水泥集团等35家水泥厂常年合作，公司年销售量已超15000吨。目前华洋产品的市场覆盖面、占有率以及影响力、竞争力不断扩大和增强，可望在近两年有一个更大的飞跃。

三、案例2：金波酒业——向着太岁金波酒高质量发展目标进发

当我们信步走进江苏金波酒业有限公司的车间，看到运转自如的自动化生产流水线，触摸那在矿泉水中养殖的海绵般的粗大“太岁”，嗅到那用棒撬起浸泡在缸中药材散发的香味，即分享到了董事长陈建平创业创新的梦想与追求……

（一）初衷：承担好传承非物质文化遗产金波酒的责任

金波酒系中国传统名酒，历史悠久，素负盛名。北宋年间，该酒就是宋太宗皇帝之婿进献的贡酒。该酒后流入民间，于清朝同治年间传入靖江。新中国成立前，靖江县城有6家私槽坊酒肆生产金波酒，1956年，公私合营后，由国营靖江酒厂生产，不仅畅销大江南北，还远销日本、朝鲜等东南亚国家和我国港澳台地区。20世纪90年代，由于企业内外部经济环境的变化，该厂停止了金波酒的生产。然而，他们心里有个挥之不去的念头，即恢复金波酒的批量生产，在市场上重振雄风。金波酒业董事长陈建平坦言：想上金波酒不是为赚

钱，而是为了将这个非物质文化遗产代代传承下来，否则太可惜了。他内心是这么想的，也是这么做的。为了这份事业，2012 年上半年他不怕个人资金有风险，将家中积攒的1500 万元全部拿出来建现代化厂房，购置国内当时最先进的酿酒设备。他的这笔钱，没有被算到股本金中，风险全部由自己承担下来，令其他几个股东深受感动。在传统金波酒的配方中，酒曲有八种，基酒有 34 种名贵中药材，配以陈酿的糯米封缸酒及优质的粮食白酒，经 36 道工序精炼。根据“药食同源”的要求，经过推陈出新，上下努力，紧抓快干，只用半年时间，就于 2012 年底拿出了“同记坊”品牌金波酒。该酒具有口感稠畅、酒色亮丽、盈杯不溢、醇厚挂壁四大特点，与其他酒相比别有一番风味，更符合和适应现代人的营养健康理念和需求，堪称酒中奇葩、御液金波。2012 年获得国家质检总局 QS 生产许可证，2013 年 12 月被认定为泰州市地级非物质文化遗产传承项目，2019 年 10 月被江苏省商务厅认定为江苏省第二批老字号。江苏金波酒业有限公司也被批准认定为这一遗产传承项目的生产基地。

（二）创新：千年太岁“肉灵芝”与百年传承“金波酒”完美“联姻”

在金波酒成功面市后，他们并没有满足，心中想的是如何通过融合创新提升金波酒品质和档次，将金波酒打造成一个健康产业。一次，他们从培植太岁人的谈话中受到了启发，产生了运用太岁养生理念来提升金波酒品质和档次的想法。

说起太岁，对其真正了解的人并不多。太岁无叶、无芽、无花，自我繁殖，可食、可补、可药，周身是宝，具有丰富的生理活性物质，能增强免疫力，对防病抗癌也有一定作用，被称为“免疫王因子”和“身体健康的卫士”。在研制过程中，他们与国内知名的“太岁肉灵芝”研究专家及大专院校合作，采用政府认定的具有百年传统的非物质文化遗产金波酒酿造技术和工艺，并利用现代酿酒设备和生物工程，运用太岁养生理念，采用人参、藏红花、鹿肾、海参、雄蚕蛾、壮阳果、北冬虫夏草等 26 种名贵的药食两用的物品进行酿制。为找到货真价实的太岁，陈董事长带领他的伙伴，不怕路途遥远，跑遍了太岁产地，探讨研究学习太岁的养殖技术和经验，从中破解利用太岁和太岁水养生理念来酿酒的方法和技术。为了保证酒的清澈度，收集国内有关过滤的先进设备，不惜血本，购买了拥有国家专利的精密过滤器，现在过滤精度达到0.18um。他们深知产品质量的重要性，不仅重视和关注在原料—工艺—生产—灌装全过程执行国标，严控质量指标，还善于听取消费者的意见，尤其是专家学者的建议。一次江南大学一个团队来公司考察，对研制太岁金波酒作了充分肯定，并提出了酒曲改进意见。随后他们到宿迁、安徽、贵州、四川等地酒厂考察，一年内走了几十家，最后确定与四川邛崃酒厂合作，作为公司基酒基地，至今已用了四川数百吨基酒。中国军事医药研究院专门从事太岁研究的张惟才教授应邀来公司考察，给予了高度赞扬，认定太岁金波酒是个非常有价值的酒，建议申报国家发明专利予以保护。张教授还向他们透露，关于太岁的功效，已经在小白鼠身上做过实验，对治疗溃疡、提高免疫力的功能已下定论，其论文也已发表。关于太岁在其他方面的特有功效正在研究之中。这都给企业发展太岁金波酒增添了信心和力量。

太岁金波酒于2016年6月启动，一边施工，一边研制，当年年底即取得了成果。这两年又不断优化配方和工艺，使产品效用得到进一步提升。“太岁金波酒”借助酒的“通血脉、行药势”的特点，具有药食两用的双重效果。现有淡雅型和浓郁型两个系列6个品种，是一种适合现代人营养健康理念的饮品。喝过太岁金波酒的人都会如此称赞：太岁金波酒酒液金亮透明、酯香浓馥，饮时醇厚利口，回味甘有余香。

（三）愿景：将太岁金波酒打造成养生健康的高质量饮品

做任何事情，搞任何开发，不能急功近利，要把社会效益放在第一位，将创新作为第一动力，他们对此深有体会。还有一个例子，公司金波酒的2.5两瓶装，从内到外都在模仿人家的产品，想了许多办法，但总是打不开销售局面，而人家的产品在市场上却是红红火火的。他们从中悟出了一个道理：创新才有发展，才有希望；创新一定要有颠覆性，仿制别人是没有出路的。对此，公司将太岁金波酒打造成养生健康的高质量饮品，将“太岁金波酒永恒，人民健康永远”作为发展目标，并明确了今后发展规划与举措：

一是加大人才队伍建设力度，以人才优势赢得开发和竞争优势。充分利用和发挥以江苏省乡土人才“三带”（带领技术开发、带强产业发展、带动群众致富）能手、一级酿酒师品酒师、金波酒酿造技艺非遗代表性传承人贾彤先生为首，设立的“三带”工作室的作用，进一步引进专业人才，积极支持技术人员钻研太岁开发利用和酿酒技术，深入推进太岁金波酒的品牌建设，让太岁金波酒真正成为高品质养生健康酒品。

二是加强企业文化建设，以优秀的企业文化支撑企业发展。在进一步完善提升企业文化的同时，拟与一家农庄式公园合作，通过双方优势叠加，打造一座非物质文化遗产传承项目的历史文化博物馆。同时在近两年配套建成“金波酒农家乐饭店及旅馆”各一座，在3年内建成100～150亩地的金波酒用药材养生植物园1个，配套娱乐中心1个。

三是加快营销推进步伐，以多管齐下扩大市场覆盖面。深入研究市场策略，精心策划办好品鉴会、展销会、展览会，组织发展社会营销力量，由市内向市外，由省内向省外逐步推开，各个击破，迅速拓展市场。巩固和扩大“互联网+营销”的力量和规模，计划将本市销售门店扩大到300家，苏北、苏南市场销售网点达到新增省市级营销中心各6个，专卖批发部20个。

四是注重承担社会责任，以做好慈善事业来提高企业的名誉度和影响力。采用销售提成的固定方法来支持公益事业，即销售一瓶酒拿出5元支持慈善事业，专门用于资助孤儿和贫困儿童上学读书。

可以预言，该公司一班人在董事长陈建平的带领下，按照既定的目标和路线图，不失时机探索创新，坚毅开拓，把蓝图变成实景，把规划变成现实，太岁金波酒一定会香飘国内外市场，获得广大消费者的更多青睐。

第十章

商业模式

商业模式是企业发展的“重器”与“利剑”，是企业决胜市场的“法宝”。商业模式是产品和市场互相依存决策的组合。“工欲善其事，必先利其器”，选择和创新商业模式，必须使这一企业之“器”锋利起来。要坚持全面、系统地创新商业模式，掌握和运用集成创新、整合创新、协同创新三个基本方式，让由技术创造产品使用价值转化为商业模式创造市场增值价值。加快从传统商业模式转向现代商业模式，从为客户提供优质产品转向为客户提供解决方案，以低成本将资源价值最大化。遵循共创、共享、共赢的理念，创新基于互联网的商业模式，确立以客户为中心的价值观念，运用以信息化网络为平台的管理技术和以供应链为主体的管理模式，全面提升商业模式设计与创新的水平与效能。譬如，海尔实行的“人单合一”模式，让企业从静态转变为动态，人人成为 CEO，实现了创造价值和分享价值的统一，取得了连续十一年成为世界白色家电品牌第一名的傲人成绩。同时，针对既定常态的不确定性，把准商业模式的“命门”，通过锻打核心技术优势、调整优化产品结构、坚持走“双循环”之路、熟悉和掌握商业法律法规，来提高企业的市场应变能力和竞争能力，推进企业稳健高效发展。

第一节　商业模式创新基本方式：集成创新、整合创新、协同创新

一、方略：全面系统地创新商业模式

商业模式创新是全面系统的创新，而不是单一要素的局部创新，它往往需要商业模式几个要素的同时变化和调整。商业模式创新是持续创新的核心，是高质量发展的重要载体，它常常伴随着产品、工艺技术及企业组织的创新。其基本方式有以下三种：

一是集成创新。企业的本质是创新，而集成创新是最有效的创新。集成创新不单是将各种技术集成起来的创新，也有技术与管理的集成创新，技术与市场的集成创新，尤其是技术与商业模式的集成创新。例如特斯拉汽车的成功，就是借助商业模式的创新。其一是绿色能源创新，使用大量 PC 锂电池并联成网络电源，劈开了困扰电动车发展的“拦路石”——电池的问题；其二是互联网创新，运用互联网思维提供销售及售后的智能化服务；其三是技术集成创新，将众多“黑科技”集成组合形成核心技术优势，拥有全球最长的续航力。这就是特斯拉汽车风靡全球的关键所在。又如恒源祥、海澜等企业，以知名品牌为独特优势，从单一专业公司上升为行业平台公司，对长尾中的专精小企业，进行合理分工合作，从分布态组织为集聚态，并通过线上云平台，为长尾企业群提供资源、能力等集成服务，从而在云平台上产生集聚效应，创造大规模的品牌企业。

二是整合创新。即以增值为目标，通过并行方法把各种要素、创新能力和创新实践整合在一起，通过创新管理产生新的核心力。企业在进行技术和产品创新的同时，重视营运体系的变革，将创新活动渗透到企业价值的每个核心环节。通过寻找事物的结合点，将两种或多种不同事物联系起来，实现某种结合，从而创造新的价值。这种创新成本低、效果好。每个企业都有自己的资源，企业间要进行资源置换，用自己的优势资源置换对方的优势资源，通过资源整合为第三方提供价值，从而获得三赢。譬如，天文学观察宇宙，只有单个天文望远镜是无能为力的，将世界大型望远镜连成互联网络，使用这种虚拟天文望远镜就能观察整个宇宙。这一商业模式是由互补的双方或多方资源整合，创造新的价值。又如，随着劳动力的短缺和劳务成本上升，制造业传统企业采用比较有效的路径，将劳动密集型的生产环节逐步转移到劳动力相对便宜的国家和地区，将附加值高的服务环节仍保留在公司本部，形成两头在内而中间少数在内而多数在外的哑铃式经营模式。这样便会提高企业的效率和效益。

三是协同创新。协同创新是指以知识增值为核心，各企业、政府、科研院所等组织机构，发挥各自能力优势，整合互补性资源，加快技术推广应用和产业化。这一创新即从企业内部扩展到包括大学和研究机构、上下游合作体系以及用户在内的整个价值网络，在技术、人才、资金诸多方面相互协作，大大提高成功概率。企业尤其应与大学、研究院所合作，发挥各自优势协同创新，高校也应积极与企业对接，在联盟中创造新的研发优势。众筹是典型的协同创业创新模式，创业的所有要素都可以众筹，一是众筹资源，包括创业资本、人才、原料设备等；二是众筹智慧，包括好的创意、经验、模式等；三是众筹市场，吸纳具有市场渠道优势的单位和个人，包括众筹投资者本身。

二、案例：卓然公司——协同创新构建重装产业生态圈

卓然（靖江）设备制造有限公司（以下简称卓然公司）在年轻睿智的张锦红董事长的带领下，从刚刚创办公司时，就将使命定位于为卓越的客户提供卓然的服务，为卓越的伙伴提供共赢的平台，为卓越的员工提供成长的沃土；将愿景定位于成为客户优选的智能装置集成服务商。18 年来，卓然公司紧紧围绕这一使命和愿景，抢抓发展机遇，突出科技创新，坚持协同创新，加快转型升级，取得了快速发展。卓然公司现已成为面向全球的工业大型装备模块化、集成化制造的专业生产商，主要为石化、冶金、电力、石油、天然气等行业的客户提供整套核心生产装备，其装置和产品已在十九个国家和地区投产并稳定运行。公司先后获“省博士后工作站”“国家高新技术企业”“省院士工作站”“江苏省企业技术中心”“江苏省加热炉工程技术研究中心”“互联网与工业融合创新国家试点企业”等荣誉称号。该公司总资产近 21 亿元，2021 年 9 月，该公司在主板挂牌上市。目前，他们正在为形成“科技创新→工程设计→生产制造→智能集成→服务”的产业链合作模式，打造装备制造产业平台、研发平台、人才聚集平台，加快集群式发展，实现建设国产高端化工装备卓然独特的“一带一路”“海上丝绸之路”而铿锵前行。

（一）构建产业特色核心优势，奠定协同创新发展基础

产业协同创新是时代的潮流，是企业发展的必然，而其首要条件是核心企业具备鲜明的产业核心优势。卓然公司在创办时，就紧紧锁住既定的使命和愿景，走高端差异化发展之路，且棋高一着，把广揽和培养高层次人才作为创业创新发展的“强引擎”。①通过战略合作伙伴培育人才。公司与国际知名工程公司合作，引进、消化、吸收国际先进工艺与技术，跟着国外专家学，尤其是通过一系列大型出口项目的艰苦锤炼，使得卓然公司年轻的团队不断进步，拓宽了视野，适应国际客户和公司发展的需要。还通过与中石化、中石油、浙江

日化、盛虹日化、德西尼布、壳牌、美国空气等十多家国内外著名公司进行业务及项目合作，成为众多企业的核心装备优秀供应商，也使企业各类人才的水平得到进一步提高。同时引进 50 余名高层次人才担任企业高级技术职务；先后聘请日本、欧洲等常驻专家 15 人。目前卓然已建立了一支专业覆盖全面的团队，拥有各类管理和专业技术人员 85 人，其中博士 10 人，硕士 25 人，还有国内外知名专家 5 人担任高级顾问。同时在国内和国外各有两支院士工作团队，共同研究开发面向未来客户需求的工业炉先进控制与智能化系统、大型实验装置以及先进化工工艺与设备。②通过产学研合作会聚人才。卓然与技术及行业领域权威科研院所进行产学研合作，拥有一支高水平的专家团队，其中院士 2 人，长江学者 4 人，享受国务院政府特殊津贴专家 3 人。长期合作的高校研究院所主要有大连理工大学、北京化工大学、华东理工大学、西安交通大学、美国路易斯安那州立大学。在中国人民大学开设卓然 EMBA 班，择优选送 20 余名中高层管理人员进行重点培训。③通过多个创新平台引进人才。从 2009 年起，先后建立了博士后科研工作站、江苏省企业院士工作站和创新团队，引进沈保根院士团队和知名博士后，指导开展研发工作，在核心炉管性能提升上取得了重大突破，在炉管离心铸造设备、炉管材料万小时持久性能、裂解催化等方面取得了新的研究成果。获得 1 项省级重要科技成果转化项目、1 项省级“双创计划”团队项目、2 项省级“双创计划”人才项目，4 项泰州“双创计划”人才项目。从而建成了一支充满创新力和活力的技术人才梯队，支撑了产业快速发展。

与此同时，卓然凭借人才优势，着力推进转型升级，营造产业特色优势。在转型升级过程中，公司注重突出科技创新，紧紧围绕产业链部署创新链，围绕创新链培育产业链。同时他们着力突破高端技术、转化科技成果、研发高端产品，加快掌握自主知识产权、申报专利技术、参与制定行业标准。2020 年，卓然申请了 4 件工艺发明专利，其中 2 件申请国际 PCT，申请实用新型专利超过 10 件，授权专利超过 10 件。针对炉管这一生产整炉的关键部件，高起点进行技术改造。新建了一座智能炉管生产车间，实现了熔炼—浇铸—镗孔—焊接的全自动化生产，提高了质量和效率，满足了模块化集成需要。还从研发—设计—制造—检验—交付等各个环节强化管理。实现了从石化设备核心部件供货发展到设备模块化供货，再发展到整炉供货及装置集成工程模式的升级，目前正在着手从装置集成向制造业终端集成升级。在产业链融合集成供货新模式推动下，卓然股份先后实现中国首次百万吨乙烯装备出口、中国首次乙烯裂解工艺与装置联合出口、国内首次实现工厂制造与现场安装的整体供货模式、国内大型苯乙烯炉整体模块供货、国内大型乙烯装置项目等十余项国内外重大项目业绩。卓然品牌在国内外市场的份额与影响力正在扩大，得到了国内外客户的高度赞扬。

（二）聚焦产业核心优势，搭建协同创新发展平台

卓然发展到今天，始终用创新理念打造创新模式，全面诠释卓然价值。积极探索寻找产业链、供应链与价值链的最佳组合，一方面，依托卓然多年建立的石化装备制造业根基，将现有成熟的制造技术整合、优化，与传统单体制造形成差异化的竞争优势；另一方面，突破“追求盈利”的传统销售型模式，打造“追求共赢”的服务型模式。利用卓然产业园优良的配套资源与港口码头资源，引入设计、制造、物流、安装、服务等产业链协同企业，发挥靖江产业平台、重装产业链集群、地理环境等优势，推进重装产业研发设计制造协同，形成核心智慧产品，实现国产装备集成制造和联合出口。

基于以上的发展理念与思路，卓然公司借助市政府全力打造产业发展平台的机会，在经济开发区总部产业园建立卓然重装产业园。一是从有利于建立自主可控的产业体系出发，高起点规划、高标准建设。在总体规划设计上，以工业小镇为目标，以产业生态为中心，建成集工程制造、工业旅游、工业示范、生活娱乐于一体的新时代特色工业园区。规划征地1200亩，已征用600亩，总投资10亿元，打造靖江卓然智能重装产业园。园区重装码头靠泊能力1.5万吨，预计带动产业规模40亿~80亿元/年。推出园区乃至靖江制造业中国内一流、国际领先的制造品牌，在由过去传统模块化装置制造转变为在装置集成服务基础上，全力实现“智能+服务”，综合提高国产装备国际市场竞争力，形成国产高端化工装备“海上丝绸之路”。二是功能区确定定位，即实行边建设边招商。在项目建设推进中，当产业园呈现雏形时，便在市委市政府的帮助下，进行了开园招商。2018年1月20日，卓然智能重装产业园开园，园区的七大功能区引发众多企业的关注与青睐。当时签约入驻的企业，既有鲁阳节能、摩根热陶瓷这样的一流生产制造商，也有德希尼布、KTI、周大福能源等一批行业设计与技术先驱，还有以中海广瀛、上海交运为代表的专业物流服务商。现已有20余家企业入驻，初步形成了一条从设计研发，到生产销售，再到配送运输，最后到安装服务的全产业链体系。同时依托和发挥靖江及周边化工装备生产企业产品已基本覆盖整个行业的产业链优势，实行抱团发展，变“单兵作战”为“集团作战”。三是从提前发挥投资效益的角度出发，功能区完成一块即投运一块。针对影响企业发展的作业场地小和大型装备需要到外地港口发送的突出问题，将集成安装区和重装码头先行建设、先行启用。2019年，卓然先后发出的几笔大型超重整炉大单，如2019年元月发送的目前负荷最大的立式烟道式水管锅炉，以及2019年9月底发送的两台1000吨单体规模最大的轻油炉，都是在重装园的模块集成区进行总装，然后从园区码头发出的。最大限度地减少了客户的现场安装量，既节约了工期，又减少了客户成本，且最大化利用了工厂预制，保证了产品质量。

（三）深入推动协同创新发展，实现价值共创共享

卓然智能重装产业园一期工程已建成投用，二期工程正在推进，将深入向集成装置、智能服务发展。全部建成后，依托园区产业链上各大企业的组建，利用互联网开放、共享、高效、集聚和资源配套的优势，形成科技创新→工程设计→生产制造→智能集成→全程服务的产业链合作模式，打造装备研发平台、制造平台、人才集聚平台等，实现集群式发展，产业园7大区块集成优势互补，形成从单体制造到协同制造再到价值共享的格局，实现以下六个方面的特色优势。①产业协同制造。促使行业内的企业从“竞争大于合作”到“合作大于竞争”转变，加速企业抱团，构建降低运营成本、缩短项目制造周期、加快资金周转速度的产业协同模式，实现产业链上的共赢，提升地区集群和行业竞争力。2020年，在浙江岱山成立了卓然集成科技有限公司，至此形成了上海总部、靖江工业炉产业链+岱山化工装备产业链的“一核双翼”战略布局。②研发设计制造协同。通过产学研联盟的研发模式，在化工工艺、化工装备等领域开展深度创新，充分发挥科研院校在整个产品研发过程中的综合力量，形成具有知识产权的核心技术，最后实现成果产业化应用。并通过互联网远程信息传输功能，让客户以视觉化的方式参与到产品设计研发阶段，满足客户碎片化应用需要。2020年，收购了嘉科和博颂两家设计公司，为未来大化工领域和专有工艺包开发提供核心力量支持。③智能制造形成智慧产品。依托园区智能生产线建立，实现产品制造过程数字化、智能化、可视化，同时以产品为载体，配套监测及控制设备，为可能出现的故障提供事前预警，最终形成智慧化产品，实现从单一产品制造到装置集成，从石化装置行业终端走向数据化、服务化定制，提高产品竞争力和市场占有率。④产品标准化。依托技术型、服务型、制造型等企业入园以及整合资源，制定并实现产品从设计、采购、制造、运输、安装各流程的标准化，以标准化实现商业化。同时制定竞争性技术标准，以利于新技术整体应用、整个产业集群发展及保护消费者合法利益。⑤供应链金融。建立一条连接供应商到用户的物流链、信息链、资金链，最终形成产品增值链，降低制造核心企业、上下游企业、资金供应企业三方风险，保障产业链效益最大化。⑥人才创业孵化。园区功能协同布局、人才共享、信息共享三者有机结合，激励相关人员不断吸收新的技术和知识，塑造责任心强、虚心好学、善于思考、大胆创新、紧密协作的团队精神，催发人才不断成长壮大。从而通过以上六大优势集成，打造重装产业智能生态圈，缔造新的价值，跃上新的台阶，实现新的跨越，取得新的辉煌。

第二节　商业模式的核心机制：用低成本将资源价值最大化

一、方略：从传统商业模式转向现代商业模式

（一）商业模式的含义与作用

商业模式是指企业与企业之间、企业与部门之间、企业与顾客之间、企业与渠道之间存在各种各样的交易关系和连接方式。简言之，商业模式就是两种（产品与市场）互相依赖决策的组合。打个比方，各种交易关系如同颗颗“珍珠”，但要靠连接方式这根“线”，将“珍珠”串连起来才能让人佩戴。商业模式的本质是研究如何满足需求的模式，从某种意义上讲，它比技术创新更为重要，因为技术可以模仿，而商业模式需要独创。

商业模式的选择和调整，在企业成长过程中至关重要。俗话说：“工欲善其事，必先利其器，”企业的商业模式就是企业之“器”，选择与调整好商业模式就能使企业事半功倍，反之则会影响企业发展，甚至导致失败。商业模式是竞争于对手的利器，但只有竞争才会产生好的商业模式。一个好的商业模式是

从系统角度出发，用最低成本把资源的价值最大化。实践证明，有强健生命力和竞争力的企业，大多是商业模式先进，既产品出色，还具备其他方面优势。好的商业模式可以复制，通过复制可以完善放大效应，如麦当劳连锁经营就是一个好的商业模式。

因此，每个企业和企业家都要高度重视，从企业实际出发创新商业模式，锋利这一企业之“器”，将由技术创造的产品价值转化为由商业模式创造的市场价值，充分发挥商业模式在决胜市场中的法宝作用。

（二）传统商业模式与新商业模式迥然不同

传统的商业模式是产品管理，以生产为中心，向研发—设计—制造—销售呈直线式拓展，单纯为客户提供产品。传统模式的创新形态能带来内部效率提高，成本降低，但容易被人家在短时间内模仿。新的商业模式是客户关系管理，根据客户的需求进行开发，提供个性化产品及服务，并广泛收集用户信息，再行开发和完善，不断提高用户满意度，这是圆环式的。从管理产品到管理客户，是经营理念的新突破。企业为客户提供优质产品转变为提供解决方案，体现了商业模式的创新。解决方案包括提供业务解决方案与能力解决方案。后者比前者更为重要，如同授人以鱼不如授人以渔。新兴企业与传统企业主要区别在于商业模式的创新与否，传统产业注重产品和技术，着眼于功能，新兴产业注重客户需求，着眼于价值，且客户价值在先，企业利润在后。钱志新教授认为：从创造价值的角度讲，模式高于技术，技术创新与商业模式创新是有机融合，技术创造使用价值，这是重要基础，约占企业创新的1/3；商业模式创造市场价值，这是核心机制，约占企业创新的2/3，技术创新通过商业模式创新来实现价值增值。同时，新商业模式除具有传统创新形态的绩效外，还由于它更为系统和根本，涉及各个要素同时变化，难以被竞争者模仿，能给企业带来战略性优势且持续多年，是新时代企业应具备的关键能力。企业要把商业模式创新放在优先位置，因为相对于产品或工艺创新来说，注重商业模式创新的经营利润增长率将更加出色。

（三）基于互联网的商业模式创新

互联网商业模式，就是指以互联网为媒介，整合传统商业类型，连接各种商业渠道，具有高创新、高价值、高盈利、高风险特征的全新商业运作和组织架构。许多基于互联网的企业，虽然可能有很好的技术，但由于缺乏良好商业模式，僵而不发，乃至破产倒闭。而另一些企业，由于有好的商业模式，保持了好的发展。互联网的商业模式不是一成不变的，而要随着顾客新诉求不断进行创新。在全球不确定不稳定的环境下，决定企业成败的最重要因素不是技术，而是它的商业模式。

1. 互联网商业模式的基本构思

互联网时代的商业模式，可概括为“四无四不”。即无数据不商务，无互联不商务，无社交不商务，无移动不商务。“互联网＋”商业模式的精髓在于“三为”：一是互联网为魂，互联网的本质是互联，互联形成生态系统，互动创造新的价值；二是用户为王，用户是中心，用户在参与价值创造中满足需求；三是数据为源，数据是智慧之源泉，它在互联网中发挥着不可或缺的作用。互联网的商业模式，产品是入口，用户社群是核心，通过连接，使得各方之间联系由弱变强。互联网商业模式要求做到四个结合、四个主导，即线上与线下相结合，线上主导线下；数据与业务相结合，数据主导业务；软件与硬件相结合，软件主导硬件；用户与企业相结合，用户主导企业，这一条是最重要的。

2. 互联网商业模式的几种方式

（1）企业电子商务模式。电子商务模式是指在网络环境和大数据环境中，以一定技术为基础的商业运作方式和盈利模式。O2O 模式是互联网经济的基本模式，是线下实体店与线上互联网的结合，让互联网成为线下交易的前台。这一模式有三个重要部分：①线下形成完整的上下游供应链体系；②线上的业务转移到线下，通过信息生产创造新的价值；③线上与线下互动，实现一体化经营。

C2B 是消费者将需求反映给企业的电子商务模式，是商业模式的重大变革，是传统产业转型升级的基本方向。其本质是由用户主导、用户驱动的生产经营。它的运行需要产供销一体化，其整体内容包括用户定义价值、SNS 营销（社交网络）、拉动式生产的物流配送、柔性化生产。

（2）制造业与互联网融合发展模式。即“互联网＋制造业”，提升数字化、智能化、网络化水平。重点构建三大系统：①网络协同制造系统，实现企业内外网络化协同制造；②个性化定制系统，通过利用网络化等手段，打破时间、空间的约束，将供应链内外各个环节直接连在一起，实现资源充分聚集，全方位协同，获得最高的经济效益。用户参与生产制造，以个性化定制和柔性生产等方式，达到由过去的“单纯生产制造”转向“供应链协同制造”；③服务型制造系统，在平台上通过制造和服务的融合，提供“产品 + 服务”和“制造 + 服务”，提高附加值，实现制造价值链中各利益相关者的价值增值。

德国“工业 4.0”是全新的工业制造模式，它是两化融合的核心体现。工业 4.0 就是工业化的数字化，也就是以智能制造为主导的革命性的生产方法，其旨在通过利用信息通信技术和信息物理系统相结合的手段，将制造业向智能化转型，真正实现 C2B2C 的商业模式。《中国制造 2025》与德国的“工业 4.0”大体相同，但是中国大多数企业需要补习工业 3.0 课程，方可与 4.0 并行推进，以加快企业数字化升级步伐。

（3）新规模经济的基本模式。即“大网络 + 小实体”，围绕产业首先在线下大量集合分布式的企业小实体，同时在网上系统综合线下实体信息构建生态系统，实施网上网下一体化经营，然后形成“大网络 + 小实体”的新规模经济。海尔实施“互联网平台 + 自组织”的新经营模式，其实质就是由整体性的组织变革为分散化管理。其核心就在于“三个化”：一是企业赋能平台化，从闭环运行的企业转化为开放共享的创业生态圈；二是组织运营微型化，从科层管控垂直型组织裂变为扁平分散的小微体；三是员工经营创客化，从雇佣制的执行者转变为动态合伙人制的 CEO，站在老板的立场上考虑问题，承担与企业一样的经营压力。

（4）全新的产业发展模式。即“产业 + 互联网 + 金融”，它们之间的关系可用雄鹰来比喻，“产业”如同其身躯，是最为重要的支撑本体，“互联网”和“金融”如同本体上添加的一对翅膀，构成一个完整体，企业便会腾飞。运用一体两翼、虚实结合的创新模式，企业创新转型便会开创一个新的天地，获取更佳收益，应积极推行运用。

二、案例 1：华昊建设——颠覆建筑行业传统的一场革命

机遇对于每一个企业来说都是均等的，而要抓住挑战中的机遇，必须下一番真功夫。江苏华昊建设集团（以下简称华昊集团）在党委书记、董事长郑红卫的率领下，仅用短短十几年的时间，从零开始进入陌生的建筑行业，到 2018 年将一个默默无闻的三级企业成功晋级为建筑施工总承包特级资质和建筑行业甲级资质企业，进入江苏省建筑施工总承包企业综合实力百强，实现了经济效

益和品牌发展的双丰收，翻开了企业发展的崭新一页。用郑总的话说，他们的超常规发展靠的是大环境、大政策，还有一支好的团队。诚然，外因是变化的条件，内因才是变化的根本。十多年来，华昊集团以打造以“建”字为核心的全国建筑行业领跑者为目标，以争当卓越的城市投资、建设、运营综合服务商为驱动，不断突破自我，不断释放变革力量，创出了一条改革创新的好路径。

变革之一：同心多元，变革产业结构，拉长做粗产业链

华昊集团在创业初期，从做稳做优建筑施工这一主业出发，首先通过资质升级、业务增项和实施“走出去”发展战略，扩大经营范围，搭建资本积累平台。同时贯彻速度、质量、效益相统一的经营方针，着力提升经营质量，实现由数量型、粗放型向质量型、集约型的转变，使集团在建筑市场有了一席之地，站稳了脚跟。

在此基础上，2009 年他们针对建筑市场对绿色环保方面的需要，围绕“建”字这一核心，专业致力于外墙保温系统的这一绿色产业的开发，成立了新能源科技股份公司，与建筑材料领域世界著名的一家国外公司合作，同时引进先进技术和设备，创立自主品牌。目前已经形成建筑保温、研发、生产、销售和施工一体化产业链条，产品类别丰富，获得“高新技术企业”和“两化融合示范单位”称号，拥有专利 10 余项，参与了行业标准制定，并建成绿色墙体保温材料工程中心，其研发的新型建材得到朗诗、融创等大企业的首肯并入选万达集团品牌供应库。另外，他们以全资、控股和参股的方式，先后组建了劳务公司、进出口公司、华昊集团（上海）设计中心以及多个项目投资公司等十多个法人企业。凭借这些经济实体，拓展了建筑施工的上下游领域，拉长做粗了产业链，扩大了市场影响力，形成了华昊转型发展的新支撑、新平台。

变革之二：产融结合，变革商业模式，以金融端带动项目端

商业模式变革是企业价值创造的最好途径和方法。华昊集团率先抢抓国家鼓励政府与企业实行 PPP 合作建设项目的机遇，及时跟进，积极参与。他们依托特许经营权，与多个政府以合作契约明确各自责权利，构建起“利益共享、风险共担、全程合作”的独特的产业体系。目前企业在建 PPP 项目 9 个，均为国家目录库入围项目，合同总价超过 50 亿元。其中安徽省材料工程学校、党校项目，2018 年被评为国家示范项目，获得国家 500 万元政策奖励；西安沣东中学项目已进入运营期。

在项目推进过程中，他们与国家开发银行、徽商银行等金融机构建立战略合作关系，保障项目的投融资顺畅，有效降低了政府的财政压力和企业的投资风险，最终使合作各方达到比预期单独行动更为有利的结果。同时近年来，以“重运营、轻建设”的理念，依托PPP模式，分类稳妥推动PPP项目资产证券化，构筑PPP项目资金生态圈，造好资金池，打好资金包，充分释放资产与项目的潜在效应，以“狮子滚绣球”的方法越做越大，在大健康、大教育、特色小镇等高端产业领域取得了突破。

同时，集团根据现代建筑业发展趋势，积极推广EPC工程总承包模式。这一模式由公司受业主委托，按合同约定对工程建设项目的设计、采购、施工、试运行等实行全过程或若干阶段的承包，是PPP模式的新提升。集团坚持产业深耕细作，向建筑的上下游和绿色建筑领域渗透延伸，推进EPC项目和装配式建筑的施工。自2019年以来，已先后承接了宿迁洋河新区管委会及附属配套EPC项目，总投资10亿元，另外与江西靖安县人民政府签订了旅游小镇EPC项目正式合同，该项目总投资12亿元，将成为建筑施工的新突破、新亮点。

变革之三：企业上云，变革传统管理，开启科技建造新征程

企业上云是企业以互联网为基础，进行信息化基础设施、管理、业务等方面应用，并通过互联网与云计算等手段链接社会化资源，共享服务及能力的过程。企业上云即国家对企业实现数字化、信息化运行的具体要求。华昊集团根据这一发展的新趋势，为实现建筑智能管理，前年上半年，郑总从德国学习考察回来，舍得投入，请了知名软件公司帮助设计安装了华昊大数据云中心，大力发展信息化数字平台。他们一方面在平台上做了智慧工地，通过信息化手段，在公司即可看到项目上的情况，可以更有效地对项目进行质量管理、安全管理、进度管理、环境管理以及实名制等各模块的管理；另一方面通过BIM建模，将BIM技术应用于项目全周期管理的各个阶段，使施工流程得到进一步优化，既能加快施工进度，又能节约成本。以安徽霍邱滨湖国际项目为例，该项目由15个建筑单体组合而成，总建筑面积约为13.6万平方米。为高质高效管好这一项目，华昊集团建立了数字系统，设有数字工地模块、实名制管理模块、施工管理模块、BIM模块等。

通过这一信息化的管理平台，监测、采集施工现场各项数据，并对数据进行加工、整合、输出，利用这一数据资源提升了工地质量、安全、施工进度、环境保护、实名制考勤与农民工工资保障等各方面的管理效能，实现了“绿色施工、精细管理、降本增效、持续发展”的目标。

目前，该公司正在对模块数据进行更新，实现所有在建项目智慧工地管理全覆盖。他们这套数字系统将更为有效地为项目服务，为企业创造出更多的经济效益和社会效益。

三、案例2：旭飞安防——聚力创新，成就全国政法行业安防领跑者

江苏靖江旭飞安防工程有限公司（以下简称旭飞公司）成立十八年来，坚持用先进的理念、创新的精神、执着的追求，成为行业内集科、工、贸于一体的高新技术企业、中国安防产品行业协会常务理事单位，专业为社会各领域周界及要害部位提供高性能安防产品以及一揽子详细方案。生产的产品获得广大公安、司法、部队、运营商等客户群体的普遍认可。20多个产品种类，遍及全国各地及部分国外市场。2020年该公司被公安部认定为新型单警装备定点生产企业，并成为公安部警采中心协议供货单位。

（一）创新商业发展模式，提升产品价值链

该公司在增强自主创新能力、推进技术产品升级的过程中，从产业链角度思考商业发展模式相对滞后的破解之道，借助商业模式创新系统进行全方位资源整合，推动公司从“企业与企业”竞争发展到“链条与链条”的竞争，实现新的商业发展模式。

（1）构建多方合作共赢模式。实施人无我有、人有我优的差异竞争策略，从客户实际需求出发，在客户的价值链中寻找没有被满足的缝隙，开拓增值服务业务。公司在业内第一个提出《监所安防整体解决方案》，参照行业标准、地方规范和使用方三方面的要求，定位第三方角色，在监所建设规划时提前介入，公开承诺免费进行安防设计，同时承诺承担由于设计不合理而带来的一切相关损失。这样就避免出现重复投资或者建设不达标的现象，构建了一个让使用方、工程商、集成商和供应商合作共赢的新模式，达到新技术与高性价比相统一。近年来，公司还率先导入物联网技术，推出了感知监所解决方案，着力打造智慧监所、智慧监狱。目前，公司基于互联网大数据平台研发的智慧安防

综合管理平台正在向平安城市、平安学校、智慧社区等领域延伸。

(2）发展业务外包轻型模式。为解决产品订单来不及做的矛盾，公司走资产轻型化的道路，将部分产品分解外包给其他企业生产，定质量、定价格、定交货期，最后由旭飞将各部件进行组装集成，做到用户、发包方、承包方“共受益，皆满意”。

(3）制定“三 X”安防服务模式。“三 X”即“新思路、心服务和星标准”。公司为用户单位提供一揽子、整体化解决方案；专心研发、用心生产、热心服务；用五星级的标准做好每一次生产与工程安装维护工作。2011 年，公司接到新疆看守所电网报修，当时临近国庆节，为了确保设备在节日期间发挥作用无隐患，公司决定当天就让维修人员坐飞机前往。维修人员到达现场后，发现报警主要是由于电源插头未插紧而引起的。急客户之所急，想客户之所想，公司用真心换来了客户的认可。那年，新疆维吾尔自治区看守所把旭飞的服务态度上报新疆维吾尔自治区公安厅，公安厅当即将旭飞的电网型号定为新疆维吾尔自治区第一推荐品牌。类似于这种“飞行 4000 多公里，只为一个插座”的服务事例比比皆是，在业界赢得了赞赏的口碑，在市场上树立起了一座丰碑。

（二）深化营销机制，大力拓展市场

1. 推行“全员营销”

根据自身行业特点，公司倡导“一切为了市场、一切服务于市场”的理念，构建“市场是一线、生产是基础、管理是保障”的全员营销体系，依靠核心成熟的技术、可靠的产品、优秀的服务，为客户提供周到、高效、优质的服务。目前产品在市场上声名鹊起，市场占有率不断扩大。仅周界电报警系统网的使用单位就已经达到 2500 余家，占全国已经装备总量的 40%，荣获“平安城市优秀安防产品”及行业免检资格。

2. 推行策略营销

在国内市场，公司按照区域设点布网，在全国设有 20 多个分公司、办事处，全天候、全程为使用单位提供专业服务。并以技术创新为基础，共赢为导向，通过推出新产品、新商业模式，培育引导客户的市场影响力。推行快速反应、直销客户、样板示范、会议宣介、参与贯标等策略营销。

3. 推行联手营销

近年来，根据社会新形势需要，公司加强与各级管理、使用部门及业界同行的合作交流，发挥平台整合优势，不断推出高质量装备，全方位提升服务质量。同时，从实现信息互通共享出发，公司拟建立靖江安防信息化平台，将市场相关最新信息资源嫁接上去，让自身和其他企业及时获取安防市场最新动态，了解客户需求，精准推出高新产品，使企业的产品和服务直接命中客户的需求，挖掘产品的新价值。公司从靖江这一全局出发，借助靖江市安防商会这一平台，利用自身新的相关资源，积极把本企业和其他优秀企业的特色安防产品推介出去，申报成国家标准或行业标准，提升市场竞争力。并通过广泛合作，深耕已有市场，拓展新的市场，将总包集成服务拓展到其他领域，不断延伸产业链，从而以靖江安防产品的整体影响力和美誉度来拓展市场，将安防产业做得更强更大。

第三节　商业模式设计的基本理念：共创、共享、共赢

一、方略：如何设计与创新商业模式

商业模式设计很重要，一对一地卖产品或卖技术很难成功，但一对多或多对多地交换资源反而容易成功，最终可实现多赢。商业模式的设计，就是组织利益相关者围绕业务解决方案充分讨论，达成一致，进而共创共享共赢，并围绕客户需求持续创新。不同的商业模式决定了不同的经营结果，好的商业模式可以在赢得顾客、吸引投资者和创造利益等方面形成良性循环。

商业模式在具体设计中，要把握好以下四个方面要点。

（一）确立商业模式的核心思想与核心变革

商业模式的核心思想即以客户为中心，一切从客户出发，全力为客户服务，解决客户痛点；构建好以共享为宗旨的盈利体系，为客户需求创造持续而全面的价值，从而明确客户想要什么，你能提供什么，你将如何获利，即发现价值、实现价值、分享价值。华为提出了："满足客户需要是我们生存的唯一理由"，这一核心价值观道出了客户需求是企业发展原动力的真谛。

在确立核心思想的基础上，进行两个方面的核心变革：一是管理技术变革，以信息化网络为平台，实现管理要素互联互通互补；二是管理模式变革，以供应链为主体，做好每一个链条，特别是价值链的优化升级，从而争取达到每一个环节的协同高效。

（二）明晰商业模式的主要组成部分

①战略定位。以商业模式为主体的企业，设定企业的目标市场与客户群，明确发展方向。这是整个商业模式的支撑点，也是模式中其他有机组成部分的起点。②价值主张。面向客户的价值，明确为谁创造价值、创造何种价值，并锁定长期持续创造利润的客户，为其提供最优的价值和服务。③业务系统。企业为达成目标所设定的业务环节与流程，分配供应链上下游合作商的主次角色，明确各利益相关方的合作方式和内容，以及企业掌握和使用的关键资源和能力（含有形和无形资产、技术和能力等）。④盈利模式。企业取得投资收入、分摊成本、获取利益的方式。通过核心能力与资源的有效整合，能为客户创造“多快好省”的价值，并能为利益相关者编织一张稳定共赢价值网。⑤投资价值。企业预计未来可产生的自由现金流（现金收入 - 现金投资）的贴现值（也叫折现值，是将未来的一笔资金按照某种利率折算成的现值）。投资多少、运营成本高低、收入增加能力强弱是衡量商业模式优劣的标尺。

（三）掌握商业模式创新的基本方法

①缩减供应链中间环节，改变提供产品和服务的方式，提高运行效率。②对供应链中的各项资源进行优化融合，从而使每一个环节和要素的创造都能产生新的价值，释放潜在效能。③以技术手段创新管理方式，提高全链条响应速度，通过提速创造时间应变价值。譬如京广高速线京津段，将时速从350千米提升到380千米，就是一个好的例证。④在链条环节中增加新的服务内容，一方面在供应链中两个环节内增加服务，一方面在供应链外与跨界环节间连接新的服务，通过服务创造客户增值价值，产生新的盈利点。⑤推动供应链由链式向网状发展，形成更交叉紧密的联盟，辐射更大的协同范围，提高协同绩效，创造共赢价值。

（四）注重商业模式的实施步骤

第一，根据企业性质、特点及行业发展趋势，细分和拆解供应链各个环节，明确各个环节的位置和作用，以此来设计商业模式。在自身没有专业人才的情况下，应聘请专业领域专家来设计，不能盲目行事。第二，开展内部头脑风暴，除聘请行家里手外，还要认真组织企业自身的管理者一起来研究讨论，鼓励他们运用发散性思维，充分发表意见，集思广益。第三，组织利益相关者，围绕业务解决方案，充分讨论、达成一致，继而达到共创共赢。第四，学习借鉴产业内领跑者的宝贵经验和做法，结合自身实际进行创新，以他山之石来攻玉。第五，将创新模式与管理层进行沟通，获得大家认同，然后对组织系统做相应创新，与新的模式相协同，并在实施中不断优化完善。

二、案例：宝钢空调在行业特色发展中孜孜求索

宝钢空调（泰州）有限公司（以下简称宝钢公司），十年磨一剑，十载铸一品（大型中央空调机组）。面对企业内外部环境的严峻挑战，睿智笃实的董事长、总经理夏晓宏带领他的经营团队，遵循新发展理念，着力以科技兴企战略引领企业发展，有效地实现了企业转型升级，走出了一条科技型企业发展之路。公司目前是一家从事商用中央空调设计、制造、安装和服务的专业厂家。其产品主要为冶金、电力、化工、制药、军工及大型商业建筑、宾馆、写字楼、体育馆、展览场馆等工程配套。该公司于 2019 年年底被验收评定为江苏省高新技术企业，“绿乐”商标声誉鹊起。

（一）重人才，强开发，走科技型企业发展之路

十多年前，该公司主要生产传统空调末端配套产品，由于周边生产同类产品的企业甚多，市场竞争十分激烈，再加上内部董事之间意见发生分歧，企业每况愈下，有时四五十天没一分钱进账，日子煎熬难受。有人劝夏总将工厂卖掉，该给人家的算算，欠工人的还还；他自己有时想想也淌眼泪，内心十分煎熬。后来他想到企业一路走来的艰辛，不甘心就此“收兵”；又想到一起干了这么多年的同事与员工，还未能给他们一个好的交代，岂能“临阵脱逃”……思前想后，他擦干眼泪，毅然下定决心，继续干下去。然而靠现有配套产品绝对不行，必须另谋新路，进行产品转型。但开发新品谈何容易，既要有目标市场，又要有开发人才。夏总深有感触地说：“千说万说，创新转型要有合适对路的精英。”他求贤若渴，四处寻觅，凭着他的人格魅力和细致的工作，终于

找到了“意中人”，为团队增添了举足轻重的大将，从而开启了一班人齐心协力再创辉煌的新征程。

他们首先围绕由配件转向整机、由中低端产品转向中高端产品的转型升级，通过贷款等途径筹措资金，投入1000多万元实施技改项目。先后引进了激光切割机、数控剪板机、数控折弯机、钣金加工线，美国的立式胀管机、热交换器（表冷器、加热器）生产线。精良的设备、先进的技术满足了高端产品开发需要。与此同时，通过外引内培，建成了一支技术精湛、经验丰富、创新性强的开发团队。聘请中国科学院科学研究所净化泰斗许钟林院士为企业常年顾问，引进十余名对口的高层次技术人才，还与上海交通大学、同济大学、西安交大、扬州大学等高级院所建立联合开发共同体。公司凭借先进的技术水平，专业的制造经验和科学的管理方法，以博士后科研工作站为研发中心，依托50多位工程师组成的技术设计团队，瞄准空调技术的前沿，以市场为导向，研发出洁净医用空调机组、恒温恒湿空调机、高精度机房专用空调机、轴瓦冷却机、净化组合式空调机组等一批高科技产品，并为不同用户量身定做了满足特殊场所要求的各种空调系统，获得了40多件国家专利。譬如：该公司与有关院所联合研发制造的，采用静电吸附机理的洁净空调系统，能够对医疗区的空气进行过滤净化；还能够对其温度和湿度做到精确控制，防止细菌和病毒滋生，进而阻断病毒传播途径，达到普通中央空调无法实现的区域隔离效果。该洁净空调系统已被国家重点工程使用，效果十分明显。目前正在加班加点组织生产，以多产出这一高科技产品助力新冠肺炎疫情防控。

（二）重管理，强质量，走高质量发展之路

宝钢公司的空调产品质量是过硬的，是经得起市场检验的。这里有两则小故事：一则是随机抽样拔头筹。说的是该公司一位业务员参加投标浙江绍兴国贸中心项目，其他公司样品都已做好，急需中央空调机组样品，而该公司生产任务紧，腾不出手来制作样机，就在车间随意拿了一台产品去送样。后经检验各项指标均达到客户要求，在7家参加送样的评选中宝钢公司样品获得第一名而中标。另一则是千里寻“花”落宝钢。说的是几年前，沈阳一家做空调总经销的贾经理带了四个人慕名来到靖江，想要采购质量上乘的空调机组这朵“花”。该机组将被用于首都国际机场国际商贸中心大楼，其产品质量稳定可靠的重要性非同一般。他们在靖江无亲无友，以出租车代步，他们向司机说，生产空调的企业规模不在于大，只要产品质量好、厂长素质好。他们用 7 天时间，走访了多家门店和厂家，未找到一家满意的。最后一天，经出租车司机介绍，他们来到宝钢，参观了现场，通过双方交流，感到非常满意，随即签订了供货合同，于是 2000 余万元中央空调机组北京供货业务，就落定了宝钢公司。

“冰冻三尺，非一日之寒”，宝钢空调产品之所以在市场受到客户青睐，主要得益于他们在质量管理上下功夫花气力。在产品制作前，从源头抓起，配置优质材料及品牌电机与压缩机。生产时，在 5S 管理基础上实行精益生产，认真执行工艺流程和标准，严格控制每一道工序质量，做好每一道工序记录，以便质量追溯。积极贯标并执行 ISO 9001—2008 国际质量管理体系的各项要求，严格产品检验，在生产线上实行自检、互检、抽检、终检；建有高精度恒温恒湿实验室、空调实验室、冷水机组实验室，为产品质量的监督管理和新品开发提供了有力的技术装备保证；还实行第三方检验，每年送国家质量检测中心检测，检测费用均达上百万元，确保产品性能，让客户放心使用。一家德国独资公司，十多年来，从建厂到扩产，从设计到运转，全部由宝钢公司实行总承包，双方合作非常愉快，成了宝钢公司的忠诚伙伴。

（三）重市场，强经营，走持续稳健发展之路

宝钢公司从市场竞争加剧中愈加认识到，在原来卖方市场已经转变成买方市场的今天，用户和消费者是市场的裁判、企业的上帝。企业原来的传统经营理念和经营模式，已经远远不能适应现在的市场形势，必须进行创新转变。

在产品设计开发上，他们从单纯由研发人员“关门”设计开发，转向研发人员与用户合作的“开门”设计开发。建立一个企业与用户“互动互赢”平台，以产品定制为载体，让用户参与研发，使用户从心理上认同产品，进而稳固并提升与用户之间的关系，实现以企业为中心的价值创造转向企业与用户共同创造价值。该公司长期为世界 500 强制药企业提供洁净空调业务，受到国外专家好评。他们向石药集团中诺药业有限公司提供的用于青霉素制剂车间工程净化型组合式空调机组，事先根据中诺药业提出的要求及设计技术基本要素进行初步设计，在此基础上，会同该公司总经理、技术人员对初步设计方案进行讨论磋商，各抒己见，集思广益。然后根据提出的意见对设计方案进行修改，直至最后达到设计合理科学、用户满意时才进行开发制造。该产品采用迷宫式结构，能够通过增加不同级别过滤网达到更高的净化要求。机组漏风率仅为国标要求的1/66，防止漏风结露的同时还能节省运行费用。该机组运转稳定可靠、高标准配置零部件、对环保无负面影响，是国内首家整机同时由中国医学装备医用洁净装备工程分会与中国制冷空调工业协会（CRAA）联合认证通过的具有先进技术水平的净化型组合式空调产品。用户对此非常满意，先后使用了该公司生产的28台大型空调机组。宝钢公司做到了做一项工程，树一处形象，赢一方口碑。

同时，宝钢公司实行以价格营销转向价值营销，即由过去重视企业效益的营销行为，转变为企业效益和用户价值相结合的营销行为。夏总说，做人重在品德，做产品重在品质。他们视用户满意为企业最大的价值，宁可企业赔本，也不让客户不满意。真正做到为客户竭诚服务，提高客户回头率。

另外，该公司还加强营销团队建设。营销模式的变革，对营销人员提出了新的要求，不仅要熟悉产品的结构、性能与特色，还要通过营销技巧让用户了解企业的营销理念、产品结构功能、运作模式、成功案例等，以提高用户对企业产品的信任度与满意度。公司从建立一支高素质的现代营销队伍出发，运用培训、讲座、调研等多种形式，既提高员工的专业知识水平和社交能力，同时也提高他们的政治素质，增加营销人员之间的团结协作能力，以减弱外部市场激烈竞争带来的冲击，为企业实现持续稳健发展助力加油。

第四节　商业模式的“命门”：不确定性成为常态

一、方略：积极应对中美贸易摩擦

战略竞争就是企业以牺牲近期的眼前利益为代价，来换取企业长期利益而作出的管理。面对外部环境的不确定性、不稳定性，讲究战略竞争策略是理智的选择。

2018年以来，中美贸易摩擦已由开始时沸沸扬扬的激烈，转向冷静思考，停止执行加征新关税的缓冲，再到硝烟又起，后又继续磋商，随后又有新的摩擦的过程。双方边打边谈，反反复复，树欲静而风不止。中美经贸关系是两国关系的“压舱石”“推进器”，事关两国人民根本利益，事关世界繁荣与稳定。

中美合则两利，斗则俱伤，合作是双方唯一选择。未来如何很难料定，但不管最终结果如何，我们都相信一定会向好的方向发展。诚然，我们要清醒地认识到，在全球经济一体化大背景下，美国有庞大市场，中国市场也正在快速崛起，使得两国存在着巨大的经济利益。但由于我国是发展中大国，市场经济制度还不完善，政治制度、文化传统与美国存在差异，出现贸易摩擦在所难免。即使阶段性停止，今后仍会有不同程度的发生，市场的不确定性将会变成常态。纵观我国与美国建立贸易关系以来，尤其是我国“入世”之后，两国之间贸易关系一直在曲折中发展。可以断言，中美合作与摩擦将会长期并存，合作将会大于摩擦。近期，拜登政府正在考虑取消对进口中国商品的部分关税，来应对通货膨胀。因此，每个企业都要站在全局的高度，理性思考、谋略布局、积极应对，加快创新发展，打造自身的核心竞争优势，并从思想上做好打持久战的准备。

（一）锻造企业核心技术优势，争夺市场话语权

虽然我国与美国在科技上还存在较大差距，但也有一些领先世界的先进技术。时下，我国正在利用先行开发的5G信息技术，来锻造核心技术优势，以期实现重点突破，带动全面超越。同理，一个企业掌握了行业的核心技术，也就掌握了市场的主动权和话语权。我国大部分企业正是由于缺乏自身的核心技术，才会受制于人，不仅进入市场受到挤压，而且在产品价格上也是常常受到宰割，甚至做亏本买卖。因此，研究和开发企业核心技术，既是应对不确定经济环境的不二选择，也是企业长期生存发展的根本大计。每个企业都要回答好这样几个问题：在数字革命潮流到来之时，你是如何思考和行动的；你的企业核心技术是什么；目前所处的水平与国内外同行相比差在什么地方；是否掌握全球行业技术发展趋势、开发动态。在弄清这些问题的基础上，切实制定好学赶超的目标、规划与举措，并一步一个脚印地组织实施。在核心技术的锻打中，要突出数据为王，在数字革命中赶上趟、追上去、走在前；要突出工艺技术革命，既要学习人家的，但又不能固守不变，要在人家的基础上搞升级求突破，把人家的技术变成自己的自主知识产权；要突出协同创新，从自我为战转向重构产业技术创新链，加大产学研合作力度，用超人的智慧和毅力攻坚克难，尽力将自主可控的核心技术这一硬骨头啃下来，实现从制造到创造的转变，在世人面前彰显中国企业和企业家的志气、骨气与豪气。

（二）调整出口市场结构，提升应变能力

在出口到美国市场的产品严重受损、难以承受的情况下，一边暂且减量出口，不能说停就全部停止，要给自身留一点回旋的余地，以便实现“软着陆”；另一边加大除美国以外的市场开发力度，积极运用销售渠道和策略，依靠国际分销渠道、组建战略联盟、运用信息与交友方法；借助广交会等各类平台，以及在国外建立直接与客商接触的营销机构，或委托代理等，寻找多个新的合作伙伴和出口口岸。尤其是发展“一带一路”上的节点城市、海岸港口友好国家的市场，不再把订单单一放在美国市场上，以求“曲线救市”，做到“东方不亮西方亮”。同时，积极挂靠世界与中国500强企业，以及国内知名企业，“借船出海”“借梯登高”，不断提高产品档次与出口比重，以求得更好的经济效益。

（三）深耕细作国内市场，积极开发国际市场

随着中共中央国务院《关于加快建设全国统一大市场的意见》的贯彻实施，将会加快建立全国统一的市场制度规则，打通制约经济循环的关键堵点，促进商品要素资源在更大范围内畅通流动，进一步降低市场交易成本，促进科技创新和产业升级，培育参与国际竞争合作新优势。这为企业发展提供更为广阔的发展空间，我们应自觉主动参与全国统一大市场建设，在构建新发展格局中，深耕国内市场，积极开发国际市场。中国内需市场大，但不少国内产品被进口产品所挤占。解决这一问题，除了刚性需求高新技术外，还有一个我们能做而没有做好的事情，就是产品质量不精致、不过硬。譬如我国是圆珠笔的生产大国，但生产圆珠笔的核心部件圆珠钢材，多年来都需要从日本等国进口，直到五年前才实现国产替代进口。因此，要注重质量变革、创新变革、效率变革，走好高质量发展之路。而做好标准是做好质量效率的前提，要通过研究制定和实施先进标准，推进产业转型升级，迈向中高端，以满足国产替代进口产品的需求。同时，大力构建现代营销网络，规模较大的企业，应在大中城市特别是在沿海和内地的大城市，建立专司开拓市场的机构，有条件的也可在重点城市发展连锁经营；借助流通渠道，通过总经销、总代理的营销方式，实行工商贸联手，使自身的规模生产优势转变为市场优势；采用现代营销手段，建立专业性的电子商务网站，实行网上销售，从而通过内外营销网络的建立，构筑全球的销售平台。认真研究分析市场，运用市场经济的法则制定灵活有效的市

场营销策略（包括市场划分、产品定位、价格指数、销售渠道选择、广告宣传和公共关系等）。在产品进入市场的环节上，要避免“一枝独秀”，建立起多个客户群体，以便在市场波动时进行联合抗争。综合运用多种营销手段，形成各种促销组合，缔结联盟，互为促进，互惠互利。还可借用行业协会平台，与同行结成联盟，实行诚信经营、依法经营，抵挡不正当竞争所造成的恶性循环，从而使产品多销、快销、好销。

（四）从优从高从特，培育对外竞争新优势

开拓市场的支撑点是产品的高质量、高技术含量、低成本，也就是我们所说的品质决定企业的生命，技术决定企业的发展，成本决定企业的商机。要根据国家产业政策和市场需求以及企业自身的优势，不断进行产业结构调整，从中低端产品向高中端产品转变，从效率优先向绿色优先转变，从仅提供产品向提供产品及服务转变。在结构调整中，除确立企业这个主体外，还要走产学研用联合开发之路，围绕核心技术和核心产品大搞集成创新，做到市场变化快步调、政策导向准确调、技术创新科学调、资源整合保障调，从而以产品开发促进市场的开拓，以市场的开拓引导产品的开发，实现更高层次开发，提高开发的水平。转型升级对外贸易渠道，提高一般贸易比重。要针对质量体系开放、动态和复合的特性，全面推行质量管理与实施国内外各类系列标准论证有机结合，将用户满意度融入质量体系的建设之中。大力开展降本节支活动，把降低原辅材料消耗、能源消耗、人工成本等作为一场硬仗来打，通过获取更多利益，以弥补市场受损带来的损失，增强抗风险能力。要在创造、运用和保护知识产权的同时，着力提升企业品牌水平，通过开发特色产品，让品牌立足于市场；通过产品创优创特，让品牌产品占领市场；通过多媒体宣传，让品牌产品覆盖市场；通过优质服务和良好的企业形象，让品牌持久生存于市场，从而形成技术、标准、品牌、质量和服务的核心竞争优势。

现代营销之父菲利普·科特勒有句名言：“优秀的企业满足需求，伟大的企业创造需求。”面对互联网时代竞争激烈的市场，企业要更新观念，满怀激情，加快转型升级，从市场销售驱动型转向驱动销售市场型，成为市场的主人，如此方能成为应对中美贸易战的高手、强手，在新时代创造新的价值、新的辉煌。

二、案例：工业搪瓷——特色产业支撑高质量发展

近年来，江苏工搪有限公司（以下简称工搪公司）致力于开拓先进技术，打造搪玻璃精品，创造知名品牌，在国际国内市场的影响较大，而且在美国搪瓷行业也有很高知名度。年轻睿智总经理朱俊说，美国一家著名搪玻璃制造企业特派专家到该公司德锐特工搪新厂区进行实地考察、评估，前后跟踪了一年多时间，亲身感受到了德锐特工搪的人才、设备、技术等优势，愿意以高价收购德锐特工搪化工设备江苏有限公司。然而总被他们婉言推辞。面对搪瓷设备市场的激烈竞争，德锐特工搪之所以能得到美国这家公司如此青睐，得益于他们注重创新发展路径，做强做优产业特色。

（一）引进创新与自主创新并重，步入高质量发展轨道

面对国内外竞争对手的夹击，公司通过参加国内外搪瓷行业大会和参观国外搪瓷企业受到启迪：靠低端行走，只会愈来愈举步维艰，只有调整发展战略，跳出低水平、低质量运营、低价格竞争的怪圈，紧紧依靠科技创新，走高端和差异化发展之路，才能占领行业技术和市场制高点。于是他们在统一一班人的思想基础上，把公司的战略目标定位在创中国品牌、建一流企业，引领中国同行业企业走向国际舞台；把产品定格在中高端，建成一个设计→制造→安装→服务一条龙的产业链。为实现这一目标，他们不断对原有生产基地进行技术改造和结构调整，实现提档升级，提高产品水平和运营效率。与此同时，通过广泛了解，多处联系，找到了搪瓷技术全球领先的一家日本企业，并经过多次接触、磋商，签订了技术转让合同。为使先进技术迅快转化为现实生产力，又在城北园区征用土地，建立专门生产高端产品的工厂。从加快创新转型出发，聘请经验丰富的日本公司技术专家、质量工程师常驻靖江，在设备制造、工程设计、设备维护、生产流程、检测手段等环节进行全面指导和培训，整体设计借鉴日本公司和全球的先进制造技术和生产工艺，完全采用进口瓷釉为原料。同时每年安排技术人员和一线操作人员到日本公司进行学习培训。通过技术层面的全面合作，使产品品质得到迅速提升，具有极强的耐腐蚀性、耐冲击性、绝缘性、耐温性，使用寿命长，从而保证为客户提供最先进的技术、最优质的产品和最完善的服务。

在引进创新的同时，注重自主创新。为提升自身的造血能力，摆脱对国外技术的依赖，公司制定了《工搪生产经营五年规划》和《新产品、新技术研发计划》，建立了自己的研发中心和技术团队，完善了目标责任考核及奖惩制度，有力地调动了科研人员的积极性和创造性。针对开发中遇到的难题进行攻关，围绕市场新的需求进行课题研究，均取得了良好效果，并获得多项专利授权。企业实现了由传统低技术含量产品向研制高端重大装备的转变，现已成为专业生产搪瓷玻璃设备及出口搪瓷的生产基地和领军企业。近年生产经营形势一路攀升，销售收入平均以每年30%的速度增长，且无银行贷款。

（二）严格质量管理与配置先进生产要素同步，夯实高质量发展基础

他们除以雄厚的技术实力和高科技产品创造市场外，还注重严格的质量管理和配置先进的生产要素。

工搪公司树立“用户是衣食父母”的理念，以顾客为关注焦点，一切从用户的利益出发，为用户创造价值。积极推行全面质量管理，学习海尔“一步到位”“一次做对”的流程再造，实行全系统、全方位、全过程的严格管理。“一步到位”，即产品质量不局限于产品测试，更多地注重细节，从接订单开始，每一个细节都会由公司各相关部门的专业人员进行跟踪管理。“一次做对”，即按照严于一般标准的企业内控标准组织生产，以满足用户的质量要求。强化质量责任，树立“下道工序就是客户”的思想，质量监督部门严把质量关，将质量隐患消灭在萌芽状态，近年来，从未发生一起质量事故，产品合格率达100%，用户满意率达100%。

与此同时，注重配置先进的生产要素，以适应产品品质的需要。他们坚持年年投入，不断增添一流的加工与检测设备；坚持挑选恪守信用的供应商作为合作伙伴，确保原材料、配套件质优价廉；坚持滚动培训员工，不断提高一线员工的技术能级和管理人员的业务水平，以过硬技术保障产品质量。高质态的生产要素成了高质量产品的筹码，赢得了广大用户的信任和青睐。

（三）现代营销与传统营销互动，释放高质量发展效应

在“工业4.0”的冲击下，倘若不能赶上潮流，及时对企业进行信息化改造和升级，那么未来企业的生存处境就会越来越艰难。旧的生态被新的生态取代，这是一种必然。基于这一认识，从2014年以来，公司每年耗资十余万元，进行多国语言网站多媒体信息平台建设，现已增加到英语、俄语、日语、西班牙语、葡萄牙语5种世界主要语种。同时通过各国语言对应的搜索引擎，进行竞价排名，引导流量进入公司多国语言网站。并且通过参加密集的国内外专业展会，进一步与国内外客户展开深入的商务、技术交流。具体运作的外贸团队，经常收到国内外企业询盘、询价，不时和客户签订订单，并收到客户定金，极大地推动了销售。

公司还积极利用信息技术分析国外海关信息，进行有针对性的营销。公司外贸团队积极尝试各种移动App来协助开展日常工作，从而及时掌握市场动态与用户需求，更好地搞活搞好经营，释放高质量发展效应。

（四）先进理念与高起点规划建设共振，提升高质量发展水平

江苏省委原书记娄勤俭在调研连云港时，对民营企业家提出了有立场、有思想、有情怀、有坚守、有匠心的要求，工搪一班人对“坚守”这一要求理解得格外深刻。他们认为坚守就是始终坚持自己定位的企业，无论是品牌定位、品质定位还是价格定位，这样才能成为行业的脊梁，才是行业的未来和行业的希望；一个优秀的企业是始终如一坚持创造商业价值和社会价值的企业，自始至终有自己的底线。鉴于此，他们进一步修订完善企业核心理念，确立了具有工业搪瓷特色的“同心同德、开拓进取、顽强拼搏、超越自我”的企业精神，“造福一方，美化人生”的企业理念，“创造明天的企业、造就未来企业的人”的企业宗旨，“创中国名牌、建一流企业”的企业愿景，“人才挂帅、科技领先、管理创新”的企业方针，“以管理为基础、以品牌为旗帜、以销售为中心、以效益为核心”的经营理念等八项核心理念。为使这些理念真正落地，他们采用多种形式进行传播、渗透，力求将企业文化理念固化为工作程序、操作标准和行为规范。并建立了多项调动干部职工积极性的激励机制，努力营造个人成长与企业发展相互融合、齐头并进的良好环境。

同时，他们将先进的理念有机地融入生产经营和创新发展中，公司实行高起点规划、高标准建设，利用区域优势继续征地70亩开发特材产品，按照“工业4.0”智能制造的思路，进一步优化工艺路线和生产布局，以建造一个更加现代化的全新企业，不断提升企业核心竞争力，并朝着集团化方向发展，加快将企业做强做优做大，为经济和社会发展作出新的贡献。

第五节　商业营销策略：好酒也要常吆喝

一、方略：从“活人广告”说开去

1999 年 9 月的一天中午，笔者和同行在美国拉斯维加斯会议中心参观国际纺织品展销，当我们信步走到加拿大一家公司馆厅时，看到正面不用玻璃的橱窗里面站着一位穿着新颖别致牛仔服的高个儿男士。我们几个人细细打量这个模特儿，谁都猜不透是真是假。说假，他惟妙惟肖，形象逼真；说真，他又在较长时间全身没有半点动弹，两眼目不转睛，我用手指戳点着，又是硬邦邦的。正当我们带着疑团离开时，这位模特儿突然扑到我们身边，面带笑容道了声“哈罗”，我猛地一惊，这位模特儿又退了回去，一动不动地站在原来的位置上。我对同行感叹地说，这家公司的老板用心是何等良苦啊！

由此，笔者想起一家企业大智若愚做广告的趣闻。20 世纪 50 年代，美国一家企业研制出了一种新品，但无法提高新品的知名度。正巧，美国试制人造地球卫星要上天，这家企业便写信给美国五角大楼，要求在这颗人造卫星上做广告，并询问广告费要多少、如何支付。五角大楼军方人士收信后，不禁哑然失笑：卫星升空后，影踪全无，要在人造卫星上做广告，岂不是把钱往水里扔！后来这件事就作为一桩笑料传扬开去，有的记者得知此事，便在报上写了一篇报道，从此这件事就和举世瞩目的人造卫星一起成为全美乃至全球所共知的新闻。这家厂商当然未被获许在卫星上做广告，却“歪打正着”，他们自己没花一分钱，各地报纸都为他们做了免费广告，大大提高了产品知名度，销售量也随之猛增。从“活人广告”和要在卫星上做广告这两件事足以看出，这两位业主的广告意识是何等强烈，策划广告的水平是何等高超，这是因为他们深知广告是具有特殊功能的推销员，在现代商品经济中的地位和作用日益明显。在市场变数大、不确定因素增多的情况下，要想真正让广告起到异乎寻常的效果，必须采用非思维定式的创造性思维，不落俗套，大胆创新。

如何在具体操作中策划广告？首先，要对“四知”了如指掌。这是策划广告的基础和前提。“四知”即知己、知彼、知人、知时。要了解产品在市场上的分布和占有份额，弄清目前竞争对手、潜在竞争对手和合作伙伴的情况，尤其要掌握竞争对手的经济实力、产品优势、市场占有、科技创新等情况。然后再衡量自己企业的经济实力、技术和产品水平。其次，要了解熟悉各类用户的购买投向和不同需求，并把握国内外现时政治、经济形势对经营活动所产生的影响。最后，着眼于市场开发和企业的长远目标，制定出基本广告策略，明确各个阶段、各个广告之间的关系，决定广告预算、广告媒介的分配等。广告战略要突出品牌和商标，并将品牌文化渗入广告之中，既树立产品形象，又树立企业形象。在选择媒介上，要运用“立体型，多传媒”方式，如报刊、电台、电子屏、路牌、电子网页等。广告对象、时间应对口适宜，将精确的产品信息向精确的客户传播，起到有的放矢的作用。在广告设计上，要仔细琢磨，突出重点，“别出心裁”，出其不意，做到图文并茂，动静结合，雅俗共赏，妙趣横生，卓尔不凡。广告词是独白，不是对话，要浅显明了，幽默含蓄，自成一体。从而让人看了广告有招数新颖、入脑入心的感觉，最大限度地发挥产品特性作用，打动用户的心扉，使顾客信赖企业，转变使用和消费习惯观念，主动购买其产品，并渐渐成为忠诚客户。孙子说：“良将思计如饥，所以战必胜攻必克也。”要能在激烈的竞争市场中战胜强手，企业家和推销员就必须开动脑筋，用自己的智慧思考新奇的计谋，只有出奇才能制胜。

二、案例：凯特尔饰材——创新营销方式，拓展产业市场空间

江苏凯特尔新型复合饰材有限公司始终坚持以振兴民族工业为己任，以“生产最优质产品、顾客满意度最大化”为目标，以生态节能环保为方向，以科技创新为依托，在做强做优工业炉的基础上，以新思维、新思路，跨行业开发了国内首例新型复合饰材，并取得了突破性进展。公司现有产品获得住建部科技发展促进中心、中国标准设计研究院、中国建筑装饰协会、中国工程建设标准化协会等四大权威机构首度联袂推荐，拥有2件发明专利、13件实用新型专利，填补了国内空白，且得到中国财产保险公司产品25年不褪色的保险。产品不仅在国内市场受到青睐，而且出口到美国等地，成了国内建筑装饰行业一道亮丽的风景线。

（一）遵循“诚信、信任、合作、共赢”理念，着力在营销渠道建设上下功夫、花气力

凯特尔公司根据市场内外环境变化，依托企业强大的品牌优势，借助展会、网络、广告、新闻媒体等窗口，加大宣传力度，拓展国内外市场。公司整合资源，邀请新老客户、媒体和业界朋友来厂参观考察，对新产品的研发、生产和安装流程进行了全方位解析，亲眼看到超越同类产品的技术、质量水平，赢得了大家的一致赞同。通过这两次召开大型招商活动，发展了290家代理商和9家直营店，产生了1.2亿元的订单。

（二）注重营销策略，抢占市场先机

他们还带产品参加美国、俄罗斯、迪拜等国家和地区的展销会，扩大了产品辐射范围。前年，美国曼哈顿岛一家16层的酒店及另一家规模较小的酒店均采用了这一材料装饰，使其市场拓展得到了突破。在此基础上，他们还导入品牌营销、服务营销、网络营销、智慧营销等先进的营销理念，积极捕捉信息，抢先占领市场先机。他们得知上海地铁工程遇到了用房工期长的烦恼，从砌墙到粉刷，因为地下不通风难以晾干，每道工序都要多花十多天时间，直接影响施工进度和交付使用时间。鉴于此，董事长耿凯亲自上门，一边宣传自己的产品，一边帮助他们拿主意。在砌墙时预埋钢筋生根，然后通过黏合剂将装饰板和钢筋粘牢。采用这一方法，既达到工期缩短，又能超过原来的装饰效果，用户很满意。从而很快地打开了地铁用房装饰这一市场。

（三）编制国家建筑装饰饰材标准化手册，实行PICC财产保险，保证25年不褪色

进一步掌握市场的主动权和话语权。首钢专门下发文件决定原首钢科技中心搬迁后的8.6平方公里开发建设用房全用该公司产品。国家埃博拉病毒疫苗研究所、国家雄安开发区行政服务中心的建筑也使用了这一饰材。产品重点在资金有保证的银行、卫生、医院、酒店、商城等业界使用，现已在江苏徐州、南京，上海虹桥，山东龙口，河北秦皇岛，安徽安庆，新疆新河等城市有了样板工程，做到施工一项工程，树立一方形象，带动一片市场。他们在做好工建大项目的基础上，向民建拓展，按照即装即居的要求，采用4S店模式，形成接单—加工—库存一条龙服务，分系列备用，确保用户随时任选，并能按照提供的安装示意图随时安装。从而企业市场的天地越来越广，企业发展的空间越来越大。

第六节　商业法律法规底线的坚守：走遍天下不“踩雷”

一、方略：尊法、学法、用法

一个企业尤其是企业经管人员的法律素质和依法管理的能力，直接关系到企业依法经营、依法管理、依法参与市场竞争、依法维护自身合法权益。因此，在企业管理中，必须重视法律知识的学习和运用。

（一）回头看，掌握薄弱的法律知识补课学

在普法教育活动中，企业应对政府要求学习的有关法律法规知识，按部署要求分期分批培训学习，增强员工的法律意识，充实法律知识，并在实际工作中进行有效运用。但部分管理人员还存在法治意识淡薄、对有的法律概念不理解、依法行事发生偏差等问题。譬如，一些企业不同程度存在着轻率的对外担保、片面追求高注册资本、业务合同执行不了不及时中断、企业财产混合不清、企业严重亏损不及时清算注销公司、章程中缺乏应对股东纠纷的条款等。因此，必须在认真总结以往学法用法的基础上，组织学习与企业息息相关的机制类、管理类、技术类、营销类等相关的法律法规，帮助他们做到真正懂法、依法、用法。

（二）讲效用，急需用的法律知识重点学

本着“学用结合、急用先学”的原则，对涉及企业正在进行的大的经营决策，或开展的重大经营活动的有关法律法规，组织相关人员集中精力突击学。譬如，拟上市企业组织学习新《中华人民共和国证券法》，招商引资企业学习《中华人民共和国外资企业法》，签订新的职工集体合同，学习新的《中华人民共和国劳动法》，新改制企业学习《中华人民共和国公司法》，破产清算企业学习《中华人民共和国企业破产法》等，做到科学决策不偏法、依法行事有保障、用法处处是绿灯。

（三）争主动，新出台的法律法规积极学

我国刚出台的《中华人民共和国民法典》是仅次于我国宪法的一部基本法。民法典的立法宗旨和基本原则，都蕴含着企业这个市场主体。同时，民法典中对企业民事主体、营利法人章程地位、担保物权、职场性骚扰、法人或非法人组织名称等都作了明确规定。由此可见，民法典也是企业参与经济活动和市场竞争的根本法。

同时，要将学法律和学国家新出台的政策结合起来。如，要根据新出台的深改委通过的《国企改革三年行动方案（2020—2022 年）》《关于深化新一代信息技术与制造业融合发展的指导意见》等，以及新冠肺炎疫情期间各级政府出台的财政、金融、税务等各个方面的优惠政策，做到统筹安排，获得学法律与学政策结合的叠加效应。还要坚持学法用法与建设高素质的企业经营管理队伍相结合，坚持学法用法与建立和完善现代企业制度相结合，坚持学法用法与加强企业科学管理、提高企业管理水平相结合，努力推进企业生产经营管理法治化。

在组织学习中做到，分层推进互动学，坚持企业领导班子这一“牵引层”先学一步，带动全体党员来学习，全体党员以“一名党员一面旗帜”为准则发挥示范层作用，来带动中层管理者乃至广大员工学习，形成互促互学、学法用法的良好氛围。从而进一步增强企业经营管理人员的法律意识和法律素质，提高依法经营管理的水平和依法维护企业及职工合法权益的能力；进一步加强企业法律风险防范机制建设，杜绝重大法律失误发生；积极探索企业法治文化建设，进一步推进依法治企工作的开展，真正做到学法促转型，用法求发展。

二、案例：江苏某公司——反担保一案转败为胜

江苏某公司与广东某公司及某一外方于 1990 年合资成立了深圳某公司，但深圳某公司实际是由广东某公司操作经营。深圳某公司于 1993 年 9 月 15 日向日本三和银行深圳分行（以下简称三和银行）贷款，后于 1994 年 9 月 12 日展期，广东某公司为深圳某公司向三和银行出具了担保书。广东某公司将江苏某公司于 1994 年 7 月 30 日向其出具的函件，视作其为深圳某公司向银行贷款提供担保而向其作的反担保，并依此于 1998 年年底，在深圳罗湖区人民法院

向江苏某公司提起了诉讼。江苏某公司应诉后，依法向法院提出了管辖异议，法院裁定案件移至江苏某公司属地人民法院，后该案由属地中级人民法院审理。该案件焦点是：江苏某公司致广东某公司的信函是否为反担保函件，以及反担保是否合法有效；而反担保是否有效，则应先表现为广东某公司的担保是否合法有效；再推前则是深圳某公司的贷款是否合法有效。

此案件在一年多时间内进行了三次开庭审理，于2000年5月底，江苏某公司收到了属地中级人民法院的民事裁定书，准许广东某公司撤回起诉。按理说，江苏某公司当初出具的函件，白纸黑字，无言可辩。然而通过运用法律这一武器寻找破绽，以理服人转危为安。这一案件给人以深刻的启发和教育，企业不学法不行，学了法必须依法办事。依法办事，企业如同有了“指路灯”“守护神”；否则，如同盲人骑马，在市场上注定要失败。

启迪之一：履行外汇贷款保证要有担保资质，有关保证证件要齐全，否则其他程序办得再好再严密，也是得不偿失，甚至会产生主观过错。

《境内机构对外担保管理办法》中规定，允许提供外汇担保的机构和单位，限于有外汇收入来源的非金融性质的企业法人；为境内机构对外提供外汇担保，由担保人所在地外汇管理部门审批；担保人办理担保报批手续时，应向外汇管理部门提供有关资料；为外国机构和外资企业提供外汇担保，需有外国机构和外资企业的等值外汇资产作抵押的证明；提供人提供担保后，债权人、债务人如需修改担保的合同，还须取得担保人同意，并由担保人报外汇管理部门进行审批，如未经担保人同意和外汇管理部门的批准，担保人的担保义务将自行解除。担保需要展期时，担保人应在债务到期前15天到所在地外汇管理部门申请办理展期手续。办理展期手续时，应持展期债务的有关文件进行重新审批。

应该说，广东某公司和深圳某公司根据上述规定，在申办贷款过程中办理了不少手续。譬如，履行企业申请贷款担保呈批表，广东某公司向深圳外汇管理部门出具的《关于申请担保外汇贷款的报告》，取得了外汇管理部门关于同意广东某公司为深圳某公司进行外汇贷款担保的批复，广东某公司向三和银行承诺了有15条内容的担保书，随后办理了《外汇担保登记表》，在外汇管理部门取得了《外汇担保登记证书》，并由深圳某公司与三和银行签订了贷款合同等。然而广东某公司没有出具外汇收入证明，依照法律规定，如果广东某公司无外汇收入，则不能提供担保，未有深圳某公司等级外汇资产作抵押的证明，广东某公司也不能为深圳某公司提供担保。广东某公司等值担保得到了外汇管理部门批准，但提供担保的广东某公司无外汇收入，也未有深圳某公司等值外汇资产作抵押的证明，该项批准不能对抗法律，故该项批准无效，广东某公司依法不能为深圳某公司提供担保，其担保违法无效。尤其是广东某公司第二次担保未得到外汇管理部门批准，也未至该部门登记，广东某公司的担保违法无效，而该次担保正与该案息息相关。在上述情况下，由于广东某公司的担保违法无效，也就不能以江苏某公司的所谓反担保要求江苏某公司承担法律责任。

启迪之二：借款人到期无力归还贷款，担保人必须履行担保责任，反担保者负连带责任；但如果履行保证责任不规范，即会造成因法律证据不足而改变法律责任。

深圳某公司由于内部管理不善、新上项目失策，不能归还向三和银行的贷款，在三和银行以及其委托的深圳信达律师事务所的多次催要下，担保人广东某公司逼不得已，先后垫资 825 万港元，偿还了三和银行的债务。而广东某公司为了减轻责任，也可能不懂操作程序，没有与三和银行直接发生偿付关系，而将港币汇至深圳某公司，由深圳某公司再还给三和银行。这表示广东某公司未尽担保责任，即使江苏某公司进行了反担保，也无须向广东某公司承担反担保责任。可以看出，办理偿还贷款程序倒置，使得本可证明应由担保人履行的担保责任变得不可证明，使反担保者有可乘之机，不承担法律责任。

启迪之三：贷款“要约”和“承诺”要相符，法律文书要规范，文字表达要清楚，否则难以认定事实，会导致解除法律责任。

1993 年，广东某公司告之深圳某公司，经营中要贷款，其征求江苏某公司意见，并要求江苏某公司作为股东为深圳某公司向银行进行担保。江苏某公司致函广东某公司，表示愿意为深圳某公司进行银行担保。后因广东某公司认为江苏某公司进行担保可能手续不方便，即自行为深圳某公司进行了担保，未要求江苏某公司进行担保。1994 年贷款到期后，因深圳某公司无力偿还，需要展期，广东某公司与江苏某公司联系，要求江苏某公司为深圳某公司贷款展期向银行提供担保，江苏某公司表示愿意，而且明确使用其在深圳某公司的股份向银行担保，但致函后，广东某公司未再与江苏某公司联系，因深圳某公司主要是广东某公司在操作，所以江苏某公司就没有就此问题再与广东某公司联系。

而且，深圳某公司向三和银行的贷款合同总额为 170 万美元，而三和银行实际只放贷了100万美元，广东某公司可因此对银行未履行合同而依法抗辩，不再承担保证责任。况且，广东某公司原担保金额实为105万美元，而江苏某公司的函件实为100万美元，且广东某公司未为此回复江苏某公司。根据“要约”和“承诺”的内容必须完全一致的原则，江苏某公司的函件也未与广东某公司或深圳某公司达成合意，所以江苏某公司的反担保不成立。

如果假设广东某公司能够具备上述合法情形，其担保有效，再假设江苏某公司的信函担保有效，在这一情况下，由于江苏某公司信函中所称是以在深圳某公司的股份作为担保，江苏某公司应承担的部分仅仅是将其在深圳某公司的股份转让于广东某公司。

启迪之四：诉讼时效就是权利，超过诉讼时效期间，权利人即丧失获得法院依诉讼程序保护的权利，因此权利人应在权利规定时间内请求法院依照诉讼程序强制义务人履行义务。

最高人民法院《关于中国人民解放军河南省军区诉郑州市花园路城市信用合作社借贷合同担保纠纷一案的法律适用和担保协议效力问题的复函》中明确，担保合同作为从合同，应以主合同的偿还日期作为担保还款的期限，不应视为无期限的担保。且根据最高人民法院印发的《关于审理经济合同的纠纷案件有关保证的若干问题的决定》的通知中明确，保证合同约定有保证责任期限的，债权人应当在保证责任期限届满前，向保证人主张权利，保证人拒绝承担保证责任的，权利人向人民法院请求保护其权利的诉讼时效的期限，适用《中华人民共和国民法通则》的有关诉讼时效的规定。原《中华人民共和国民法通则》规定在诉讼时效期间的最后6个月，因不可抗力或其他障碍而不能行使请求权的，诉讼时效中止，从中止时效的原因消除之日起，诉讼时效继续计算。还规定，诉讼时效可因提起诉讼或当事人一方提出要求或者同意履行义务而中断。从中断时起诉讼时效期间重新计算。保证合同约定有保证责任期限，但在保证责任期限内，债权人仅向被保证人主张权利而未向保证人主张权利的，主债务诉讼时效中断，保证债务的诉讼时效不中断。根据以上两条款的规定，即使反担保成立，深圳某公司履行期间为1995年9月，而到1998年年底广东某公司才起诉江苏某公司，之前，广东某公司根本未向江苏某公司主张要求承担反担保责任，广东某公司的起诉已超过诉讼时效，江苏某公司可以不再承担保证责任。但债权人可随时起诉债务人，此处诉讼时效不中断。

第十一章

信息化建设

信息化是指企业以业务流程的优化重构为基础，运用信息技术等手段，控制和集成企业生产经营活动中的各种信息，实现企业内外部信息的共享和有效利用，以提高决策水平和运营效率。信息化是产业迈向价值链高端的强引擎，是现代化企业管理和发展的重要标志。信息化建设是推进企业信息化的一个进程，信息化内容不会一成不变。当前信息化正在朝数字化和智能化方向发展，诚然，这三个阶段不完全是递进关系，也会有重合。

身处信息化大发展、数字经济悄然而来的时代，在提高全体员工尤其是中高层人员认识的基础上，以国家关于发展数字经济重大部署为遵循，认真制定好企业“十四五”信息化规划，重点突出数字化转型和智能化改造，明确以数字化转型推进绿色化发展，助力实现碳达峰、碳中和目标。同时，有计划、有步骤地组织实施。在实施中，组织好技术团队来配合专业服务机构，并在资金上舍得投入。讲求推进方法，骨干龙头企业可采用并联方式，加快建成智能车间或智能工厂；已建成的企业要提档升级，全面优化企业整个业务流程，争取创建成国家、省、市标杆企业和示范企业。中小型企业，采用串联方式，先行对关键工序进行改造，逐步推进。产业集团，构建层级不同的工业互联网，努力成为科技创新力强的领军企业。服务业，运用数字技术构建供应链和生态圈，努力培育成省级乃至国家级电子商务示范基地。资源富集企业，胸怀全局，面向社会输出资源，让更多企业走上“云端”。数字化技术服务机构，树立合作共赢观念，提供合理有偿服务，促进数字化科技成果转化。强化数字队伍建设，依托重大创新平台载体，大力引培高端数字人才；加强职工培训，壮大复合型数字工匠队伍；企业家要注重自身学习，积极参与数字化转型培训，做一个有“数商”的人，从而通过各方面的努力，将信息化、数字化、智能化由点到面、由低到高地推进，达到一个新阶段、一个新水平。

第一节　信息化的本质：数据优化整合再利用

一、方略：积极推进大数据在企业中的运用

当前，全社会已进入大数据时代。现代企业的发展需要充分整合企业内外部资源，构建良好的生态体系，而数据资产的创造与挖掘无疑具有重大的意义。如何充分挖掘利用大数据资源，深入推进创新转型是企业面临的一大新课题。

（一）廓清大数据思想认识误区，增强大数据应用的主动性

目前，不少企业尤其是中小企业对大数据认识不到位或有误区，影响着大数据的建设与应用，其误区归纳起来有五：一是认为大资料就是大数据。这种认识是以偏概全。大多学者认为，大数据是指无法在一定时间范围内用人工或常规软件工具进行采集、管理和处理的能形成解读形式的数据集合，是需要通过新处理模式的处理才能具有更强的决策力、洞察发现力和流程优化能力的。大数据具有体量大、多样性、传输速度快、价值密度低而商业价值高这四个特点。大数据打破了数据之间因果关系的固定格局，使得相关关系的可用性显露出来。二是认为大数据是大企业的专属，小企业难沾边。这种想法与实际相左。随着互联网的发展，数据信息越来越容易被收集，且数据越来越公开、透明、对称，只要用心收集网络大数据平台上的信息，小企业同样可以掌握和运用大数据为企业发展提供决策，为企业创造利润。诚然，目前并不是所有企业都要使用大数据，是否使用要从企业实际情况和具体需求出发，因为并不是所有企业都有应用大数据的资金、人才等方面条件。三是认为大数据的作用无比之大，可以将原有管理模式搁置一旁。这一看法过于夸大大数据的功能。虽然大数据是企业发展不可或缺的，但也不能全盘否定过去优秀的管理模式，传统的管理模式只要经过发展、完善、提高，仍然可以支撑企业发展。要全方位考虑企业运行方略，将大数据与之完美融为一体，对以前的管理链路、运行思路进行适时改变，即可达到优势互补，放大效应。四是认为“大数据为王”，其他信息技术就不怎么重要了。这显然也是错误的。目前几种信息技术之间的关

系是相辅相成、相互促进的，不能厚此薄彼。在互联网、物联网、云计算的体系中，数据起到基础性的作用，是整个网络得以延续发展的核心所在；互联网、物联网和云计算也是数据信息转化、数据价值转化的重要载体，是数据共享、流动和融合的关键技术。物联网通过“感官”采集数据实现物—物相连，成功地将物理世界和数字世界联通，采集到的数据需要通过云计算这个“大脑”进行分布式储存和计算，最终将计算得到的结果通过互联网“血管”等通道传输到各个终端。大数据、云计算、物联网、互联网四者之间紧密相连，各展其长，形成信息技术生态链，各自发挥着无法替代的作用。五是认为大数据应用还早，还未走到这一步，不必赶时髦。这种思想归根结底是对大数据的作用认识不足。大数据就是资产，数据正成为一切社会组织运行的基本要素，其战略意义将超过土地、人力、技术和资本，给人们带来前所未有的挑战和机遇。现在不搞大数据学习、研究和应用，就谈不上搞智能制造、搞互联网、搞物联网，谈不上搞现代装备制造、搞现代服务业。目前最热的人工智能也是在通过学习计算机海量数据的基础上才得以产生智慧的。用通俗的一句话来说：人是吃粮食的，人工智能、智慧城市、智能机器人等是吃数据的；人不吃粮食不行，智能制造不吃数据不行。应用大数据是加速推进传统产业转型升级，持续激发生产模式、服务模式和商业模式创新，显著提高经济运行水平和效率的一项不可或缺的重要战略举措。在大数据面前，谁认识得早，谁主动，谁先应用，谁就先得利。每个企业都要站在时代的前沿，去拥抱大数据潮流，将学习应用大数据摆上议事日程，列入企业研究课题，做到在学习中提高认识，在应用中取得效果。

（二）把准推进大数据运营的重要环节，打好大数据应用基础

根据一些企业的实践，推进大数据运营一般应把握好如下五个主要环节：

1. 设计科学、合理的大数据组织结构

企业的组织结构是企业大数据战略能够顺利实施的基础。首先，应建立公司级的数据中心，集中存储和管理数据，并设立首席数据官（CDO）岗位，负责大数据行动计划的跟进与协调。其次，在各个业务部门设立数据小组，具体管理本部门的数据，让数据贴近业务。最后，在作业单元设立兼职数据管理员，负责数据的及时收集和传递。这样横向到边、纵向到底的组织框架，便于上下沟通、协调动作，让数据的作用得以充分发挥。

2. 制订切合实际的大数据行动计划（执行方案）

制订计划时，要坚持从行业特点和企业实际出发，明确大数据建设的指导思想、基本原则、目标效果、总体思路。其指导思想：积极顺应数字经济发展，加快提升企业核心价值竞争力。基本原则：坚持从实际出发，宜用先行、分步推行、量力而行，循序渐进。目标效果：提高企业现代管理水平，提高企业运行效力。总体思路：多渠道获取信息，多集成汇集和存储数据，多方式分析数据，多层级升值数据，多融合使用数据。

3. 建立企业大数据运营体系

大体分为六个层级，即数据基础平台、可视化数据报表、产品运营分析、精细化运营平台、数据产品、战略分析与决策。构建运营层级时，不一定要逐层构建，可先建好数据基础平台，尤其要将数据仓库建设好。缺乏实力的企业，可借助第三方专业数据平台进行运作。并注意将有限资金应用到关键节点，加快试错，力求实效。

4. 构建大数据基本技术平台

①采集与存储平台。一般可分为数据采集层、预处理层和存储层。企业信息采集的来源主要是企业内部数据，尤其是各种智能设备的运行数据及产业链上下游合作伙伴数据，还要采集社会信息。数据采集之后，对其进行规范化管理，验证数据的全面性与可靠性，也就是数据的预处理。最后将整理的数据存储下来。②分析与挖掘平台。数据采集与存储后，通过数据分析和挖掘平台，采用多形式、多方法，进行数据的分析和挖掘，从海量的数据汇总提取隐含其中的有潜在作用的信息和知识。③洞察与决策平台。这一平台的主要作用是利用大数据分析结果，进一步分析和思考，做到深入洞察、充分发现，从而做出与此相适应的决策与行动，最终实现企业价值，满足客户需求。④应用安全平台。这一平台负责数据的安全性。贯彻国家《中华人民共和国网络安全法》，采用多种方法和手段，以保证数据资产安全可靠。

5. 建设一支优秀的大数据团队

为保证大数据团队的职业能力，企业应该重视大数据人才的引进，并通过多种途径实施培训，提升现有大数据团队的能力和水平。建立有利于整个大数据团队成长和发展的制度和文化。在他们晋升时，评审其数据分析能力，举证相关的数据支撑日常工作的案例，促进提高数据使用度。

（三）将大数据技术与企业业务实际有效融合，提升大数据应用价值

1. 以大数据推进企业战略决策从“业务驱动”转到“数据驱动”

企业管理最重要的是决策。在重大事项的决策上，以往多以“业务驱动”，随着信息技术的迅速发展，“数据驱动”决策日渐普遍，它主张以数据为核心，利用大数据技术来进行决策。首先，要确定企业的业务主题，是上新产品，还是寻找潜在客户，还是预测未来、规避风险，有的放矢，将注意力集中到业务主题相关数据方面，然后根据主题业务确定首选的业务战略关键区域（例如，可能是营销或者是财务等），并确定由区域中哪些方面来回答这些问题。其次，可用集成系统来连接企业内外部所有不同的数据源，以全面了解相关业务发生情况，并运用分析平台进行数据分析。为防止数据来源的不规范，可对不同来源的数据进行交叉分析，以增加数据分析的确定性。同时以可视化的方式清晰地将分析得出的结论或见解显现出来，最终在业务中使用这些信息，让基于数据的决策达到智慧化、科学化。

2. 以大数据引领传统营销变革

在经济信息技术时代，大数据营销就是第一营销力，它在依托大数据技术的基础上，能够更加精准有效地给企业带来更高的投资回报率。大数据营销主要有三种模式：①相互关联模式。通过分析足够的数据，看到并不相关的两个数据之间的联系，进而为企业创造更多的营销利益。企业在对数据进行分析的时候，要充分挖掘数据与数据之间隐含的内在关系，并进一步使这种关系多样化，为科学合理决策提供有力的支持，让企业掌握更多的优势。②精准定向模式。就是根据用户的精准信息进行精准化推荐，减少不必要的人力、库存等成本，实现营销效率和企业利润的最大化。要做到精准营销，在树立精准思想的同时，要规范精准的行为。运用数据库，准确调查客户的需求，并进行细致分类，掌握客户的需求等级，做到精准区分目标用户。认真做好客户信息的收集、整理和分析工作，通过大数据深入了解客户需求，让企业的产品和服务直接命中客户的需求点，做到精准定向产品。持续不断地运用大数据，分析用户特征与行为，挖掘用户新的需求，提供高质量的产品和服务，满足客户的喜好与需求。③动态调整模式。将用户行为列入大数据维度，以动态的运算结果推出最受客户欢迎的方案。以市场的变化来适应不变的客户，及时地抓住客户。

3. 以大数据完善和提升电子商务

电子商务是现代信息技术和现代商业技术的结合体，是发生在开放网络上的包括企业之间、企业与消费者之间的商业交易。而数据商务是电子商务中不可或缺的，数据商务具有顾客管理、网络结构优化、智能搜索引擎等功能。在这些运用中，数据挖掘可以帮助电子商务更好地了解用户的潜在兴趣，提高为用户提供个性化服务的水平。电子商务通过采用先进的信息技术，完成从传统的管理模式向现代企业制度的演化。在管理模式的改进上，不断进行业务流程再造，减少中间环节，加快工序流动，提高运营效率。在信息技术的采用上，从引进单项的过程控制系统发展成为集中的数据处理系统、集成制造系统、企业资源计划系统和数据仓库，形成具有交易处理和联机分析功能的电子业务架构，进而形成以网络为中心的企业电子商务运作系统，用于整合企业内外部供应链、工艺链和客户关系链等信息，为公司有效地进行一体化决策创造有利条件。不同性质、不同规模的企业，应根据实际需要，选用不同的商务模式、商务内容和应用技术，以求得好的效果。

4. 以大数据优化供应链管理

供应链即从供应商到生产商，再到消费者的链条过程。供应链管理就是协调企业内外资源来满足消费者需求。在推行供应链管理时，首先要把企业资源计划系统（ERP）落实好，在此基础上再逐步完善提高。ERP 即以财务管理为中心，整合公司人力、资金、设备、物资和技术等资源，进行全面预算和核算，对各个生产单元、各种产品的业绩实行跟踪管理。ERP 让企业内部各部门之间可以进行数据交换与信息沟通，但无法进行彼此之间的协同运作。而高级计划系统（APS）的运用，则可以让企业内部各部门与外部按照约定的规则进行协同，提高内外供应链上的协同合作能力。这些技术和系统的运用对运作效率有明显作用，但无法对供应链的采购、生产、销售等业务运作模式产生变革，供应链上的时滞效应、牛鞭效应仍然存在。因此，供应链管理中，要注重构建好供应链配送体系。这一配送体系是通过无线射频识别等产品电子标识技术、物联网技术及移动互联网技术获得供应商、库存、物流、生产、销售等完整的产品供应链大数据，利用这些大数据进行分析，确定物料采购数量、运送时间等，实现供应链优化，使得供应链产生革命性的变化，减少时滞效应，规避牛鞭效应。从而在根本上提高供应链的运作效率，促进企业发展。

5. 以大数据驱动实时运维监测

监测本身是指对装备、系统或其中一部分的工作正常性进行实时监视而采取的在线测试手段。数据监测就是基于大量数据抓取、管理以及监视的过程。现代技术已经成功地实现了图像信号的数字化，以数字传输网络为载体，实现集中监视、统一调度、优化管理。数据监测系统的主要目的就是抓取数据并将采集到的数据传输到检测中心，一个好的数据检测系统要具有要素数据的采集与传输、数据保存、信息查询等功能。企业可在产品中加入因特网功能，安装在线设备运行状态监测系统，通过网络数据交互的方式向远程终端发送运行状态，以便实时掌握情况，可在出现故障的第一时间派出维修队伍进行现场修复。企业在生产现场安装视频监测系统，管理层随时随地能看到整个生产与安全现场的情况，便于及时发现问题、解决问题。

6. 以大数据支撑数字化企业建设

数字化企业是指将信息技术、现代管理技术和制造技术相结合，并运用到企业产品生命周期全过程和企业运行管理的各个环节，实现产品过程设计制造、企业管理、生产过程控制以及制造装备的数字化和集成化，提升企业产品开发能力、经营管理水平和市场竞争能力。打造数字化企业是“工业 4.0”的必由之路，是工业化与信息化同步融合发展的结果。其核心是智能制造，精髓是智能工厂，精益生产是智能制造的基石，工业机器人是最佳助手，工业化标准是必要的条件，软件和大数据是关键。要大力推动大数据在工业研发设计、生产制造、经营管理、市场营销、售后服务等产品全生命周期、产业链全流程各环节的应用，分析感知用户需求，发展个性化定制、众包设计、云制造等新兴制造模式。加快建立不同环节的大数据资源聚合和分析运用平台，通过物联网、大数据、云计算、3D 打印等技术在全产业链的集成运用，推进智能工厂建设和制造模式变革。积极利用大数据技术开展故障预警、远程维护、质量诊断等在线增值服务，拓展产品价值空间，构建开放、共享、协作的智能制造产业生态。认真选择重点分厂（车间）开展智能制造应用项目试点，以典型带动全盘。为此，要紧紧围绕智能制造工程推进企业智能化改造，加快推进研发设计可视化、生产制造智能化、生产组织网络化、产品服务个性化。加快转型升级，从生产制造向智能制造转变，实行生产过程智能化、产品智能化、新业态模式智能化。先进的装备是智能制造发展的突破点，要将以机器人为核心的智能装备作为抓手，通过机器人代替人工作业来改变生产方式，提高生产效率和产品质量，实现高效的现代化生产和管理。在此基础上，再以滚动推进的方法实施其他方面的智能建设项目，做到有序稳步推进、深度融合应用、高效协同运行。要主动对接国家、省级强基工程和产业政策，着力将突破性重大项目列入计划，争取国家、省级智能化改造扶持资金。从而通过坚持不懈的努力，整体提升全产业链：企业转型为数字化企业、工厂转型为自组织生产的数字化工厂、产品转型为数字化产品，并通过自动化、数字化、人工智能技术的深入应用，革命性地提升生产率和竞争力，为我国在世界上由“制造大国”成为“制造强国”作出新的贡献。

二、案例1：金马运业——提升长江港航物流“金马云”平台运用水平

江苏金马运业集团股份有限公司（以下简称金马公司）创建于2002年，是一家以港航为主的综合物流企业，其业务范围包括货物运输、船代、货代、保险代理等；同时还是一家以互联网平台服务为主体的平台企业——金马云，主要经营线上货物运输业务，延伸业务有货物保险、船舶加油、二手船买卖、海运订舱，还有水文气象、航运咨询等辅助信息服务。2021年5月，金马公司在海南设立分支机构，拓展了海运业务。2019年，金马云物流科技评估价值为2.63亿元。

党的十八大以来，企业坚持创新发展，坚持客户用户满意第一，抓住供给侧结构性改革与生态优先、绿色发展的契机，朝着高质量发展的方向不断努力，加快传统运输企业向现代综合物流企业转型，展现了港航货一体化、物流服务和数字经济一体化协调发展的特征，取得了令人瞩目的成效。2018年全年实现营业收入26亿元，利税2.7亿元，金马云平台线上交易额达7.62亿元。公司如今是长江港航物流联盟“互联网+”港行专业委员会主任委员单位、江苏省生产性服务业领军企业、江苏服务业名牌企业、中国物流百强企业、全国先进物流企业。2018年“金马云物流平台”被江苏省交通运输厅评为省运输服务新动能重点培育项目，获得无船承运业务经营资格登记证；2019年获得江苏省科技型中小企业认证，并拥有软件著作权16个，国家发明专利1件。2019年10月，由国家交通运输部门在上海临港召开的“智能航运与创新发展”峰

会现场评选中，“金马云”平台2.0版正式上线运行，成功入选“长三角十大智能航运事件”。

（一）建设金马云互联网平台，服务港航货一体化协调发展

互联网经济的蓬勃发展以及互联网技术对大量传统行业的颠覆性改造，使他们深刻认识到企业正处于一个不断发展与变化的时代，供应链管理环境及金融升级、产业生态链重建、共享经济等，不仅仅停留在理论层面，已经切切实实地走进了现实的经济生活，将彻底淘汰一切落后的经营模式，传统航运业的发展模式最终必将消失。面对高质量发展，他们作出了建设金马云智慧航运物流平台的重大决策。金马云智慧航运物流平台立项初期，以金马云公司内部的业务诉求为主，开发设计出的系统功能相对简单。随后在交通运输部长江航务管理局、水科院、中国船东协会和各级政府的指导与支持下，转化为服务于港航货一体化发展，功能也得到了完善。交通运输部长江航务管理局及长江港航物流联盟，明确金马云平台为推进长江港航供应链+港航货一体化发展进程的基础工具。

金马云平台秉承共建、共赢、互联、互通的经营理念，应用现代物流技术和河海航运专业运营经验，整合港、航、货产业链资源，通过航运云物流管理，让用户直接参与到运输过程的每个节点：船货信息、供油服务、保险业务、船舶交易、人才招聘、货物追踪、货运指数、港航大数据……金马云通过与阿里云建立数据保护，为用户提供云加密服务。平台通过建立自身的网络共享经济模式，将金融、保险等多个行业融入平台，创新供应链管理，促进企业产业结构转型升级。在金马云服务平台上，用户的船舶空载率同比降低了13.3%，装卸时间同比减少了28.6%，平台船货匹配成交量年均增长了51.3%，而货运单位利润同比增长达23.5%，实现了港航物流降本增效。

（二）完善金马云互联网平台，服务港航企业高质量发展

近年来，金马公司主动承担起“互联网+”港航专业委员会主任单位的责任，组织成员单位走访调研了从上海至重庆近50家船港货企业，发现对互联网物流信息、信息化应用人才、科技创新投入的需求快速增加。因此，基于大数据和互联网等信息技术的发展，以及对未来综合发展的考量，公司确定了坚

持走科技创新之路，在苏州设立了研发基地，围绕市场营运不断创新，进一步提升自主研发实力，不断提高航运现代化水平，积极服务于港航企业高质量发展。2020 年 12 月，上海国际航空中心中小航运企业大数据中心落地金马公司。

（1）构建以疏运联动服务、金融服务和信息服务为支撑的航运物流信息平台。既为市场、行业获取政务、物流信息服务提供便捷的渠道，也为政府管理部门分析港航形势、制定政策提供科学有效的依据。

（2）建成功能完善、结构合理、服务全面、绿色安全、发展有序的港航物流综合服务体系。打造长江流域港航物流公共服务信息化平台，在成员单位中建立业务应用场景多、运营规模大、应用较成熟的功能性平台。实行兼并重组或增资扩股，进一步整合各方资源，加强优势互补，共同推进长江港航物流智慧化发展。

（3）强化顶层设计，建立信息化“大格局”，促进港航信息化纵深发展。将信息化工作纳入总体战略框架下，树立以集成共享、集约应用、协同联动、标准规范、开放兼容为特征的“综合服务平台大格局”理念，从物流供应链生态视角加强顶层设计与战略布局，强化信息化与港航管理模式、战略目标的深度融合，增强信息化的系统性、整体性和战略性，促进港航信息化向纵深发展。金马云始终以打造港航货一体化公共服务平台为目标，推动数据和产业的多方联通。在 5G 技术的前提下，通过区块链技术的应用，引入供应链金融服务。未来，将通过区块链、供应链金融等前沿技术的应用，进一步优化航运流程，深化多方协作。

（4）打造长江流域港航物流平台，将港口、口岸单位、供应链上下游客户、承运方及物流企业等有机连接起来，为港航相关方等提供全方位、精细化、一站式的综合信息服务，全面提升港口业的运作效率与服务水平。拟将与沿江省市航运管理部门、港航物流企业、航运交易所、货主单位等结成战略合作伙伴关系，努力打造成长江港航物流联盟的公共服务平台，为航运物流信息数据共享利用、业务应用协同提供保障，深入推进长江港航货信息一体化，倾力打造绿色航运、智慧航运。

三、案例 2：先锋半导体——全面打造完整的数字化生产

靖江先锋半导体科技有限公司成立于 2008 年，属民营股份制企业，前身

为2004年成立的苏州甘泉半导体科技有限公司。拥有精密加工中心40余台套设备，铝、不锈钢表面处理生产线，以及洁净车间。主要从事半导体设备零部件生产。为国内国外多家半导体、集成电路（IC）设备厂商提供零部件加工、表面处理服务以及零部件工程解决方案，为晶圆生产厂商提供备件和再生修复服务。先锋半导体现为国家高科技企业认证企业，拥有发明、实用新型专利共计40余件。在行业中具有较大影响力和美誉度。

近两年，为提升市场核心竞争力，适应国内外客户需要，公司根据离散型企业的特点，加快两化融合步伐，大力实施数字化、智能化转型。将智能改造重点放在设备硬件的智能化上，机械五轴加工中心能根据加工要求进行自动智能切削，达到更高的加工精度。在表面处理方面，引进自动化的阳极氧化自动线，仅一台就投入千余万元；引进的机器人焊接机，其钎焊先进工艺技术达到国际先进水平。在软件方面，引进了IMES系统，能实现定制化排产、柔性化生产，优化工艺流程、监控制造现场等内部精细化管理。通过脱胎换骨的智能化改造，使产能和产质都得到了快速提高，也使环境保护得到了根本改善，目前已全面达标。

在完成智能化改造后，该公司又树新目标、新标杆，投资实施“集成电路（3~5纳米芯片）制造设备核心模块研发及柔性化定制项目”，进行服务化改造升级，研发用于芯片制造关键设备刻蚀机的核心部件反应腔系统，全面实施完整的数字化生产治理方案，打造国内一流的芯片个性化定制服务型企业。该公司基于原有的技术与知识积累，以及科研院校的支持，大力推进数字技术与电子技术的深度融合，不断提高该项目产品的研究水平与效果。主要努力方向有：

（1）进一步开发设计专用刀具和切削参数，满足更高精度刻蚀工艺要求。

（2）针对项目产品表面特殊要求，深入进行研究改善产品密封面氧化膜微观结构。改善表面氧化膜性能，提高工艺稳定性及使用寿命。

（3）进一步开展研究产品温度均匀性控制技术，调整加热场和材料组分。

（4）为适应主流半导制程逐渐进入5nm阶段，提升洁净室颗粒度控制和检测能力。

这一智能化项目的研发成功和产业化，将有力支撑国产刻蚀技术水平与世界同步，打破国外垄断，填补“中国芯”产业链这个重要环节。这一项目已入选江苏省服务化改造升级项目名单。

第二节　信息化与工业同步融合的核心：智能制造

一、方略：智能制造需要把握的几个问题

（一）更新观念，树立智能制造正确的智造观

智能是知识和智力的总和，前者是智能的基础，后者是指获取和运用知识求解的能力。迅速发展的人工智能、5G、工业互联网等新兴技术，成了企业智能化改造的强引擎。智能制造是传统制造业的升级，是一个从手工到半自动化，再到全自动化，最终实现智能化、精益化、柔性化生产的过程。智能制造是实行质量变革、效益变革和动力变革，推进由传统生产方式（靠体力作业）转向现代化生产方式（靠脑力直至自主制造）的现实选择；是构建制造竞争新优势，推进发展由大规模生产转向大批量定制的有效手段；是重置价值链，推进企业由速度发展型转向质量发展型的必由之路。智能制造具有很大的应用潜力，不局限于制造环节，还包括产品开发、供应、营销和服务等环节。智能制造是自动化发展的方向，是大数据的深入运用。智能制造不只是单纯的一种技术，更是一种创新思想。而智能制造并不代表着全自动化，也不是全自动化水平越高代表智能水平就越高。智能制造最显著的特征，是工业自动化和信息技术的深度融合。近年来，各企业领导对数字化、网络化、智能化的改造从犹豫、观望，逐步转到主动参与，自主转型升级意识有显著提升，内生需求有显著增长。智能制造是一个综合性的系统工程，它要求企业领导具有高瞻远瞩的战略眼光，勇于挑战传统管理的理念和流程，用更大的决心和信心来推进其发展。

（二）立足实际，做好企业智能制造的总体规划和设计方案

行业不同、类别不同、流程不同、基础不同，决定着企业需按实际情况来确定智能制造的方向与目标。鉴于此，企业要组建技术团队来配合专业技术服务机构，搞好企业各个方面现有信息化和自动化基础情况的深度调研，譬如：财务部门 ERP 系统软件，销售部门 CRM 系统软件，生产部门 SAP、MES 软件，仓储、采购的自动化，仓库管理软件 WES，技术设计部门的 PDM、PLM 软件，设备部门有关软件的应用情况，以及车间环境、设备状况、流程工序、物料堆放等现场因素。然后，找准与智能化标准的差距，搞好自动化、信息化咨询诊断，拿出完整书面报告，以指导企业智能发展的方向、目标和体系，包括智能研发、智能生产、智能营销、智能服务、智能管理。同时，根据发展目标和体系，对管理流程和整体平面布置进行调整和优化，杜绝信息孤岛；此外，考虑到大多数企业智能制造基础包括软件、网络、信息安全及配套能力偏弱，从实际出发搞好规划设计，匹配新的软硬件，明确路线图和投资。

（三）突出重点，科学设置智能车间技术总体框架

这是总体规划设计中极为重要的组成部分，是从概念走向实施层面的关键一步。智能制造包括智能制造技术和智能制造系统。智能车间一般分为生产控制和现场控制两部分，智能车间的核心是车间制造控制，重在生产计划的控制和执行；现场执行是智能车间的基础，重在整个车间设备运行状态正常、现场实时数据管理和现场监控等。离散型企业的智造车间整体布局分为基础层（设备层、控制层）和执行层（车间层），以及智能车间之外的企业管理层。基于产品生命周期管理导向的新生产模式要求，把着力点放在必要条件的“适应自动化”、充分条件的“系统数字化”、重要条件的“信息云端化”方面，将自动控制技术、信息技术和云技术运用于智能产线上，为智能制造提供全面的技术支撑。通过信息技术和互联网技术相结合，使生产设计（PLM）、生产工艺（CAPP）、生产管理（MES）、供应链体系（WES）、营销体系（CRM）等全产业链的各个方面互通互联，模块与模块之间、设备与设备之间的信息交互透明。与此同时，搞好流程优化，即对现有流程进行梳理、完善和改进，通过减少环节、改变时序来提高工作质量，优化工作效率，降低成本，降低劳动强度

及节约资源。

（四）锁定目标，分解落实智能制造的各项任务

根据总体规划和实施项目，排定具体任务、具体内容和资金投入总量，并按年度进行分解，排定清单，包括项目类型与名称、单元系统解决方案、安全可控核心智能制造设备、基础配套设施、资金安排、完成时间节点、合作方与责任人，以及年度考核指标。同时，明确实施步骤和具体要求。在实施过程中，加强统筹协调，定期与服务商对接交流，及时破解智能制造过程中遇到的痛点和难点，加快智能化改造步伐，确保按时序、按要求完成任务。

（五）准确站位，争当智能制造的引领者、跟进者

骨干龙头企业有基础、有实力，可采用并联方式，加快推进智能化制造，已建成的要提档升级，成为省、市示范企业，发挥骨干企业的引领作用，带动全产业链向高端提升，带动整体制造业水平提高。专、精、特、新企业要积极创造条件，加快由制造向智造、创造转变，走好“微笑曲线”之路，使智能制造这个新动能尽快流入企业，打造高质量发展的新亮点。基础薄弱的企业，应采用串联的方式，先行对关键工具进行智能化改造，逐步推进。资源富集企业要胸怀全局，强化共赢意识，面向社会开放产品开发、制造、物流配套等资源，提供研发设计、优化控制、设备管理、质量监控等服务，实行资源高效利用和价值共享。发展智能制造，有利于构建企业的产业生态，增强企业发展动力，推动企业变革。随着智能制造的深入推进，促进了装备、工业软件、网络、标准等要素的融合创新，促进了新技术、新产品、新业态的繁荣发展，初步形成了企业的创新生态体系，为企业发展提供新动力、新引擎。

（六）抓住关键，加强智能制造技术人才队伍建设

目前，绝大多数企业专业技术人才比资金投入更为紧缺，应通过引进和自培、走出去与请进来培训相结合的形式和方法，培养一批专业信息化人员、智能装备维护人员、大数据应用人员；同时通过与大专院校挂钩，定向培育出一批高端复合型人才、专业技术人才、职业技能人才；另外，加快推进全员素质提高，实现劳务工转为技术工，以适应智能制造的需要。智能制造发展对复合型人才的需求日益旺盛，人才培养有待进一步提升。能够满足企业新一阶段发展要求的人才，需要对企业经营、生产现场、基础管理、信息系统操作、智能

装备等多方面有综合的认知和了解。由于智能制造还处于不断发展的过程，需要具有创新意识和持续学习能力人员的持续补充。

二、案例：大中电机——建成全国电机行业首个智能车间

江苏大中机电制造股份有限公司（以下简称大中电机）成立于 1958 年，是一家集电机研发、设计、制造、销售于一体的高新技术企业，主要生产一级能效系列电机、变频电机、起重及冶金专用电机、海洋采油平台专用电机、超高温风机专用电机等。近年来，总经理周剑承继父辈周巧林打下的发展基础，勇担二次创业重任，励精图治，匠心打拼，朝着“建百年企业，创国际品牌，兴民族工业”的“大中梦”阔步前行，在企业高质量发展道路上又增添了“中国知名品牌”的含金量，获得了国家、省授予的一个又一个新的重量级荣誉。尤其是 2019 年 5 月，顺利通过了工信部对大中公司承担的机电行业智能车间试点示范企业建设项目验收，得到了专家们的高度评价，为全国机电行业智能制造树立了样板，前来参观考察的企业络绎不绝。

（一）生产线上的智能风景

一进入厂区，正面宣传墙上的企业愿景——“建百年企业 创国际名牌；企业使命：成为超高效节能电机产业升级领航者；经营理念：以质量求生存 以创新求发展……”一一映入眼帘。转身来到金加工车间，机器人代替人工的画面即刻呈现在眼前：一根 60 多厘米、黑乎乎的钢材料，经机器人臂塞进车床，再经过数控铣床、磨床，8 分钟后，机器人臂像变魔术一样取出一根根银白闪亮的管子——电机中心轴。2019 年年底，智能制造项目 6 条由各 4 台套现代设备构成的生产线已全部上线投入使用。公司生产部部长刘霞介绍，金加工车间几道工序以前需要 4 名工人同时操作，每生产一个电机中心轴需要 20 分钟，现在只需一名工人操作机器人，8 分钟就能下线一根中心轴，不仅省工省力效率高，而且生产质量高。

同样提高生产效率的还有嵌线车间，嵌线是电机生产制造中的一个关键环节，以往都是人工操作，费时费力。公司引进了 4 条自动化嵌线生产线，建成机电行业最大的自动化嵌线生产车间，原先需要熟练工半小时才能完成的工序，现在不到 1 分钟就在自动化生产线上操作好了，生产效率大为提高。

改造后的冲片车间也是“脱胎换骨”，由人工操作的离散化生产变成了智能操作的模块化生产，多道冲压工序一次性连续完成，既提高了生产效率，又保障了操作安全。原先的冲片生产是从矽钢片裁剪、上下料，每道工序都需要人工操作，为了提高工作效率，他们引进了摇摆冲并自主创造了接送机械手，使得一些工序实现自动化操作，由原来需要 6 人操作减少到只需 3 人操作。

（二）立体化智能仓储中心

大中电机此次建设智能制造车间，不仅引进了更高效的自动化、数字化设备，更实现了产品设计、生产过程、能效管理等一体化的智能制造新模式。

仓库是集中反映工厂物资活动状况的综合场所，是连接生产、供应、销售的中转站，对促进生产提高效率起着重要的辅助作用。此次智能化改造，同时建成了一个立体化智能仓储中心。现场可见，该中心有 2 台无人激光叉车，将装配下线的成品电机运送到立库区的自动输送平台，通过射频识别技术（RFID）自动识别电机信息并传输到 ERP 系统，再通过 2 台分拣穿梭车（RGV）和 3 台堆垛机器人把电机自动摆放到指定的货位。“仓库占地面积 1300 平方米，总库位数 2688 个，可储存约 1 万台电机。”公司已实现成品出入库无人化作业，“不仅使产品出入库做到合理有序、快进快出，还可避免人为因素造成发错货的情况”。

（三）国家试点示范催发创新智能新模式

大中电机的智能制造新模式如此吸人眼球，其中自有一番道理和真功。那是 2019 年春节，我们去大中电机走访，当我们提起两化融合话题时，总经理周巧林用手指着墙上挂着的那块铜匾说：“这是工业和信息化部授予的牌子”，仰头看去，牌子上黄底红字“超高效节能电机智能制造新模式运用试点示范企业”熠熠生辉。“我国是电机制造大国，却不是电机制造强国，要变成制造强国，走智能制造这条路就对了。”周巧林如是说。2015 年，工业和信息化部在电机行业海选具备基础条件和发展潜力的企业作为国内首家智能制造新模式应用试点单位。在上海电器科学研究所牵头下，经多方考察、实地查看后，相关机构认为大中电机的整体生产技术水平已达到相当标准，一致同意将其作为样板，建设我国电机行业首个智能制造车间。周总深知，做试点示范企业，这是一份信任，更是一份责任。他挑起沉甸甸的担子，精心部署、分步实施，扎实踏实、稳妥推进。据了解，该智能制造项目总投资2.4亿元，建设基于工业互联网的，集PLM、MES、WES、能效管理、产品远程维护于一体的，与ERP系统高度集成的电机制造信息系统；研制基于信息化的电机设备及关键部件生产、检测的自动化设备；建成超高效电机生产离散型数字化车间。经过两年多的紧张快干，现已建成拥有自主知识产权的，包括冲压、有绕组铁芯、金加工、整机总装多个关键工艺流程的电机制造数字化生产线，且已投入实际运营。

至2019年5月，该项目已全面竣工达产。企业总体生产效率提高了35.75%、生产运营成本降低了26.21%、产品不良品率降低了75.84%、能源综合利用率提高了20.11%、产品研制周期缩短了45.8%。预计可实现年产超高效节能电机558kW，销售收入10亿多元，新增税收1.2亿元。同时，本项目的技术成果，可由项目联合体向行业内其他企业或其他行业进行推广和复制，从而带动我国电机产业智能制造整体水平不断提高，同时也带动巨大的市场经济效益。

（四）不断完善提高智能制造水平

在智能车间建成后，下一步棋怎么走？我们从在智能车间看到的“匠心智造 人才立企 诚信固企 科技兴企 创新强企”这一长幅标语中猜到了几分。分管营销的薛副总经理告诉我们，周总不满足于已经建成的生产线，这几天正在德国学习考察，以求进一步提高智能生产线水平，同时进一步拓展智能制造新的业务。他们将结合智能制造标准体系，开展虚拟仿真等关键技术研究，研发生产管理软件等关键技术装备，实现融生产全生命周期、制造执行、企业资源管理等系统为一体的智能制造新模式。分管生产的刘副总经理风趣地说：“智能生产确实是好，24小时全天运转，它不用休息，也不会叫累，更不用交‘五险一金’，人做不到的，它能做到，我们只要把经营结构调整协同好，发挥出来的效能就会更大。”目前，他们坚持三条腿走路：一是多攻大客户，多接批量大单，以让智能生产线吃饱开足；二是对于小批量多品种的订单，充分发挥好数控机床的作用；三是对特殊规格的品种，发挥传统生产的优势，以满足客户的个性化需求。当我们夸起大中电机有他们这个好班子时，他们坦诚地说，周总放手让我们干，我们就该忠于大中电机，让他放心少操心。可以坚信，大中电机在干练睿智的周总带领下，凭着这么一个团结战斗的好班子，智能制造这条路一定会越走越宽广，一定会成为全国电机行业的领跑者，大中电机的发展前景也一定会越来越好。

第三节 信息化手段创新管理系统：企业资源计划 ERP + 制造执行系统 MES

一、方略：积极推进企业管理由能人控制向系统协同转型

企业管理是企业内外系统运行中最基础、最基本的管理。它对企业的生产经营活动进行计划、组织、指挥、协调和控制，充分利用拥有的各种资源，最大限度地满足用户需求，以取得良好的经济和社会效益。世界管理之父德鲁克的管理哲学精髓是"目标管理 + 自我控制"，体现了最核心的经营管理思想，即由企业决策和制定目标，而后通过最高境界的自我控制来实现目标管理，两者是一个有机整体。

传统的企业管理方式以分工理论为基础，采用机械管理方式，依靠能人刚性控制，对各项管理对象、资源要素实行单列串行的运行程序，产生不了"1 + 1 > 2"的效果。而现代的企业管理方式则以整合思想为指导，采用自组织管理方式，依靠系统弹性协同，实行多列并行的运作流程，综合运用不同的方法、手段和工具，促使各种要素、功能和优势之间互相匹配，从而使人财物等各项综合要素发挥出更大的效益。基于信息技术的现代制造业管理创新，笔者认为，企业资源计划即 ERP 与制造执行系统即 MES（包含物联网 IoT），是数据时代制造业企业应该积极应用和完善的两个较为重要的管理系统，因为这是企业管理从能人控制向系统协同运行转型的主要抓手和工具平台。

（一）企业资源计划和制造执行系统的基本概念

1. 企业资源计划

（1）企业资源计划的含义

企业资源计划是以信息技术为基础、以系统化管理为导向、以财务管理为核心以及以配销管理和制造管理为主要牵引，建立一个统一的业务综合管理信

息平台，为企业决策层和员工提供决策运行工具，以实现整个供应链上供需关系的有效平衡，达到成本低、生产周期短、响应客户需求既快又好的一种管理系统。简单地说，ERP 是将企业所有资源整合集成起来，构建物流、资金流、信息流一体化全面管理的信息系统。它是新知识经济时代企业繁荣发展的核心管理模式。

（2）企业资源计划的功能模块

企业资源计划的主要功能：供应链管理（即对市场、需求、订单、原材料采购、生产、库存、供应、分销、发货等进行管理，包括从客户需求到物料需求，从需求计划到原材料采购，从物料到货入库，从仓库发料到生产，从出货仓库到出货给顾客的每一个环节，是企业赖以生存的商业循环系统）；市场营销（运用一定方法和程序，收集、整理与分析有关消费者需求的商品和业务营销资料，进行市场分析与规划，以确定市场营销策略）；生产控制管理（包括生产计划与制造，是一个以需求计划或者库存拉动为导向的先进生产管理方法。先由企业确定一个总生产计划或者库存拉动生产的模式，然后经过系统层层细分后，再下达到各部门去执行。即生产部门照此生产，采购部门按此采购，等等）；财务管理（是系统中的核心模块，是所有资金信息流所汇总的地方，它和系统的其他模块有相应的接口，能够相互集成，进行信息流的输入与输出。比如，它可将由生产活动中的工时和产量、采购收料和入库活动输入的信息自动记入财务模块的子系统，最终引入财务的总账管理模块。财务管理软件包含会计核算与财务管理两大块。会计核算主要是记录、核算、反映和分析资金在企业经济活动中的变动过程及其结果。财务管理的功能，主要是基于会计核算的数据再加以分析，从而进行相应的预测、管理和构图控制活动，偏重对资金链的管理和分配）。这四大系统本身就是集成体，它们互相之间有相应的接口，能够很好地结合在一起对企业进行管理模块，可为企业提供完善的管理支持。

同时，ERP 还具有质量管理、设备维护、人力资源、客户服务、统计报表、工作流服务和企业信息系统等模块，可为企业提供完善的管理支持。

（3）企业资源计划的主要特点

其主要特点体现在整合性、协同性、灵活性、实时控制性四个方面。整合性之于系统，它将物资资源管理（物流）、人力资源管理（人流）、财务资源管理（财流）、信息资源管理（信息流）集于一体，对整个供应链资源进行管理，保障后端生产的平顺性，实行精益生产、敏捷制造和同步工程，体现事先计划与事前控制的思想。协同性之于系统，各级业务部门根据完全优化后的模式重新构建流程，让业务流程更加合理协调；软件的运作跨越多个部门，能相互配合运作；企业经营驾驶舱可提供自我评价、动态监控、实时数据分析与预测、即时反馈，确保发现问题及时解决，不再将问题遗留到其他时间的会议中来拍板解决，提高整体运营管理效率。灵活性之于系统，根据离散型生产和流程型生产的特点，汇合供应链上的主导和支持能力，协调各管理部门围绕定制生产，更加灵活“柔性”地开展业务活动。实时控制性之于企业，采用最新的计算机技术，对产品制造全工序过程同步做出响应，在准确、完整掌握信息的基础上，作出正确决策，且能动地采取措施。

2. 制造执行系统

（1）制造执行系统的含义

美国先进制造研究机构将 MES 定义为“位于上层的计划管理系统与底层的工业控制之间的面向车间层的管理信息系统”，它为操作人员、管理人员提供计划的执行、跟踪以及所有生产元素（人、机、料、法、环、测）的当前状态。

制造执行系统协会对 MES 所下的定义：“MES 能通过信息传递对从订单下达到产品完成的整个生产过程进行优化管理。”MES 最主要的核心功能就是“追溯”和“防错”，其余的功能都围绕这两个核心功能所展开。

（2）制造执行系统的功能模块

MES 是一套面向制造企业车间执行层的生产信息化管理系统。MES 功能包括：制造数据管理、生产排程管理、生产调度管理、物料管理、库存管理、在线质量管理、人员技能管理、运行设备管理、工具工装管理、动态成本管理、项目进度看板管理、生产过程控制管理、生产班组绩效考核管理以及底层数据和上层数据相互对接及集成分析等，为企业打造一个扎实、可靠、全面、可行的制造协同管理平台。

该系统旨在加强主生产排程计划（MPS）的执行功能，把 MPS 计划通过执行系统同车间作业现场控制系统联系起来。其现场控制包括 PLC 程控器、数据采集器、传感器、条形码、各种计量及检测仪器、机械手等。MES 设置了必要的物联网（IoT）接口，并且要求设备生产制造厂商提供设备数据接口以实现设备数据采集和实时控制管理。

（3）制造执行系统的主要特点

①制造环节智能化。制造执行系统具有自组织、自适应、自学习和自维护能力，整个制造环节中智能传承，无人操作自动化实现目标，高效、稳定、精准运行。

②生产现场管理透明化及标准化。实现全过程的生产透明化、标准化管理，节约企业成本，提高效率，提升信息化和智能化水平。

③成本管理精细化。通过生产排程优化，有效地降低成本，实现效率与精益生产。

④设备利用效率化。通过工业互联网平台中的物联网平台实时展现生产设备运行状况，能及时反馈与修复设备故障，提高设备有效利用率。

⑤管理决策科学化。通过以数据支撑的企业云图，全面展示企业运营场景与企业绩效指标，为企业科学有序决策提供可靠依据，同时能增强客户对企业的信任度和满意度。

（二）企业资源计划与制造执行系统的区别与联系

企业资源计划（ERP）和制造执行系统（MES）都是企业级信息中心的一部分。它们之间既不相同又相互联系。

ERP是整个企业或集团运营资源的管理系统，管理整个内部价值链和供应链（包括销售、采购、生产、库存、质量、财务、人力资源等）。它主要负责整体战略目标管理，面向企业计划层，重于业务管理功能，强调业务财务一体化，最终会将数据集中到财务上，在较宽时间区段内（包括年、季、月、周、日），为高层管理决策提供服务。

MES强调集中于车间或分厂生产现场元素（人、机、料、法、环、测）的管理，管理整个生产过程的执行（包括生产质量、生产作业调度、生产实绩反馈等）。它主要负责细化战略目标，面向车间的执行层，重于制造执行功能，强调现场作业协调统一。它像一张完整的网，把整个车间都罩在里面，实现车间生产过程实时、透明化的监控，在较窄时间区段内（包括日、班、小时），为现场管理者和中层管理者提供服务。

综上所述，ERP是全局性业务管理级的系统，MES是局部性现场作业级的系统。MES是对ERP计划的一种监控和反馈，是ERP业务管理在生产现场的细化。MES处于ERP系统计划层和工厂底层现场自动化系统控制之间的执行层，它与企业的资源计划系统（ERP）、客户关系管理系统（CRM）、供应链管理系统（SCM）、自动化操作（Automation）、产品生命周期管理（PLM）等共同组成整个企业的信息化系统，来填充ERP系统和计算机（PCS）之间的空档，负责与生产密切相关的生产指挥调度等实时性比较强的各项工作，并具有与ERP系统、生产自动化系统、物流自动化系统的接口，以实现整个企业信息集成和协调运行，使企业资源在购、存、产、销、人、财、物等各个方面都得到合理配置和有效利用。可见，MES与ERP密切相关，是对ERP系统的管理下沉与细化、完善与提高。因此，只有将MES和ERP两者有机结合起来，统筹兼顾，各司其职，才能为企业带来最优的管理效率和经济效益。

（三）企业资源计划与制造执行系统的组织实施

1. 切实提高对运用信息技术创新管理重要性的认识

企业要充分认识到推行和利用企业资源计划与制造执行系统是企业加强信息化建设的重要内容，是推进企业创新管理、提高绩效的必要手段。企业主要负责人要以先进的理念、前瞻的眼光把这项工作列入议事日程，建立由企业负责人牵头的项目实施领导小组，统筹规划，确立实施计划步骤，并明确由项目实施小组和职能小组具体落实。

2. 认真做好前期调研和咨询工作

首先，摸清企业生产与业务构成，包括供应链的构成环节、市场供应管理与未来发展预测等情况，以前后、上下数据的一致性，确保基础数据的准确性、时效性、可靠性，为科学决策与能效管理提供参考依据。其次，通过管理咨询专家对企业当前发展和管理中的薄弱环节以及存在的突出问题进行诊断与分析，重新设计业务流程，调整组织结构，为软件的定制做好前期准备。最后，在此基础上，认真了解软件供应商的开发能力、软件产品的特点，以及运用企业成功的案例，做到心中有底、稳妥推进。

3. 选择适合企业特点的ERP、MES管理软件

不同行业不同企业的规模、产品结构、业务流程、市场渠道、组织构架等都存在着较大的差异。因此，在选择软件的时候，要从企业的实际需求出发，

实行量身定制，确保软件匹配功能好，系统稳定性高，未来的ERP选型则会更偏向于制造模块。同时综合考虑系统软件价格是否合适，以及有无良好的售后服务和技术支持。

4. 切实做好员工的培训工作

ERP、MES的使用，在很大程度上会改变原有的操作方式和操作流程，要从精良生产、准时制造、全面质量管理等方面出发，对ERP、MES项目实施人员包括车间和部门负责人、财会人员、生产计划员、购销人员、生产统计员、仓库管理员等，实行分层分批培训，帮助他们全面了解项目系统的操作过程，熟练掌握软件功能的使用方法，以达到良好效果。

5. 建立健全系统项目管理运行机制

ERP、MES具有投资较大、周期偏长、系统复杂等特点。因此，对于众多中小企业来说，在实施ERP、MES项目时，要从系统工程和科学管理的角度出发，结合企业实际，实行整体规划、分步到位、不断完善提高。计划实施ERP的企业，不能停留在企业内部流程的管理上，要积极争取实现ERP和电子商务的无缝对接，以适应资源优化及企业间协同发展的需要。推行和使用MES系统，可按照信息集成（指系统中各子系统和用户的信息，采用统一的标准、规范和编码，实现全系统信息共享，进而实现相关软件间的交互和有序工作）、事务处理（又称电子数据处理，指面向企业底层的管理系统，对企业的日常运作所产生的信息进行处理）、制造智能（包括智能制造技术和智能制造系统，是一种由智能机器和人类专家共同组成的人机一体化的智能系统）三阶段循序渐进，以获得最好的预期效益。ERP、MES的导入都是一把手工程，需要最高层全力支持。

二、案例：三江电器——运用信息技术改造传统行业管理

江苏三江电器集团股份有限公司（以下简称三江公司）是国内微特电机的国家重点高新技术企业，国家唯一的微特电机制造与控制产业基地龙头企业，占地面积20万平方米，建筑面积10万平方米，集团现有员工1500人。公司主要生产洗衣机电机、干衣机电机、空调器电机、厨卫家电电机、亲环境产品电机五大系列数百种规格电机。集团拥有年产1800万台套微特电机的生产能力，电机生产、检测流水线80多条，各类加工制造设备400多台、检

测设备560多台套、电机性能检测系统9套，是专业、全面的家用电器电机配套供应商。目前，国内主要客户有方太、海尔、美的、TCL、海信、格兰仕等主流家电生产厂家；国外的主要客户为LG（全球）、松下（全球）、东芝、富士通、三菱、大金、Candy等知名大家电集团。2019年，公司实现开票销售18.1亿元。

公司先后获得“国家级火炬计划重点高新技术企业”“国家产品质量免检”“江苏省高新技术企业”“江苏省省级技术中心”“特级（AAA）资信企业”等称号。“三江牌”微特电机荣获产品质量国家免检证书、江苏省名牌产品、国家级质量稳定合格产品、江苏省重点培育和发展的国际知名品牌、3C、UL、CE等安全认证、SGS绿色环保认证、ISO 9001国家质量体系认证、ISO 14000国家环境管理体系认证、OHSAS 18000职业安康管理体系认证等证书。

目前，公司拥有专利200多项，其中国际发明专利4件（美国2件，日本2件），国内发明专利12件，实用新型专利121件，其他为外观专利。公司设有国家级博士后科研工作站、CNAS检测中心、省级技术研发中心、省级微特电机工程技术研究中心、浙江大学电机学院研究生教育实践基地，同时常年聘请日本电机专家担任公司高级技术顾问。

近年来，三江公司围绕成为合格电机国际化供应商，注重运用信息技术改造传统产业管理，大力推进加强生产制造现场信息化建设，创立公司内部网络平台，实现各部门资源共享，以信息化带动公司各项事业的现代化，促进生产管理质量全面提高，实现了公司跨越式发展。

（一）建立推进机制，做到“五个到位”

1. 思想认识到位

推进信息化建设，最关键的不是技术问题，而是思想问题。近年来，我国微特电机行业呈现较快发展的态势，但与发达国家比，仍存在产品档次偏低、技术含量不高、生产自动化程度较弱等问题。面对激烈的市场竞争，公司高层充分认识到，随着企业规模不断扩大，人员不断增多，传统管理模式已经不能适应企业持续加快发展的需要，应用信息技术改造传统产业是提升企业市场竞争力的有效途径。公司高层领导达成共识，决心将应用信息技术改造传统电机产业工作列为公司发展重点，领导牵头和协调工作，制定信息化建设发展的整体规划和分步实施计划。同时，配备专业人才，加强对信息化建设的统筹规划、管理协调和技术指导。

2. 组织机构到位

公司成立项目领导小组，下设项目实施办公室，公司总经理环建斌亲自担任项目总指挥，负责项目实施过程管理，组织方案审批和成果技术鉴定，协调、组织相关部门按照方案具体实施。相关业务部门成立实施工作小组，由部门主要领导、项目实施经理、咨询顾问和技术业务骨干组成，对公司领导小组负责。公司总部还成立了信息中心，负责项目建成后的维护和升级。

3. 专家咨询到位

2004 年，公司与江苏经济发展研究院、江苏君信咨询有限公司签订了管理咨询协议。通过管理诊断、组织架构设计、关键流程重组等一系列管理咨询活动，设计了一套适合新流程的 ERP 管理系统，实现重组的流程与 ERP 管理系统有机结合。2015 年公司又进一步对江苏省朗通科技有限公司、广州先导自动化控制有限公司及苏州弘光条码系统有限公司展开咨询工作，泰州智码根据公司的生产实际和 ERP 系统上线情况，为其制定了一套智能工厂建设方案。

4. 培训工作到位

为了加强信息化建设，公司从 2004 年起，每年引进若干名信息技术人员充实管理队伍。同时，公司总经理身体力行，学习 ERP、MES 等管理系统方面的业务知识，熟悉其发展方向。并组织全体员工学习，尽快掌握信息管理技术。对原有人员加强培训，规定每人每年接受不低于 40 学时的专业培训。培训内容涉及现代管理理念、管理办法、基本操作等，为信息化系统的运作培养了大量人才。定期送相关人员到集团公司 IT 部接受培训。近年来，公司已培养了一支训练有素的系统维护实施、基础操作队伍，他们在各自的岗位结合自身的要求，借助企业公共信息平台，开发了简单、易行的运用软件，如不良品管理系统、外加工结算系统等，促进了企业信息系统的建设。公司现拥有工程技术人员 375 人，其中研发人员 247 人，具有高级职称的达 35 人。

5. 资金投入到位

资金问题始终是信息化建设的主要难题之一。公司坚持按照“分步到位，逐年推进”的发展思路，多渠道妥善解决信息化设施经费问题。确定投资的重点、范围和投资主体，确保信息化建设持续、深入地开展下去。2004 年至今硬件总投资8000多万元。2018年公司又增添了核心服务器10台、核心网络设备10台、计算机及外设300余台、机械手5台、加工中心2台、数控机床20台、监控设备40台等硬件设备。拟根据未来发展持续增添设备。

（二）优化重组流程，集成四大系统

1. ERP/MES管理系统

对采购、销售、进销存、生产流程进行整体重组，实现了所有模块的上线，保证了对公司人流、物流、资金流、信息流的闭合控制，并为后续的生产控制系统、生产执行系统提供基础数据支撑。ERP系统与后续的生产执行系统相配合，在统一平台上集成诸如生产、质量、设备、员工、报表等管理功能，使用统一的数据库并通过网络连接同时为生产部门、质检部门、工艺部门、物流部门等提供车间管理信息服务。

2. 生产控制系统

依托生产线的检测及控制设备，将每条流水线的测试数据和结果通过网络、USB或COM等接口传送到生产控制系统中，并且通过数据库处理将检测数据转成系统识别的数据文件，对大部分数据进行过滤和筛选处理，进行实时监控和管理。在生产控制系统中，将统计汇总的数据（合格品、不良品、报废品等）传输到ERP系统中去，做到自动化的全程管理。生产控制系统的实施，实现了从生产、数据采集、数据统计汇总到数据分析的全过程控制，形成了协同办公体系，保证了上下游工作的完全通畅，提高了工作效率。

3. 生产执行系统

他们的生产执行系统，引进了美国的条形码技术，使用二维条形码及无线采集设备对生产流水线生产的半成品、成品进行扫描，即时传送到服务器中，实时将传送的数据引入ERP系统中，保证对数据的准确、及时、稳定等需求，解决了以前因数据反应不及时而导致生产线上出现的停工待料现象，不会因人为因素影响生产及产品发货。

4. 产品生命周期管理系统

该系统与公司内部的ERP系统实现了数据互通，大幅提高了库存流转率，降低了开发成本，加快了进入市场时间，降低了用于质量保证方面的费用。

（三）务求实效，取得六大成效

通过应用信息技术改造及安全网络平台的建设，打通了信息交互通道，使

公司信息即时传递、实现协同办公成为可能，也使公司生产、经营、管理各方面水平明显提升。

1. 缩短产品供货周期

系统实施前，产品平均供应周期一般为5~7天；系统实施后，产品供应周期仅为3天。产品与零部件平均供货周期大幅缩短，大大提高了企业市场竞争能力和为客户服务的水平。

2. 加快流动资金周转

公司通过对信息系统的应用，完善了对客户与供应商的管理程序以及销售系统、采购系统、财务系统的信息集成，实现了财务与业务一体化，大大提高了流动资金的周转率，减少了应收款逾期的发生，避免了因坏账而造成的损失。

3. 提高存货周转次数

公司实施信息管理系统后，仓库的管理变得更加规范合理，对所有材料实现了批次、货位、保质期管理，使存货周转显著加快，全年存货周转次数比实施系统前加快了5次。

4. 强化生产控制能力

公司结合批流程制造的特点，引进ERP、供应链、PDM等现代管理思想。在系统实施后，产品的生产严格按订单执行，原材料的采购也做到了定量化，大大提高了生产调度的有效性、及时性、灵活性，降低了产品的制造成本，增强了企业竞争力。对生产过程进行质量控制，从生产订单到领料单再到成品检验单最后生成报工单均实现了线上管理和操作，使整个生产管理系统都得到了闭环控制，对每个材料从投入生产到最后生成成品的整个过程进行统计，可以通过系统进行全面的跟踪，为企业节省了大量的人力和物力。

5. 缩短新品开发时间

公司全面实施PLM后，开发周期缩短，设计工程效率提高，数据存取时间从几天减少到几分钟，ECO时间从一周减少到一天，在单一的Web界面下，实时获取原有系统和新的数据。

6. 产品实现线上营销

公司建立了互联网营销网络平台，缩短了公司与客户沟通的时空距离。目前，海尔、富士通、Candy、大金等客户订单基本已全部实现网上处理。通过公司的信息化建设，整合了公司在产、供、销、存等方面的信息资源，提高了内外部信息交流的速度和能力，使公司领导层面对瞬息万变的市场能以最快的速度获取最新的信息，作出最快的决策。

第四节　信息化的成熟标志：企业整个业务流程全面优化

一、方略：迎接新科技革命的机遇与挑战

《2019 中国制造强国发展指数报告》显示，我国制造业位居全球第三阵列前列，在美国、德国、日本之后，名列全球第四，但质量效益、结构优化、持续发展仍与美国、德国、日本等国差距巨大。2018 年我国工业增加的规模超过 30 万亿元，在全球制造业中占比超过 20%，但我国制造业劳动生产率仅为美国的 19.3%、日本的 30.2% 和德国的 27.8%，可见中国是制造业大国而非制造业强国。我国已提出到 2025 年迈入制造强国第二方阵，2045 年进入第一方阵，要实现这一目标就需要加快进行新科技革命，这也是制造业面临的机遇与挑战。时下，以数字信息技术为引领，以生物技术、新能源技术、环保技术相伴的新科技革命浪潮正向我们涌来。在这史无前例的浪潮面前，是勇于跳入奋力拼搏，还是隔岸相望，是当代企业家与商人的分水岭、试金石。

（一）强化数字技术意识，以认识力提升建设数字化企业的行动力

新科技革命的到来势不可当，对世界经济与社会影响超过历史任何时期，已成为 21 世纪最伟大的变革。新技术革命一般会经历技术界（新技术从诞生到逐步发展，突破核心技术）、产业界（新技术与产业融合，形成大规模应用）、社会界（新技术影响到全社会，引起生产结构方式的大变革）这三大发展阶段。新技术革命最显著的特征是一主（数字技术）、多元（生物技术、新材料技术、新能源技术、新环境技术等），以人工智能为代表的数字技术主导多元新技术融合发展，且正以爆发式的增长趋势向前推进。现有信息技术主要由大数据技术、云计算技术、物联网技术（5G）、区块链技术、人工智能技术组成，其中大数据为数字资源、云计算为数字平台、物联网为数字输送、区块

链为数字信任、人工智能为数字智能，五大新技术相互融合，实现万物互联、在线和智能。新技术革命的核心为数字革命，从无限劳动力转向无限计算力，以人工智能为代表的数字技术将引领新的数字革命，进而实现数字化生活、数字化生产、数字化生命。数字化的关键是数据驱动业务，一切业务数据化、一切数据业务化。数字化的目的是实现智能，人力智能和人工智能相融合，使人类走向超级智慧，发展成为“数字人”。通过对统一形成的数字进行整合，产生全新价值，进而返回现实世界进行增值，构建起数字化机制。目前已从IT信息化技术转向DT数字化技术，IT是服务于自动化，DT是服务于智能化。人工智能AI技术已渗透到经济社会的方方面面，数字化最新阶段是智能化，人工智能是智能化的核心，是人类文明史上最伟大的变革。麦肯锡研究院对智能时代与工业时代进行对比研究，得出了三大基本数据：从技术发展速度看，智能时代是工业时代的10倍；从经济规模看，智能时代是工业时代的300倍；从社会影响看，智能时代是工业时代的3000倍，有一个公式，即企业新价值=（生产能力+市场能力+研发能力）×数字能力，足见智能时代的辉煌前景。可见，在新技术革命时代，谁见事早、行动快，谁就是大赢家，就能使企业价值乘数式倍增，产生新的巨大价值，使企业从“雏鹰”变成“雄鹰”。特别是对过去因多种原因与先进产业落差较大的企业技术来说，新技术革命是急起直追、赶上与超过的最好机遇，抓住以“智能制造”这一新技术革命的核心，就能实现弯道超车、跨越发展。因此，培育数字思维，提高数字素养，确立新时代的数字世界观，加快企业数字化转型，从根本上改变经济发展方式，重构产业新平台势在必行、时不我待。

（二）突出数字技术应用，以数据力提升新技术变革力

在新技术革命中，数字信息技术发展迅猛，并融合带动着生物技术、新材料技术、环保技术等发展并汇聚成强大科技力量，推动着质量变革、效率变革、动力变革等。突出数字技术，以数据力推动新技术革命，当是重中之重。

1. 运用工业互联网创新应用

工业互联网融通于系统构架、产品生命周期和价值链三大智能制造体系维度，是支撑制造业转型升级的大平台。其本质是“云制造”，实现全面的互通互联。其基本原则是以数据为核心，进行“互联网+制造业”深度融合创新，以高度柔性与高度集成的方式，贯穿于产品全生命周期，进行全面深度的渗

透，达到业务的包容性增长、可持续增长的目的。其流程是在建立完善信息化的基础上，不断应用多种平台和工具，进行信息化升级，最终实现智能化。企业在不同阶段对信息化的定义和需求不一样，企业应在不同的阶段使信息技术种子与业务土壤相结合，以发挥最大价值，在过渡阶段通过 ERP 模块将业务与财务连接起来，并将一部分功能延伸出去，解决因耦合度高而出现功能之间相互碰撞影响的问题。积极实施两化融合贯标对标和创新工程，将两化融合管理体系贯标对标常态化，加快通过国家贯标评定，争创国家、省、市两化融合示范单位，争创国家、省、市三级智能工厂或智能车间，提升企业信息化和智能化水平，为工业互联网发展打基础、打前站。然后通过网络协同和数字智能，实现系统最优价值，获取数字红利。

2. 加快企业上云上平台

以设备上云作为平台赋能的切入口，加大设备数字化改造和互联互通的前期投入，企业根据实际情况积极规划实施上云规划，加快中小微企业平台即服务（PAAS）向业务系统云化升级，为工业互联网发展提供具体抓手，切实降低企业信息化成本。

3. 构建工业互联网创新服务体系

规模骨干企业应与专业服务机构，如华为、腾讯等知名 ICT 企业，构建多层次服务型工业互联网平台。

4. 实行产学研用联盟创新

突破行业关键重大技术。针对工业互联网推进中的短板和痛点，譬如企业软硬件和互联互通条件普遍达不到互联网要求，大部分企业处于信息化发展起步阶段，仍以低水平重复投入单台套自动化设备为主，普遍缺乏顶层设计，长期面临信息孤岛、烟囱式垂直应用问题，MES 软件项目定制化程度高而不利于长远发展等问题，通过联合创新，切实解决标准化与服务化、软件产品模块化以及各类创新应用开发与运行错位等问题，实现支撑智能决策、业务模式创新、资源优化配置和产业生态培育等高阶功能。

5. 深入推进智能装备大规模改造

对于生产过程不连续的离散型制造企业，如装备制造、电子信息等，实行分类推进，加强关键环节、关键工序的智能化改造；对生产连续性强、材料工艺相对稳定的企业，如纺织、冶金、化工，实行流程型制造，提高生产运转的整体效能，从而加快企业智能化转型。

（三）协同创新，以研发力提升核心竞争力

智能制造是新一代新型技术（数字技术）与先进制造技术的深度融合，数字技术与产业技术之间既相对独立又相互促进。数字技术带动产业技术发展，产业技术促进数字技术发展。因此，我们在突出运用数字技术开发应用的同时，不能弱化产业技术的开发与运用。零和博弈（即非合作）竞争不会获得双赢或多赢，制造业要有产品研发力、制造力、技术力和模式力，要想具有以上竞争力，唯有走创新发展、开发合作之路。在创新与发展中，始终坚持市场导向，紧紧围绕市场需求进行自主可控创新。制约制造业发展的最大瓶颈是关键技术和核心技术难以突破，关键设备也是一大短板。重大关键技术买不来讨不来，引进关键技术与设备，即使技术所有者同意，但对其技术许可限制较多，且价格昂贵。因此，要紧跟国际科技创新的新进展与产业发展的新变化，瞄准产品的高端化与差异化，强化以企业为主体，建立高质量、高水平的创新平台和创新联盟，坚持自主创新、开放创新、合作创新多措并举，集中力量攻克一批“卡脖子”技术，补足短板技术、颠覆性技术及关键设备，满足重大工程和高端制造业需求。建立强化企业技术研发中心、博士后工作站和院士工作站等平台，不断完善技术研发机制，明确攻关课题，加大资金投入，营造良好研发环境，包容试错，实行弹性工作制，不断激励科技人员的积极性和创造性。高度重视创新人才和创新团队的培育和成长，通过创新加快产业高质量和可持续发展，放大产业+项目+人才集聚模式效应。

在研发创新中，既要重视高端技术的研发，也要重视通用工程产品升级；既要重视新材料、新工艺、新技术创新，也要注意解决研发生产应用中的具体问题，对研发中取得的成果，在加快转化为生产力的同时，要积极申报知识产权保护，防止侵犯新技术行为发生。注意引进高层次人才和自培人才相结合，既要重视补充目前最紧缺的数据人才，也要重视强化专业技术人才队伍，提升科技团队能力水平。实行科技研发和商业模式创新相结合，既提升产品和服务的质量和水平，又为客户创造最好价值。在科技开发中，有实力的龙头企业可以将研发中心划出，另成立单独的技术开发公司，专门研发高端技术，致力提升行业产业水平，在满足母公司需要的同时积极为中小企业服务，以带动全行业的发展，不断提升核心竞争力。从加快科技转化为生产力的角度出发，建立企业家与科学家合作这一重要机制，在提升企业家科技素养的同时，通过科技经纪人嫁接企业与科技成果转化的桥梁，同时全方位为企业家和科学家提供服务。倡导平台共享、知识共享、科技共享，像谷歌、特斯拉等公司一样，供大量开发者使用，形成万马争雄的整体优势。

总之，要按照习近平总书记“大力培育新产业、新动能、新增加值”的要求，瞄准新一轮科技革命和产业变革方向，推动制造业进入更加广阔的发展蓝海。围绕三新经济（新产业、新业态、新商业模式），加大培育形成差异化发展、错位式竞争、配套服务齐全、专业协作便捷的产业生态，着力把企业打造成创新型领军企业、高新技术企业和科技小巨人、三级创新团队，为我国到2025年迈入制造强国第二方阵，2045年进入第一方阵作出贡献。

二、案例：张氏纺织——以科技力量激发传统袜业全球领先新活力

面对国内外纺织市场严峻挑战与考验，江苏张氏纺织有限公司年轻创业大学生张志伟坚守实业为民初心，心无旁骛做纺织，不畏任何艰难困苦，高标准执着追求，用匠心精神与科技力量彻底颠覆传统产业，将初办时一个小作坊打造成现代化的全球针织品供应链，目前已成为全球唯一、行业第一的智能无人工厂和全球先进的现代物流分布中心，小产品走向了大世界。产品面向国内，远销日本、澳大利亚、英国、美国、德国、意大利等多个国家和地区，拥有多项自主版权设计的品牌商品，与国内外百家以上品牌商建立了稳定良好的合作关系。依靠智能制造的赋能加持，公司在新冠肺炎疫情期间攻城略地，成为日本DAISO集团、TUTUNNA，国内的阪织屋、森马、七匹狼，欧美的TESCO，M&S、Sainsbury等一线品牌的长期战略合作伙伴。同时，企业实施的智能纺织生产项目入选省智能制造示范工厂建设名单，实践探索了一条传统产业高质量发展之路。

（一）用科技力量打造智慧工厂，着力推动传统产业脱胎换骨

“当人口红利越来越稀少的时候，唯有用科技力量去创造、去体验中国制造业的科技红利。”张总是这样说的，也是这样做的。2018年年初，在历经6年探索和准备的基础上，张总果断决策，投资5亿元，征地36亩，购进现代化设备3000台，建设全球首家袜业智能机器人工厂——江苏新萌芽智能纺织有

限公司。为了把智能工厂打造成世界一流，他们不惜代价，请了上海及苏州3家软件技术公司，驻厂现场设计开发。由于他们精心部署、紧张快干，仅用一年半时间便建成了一座新型的现代化智能工厂。将一个原本需要1500多人工艺流程的传统纺织行业转化成只要200人不到的一个全智能工厂，通过人工智能加上大数据纳入，整个生产流程从原料准备到织造之后的产品分类，再到后道产品加工、检品、包装、装箱及货物分拣，全部不需要人工，而是通过系统管理进行数据收集、整理、分析、上传云端，然后再通过算法和算力做出最佳的生产路径和解决方案。“从人类思维解决生产判断转变为由人工智能数据应用的解决方案，最终实现机器与机器之间的互联互通，所有生产计划运行，都可以在实时的过程中被检测、修改、修正，而让人仅做一些辅助工作，大大提高了效率和质量。”张总说着还举了例子，譬如织袜、缝头、翻袜，多道工序，仅3分钟就可以全部完成，辅助机器手臂自动取袜装箱。一个辅助机器手臂可同时管理80台织袜机，一分钟可自动取袜三四十双，而此前一名工人最多可同时操作8台织袜机，一分钟取袜3双，然后还需要专人再缝头、翻袜。全自动设备即使晚上关灯后，也可以自动工作，生产力至少翻了20倍。产品生产完成后，视觉机器臂对半成品进行吸放循环测试，分拨分类；再由全自动定型包装机进行正压定型，自动订标折叠、包装入袋；无人托盘车自主运输，到达存储区，进行智能存储。检查环节也实现了智能化，检查人员发现问题只需要说一声，系统就会根据语音自动录入，将有问题的成品退回相应环节。还有人脸识别系统，工人上班只需站到系统旁边，就能从随身携带的手掌机上知道分配的一天工作任务，而且可通过指令监测员工行动。张总意味深长地说，搞智能化不是让员工失业，而是将人转移到机器人不能完成的辅助工作上去，让一些人做判断标准，让机器人做点位上的判断，达到人和机器结合，真正将产业工人从繁重的体力劳动中解放出来。

（二）依靠科技力量创建现代物流分拨中心，拉长产业供应链条

在实践中，他们体会到供应链条节数越长，所产生的利润价值越多；链条环节越深入，所形成的相关价值系数越高。他们在生产成本效能化的同时，试图将企业的战略延伸至海外市场的终端，进一步同海外一些大型零售超市进行商谈合作，依托靖江与上海的优势，联合世界有名的天祥集团，建造成为国外大型超市做配套的海外分拨配送现代物流中心。该现代物流中心采用全球最先进的P&P系统，全生产流程以自动化的输送货架完成，同时满足四个大型超市专业商品的吞吐量，而且该分拨中心和国外大型超市卖场直接进行数据对接，更直接更快速地提高商品的保底安全系数和出货时间控制系数，使得产品制造、贸易、分流和储存与国外大型超市的贩卖系统直接融为一体。在分拨中心，通过大数据，可以从原料进入一直监控到销售端的销售情况。生产方可以根据销售情况预先下单生产，发现销售不佳的产品即可全线停产，减少店家库存；销售方可实时了解到自己订单的生产进度，心中更加踏实放心。

（三）用科技力量开发特色产品，增强市场竞争力

技术和科研的拓展是保证企业持续发展的重要因素之一。公司不断和国内外科研单位进行商谈合作，同时也从国外买入技术，着力开发与人们生活息息相关的实用消费品。运用3D设计等新技术，改进设计流程，提高设计效果，实现个性化定制，开发生产了不少特色产品与品种。例如，抗菌防臭系列，防臭pH值远远领先于国内同类别产品；吸湿发热系列，可在瞬间吸去汗渍转化成热能，防止伤风感冒，该产品已通过全球SEK认证；保健卫生着压系列，通过特殊编织控制血液局部流通，可在运动时产生舒适感，减轻疼痛感，该产品已进入国外专业市场销售；保湿护肤系列，可延缓在空调或干燥处的水分流失。诸如以上功能系列产品种类日益增多，已有20多个系列。公司凭借功能袜等产品，不断“开疆辟土”，已成为国外多家知名纺织品公司的供应商，产品在日本、澳大利亚、欧洲和南美等地全球连锁超市销售。目前，公司正在建造袜子等贴肤系列的“工业博物馆”，让靖江袜子文化继续在年青一代中传承，让客户能身临其境得到体验。

同时，打造企业品牌，争夺市场主动。公司以前生产的都是贴牌产品，产品100%出口，国内市场是空白。在新一轮转型升级中，公司重点开拓国内市场，将给外国人穿的袜子推介给国内消费者，并将靖江美景印上袜子包装，以礼品装展销，打响了公司自有品牌“水稻人家”及“一宅一物”，让企业品牌成为靖江的一张城市名片。

（四）用科技力量持续提升纺织产业水平，打造中国制造世界品牌

他们在智能制造一期工程完成的基础上，乘势而上，将进入第二期工程建设，产能将在现有基础上再翻一番，智能化水平百尺竿头更进一步。该项目全部竣工后可以实现具备精密智能的生产制造设备，具有提供准确生产数据的能力；数据化在生产的各个端口运用、优化；精密仪器被采集、PLC 自动化在整个企业的流水线过程中更加畅通、数据顺畅及时；AI 人工系统在生产端口使用、完善，打通每一个环节；人、机、物、市场之间互联互通，形成一个完善的生态环境体系。建立和完善 3D 设计、大数据运行管理、检品检验和检修、物流分拨、智能制造、商品采购进出口贸易 6 大中心。整体形成高水平智能化体系，建成全球智能化水平最高的袜子生产基地和新时代创新型企业。张总还有一个站在全局高度上的心愿：用心用情，运用互联网思维加上科技的力量，构建中国智造的世界品牌，通过传统纺织智能化全球领先水平，给传统产业带来示范引领，提供更多可借鉴的经验和做法，助力推进劳动密集型企业高质量发展，为中国制造赢得世界的尊重，为行业赢得自信而携手前行。

第五节　信息化发展的趋势：集成化、移动化、智能化

一、方略：企业如何上云上平台

企业上云，是指企业以互联网为基础，进行信息化基础设施、管理、业务等方面应用，并通过互联网与云计算手段，链接社会化资源、共享服务及能力的过程。企业上云是企业数字化、智能化转型的基础，是加快把企业做强做大的必经之路和现实选择。每个企业尤其是制造企业，都应按照工信部《推动企业上云实施指南（2018—2020 年）》，结合企业实际，把企业上云上平台摆上重要议事日程。

（一）切实解决思想认识上的几个问题

总的来说，虽然企业对信息化建设的重要性有了新的认识，但还有一些企业认知程度较浅，思想上还存在一些疑虑。一是认为前期投入较大，云端数据应用较少，需要后期用信息技术打通和延伸，才能产生上云价值；二是担心数据在云端上不安全，失去机密；三是认为自身专业人才缺乏，上了云也难以监

管；四是对信息化投入与业务发展投入作比较，往往认为后者比前者见效快，捞欠的不如捞现的；等等。这些顾虑和担忧的实质是对上云上平台的作用和好处不甚了解。鉴于此，要运用多种形式和方法，譬如参加信息化培训班，到云服务商或第三方机构建设的企业上云体验中心参观学习，充分了解云服务内容、功能特点、典型案例和上云成效，提高对云计算的认知度和运用能力。企业上云可以更好地实现企业信息数据的互联互通，能够为企业各部门提供数据的实时应用；企业上云可使企业数据得到更好的规范保存，尤其是通过云端备份，数据不易丢失；一些重要的机密信息，譬如设计图纸、技术参数、材料配方、客户信息等的安全性还可得到加强。尤其是企业上云，有利于推进企业数字化、网络化、智能化转型，促进互联网大数据、人工智能与实体经济深度融合，提高创新能力、业务实力和发展水平；有利于加快软件和信息服务能力发展，加快把产业做强做优做大，从而提高企业上云上平台的主动性、积极性。

（二）科学部署上云模式

云平台有公有云、私有云和混合云三种，企业可根据规模大小和实际情况，科学合理地选择云平台。大型企业可建立私有云，部署数据安全要求和关键信息系统；并将其与连接客户、供应商、员工的信息系统构建的公有云连接，共同形成混合云架构。对数据安全要求高且需对外连接提供服务的信息系统，可考虑采用数据存储于私有云，运用部署于公有云的混合型架构。中小型企业和创业型企业，可依托公有云平台，按需租用存储、计算、网络等基础设施资源，运用设计、生产、营销、办公、财务等云服务或构建特色服务，提升管理水平和效率，加快形成新的业务能力，开展业务和服务模式创新，实现个性化服务输出，加速建立现代化经营模式。公有云平台可租用工信部认可的云服务商的云空间，做到投入少、上马快、效果好。

（三）按需合理选用云服务

在科学部署上云模式基础上，加强与云平台服务商进行供需对接，有序推进上云进程。云服务有基础设施、平台系统与业务应用三类服务，在基础设施方面，通过计算资源、存储资源、网络资源、安全防护等服务，实现由弹性计算带来的计算管理上的优化；提高存储的经济性、安全性和可靠性；高效安全利用云平台；有能力保障信息安全。在平台系统方面，通过数据库、大数据分析、中间件平台、物联网平台、软件开发平台、人工智能平台等服务，分别实现各类数据跨平台、跨业务的协同管理；进行数据采集、存储、分析、挖掘和协同运用；构建分布式系统架构，满足“互联网+”的需要；实现设备高效可视化在线管理；规范开发流程、降低成本、提高效率、提高业务智能化水平。在业务应用方面，通过协同办公、经营管理应用、经营管理、研发设计、生产控制服务、智能服务运用等服务，可以实现低成本高效率的办公系统；提高企业管理科学性和效率；提高企业运营管理水平；提升研发效率和创新水平；优化生产控制流程，提高效率和水平；提升企业研发、生产、营销、服务等的智能化水平。

（四）企业上云实施路径

工业和信息化部在《推动企业上云实施指南（2018—2020年）》中指出，企业上云可按照需求分析、可行性评估、选择确定云服务商、上云方案设计、测试和部署、验证和总结、运维保障、效果评估等步骤进行。在实际操作中，企业可根据自身实际，选择合适步骤，适当精简流程，做到上快上好。

企业确定上云后，在自身没有数据人才的情况下，可结合业务发展规划，选择合适的第三方机构或云服务商，对原有信息系统进行全面摸底梳理；然后参考第三方给出的信息系统分析结果，结合已有的信息资源和业务需要，对信息系统上云的可行性进行分析，包括上云是否能解决实际业务问题，初定各类系统是否上云以及上云的优先级等。

基于上云可行性的评估结论，拟定详细的包含上云工作内容和要求的方案，明确各方责任和义务，共同确定各个信息系统具体迁移策略。在平台服务商或第三方机构支持下，根据上云方案，构建虚拟环境，进行上云演练，通过测试和验证，不断优化完善上云方案。

上云步骤全部结束后，各相关方共同对数据的实用性和一致性进行校验，对执行上云后的功能、业务流程、性能对比、备份、容灾、安全等测试，出具上云测试报告；将信息系统正式转移到云平台，并做好开展上云工作的总结。上云成功后，企业可自行或委托第三方机构，对云服务进行监督，督促云服务商不断提升技术水平和服务能力，为上云企业提供强有力的支撑。

（五）根据企业自身发展基础，选择上云类别进行申报

江苏省工信厅为推动企业上云，印发了《江苏省星级上云企业评定工作指南》，确定了企业上云的范围及内容，并根据企业业务上云、数据上云和设备上云以及企业上云后基于数据 + 模型的创新应用情况，明确了评定企业星级（三星级、四星级、五星级）的具体标准。每个企业均可按照申报要求进行申报。借助申报，除获得上云奖补外，还能通过上云总结与检验，进一步推进企业提高上云的层级与效果，并对其他企业起到示范引领作用。

二、案例：艾兰得营养品——从五星级上云到高标准建设工业互联网平台

江苏艾兰得营养品有限公司（以下简称艾兰得公司）成立于2010年4月，是国家级高新技术企业、全球领先的营养健康解决方案服务商和中国医药保健品出口领军企业。公司在中美欧三地拥有10个营养品生产研发服务基地和2个物流分销中心，在全球范围内拥有雇员约4000人，其中欧美员工近3000人。2018年又与当地政府、香港恒基集团开展深度合作，共同投资50亿元，建设占地800亩的恒艾健康服务产业园，至2022年将建成集科技创新、生产物流、养生保健、健康管理、精准营养、教育培训于一体的现代化生命健康服务产业园。

早在五年前，艾兰得公司规划智能制造项目时，就已涉及工业自动化和信息化的融合，工业自动化部分除了自动化设备外，还需要工业互联网平台与信息化平台对接，同时两者需要做到互联互通、安全及对企业可拓展。所以他们先从企业上云入手，进而倾心打造营养品工业互联网平台。在打造过程中，按照总体规划，分步分阶段实施，先后投入5000多万元，着力推进信息化和智能化建设。现已成为江苏省工业互联网发展示范企业、五星级上云标杆企业。

（一）加强人才队伍建设，满足企业上云和工业互联网平台建设需要

无论是五星级上云还是打造营养品工业互联网平台，都需要掌握企业生产经营管理、软件研发技术、自动化设备等多种专业知识的复合型人才。该公司通过引进和自培相结合的方法，不断壮大自身的专业人才队伍。现拥有IT专

职人数28人，信息化专员16人，外部公司租用52人。公司CIO蒋科伟，是原德国费森尤斯大中国区IT总监，擅长信息系统的规划和整合，使系统与业务紧密结合。近期主攻大数据和智能制造、财务机器人、工业互联网等智能化方向，为公司节省了千万元的资金。同时，公司的整体人才结构也在不断优化，现靖江本部在职员工748人，其中：研发和设计人员82人，占职工总人数的11%；中高级职称人员86人，占职工总人数的11.5%；本科及以上人员232人，占职工总人数的31%。另外，柔性引进博士人才6人，较好地满足了两化融合人才的需要。

（二）科学构建工业互联网平台架构，充分发挥平台技术优势

他们根据工业互联网平台建设的基本原则和总体要求，紧密结合企业实际，重点围绕工业互联网平台能力，科学合理地设置营养品企业工业互联网平台的架构，其架构包括前台、中台、后台三个部分。该平台的技术架构除平台架构技术方案外，还包括边缘云计算技术方案、工业大数据技术方案、工业微技术方案、工业App开发技术方案等。

该平台形成以核心组件为内核，以数据库管理模块、App/系统模块、管理模块、开发人员模块、嵌入和接口模块、版本及编译器模块、项目池管理模块等为外层的整体架构，具有跨平台支持、快速开发、快速迭代、标准应用、数据统一、统一标准以及多硬件接口等功能，从而打通了企业工业互联网平台的数据采集、数据交互与数据分析处理的全过程，以及现场级、车间级、工厂级网络的互联互通，实现了数据要素驱动，一切业务数据化，一切数据业务化，具有营养保健品企业工业互联网建设的示范与推广意义。

以上这些，主要来自企业工业互联网平台具备的技术优势。公司自主开发的数据总线系统，可以建立自己的协议标准，打造主数据系统，在关键字段采用了自己的MD5加密算法，在网络上单独布线，接口传输都用基于HTTPS协议的RESTFUL标准。以企业核心数据库为基础，根据协议和规则，开发数据API接口，然后跟各个应用系统做不同层次和颗粒度的数据交换，并在数据交换时进行安全审核，类似微软的Token口令。同时，基于FDA和GMP的要求，信息系统对生产执行系统的服务模块进行了符合性修正，先期已积累了企业内面向大型企业工艺、质量、设备、管理的优化需求，以及中小企业信息化、数字化改造提升需求的自适应经验与服务输出经验。

（三）不断提升平台实施能力，充分释放潜在能量

公司通过打造该平台，提高了创新研发能力。新建的平台具有良好的外围兼容性，从而有效地保障了研发的协同性，实现与数据库、硬件设备、多语言的配置化，并可支持二次编译与用户二次开发。平台以 PAAS 与 SAAS 指标来衡量其成效，在多方面都有可比较性优势。为进一步提升平台实施能力，充分发挥其服务和管理作用，公司于2018 年6 月1 日新成立了江苏艾善智数科技有限公司（以下简称艾善公司），作为向企业与社会提供信息技术与服务的全资子公司。这一子公司立足于打造营养品企业工业互联网平台，整合公司专业人才队伍，推动企业产业链上下游制造资源整合，推动数据要素驱动创新，完成了设计能力与产能的高效输出和复用，形成与企业间的全方位协同。艾善公司已累积了企业级与国际化经验，不仅具有平台自有的远程指导能力与协同服务能力，还具有现场服务能力。同时，依托现有在中美欧三地的 10 个营养品生产研发与服务基地，以及 2 个物流分销中心的体量优势，在提供中美欧地区服务体系支撑的同时，还可以让企业获得国际化最新技术与资讯。

艾善公司自成立以来，已对外签订 2 项重要信息化合作项目，并开展了多项国际业务合作，已具备良好的企业工业互联网实施能力。

（四）客观评价运用效果，推进工业互联网平台多维发展

公司选择的工业互联网平台应用的特定工业场景，如设备管理、研发设计、运营管理、生产执行、产品全生命周期管理等，都得到了优化与提升。平台所有信息系统完全具有保障营养保健品企业 FDA 与 GMP 认证的要求，并具有自主开发的数据总线系统与企业协议标准，是目前唯一适用于营养保健品企业的工业互联网平台。现已在浙江艾兰得生物科技有限公司、艾兰得营养品泰州有限公司、江苏雅博动物健康科技有限责任公司、江苏江山聚源生物技术有限公司等企业推广应用。其运行绩效指标表现优异，产品质量等级品率达到 100%、质量损失率降至 0%、单位可变成本下降 20%、劳动生产率上升 18%、工业批次损失率降至 0%、订单交付率达到 100%、万元产值能耗下降 10%、资产收益率上升 17%。公司在取得阶段性成效之后，正在制订下一步的发展计划。在战略层面上，以数据为核心进行产业融合创新，以高柔度性与高度集成的方式贯穿于制造全生命周期，进行全面、深度的渗

透，达到企业智能增长、包容性增长与可持续增长的目标；加强自身企业级标杆平台建设，发挥对企业知识深入了解的优势，在内部不断迭代，将更多隐性工业知识与经验方法进行显性化与模块化；建设企业工业互联网平台与建设企业生态双轮驱动。在作业层面上，完善工业设备数据集成总线、完善企业信息系统集成总线、完善企业信息中间平台、完善 Oracle ERP 系统、完善精益生产大数据分析系统、完善产品智能化全生命周期管理系统、完善主数据管理系统、完善供应商关系管理系统、完善客户关系管理系统、完善智能仓库管理系统、完善高级计划与排程系统，从而进一步提高了营养品工业互联网建设水平与使用效果。

第六节　信息化作为商业变革支撑："互联网＋商业"

一、方略：大力推行电子商务

有了好的生产内部管理机制，还必须有好的营销外部管理模式，两者如同空中翱翔雄鹰的两只翅膀，必须同等强健有力。在市场复杂多变的情况下，传统营销方式已经不能适应新市场、新挑战，必须大力推行电子商务，同时改革传统营销模式，建立科学先进的营销模式。

大力推行电子商务。电子商务正在迅速发展，通过网络经营实现盈利的成功案例日趋增多。不做电子商务的企业将无商可务，电子商务决定着企业的生死存亡。互联网能让你卖出所有的商品和服务，同时也能让你采购到所有的产品和服务，它所带来的营销模式革命也必将让许多企业重新进行洗牌。我们必须抓住这个机遇，迅速建立起一个企业市场营销网络。一是与阿里巴巴、腾讯的微博、华为等知名网络连接，充分利用各类平台，以获得更多的供求信息，确保在百度、谷歌等搜索引擎中输入你的产品名称、规格、型号，就能找到你的企业和产品。二是在销售上采用多种方法和策略，把网上访问者变成实际客户，不断提高网站流量的转换率。譬如，提高网站的质量和专业性，提升潜在客户心目中对性价比的判断；为客户建立起一个没有任何障碍而又便捷的通道，以便他们得到各种想要的信息；保证产品质量和服务质量，提升购买者对网站的信任度；等等。三是加强网络销售队伍建设。通过培训使每个网络销售人员都能熟练运用和掌握网络销售工具及营销渠道，并予以严格的考核和监督。

强调大力推行电子商务，不是抛弃传统的营销模式，而是要在传统营销方式上进行改革和提升。一是建立起企业内部市场经济（“阿米巴”模式），实行销售精英和人海战术相结合，将过去由企业老总和营销人员关心市场转变为全厂员工关心市场，摆脱企业80%销售额由20%销售人员承揽的困局。几年前，海尔适时而变，调整战略，将8万人的庞大机构划分为2000多个自主经营实体，让企业全体员工参与市场竞争，缩小企业与市场的距离，扩大与用户的接触面，创造了“人单合一”双赢模式（即把每个员工和他的客户连接起来，员工为客户创造最大价值的同时也为自己创造价值）。有一些企业以独立产品或部件为单位实行“产供销”一条龙承包，这些模式都值得学习借鉴。二是加大培训力度，让销售人员熟练掌握多种销售武器，如博客营销、网络营销、短信营销等，对不同客户交叉使用各种方法，实现系统营销，提高营销效果。三是通过完善销售人员与销售人员之间、销售人员与部门之间紧密相连、挂钩奖惩的职责与考核机制，使销售激励机制和考核体系由单一转变为系统，从而促进销售人员从合格走向优秀，成就优秀销售团队，稳健提升销售业绩。四是强化产品质量意识和质量管理。质量是维护客户忠诚的最好保证，是占领市场最有效的武器。我们要始终不渝地通过严密的生产管理和严格的质量检验，确保产品质量过硬，为企业建立一个以产品质量为中心的高效顺畅的营销运行系统打下坚实的基础。

二、案例：“双鱼”食品——“双鱼”涌入智能潮流前线

江苏双鱼食品有限公司始创于1936年，是具有80多年历史的江苏老字号肉制品加工企业，属江苏省农业产业化经营重点龙头企业、农业科技型企业，在全国肉脯、肉干行业占重要地位。近年来，公司紧跟时代发展步伐，坚持科技创新，积极运用信息技术，搭上了智能制造快车，确保了企业的可持续健康发展。

双鱼肉脯制作技艺属江苏省非物质文化遗产，公司作为双鱼肉脯制作技艺的保护单位，注重在现有技术基础上进行科学研究和技术革新，将传统工艺和

现代食品加工技术有机地结合起来。公司除建有省级技术中心外，还分别与江苏农牧科技职业技术学院、南京农业大学建立产学科研项目，共同进行科研合作。在中国（靖江）国际创新创业大会上，公司与江南大学签约，双方将就高端人才引进、智能化生产核心技术以及建立中国食品技术研究中心江苏双鱼食品分中心等方面展开合作，不断进行科技创新。

2017 年，公司围绕智能生产，从工艺技术创新着手，联合国内外相关技术团队对肉脯生产的关键设备进行重点研发，将“智能制造”标准贯穿于研发全过程，并聘请在智能化领域经验丰富的德国团队对智能化生产线进行设计，随后制定智能生产线实施方案，集中有效资源进行投入改造。经过几年的努力，该公司大部分生产工序由传统手工变成了自动化，但由于有的工序很难做到自动化而影响建成智能生产线。目前，董事长褚洁明带领研发团队以“天下第一个吃螃蟹”的人的勇气，拟通过改革老工艺来解决这一“卡脖子”难题。该肉脯智能生产线一旦投入运行，能通过采集与分析“双鱼”生产全过程的数据，进行肉脯系列产品的连续化、安全化生产。智能化设备的运用，会大大减少人工操作，使得生产效率大幅提高；智能控制系统对产品质量的控制可达到近乎完美的程度，强大的后台智控系统比人工操作更加规范，能发出精准指令，将失误率降为 0。这不但可实现“双鱼”传统经典产品的现代化生产，而且能针对市场不同消费层次的需求定制个性化产品，更好地满足消费者需求。

在此基础上，该公司在“十四五”期间拟分批投资 2 亿元，全面建成“肉脯自动化、智能化扩产升级项目”，建成拥有自主知识产权的自动化生产线，构建融产品生产、仓储、追溯、能效管理等为一体的智能制造体系。该项目竣工达产后，预计可年增产肉脯 5000 吨，新增销售收入 5 亿元。

另外，该公司在运用传统“面对面”销售模式的同时，大力加快电子商务，建立了自主销售平台——双鱼食品官方商城；2011 年，公司在电商平台阿里巴巴下属的淘宝网天猫上开设了“双鱼食品旗舰店”，后又分别在京东、1 号店开设了“双鱼食品旗舰店”。自旗舰店开设以来，凭借双鱼积攒的良好信誉，迅速在电商领域打开了市场。作为有正品保证的专营双鱼肉制品的官方旗舰店，由公司直接运营，确保有效管控商品和服务的质量，对抑制假货起到了良好的作用。产品描述、物流、服务等三大评价指标动态评分高出同行业平均值20%以上，电商销售从未出现过群体性的消费投诉事件，保持着良好的信用记录。

在大电商时代下，“双鱼”积极涌入智能化潮流，业绩出色、管理规范，连年被江苏省商务厅评为电子商务示范企业，被江苏省经济和信息化委员会评为“江苏省信息化与工业化融合电子商务示范企业”。

第十二章

企业人才

人才是企业最宝贵的资源与财富，是企业强大的“点金石”。创新驱动实质上是人才驱动，市场竞争归根到底是人才竞争。企业强大要靠创新型人才的支撑，唯有靠人才，奇迹才可以创造出来。新经济呼唤更多的企业创新人才，人才的短缺矛盾日趋突出，强化人才开发和人力资源管理，已成企业当务之急。企业要坚持事业为上，实行外引与内培相结合，聚天下英才，汇各方之智，并不断选拔使用经受一线考验的各类优秀人才，以赢得源源不断的人才红利。积极引导中层经理自觉经受历练与考量，发挥他们的桥梁与中坚作用。抓好企业代际交接班人才的培养和使用，让他们成为企业基业长青的“脊梁”。多渠道多方位开发、培养与使用企业各类人才，真正形成人人渴望人才、人人努力成才、人人尽展其才的生动局面。

第一节　创新型人才：求才若渴的资源

一、方略：新经济呼唤更多创新人才

新经济对人才素质，尤其是对人才创新能力，提出了更高的要求，它呼唤着每个企业锐意进取，抓住机遇，造就更多的创新型人才。

（一）人才，现代企业的“宠儿”

适应时代发展的高素质人才资源是企业实力的象征，也是企业挑战力、竞争力之所在。世界著名的管理大师彼得·德鲁克曾经断言：“人是我们最大的资产。”现在不少企业家把人才视作企业的“宠儿”，也有人把知识和智慧比作新经济这一“历史巨人”的心脏和大脑。美国麦当劳连锁店创始人雷·克罗克提出与人有关的因果关系：企业成果 = 原材料 × 设备 × 人力；人力 = 人数 × 能力 × 态度。仔细分析一下，不难发现，上述公式用的都是“ × ”，而非“ + ”，表明若一项因素为“零”，其结果就是“零”，而若每项都优秀则成果将特别

大。事实也正是如此。

经济全球化使得企业的竞争加剧，唯有创新才是企业生存与发展的出路。然而，创新最根本的因素在于人才，海尔集团总裁张瑞敏曾提出海尔追求的“第一产品”是人才，“第二产品”才是销售出去的空调、洗衣机等商品。这就告诉我们：人才是企业的生命，只要有了人才，任何奇迹都可以创造出来。

为了争夺人才资源，很多跨国公司斥资在中国建立了大规模的培训基地，将世界高科技人才争夺战的重心向中国转移。为了增强竞争力，各大企业开始把储备高科技人才作为可持续发展的制高点，他们预测未来社会，企业的成败关键在于能否将经营战略和人才战略完美地结合起来。瑞典一家公司为了引进美国某公司一位不愿接受高薪聘请的专家，干脆收购了这家公司，名正言顺地把这位企业家调到了瑞典。中国人才敢于标“天价”，企业高价求人才也不乏其例。这从侧面反映了人才之战的多样性。

（二）让“宠儿”自由翱翔

人才合理流动是实现人才市场配置的重要方式。实行人才优化配置应该建立良好的用人机制和流动环境。目前，人才流动出现了好的趋势，但仍需进一步排除思想、体制、机制等方面的障碍。

第一，进一步更新人才观念。有人认为人才是单位花钱培养的，应该为单位服务；也有人担心人才流动会泄露企业秘密，对人才流动设置障碍。对此，要认清虽然人才是国家培养的，单位在人才资本的形成中也有较大的投资，但是人才资本的投资与物质资本投资不同，人才劳动力归人才个人所有，单位由于对人才资本的投资仅可获得一定时期内的使用权，而没有所有权。同时，人才作为高层次劳动者，其劳动能力（人才资本）也具有商品属性，必须按照商品属性进行配置，企业应主动采取人才流动措施，不但要从外界“挖”来企业急需的人才，也要对自己企业人才的离去持开明态度，为防止因人才流动而使企业利益受损，一方面企业应加强商业秘密保护，另一方面政府应加快制定人才流动和人才市场管理的法律法规，以消除人才无序流动的负面影响。

第二，建立和完善人才市场机制。用人单位和人才分别是人才市场的需求方和供应方。应按照人才市场的供求关系，促进市场自主择人和人才进入市场自主择业，使人才自身价值与企业需要相结合。改革政府部门所属的人才服务机构，健全专业化、信息化、产业化、国际化的人才市场服务体系。实行人事代理制度，消除户籍、人事档案对本地区人才流动的制约。推广工作居住证制度，探索建立社会化的人事档案公共管理服务系统。同时，建立健全社会保障体系，完善人才流动中的社会保障衔接制度，抵消人才因住房、公费医疗等隐性收入对用人单位的依附性。用人单位必须在人才的招聘、使用、辞退等方面有充分的自主权，完善人事争议仲裁制度，努力形成由政府部门宏观调控、市场主体公平竞争、行业协会严格自律、中介组织提供服务的运行格局。

第三，积极发展人才租赁业。面对人才竞争，一方面，有的单位凭借品牌和实力网罗了一批高级人才，平时却很少使用，造成人才闲置和浪费；另一方面，不少单位由于开发高新技术产品，急需高级人才，但由于缺乏经济实力聘不起，更是养不长。为解决这一供需矛盾，可打破原有用人机制，发展人才租赁业，允许高级人才兼职兼薪，多劳多得，用人单位可与人才所在单位签订一定期限的租赁协议；或通过人才交流机构，办理承租高级人才有关合同，灵活通过人才出租公司和人才银行租用高级人才；或通过中介租用。租赁方法多种多样，可短期租用、晚间租用、双休日租用、钟点租用，也可项目租用、课题租用。

（三）为“宠儿”茁壮成长提供平台

目前，不少企业面临人才危机，原有人才创新能力不强，特定的与企业相关的人才匮乏，必须加强对人才资本的开发投入。

1. 加强对人才的继续教育与培训，释放人才创新潜能

当前技术革命日新月异，原有工程技术人员和经营管理人员的知识和技能已远远不能适应竞争日益加剧的形势。同时知识型职工需要具备杰出的学习能力，而不是够用就行，而且今天学到的大多数知识两三年内可能会过时，必须通过继续教育，更新知识，充电提高，使每个人的职业得到重塑和升华。企业领导应确立“能对社会做出贡献的就是人才”的观念，并根据各层、各类人才的特点与现状，本着职业常青以及开启潜力之需要，研究制定人才资源能力建设标准。对基层作业层，主要进行技能和岗位培训，使他们能进行高质量、高效率的操作；对中间管理层，按承担不同职责所必备的管理素质进行培训，使他们能按现代企业管理制度办事，并有一定的开拓创新能力；对高层人员，最关键的是训练他们的创新能力、决策能力、用人能力，使他们能从发展战略的高度，驾驭市场、引导市场。对技术类人才，主要是提高他们的新品开发能

力；对营销类人才，主要是提高他们闯荡国际市场的能力；对管理类人才，主要是提高他们的资本运作能力。围绕各层、各类人才的标准要求，分清轻重缓急，安排不同的训练内容和活动方式，为各类人才提供各种各样的在职培训，包括国外培训，鼓励在职自学或带薪脱产学习，为最优秀员工规划和安排有吸引力和挑战性的工作，不断提高他们的综合素质和创新能力。这样不仅能提高公司对专业人员的吸引力，也能使已有的人力资本不断得到升值。

2. 加强人才的培养和使用，造就高素质人才队伍

衡量企业内部人才的质与量，重要的指标就是能否在公司内部培养出自己的“明星”，一旦有高层主管跳槽，公司能从内部储备人才中找到继任人选，而不是重金礼聘外面的优秀人才，对人才的培养与开发不能厚此薄彼。目前存在的问题主要是：高层经管人才少，高级技工少，复合型人才少。因此，企业要以未来人才的需求为出发点，全面分析人才的供需矛盾，制定一整套有远见的能多出快出高层人才的培养体系，将长期人才计划列入企业总体规划中。每年对整个管理和技术人员的考核进行动态调整，淘汰不胜任者，引入合适者。按照培养中使用、使用中培养的方法，在培养锻炼中大胆使用人才，提升人才创新能力。特别是要对那些富有潜在创造能力的人才进行重点开发，为他们提供更多的发展机会及一些人才上升的培训，多给他们压担子，委以职、授予权、明之责，一旦他们对某项工作驾轻就熟，就交给他们另一项责任更重的任务，使其得到多方面锻炼。企业领导要有伯乐的慧眼，知人要深、要全，得以人尽其才，各尽其能。通过设立副级、助理、代理主管、三总师等岗位，打通人才上升通道，实施2年左右的有计划的晋升培训，加快培养一批高素质人才队伍。

然而自我培养往往“远水解不了近渴”，对于企业急需人才，可多渠道、多方式地从人才市场引进，但引进的人才不是资质越高越好，而是要与企业实际需要相匹配，以防造成人才浪费。外来人才固然可以贡献他们的聪明才智，但稳定性差，因此要给外来人才以优厚待遇，为他们提供施展才华的舞台，切实解决引得进、留不住的问题。

3. 加强人才的合理配置和优化组合，放大人才的整合效应

人才个体之间在智商、能力、品质等方面是有明显差异的，为了充分发挥人才个性特长，应通过合理配置，用其所长，避其所短。同时，随着社会发展和分工进步，人才个体更加需要企业提供平台和群体协作，而群体素质高低对个体水平发挥得好坏有直接影响。群体能够引发对个体产生至关重要作用的强大力量，靠近有潜力帮助你的人，往往能引发你的智能“大爆炸”。因此，要潜心研究如何按不同类型、不同层次人才进行合理配置，在专业结构、年龄结构、智能结构、知识结构、素质结构等方面有机结合，优化组合，做到优劣互补、优势叠加。同时建立优秀团队，培养互信与融洽精神，在公司内外形成一个合力创新的强大阵营，这样就会发挥整体大于部分之和的整体效能。

（四）给“宠儿”鼓劲加油

调动人才的积极性与创造性，重要的是运用人才管理最核心的激励机制。其激励方法，可采用这三个结合。

1. 物质激励与精神激励相结合

建立与市场经济体制相适应、与工作业绩紧密联系、鼓励人才创新创造的分配制度。为人才制定有比较优势和竞争力的薪酬体系，并给予其优厚的福利待遇。同时，建立公平、公开、公正的绩效评估机制，论功行赏。对经营管理人才，坚持按劳分配和按生产要素分配相结合、短期激励与中长期激励相结合、激励与约束相结合的原则，将经营者的薪酬与其责任、风险和经营业绩直接挂钩。进一步完善国有（集体）企业经营者的年薪制。对有特殊贡献的管理人才与专业技术人才实行期股、股权奖励，以进一步调动人才不断创新的积极性。

物质激励是传统的，也是永恒有效的。但当人们的物质需求得到基本满足后，其工作上的成就感就显得越发重要。因此，在物质奖励的同时，不能忘记精神激励。精神激励的方法多种多样，但对一个人最大的奖励是给他探索和创造的机会，让他承担更重要的责任，给予他荣誉。还有如组织工资绩效评选活动、各项竞赛等，可以增强员工的归属感，有效地把员工动机引向企业目标。

2. 理性激励与情感激励相结合

无论企业领导多有能耐，取得多大成功，但主宰企业命运的归根结底还是企业全体员工。因此，企业领导要从思想深处重视人才，从感情深处贴近人才，善于与各类人才建立和形成共图企业永久制胜的思想。对人才既要有严格要求，推动他们在政治、业务、技术等方面不断进步，又要有满腔的爱心和真挚的感情，时刻想人才之所想、急人才之所急、帮人才之所需，在员工中形成

“企业对我一份情，我对企业一片心”的强烈氛围。理性共识与情感共融结合好，就能把人才之心拴在事业上，产生不可估量的效应。

3. 机遇激励与竞争激励相结合

经济全球一体化和信息技术革命给人们提供了新的发展机遇，尤其是2019年12月25日中共中央办公厅、国务院办公厅印发的《关于促进劳动力和人才社会性流动体制机制改革的意见》，更是为每个有识之士提供了宽松环境和智力支持。要运用多种形式和方法，向各类人才灌输新形势、新要求，驱动他们设定目标，挑战自我，自控自律，保持激情，不断创新与改革，在奋斗中前进。

然而机遇与竞争同在。仅有机遇激励没有竞争激励是不能奏效的。要根据德才兼备的要求，从规范职位分类与职业标准化入手，建立以业绩为依据，由品德、知识、能力等要素构成的各类人才评价方式和手段，从而激励先进，鞭策后进，使企业人才在锐意进取中实现自身价值。

二、案例：东华测试——将人才资源转化为创新资源

成立于1993年的江苏东华测试技术股份有限公司（以下简称东华测试）原先只是一个小作坊，经过近30年的发展，如今已经成长为国内结构力学性能测试仪器行业的领头羊，也是同行业中最早的一家创业板上市公司。回顾发展历程，他们深切地认识到，企业的跨越发展必须紧紧依靠自主创新，而自主创新必须依靠激发人才活力来实现。近30年来，他们长期坚持“人才强企”战略，不断加大优秀人才集聚和管理力度，推进人才红利向科技创新资源转化，加快提升企业核心竞争力，取得了骄人的业绩。

（一）广开招才引才门路，打造东华人才高地

近年来，东华测试抢抓国家重点支持软件信息产业快速发展的机遇，企业发展迅速，对技术创新的需求日益迫切，对人才的渴求也十分紧迫。为了广纳贤才，他们统筹利用市内、市外的人力资源市场，采用内培和外引相结合的模式，加快打造企业创新创业团队，提升企业自主创新能力，力促技术瓶颈突破。

在选人用人上，公司始终坚持立足靖江本土市场，吸纳本地优秀高校毕业

生，为本地大学生就业做贡献。在毕业生招聘时，公司对本地学生优先录用、重点培养。一是以待遇吸引人，制定具有市场竞争优势的薪资福利政策。目前东华测试设计了多元化的薪资福利体系，公司提供免费可口的员工餐、交通补助、话费补贴、生日关怀、困难救助等，为核心人才配备专车，进行股权激励等，通过各种良好政策吸引本地毕业生就业。二是用事业成就人。目前东华测试员工平均年龄不足 30 岁，企业的高速发展为公司优秀青年提供了很多展示才华的机会，他们通过给本地员工制定职业规划，压担子、定目标，让优秀人才承担重大科研项目的技术攻关，激发他们的拼搏意识、创业精神，让他们在工作中实现人生价值。三是以乡情留住人。本地毕业生生于斯、长于斯，和企业同成长共发展。东华测试着力打造环境优美、温馨整洁的工作和生活环境，同时对员工施以人文关怀，加强与员工的情感交流，增进员工归属感，以此留住人才。

面对行业紧缺型人才或高层次创新创业人才，公司广开门路，通过外设子公司、校企合作、柔性引进等方式，招引了一大批优秀人才。高层次人才一般集聚在北上广等地，公司在上海设立子公司和引才窗口，购置办公楼成立了东昊测试，招引了数十名研发人才为企业所用；公司还先后与上海交大、同济大学、扬州大学、河海大学等国内知名院校建立校企合作关系，聘请国内外结构力学性能测试仪器行业的顶级专家、教授担任公司的高级顾问，招聘多名博士、硕士研究生从事重点项目技术攻关。公司重点关照特殊人才，帮助他们解决配偶就业、子女入学等问题，对于返聘专家每年安排定期健康检查，生活上给予特殊照顾。

截至目前，公司员工有 500 多人，其中 60% 以上拥有本科学历，硕士、博士研究生所占比例达到 10%，人才覆盖了经营管理、专业技术、质量管理、生产、销售等领域。

（二）打造创新创业文化，激发人才创新动力

人才的成长既需要良好的环境，也需要良好的文化，可以激发他们创新创业的动力。近年来，公司在企业内部着力打造学习型和创新型企业文化，着力激发企业员工创新创造的活力。

一是着力打造学习型企业，树立全员学习、终身学习的风气。建立宽渠道、多层次的培训体系。组织高管参加 EMBA 学习，选拔技术能力强、工作积

极上进的员工送读国内知名院校的在职研究生，安排专业性人才参加各类行业的研讨、培训等，帮助他们优化知识结构，了解并掌握行业的前沿技术，为持续创新提供智力保障。公司在全体员工中提倡“干什么学什么、缺什么补什么”，以自主学习为主，内外训为辅的培养方式，明确各层级员工年度学习时间，即管理人员不少于80小时，技术人员不少于60小时，生产辅助人员不少于40小时，由人事部门统一进行记录、评价。学习成果作为公司职称评定、岗位调整、职位晋升的主要依据。

二是建立“导师带徒”机制，促进技能和本领的传承与创新。公司规定，每名新员工都要在一线生产岗位进行1～3个月的基础学习，在了解产品、设备、工艺后，由人事部门协同用人部门考核、定岗。公司建立了内部人才流动机制，各相关岗位间可以转岗，以实现人尽其才的目标。公司推行“导师带徒”机制，这是企业实施“青蓝工程”的创新举措，专门成立领导小组，建立了专门组织机构，新员工入岗后，公司组织拜师大会，指定师徒结对，确定培养目标，明确培养职责，促进技术骨干“传、帮、带”。还将“导师”对年轻员工的培养成果纳入季度和年度考核，对表现突出的员工给予奖励。

三是构建创新型文化，促进员工释放创新潜能。在企业文化构建上，公司把创新作为企业的核心价值观，将创新思想渗透到企业员工的意识深处，转化为企业员工的行为习惯。在考核导向上，创新考核机制，以实绩为中心，覆盖行政、人事、财务、技术、生产、销售、质量等方面，硬指标实行一票否决。在激励机制上，公司正逐步建立以物质激励为主，以目标、信任、人文关怀等激励为辅的多元化激励机制。在环境营造上，努力构建公平和谐竞争的内部环境，为员工提供公平的环境，与企业同发展共成长。

（三）推动智力资源转化，构筑企业竞争优势

人才的引进和培育，最根本的是要做到人尽其才，以推动企业创新发展。公司们在促进人力资源优化配置的同时，加快推动智力资源转化为一流的创新成果，打造企业核心竞争力。

一是建立自主研发平台，集聚内部人才开展科研攻关。公司每年投入销售收入的10%以上用于新产品的研发，并引进国外先进的实验仪器，在上海、扬州、成都等地设立子公司，公司研发部门人才围绕相关课题，从事设备的故障诊断及健康管理项目研究、传感器和电化学分析仪器等产品的研发，丰富了公

司产品的种类，增强了竞争优势。

二是开展产学研合作，借助外部智力孵化项目。公司与扬州大学合作的企业研究生工作站已进驻多名研究生，研究生在企业导师的辅导下，参与重点项目的研发工作，优势互补，理论结合实际，产生了良好效果。公司还依托行业协会优势资源，与前沿专家深度合作，开发新品。几年前，公司与江苏省力学学会合作共建科技服务站，通过引进多名各专业首席专家，发挥专家的学术理论优势，将科技成果转化为企业创新实践，开发达到国际先进水平的新型力学性能测试仪器系列产品。新产品先后用于高速飞行器研制的风洞试验，多型航天器的地面震动环境试验，天宫系列空间站研制过程的抗压力实验，航天器运输过程的状态监测，世界第一高桥北盘江大桥、兴康特大桥、港珠澳大桥等世界一流大桥的通车前荷载实验，以及多项地铁、高铁的车轨项目试验等国家重大工程、科研项目，为企业赢得了良好的经济效益和社会效益。

随着人才团队的日益壮大，企业科技创新成果层出不穷，东华测试连续多年被评为江苏省规划布局内重点软件企业、两化融合示范企业，充分收获了优秀人才集聚的战略红利。

第二节　优秀中层经理：企业的中坚与桥梁

一、方略：中层经理的历练与考量

人们过河需要桥，企业经营同样需要一座过河的“桥”，这个“桥”就是企业的中层经理，其中包括分厂厂长、技术开发中心主任、车间主任、部门经理等。中层经理是连接上层与基层的桥梁和纽带，是企业的中坚力量、台柱子。中层经理对于上层来说是执行层，是企业特派大使；对于下层来说是领头羊，代表企业形象。企业的各项任务要靠中层经理带领广大员工来完成。中层经理队伍的强弱直接关系到企业运转效率的高低。加强中层经理的自我历练与考量，打造优秀中层经理，对于企业发展意义非凡。

（一）确定目标，不懈奋斗

目标是一个组织或一个人的前进方向与动力。没有目标的人，宛如大海中没有舵的船，漂泊不定，“所有风都是逆风”，得不到风的助力。成功源于目标，有了目标，心明眼亮；追求目标，就会产生动力乃至激情，脚步也会变得轻快起来。中层经理的目标与其所在单元组织目标相辅相成，组织价值促进个人价值的实现，个人价值体现在组织价值之中。选择目标，既要志向高远，有大的“野心”，追求目标越高，能力发挥得越大，大目标才有大成；但也要立足自我，量力而行，既不能高不可攀，又要有新的坐标，要设置经过奋发努力可以达到的目标，也就是过去我们常说的“跳一跳能够摘到的桃子”。用朗费罗的话说，“如果你想射中靶心，你就必须瞄得稍稍高一些”，这样我们的目标才能精准。

目标确定之后，要公开目标，使之成为招引全体员工的一面旗帜，点燃大家的热情，然后朝着既定的目标心无旁骛地拼命努力，一步一个脚印，“不抱有一丝幻想，不放弃一次机会，不停息一日努力”。把每一个步骤看作接近终极目标的助推器和加油站，并不断追求探索，找到达到目标的更好的途径和方法。前进的路上要勇往直前，自绝后路，世上没有平坦的路，总会遇到曲折与荆棘，要“坚其志、苦其心、劳其力”，“咬定青山不放松”，独辟蹊径进行创新，有时还得牺牲小目标来保大目标。越接近目标困难越大，越要坚定意志，坚持走下去。这好比挖一口井，挖到六七丈深还没有出水，你还得继续挖，不能半途而废，立必胜信心，目标的实现就会指日可待，就会收获到成功的丰硕果实。目标没有穷尽，一个目标达到之后，马上再立下一个目标，不懈地追求，不懈地奋斗，我们的事业就会生生不息。

（二）坚守责任，不负重托

伟大诗人歌德说过：“责任就是对自己要去做的事情有一种爱。”其意思是，行动源于自愿承担责任，用热爱去做事就会不遗余力去创造。热情是责任心的基点，责任心是取得成果的钥匙。作为中层经理，要以大任担当的精神，在理性层面乐意去接受公司布置的一切任务。任何工作都不是容易的，所承担的任务越多则责任越重，这也是得到公司充分信赖的表现。要善于组织动员广大员工去高质量地完成这些任务。在分解任务前，要做好战前动员，让大家弄清完成这些任务与用户乃至社会，以及与企业和个人之间的关系，看到只有实现了用户价值，企业才能从中分得一杯羹。使员工自觉以用户为中心，以大国工匠精神为灵魂，将满足用户需求、为社会创造价值视为高尚责任。员工一旦受到这种责任感的驱动，即使有再大困难也会想办法去克服。分解任务时，按照各个班组、每个人的专长与能力，对照衡量是否符合接承责任标准，科学分工、合理安排，让合适的团队和个人去做合适的事情。针对目前普遍存在的低效率现象，可通过制度改革来革除这一顽疾，努力提高经营效率。抑或像海尔那样，建立员工自组织经营体，人人都是CEO；抑或采用阿米巴经营模式，划小核算单位，人人有指标，个个有压力。将不是企业专长的业务外包，集中力量做擅长做的事。对于难管的人，可以给他任务，让其自己去完成，让其自己管理自己。与此同时，以推行民主管理为抓手，以开展劳动竞赛为载体，组织员工提合理化建议，大搞小改小革活动，推进人人献计策、个个争贡献。中层经理具有管理本部门的一些权力，但这是外在的。俗话说，“雁阵齐飞靠头行”，经理要以自身良好形象和实际行动来影响和带动下属，做到脑勤，认真钻研如何创新本部门的工作，做出特色、做出成效，让员工满意，让领导放心；做到手勤，既当指挥员，又当战斗员，与员工打成一片，同甘共苦，增进感情，凝心聚力；做到脚勤，深入一线，全面了解各方面情况，第一时间发现问题，及时解决，让员工看到希望，使员工增强信心，心悦诚服地工作。这样，切切实实担当起应尽责任，就会赢得一切，取得员工对你的爱戴以及上层对你的信任。

（三）上下沟通，左右协调

沟通力也是生产力。对于中层经理来说，沟通协调工作做到位，便能产生新的价值。方法上以“和”为准则，要处理好五个方面的关系。

一是处理好中层与上层之间的关系。中层对上层高度负责，不可有半点懈怠。正常工作向分管领导汇报即可；当遇到棘手问题，如发生重大质量或安全事故等，在向分管领导汇报的同时，需向主职领导汇报。汇报时，要既汇报情况，又提出解决方案，让领导权衡利弊，把关定夺。不给领导出难题，不做问题的出卷人，而做问题的答卷人。立足本职，不超越权限，与领导在一起，不逞能“抢风头”，不喧宾夺主，体现高调做事、低调做人的风格。

二是处理好正职与副职之间的关系。正职负全面责任，副职对正职负责。二者之间产生意见分歧时，除用会议讨论的方式求得一致外，更多的是靠个人之间的沟通来消除隔阂。万一出现冲突，正职要保持冷静，稍退一步，不要各执一端，否则会加深矛盾。退让不是懦弱，而是一种胸怀、气度。通过退让，留下解决矛盾的互补性与牵引力，便于将对立转化为和谐。作为副职来讲，也要讲修养，即使正职偏了，在公开场合应注意讲话方式，可以事后到正职办公室进行交流，发表自己的观点和看法。这样就维护了正职的面子和尊严，有利于搞好部门团结。

三是处理好中层与员工之间的关系。将员工当作一家人，亲如兄弟姐妹。用心用情了解员工的工作与生活情况，掌握他们的思想动态，倾听他们的诉求，及时帮助他们解决遇到的困难。运用微信、微博、QQ 企业群等渠道进行广泛沟通交流，及时收集员工的意见和建议。利用车间看板，宣传公司总部开展活动的内容及要求，公布各个班组任务完成情况，包括产量、质量、能耗等指标，还要表扬车间的好人好事等。做好亲情化服务，员工个人及家中有大事时上门祝贺慰问，让他们真正体验到胜似家人的温暖，从而达到心灵碰撞、情感交融。

四是正确处理好本部门与其他部门之间的关系。树立全局一盘棋思想，互相配合、互相支持，确保上下衔接有序，运转高效。

五是处理好与用户之间的关系。中层经理与用户靠得最近，通过与用户面对面交流，或利用微博软文等方式征求用户意见，不仅能获得用户的“吐槽”作为改进工作的良方，帮助用户实现价值最大化，还能获得新的知识、新的信息、新的商机，从而达到双赢或多赢。

（四）提升素质，与时俱进

1. 提高认知力

提高认知力对于管理者来说至关重要。认知力是人们主观对非主观事物进行洞察和理解的能力，即学习研究、理解、概括和分析的能力。认知力高了，才能透过现象看到事物的本质，不会出现“一叶障目”或“以偏概全”，进而找到最根本的解决方法。苏轼有首诗《题西林壁》：“横看成岭侧成峰，远近高低各不同。不识庐山真面目，只缘身在此山中。”这首哲理诗启迪我们，看清事物内里是件不容易的事，不仅要提高自己的认知力，还要得到认知力强的人的帮助。要提高自我的认知力，一是多学习，学习能打开人们心扉，除重点学习本行业的专业知识外，还要学习一点辩证法和其他方面的知识，以增强综合思考分析能力。二是多实践，实践出真知，亲自动手解决生产经营中遇到的难题，积极参与相关产品技术的研发，以求得真知灼见。注意搞好实践总结，不断丰富经验。三是参加一些对口的专业讲座，并加强与内行人的交流，以掌握行业的痛点及发展趋势，求得准确判断。四是加强与先进企业对标找差，提升认识水平，用人家的“长板”补自己的“短板”。做到了这些，自我认知能力便会逐渐得到提高。

2. 更新知识

当前已进入数字经济时代，信息技术是全新的知识，每个人都面临着重新学习的这一挑战。中层经理或说车间主任，过去都是靠精湛的车、钳、刨技术提拔上来的，随着智能车间、智能工厂的建成，原来的机器设备不再使用，转而使用智能生产流水线，要管好智能生产线，就得用现代信息技术管理手段，包括物联网、云计算、大数据等，这就需要去认真学习和掌握。在管理岗位上的老大学生，尤其是技术设计人员，其熟悉传统的设计手段已不顶用，现在使用的是3D 打印机，要做到人机结合，需重新学习。与此同时，要通过培训，帮助员工从原来的劳务员工转变为知识员工，也即从机器型员工转变为智慧型员工，要既会操作智能生产线，也会修理智能生产线中发生的技术故障，以适应新的生产方式需要。让员工转型了，就可根据员工的特长来进行安排使用，由过去传统的因岗设人改为因人设岗，使企业每个人的心智和能力得到发挥。

3. 践行诚信

“人讲诚信则立，业讲诚信则兴，国讲诚信则强。”诚信是管理者必备的素质，认真践行言而有信，言出必行，行必有果。坚持以人为本，攻心为上，对员工充分信任，以真诚去换取员工的忠诚，用真情去焕发员工的热情，用真心对待员工，给员工快乐和幸福。把员工当朋友，平等相待，正确劝说引导犯错员工，既严格指出错误根源，又宽容给予改正机会，以至诚感召人。及时表扬优秀员工，不要吝啬赞美。善于倾听不同意见，集思广益，准确决策，从而培养上下一体的工作关系，最大限度地调动其积极性和创造性。树立“用户是衣食父母”的理念，对用户坚持以诚为本，全心全意为用户创造最大价值。还需同其他利益相关者讲诚信，凡是承诺的事，都一一兑现，绝不朝令夕改。这样才能在管理上或生意上立足，得到别人的认同，增强合作，实现多赢。

4. 善于用人

人才是企业第一要素。作为中层经理，其价值观应从创造产品价值升华到创造人的价值，见物更要见人，把人放在第一位，将车间或部门人力资源管理好。根据目标管理需要，从发挥下属特长的角度出发，寻找和安排最合适的岗位，充分信任他们，将权责赋能于他们，让其尽其能，扩其效。大胆举荐和使用能力比自己强的人，达到优势叠加，促使绩效更佳。并通过自身公道正派、务实开拓的形象，让下属感到与你在一起能有安全感和成就感，愿意接受你的任命，并愿意为你卖力，使团队更富有战斗力和影响力。刘备“三顾茅庐”就是最好的例子。刘备心志专一、谦恭下士的品德深深打动了诸葛亮的心之后，他才欣然接受刘备邀请，出山助刘备兴汉室。并忠心耿耿，使尽全部能耐，直到最后牺牲了自己。在使用人的同时注意培养人，不以亲疏画线，让有涵养、有潜质的员工得到多岗锻炼，适时举荐提拔任用。作为企业上层领导，对优秀的中层经理更要像采摘刚熟的苹果一样，尽快地将他们提拔到高管位置上，让他们在职业生涯中有新的舞台，得到新的锻炼与提高。

对于每个人来说，不论现在从事什么岗位工作，都应认同安心于现有岗位，保持一颗平常心，演好自己的角色，不要被烦心抹去快乐。这里摘录一位教授的几句诗：“如果你不能成为山顶一棵松，就做一丛小树生长在山谷中。我们都不能做船长，我们得做船员。如果你不能做一条公路，就做一条小径。如果你不能做太阳，就做一颗星星。不能凭大小来断定你的输赢，不论做什么都要做最好的一名。”这对我们很有启迪，道出了工作有大有小，只要踏踏实实把工作做出色，同样能获得个人价值，成为一位优秀的人。

在用人上，如此科学地管理人力资源，在开发中使用，在使用中开发，将使用和开发结合起来，既发挥下属的显能，又挖掘下属的潜能，就一定会取得事业上的成功，到达胜利彼岸。

二、案例：华达科技——加强三支队伍建设保发展

实践证明，建设好三支队伍是保证企业和谐高效发展的关键和决定力量。靖江市华达汽配制造有限公司（系华达汽车科技股份有限公司，以下简称华达科技）围绕深化“红色基因传承”，从领导班子自身建设入手，加强中层班子和员工队伍建设，初步探索并实践了一条围绕企业发展，建设好三支队伍的路径和方法。

（一）加强领导班子建设，从根本上保证和谐高效发展

华达科技的发展强大，关键在于充分实行“党政融合”，“党政融合”是

植根于华达科技以党建促经济建设、促高质量发展的“红色基因”，能否做到“党政融合”取决于有无一个好的领导班子，有无一个好的领导班子又取决于有无一个好的领路人。华达科技以“学习力、决策力、创新力、协调力和战斗力”为目标，努力建好建强领导班子。

1. 加强学习，提升综合素质

党建资源是企业发展的宝贵资源，党建红利是企业持久发展的红利，公司领导班子充分认识到了民营企业只有坚定地跟党走，才能稳步发展。他们定期组织学习邓小平理论、“三个代表”重要思想、科学发展观、新时代中国特色社会主义思想，学习党的一系列方针政策以及上级重要讲话精神，牢固树立“具有高度社会责任感”的办厂宗旨，不断增强抢抓机遇、加快发展的紧迫感和责任感。倡导平时多学习，认真钻研科学文化和业务知识，不断提高与时俱进的创新力；注意经常给班子全体成员充电，通过对外考察、交流，拓宽视野，提升企业发展战略的决策能力；积极参加相关资质培训，提高企业管理的执行力。充分发挥华达创始人陈竞宏、创二代接班人葛江宏及青年创新先锋范洪亮“三代劳模”的示范引领、传承作用，以不断加强自身的思想建设和作风建设，要求别人做到的“班长”率先垂范，以“班长”的憨厚淳朴、勤勉敬业、清廉自律的人格魅力影响带动一班人，增强了班子的向心力。数十年来，班子成员高度稳定，团结得像一个人，做到政治上立场坚定，头脑清醒；工作上励精图治，争先创优；作风上求真务实，真抓实干；行为上表里如一，协同作战。

2. 科学分工，权利责任到位

按照“有所为，有所不为”的原则，对领导班子成员进行授权和分责。授予权力与职责相匹配，以其完成工作所需为合理限度，做到责权利明确，保证他们在其位，谋其政；行其政，尽其责；奖其功，罚其过。在使用中用人不疑，责权统一，不越俎代庖，过多干预。同时实行宽严相济，恩威并施。作为主职领导，既有帮助指导的义务，也有监督检查的权利。平时做到双向沟通多交流，工作信任多担当，帮解难题多尽责。班子成员讲真话，道真情。董事长朱世明分管基建、后勤等工作，一般人认为“油水足”，知情人则说“责任大”。在建设新厂区中，他坚守一线，忠于职守，按原则办事，得罪了不少人。一时间“坏话”四起，竟然说到“班长”面前，“班长”义正词严回击：“这些老同志我了解，他是华达的一条好汉，随他们怎么猜测议论，无损于公司对他的信任。”对于班子成员工作中出现的偏差或过失，只要是尽了自身努力的，主职从不责怪副职，而是与他们一起总结提高；当工作有了成绩，总是把功劳记在分管领导身上。公司集体荣誉琳琅满目，个人荣誉也是星光灿烂。不仅体现了主职高明的领导艺术和功归大家的大局观，也是正确对待人的价值和尊严的高度示范。

3. 大事讨论，民主科学决策

决策的好坏关系到企业的存亡，企业技改投入、内部改革等重大事项都严格按决策程序进行。首先深入调研，吃透上情、企情，充分听取班子成员的意见，不搞“一言堂”，做到集思广益，运筹帷幄；其次对产生的多种意见方案，听取各个方面意见，进行认真权衡比较；最后在董事会会议上，运用理智和意志的力量，对多种方案进行筛选，作出正确决策。决策时，对不同意见予以重视，采纳吸收其中合理部分。

4. 尊重关心，气顺力足工作

“班长”和班子成员之间，互相尊重、互相关心、互相帮助，几十年如一日，亲如兄弟姐妹，齐心协力工作。2000 年，上级组织要调出两名同志担任重职，这两名同志权衡再三，主动请求组织留下，“再好的地方我们不想去，愿跟陈厂长做‘连柄代斧’”。每个班子成员干起分管工作就像“拓荒牛”，保护集体利益就像“坐山虎”，都是公司的顶梁柱。他们对班子成员不仅在工作生活上关心，而且重视技术人才和年轻同志的成长。他们班子中原担任副总的葛江宏（现任总经理）是本科学历，专业对口，德才兼备，很有培养潜力，公司就采用轮岗锻炼的方法，先让他分管市场与技术开发，后让他分管营销。他吃苦耐劳，勇于开拓，一心扑在事业上，在开拓国内市场的同时，开发了德国、日本和墨西哥等国国际市场，立下了汗马功劳，将华达科技成功打造为国内最具竞争实力的轿车零部件制造基地，并成为 A 股主板上市企业，为公司发展奠定了坚实基础。

（二）加强中层班子建设，从关键节点上保证和谐高效发展

中层是连接上层和基层的重要环节，起着承上启下的作用，是企业的脊梁与中坚。企业再好的决策与举措要靠他们去落实，再重的压力要靠他们去传递。一旦这一环节失灵组织链就会断裂，企业也就难以有序高效运行。因此，

华达科技以“赢在中层”的管理理念，按照“支部建在连队”党建做法，在集团公司设立了8个党支部及总部7个党小组，切实做到“党政融合”，充分发挥中层各职能部门“战斗堡垒”作用及中层干部、全体党员先锋模范带头作用。

1. 注重中层干部的培养与选拔

注重在年终评选优秀员工和先进班组长中排出重点培养对象，给他们压担子，让他们在实践中得到磨炼并取得进步，把骨干培养成党员，实行阶梯式提拔使用。公司总部并各分部现有95名副科级及以上中层干部，都是从一线逐步提拔委任的，平均年龄在35岁，大专及以上学历占75%，党员占70%，形成强大的战斗力。

2. 配齐配强中层班子

在中层干部的配备上，除对德才兼备的基本标准外，还必须具有与本车间、本部门相应对口、比他人胜一筹的实际操作本领。特别注意将踏实干事、头脑灵敏的班组长提拔到中层干部岗位，让他们干中学、学中干。采用内培与外培、项目攻关与创新、定岗与易岗锻炼相结合的方法，不断提高他们的组织能力、协调能力、创新能力，以适应企业发展需要。

3. 对中层干部实行严格的绩效考核

对有功者给予物质与精神上的奖励，将优秀的中层干部及时安排到企业重要岗位或送出去深造，充分激发了他们的上进心。

（三）加强员工队伍建设，从基础上保证和谐高效发展

日本有位著名企业家这样说过，员工是企业最宝贵的财富，企业有再领先的技术、再好的产品、再先进的设备，没有优秀的员工，都是无济于事的，企业归根结底是员工的。有了优秀的员工队伍，完成再难再重的任务都有基础，企业发展就有了希望。因此，他们以创建先进企业文化为抓手，依托党建带工建促团建，抓好党建文化、工会文化、职工文化，努力造就一支训练有素、具有使命感和团队精神的员工队伍。

1. 开展员工“职业道德、社会公德、家庭美德”和厂情厂史教育，增强员工爱岗敬业、遵章守纪自觉性

人人争做在企业中是个好员工，在社会上是个好公民，在家庭里是个好成员；个个自觉规范个人行为，在厂“坚守岗位、胜任本职、讲究文明、爱厂如

家、多做奉献”；在社会上“遵纪守法、维护公德、文明礼貌、助人为乐、邻里和睦”；在家“尊老爱幼、家庭和睦、优生优育、生活俭朴、反对赌博”。员工们懂得创业难、守业更难，十分珍惜今天的工作与生活环境，在各方面严格要求自己，在工作上倍加努力，凸显了自尊自重、乐于奉献的精神。公司建厂以来，从未发生一起违法违纪事件，被全国总工会授予“模范职工之家”称号。

2. 搭建纵横沟通的交流平台，密切干群关系

通过举办自编自演、人人参与的特色文化活动，为员工与员工、员工与公司领导之间提供了一个互相交流的空间，融洽了同事之间的关系，拉近了干群之间的距离。通过组织全体党员、车间一线代表和中层管理人员赴井冈山等革命老区开展“红色之旅”活动，到海尔、海信、双星轮胎、中车高铁等高新技术企业学习考察，不仅开阔了眼界，激发了创新热情，而且训练了合作配合，增进了友情，进一步增强了新时代产业工人的使命感。

3. 组织专业培训，提高员工岗位技能

公司每年培训不低于30期次，受训人员不低于2500人次。培训工作形成程序化、体系化，覆盖公司各个岗位，并由过去的单一考试引申到培训后的实践验证，确保培训效果。为推动企业全员参与创新，公司专门下发了技术革新成果申报及奖励办法，设立了技术革新实施考评组，通过实施技术革新，实现“传统设备半自动化改造”；推进精益生产，实施“自动生产线优化重组”；深化“两化”融合，打造“离散型”智能工厂。公司荣获“全国五一劳动奖状”、江苏省总工会“工人先锋号”、“群众性经济技术创新工程”先进单位称号。

4. 建立激励机制，挖掘员工潜能

把“以人为本”贯穿企业经营全过程，真正让员工与企业共创、共荣、共享。运用物质、精神与情感等激励方法，给予其良好行为持久的动力，乐意为之拼命工作，最大限度发挥能力和智慧。公司做到谁想干事，就让其有一个好舞台；谁会干事，就让其有一个好岗位；谁干成事，就让其有一份好待遇，从而将亲者变为贤者，将贤者变为圣者。公司上下呈现出一呼百应、上下同心、团结奋进、开拓创新的生动局面。

第三节 代际交接班人才：企业基业长青的“脊梁”

一、方略：民营企业代际交接班的探讨

我国企业中90%以上为民营企业，而民营企业中有90%为私营企业，而这些企业大多伴随着改革开放而诞生。经过40多年的创业发展，在今后一段时期内，代际交接班仍然将相对集中。目前，有的刚交不久，有的正准备交，有的还未考虑。面对时易世变的新形势，创业者能否顺利迈过这道坎，不仅关乎民营企业能否薪火传承、基业长青，而且关乎民营经济能否与时俱进、发展强盛。搞好企业代际交接具有现实的战略意义和深远的历史意义，每个企业都须理性地思考和实践。

（一）企业代际交接面临的困惑

归纳起来，部分创业者存在着“五个不”的问题：

1. 交班内心不愿

觉得自己年龄虽大，但身体较硬朗，还可干一阵子，等几年后再来考虑，缺少交接计划。内心认为自己花心血将企业做到这般规模，有了感情，舍不得撒手。没有意识到交接有个过程，不是说交接就能摇身一变，在各个层面铺开，更不能等到身不由己时再临时“拉郎配”，付出昂贵的学费。且计划应在交接多年前进行思考，慎重挑选接班人，然后进行培训和教育，部分老总没有考虑这一点。

2. 感到后代接班不稳

如果后代有能力、有兴趣，后代接班不失为一个重要选择，可是也有这样的情况，尽管一心想让后代继承衣钵，但不少创业者感到后代不是理想人选，存在接力棒难传的问题。其原因：有的虽有能力，但兴趣不在干企业上，要干自己爱好的行业，自闯一片天地；有的客观上能力有缺陷，不是当老总的料子；有的看着父辈艰苦创业长大，不愿再去吃这份苦，安于现状，心无大志。

3. 选择接班人视野不宽

局限于家族内部，没有扩大到家族外部去考虑。如果仅从家族内部选人，

选择的余地小，且思想同质性强，往往固守在原来思维上而难以创新。因此，即使将权力交给子女，也要在核心团队中吸纳除家族之外的人才，以能集思广益，增强活力。在今后长期发展中，也要淡化家族色彩，不能举贤只唯亲，“内河不掺外水”，一味地只想着将公司传给自己的子女，要营造“唯才是举”的氛围，让优秀人才源源不断前来为企业效力。

4. 对交接内涵认识不清

不知道交接的不仅是有形的财产物质，更多更重要的是无形的精神财富（如思想观念、价值取向、经营理念、人脉关系及商业网络等）；不仅是股份继承，更多的是发展责任继承；不是交给一个人，而是交给一个团队；不仅要考虑传给谁，还要考虑企业的创新转型问题。代际交接是一项系统工程，要解决许多具体问题，不能认为交接是一件简单的事。海外家族企业以其 200 年的资本主义制度与严密的法制系统保障了企业传承，而国内企业要在较短时间内做到这点，一方面要依靠市场法制不断完善，另一方面要摒弃 5000 年传统思想的束缚。

5. 对交接路径举棋不定

究竟如何交接、采用何种模式为好，拿不定主意，尚处于探索阶段。当企业处于发展阶段，股份分散利少弊多。目前大多数老总主张将所有权和管理权统一到继承人手中。然而，随着企业“块头”变大及市场不确定性增多，也暴露了一些家族化治理的弊端，许多企业正在寻求家族企业传承和现代企业制度的结合点。一方面保持家族控股地位的优势，另一方面吸收现代化企业的先进制度，通过股权的多元化，使企业管理权和所有权得到相对平衡。

管理大师德鲁克认为，家族企业的接班模式受到其成长阶段的影响，一般在家族企业传承到第二代和第三代时，应继续保持家族的所有权和控制权。他还建议，在完成创业后，在企业尚未达到中等规模之前，家族要完成从企业管理人到受益人的转变。此时，企业所有权仍掌握在家族手中，运营则由职业经理人进行专业化管理，这样才能保持生机，真正维护家族的根本利益。

美的集团创始人何享健将国内最大的“白色家电集团航母”的掌舵权交给方洪波，自己的子女只享有股权，但不参与日常经营管理。家族企业传承是否“去家族化”尚无定论，但无论是家族内传承，还是股权改造，不管继承权和管理权是否分离，都要明确一个根本问题，即确保家族企业有持久的创造力和活力。

（二）企业接班人的选择和培养

1. 接班人的选择

接班人要具备两个基本条件：一是基本素质好，二是综合能力强。没有合适、合格的接班人是最大的损失，因为这是企业延续的关键。

（1）有血缘的亲生子女接班。创业者大多倾向将家族企业传给子孙，国外的企业也多青睐血脉相传。因为中国传统文化家族观念，历来强调“血浓于水”，大到江山传承，小到家族财富分配，大都是以血缘远近为先后排序。同时，在我国目前企业治理结构、市场法制尚不完善的情况下，缺乏可靠的经理人阶层，一旦职业经理人离心离德，将难以对其进行有效控制。父子传承，交易成本最小，风险最低。企业与家族、两代企业掌门人，基本利益一致，两股关系拧在一起，内化了交接中所引发的交易风险。创业者如有二子，传给谁，一般长子守业，次子创业，颇有西式长子继承色彩。如有一子一女，传子还是传女，视情况而定。女儿一般更能延续父辈的方略，不介意做父辈的“牵线木偶”，但女性的非凡能力是一把双刃剑，要比同行男性付出更多的努力，才能与他们站在同一起跑线上。女儿接班，一般是家族企业的第二选择。

（2）有亲缘关系的女婿或养子接班。强扭的瓜不甜，如果后代的能力不足以担当重任，或是铁了心不愿意接班，应另谋他人。我国女婿接班的例子目前已频频呈现。华达汽配公司的接班人就是老总的女婿，2013 年 3 月还受商业部的推荐，随中共中央总书记、国家主席习近平出访俄罗斯并参加中俄贸易洽谈。日本家族企业接班一般为单子传承，但也未必一定是有血缘关系的亲人。为避免后代不贤能所导致的企业衰退，他们会选择德才兼备的外姓人，收为“婿养子”，很像我国所谓的“入赘”。“婿养子”接班好处：一是通过姻亲关系保障了家族与企业一脉相传；二是为择贤拓宽了渠道；三是女婿接班的可能性为掌门人的后代增加了竞争感，对其成长也大有促进。

（3）在嫡系家族和表亲戚中遴选。如果子女或女婿中无合适人才，不少企业会在嫡系家族和表亲戚中挑选接班人，这往往是创业掌舵人的第三选择。

（4）在企业内部挑选人才。在家族人力资源不足或由国有企业改制的民营企业，需要组建以“一个人”为核心的管理团队时，企业会追求亲和贤的统一，按照德才兼备、以德为先的原则，精心挑选那些综合素质高、有开拓创新精神、工作能力强、工作业绩优异、富有潜质的精英人物作为接班人培养，而后推向前台，承担大任。

（5）引进外部高级人才。企业高薪从大企业或科研院所招聘职业经理人。可外引人才这一“空降兵”往往难以“软着陆”，企业的“元老派”（中高层管理者及老员工）担心多年的既得利益和晋升机会受到影响，会作出一些不利于总经理开展工作的行为，应采取逐步提升的方式，待其建立起威信后再接任，以做到缓冲平滑过渡。

2. 接班人的培养

（1）台阶式培养。即采用多岗锻炼、小步快跑的方式，逐步交担子、加压力，促其快速成长。大多数企业培养接班人的路径是，先让其在车间熟悉生产流程和基层情况，后到生产调度或营销部门工作，然后提拔到副总位置，并有意识让其轮番分管不同业务。在多个岗位得到锻炼且取得较好业绩时，再将其提到总经理位置。光芒集团董事长范朝洪是一位非常爱才又擅长育才的优秀企业家，一旦发现有潜质的人才，即逐步给机会、升位子、委以重任。并通过完善的放权机制、培养机制、激励机制、约束机制，培养了一批职业经理人。对现任集团旗下的5家公司总经理的培养花了十二年的时间，可见其漫长的精心栽培过程。

（2）阶段式培养。即有计划、有目标、有步骤地进行培养。在培养中与企业实施重大项目结合起来，与企业改革结合起来，与企业转型升级结合起来。在实施中，可学习借鉴方太集团培养接班人的思路，设计制定一个“三二制”或“三三制”的培养交班方案。即三个两年或三个三年内，通过带、帮、扶的方法，逐步交权直至全面交权。第一个是带二年或带三年阶段，创业者任董事长兼总经理，接班人任常务副总，由接班人主抓每项重点工作，或产品研发，或技改项目，或市场营销等。第二个是帮二年或帮三年阶段。在取得第一阶段成功后，创业者任董事长，接班人任总经理，将企业经营管理权交给接班人，董事长只抓重大问题的决策与协调。第三个是扶两年或扶三年阶段。经过前两个阶段考验后，大胆交，彻底交，既交经营权，又交决策权。由接班人负责企业全面工作，创业者仅保留一个高级顾问席位。对于企业重大问题的决策，只参与不干预，只建议不做主。从而将接班人扶上马再送一程。靖江大中机电、双星特钢、正茂锚链等企业正在实施诸如此类的培养方略。

（3）独立式培养。给接班人搭建一个平台，交给他一个小规模的制造企业，为独立法人，全权由他负责，盈亏不论，允许他走弯路，帮助他缴点学费。掌门人只支持，不指责；只隔岸观火，不直接参与；只看其成长快慢，不看企业发展大小。这不失为加快培养人才的一个重要方式。靖江恒力制动器集团、中环化机设备公司的董事长，为了培养接班人，早在六年前，当子女大学毕业后，就没把他们放在自己身边锻炼，而是安排到“另起炉灶”的企业独立作战，目前其子女均成长较快。靖江兴明机械厂董事长有两个女儿，也是各自在一个企业锻炼，大女儿搞二产，二女儿搞三产，各展其长，各尽其能。

（4）外培式培养。将接班人送到大企业去挂职锻炼，或派到科研院所跟班研发，或送到国外对口销售公司或科技研发中心去拓宽视野，提高实际能力。靖江双达集团董事长将儿子和儿媳安排在德国两家企业锻炼，待其全面成才后再回来接班。孝化集团从培养一批高等人才出发，每三年轮番选送6～8名培养对象到国家级科研院所跟班锻炼、参与研发，效果很好。

（5）深造式培养。按照“用什么学什么、缺什么补什么”的原则，将接班人送到国内或国外有关知名高等学府读研究生乃至攻读博士，或让其参加各类高层短期培训，不断进行知识“充电”，提升知识层次，以求今后实际操作左右逢源、得心应手。靖江三江集团公司、金秋竹门业集团公司董事长早在十多年前，即将儿子分别送到美国、德国先读研、后攻读博士，回国后在集团公司分管研发或营销工作，然后担任CEO角色，现已成为江苏省优秀的回国创业、创新高等人才。

（三）企业代际交接的模式

1. 子承父业治理型

即交班“换帅”方式。当子辈受到良好的高等教育，又在父辈身边得到锻炼提高，具备了企业一把手的基本素养和管理才能，在父辈放心的情况下，将权力“和盘托出”，决策权和经营权全由子女掌控，让子辈不受任何拘束地进行运作。

2. 父子共同治理型

采用家族成员掌握大部分股权，所有权和经营权暂不分离的传承方式。儿子做总裁或者总经理，父亲做董事局主席或董事长。也称“放风筝式”交接，接班人这个“风筝”仍被创业者这个“牵线者”拽在手中，权力能放能收、能大能小，或说半交半不交，有一定的弹性。既让子辈更趋成熟，也让企业更好发展。靖江晨阳、格尔顿等公司采用的就是这一模式。

3. 儿女分立治理型

有两个或者两个以上兄弟姐妹的，如果他们都有自己独特的理念和才略，不能安排在一个企业，俗话说“一山容不了二虎”，让他们各自经营一个企业为佳。在儿女分立经营时，一般让男性从事制造行业，女性从事流通行业。方太集团茅理翔在内外部股权清晰的基础上，将儿子和女儿分别装进了两个口袋，独立创业，分立经营，这就是茅理翔的“口袋理论”。在创业阶段，兄弟姐妹可以一起创业，当创业期完成时一定要分开。兄弟纷争、家庭内讧所产生的矛盾是企业发展最大的障碍。靖江马桥、孤山等地的一些企业曾因兄弟纷争闹得难以收拾，后以资产重新分割才得以平息。要成功传承，必须做好预防工作。

4. 所有权和经营权分离治理型

面对代际交接人力资源不足和市场竞争日趋激烈的矛盾，创业者应从做强做优企业出发，不求所有，只求所在，积极与国内外知名企业合资合作，不仅做到高位嫁接，“借梯上楼”，同时引进了先进的管理模式，通过两权分离，积极实践现代企业制度，为自己建立了体面的“退出机制”。譬如，靖江宝骊、三马、量具等三企业分别与全球行业顶级公司合作，既完成了代际交接，有的创业者子女还在合资企业中担任 CEO，又将企业发展推向了一个新的阶段，实现了双赢、多赢。欧美有子承父业，也有家族基金 + 经理人或管理团队的方式。名列全球 500 强的众多家族企业，都是采用这一模式。沃尔玛集团的“去家族化”被喻为企业现代化的典范。著名的沃尔顿家族掌控着沃尔玛巨额股份，但不直接管理企业，而是邀请职业经理人接管企业，近年来取得了前所未有的辉煌。

5. 职业经理人治理型

此形式主要由国有企业或集体企业直接改制为民营企业的企业采用，能较快地引进现代管理制度。它们严格执行《中华人民共和国公司法》，一般都建立了所有权、治理权和经营权三权分离的现代企业治理机制，将经营管理权交给职业经理人。职业经理人接班团队以内部培养为基本力量，这些职业经理人年轻、富有创新精神，且在公司服务时间较长，互相知根知底，与老总之间已经建立起信任关系。此外，企业家有良好的分享精神，愿意与职业经理人分享企业发展所带来的财富与权力。靖江裕纶纺织、江山制药、新世纪造船、亚星锚链等集团都采用了这一模式。

6. 子女集体接班治理型

将董事会作为总裁，轮流主持董事会会议，他们职权相同，股份相同，薪水相同，责任相同，共同管理公司。我国一般不提倡这一做法，但在国外不乏其例。

（四）企业代际交接应注意的几个问题

1. 坚持公司利益高于家族利益

企业接班人是"禅让"还是"世袭"，交接模式是保持传统家族企业制度，还是吸收现代企业制度，孰优孰劣，要结合企业具体情况分析，但必须遵循一个原则，这个原则就是公司利益高于家族利益，要把交接后企业能否建成核心价值观，人品、企品、产品三品是否合一，能否得到持续发展、基业长青作为衡量的标尺。正确处理好家族利益与公司利益之间关系，当家族利益与公司利益发生矛盾时，将公司利益放在第一位，一切为了公司，以高度的事业心和责任心将企业做强做大做久。

2. 制订周密的交接计划

没有数十年的磨剑，哪来亮剑刹那间的耀眼锋芒。一个成功的交接班应远早于交接程序发生，等到心有余而力不足时再来考虑交班为时已晚矣，缺乏交接计划往往会导致交接班失败。实行交接计划制度化、透明化，能避免交接随意性、突发性，化解交接过程中产生的矛盾，保证家族和谐与企业稳定发展。因此，应未雨绸缪，超前思考，认真制订和分步实施交接计划。有的学者将传承（交接）分为所有者管理、子女或者职业经理人培养、接班人与创业者合伙和权力传递四个阶段，很有道理。一个创业者应有计划地培养接班人的能力和责任意识，并让其逐步参与运营管理，通过业绩赢得大家认可与拥护。这样就能顺理成章，水到渠成。

3. 慎重地平衡好内部利益关系

平衡好内部利益关系是避免财产不清争财产、股权不公争股权、利益不均争利益的关键。按照法律规定，儿女都具有同等继承权，应处理好儿女之间矛盾，保证子女的合法权益，但又要保障企业不因“树大分枝”而弱化竞争力。在保证子女合法权益情况下，也要保证高层管理者在企业的合法权益，但千万不能步入平均分割财富的陷阱。

还要注意处理好积极股东和消极股东的相左意见。积极股东对企业发展充满信心，愿用大量现金流进行再投资；消极股东更愿接受直接红利及其他好处。为避免两者目的不同引起矛盾，应将公司的股份分给积极股东（大股东），非公司股份的资产等值分给消极股东（小股东）。并运用多元化经营这一手段，不将所有鸡蛋放入同一个篮子，既规避市场风险，又将积极股东和消极股东的目标融合在一起。从而通过平衡各方利益，让所有家族成员以及其他人员都瞄准同一个靶标并肩作战，成为企业创造财富的积极力量。

将公司价值转换成其他资产进行多元经营，必须适度多元，千万不可盲目或超度多元。否则，会容易出现资金链断裂，危及企业生存。根据优秀企业的成功经验，在第二代，一般将公司价值30%转换成其他资产进行多元经营；在第三代，一般拿出另外10%～25%的公司价值转换成其他资产进行多元经营。日本株式会社金刚组这个家族企业，延续至1400年，传承40载，成为全球排行第一的古老家族企业，最后没落的原因，就是在20世纪80年代日本经济泡沫时，大举借债投资房地产，过度分散了自己的核心业务，90年代日本进入经济衰退，其拥有资产大量缩水，以致资不抵债，最终被别人兼并收购，这是一个惨重教训。

4. 组建一个好的治理班子

进行代际交接不仅要处理好内部利益关系，搞好财富交接，而且要留给接班人一个合适的董事会、一个优秀团队。企业的董事长一般坚持是家族成员或是嫡系家族成员的原则。在总经理班子中，除总经理外，一般不要有其他家族成员参与，以避免形成团队离心离德与霸占山头的问题。这一点在康熙大帝中最为明显：皇帝与太子本来已经形成稳固传承，但由于其他儿子参与朝政要事，他们拉帮结派，扰乱朝政，付出了更多血的代价。

在组建经营团队时，一定要聘用职业经理人。要建立引进、使用优秀人才机制，并将此作为企业的第一要务。不要受困于元老、恩人、亲戚等各方面掣肘，要将传统家族企业制度与现代化企业的经营管理体系相结合。

强化董事长对总经理班子的引导与考核，促进建立富有执行力的团队与维护企业利益的董事会。还需建立起企业内部信用体系，对经理人放手、放权，给经理人留有实现抱负的平台和空间。但在当前职业经理人制度尚待完善的情况下，应实行适度放权和绩效考核相结合，做到放而有度，权责相当，严而有章，奖惩相济。从而真正建立起一个有战斗力、执行力、创新力的优秀团队。

5. 接班人要赢得企业员工与中层管理人员的认可

任何企业的交接班，即使交接前工作做得再周密，也都会激起点“涟漪”，出现程度不等的问题。因此，接班人除在思想上有充分准备外，还要通过加倍努力，妥善处理好一些矛盾，把企业运营好，并形成一个良好的财务习惯及股东价值，展现一个领导者的凝聚力、掌控力、决策力，催生与时俱进的企业家责任与企业家精神，以赢得别人尊重。同时，要处理好与客户的关系，将客户优先的经营理念作为做决定的准则，做事优先考虑的不是加盟者或家族成员的利益，而是客户的利益，为客户提供超值服务，经受住客户的考验，从而巩固发展合作关系，实现双赢、多赢。

二、案例：标新工业——新秀主沉浮

长江后浪推前浪，一代新人换旧人。作为在靖江经济社会发展中有着举足轻重作用的江苏标新工业有限公司（以下简称标新），有着40余年的创业历程与辉煌；2005年，正当步入二次创业阶段，企业创始人、老董事长与世长辞。在这关键时刻，风华正茂的赵亚军，强忍丧父之痛，于2006年5月，出任公司董事长。快要读完工商管理硕士研究生的赵亚军，还没有主持过全面工作，这支嫩竹扁担能否挑好这副重担，成为大家关注的焦点，成为公司员工的期盼。然而他出任仅一年时间，异乎寻常地崭露头角，显现出他的智慧和才华，让企业得到了稳定运转。近两年，年轻的赵董事长勤奋学习与实践，不计个人得失，以他人格的力量凝集起强大合力，在复杂多变的环境中保持了稳健发展的良好态势。

（一）专注追求，一脉相传

任何事业的成功，都是执着追求的结果。赵亚军接班那年，标新经过了30年的发展，由一家小型校办工厂发展为有一定影响力的骨干企业，从一个普通钢窗生产厂发展为江苏省高新技术企业，这谈何容易！已故老董事长那种艰辛励志、矢志创业的精神永远激励着人们。而子继父业的赵亚军深知责任重大，以高度的事业心和责任感挑好这副重担在所不辞。面对内外部环境发生的新变化，譬如，原材料价格的节节攀升、继承与发扬的取舍等，他凝重思考，如何不愧对股东和员工的希望，怎样继承和发展好父业，他暗下决心，任凭困难再大，压力再重，也要越过这道坎，闯过这道关。他上任之初，没有大会小会不断，也没有作出豪言壮语和诱人的承诺，在这非常时期，他只是夜以继日地工作，把全部精力扑在事业上。他时时、事事、处处仿效父亲生前做人的诚实、待人的诚恳、办事的认真、工作的勤奋、作风的朴实。为了掌握第一手资料，他默默地深入车间一线，细细地观察分析，与员工亲切交谈，倾听基层心声。在人治转为法治的过程中，他深谙天道酬勤、商道酬信的道理，帮助大家转变经营理念，一切依法经营、诚信经营，并组织大家自上而下、自下而上地讨论修改管理制度，把自己的主意与要求变为大家的自觉行动。待人接物，他没有过多的客套，但他脸庞上舒张的憨厚与谦和，却给人留下一种诚心真意的印象。他的一言一行，与他父亲一脉相传，可谓“基业传承美名扬，后继有人万事兴”。

（二）合资合作，一往情深

早在东南亚金融风暴之后，标新通过外贸出口，与日本久保田株式会社建立了较好的合作关系。为进一步加强合作，优势互补，双方于 1998 年共同投资成立了合资企业。合资之后，遵循“和谐相处，合作共赢”的理念，注重建立伙伴文化，双方真诚相待，精诚合作，使得国际贸易额不断扩大，企业发展速度不断加快，合作的基础越来越牢固，双方的感情越来越深厚。在老董事长生病期间，日方董事多次关心慰问；当得知老董事长心脏停止跳动时，不远千里，特地派代表前来吊唁。在新老交替时，谁当董事长，日方严格遵循公司法和公司章程，不以老大自居，而以出资额多少来确定人选。尽管赵亚军年轻，但仍然力举他担任董事长。赵亚军任职后，日本久保田公司从各个方面给予支持帮助。在 2006 年国内钢材连续大幅度涨价时，日本久保田提供了 50 吨进口镍板，化解涨价不利因素；并将转化管全部放到中国来生产。2015 年，赵亚军将发展核电、军工产品作为新的增长点，又得到日本久保田公司董事的理解与支持，中日合资关系改变时，标新回购了日方 30% 股权，但至今标新仍为日方的重要供应商之一。这不能不说是“扶上马，又送一程”。镇老领导和现任领导与标新也有着不解之缘，为使这面旗帜永葆风采，主动上门了解企业运转情况，在一些关键问题上提供帮助，提示领导艺术与工作方法。赵亚军看到日本久保田公司和镇领导对自己如此器重、关心和支持，由衷地感慨与激动，对他们也更加敬重，工作上也更加卖力，他说：他们这么信任我、关心我，我没有任何理由不干好！

（三）科技进步，一着不让

在科技发展日新月异的浪潮下，故步自封是企业发展的大忌，盲目冒进更会将企业带进危险境地，赵亚军深知，要想将企业发展为百年名企，标新必须审慎自身的优势与劣势，扬长避短，走产品转型升级、技术创新之路。标新已经具备较先进的冶（精）炼、铸造、热处理、机加工、焊接、检测技术，如何继续发挥材料优势、延伸工艺路线、开发新产品和新客户，就成了他们研究的重要课题。

2016 年，标新投资 1. 2 亿元，与设备生产厂家共同联合研发制造国内首台 TMH20/15MN 快径锻造机，引进径向锻造新工艺，可锻打高温合金的棒材和管材。该首台套设备创新设备的驱动形式，将机械式和液压式相结合，一举打破了奥地利 GFM 公司机械式制造和德国 SMS 公司液压式制造的径锻设备全球垄断的局面。这一战略性的投资行为，需要企业家拥有高瞻远瞩的谋略和智慧，更需要勇于革新、不畏艰难险阻的勇气，而年轻的赵亚军做到了，做成了！

2018 年年初至今，在赵亚军的亲自带领下，技术研发团队利用该设备对锻棒反复进行热调试，不断调整和优化径锻机的锻造变形工艺技术，取得了阶段性的重要成果。预计 2021 年年底可结束锻管调试工作。标新将借助高端装备提升技术创新能力，持续研发先进工艺，从而成为核电、军工、航空航天等行业的高端特种合金材料的专业供应商之一。

（四）现代管理，一丝不苟

在不断追求高新技术的同时，公司也十分注重现代管理手段的应用。公司在这方面舍得投入，引入 ERP 管理模式，并自主研发了成本管理控制系统，将企业物流、信息流、控制点统一纳入计算机综合管理，规范工作程序，优化资源组合，提高工作效率。通过运用这一手段，不但做到了有章可循，有据可依，而且责任分摊到点，落实到人，追踪到底，有效地解决了过去在工作进度、工作效率、质量控制、定额管理等方面存在的弊端，使企业步入了规范化、科学化管理轨道。与此同时，以提高产品质量为抓手，从硬件到软件，从工艺到技术，不断改进和提高，并组织相关人员系统学习质量控制管理文件，严格各道工序质量标准，规范质量监督体系，综合分析各项数据，优化工艺参数，从而提高了产品质量，增强了竞争能力，凸显了标新省著名商标的品牌效应。

（五）全盘工作，一张一弛

一个规模企业的领军人，如同部队作战的指挥员，要能成事或胜利，必须深谋远虑，部署周密，战术高超。赵亚军身临特殊环境，镇定自若，积极应对。在发展战略上，从长计议，全面权衡，既弄清合作方在国际市场上的地位与影响，又分析自身在国内同行中的优势与劣势；既揣摩国家产业政策调整带来的机遇，又看到企业面临的挑战，进一步确定将提升核能产品水平作为企业的主攻方向和发展重点，并制定了分阶段实施规划，目前正在落实相关措施。为使千头万绪的工作紧张而有秩序地进行，他运用“弹钢琴”的工作法，从完成当年目标任务到今后发展；从产品开发到技改投入；从国内市场到国际市场；从硬件到软件；如此等等，区分轻重缓急，认真组织实施。并不断将领导者的意志、希望和信心向外散发到整个组织，扩大自身的影响力和领导力，充分体现一个总指挥者的才干与品质。

星移日转，万象更新。随着时光流逝，新董事长赵亚军将更加成熟、更加干练、更加有为，公司上下弘扬的“精诚团结、开拓进取、奋力拼搏”的创业精神，必将展示出标新新形象、标新新宏图、标新新事业！

第四节　人才队伍建设：治企兴业，人才为急

一、方略：开发培养人才“五结合”

重视智力投资，提高企业人才素质是加快企业发展的一项战略性措施。智力投资就是开发培养高素质人才队伍，有了高素质人才队伍，就能推进企业技

术进步，而技术进步是开启企业腾飞“大锁”的“金钥匙”。抓智力开发、培养人才可在以下“五个结合”上下功夫、花气力。

（一）提高与普及相结合，实行多层次、多形式的专业培训

一是积极与大专院校挂钩，委托代培。挑选具有高中文化的青年到大专院校进行正规学习，学制两到三年，达到大专或大学水平。二是联合出资办大专班，开办与本行业对口的专业学习班，请大专院校老师执教，让更多员工得到学习提高的机会。三是采用多种形式和方法，组织文化、技术业余教育，普遍提高职工的素质。同时鼓励职工利用业余时间学习，如参加高等自学考试、函授等。

（二）技术协作与培训技术、管理骨干相结合，加快培养技管队伍

一是积极发展与国内外知名企业的经济技术合作，共同开发生产产品。在联合协作、引进技术的同时，让生产、管理骨干到现场跟班学习，迅速提高他们的能力和水平。二是深度发展与大专院校、科研单位联盟，共同研制高新技术产品。在共同研制过程中，不仅可得到大专院校、科研单位的指导，还可派员参与全过程研制，以迅速提高企业技术骨干的实际本领。

（三）择优录用与职前培训相结合，打好不断开发智力的基础

改革招工制度，每年从高中和职业中专毕业生中经过考试择优录用新职工，基本做到关键工种和岗位具有高中文化水平。重视职工的职前教育，新招职工一般应经过 3 ~6 个月的职前教育培训，学习厂规厂纪和基础技术知识及操作方法，使其在顶班时即打下坚实的技术基础。

（四）技术培训与专业管理培训相结合，积极开发技、管、经多种专业配套人才

在重点开发技术人才的同时，重视管理、经营等专业人才的培养。一是组织企业干部和管理人员参加省、市举办的各种培训班，帮助他们不断“充电”，更新知识。二是企业领导积极参加县市级举办的短训或讲座，有条件的企业家可参加由知名大学举办的 MBA 工商管理等高级研修班，以提高自身的管理能力和决策水平。三是以企业为单位，就地固定办班培训，由资深培训机构具体负责，争取所有职工每三年轮训一次，技术等级普遍提高一级，文化水平也相应提高。

（五）培养人才与引进人才相结合，不断扩大人才队伍

对人才培养，要立足高起点，抢占制高点，挖掘新亮点。坚持每年挑选数名大学生，带着企业定向开发高新技术课题去知名高等学府学习研究，尤其是攻读硕士和博士，从而培养一批高智商、高学历、高资质的技术人员和管理人才，并建立一套科学灵活的人才选拔和使用机制。同时，鼓励职工自学成才，对安排脱产学习的职工给予在职职工的所有待遇，对于书本费和必要的考试书籍费用由所在单位支付。对学习期满取得证书者，给予国家同等学力待遇。对于不脱产学习取得不同学历者，分别予以一次性不同额度的奖励。在引进人才方面，通过与高等学院、科研机构的联合，成立具有领先水平的研发中心，建立博士、博士后流动工作站等创新平台，引进一批高层次人才，并通过聘请在职技术顾问、聘用退休技术人员，不断充实人才队伍。为充分调动他们的积极性和创造性，除用足用好政府引才育才的政策外，应从企业实际出发，再制定一些特殊政策，如实行年薪制、用股权予以激励、帮助解决住房问题等。

二、案例：旭顺东明——创新人才离岸孵化机制

江苏旭顺东明汽配有限公司在转型升级过程中，坚持以打造百年企业为目标，以“旭顺东明2025”为节点，突出创新人才离岸孵化机制，缓解高层次人才紧缺的矛盾，加快推进专业化、自动化、智能化发展步伐。该公司现已成为一家集设计、生产、销售平台化汽车门闭合系统和车联网多媒体系统于一身的省高新技术企业、中国车联盟协会理事单位、全国同行业中高成长型企业。

（一）深圳与靖江两地开发中心互信互融

在创新离岸孵化机制中，就项目开发、技术交流、人才培养等方面实行外地和本地双轨并行，双向融合。针对靖江高端人才缺乏这一问题，他们瞄准深圳人才密集、信息量大传播快、技术优势明显的区位特点，于2014年在深圳购买写字楼，成立了车联网产品研发中心。该中心聚集了25名来自不同领域的技术精英，从方案设计到产品开发，客户只要有需求，基本上都能得到满足。这一做法得到时任泰州市委书记蓝绍敏的充分肯定，“离岸孵化”这一名词开始响遍泰州。并且该公司在靖江本部设有技术中心，聘用中高级工程技术人员50余名，专业研发平台化中控闭合系统。时下，两地开发中心既有分工

又有合作。对于车联网产品在生产过程中遇到一些实际问题，可通过本部开发中心进一步优化生产工艺，使该产品快产出、高品质。对于中控锁开发中遇到的技术难题，也可通过与深圳研发中心及有关科研院所进行合作攻关，从而提高了中控锁的研制水平。

（二）引进人才与自培人才双管齐下

该公司一边积极引进高技术人才，一边加快培养自身人才。公司制订了“710”人才培养计划，即在7年内，每年从泰州地区录用对口本科以上学历的学生10名，通过基本岗位锻炼、委派外地学习等方法，迅速提高他们的实际开发能力和技术水平。同时，以住房、用车、高薪等方式激励人，以专家楼、科研开发楼等良好环境鼓舞人，以“和谐聚情”企业文化温馨人。

（三）完善提升人才孵化机制

完善提升人才孵化机制，主要体现在以下三个方面。一是本着企业统筹的原则，每年将5%的销售额用于产品研发和企业技术改造，确保研发所需的资金、人才、设备等资源与企业经营形成良性循环。二是从培育工匠精神的角度出发，成立“大师工作室”，由江苏劳模、泰州市技能操作冠军，2016年度靖江市十大工匠提名获奖者刘华兵带领。他们设计制作的工装模具，提高了工作效率和产品质量，还为设备智能改造作出了巨大贡献。三是建立适应汽车行业现代化发展的运行机制和管理机制，明确各部门职责，完善各项考核奖惩制度，确保项项落实不走样，事事公正公开不徇情，有力地调动了各类人才和广大员工的积极性和创造性。他们新增的全自动中控锁生产检测线，走引进、消化、吸收、再创新之路，制造部分采用德国的技术，检测部分采用日本技术，实行制造和检测有机链接，达到制造检测一体化的国际一流水平。相继开发的车联网多媒体系统、行车记录仪、定位仪等电子产品，抢占了市场先机，不仅国内供不应求，而且还出口多个国家和地区。在产业结构上，他们规划在近三年内，将车联网与中控锁的市场比重从现在的1/3调整为2/3。

据统计，两地研发机构已取得发明专利两项，实用专利十三项。2017年已获得科技查新两项，省高新产品两项，2008年获得发明专利两项，实用专利四项，并获得成功注册地域名“旭日东升”商标。

近期，他们围绕“基业长青、百年兴旺”这一宏伟目标，成立由冷总亲自任组长的战略委员会，修订和完善企业发展战略规划，确立以车联网产品和服务作为引领企业发展的主要方向，始终把人才队伍建设作为创新发展的强大支撑，持续提升专业化、高端化产品水平，加快发展汽车新能源产品，着力打造智慧车间和智慧工厂，让“旭顺东明”这一品牌越叫越响。

第五节　人才培养的实质：人尽其才，才尽其用，用尽其能

一、方略：选对的人做对的事

现代管理之父彼得·德鲁克说：“卓然的公司，排在第一位的不是你支付报酬的多少，而是你将报酬支付给何人。如果你有合适的雇员，在他们力所能及的范围内，他们会为创造一个伟大的公司而努力。他们会高效率地完成工作，不会因为报酬少而折腰，这就好比他们的呼吸不受控制一样。”德鲁克的这段话，非常深刻而形象地告诉我们，用对的人、用合适的人，去做对的事、做合适的事，他们便会以满腔热情投入工作中，充分发挥出他们的智慧和力量。这也就从根本上解决了战略目标确定之后，到达胜利“彼岸”、取得企业发展成功的“过桥”问题。

如何选用对的人、合适的人？其标准，一言以蔽之，即德才兼备。或说思想正、品行端、能力强。德冠之于首，德是第一位的，宁用有德之人，对无德有才之人，必须慎而用之。选用对的人，关键要识别人，识人不走眼。常言道：“马看牙板，人看言行。”识人的方法是看三个基本特征：一是软做人、硬做事，不争斗却善于获胜。爱岗敬业，执着本职，愿做事、能做事、做成事、做好事。二是喜之新、厌之旧。能融入企业团队，结伴而行，趋新避俗。善于听取吸收来自各个方面的不同意见，不固执己见，不墨守成规。回答问题，有理有据、灵巧以对。平时爱好学习，在各项活动中能发表自己的主张和意愿。热爱新事物，有创新欲望与思绪。三是慢于言、敏于行。先行动，后言论，行动快于言论。能不召而来，不言而应，自觉主动地担当起应负责任。

用对的人，关键要有更多对的人供选用。因此，企业要努力培养一批对的人，即培养一支有激情、有责任、有能力的员工队伍。其方法大致有四：一是

加强培训。既要通过灵活多样的方式进行正面灌输，增加他们的思想与业务技术素养；更为重要的是注重训练，搞好现场演习，提高他们的实际操作能力和水平。二是以文化人。用新思想武装人，用新理念滋养人，用新典型鞭策人，用新远景鼓舞人。三是善于激励。激励最能挖掘人的内在潜能，这是因为用于激励的要素正是他们所需要的。激励不仅是物质方面的，还需要精神层面的，让他们开心快乐。总之，要针对他们所想所需，有的放矢进行激励。四是言传身教。一万句言论抵不上一次行动，榜样的力量是无穷的。“轻财足以聚人，律己足以服人，量宽足以得人，身先足以率人”，当家人要以身先士卒来教育人、影响人，达到“春雨润物细无声”，以收获正能量的乘数效应。

二、案例：江苏靖江企业家协会——打造联络员优秀团队，合力提升服务效能

靖江市企业家协会自2004年6月成立以来，注重以创建联络员优秀团队为动力，增强整体意识、合力意识、责任意识，已基本建成一支敬业精神强、工作责任心强、办事热情高、上下协调动作、工作密切配合、办事快捷高效的优秀团队。市企业家协会已得到社会认可、企业家信任、市领导满意。实践证明，联络员队伍是做好基层协会工作的一支不可或缺的重要力量，其主要做法是“建立健全五个机制”“发挥五个作用”。

（一）建立健全五个机制，落实打造联络员优秀团队的途径与举措

1. 建立健全联络员队伍的选人用人机制

企业老总掌管一个企业，工作千头万绪，承受压力较大，难以顾及方方面面。企业家与协会之间的情况及意见要能及时交换，需要有高素质、知情况、会协调的同志来发挥桥梁作用。协会明确要求由会员企业办公室主任或办公室主任以上职务的同志来担任这个角色，因为他们是企业老总的参谋、助手，跟老总接触多、参加会议多，占有信息量多、反馈快、层次高的优势，有利于搞好上下沟通。由于会员单位老总的重视与支持，使得这支联络员队伍素质好，原有职务层次比较高，绝大多数由办公室主任担任，有些单位由总经理助理或副总经理担任；联络员年纪比较轻，平均年龄在40岁；文化程度也较高，绝大多数是大专以上文化，大学文化的占到20%以上，有的还是硕士学历。同时

建立联络员个人档案，并每年根据会员企业的新增和会员企业的人事变动，及时与老总商量进行调整、充实。达到用正确与优秀的人，做正确与优秀的事，把事做正确与完善。

2. 建立健全联络员的工作职责机制

协会下发了《关于加强联络员队伍建设的意见》这一文件，明确联络员当好“六大员”的职责。一是帮助多提供信息，多撰写有分量的文章，当好优秀的通讯“报道员”；二是做好协会同志到企业专访老总的衔接工作，当好优秀的来客“接待员”；三是协助协会做好老总培训与体检的工作，当好优秀的“协管员”；四是协助协会做好一年一度的会费收缴工作，当好会费收缴的“代理员”；五是协助协会做好上情下达和下情上报工作，当好优秀的“传递员”；六是积极参与协会开展的有关调研活动，当好优秀的“研究员”。并根据每年协会的工作大纲和工作计划，不断对“六大员”的内涵赋予新的内容和要求，使联络员的职责与任务越来越清晰化、具体化、科学化、动态化，工作上做到配合全方位，联系零距离，事事有回音，件件有落实。

3. 建立健全考评激励机制

协会坚持每年进行总结表彰，并不断扩大表彰面，加大鼓励力度。协会的资金来源主要是收取会费，在经费预算时，对联络员会议的经费满打满算，确保在荣誉表彰的同时能体现物质奖励。协会每年在联络员会议上发放的纪念品和年会上老总的纪念品在价值上基本相等，会务安排的规格也不亚于年会。为评选先进尽量做到公正、公平、公开，采取个人自评和组织评议相结合的方法，即对“六大员”是否优秀，先由联络员在测评表上圈认，后经协会领导审定。近年，每年的优秀联络员以40%幅度在增加，2009年优秀联络员达65人，占到总数的1/5以上。并拟在评选2010年度优秀联络员的同时，选树十名“最佳优秀联络员”，通过树典型、立标杆，以不断推进争创先进活动的开展。

4. 建立健全联络员的成长与发展机制

联络员同志做到自尊、自重、自爱，通过自身加强学习与锻炼，不断提高组织协调能力和工作业务能力，来适应新的要求。在他们自身努力的同时，协会领导、企业领导也要关心和支持他们。在年会工作报告里，要求企业老总重视和关心他们的工作和成长。协会除对优秀联络员通报表彰，列入企业年度综合考评重要依据外，还积极向老总举荐，请他们将有发展潜力的联络员列入视野，进行重点培养，委以重任。镇、园区分会也要多对联络员同志给予关心、支持和引导。通过这几年合作，大多数联络员同志在素质和能力上都有了提高，有56位同志得到了企业领导的赏识与重用，有的晋升为总经理助理或提拔为副总，有的被列为重点培养对象，正在进行易岗锻炼，或者增加了岗位业务。

5. 建立健全联络员学习与活动机制

从多方面提供学习、活动的平台和机会。确保每位联络员每月获得一期《靖江企业家》刊物，向老总寄发有关学习资料时，尽量安排联络员也有一份，为他们学习提供方便。每年结合联络员会议举办专题讲座，帮助他们更新知识、“充电”提高。组织企业老总参观考察，同时组织联络员一并参加，帮助大家开阔眼界，增进知识。并且建立了联络员慰问制度，联络员家中有大事、要事及时沟通，做到上门慰问、祝贺，以进一步增进彼此之间的友谊。

（二）发挥五个作用，彰显联络员优秀团队的重要与成效

1. 发挥协会与老总之间的桥梁纽带作用

企业老总平日工作多、任务重，协会与老总沟通与联系，在什么时段较为合适，难以把握。而通过联络员特殊的操作艺术，向老总征求意见、沟通情况、提醒要事等，能见机行事，恰到好处，事半功倍。从而做到沟通不误事、联系不断线；重要情况反馈及时不迟报，原汁原味不漏报；协会协调处理矛盾不推诿、不打折扣。让企业家普遍感到协会是他们真正的“娘家”。

2. 发挥配合协会开展各项服务活动的得力助手作用

靖江市企业家协会有346家会员单位，涵盖了全市工业、流通、三产、供电、供水、金融、建筑等各个行业，驻会工作人员只有5名，服务的内容面广量大。我们紧紧依靠联络员一起为提高企业家素质服务，为维护企业和企业家合法权益服务，为塑造优秀企业文化服务，为企业家身心健康服务，为地方经济发展服务。克服了人手少、事情多的困难，整个协会工作规范、有序、高效运行。2008年协会获“江苏省中小企业综合服务奖”，现已被列为创建“江苏省中小企业综合服务示范单位”。

3. 发挥协会自律、自养、自治的协管代理作用

他们注意收集、反馈企业和企业家对协会的意见与建议，为协会制定全年工作大纲和开展主题活动提供决策参考依据。确保协会布置的工作事事能落实、件件有交代。譬如协会收缴会费的通知一发出，他们立即找老总审批，跟踪财务及早汇出，不少联络员同志还亲自将会费送到协会。近年来，协会的会费都能及时足额到位。

4. 发挥协会与政府有关部门联合开展活动的上下联动作用

由于企业家协会基层有一支帮助落实具体工作的联络员队伍，加之协会自身的敬业、严谨精神，政府不少部门都愿意借助协会这一平台开展活动。我们先后与市经信委、人力资源和社会保障局、总工会、法院、检察院、税务局、物价局等十多家部门联合举办骨干企业恳谈会、法律与税务知识讲座，联合开展创建和谐示范单位、企业自主创新型企业等主题活动。协会已成为靖江市地税纳税服务中心、市委组织部“两新”组织（新经济组织、新社会组织）党建工作站、企业物价信息联系点、市发展环境监察中心测评点。从而扩大了协会的影响力和向心力。

5. 发挥参与打造《靖江企业家》刊物品牌的通力协作作用

对每期刊物的企业专栏，联络员都尽心尽职提供图片资料，撰写文章。广大联络员在信息报道上做到快、准、新，丰富了刊物的“土特产”。协会连续两年在中企联网站发表靖江企业文章的稿量稳居第二。不少联络员同志收到刊物后，都将摘要呈交老总阅读。大家爱看、爱学、爱用，使刊物成了老总的“良师益友”。

第十三章

企业家素养

企业家是企业的主心骨和总设计师。企业家精神就是创新实践的精神，企业家精神已成为企业成长的基因和竞争能力提升的关键。在新时代背景下，企业家要积极履行习近平总书记对企业家“爱国、创新、诚信、社会责任、国际视野”的要求，将做强做大企业与践行初心使命紧密结合起来，发挥好在创新发展中的主导与决定作用。在思维上，从“市场逻辑”向“创新逻辑”跃升，培养战略视野和超前意识，关注全球科技经济发展新趋势，始终将科技创新作为企业各项创新的牵引力，不断创新求变，全面提升企业价值创造力和核心竞争力。从严从高要求自己，自觉修身养性，全面提升素质，时时、事事、处处身先士卒，用非权力这一榜样力量来增强企业的向心力与凝聚力。弘扬改革创新精神，挑战自我、敢为人先、充满激情，立下争做第一、称霸行业、走向世界的远大理想，并为之不懈奋斗。锤炼企业领导艺术，科学应变，比先赛高，散财聚人，当好企业这个“大舞台”演奏创新发展“协奏曲”的指挥者，不断增添经济增长动力。切实改变作风，实事求是，敢想敢闯，踏实行事，争得新突破，争创新业绩。真正做时代大局的“弄潮儿”、社会责任的“担当者”、强企强国的“追梦人”，努力为国家、为社会、为企业不断做出新的贡献，不负时代赋予的机遇与使命。

第一节　企业家精神：企业成长的基因

一、方略：重塑企业家精神，深入推进企业创新发展

企业家是企业的主心骨、国家的稀缺资源。企业家精神是企业家思想的最高境界，是企业家的高尚情怀，是企业家的风貌与追求。企业家精神决定着企业的生存与未来。在当今处于经济新常态的历史阶段，每个企业家都面临着多种挑战和严峻考验。重塑与时俱进的企业家精神、汇聚更多的正能量、有力有

效地推进创新发展，既是做强做大企业的现实选择，也是实现人生价值的内在要求。

（一）重塑企业家精神，全面保障企业稳健发展

1. 重塑敢为人先的创新精神

企业家的本质就是创新加冒险。创新是企业发展的强引擎，尤其是当前企业破除经济下行压力和困难的法宝。创新是对传统的挑战，需要一股子勇气和胆魄，认准目标不畏艰难，百折不挠，奋力前行；创新，需要发挥自己的智慧，用智慧看清、看准前景和目标，看深、看透任何事情，从而产生自信心和不竭的动力；创新需要知识底蕴和底气，在创新中不盲目行事，尊重科学，遵循经济规律，求真务实，步步为营。创新要赢时思变，不断创新，打破原有优势，形成新的优势。创新需要人才，人才是关键，要以更加宽阔的胸怀吸纳人才、培养人才、善用人才、留住人才。企业家是创新的设计师，更要当好创新的推动者和完成者。要抓住时下创新发展的良好契机，上下勠力同心，把创新融入企业的血脉中，让企业“凤凰涅槃”，再放异彩。

2. 重塑企业家追求卓越的执着精神

以新发展理念为统领，突出转型升级、争先进位和项目投入，永存高远之志，永葆进取之心，敢于与强的比、跟快的赛、向高的攀，既纵向比，也横向比，与先进标杆对比找差距，奋力超越。坚持以创品牌为载体，以提高质量和效益为中心，以创一流业绩为己任，尽心竭力地将产业做强做大。

一是专心于产业做强。这方面需向德国制造业学习。德国制造企业一旦进入某一领域，就会一门心思地专注于这一行业，绝不会因其他行业“钱”景更好而改弦易张或多种经营。德国制造者“小事大作，小企大业”，不求规模大，但求竞争力强，一旦凭借雄厚的技术在细分市场中建立了优势，他们就会不断地加大研发投入，通过创新来巩固和扩大优势。这也是德国“隐形冠军”多的原因所在。我们要像德国企业家那样，坚定自己认准的路，孜孜不倦地在自己从事的行业中不断地探索和实践，争取在这个领域内做“小巨人”“单打冠军”。

二是精心于品质做优。克服只顾及眼前利益，缺乏长远发展眼光的倾向，将搞好品质放在最高位置，深度追求产品质量。一丝不苟地执行标准，精益求精，追求完美，实现产品质量“零缺陷”。大力培养高精尖工匠，确保生产高

品质产品。实施“标准化+”战略，提高产品标准，让产品标准与国际标准接轨。强化质量评价指标体系和考核体系。夯实计量、检测检验和认可认证这个质量基础。并运用新技术研发新产品来带动“质”的根本变化。

三是倾心于品牌做特。不断改善生产条件，提高管理水平，来适应品牌建设需求。实行用工匠精神打造产品形成品牌。加快转型升级，提高产品质量和科技含金量来提高品牌价值。加强诚信建设，树立诚信赢天下理念，确保产品货真价实。根据用户需求进行设计生产，满足不同群体的需要，将生产定制化融入品牌之中。切实搞好用户服务，拓展新的服务内容，提高性价比，为用户创造新的价值，不断提高用户的满意度和忠诚度，让品牌在国内外市场叫响叫亮。

3. 重塑“敢打必胜”的敬业精神

在机遇和挑战并存的背景下，退一步、慢一步，必将节节败退；进一步、迈大步，才能跨越赶超。因此，应着力增强奋发向上、敢打必胜的高昂斗志，用“三股劲”去克“敌”制胜。

一是用一股争当一流的拼劲。拼劲不是蛮干，也不是单打独斗，而是用新思想、新方法克难攻坚。善于调集一切有效资源上项目、上产品，打好“组合拳”。层层分解落实目标任务，以局部保整体。要通过完善共创共享机制来求得“财散人聚”，齐心协力。在艰难任务面前企业家要打头阵、当主力，全身心投入，用身先士卒来影响带动全体员工。

二是用一股屏息聚力的钻劲。围绕企业目标任务，紧盯着不放，制定路线图，明确责任书，大力度推进，一个难题一个难题去攻关。倡导“过五关斩六将”的钻劲，敢于啃硬骨头，步步为营，积小胜为大胜。并大胆探索，集聚各方智慧，不断蹚出新路，求得新的突破。

三是用一股比拼意志的韧劲。“行百里者半九十”，发展企业也是如此。在新常态下发展企业是一场比拼意志的深度较量，需要比战略、比智慧，需要比速度、比效率，更需要比决心、比耐心，需要有久久为功的韧劲。始终坚持发展定力，一以贯之、锲而不舍地走下去，付出超乎寻常的努力，朝着既定目标坚定前进，努力创造出经得起市场和消费者检验的发展成果。

4. 重塑求真务实的科学精神

创新发展要建立在讲究科学、求真务实的基础上。既要反对脱离实际、盲目冒进，又要能快则快、能进则进，要拒做“蜗牛”，勇当骏马，做到好中求快、强中求大、转中求优。

一是正确认识新常态，增强发展信心。新常态就是经济发展的总趋势，是经济发展到一定阶段后形成的不以人们意志为转移的大格局。在新常态下，切忌自以为是、想当然，或麻木不仁。宏观上用速度换效益，带来结构优化和内生动力增长。而具体到企业，再粗制滥造，以量和低质恶性竞争已经行不通，靠所谓的传统管理而不提高劳动生产率也已行不通，不从根本上改变生产方式和管理机制，就会从高速滑到没速度。新常态倒逼我们转变发展方式，加快转型升级，提高质量和效益，提高市场竞争力。党中央的重要战略部署和决策，以及一系列扶持企业发展的优惠政策，给我们带来了多重利好。只要我们因势利导，积极应对，就会赢得新的发展空间。

二是善于观大势、明路径，掌握市场的主动权。《中国制造2025》是企业发展的“风向标”和“指路灯”。我们要结合企业实际制订既先进又实际的企业发展规划，并根据市场情况变化及时调整大计方略。在讨论规划等重大问题时，必须充分听取各方意见，做到集思广益，万万不能一个人拍脑袋、想当然。避免走低水平循环的“平庸之路”，走顾此失彼的“失衡之路”，走超乎自身承受能力的“风险之路”。从适应市场不确定性出发，企业应走多元产品之路，不能吊在一棵树上，但多元产品开发必须是自己干的行业，这样既能节省开发经营成本，又能降低市场风险。有条件的企业应向企业集团化方向发展，以产品为单位设定分支机构，调动各方积极性。新上项目一定要与国家产业政策接轨，与企业原有产品接口，与自身能力接洽，千万不能上自己一知半解的项目，千万不能上超出自己能力的项目。切不可过度贷款、高利集资。否则会欲速则不达，乃至被淘汰出局。有的企业出现“资金链”断裂，甚至发生“跑腿”现象，就是佐证。产业转型不是转移，而是从投入和要素驱动转为创新驱动，但不是不需要再投入再投资。产业升级是在原来产品中注入新的科技元素或者改变工艺等，努力向产业链、价值链的高端发展，不断提高产品档次与含金量。即使是传统产业，只要融入现代先进技术，尤其是信息技术，同样可大有作为。办企业不能图表面繁荣，徒有虚名，要藏钱于企，殷实家底，在做强做优的基础上去求大。总之，要坚持从实际出发，做到科学发展、创新发展、快步发展。

三是践行“三严三实”，确保项项事事高效率、高水平。向要害处发力，在“实”字上下功夫。健全法人治理结构，完善企业决策机制、风险防控机制，促使企业实现良性循环。正确决策之后，发扬脚踏实地的作风，实干、巧干、快干。每个企业家要实事求是处事，踏踏实实做事。申报省、国家各类扶持资金要“实枪实弹”，不能投机取巧。在当前推进供给侧结构性改革中，要积极“去”，倒逼提高供给质量和效率；主动“降”，优化流程，创新管理，轻装上阵；全力“补”，做好高端产品、高端技术的加法和乘法，到产业链、价值链的高端去参与竞争。

5. 重塑合作共赢的大局精神

首先是心态的合作。诚信是合作的前提，心态是合作的关键。心正思无邪，意诚言必中。要学会看长远、算大账，实事求是评价自己，同时要有足够的合作诚意。特别是在企业形态逐渐变为科技加人才的情况下，要摆正科技在企业发展中的位置，认清其作用，有“吃亏”思想，以保证合作的持续和稳定。

其次是要素合作。目前更注重把现有的资源按照市场法则优化配置在一块，通过兼并重组、腾笼换鸟、招商引资等多种形式实现对有限资源更有效率的利用，减少无谓的投入和浪费，加速生产和经营，做到共赢和多赢。

最后是模式合作。走“三结合一嫁接”之路（即企业与科技结合、企业与资本结合、企业与人才结合，实行高位嫁接），切实搞好产学研合作、产业链上下游合作、制造业与服务业的合作，与国内外五百强企业、名牌企业及央企缔结同盟，等等。小而全、大而全的发展模式已经行不通，要抓住关键环节，寻求最佳的组合，降低投入和经营风险。

6. 重塑企业家不辱使命的担当精神

一是增强紧迫感和责任感，加快做强做大企业。这是时代的要求，是构建现代化经济体系的重大内容，是最大社会责任，也是最有意义的奉献。习近平总书记强调要毫不动摇鼓励支持引导非公企业经济发展，给广大民营企业家吃了颗“定心丸”，敲响了“奋进鼓”。在历史的转折关口上，做到先人一步，快人一拍，成就新的一页。通过做好企业，吸纳更多的就业人员，提供更多的优质产品，缴纳更多的税金，拿出一定的资金用到光彩事业和公益慈善事业上。

二是加强自我修养，全面提升素质。企业家健康成长是企业健康发展的前提。企业家是有头有脸的人物，对社会有很强的示范作用。要按照“不忘初心、牢记使命”主题教育和“守法诚信、坚定信心”理想信念教育中明确的实践内容，加强自我学习、自我教育、自我修养。要按习近平总书记提出的建立新型政商关系，即“亲”与“清”两个字的要求去做。积极主动地同各级党委政府部门多沟通多交流，讲真话、说实情、建诤言，满腔热情地支持地方经济发展，做到“亲”；洁身自好，走正道，遵纪守法办企业，光明正大搞经营，坚决不碰法律底线，不偷税漏税，不制假贩假，不走歪门邪道，做到“清”。同时做到不妄自尊大，而谦虚好学；不安于现状，而不断进取；不自私自利，而克己奉公；不互相拆台，而精诚合作。

三是加强企业团队建设，选准育好企业接班人。这是保证企业基业长青、打造百年企业的一项伟大工程。鉴于部分企业近两年将进行代际交接，且有少数企业已经出现交接班危机，每个企业家都要站在战略的高度，从长计议，胸怀开阔，将接班人培养这项工作真正摆上议事日程，切切实实抓紧抓好。

（二）深入推进企业创新发展，全面提升转型升级水平

许多成功的案例证明：战略是导向，科技是核心，体制是动力，管理是基石，文化是支撑。我们要把重塑的企业家精神融入企业创新发展的全过程中，将企业家精神力量转化为做强做优的物质力量，转化为参与市场竞争的新的动能

1. 在战略创新上动脑筋

战略是企业这条“船”在市场大海中前行的“罗盘”。应深入谋划企业发展战略，打响企业品牌特色，推进企业资本运作，激发企业活力，为发展提供有力保障。

（1）战略定位。着眼未来发展，厘清发展思路，从战略上看清未来发展方向，看清“一带一路”“长三角一体化”给企业带来的发展机遇，看清竞争对手的优势与劣势，看清客户源、盈亏点，看清企业“请进来”与“走出去”的双向轨道，看清经济效益、社会效益和环境效益的多赢目标，让创新成为企业发展战略中的主线，从而以好的战略定位来引领未来发展。

（2）品牌战略。品牌塑造是企业经营的重要问题，是决定一个企业未来高度的关键点，更是实现“制造”向“智造”转移的重大课题。要通过差异、

独特、价值、传播来做大品牌、做响品牌。

（3）资本战略。“如果你有稳定的资金流，就要把它证券化。”这是华尔街流传的一句名言。随着支撑证券化双备制的开启以及监督环境的逐步放开和需求市场的提升，有望进一步打开资产证券化业务的市场空间，这对盘活企业的存量资金和存量资产，实现直接融资或间接融资，更好地服务于发展提供了重要契机。各企业应抢抓资本市场发展机遇，积极创造条件争取上市。通过吸收合并、资产注入等方式，实现做强做大；加强资源整合，开启上市前期调研和准备工作，加快股份制改造、挂牌上市的步伐。已经上市的企业应进一步提升品牌影响力，扩大产能规模，并拓展其他领域业务，为企业带来更加广阔的发展空间。已在新三板挂牌的企业，力求成功实施“转板”工作，启动募投项目建设，不断提升融资的能力和水平。

2. 在科技创新上下功夫

（1）着力提高自主创新能力。学习美国企业技术 + 市场的开发机制，充分利用各级各地扶持科技创新的一系列政策，汇集各种创新要素，把创新发展的核心技术攻下来，尤其要锁定产品（整机）关键零部件的技术研发与攻关。同时通过提高自主创新能力，加大研发投入，加快产品更新换代速度，开发能填补国内空白的高新产品和核心技术，拥有一批自主知识产权，提升核心竞争力。

（2）加快构建技术创新平台。推进与科研院所合作，联合建立研发机构和实验室。力求从“项目型”合作向“基地型”“产业化”的深度合作转变。努力争取省、国家专项及省重大科研成果转化项目，不断提升开发高新技术的承载能力与水平。

（3）积极引进领军人才。坚持人才驱动，人才强企。围绕产业发展重点，引进一批领军型创新人才。培育和造就一批优秀的创新型人才，为提高自主创新能力提供强大智力支持。同时，积极改善创新环境，以优厚的待遇支持创新人才成长，注重培育“扎根新团队”，营造出创新友好型的企业内部文化和工作氛围。

（4）持续进行企业技术改造。以科技创新为依托，加强传统产业改造提升，使企业跨上新台阶。积极建立和利用省、国家企业技术中心平台，增强新产品开发能力和品牌创造能力。围绕低碳、绿色等关键点，开发投产一批能争取获得更多国家发明专利、实用新型专利等知识产权的产品。有条件的企业可结合技改推行柔性化生产，做到一机多能，一线多品，以适应产品定制化需要。积极参与或牵头制定、修订国际、国内、行业标准，使产品附加值更高、品牌叫得更响、市场话语权更多。全力打造以智能化、绿色化、服务化、高端化为核心内涵和鲜明标志的现代产业发展高地。

3. 在体制创新上动真格

（1）利用企业的优质资源，招引外商、外地法人和本地个体私营企业购买企业资产，参与企业重组改造，实现投资主体多元化和股权结构多元化。深度研究各个购买主体的资本实力、技术开发能力和经营者素质，确定最佳受让主体。力争通过出让资产引入一个较好机制，引进一批先进技术，引导一批较大投资规模，引聘一些好的经营人才。

（2）在实现投资主体多元化和股权结构多元化的同时，要在企业经营高层、科技与营销管理层，科学设计优化股权结构。并参照国有企业改革方案中的意见，设定好股权回购价位，以防今后出现新的矛盾。按照中共中央、国务院《关于深化体制机制 加快实施创新驱动发展战略的若干意见》，加大科技人员股权激励力度，使科技人员拥有企业的较多股份，给予科技人员更多的利益回报和精神鼓励，使技术技能人才队伍的创新作用得到更好的发挥。从而通过稀释股权、配送股权、优化股权等方式建立资产良性循环系统，确保股东资产保值增值。

从建立和谐共进的劳资关系出发，对企业运行质态好、有一定规模、发展前景好的企业，可推行员工持有分红股（绩效股）。分红股即企业每年年底进行利润分配时，拿出一定比例用来奖励本年度在营销、生产等方面取得显著业绩的员工。这个分红股逐年累加，记其名下；员工只参与分红，没有表决权；分红股不能作为产权股在企业内外流通，不能作为个人终身享有，也不能作为财产捐赠给亲属。但只要在岗工作，直至退休前均享有分红权。如中途擅自离厂，该员工分红股即行失效。企业可通过员工持有分红股（绩效股）来培养企业忠诚员工，永葆青春活力。

（3）根据国家政策和本土企业经济状况，在参加基本养老保险的基础上，推行建立年金制（即企业补充养老保险），以提高职工退休后的生活水平。企业缴纳的补充养老保险金可税前列支。这样不仅可以提升企业形象，增强对人才的吸引力，也有利于社会和谐稳定，形成良好的社会效应。

4. 在管理创新上花气力

（1）优化生产内部管理机制。积极推行如今世界各国奉行的“阿米巴”经营模式（“阿米巴”即划小核算单位，国内称之为“分之合”模式）。这一经营模式是在公司内部按车间（分公司）、工序设立多个能够独立经营、独立核算的部门，按照市场价格倒推的方式进行各部门的交易定价，让各部门由“合作关系”变成“买卖关系”（内部市场价值链）。采用这一模式的好处：一是它将销售、利润、成本、费用、交期等原本属于企业的事，变成每个部门、每个员工的事，能极大地激发员工的潜能。二是它将以往只有销售部门面对市场变成从采购到销售、各部门、各岗位共同应对外部市场可能发生的变化，从而让企业快速在市场竞争中站稳脚跟。三是它将以往从管理到员工思想上认为自己在给老板干，变成内心上认为在给自己干。

（2）优化营销外部管理机制。有了好的生产内部管理机制，还必须有好的营销外部管理机制。大力推行电子商务，同时改革传统营销模式，以建立起科学先进的营销模式。推行电子商务，首先要建立好企业网站，定时发布企业和产品信息，让客户及时浏览到企业动态，为营销网络奠定基础。与此同时，企业网站应积极登录知名门户网站搜索引擎，有效地增加公司网站曝光的机会，从而挖掘有效用户的商贸信息，找到产品的潜在客户。并通过网络营销人员采用多种方法和策略，把网上访问者变成实际客户，不断提高网站流量的转换率，做到网上下订单，就近实行配送取货。还要从配合网络营销需要出发，加强企业管理信息化建设，集财务管理、营销管理、仓储管理于一体，不断更新和升级。建立企业微信公众平台，只要进入公众账号，即可登录公司微信网站。

在传统营销方式上改革和提升。真正建立起企业内部市场经济（“阿米巴”模式），实行销售精英和人海战术相结合。

5. 在文化创新上做文章

（1）推进企业文化与党建文化融合。党建文化和企业文化具有相同对象，即做人的工作；具有相同目的，即促进企业不断发展；具有相同属性，即研究思想意识形态领域的内在规律。两者融合顺理成章、相得益彰。要以党建文化指导和把握企业文化，使企业文化保持正确的方向。针对企业重点工作，策划创优争先主题，搭建党建文化和企业文化融合的平台和载体，将党员主题教育与企业文化活动有机结合，引导党员寻找共振点，奉献在员工之先，示范在岗位之上，发挥骨干带头作用，以党员先进性促进企业文化先进性。

（2）推进企业文化向企业管理渗透。企业文化是形成管理方法的理念，而企业管理则是依赖并逐步改善这种理念的管理方法。两者相互作用和渗透，将是企业发展成功的关键。切实推进文化向管理环节渗透，着力打造竞争文化、质量文化、品牌文化、精细文化、安全文化，形成新的竞争优势。

（3）推进工匠精神这一文化向各个岗位辐射。李克强总理在政府工作报告中第一次提出“工匠精神”，工匠精神其实就是企业所有员工敬业爱岗、精益求精精神的一种鼓励和强调。在企业里面，从技术层面、管理层面到操作层面都属于工匠范畴，企业全员都应秉持工匠精神，使之成为一种工作态度、一种品质信仰、一种竞争力量。克服重学历、轻技能的倾向，健全评价机制与奖励机制，运用多种形式和方法培训员工，让这种新的企业文化在员工中内化于心、固化于制、外化于行。真正做到各个岗位都能以“能工巧匠”的标准严格要求自己，把工作内容当成艺术品去雕刻、完善，让追求卓越成为一种习惯，使“零缺陷”成为一种本能。

（4）推进企业文化向基层延伸。企业班组既是生产作战基本单元，又是思想政治工作的前沿阵地。推进文化深植延伸，应将班组作为企业文化落地的重要依托，从班组精神、班组形象、班组目标等方面加强企业文化建设，开展企业文化示范班组争创活动，着力推动企业文化在基层发展，从而以文化软实力来提高企业硬实力，增强市场的竞争力和企业的生命力。

二、案例：企业家之赞——献给广大优秀企业家

企业家——一个崇高的名称、一个人们敬仰的群体、一个强有力的企业之魂。

以华为技术有限公司创始人任正非、海尔集团董事局主席张瑞敏、中国医药集团与中国建材集团原董事长宋志平、徐工集团董事长王民、珠海格力电器股份有限公司董事长董明珠、浙江吉利控股集团有限公司董事长李书福、江苏沙钢集团责任公司董事长沈文荣、北京小米科技有限责任公司创始人雷军等为代表的广大优秀企业家，他们是时代大潮的“弄潮儿”、崎岖道路的“攀登

者”、改革创新的强者和智者，是社会责任的担纲者和强企强国振兴中华的“追梦人”。

（一）他们精神可贵

虽说他们从事不同的产业，但都一样艰辛：披星戴月，赶海弄潮，风雨兼程，忘我工作。酣战时，付出超乎寻常的汗水、劳累，承受各种压力去铺就通向成功的路基。他们始终相信生活不会有绝境，不管有多少困难、挫折、失败，都会鼓励员工和自己，继续奋勇向前，未来一定能闪现出光辉。尤其是在风云激荡的变革时代，他们勇立潮头，敢为人先，革故鼎新，冲破羁绊，踏平风浪，在改革开放大潮中崛起，走过坎坷不平的路程，见证着企业和祖国的沧桑巨变。即使面对胜似战场的商场，他们也是不畏群雄纷争，科学思考，运筹帷幄，攀高比先，思危奋进，攻城略地，与一个个竞争对手较劲，犹如一匹匹骏马跃蹄扬鬃，越战越强，在国内外市场舞台上声名鹊起。

（二）他们理想崇高

他们心中装着整个社会，想着天下百姓。他们胸怀全球，开放包容，志存高远，循环发展，用共享价值观这一重锤，敲响了和谐社会的大门；他们知道，企业做大了还要更大，做强了还要更强，发展了还要发展；他们信奉“心有多大，舞台就有多大”，在他们的字典里没有极限，只有无限；在他们的前行中，只有起点，没有终点。他们以社会责任为己任，打造百年基业，开创了一条具有里程碑意义的“学习—创新—创造—责任—奉献”的永续之路。

（三）他们意志坚韧

面对变数极大的市场，他们上下求索，锲而不舍，宛如坚挺的高山松柏，任凭狂风暴雨、严寒酷暑。再大挑战，决战制胜；再重担子，泰山压顶不弯腰。他们懂得资本源泉不是苍天所赋，也不是唾手可得，而是靠钻劲、韧劲、犟劲去获取，咬定青山不放松，从容地笑对人生，在奋斗中彰显精彩。他们刚中有柔，柔中有刚，既有坚强的意志，又有技巧和智谋，既做到有胆识，又注重精耕细作，把企业从稚嫩的树苗培育成根深叶茂的参天大树，不禁令人吟叹“风景这边独好”。

（四）他们眼光深邃

他们具有思深虑远的慧眼，可拨开云雾，开拓视野，以长远目光赢取长远利益，既忙“经济的生产”，又忙“道德的生产”；既要金山银山，更要青山绿水。他们不做顾头不顾身的企鹅，也不停留在技术层面上施展雕虫小技，而将客户、社会和技术三个轮子共同驱动，以创新为翼架彩虹，让四方博弈共赢；他们用超前的战略眼光，视挑战为机遇，视机遇为转机，以豪迈气势和无畏精神，赢得广阔发展空间，谱写一首首热情奔放的诗篇，追寻着那更高一层的无限风光。

（五）他们素质精良

他们以信立身，以诚兴业，以义制利，把道德情操融入企业产品，把企业品牌演绎成他们人品与产品珠联璧合的传家宝。“头顶着天，脸贴着地。”他们都是服务者，都要服务好他们的每一个客户。他们以为顾客创造价值为导向，以公众利益为至尊，理智地从“利己”“损他”中挣脱，重建道德、信仰、责任，营造社会“有信者荣、失信者耻、无信者忧”的氛围，架起企业与客户之间的一座金桥；他们沉稳而不失深情，厚实而不失机灵，大气而不失严谨，自信而不失内涵，宁失利益而不失市场，宁失数量而不失质量，宁失面子而不失原则，带着这个品质管理团队，打造百年品牌，用非权力魅力发挥领导力，从经营产业到经营人生，从经营人生到完美人生，实现基业长青梦想。

（六）他们境界高远

他们把办好企业看成爱国，明确人生最大的幸福不是物质上的富有，而是囤积在内心精神上的富贵。他们商海追梦，情系民生，用苍天赋予的悟性、智慧等一切能力服务于社会，奉献于事业，欣慰于心田；他们感悟到成功和责任是与事业连在一起的两个轮子，责任是成功的基础，成功是肩负责任的前提，两者结合完美，事业即会跨入一个新的境界；他们满怀激情，不断挑战自我，时时事事践行创新，以创新之智破发展难题，以创新之勇抢发展先机，以创新之才聚发展力量，以创新之举成发展水平，为企业提供取之不竭的动力源泉。

创新是他们精神的灵魂，冒险是他们精神的天性，合作是他们精神的精华，敬业是他们精神的动力，学习是他们精神的关键，执着是他们精神的本色。他们的信条就是钟情为人民服务、为社会造福。他们把承担社会责任看作一种福分、一种最珍贵的财富；他们以先进价值观影响和带动生产力发展，以对事业的赤胆情怀，以变求变，从容应对，用民族品牌奠定基础，挺起中国希望的脊梁，撑起和谐社会建设的一片“蓝天”，抒写着国强民富中华梦一页又一页的新篇章。

第二节　企业家素质：“雁阵齐飞”的“核动能”

一、方略：淬炼企业一把手的基本素质

在企业领导班子中，一把手处于统帅地位，是企业的“领头雁”。没有一把手行之有效的组织领导，领导班子就无法正常运转，企业也就成了一盘散沙。随着产权制度改革，企业性质发生了根本变化，必须按新经济组织的要求管理企业，这就向企业一把手提出了新的要求。要运用股东和员工赋予自己的权力，利用一把手所处的地位带来的影响，切实做好谋划、创新、指挥、协调、表率等方面的工作，在班子中形成巨大的向心力和凝聚力，将企业的各项工作做好。因此，我认为每个企业的一把手都应具有以下四个方面的基本素质。

（一）有较高的思想政治素质

较高的思想政治素质是企业一把手取得事业成功的基础和前提。因此，每个企业一把手都要努力学习、实践“三个代表”的重要思想、以人为本的科学发展观和习近平新时代中国特色社会主义思想，树立正确的人生观、世界观和价值观。

正确的人生观表现在有坚定的共产主义信念，坚持党在社会主义初级阶段的基本路线，认真执行党和国家的各项方针、政策，依法经营，依法治企。把做强、做大、做久企业与实现中国梦，建设现代化国家结合起来；把实施企业中长期规划与贯彻“十四五”规划要求连接起来；把发展企业和承担社会责任融合起来。开展经营工作，总揽全局，把握方向。当局部利益与全局利益发生矛盾时，能自觉服从全局，以局部保全局。在是非荣辱面前旗帜鲜明，树正气，刹歪风，大公无私，敢抓善管。堂堂正正做人，踏踏实实干事。

要客观辩证地看待已经取得的成绩，在肯定个人努力的决定因素外，懂得

“时势造英雄”的道理，不要忘记帮助和支持你的领导和同志。在胜负面前“胜不骄，败不馁”，将成绩看作新的起点、新的加油站，因为成绩只能说明过去，不能代表将来；即使工作中出现挫折乃至失败，也往往会使我们“吃一堑，长一智”，离成功又近了一步。劲可鼓不可泄，始终保持旺盛的斗志，从而以不断奋发的精神做出良好的业绩，使企业永远处于优势地位。

确立正确的义利观念，既讲物质财富，也讲精神财富，以诚立人，以信兴业，义利兼顾，德行并重，当人文企业家。善于带领广大员工发展自己、致富自己，积极履行社会责任，努力回馈社会，报效祖国。为企一“官”，要大有作为，建功立业。“人生不能没有目标，有了目标，不到达‘自由王国’决不罢休；目标没有穷尽，只要不断追求，奋斗不已，定能永葆青春的魅力”。每个老总应以此自勉。从而以一把手较高的思想政治素质，影响“一班人”，带好一支员工队伍。

（二）有较好的专业知识素质

企业一把手要在市场经济素质方面，有强烈的商品经济意识和一定宽度的经济思维，深刻地懂得商品经济无情、无序、无时、无地不在角斗，搞企业必须要有使命感、紧迫感、危机感。熟悉商品经济管理和外经、外贸业务，还要具有一定的外语水平。动态地把握国内外经济相关信息，了解同行业的经营状况，科学地分析本企业发展的水平、层次、优势、劣势及潜能，研究对照多种参照系，选择发展的重点和主攻方向，制定发展规划。在实施中不固守某一方略，而是随着变化的情况，勇于打破原有的思维定式，去构建新的经营发展模式。更为重要的是有经营管理操作的力度，能科学地运用经济的、行政的、政治的、思想的诸多手段和方法，有效地配置现有生产要素，挖掘潜在要素，借取外在要素，获得经济的最佳效应。

在党建素质方面，既懂得党建工作的内容与方法，又能根据新时代的要求，探索出一条与生产经营紧密结合的路径，尤其要把创建先进企业文化作为企业党建工作与生产经营相互融合、联动发展的重要载体，通过创建优秀企业文化，形成全体员工认同的企业愿景、企业精神、经营理念和共同价值观。充分发挥党组织在生产经营中的战斗堡垒作用和党员的先锋模范作用。只有这样，才能思想上同心，工作上同轨，配合上同力。

（三）有较强的能力素质

这是在工作中所表现出来的本领，或者说是基本功。对于一把手来说，有无驾驭能力、决策能力、协调能力、创新能力、用人能力十分重要，这些也是其区别于副职的特殊素质。

1. 驾驭全局的能力

即统筹规划、左右局势、开创局面的能力。要能深刻揭示事物本质属性及事物之间的相互联系，在复杂的工作中，透过现象看本质，抓住主要矛盾，在错综的人际关系中，准确地判断各个层次、各个类别人员的素质和相互关系，然后区别情况，分别调动他们的积极性。熟悉并善于运用各种有效的手段和方法，整合现有资源，让被管理的客体，沿着预定的方向发展，达到动态的平衡，取得预期的效果。并能根据变化的情况调整战略战术，更好地选择目标，筹划未来，使企业立于不败之地。

2. 科学决策的能力

决策好坏攸关企业生死。能遵循决策程序，首先深入调查，吃透上情、企情，集思广益，博采众长，全面思考，系统运筹，产生多种意见方案；其次借助外力，充分吸取各个方面意见，认真进行权衡比较，拟定两种以上方案；最后在董事会会议上，运用理智和意志的力量，对多种方案进行筛选，作出系统体现主观与客观、理论与实践、知行相统一的正确决策，达到认识上由感性到理性、理性到实践的两次飞跃。决策时，不仅要有整体部署，而且要有阶段性方案，还要有应对意外情况的预备措施。做到既能洞察事物的本质，抓住主要矛盾，又能准确把握未来发展趋势，在发展变化之前作出正确决策。决策不仅做到准中求快，还要注意一个“变”字，根据变化的情况随机应变，及时而正确地再“拍板”，保证目标方案的顺利实施。

3. 各方协调的能力

一是坚持相互尊重，协调好上下、内外四个方面的关系。对上协调，即自觉地执行国家法规和上级决定，搞好与企业所在地党委、政府的关系，争取得到他们的支持。对内协调，即正确处理好“新三会”与“老三会”的关系，处理好“班长”与“一班人”的关系。自觉坚持民主集中制，充分发挥班子的整体功能。平日能做到双向沟通多交心，工作信任多放心，帮解难题多尽心，大度能容多宽心，审视自我多剖心。对下协调，即处理好自己与下属关系，把自己融入下属中去，扬己之长，避己之短；多指导、多解难，少指责、少动气；并通过培养成就感来激励下属。对员工要做到一尊重二理解三关心，并与员工共创价值，共生共荣。对外协调，与客户同行等利益相关者建立笃守信誉、合作共赢的伙伴关系，成为有序竞争、共创市场的和谐群体。二是讲究工作方法，妥善解决各类矛盾。如果一把手与同级或下级之间发生矛盾，在不违背原则的前提下，应主动退让，以缓和气氛，然后再通过思想沟通，创造和谐融通的基础，以化解矛盾。下级之间发生争吵，切忌仅听一方解释就下结论，而应对双方施加牵引力，力使双方朝着某一方面位移。有的矛盾从正面解决有困难，应考虑采用迂回的办法。

4. 开拓创新的能力

一能创新思维，即创造性思维。大胆跳出陈旧思维定式，放飞联想，找出解决问题的新办法、好主意。二能建设载体，即完善和提高创新体制和机制。以好的制度来激发企业创新的动力和活力。三能超越本体，即在原来的基础上求发展、求突破。不搞创新“客里空”，做到“青，取之于蓝，而胜于蓝”，推陈出新，科学创新。四能整合群体，即善于发挥集体智能进行创新。既避免设计方案的疏漏，又缩短创新时间，不断提高创新的层次和水平。五能尊重主体，即尊重员工首创精神。企业是国家的创新主体，员工是企业的创新主体。企业应通过多种途径和方法，把员工的聪明才智转化为创新成果。

5. 识人用人的能力

具有行之有效的人才理念与人才实践——慧眼识才、诚信聚才、精心育才、仁义爱才、雅量崇才、巧妙用才、宽厚待才。要把人选准用好，树立科学的用人观念，建立公开公正的用人制度，坚持德才兼备，又不求全责备；既看素质，又重实绩；用其之长，避其之短，重点任用基层管理经验丰富、业绩突出、市场意识和创新意识强的中层干部和员工，让他们在不同层次不同岗位上锻炼成长，形成一个螺旋式上升的人才成长机制。

（四）有较好的心理素质

与职业和环境相联系，人的心理有好差之分。作为一把手，具备坚定而又有毅力的心理特征。身临特殊情境时，及时调整自己，减少情绪波动，保持相对平静。面对风险，头脑冷静，积极应对，化险为夷。善于与人合作，结成整体，发挥他人长处。在自己正确意见不被人理解或误解，甚至受到指责或委屈时，要能承受和忍耐，并用耐心细致地说服解释，求得认识上的统一。保持良好的心态，工作上与好的比，生活上与差的比，不断将领导人的乐观、希望、信心向外散发到整个组织，以扩大影响力和领导力。不满足于现状，经常提出新问题，形成新思维，拿出新办法，以求新突破。

二、案例：艾兰得营养品——在“世界营养健康产业”赛道上领跑

在大健康产业发展的新形势下，在高速迭代的市场变化中，艾兰得健康控股有限公司（以下简称艾兰得）以“守护亿万消费者健康”作为自己的崇高追求，以更大的担当精神和家国情怀去履行使命，以全球智能布局破解发展密码，为消费者、客户、股东、员工和社会创造更大价值，锻造了“中国制造”的精彩与不凡，已成为世界营养健康产业的领跑者。

（一）艾兰得的战略转型：从红海到蓝海

艾兰得脱胎于江山制药，其前身是国内最早专业从事维生素 C 原料生产的企业之一。2007 年，全球维生素 C 行业十分低迷，企业效益低下，此时，37 岁的常亮成为江山制药的掌舵人，他和团队对行业进行观察和研究后认为：在欧美，从各大超市、药店到街头小杂货店，各种营养补充剂被作为“家居必备品”，摆放在各种润肤品，甚至是牙膏、牙刷之类的商品旁边。仅美国营养保健品市场的年销售规模就达到 850 亿美元，艾兰得只要占有 5%的份额，就有 40 亿美元以上的销售规模；相比于规模不足 10 亿美元的维生素 C 原料药市场，营养保健品市场是名副其实的蓝海市场，营养品产业是全球性的朝阳产业。后经董事会讨论，启动战略转型，从价值链的最低端向高端发展，关闭部分原料药产能，“腾笼换鸟”，扩大制剂生产，以步入维生素营养品这个“蓝海”，避开维生素 C 恶性竞争这个“红海”。并明确提出，不但要让中国生产的原料走向世界，更要让中国的营养保健品走向世界。他们一个目标一股劲，抢抓机遇加油干，第二年企业就发生了质的变化，效益得到迅速提升。

（二）艾兰得的全球并购：从中国制造到欧美制造

战略设想是美好的，切实落地却不容易。在国外，中国的食品安全一向饱受诟病，要让欧美主流市场消费者一下子了解并接受来自中国生产的保健品需

要一个过程。

艾兰得的策略是“走出去”，通过在欧美主流市场建立“桥头堡”，快速进入西方营养保健品终端市场。美国有着全球最大的营养保健品市场，在美国站稳脚跟，就可以借助它的“背书”，走向全球市场。2009 年 11 月，在投行、律师和财务团队的帮助下，常亮和其他投资人与 IVC 的原股东签订协议。两个月后，中国营养保健品行业的第一例境外并购顺利完成。然而并购后的磨合需要一个过程，IVC 员工对远道而来的中国投资者感到很陌生，存在不少疑虑：“商业规划会不会改变？”“会不会遵守职业道德？”“员工薪水会不会下降？”

常亮遵守着并购之初的承诺，除在美国招聘一名华人担任 CEO 外，IVC 不仅没有裁员，而且还追加投资，新建了物流仓库，升级了 ERP 系统。

在并购 IVC 之后，艾兰得继续在美国落子。2014 年 6 月，公司斥资完成对加利福尼亚州 Adam Nutrition 公司的资产收购；2016 年 8 月，收购南卡罗来纳州 Perrigo 营养品工厂，完善了在美国全境的生产、包装、物流和服务布局；2018 年 4 月收购营养品生产商 Delavau，拥有了全美第一条连续制造的智能化营养健康品生产线；2019 年 3 月，收购美国著名膳食补充剂品牌 GNC 的全部供应链业务。截至 2019 年年底，艾兰得在欧美的雇员已超过 2500 人，销售规模连年翻番，行业排名提升至全美第一，成为北美最大的营养保健品制造服务商。

与此同时，艾兰得也在欧洲实行精准布局。2016 年 3 月，收购荷兰营养品行业的“百年荷兰健康草本调理品牌”Bloem；2016 年 12 月，收购英国最大的营养品制造商 Brunel 和英国知名膳食补充剂渠道品牌 Biocare；2018 年 10 月，并购德国医药企业 Pragen。艾兰得的市场规模也随之水涨船高，产品全面进入欧美主流市场，2014 年起连续六年居“中国营养保健品出口 20 强”首位。

（三）艾兰得的产品质量：从中国标准到世界标准

并购只能解决资源的全球配置问题，作为深处“舌尖”上的行业，安全性一直是中国营养保健品行业的痛点之一。收购 IVC 后，双方有效实现了研发配方共享、质量体系统一和信息系统互动。艾兰得相继通过英国、德国和美国等国际上最严格的质量体系认证，是国内营养品行业首家通过美国药典委员会 USP 认证的企业，也是全球唯一中美供应链均以零缺陷通过美国 FDA 现场检查的营养品企业。美国 NSF 认证检察官在艾兰得现场审计时由衷地感叹：“这是我在中国看到的最好的营养品工厂！”

艾兰得在美国新泽西、英国伯明翰和国内都建立了实验室，美国实验室迄今已开发 54 个自有品牌和 3500 个生产配方；位于江苏靖江工厂的实验室多年来为国内外市场开发了大量产品配方，得到了客户的认可。

艾兰得始终将质量视为企业灵魂。从系统化、信息化、精益化三个方面推行全面质量管理，在全球各生产场地推行“QC”“6S”“员工合理化建议”“精益持续改进项目”等质量改进活动，形成了独创性“三化融合”精益质量管理体系。在全球营养品行业中，艾兰得是唯一一家中美供应链都以“零缺陷”通过美国 FDA 现场检查的企业。董事长常亮说：“我们就是要让中国制造贴上‘高品质、高科技’的标签，而不再是‘低价格、低品质’的代名词。”

（四）艾兰得的核心能力：从模仿跟随到创新引领

核心能力是艾兰得的护城河，也是发展的助推器。他们认为，过去 10 年，艾兰得的高速发展，很大程度上依赖的是经济和贸易全球化、境外投资和金融环境相对宽松带来的红利。如今这些红利已经到了拐点，企业应着力以创新引领和商业变革进行转型。

首先，推进研发创新。艾兰得在恒艾产业园实施了研发孵化器项目，开发植物软胶囊、液体制剂等新产品、新剂型；在上海张江科技园成立创新研究应用（上海）中心，开展新功能原料、新功能产品的基础研究；在泰州医药城成立科学研究院，专注于具有自主知识产权的益生菌产品研究、试验和商业化。

其次，全面布局智能制造。艾兰得以集约化、自动化、智能化为目标，推动了全球供应链从传统制造向智能制造转型，提升制造装备和工业互联网水平，力争成为营养健康产业智能化制造的领先者。公司正在加快建设工业互联网标识解析二级节点建设运营项目，目前已顺利拿到项目立项和运营牌照，占领了工业互联网时代的发展新高地。

最后，为应对个性化精准营养时代的到来，3 年前，艾兰得就在北京注册成立欧飞基因科技有限公司，探索打造“基因检测→大数据分析→供应量定制生产→个性化营养包”的智慧营养服务模式，目前这一新服务模式已经初现硕果。

（五）艾兰得的感恩反哺：从“走出去”到“走回来”

1998 年，在江山制药创始人孔太的主导下，艾兰得在国内市场推出第一款营养保健品——艾兰得 VC 含片，2005 年“艾兰得”成为“中国驰名商标”。多年的深耕，使得艾兰得在国内已具备一定的知名度。艾兰得在海外收购取得成功后，不忘孕育企业“这棵树”成长的祖国这片“沃土”，以完成海外收购作为起点，用国外优质产品反哺国内市场。关于如何发挥中美欧供应链优势，为中国消费者提供与欧美客户同等品质的产品，艾兰得已经在国内市场推出与美国同配方的“关节活素”氨糖软骨素片等产品，54 个产品拿到保健食品批文和备案凭证，30 多个新品进入国内保健食品报批流程。

“健康中国”战略将带来中国消费市场升级巨大机遇，今后，公司将锁定人们对健康和美好生活的追求，引进和开发心脑血管健康、骨骼健康、肝脏保护、视力保健、女性健康等方面的功效型保健品，为中国消费者的健康造福，为“健康中国”助力。

与此同时，国家鼓励发展跨境电商也让他们看到旗下海外产品进入中国的新机遇。艾兰得充分利用国家政策利好，在传统渠道之外，发展跨境电商、跨境通等平台，实现在国内品牌市场的变道超车，让前进中的艾兰得走得更快、走得更好、走得更远。

第三节　企业家领导艺术：在企业“大舞台”上齐奏“大合唱”

一、方略：企业家领导艺术和企业可持续发展

企业宛如大舞台，企业家则是舞台上协调各方动作、奏响优美乐曲的总指挥。企业家是否具有高超的领导艺术，直接关系到企业的健康、和谐和可持续发展。那么，如何提高企业家领导艺术呢？笔者认为，企业家们应该在组织学习能力、开拓创新能力、全局统御能力、随机应变能力、领导团队能力等方面进行打造和修炼。

（一）在组织学习能力上下功夫

组织学习能力就是为使企业适应环境变化，对其基本的信念、态度、行为、结构和方式进行调整，从而获取一种面对各种变化的问题都能作出持续改善的能力。彼得·盛吉在《第五项修炼》一书中提出，最成功的企业将会是“学习型组织”，因为未来唯一持久的优势是比你的竞争对手学习得更快。21世纪是知识经济时代，学习力已成为企业适应时代需求的核心能力，企业要持续发展，就必须提高组织学习能力。提高组织学习能力的关键有三：第一，领导者应是一个学习工作化、工作学习化的学习型领导。通过有效学习，不断更新知识结构，重塑“心智模式”（是指一个人表现出来的特有的思维方式、价值观念和行为的总和），顺应“知本”将取代“资本”的转型，为企业创造更大的发展空间。同时，领导者身体力行，引导员工学习并产生互动效应，以实现更高层次和意义上的提升和超越。第二，增强组织的整体学习动力。有了团队学习的自觉性与积极性，才有物质财富和精神财富的创造性。领导者需以学习型企业的基本内涵为导向，设计共同愿景、发展目标和价值观，并建立起系统的学习机制，实现个人及组织目标的内在推动力和机制的外在推动力相叠加，形成强大的学习动力。第三，注重学以致用。学习的目的全在于运用。面对困难和挑战，善于调动自己的知识和经验积累，消化所学知识为我所用，将新的知识转化为新的能力。学习西方管理文化，必须结合企业所处的外部环境和自身实际，切忌生搬硬套。倘若在经营上受挫“卡脖子”，也不一定要去找同行，因为身在同“山”中，不易产生好的构想；最好去请教不是同行的内行，这类人往往能看出被专家忽略的事情，收到避实就虚、以迂为直的效果。

（二）在开拓创新能力上求突破

是否具有创新能力，是一流企业家和三流企业家的分水岭。未来商战的基本规律是：不创新就灭亡，企业界的明星也有可能成为转瞬即逝的流星。只有创新，才是未来企业发展的唯一选择。

一个人创新能力的关键在于思维创新，创新思维是成功老总的必备品质。在一个完整的创新过程中，思维创新是最基础、最重要、最困难的创新，没有思维的变革就不会产生其他形式上的变化。因此，应对各种竞争和压力，需摒弃不合时宜的陈腐观念，打破习惯的思维定式，用超越别人的理念，积极乐观的态度，不畏艰险的精神，过关斩将的勇气，把握机遇，快速行动；开拓视野，敏锐洞察；丰富想象，大胆设想；深刻预见，多方思考；综合创造，独辟蹊径，从而探求出一种新的途径、新的方法。这样，掌握了一种良好的思维方法，一切难题就会迎刃而解。

创新意为常创常新，不断创新能为企业提供发展动力的源泉。不断创新，固然不能走众人走过却没有取得成果的路，也不能沿着传统的路线周而复始，而应向一切方面去探索和寻找机会。譬如，进入高科技的无竞争领域，进入所属产业的高利润区域，进入差别和细分市场，创造新的产业盈利模式、在输赢中谋求双赢或多赢等。这些新的目标和要求，逼着我们坚毅开拓，开动机器，推陈出新，与时俱进。然而认识没有穷尽，目标没有终极。当实现了某个目标后，应根据新的形势和任务，再行提出新的目标，并通过空间分解和时间分解抓好落实。在实际执行中，及时收集反馈信息，不断修正和完善目标。此外，还要积极投入行业内最有开发前景的领域，及时剥离没有创新空间的业务，以推动创新不断向纵深发展。

创新仅靠一个人的智力远远不够，要组织全体员工参与创新。3M 公司有一个著名的 15% 规定，公司鼓励所有员工花费 15% 的时间对他们感兴趣的事情进行创新。员工投身创新，想人所未想，不怕失败，敢于打破成规，往往会创造出惊人成就。鉴于新来人员具有观察问题的新视角，应实施公司员工合理流动，促使一个个人才随着环境变化而重新激发创新潜能。日本企业曾有不解雇员工的做法，但后来却被认为是日本企业竞争力下降的“罪魁祸首”之一。现在日本也解雇员工，这不仅仅是企业状况不好的应对之策，也是强制员工流动的措施。实施员工流动，不一定要增加员工被解除的压力，公司内部员工进行岗位轮换也是一种办法。企业不但要从外界挖来急需的人才，也要对从自身离去人才持开明态度，放宽人才流动限制。当一个人离开后又想回来，要真诚欢迎，不另眼相看。

（三）在全局统御能力上添活力

良好的全局统御能力，是领导者不可或缺的，它直接关系到企业这一庞大机器能否快节奏、高效能运转。

统御是领导与管理的高度统一，要协调好领导与管理之间的关系。组织就像一辆马车，管理是车轮，而领导是驭手。缺乏领导，马车就没有方向；而缺了管理，马车就根本无法立足。实施有效领导和高效管理相结合，不仅能满足顾客、股东、员工和其他人的需要，还可为适应这些对象的不断变化而及时调整战略战术，使组织朝着既定的目标持续发展。为此，作为领导者应全面深入地分析和研究主要问题，抓好解决问题的正确方法和组织稳健发展的关键。与此同时，运用流程再造等有效手段，以较少的人力、物力、财力使被管理的客体沿着预定的方向发展，从而做到纲举目张，取得较好效果。

中层是连接上层和基层的重要环节，要切实抓好中层干部队伍建设。中层干部起着承上启下的作用，是企业的中坚力量。领导再好的决策与举措都要靠他们去落实，再重的压力都要靠他们去传递。一旦这一环节失灵，组织链就会断裂，企业也就难以有序、高效运行。因此，作为领导者要高度重视中层干部队伍建设。对于中层干部，除对德才兼备的普遍要求外，还必须要求其具有与本事业部或分公司相应对口、比他人胜一筹的实际操作本领。在使用过程中，要通过多种途径来提高他们的综合素质，以不断适应新的要求。并对他们实行严格的绩效考核，充分调动他们的主观能动性。要想最大限度地发挥员工的能力和智慧，就要运用激励的有力杠杆，可用共同愿景来激励员工奋发向上。以建设优秀的企业文化为抓手，把“以人为本”贯穿于企业经营管理的全过程，依靠全体员工建立起统一的管理平台和标准、统一的价值观和奋斗目标，从而使得上下同心，发挥团队的最大战斗力。在进行物质激励的同时，不可丢掉精神激励。精神激励有时能达到物质激励所不能达到的目的。要善于把握人性之中的某些特性，巧妙地结合具体情况，满足员工不同精神层面上的需求，将激励转变成一种良好的竞争文化机制。情感激励也是凝心聚力的好方法。领导者要从情感上去尊重、关心员工，用情感去感召和激励他们；员工有了归属感之后，就能令他们使出全部解数，主动为企业承担责任，做出贡献。

（四）在随机应变能力上争主动

水无常形，兵无常势；市场千变万化，“变是唯一的不变”。要保证组织持续发展，作为组织的“龙头”，就要能够自如地应对周围的环境变化，使企业处于动态平衡之中。

一要适应环境及时变。当今世界科技的发展速度和知识更新进一步加快，技术革命和产业革命的周期、产品的市场生命周期都在缩短，也就是说，新技术、新产品将以更快的速度代替旧技术、旧产品。因此，要学会运用信息工程系统，广泛及时地搜集信息，认真筛选有效信息，然后通过比较多个有效信息，认真权衡利弊，最后确定采用最佳信息，并调齐调足有关资源，不失时机地开掘或改进产品和服务，满足与创造消费者新的需求，推动企业向更广阔的市场空间发展延伸。

二要抓住关键超越变。在企业管理中，变革是必要的，但不能变革公司的核心。比如经营多元化，虽能应对多变的市场，但如果主业还不具有核心竞争力，特别是中小企业千万不要让与主业不相关的项目，只能同心多元，而绝不能离心多元。因此，变革先要把住核心，然后围绕核心，坚持从企业实际出发，有选择性地抓好战略取向、管理模式、信息技术等变革的关键，以求新的突破，使公司在激烈多变的市场竞争中保持竞争优势。

三要超前预测主动变。现在的业务结构表现良好并不意味着可以一劳永逸，它是一个不断动态调整的系统。为适应市场变化，需要不断检讨、更新业务结构的组成要素和各组分间的比例。一个企业不要等到产业将要崩溃时才实施重要变革，应该及早占卜命运，监控危险信号。不仅要能立即处理好某些突发事件，而且特别要重视风险和危险管理，提前制定防范预案，把风险和危机消灭在萌芽状态。

（五）在领导团队能力上谋长远

首先，企业的成功可能只靠某一个人，但企业要持续发展必须要有一个连续性的领导管理团队。而现在在许多成功企业内，成功的领导者比比皆是，成功的领导团队却普遍缺乏。因此，作为高明的领导者，首先要高起点选帅拔将，建立起优秀的“雁”式团队。要放心地、毫无顾忌地将综合素质好、有真才实学、有创新品质的各类优秀人才，通过选拔任用程序，安排到最合适的岗位上。同时根据企业发展的不同阶段需要，选用不同类型的人才。组建企业班子，实行老中青结合，以年轻人为主，并融合成熟老练的中年人和经验丰富的老将。我们的企业特别是民营企业，一定要跳出“血缘”的羁绊，“传贤不传子”，不拘一格选用接班人，以维系企业竞争力。

其次，按照“有所为，有所不为”的原则，对领导班子成员进行授权和分责。授予权力与职责相匹配，以其完成工作所需的有关资源为合理限度，既不大于也不小于工作所需。坚持责权利相一致，保证他们在其位，谋其政；行其政，尽其责；行其利，罚其过。在使用中用人不疑，责权统一，不越俎代庖、过多干预。同时实行授收结合，适当监督，宽严相济，恩威并施。作为主职领导，既有帮助指导的义务，也有监督检查的权利，两者相辅相成，做到在指导中监督，在监督中指导。

最后，注重人才策略，点燃智慧之火。既要用好现有人才，稳住关键人才，还要吸引急需人才，储备未来人才。善于博采他人的智慧和运用他人的才能，用他们的长处来弥补自己的短处，将他人的智慧融于自己的智慧之中。诚心地接纳他人建议，勇于否认自己。敢于承担责任，把他人过失作为自己的过失，以鼓励其放开手脚工作。对高级人才只要认为值得，绝不吝啬付出。悉心培养人才，当教练而不当裁判，遇事让其多动脑、多拿主意。运用有效方法，使其偶然的良好行为变得持久，乐意为之拼命工作。做到谁想干事，就让其有一个好舞台；谁会干事，就让其有一个好岗位；谁干成事，就让其有一份好待遇，从而将亲者变为贤者，将贤者变为亲者。如此，企业的人才一定会不断胜出，企业的领导团队一定会后继有人，企业的明天一定会“风景这边独好”。

二、案例：中国人寿靖江支公司——在高平台上实现跨越

跨越，是一种争先精神，更是一种制胜气概。然而跨越有高平台跨越与低平台跨越之分，高平台跨越比起低平台跨越，虽难度与风险大得多，但一旦在高平台跨越过去，就能更胜一筹，更上一层楼。国寿靖江支公司是省分公司的先进基层单位，保费基数高，发展要求也高。如何在先进单位做出新文章，在高平台上求得新跨越，总经理许震（现任中国人寿江苏公司副总经理）接任后，认真地思索，暗下决心：工作岗位的变动，既是组织上的信任与重托，也是锤炼和提高自己的一个机会，一定要交上人生旅途中的这份满意答卷。他以强烈的事业心与责任感，带领全体员工高起点创业、高标准奋进、高负荷实干，精心塑造国寿品牌，大力打造市场航母，取得了新的突破、新的跨越，实现了在较高基数上的稳定增长，各项可比指标在全省名列前茅。

（一）高起点创业，夯实跨越基础

创业是跨越的基础，没有坚实的创业基础，要想跨越，就是无稽之谈。而

要高起点地创业，无不需要一种艰苦创业的精神来支撑。只有发扬创业精神，掀起创大业、创新业的热潮，才能推动保险事业的发展。

1. 将国寿创业精神细化为奋斗愿景，激励创业主体

他们深谙只有企业获得发展，才能在实现社会价值的同时实现自我价值，自觉践行“成己为人、成人达己”的国寿理念。用企业兴旺、事业发达、家业殷实等看得见、摸得着的具体目标统一思想、凝聚人心；用公司不断发展壮大、个人得到成长提高的事实鼓舞员工；用队伍中涌现出来的先进典型激励员工，从而“唤起千百万民众同心干”的热情与干劲。

2. 将创业精神转化为市场开拓力度，拓展创业空间

通过形势分析和前景展望，让大家看到市场份额是企业的生命线，只有不断拓展市场，才能在激烈的市场竞争中站稳脚跟，上下见强思追、奋发前行。加大结构调整力度，提升续期业务对整体业务的贡献度，推动业务发展方式优化升级，统筹城市业务与农村业务，促进城乡协调发展。并在确保做强做大寿险核心业务的基础上，加快推出新品种，拓宽公司经营渠道，从过去单一的人寿保险发展到包括商业补充养老保险、企业年金、健康保险、意外保险等在内的一个完整的福利计划，为广大企事业单位激励员工提供了较好的载体。同时注意向其他金融领域扩张，推进互动互补，不断提升资本实力，力促公司向竞争优势强、内涵价值高、持续发展后劲足的方向发展。

3. 将创业精神深化为抢占市场的技能和本领，强化创业支撑

公司遵循“万事人为先，治业人为本”的理念和“延长职业生涯，提升从业素质”的管理宗旨，除了帮助员工树立市场意识、竞争意识、发展意识外，还采用“走出去”“请进来”等多种培训方式，让员工获得更多的发展和技能。积极鼓励员工进行学历再升级，凡通过业余时间取得大专以上学历者都可获得公司奖励。并深入开展以比服务、比作风、比业绩、比质量、比形象为内容的竞赛活动，力促员工奋发向上、争做贡献。公司代理人持证率达到100%，业务主管、经理以上骨干人员的学历层次越来越高，管理能力越来越强，打造了一支高素质、高绩效的团队，对公司的业务发展起到了关键作用。

（二）高标准奋进，创新跨越载体

创新是高标准奋进的灵魂，是公司生机和活力之所在。唯有创新才能化解难题，求得突破，实现跨越。公司结合工作实际，着力进行创新。

1. 从有利于区域化管理的角度出发，创新营销网络

根据寿险在农村市场比较薄弱，但又最具潜力的现状，选择条件好的乡镇作为标杆示范点，在试点的基础上，在主要集镇建立中心网点，按照一个营业部管理周边几个乡镇的模式，统筹管理属地内所有寿险业务。同时，创新保单综合存折一卡通、收费提醒卡以及产品教案、展业手册等销售平台，使业务人员在展业过程中得到更多的支持。实现了服务平台由单一功能转变为多功能，销售系统由分业经营转变为一体化经营，使网点真正成为农民需要的就近服务点、管理上的对接点、业务上的协调点。公司营销员从当初几十人发展到千余人，销售网点由零星几个发展到遍布城乡。至2008年年底，保费总量达到4亿多元，比1997年增长了近100倍；其中，农村保费已成为公司业务的“半壁江山”。

2. 从有利于最大限度挖掘员工潜能的角度出发，创新选人用人机制

坚持有多大能力给多大舞台、有多大贡献给多大激励的用人导向，大力褒扬和重视能干事、干成事、干大事的人，让他们有舞台、有作为、有地位、有公开评价、有合理报酬。注重从基层一线选拔干部，公司领导班子人员全是经过一线锻炼而提拔上来的，激励着更多员工立足基层岗位建功立业。同时，在配备和调整基层一线干部时，注意选拔公司管理部门优秀年轻干部充实基层，加强基层，让他们去接触客户、服务客户，在经受实际工作锻炼中，丰富阅历，增长才干，补好“基层”这一课。并且“不以背景论长短，唯以业绩排座次”，打破身份界限，打破论资排辈，大胆选用实绩突出的员工，率先在全省代理人中发展党员，率先在代理人中提拔管理干部，极大地激发了员工大干事业的热情，促进了上下风清气正、心齐气顺氛围的形成。

3. 从有利于培植发展内在蕴力的角度出发，创新企业文化

面对市场变化和时代发展，他们在挖掘企业文化底蕴的基础上，及时注入新的文化元素，形成了与时俱进的企业精神，建立了共同的价值观体系，将全体员工凝聚成一个富有活力、富有战斗力的整体。并通过科学、规范的管理制度，在企业内部建立执行力文化，大家目标一致，凝心聚力，保证了目标任务的实现。同时，把企业文化与思想政治工作有效结合，将思想政治工作列入企业文化建设重要内容，将思想政治工作融入各项业务和管理中，力促员工“自动自发、自立自强、自为自规”，企业积极向上、奋发有为的氛围越来越浓。

（三）高负荷实干，提升跨越效能

实干是最好的跨越方法，也是过硬的跨越能力。一切问题，只有在实干中才能解决；一切机遇，只有在实干中才能抓住；一切成效，只有在实干中才能取得。

1. 以实干为责，深度挖掘客户价值

“领头雁”许震率先垂范，不断追求卓越，将提升客户管理水平作为最重要的课题，深入进行研究，进一步细化客户管理要求，切实有效地将客户管理标准列入对所有一线人员的检查和考核当中。通过多种形式和方法，帮助业务员树立“知己知彼”能力、正面期许的自我激励能力和互信双赢的服务能力。销售人员采用不同的方法、不同的管理模式去对待不同的客户，不仅为客户提供优质的保单服务，而且还提供为客户难事、急事、要事的外延服务。从而建立了企业与顾客之间的良性互动关系，收获了多接保单、多签大单的回报。这说明，只有重视客户价值，深入客户内心深处，满足客户需要，就能建立起市场地位，实现永续经营。

2. 以实干为大，着力提升企业竞争能力

公司以客户利益高于一切、大于一切为宗旨，注重用一流的品质、一流的形象为广大客户提供贴心的服务。公司通过建立第二、第三职场，推动保险服务进入乡镇、进入社区、进入村组，覆盖率达到100%，保证业务员在客户需要的地方、需要的时间出现，为乡村提供了方便快捷的服务。前年国寿专为农民定制了“新简身险”，业务员发扬钻劲、拼劲和犟劲，在十天时间内，签订保单件数达到6600件，保费达680万元，创造了历史之最。为客户开辟了理赔“直通车”，全面实行快速理赔。做到理赔上门服务，将大额理赔款送到客户手中，使客户不出门即可获赔。特别是遇有意外伤害等突发性赔案时，他们特事特办，快速赔款，安抚客户。10年间，公司为20余万人次办理了理赔，使万户家庭受益，理赔款项近亿元。客户很满意，理赔难的旧观念得到了根本性改变。

3. 以实干为荣，全心打造国寿品牌

把承担促进人们生活安定有序和社会平安和谐这一重任视为天职，将能为客户多做一件实事、为社会多做一份贡献、为企业多获一次荣誉视为最大的人生回报。在成绩和荣誉面前，他们从不满足，不断开拓进取，不断科学创新，永葆在高平台跨越的活力和后劲。他们做到了窗口“一站式”服务，客户周密无误服务，理赔“绿色通道”服务，投诉主动热情服务。国寿在本地区塑造了良好的公众形象，成为广大市民选择保险的“第一联想”，客户由衷地说：国寿相知多年，值得托付；牵手国寿，天长地久。

第四节　企业家作风：落地有声，踏石有痕

一、方略：务实推进企业高质量发展

高质量发展，必须务实。实践证明，凡是企业做得很有生气、很有成效的项目，都是务实拼搏的结果。

（一）务实，就是围绕高质量发展搞调研、依靠广大职工搞高质量发展

调查研究是谋事之基、成事之道。通过深入细致的调查研究，解放思想，更新观念；集思广益，理顺思路；科学决策，破解难题。高质量发展，智慧在职工群众之中，力量在职工群众之中，办法在职工群众之中。善于组织和调动广大职工参与高质量发展的积极性和创造性。在发动职工群众的过程中，党员、干部要身先士卒，率先垂范，以自己的模范行为去影响、去带动职工和我们一起不遗余力地推进高质量发展。榜样的力量是无穷的，企业领导层要从严从高要求自己，切实抓好自身建设，做到“既严以修身、严以用权、严以律己；又谋事要实、创业要实、做事要实”，使企业党政组织成为极具凝聚力、号召力的战斗堡垒，使党员、干部队伍成为政治上坚定、经济上能打硬仗的先锋力量。

（二）务实，就是围绕高质量发展搞创新、依靠创新搞高质量发展

创新是引领发展的第一动力，是过坎的关键。切实贯彻新发展理念，不断增强发展的创新力。坚持创新驱动的要点是思维创新，冲破旧框框、旧条

条，从单一思维转为系统思维，从单元的创新转变为新技术、新模式、新业态、新产业的协同创新。创新驱动的实质是人才的驱动，善于打造高层次人才团队，以人才优势开创高质量发展新局面。在推进高质量发展中，坚持问题导向、目标导向、结果导向，聚焦重点问题、关键环节，整合创新资源，聚合创新力量，融合创新平台，不断把创新引向深入，打造新的竞争优势。

（三）务实，就是围绕高质量发展争第一、依靠锐气搞高质量发展

“始不垂翅，终能奋翼”，志在必成，志在必胜。弘扬勇于率先、领先、争先的精神，以对党对人民对事业高度负责的态度，认真对标找差，找准自己的坐标，为高质量、高效率发展自我加压，“撸起袖子加油干”；自觉把争前列、争名次、争冠军作为检验自身工作的标尺，奋力争第一、争唯一，做到有冠军要当，有标兵要夺，有位置要争。弘扬艰苦创业、坚毅开拓的精神，充分意识到侥幸不能取胜，惰性创不出伟绩，奋斗才会成功。高质量发展喊不来，强富美高等不到，只有靠艰苦奋斗来创造。怕苦畏难，畏首畏尾，经不起锤打，屈服于困难，是干不成高质量发展、奔不成强富美高的。所以在任何时候、任何情况下，都能不畏艰难险阻，勇猛顽强，含辛茹苦，奋力拼搏，久久为功。弘扬敬业精神和奉献精神，爱党、爱国、爱岗，做到不计甘苦，不为名利，甘为高质量发展做贡献，乐为强富高美多奉献。

（四）务实，就是围绕高质量发展干实事、依靠真抓实干搞高质量发展

认真贯彻“三项机制”（鼓励激励、容错纠错、能上能下），褒奖优秀管理干部，治理慵懒后进管理干部，激励管理干部担当作为。倡导一分部署，九分落实，敢于负责，敢于碰硬。对各自承担的工作积极主动，一抓到底。凡经集体作出的决议，坚决贯彻，遇到比较棘手的矛盾和问题，不回避，不推诿，不得过且过。脚踏实地，真抓实干，“抓铁有痕，踏石有声”。尊重事实，崇尚实际，切实解决实际问题。如果只做空泛的号召、空洞的议论，不做切实的工作，是达不到预定目的的，抓而不紧等于不抓，抓而不实等于白抓。路虽远，行则必至；事虽难，做则必成。

二、案例：春意空调——在行业特色发展中孜孜求索

近年来，江苏春意环境科技有限公司（以下简称春意公司）在敬业执着的

董事长刘兴非的率领下，始终坚持“转型升级求生存，科技创新促发展”的理念，秉承“诚信、质量、品牌、创新”的经营方针，专注主业，坚毅开拓，打开了春意公司发展的一扇大门。该公司既有新三路和富前路两个现代化生产基地，又有供用户选用的中央空调设备等四大系列近400种产品，还具有国家机电设备安装承包一级资质。春意商标获得“江苏省著名商标”，成了空调特色小镇上的龙头企业。刘兴非个人是“中国空调行业十大新闻人物”，且是靖江市空调行业协会会长。时下，春意空调在市场上的美誉度越来越高，企业处处充盈着创新发展的勃勃生机。

（一）春意公司着力优化产业结构，由中低端转向中高端

结构优化升级不是一个否定另一个，而是在原有产业的基础上注入新的科技元素，做好融合提升的文章。他们针对本土空调企业多而散、产品科技含量少而价位低的状况，向着走差异化的发展之路，跳出低水平竞争这一目标出发，坚持以市场为导向，以国家产业政策为遵循，积极与上海交通大学等科研院校进行技术合作，引进技术型、企业管理型中高端人才，大力采用新工艺、新技术、新材料，努力开发高新产品，提升产品的科技含量和产品质量。目前，公司已成功开发了适合现代家居的超薄静音家装风机盘管，适应北方煤改清洁能源节能环保的超低温空气源热泵、水地源热泵，以及适合现代家居和办公绿色环保的带 $PM_{2.5}$ 过滤及除湿功能的热回收型新风换气机。这些产品的成功开发使春意公司在中高端市场有了新的突破。通过开发超薄静音家装风机盘管、净化风机盘管、带热能回收的新风净化换气机等高端末端产品，成功为世界500强企业进行配套，并将风阀、消声器等通风设备往地铁轨道交通领域延伸，2018年中标的石家庄地铁1号、2号线部分标段已正式启用。开发并推出适应北方煤改电需要的超低温空气源热泵及水地源热泵产品，弥补了公司在主机产品上的短板，增加了新的经济增长点。该产品获国家节能认证并列入财政部节能产品政府采购名录，已在北京、天津、河北、山东等地区中标并获得较好运用，2016年荣获空气能北方采暖示范奖，2017年获北京“煤改清洁能源”突出贡献奖。公司还参与编制了《组合式空调机组》《风机盘管机组》《通风空调风口》《空气净化机》等多项标准。公司先后被评为江苏省民营科技企业、江苏省科技型中小企业，泰州市绿色发展企业，中央空调十大末端品牌，为公司今后持续发展增添了强劲动力。

（二）春意公司用心创新经营模式，由做产品转向做设计—制造—安装一体化解决方案

他们树立企业为用户服务的“大管家”观念，从企业本位走向客户本位，以企业利润创造为中心转向以客户价值创造为中心，全心全意为客户服务。本着这一宗旨，他们紧紧围绕创建安装资质、提升安装资质这一关键性问题，持续引进和培养专业技术人才，不断加强科技队伍建设，使企业软实力不断得到提升。在前几年先后获得三级、二级安装资质证书的基础上，获得了一级资质证书。他们充分利用机电设备工程安装一级资质的优势，发展空调、净化设备专业安装，企业从制造商升级为系统集成供应商，为客户提供中央空调及通风设备设计—制造—安装一体化解决方案。制造与安装相互依托、共同发展，现已与保利控股集团、新程控股集团、上海建工集团等形成了长期合作关系，空调安装工程已成为公司发展不可或缺的重要部分，多次被评为全国、省、市安装行业先进单位。

同时，他们从内部管理走向外部管理，从自身管理走向供应链管理，通过价值链增值获得新的价值。根据国家强制性节能减排要求，围绕中央空调系统更节能解决方案，开展环保节能技术服务，实行效益分享型合同能源管理，收到了不在价格上做减法，而在价值上做加法的良好效果。

他们还改变营销策略，由依赖靖江业务人员个人销售向建立大区域渠道销售转型，到目前为止，公司已在北京、天津、上海、深圳、南京、杭州、合肥、西安、银川等十六个省会城市设立分公司或办事处，采取多种灵活的销售方法，充分释放新经营模式的效应，促进销售不断稳步发展。

（三）春意公司积极发展“三化”，将比较优势转变为新的竞争优势

他们根据政府和园区“服务型制造企业培育”和“空调特色小镇”建设计划，从公司自身实际出发，结合产品制造、安装及服务的优势，拟在中央空调通风系统集成及解决方案方面做出新特色、新优势。①差异化。避开靖江同质化竞争，细分市场谋求发展，在继续完善提高热泵系列产品的同时，开发集新风、净化、湿度、温度、低噪、远程操作、在线诊断与运行维护功能于一体的智能空调设备，在清洁取暖、生活热水、工农业烘干三大领域，开辟新的空间。②高端化。一是产品高端化，产业链向中高端延伸，向做空

调主机方向发展，并将主机这一主流产品做出品牌，真正将自身打造成具有核心竞争力的企业。二是市场高端化，充分利用安装、制造一体化的优势，在研发、营销上不断创新，从中低端往中高端市场发展，增加产品附加值。③智慧化。从服务响应的快速、高效、精准这一要求出发，建立“春意空调智慧运维云平台”，运用物联网和大数据技术手段，实现设备全生命周期管理。以空调产品工艺为基础，以智能一体化为手段，以建筑地图为平台，实现空调设计、施工、运维管理的一体化、智慧化，实现空调系统全生命周期的可视、可听、可监、可控、可交流、可沟通，实现实体资产和2D、3D、虚拟和实时数据资产的全方位监控、管理、运维、运营，为智慧建筑、智慧园区、智慧城市提供空调系统的智慧支撑。推进“智能+管理”，实行企业上云，运用现代化管理方法与手段，为管理层决策提供科学依据，提升企业的管控能力、协同能力、服务能力。

第五节　企业家责任：铁肩担道义

一、方略：企业家在我国推进现代化建设中的责任

企业是当今社会除政府外最有力量的组织，是我国推进现代化建设的重要基石。作为企业领袖的企业家在企业中承担着极为重要的责任，起着他人所代替不了的作用。在新时代新征程中，企业家履行社会责任是应对百年变局和世纪疫情，推动经济社会平稳健康发展的需要；是巩固全面建成小康社会成果，大力推进乡村振兴建设的需要；是自觉参与全国统一大市场建设，深入推进我国经济双循环的需要。每个企业家都应审视自己，以公德、诚信为基因，重构企业核心价值观，从企业利润最大化转向社会责任最大化，以建设幸福企业为载体，高擎习近平新时代中国特色社会主义思想伟大旗帜，自觉担当历史使命，使自身成为合格企业公民，以取信于人心，回馈于社会，贡献于国家。

（一）加快企业做强做大，助推我国现代化建设的物质基础

无论是建设和谐幸福企业，还是助推我国现代化建设，雄厚的物质基础都

是最为重要的基本条件。公司应在发展中谋创新，在创新中求发展，从以下几方面取得新的突破。

1. 从重视硬资产经营转向重视软资产经营

软资产经营的核心是知识管理，是对智力资本的良好管理。通过重视企业品牌、流程管理、治理制度、企业文化、客户关系、人力资源、数据资源等各种软资产，来奠定企业的竞争基础。在资源有限的基础上，科学地配置各种资源，以最小的投入实现企业价值最大化，以软资产模式经营获得更强的盈利能力、更快的速度和更持续的增长力。在与客户关系的处理上，树立以客户为中心的观念。从顾客的角度出发，认真考虑其所期望获得的利益，把竞争的视角深入到为客户创造价值的层面上，以进入游刃有余的竞争空间。同时随着全球经济一体化和信息全球化日益增强，应从全球的视角审视企业的竞争力，实施全球化竞争战略，通过细分市场锁定客户，朝着这一目标而坚持不懈地努力，加快做强做大以赢得市场的主动权和话语权。

2. 从创新单打独斗转向战略联盟

在中小型企业普遍缺乏自主创新能力的前提下，走联合创新之路是在创新中求共赢的重要途径。可在企业与企业之间、企业与科研院所之间，围绕某一重点创新课题合力攻关，或开展企业之间的技术协作，将一些行业的专利资产"拧成一股绳"，组建专利技术联盟，使自身技术在更大范围内得到共享和推广，以打破跨国公司垄断，放大专利效应。为适应创新需要，大力推动组织结构从传统的经营管理模式转向新型的商业模式，加快从一体化模式（企业内部环环相扣和沿着流程运作的管理模式）转向模块化、扁平化、网络化模式。通过建立与其他系统相联系的半自律性系统，以更便利地处理更加复杂的事务，协调平行开展的各项工作，更加有效地应对不确定性。积极推进业务模式从价值链（各主体通过两两相加创造价值）转向价值网（打破整条价值链，实行虚拟纵向与虚拟横向联合），使网络系统的参与者共享资源、智力资本和服务，从而创造更大价值。

3. 从着力培养国内市场人才转向加快培养国际市场人才

随着国际市场经济一体化竞争愈演愈烈，尤其是市场的不确定、不稳定因素日益增多，人才争夺战特别是国际人才争夺日趋白热化，精明的企业家急需主动研究，积极应对。要做到这一点，必须要有能驾轻就熟国际游戏规则的人才。企业家们要高瞻远瞩，放眼全球与未来，在抓好引进急需紧缺的高层次人才的同时，抓好国内人才队伍建设，选送有培养潜质的人才，通过出国留学、国外考察、国际经营平台等多种途径和方法对其进行锻炼和摔打，加快培养能闯荡国际市场的复合型人才。并通过事业用人、责任育人、价值留人，建立起一支能打硬仗、能打胜仗的人才团队，以满足创新发展、高质量发展、可持续发展的需要。

（二）培育新时代企业文化，扛起助推我国现代化建设的大旗

1. 确立“共创、共享、共赢”理念，寻找形成“利益共同体、责任共同体、价值共同体和精神共同体”的基本途径

注重将“共创、共享、共赢”这一核心理念融入各项管理制度和经营管理行为中去，继续导入和完善CIS企业形象系统，对企业宗旨、企业目标、企业方针、企业道德规范、员工行为准则、商标含义等进行重新定义，在生产经营中形成一套科学的行为体系，营造一个良好的发展环境，让广大员工的理想与企业理念完全一致。引导个体自省、自修、自律、自觉，解决好个体价值和企业核心价值观的矛盾，达到整体目标和企业核心价值观的共享。抓好文化落地的具体工作，将企业的核心理念（如创新文化、安全文化、市场文化、质量文化、品牌文化等），分配到各个管理模块中去，将人文价值根植进去，做到在现场中看到，在岗位上体现，在流程中沉淀，在细节行为习惯上能够表现出来，真正内化为人们的价值观念，外化于人们的自觉行动，实现由目标导向型向价值导向型转变，构成企业软实力，逐步做到制度与文化两轮驱动的协同管理。每个企业还要根据自身实际，确定富有个性的经营理念，结合企业战略、社会责任感、职工利益和管理制度，将优秀文化渗透到员工血液中去，形成利益、命运与责任的一体化。

2. 追求卓越企业精神，构建企业之魂

企业精神是核心价值观和行为规范的体现，也是精神动力不懈的源泉。锤炼企业精神，既要与民族精神、时代精神结合起来，又要满足企业不同阶段、不同层面的精神需要，使企业精神具有时代性、先进性、指导性。提升企业精神，要融入社会主义核心价值观，让广大员工增强信仰、凝聚力量，从而将先进价值理念和时代精神转化为员工思想认识，激励员工积极向上，不断进取。为使企业精神产生动能和财富，应将其与企业愿景、使命以及所要实现的目标、任务联系起来，让企业精神扎根在职工脑海中，落实到行动上，以取得令人欣喜的效果。要将企业精神发扬光大，更多地需要企业家身体力行，企业家们应加强素质修养，处处以身作则，率先垂范，关心员工利益，尊重员工首创精神，用非权力魅力发挥领导力。

3. 坚持以人为本，促使员工全面而自由地发展

理顺和调整好员工与企业的关系，珍视员工生命，尊重员工个性，让员工共享企业发展成果。切实履行《中华人民共和国劳动法》，不断创新企业的民主管理，使员工在思想、理念、行为上与企业保持一致，并对企业产生深深的认同感。同时，根据员工的不同情况，帮助员工设计个人生涯计划，筹划好他们的远景目标。通过设置不同的平台和不同的培训途径，不断提高自身素质和能力，实现自身价值与全面发展。对员工实施公正、公开激励。比尔·盖茨说过："一个领导者拥有鼓励、激励人的能力是很重要的，但一个好的领导者不但要具有洞察力，而且还要具有沟通的能力。"对他们实施机会、政策、奖励同一起跑线等公平激励，就能鼓舞士气、提高效率。注重典型示导，以榜样的带动强化激励效应。大力倡导共创共享的思想价值理念，引导员工用共创共享的思想认识事物，用共创共享的态度对待问题，用共创共享的方法处理矛盾，使崇尚共创共享、维护共创共享成为全体员工的共同追求，形成诚信友爱、融洽和睦的人际关系。

同时，注重文化体系的系统管理。贯彻"系统思考、长远规划、分步实施、重点突破"的原则，使企业文化价值体系既有传承又有创新空间，不断探索和挖掘新的企业文化元素。

（三）积极推行现代企业管理，提升助推我国现代化建设的能力

在推行现代企业管理的过程中，融入新发展理念，根据国家要求和企业自身特点，采取有效措施，做到天人和谐、劳资和谐和人际和谐。

1. 重视绿色管理，达到天人和谐

生态破坏尤其是环境污染都与企业有关，企业家们应高度重视，树立绿色经营理念，用战略眼光看待环境保护问题，正确处理消费者需要、企业利润和环境保护之间的矛盾，自觉实行两者利益的统一和协调发展。积极推行绿色生产，抓好节能减排，以追求节能、省料、减污（无污）、增美的综合效果，满足人们的绿色需要。大力调整优化产业结构，以绿色技术为支撑，开发绿色产

品，确保在生产使用和处置过程中，对环境无害，有利于消费者身心健康，有利于资源的有效运用。抓好科技创新和技术改造，加大节能减排技术的开发和利用力度。大力推行循环经济发展模式，坚持“减量化、再利用、资源化”原则，实行清洁生产。企业应倡导节约能源、反对浪费的绿色生活方式，在产品设计开发、广告宣传等方面合理引导消费者的行为。

2. 实行人性化管理，达到劳资和谐

民主管理是人性化管理的途径。通过建立共商共谋企业发展制度、职代会制度、职工董监事制度、厂务公开制度，为员工搭建民主管理平台，让员工参与组织决策和管理等活动，建立起企业家（资金风险投资者）与员工（脑力与体力的投资者）之间的和谐的劳资关系。积极探索职工持股的途径和方法，使企业各方利益和谐，调动大家的积极性与创造性。还要根据员工的个体差异性来进行工作设计，让人的能力和工作相匹配，合理处理人与岗位的关系。同时根据员工的工作特点制定有关管理规定和考核机制，并注意采用灵活多样的沟通方式，了解他们的个人与家庭情况，解决他们的实际问题，缓解他们的压力，使他们在企业快乐地工作。

3. 妥善处理好企业与外部关系，达到人际和谐

①与服务对象互利共赢。企业是以自己的产品和服务来为经销商、消费群体等服务对象提供服务的。树立客户至上理念，想客户之所想，急客户之所急，把让消费者满意作为企业的永恒的主题。通过不断创新，提供同行不能提供的新产品和新服务，以满足消费者的现实需求与潜在需求。同时注意处理好与经销商的利益关系，为经销商提供技术支持和服务支持，给经销商留出足够的利润空间和发展空间，与经销商共享经营成果，为建立完善和扩大产品销售网络打基础，创条件，以保证企业持续发展。②与竞争对手（同行）互利共赢。把原来你死我活的“零和游戏”发展为既竞争又合作的“竞合”观念，在竞争对手之间实现合作共赢，取长补短，优势互补，信义竞合，相互补台，聚力超越，达到 $1+1>2$ 的效果，建立起新型的社会主义同行间有序竞争、共同进步的合作伙伴关系。③与政府部门互利共赢。加强与政府部门之间的联系与沟通，自尊自律，积极参加社会公益活动，支持社区建设，支持“三农”建设，助推我国乡村振兴建设，从而增强企业与政府部门之间的亲与清、诚信与合作关系，以获得社会各界对企业开展工作的大力

支持和有力保障。

（四）建立企业自控体系，落实助推我国现代化建设的社会责任

在市场不确定、不稳定因素日益增多的情况下，许多企业都在寻找自己的竞争优势，但部分企业却忽视了应自觉遵守和承担的社会公德和相应责任，当经济利益与社会责任发生冲撞时，片面追求眼前利益，而忽视社会责任。对此，除政府应对企业和企业家加强教育、引导外，企业自身还应建立社会责任自控体系。

1. 深入抓好有关社会责任的贯标、认证

进一步主动做好 ISO9001 国际质量管理体系认证、ISO14000 环境体系认证、SA8000 社会责任认证、OHSAS 18000 安康管理体系认证，增强责任竞争力，提升企业全球社会责任化的声誉与形象。

2. 建立企业社会责任管理系统

①建立社会责任管理部门，加强对这方面的管理与协调。②建立社会责任考核机制。首先设立考核指标，通过对社会责任的分解，设立企业廉政指标、职工“三险一金”覆盖率、职工平均收入水平、企业信用等级、用户满意度、万元产值三废排放、签订劳动合同比例、安全生产无事故、年募集捐款、支持社区和“三农”建设等，并进行细化和量化，确立每项指标分值。其次明确考核程序。每年年底，由企业有关部门自行对照打分，然后由厂部进行汇总考核，按照好、中、差三个档次进行奖惩兑现。③建立社会责任报告制度。每年向政府报送企业社会责任年度报告，并提出下年度打算，积极配合政府考评，争当优良企业公民，以获得建设用地指标、合作项目推介、企业年度免检，上级有关规定的税赋、贷款等奖励，以及政府设立的企业社会贡献奖与对企业家较高层次的综合激励。

3. 自觉服从政府有关部门的监督管理

人社、市监、环保、工会、企业家协会等有关部门是政府对企业社会责任的监管部门，对他们提出的意见和要求，企业应以高标准、严要求认真进行整改，把企业社会责任不折不扣地落到实处，让社会满意，让政府满意，让员工满意。

二、案例1：华宇电力——跨越发展的“硬功真经”

江苏华宇电力发展有限公司从2002年创办至今，已经走过19年。董事长高洪兴带领全体员工齐心协力，艰苦创业，不断创新经营模式，迈过了起步、成长、发展、壮大四个阶段，使得企业从只能生产普通低端照明箱的小公司发展成为一家集电气设备、电缆桥架、管廊支架、设计、生产、安装施工、设备检测、电器元件经销为一体的综合企业。另设立江苏翰阳科技有限公司、江苏卓诚输配电设备有限公司、靖江东宇电气设备销售有限公司。公司被省委确定为基层私营企业党建工作试点单位，被省总工会命名为江苏省模范职工之家，华宇商标成为江苏省著名商标；公司还被评定为江苏省“AAA”级重合同守信用企业、江苏省“AAA”级资信企业、江苏省电力工程承装（修、试）行业协会优秀会员单位、国际采标先进单位、泰州劳动保障诚信企业。该公司现拥有专利18件，其中发明专利5件，新型实用专利13件。尤其在新冠肺炎疫情这个特殊时期，公司新建后整体搬迁，从设备安装调试到达产，只用了短短15天，一条条智能化产品生产线正在满负荷运转。这份成绩源于对“三抓三重三坚持”机制的整体运用。

（一）抓市场，重营销，坚持牵住发展这一“牛鼻子”

高董事长在创办该企业前，曾在一家电器企业跑过销售，他深切体会到“得市场得企业生存，得用户得企业发展”这一道理。因此，从创办企业以来，他始终把市场营销作为企业第一要务，亲自抓，着力抓；总经理高远更是全身心投入抓市场，他签订的合同每年都占公司合同总量的80%以上。一是以产品技术开发强攻市场。面对人才匮乏、技术力量薄弱、创新能力不足的状况，他们一方面积极招聘大中专毕业生，让他们在实践中快速提高技能；另一方面主动联系中国电力行业权威单位，搞产学研合作，并聘请国内外电器行业知名专家为技术顾问，合力开发占据市场制高点的电器产品。先后开发的高、低压开关柜、环网柜、智能箱变、低压无功补偿柜、动力箱、配电箱；城市地下管廊支架；各类桥架、支架；各类机电设备线路工程安装、施工、调试、检测等产品和业务，能满足绝大多数客户需求。他们以此为新起点，进军高智能电器领域。2016年，借“双创人才”引进的机遇，引进了以美国一博士带领的高科技开发团队，开发的新一代智能配网项目已进入完善提升阶段。二是以体系认证和资质提升拓展市场。他们按照各类各级体系和资质认证要求，积极创造条件，努力取证和升级。强化基础硬件建设，公司组织架构齐全合理，条线清晰，分工明确，设有六部四室，即技术部、质检部、工程部、物料部、财务部、安全部，高压试验室、油化试验室、继电保护试验室、安全装备检测室，为公司生产、产品开发、工程施工提供高质、高效、低耗、安全方面保证。加强各类专业技能人才建设，通过引进和自培相结合，建立了一支素质高、技术硬、实战强的技术队伍。现有高压电气设计、安装、维修、调试、经济管理等中高级职称技术人员 76 人，建造师 10 人，首席质量官 1 人，持高压电工进网作业许可证电工 45 人，特种类电工 15 人。配齐与公司资质相适应的管理队伍。加强健全内部各项管理制度，做到事事有标准、项项有细则。公司先后通过了 ISO9001－2015、GB/T 50430－2017 质量管理体系认证、GB/T 24001－2016/ISO14001：2015 环境体系认证、GB/T 28001－2011/OHSAS 18001：2007 职业健康安全管理体系认证。所生产的高低压开关柜设备全部获得国家权威部门核发的型式试验报告，通过了国家强制性产品“3C”认证。公司拥有机电设备安装工程承包三级资质、输变电工程专业承包三级资质、承装（修、试）四级电力设施许可证、安全生产许可证等，企业参加工程招投标、竞标中标有了“入场券”和“护身符”。三是以诚信经营锁住市场。“有信业方兴、无诚企必亡”，他们把诚信作为立企之本，把质量高、价格低、服务好作为诚信的重要内容。企业工程中标后，按照合同法要求，认真制作合同文本与签约。合同执行过程中，有专司人员管理，确保按时按质交货或安装调试设备。合同执行完毕后，对用户需要提供的维保服务，做到省外 24 小时、省内 12 小时、周边地区 3～5 小时到达。到达后，不管谁对谁错，先帮用户解决问题，然后再分责任。真正做到言而必有信，期而必有当；做一项工程，树一方形象，赢一片口碑。

（二）抓管理，重质量效益，坚持拽住发展这一“命根子”

他们走质量效益型之路，创质量效益型之业，重点抓好四项管理。一抓成本管理。采购材料货比三家；生产中严格控制各项消耗及车间费用，做到工时省、耗料省、费用省，让产品价格具有竞争优势。二抓质量管理。围绕“用最先进的技术，选最完好的材料，产最牢固的柜体，接最标准的线路，做最详细的检测，求最满意的服务”这一质量目标，严管生产流程和生产工艺的每一道工序、每一个工位、每一处细节，用一流工艺、最佳材料及匠心功夫制造产品。所选材料、元器件均通过 ISO9001 质量体系认证及 3C 国家强制性产品安全认证，充分保障从零部件入库至元器件生产至成套柜体出厂都有严格质保体系，并出具证明设备合格证书及检验（试验）报告。严肃质量责任，建立产品质量追溯制，实行道道把关、人人负责，确保设备的各个方面符合招标文件及技术协议规定的质量、规格和性能要求，确保在其使用寿命期内具有满意和可靠的性能。三抓生产（施工）现场管理。认真做好 6S 管理，突出安全生产，把安全工作贯穿于企业各项工作之中，做到日常工作与安全工作“五同时”。加强全员尤其是特殊作业人员的持证上岗培训与再教育，增强生产和施工人员的安全意识和安全能力。层层明确安全责任，采用行政、法律和经济手段，落实安全风险监督制约机制、教育激励机制，确保安全工作落细、落地、落实。建厂 19 年来，从未发生一起安全事故。四抓绩效考核。按照产量、质量、消耗等指标制定考核办法，严格考核，及时兑现，奖惩分明，在企业上下营造以质量求效益，以效益求发展的浓烈氛围。

（三）抓文化，重人本，坚持护住发展这一“台柱子”

员工是企业最宝贵的财富，是企业发展的顶梁柱。他们塑造企业文化，突出以人为本，把尊重员工、依靠员工、爱护员工、回报员工落到实处，充分调动员工积极性和创造性。①共创共享。公司推行人人都是企业利益创造者、受益者的理念，与员工结成利益共同体、命运共同体、事业共同体。在满足员工物质利益的同时，努力为他们提供学习提升自身价值的机会，帮助员工更高更远发展，让企业成为员工谋生的平台、人生的舞台，从而让大家真正融入企业、热爱企业、关心企业、奉献企业。同时，他们积极回报社会，每当灾情发生或需要扶贫救困时，公司总是慷慨解囊、捐款献物。2020 年年初他们向靖江红十字会、慈善总会捐献 50 万元用于抗击新冠肺炎疫情，受到了社会的一致好评。②恩威并施。他们关心员工生活、救济贫困家庭，先后安排贫困家庭子女就业 40 多人，资助 15 位贫困学生就读，并对员工遇到的各个方面困难，都想方设法帮助解决。在有情有义的同时，又有铁的纪律。任何人都不能以任何理由触犯制度这根红线，人人遵守各项管理制度，以制度执行力增强企业的凝聚力和战斗力。③张弛有道。注意劳逸结合、松紧有度。建立图书室和健身房，让员工在紧张工作之余，有阅读“充电站”和休息“驿站”。组织开展各类文体活动，愉悦员工心情，强健员工体魄。生产任务再繁重，也每周保障一天休息，让员工有更充沛的精力投入新一周的工作。④培树典型。在各个层面上选培典型，并及时总结表彰和奖励企业涌现出来的优秀集体和个人，以先进典型来带动全体员工奋发向上、积极进取。

三、案例 2：飞羚运业——为运输业发展标注新坐标接续探索

江苏飞羚运业集团有限公司是靖江市唯一的道路交通专业运输企业。公司组建以来，董事长薛玉明带领全体干部员工以“发展为先、安全为先、诚信为本、效能为优”为主线，以“利民、惠民、便民”为立足点，努力探索和实践企业发展的目标和举措，不断增强企业的造血功能和为民服务效能，得到了政府和社会的认可。公司旗下的安宇客运创建了“江苏快客”品牌，被评为国家道路客运二级企业、江苏省安全生产标准化一级企业；弘宇公交在全省率先实现了“城乡公交一体化”，先后荣获“省工人先锋号”“ 省模范职工之家”“敬老文明号”和“文明单位”等称号，其“101 路”公交线被命名为“全国巾帼文明岗”；驾培中心及驾考公司被江苏省公安厅、江苏省交通运输厅授予“文明交通先进驾校”和“五星级驾校”荣誉称号。该集团也连年被靖江市委、市政府评为“服务业十佳企业”，被省人事厅授予“江苏省机关事业单位公考工作先进单位”。

总结过去，探索未来，要能为运输业发展标注新的坐标，推进交通服务上台阶、创特色，必须真心当好主心骨、倾心创好爱心车、精心护好同心圆、齐心唱好民心曲。

（一）真心当好主心骨

企业“一把手”拥有资产配置权和经营决策权，这是任何其他人不可替代的特殊角色。因此，要发挥好“一把手”的主心骨作用。在任何时候、任何环境下能做到：遇有困难，有办法打开局面；遇有矛盾，有智慧迎刃而解；遇有瓶颈，有方略迅速击破；遇有复杂环境，有能力驾驭全局。

1991 年初，薛玉明服从组织决定，原本担负着战备行动调防和军需物资运输保障工作运输连长的他，转业来到了靖江汽车运输总公司担任领导工作。他

秉持“要么不干，要干就得干好”这样一个做人干事的原则，走马上任。那时交通运输市场竞争激烈，无情倾轧，曾经辉煌一时的货运公司，因社会货车的无限制扩张，货运市场独家经营的时代已一去不再复返；客运公司单一的大客车运营，因满足不了旅客的出行需求而日趋萧条；城市公交受社会个体农用车的冲击几乎乱成了一锅粥。面对种种乱象，他带领公司一班人大胆改革，勇于创新，从整合城市公交入手，顶着社会上少数不法分子围攻堵截、聚众闹事的巨大压力，联合社会自然人共同出资3000万元，收购了原佳木斯承包经营的44辆公交车和132辆个体经营的农公车，先后购置了235辆清洁能源、纯电动等新型绿色环保公交车，于2007年7月成立了现在的“靖江弘宇公共交通客运有限公司”。此举在全省率先实现了“城乡公交一体化”的目标，得到了江苏省和泰州市交通部门的首肯，并在全省予以推广。

2003年春天，在江苏省委发出跨江联动的号召中，公司与江阴大桥、扬子新国线携手联合，三家共同出资组建了“江苏博瑞杰公交客运有限公司”，推动了长江两岸的联动开发。

2004年，公司抓住国家出台的“放管服”改革政策的机遇，出资300万元，收购了靖江市交通运输局的车辆检测站，成立了靖江市交通车辆综合性能检测有限公司，盘活了一个濒临倒闭的企业，实现了扭亏为盈。

2006年，公司对原国有客运企业进行整合，主持并控股51%，成立了“江苏安宇客运有限公司”，承担着市际、省际长途旅客运输，在全省创建了“江苏快客”品牌。

为充分挖掘企业的内在潜力，公司组建了汽车修理厂和翔宇能源有限公司，保证了全集团近800辆营运车辆“足不出户”就可得到及时、高质量的维修保养和燃料的供给。

针对长年处在市车管所驾校胳肢窝里求得部分驾培业务的状况，公司于1996年12月组建了泰州市最大的机动车驾驶员培训中心，进而又自筹资金建成了机动车驾驶人训练场和考试场，覆盖周边县市的驾培、驾考基地在靖江落成。实践告诉他们：这也难，那也难，大胆改革就不难；这无路，那无路，勇于创新就有路。

（二）倾心创好“爱心车”

所谓“爱心车”，就是在城乡公交运营中，努力做到“安全、便捷、优质、舒适、环保”。作为一个企业，在社会价值创造过程中获得属于自己的经济价值，就必须以此反哺于社会、反哺于人民。他们的服务对象就是广大人民群众。第一要务就是努力为民办实事、办好事、办成事。

一是以观念转变优化运营线路。不断引导广大干部员工把“办企业就是为了赚钱”的固有观念，向“搞客运就是为民服务”的全新理念，来了个180度急转弯。为掌握乘客动态，他们经常上车头、上站头，深入运输第一现场，了解客流走向，倾听乘客呼声，以乘客满意为目标，采取“一线一评估”的方法，对运营线路进行整体优化，合理配置运力，并科学调度，保障高品质运营，最大限度地为方便市民出行，他们新建了一个公交总站及滨港新城、城北园区、体育中心等3个首末站，设立了新港园区、城南园区、天妃宫3个公交枢纽站，配套建设标准化公交站台310余个、招呼站牌1300余个、充电桩42个、站点实现中心城区500米全覆盖，还为省靖中新校区增开了夜班车。这一系列的举措有效地保障了市民的出行更环保、更舒适、更便捷。

二是以绿色出行优化车辆结构。他们先后更新了纯电动车81辆，清洁燃料车99辆，气电混合动力车10辆，逐步淘汰超排放公交车。目前，新能源公交车占全公司车辆总数（225辆）的96．43%。

三是以优抚政策优化服务品质。从2009年开始，他们就对驻靖部队、70周岁以上老人、靖江高层次人才、残疾人以及大中学生实行免费，优惠乘坐公交的服务，各类免费卡的发放就有6万多张。最受市民交口称赞的是新冠疫情期间，为缓解市民居家隔离的困扰，他们派出19辆公交车，挑选40名以党员为主体的优秀志愿者，共发班347车次，开展“公交超市进社区”活动，将市民生活必需品送到相关社区的市民手中，赢得了社会的一致好评，CCTV－3及江苏城市频道，曾连续多日在重要时段较长时间地进行播放。

（三）精心护好同心圆

人心齐，泰山移。一个企业要做的工作很多，即使一个人的能力再大，也不能一手遮天。作为“一把手”，如何最大限度地调动广大干部职工的积极性，发挥整体效应，则从以下三个方面入手：

首先，在抓好领导班子建设的同时，注重抓好中层干部队伍的培育。对所属各分公司的干部配备，全部实行述职竞聘上岗。严格按照德才兼备、以德为先的原则，把有德有才的干部选拔到合适的岗位上，用心管好干部、用好干部，使每个干部各司其职、各尽所能，形成同心同德、谋事干事的强大力量。

其次，打造一支忠诚于公交事业、竭诚为民服务的职工队伍。对员工岗位的确定，采取双向选择的方法，形成一个能者上、平者让、庸者下的激励机制。通过对员工的肯定、认可、赞扬、奖赏、信任等具有正面意义的激励，激发员工的内在工作动机，实现员工的最大效能，从而给企业带来新的活力和朝气。让想干事的人有机会、能干事的人有平台、干成事的人有地位。同时，通过开展“党员先锋岗”“青年文明号”“巾帼文明岗”等评选活动，选树和表彰一批先进典型，用先进典型激励广大员工奋发向上的荣誉感和自豪感。譬如：他们选树公司耐心、细心，被誉为“服务之星”的驾驶员高宇，选树被泰州市人民政府命名“泰州市劳动模范”的孔君霞；见义勇为的“司机消防员”卢炳清、高杰；“便衣警察”陈留香，以及公交车变成“救护车”。近三年，《靖江日报》刊登此类先进事迹就有5600多起。为此，泰州市公安局、交通运输局、泰州市见义勇为基金会专程来公司召开表彰大会给予表彰和奖励。全体员工以先进为榜样，真心为民，善行义举，从他做起蔚然成风，公交车的“十米车厢”成了播撒文明的窗口和崇尚道德的舞台。

再次，创新服务管理模式。他们围绕提高乘客满意度进行专题研讨，逐步摸索出一条“本末倒置”的管理模式，即驾驶员为乘客服务，车队长为驾驶员服务，公司领导为车队长服务，以“服务”为链接方式，越接近“上帝”，企业的价值就越高，人民群众的满意度也就越高。

（四）齐心唱好民心曲

俗话说，上下一心，其利断金。如何唱好为民服务曲，他认为主要有两个方面，一是要充分发挥运输业服务主体的主观能动性，紧紧围绕运输这个主业，实现多元化经营，不断增强企业的发展动能；二是离不开政府加大对公交优化改革的扶持力度。

近年来，在经营服务方面的政策性补贴有时不能及时到位的情况下，他们从大局出发，借助飞羚集团旗下几个分公司的经济实力，采取以丰补歉、银行贷款等方式全力支持公交的正常运营。当股东不理解时，他总以办成了民生大事为荣而自我安慰，同时向股东作推心置腹的解释和说明。

公交公司是靖江市唯一的不可或缺的城乡公共交通企业，靖江市政府把支持民营企业发展作为一项重要任务，加大财政对公交企业的运营投入，建立并完善管理与执行制度；建立循序推进的操作方式，脚踏实地为企业纾困解难，疏通“堵点”，消除“痛点”，从而形成了政府与企业齐心协力为运输事业的发展、为服务好百姓争做贡献的浓烈氛围。

第十四章

企业党建

企业党建是企业做强做久的根和魂。做实的党建就是战斗力，做强的党建就是竞争力，做细的党建就是同心力，做出特色的党建就是发展力。党建工作做好了，就是生产力。企业要坚持按照党建文化“信念、组织、制度、实践”的时代要求，不断实践和提升企业党建水平。围绕发展抓党建，党建引领促发展，切实实行党建工作与经营管理双轮驱动、同步运转、互促共赢。民营企业和国有企业一样，都必须坚持党的领导，加强党的建设，让党建工作在企业中有地位、有机制、有作为。深入持久开展“两学一做”学习教育，紧密结合企业实际学习党史，不断增强发展信心，将激发出来的智慧和力量运用到克难攻坚、奋力前行中去。弘扬伟大建党精神，用党建工作为企业发展赋能，创建党建新经验，让“党旗飘在一线，堡垒筑在一线，党员冲在一线”，以高质量党建工作推进企业新一轮繁荣与发展，以党建工作新特色开创企业发展新局面。

第一节　党建做强：激活发展新动能

一、方略：以高质量党建引领企业高质量发展

（一）提高政治站位，践行以高质量党建引领企业高质量发展

1. 全面提升党建质量是企业凝心聚力、同筑中国梦的根本需要

企业是社会的基本单位，是基层党建极为重要的阵地。全面提升党建质量，贯彻落实习近平新时代中国特色社会主义思想和党的十九大精神，就能在政治上、思想上、行动上与以习近平同志为核心的党中央保持一致，用党的历史使命、党的根本宗旨、社会主义核心价值观和互联网思维引领企业高质量发展，为企业的正确方向提供思想保证，与党和政府同频共振谱写企业发展新的篇章；就能教育管理好党员，更加坚定理想信念，以及宣传引导好员工与党员

一起执着前行，把全面治党要求落实到每个支部、每个党员，夯实党的全部工作和战斗堡垒的基础，巩固党的长期执政地位，形成凝聚众心、共筑中国梦的磅礴力量。

2. 全面提升党建质量是企业锚定目标、稳健发展的现实需要

企业发展离不开党的领导和组织作用的发挥。当今，作为经济增长的“主力军”、科技创新的“主动力”的企业，直接面临发展理念和方式的调整转变以及转型升级的突破，全面提升党建质量，将宣传优势、组织优势和群众工作转化为发展优势，着力发展正当其时、适逢其会。

3. 全面提升党建质量是企业强筋健骨、增能添力的内在需要

目前企业党建普遍存在党的组织活动质量不高、党建工作者缺乏激情等问题。部分同志认为党建是软任务、生产经营是硬任务，还没有把党建放在引领生产经营的重要位置上；党员队伍和党建基础比较薄弱；既是党员又精技术的复合型人才仍然匮乏。持久深入开展“两学一做”学习教育，“不忘初心、牢记使命”主题教育，增强“四个意识”，坚定“四个自信”，解决好党建中的“短板”，就能在思想上把产业报国的志向立起来，在组织建设上把支部硬起来，在作风上把典型树起来，在能力上把岗位筑起来；就能使党的领导、党组织的战斗堡垒作用和党员先锋模范作用得到充分发挥，为做强做大企业提供坚强的组织保证。

因此，每个企业党组织、企业家都必须在提高认识的基础上提高政治站位，增强治党的自信与自觉，认真贯彻落实新时代治党要求和党的组织路线，把党支部建设放在更加突出的位置，加强党支部标准化、规范化建设，全面提高党支部建设质量，以引领和力推企业高质量高效益发展。

（二）强化责任意识，潜心构筑企业党建新格局

贯彻落实全面从严治党的要求，准确把握企业党组织的功能定位，推动企业党组织建设全面进步、全面过硬。

1. 严格落实党建工作责任

明确党组织履行主体责任、党组织书记履行第一责任、党组织副书记履行重要领导责任、领导班子中其他党员干部履行“一岗双责”、党群工作部门主职履行主管责任，同时明确公司党委、党总支、党支部和各层党建班子成员的党建责任（清单），形成职责清晰、党政同心、同频共振的工作格局，从不同

角度发力，做到“党政同耕一块田、同唱一台戏”，又各有侧重、共同向提升企业核心竞争力聚焦，推动党建工作全领域、全覆盖提质。

2. 完善优化党建管理机制

从有利于联学、联建、联动出发，把党建制度纳入企业制度建设体系，推进党建工作制度与经营管理制度有机衔接。修订完善加强党建工作的实施办法和制度，推进形成务实管用的“1 + X”党建制度体系。严格落实“三会一课”、组织生活会、谈心谈话、民主评议党员、月晒季评年考等制度。开展软弱涣散党组织专项整顿工作，落实基层党建工作责任制和党支部规范化建设标准。创新“互联网 + 党建”，建立智慧管理系统，对组织生活与党员组织活动等实行线上线下纪实资料互认制度，力促每个党支部严起来、强起来。

3. 建立健全党建工作绩效管理系统

坚持把抓好党建工作作为党组织书记的最大业绩来评判。年初班子成员与党组织签订《党建工作责任书》，年底向党组织汇报责任履行情况。对党建工作实行量化考核，建立考评体系的“五个维度”，即基础工作实不实，考核执行制度情况；作用发挥强不强，考核落实重点党建工作情况；中心工作优不优，考核完成生产经营等中心工作情况；工作作风好不好，考核自身作风建设情况；员工评议党员红不红，考核党员的口碑与形象。建立和推进“三查三挂”综合考核制度（月度绩效抽查、半年专项检查、年终综合考查，考评结果与年度考核挂钩、与评先争优挂钩、与干部任用挂钩），形成责任靠制度落实、工作靠制度推动、行为靠制度约束、成效靠制度保证的工作格局。做到真考核硬挂钩，有效推动企业党组织的主体责任、党组织书记第一责任的落地。

4. 制定和实施组织建设提升工程

以提升组织力为目标，制定和实施企业党建三年行动规划，以企业项目建设的理念抓党建，明确路线图、时间表、责任清单，通过一年规范建设、两年全面提升、三年示范建设，全力打造“补钙”“示范”“凝心”“堡垒”“清廉”这五大工程，推动企业党组织政治、组织、服务、保障、队伍“五过硬”建设。三年行动的最后一年评选表彰一批“红旗企业党组织”和“优秀党务干部”，以持续推进党组织发挥在党建中的引领作用、在基础工作中的组建作用、在基本功中的带动作用。

（三）运用党建资源和优势，着力推进企业高质量发展

克服就党建抓党建的“两张皮”倾向，实行发展从党建入手，党建从发展出发，党建工作与企业生产经营活动有机结合，探索和创新能体现渗透性、黏合性和可操作性的载体和方式，确保党建工作谋到关键处、抓到点子上。

1. 提升党政干部队伍自身素质，从组织上保证高质量发展

①强化理想信念。通过抓住关键带头学、联系实际学、分层推进带动学，学中思、思中议、议中行，坚信共产党领导是中华民族最好的选择，坚信习近平总书记是新时代带领我们战胜困难、走向胜利的英明领袖，坚信办好企业是承载我们实现人生价值的广阔舞台。坚持政治担当，树立全局意识，自觉地把企业当作“一粒子”放到全局“一盘棋”中去谋划和推进，既强化现代管理理念，又强化价值观意识、服务意识，让员工、让客户有更多更实在的获得感和幸福感。②提高自身本领。在行业迈入高质量发展的新阶段新时期，党员干部要努力提高政治能力和经营能力，着力锤炼对党忠诚的政治品格，接受市场激烈竞争的历练，不断增强把准方向、握住大势、驾驭全局的能力，努力使自己成为行家里手。尤其是党委书记，应通过多种途径和方法，增强参与企业重大问题讨论决策的能力，在讨论重大问题时，能为经营者决策提出清晰的思路，提供一些真知灼见。总之，要帮助经营者依法行使职权，保证其重大事项决策不失误，把准方向不偏离。③淬炼务实作风。坚持工作重心下移，在认真调研上下真功，扑下身子，沉到一线，紧扣创新发展实际，把主要矛盾抓准抓实，在解决问题上见实效。时刻牢记“在其位、干其事、求实效”，扎实做好“车间蹲点”“市场包片”“结帮对子”等工作，在担当责任上做表率，以钉钉子精神推动企业高质量发展，把忠诚核心、拥戴核心、维护核心转化为听党话、跟党走、报党恩的思想自觉和行为自觉。

2. 建设企业人才高地，从根本上支撑企业高质量发展

人才是企业发展的第一资源，是企业核心竞争力的关键。推进企业加快形成以创新为引领的发展模式，离不开坚实的人才支撑。党组织要始终坚持党管人才的原则，对企业人才的需求“高看一眼”，广泛集聚人才，让创新创造更有力度。既当好“红娘”，积极帮助企业引进急需的各类顶尖人才，又做好“保姆”，帮助企业培育一批专业技术人才，构建人才高地，聚天下英才而用之。对扎根人才厚爱三分，除用好省市人才激励政策外，适时出台更积极、更

有效、更精准的企业人才创新激励政策。建立容错纠错机制，调动广大科技人才在企业发展中担当作为的积极性和创造性。树立实绩导向，选用和提任现代意识新、事业心强、技术精湛的又红又专人才。从而引领感召更多人才集聚企业，扎根企业，发展企业，点燃企业经济发展的“人才引擎”。

3. 党建工作与中心工作相融互促，从关键点推动高质量发展

①根据企业业务流程再造而发生组织形态变化，按照“支部建在连上”的要求，创新“业务单元（项目）+支部+党员”模式，及时调整党组织设置，把党旗插到“业务单元”上，实行一体化管理、一体化发展，使党的建设与生产经营同心同向，无缝接轨，做到业务组织变化到哪里，党组织就建设到哪里，党建工作就抓到哪里，党组织、党员作用就发挥到哪里。②围绕生产经营中的难点成立党员战斗突击队，将重点项目、重点技术攻关课题和急难险重工作交给党员去完成，倡导党员克难攻坚冲在前、钻研技术学在前、工作业绩排在前、奉献事业走在前，让党员在实践中提高自身战斗力和影响力。③紧扣年度改革发展中心深入开展创优争先活动。按照创优争先要求，精心设计具有鲜明特色主题，如：“创佳绩，向党的生日献礼”“创新创优走在前，争当新时代先锋”，等等。本着科学合理、务实求进的原则，制定具体实施方案；同时将经营发展成果作为衡量党组织战斗力的根本标准，明确考核奖励办法，力促思想同心、行动合拍、上下合力，共同向提高企业核心竞争力聚焦，充分发挥党组织战斗堡垒作用和党员先锋模范作用，进一步铸造起强大的“红色引擎”。

4. 建立政府与企业良好的“亲”“清”关系，从环境优化上促进高质量发展

正确认识和践行习近平总书记提出的企业与政府的“亲”“清”新型政商关系，在企业发展过程中，以新的理念、至真至诚的态度，主动向属地党委政府汇报工作，沟通情况，求得指导与支持。强化责任担当，推进企业不断做强做优，以取得好的经济成果支持地方经济发展。政府为企业全心服务，企业也要帮助政府分担发展压力，办好难办的事，从而做到既保护党政干部，也保护企业家自己，既推动地方经济发展，也促进企业自身发展。

二、案例1：华达科技——“党政融合、党工共建”的生动实践

华达汽车科技有限公司（以下简称华达科技）的发展与改革开放同步，历经40多年的时境变迁，企业党组织随着企业不同发展时期顺势而变。2018年6月公司成立党委，通过不断深化“党政融合”“党工共建”，推进新时代文明实践，助推华达高质量发展。

（一）党政班子同心，以“四个意识”凝聚党政班子合力

华达科技始终坚持较高的政治站位，将“政治意识、大局意识、核心意识、看齐意识”作为基层党组织建设必须遵循的重大原则，将坚持党的领导作为“立企之纲、兴企之本”，通过党政“机构互补、班子互信、工作互促”，确保党政同心合力，将企业推入可持续发展轨道。

1. 党政组织机构互补

根据“支部建在连上”的组织建设要求，横向“组织扩面”建立党支部。将基层党组织覆盖到靖江华达总部、城北二厂、江苏恒义汽配及国内广州、武汉、长春、盐城分部；对不具备建立基层党组织的华达各直属委外工厂分别派驻“党代表”，达到组织覆盖无盲区。纵向“职能分工”设立基层党小组。按照行政“市场开发、技术开发、生产制造、质量管控、涂装发运、模具制造、财务管控”管理职能，对应设立七个“区域党小组”，充分发挥党小组成员专业特性，在助推企业高质量发展中“精准发力”。纵横“党群协调”设立工会小组。企业党组织指导工会以车间班组及管理科室为单位建立“工会小组”，切实形成党工“机构互补、干群同心、高效沟通”组织合力。党政组织成员实行“一岗双责”。按照公司党委把“党员培养为骨干、把骨干发展为党员”的总体要求，现公司中层以上干部党员占70%，让党员担重任做“领头雁”，在各条战线切实做到一个党员就是一面旗帜，在各项工作中发挥好导向引领作用。

2. 党政领导班子互信

从创业到现在，公司董事会主要领导成员基本没有变动过，“退休不退职”，承继起“老、中、青”三代红色基因接力传承。党政领导班子“主心骨”陈竞宏以其独特人格魅力，为企业搭建了具有“忠诚敬业”职业操守及

“保持主业、坚守实业、精准专业”高水平的党政领导班子。在重大决策上做到“求同存异”，不搞“一言堂”，领导班子相互沟通，各抒己见，充分汲取集体智慧；发生重大争议时，注重分头深入调研，选取最优方案；执行决策时，行动一致，果敢有力。在班子成员任用上做到“用人不疑”，根据各人专长进行分工，充分授权，相互协同开展各项工作。在个人名利上做到“不变本色”。身正业大，从党委书记、董事长做起，严格按照党章要求约束自己，淡泊名利，廉洁自律，勤俭办企，做到思想、工作、作风三过硬，以“一企之长”风范教育着全厂党员干部树立起正确的权力观、人生观、金钱观，其他领导班子成员也都能做到行事高调、做人低调，与职工打成一片，从而迸发出巨大的号召力、凝聚力和战斗力。

3. 党政工作同步互促

华达党委始终坚持将党建工作与开展各项生产经营活动紧密结合起来，将企业党建规划列入企业整体规划之中，并每年不断修改完善，坚守“党政工作同步布置、任务达成同步检查、活动成效同步考核”，确保各项活动开展的有效性和默契度。

（二）党政“双轮驱动”，以党建引领凸显优势再造魅力

实施党政“双轮驱动”，确保党政步调一致，党政领导班子“领头雁”的作用发挥是关键。党委书记、董事长陈竞宏与党委副书记、总经理葛江宏，满怀振兴民族工业激情，以党建为“引路灯”，努力提高贯彻发展理念的能力和水平，带领公司团队在中国汽车产业中站稳了脚跟。

1. 科学决策，以滚动技改实施轿配总成模块化提质扩产

1991 年，他们大胆突破，以“跨行业结构调整”确立了轿车零部件制造主业发展定位，并依靠“上海大众”国产化共同体资质，先后加盟国内多家大型知名汽车制造厂。

为适应整车厂配套需求，确立了“科学决策搞技改，滚动发展扩规模”的发展战略。大刀阔斧地对原有的单一品种生产线进行提质扩产改造，建立了轿车总成冲压、金属管件制造、机器人焊接、电泳全自动、模具制造生产线和国家级检测试验中心，形成了“金属冲压拉伸件、金属管制件、焊接总成件”三大系列 3500 多个轿车零部件产品，并走出国门，与墨西哥、日本、加拿大等海外市场合作。华达公司掀开了为国内外各大汽车厂生产配套轿车总成件的第

一页，并被各大主机厂认定为国内极具发展潜力的成长型规模企业，使华达再次抓住了国家轿车产业振兴机遇。

2. 由“危”转“机”，以总部经济推进国内轿车零部件产业化布局

抓住后金融危机机遇，先后设立广州、长春、武汉、成都、海宁、长沙、盐城、惠州、青岛、杭州、天津、宜昌等12个分公司和城北园区“二厂”。建立与各大汽车厂的战略联盟，国内基本实现“近距离配套，本地化生产服务”，确保融入“核心供应商圈”，打造国内最具竞争实力的轿车“总成件”制造基地。

3. 优化投资环境，以资本运作实施新能源优势产业并购再转型

为增强企业资本控制和抗风险能力，华达不断探索多元化融资渠道。2017年元月，华达汽车科技成功在上海证券交易所A股主板上市。实施资本运作，与北汽集团建立产投基金，为公司总部经济发展提供充足的后续资金保障。2018年6月成功实现对江苏恒义新能源产业并购，做到优势互补；2018年12月成功进入美国特斯拉新能源车配套体系，加速推进华达向新能源产业转型升级。2018年实现产销43亿元，《华达科技陈竞宏：关键时刻都有党员的身影》被载入《上海证券报》，董事长陈竞宏荣获“江苏省优秀企业家”称号；葛江宏成了泰州青年商界中的精英。

（三）党工共建实践，以率先争先激发职工创新活力

按照“支部建在连队”“党小组建到区域”“工会小组建到班组”要求，以发挥党工功能互融、党工共建互动为抓手，通过党组织赋能，使工会“四项职能”更接地气。

1. 实现党小组与工会小组组织功能互融

在组织架构上，工会服从党组织的统一领导，将工会小组活动纳入党小组活动，每月定期开展活动，接受党组织绩效考评；在组织功能上，强化党员队伍及职工队伍建设，充分发挥党的先锋模范作用，紧密联系职工、服务职工、凝聚职工，形成组织合力；在组织作用发挥上，充分发挥党组织的战斗堡垒作用，团结带领广大党员、职工帮助企业解决发展过程中所面临的困难，助推高质量发展。

2. 推进党工共建新时代文明实践互动

公司党委以“先进生产力为引领”，联合工会明确年度相关活动课题，指导工会切实开展好群众性创新创效活动；每月组织创新创效“亮点”交流，每季度实施对先进党支部、党小组（工会小组）、优秀党员评价，每年度实施对优秀职工、先进集体评比表彰，使总部、各分部全体党员、干部、职工围绕守初心，以“率先领先”实干创业精神助推“提质降本创效”。由于华达党工共建成效显著，2018 年公司荣获全国总工会“五一劳动奖状”。

（四）党企文化互动，以红色基因传承注入持久动力

党建文化是党内政治文化的重要组成部分，党建文化与企业文化一脉相承，辩证统一。华达党组织把抓好文化建设作为一项重要职责，坚持以党建文化引领企业文化建设。

1. 传承“红色基因”，充分发挥党建文化引领作用

华达党委以深化党政融合、党工共建及新时代文明实践，推进“信仰、组织、制度、实践”党建文化在企业的具体运用。党委书记、董事长陈竞宏以亲历所为作了《不忘初心、牢记使命，助推华达高质量发展》的主题党课，使各基层党支部全体党员增强“四个意识”，坚定“四个自信”，做到“两个维护”。公司党委班子带头严格对照党员“四个合格”标准，每半年组织一次民主评议，围绕“四重四问”，守初心，担使命，找差距，抓落实，确保每个党员在社会进步、企业发展中具备政治担当。抓好党政融合、党工共建的具体实践，以党建文化为导向，抓好对工会文化、职工文化创新引领，有效带动企业在政治文明、精神文明、物质文明三个文明建设中稳步协调发展。

2. 实施“关爱激励”，锤炼高素质新时代职工队伍

大力倡导“爱拼才会赢”创业担当。每逢重要节日和重大事件，陈竞宏都要亲自组织各项纪念庆祝活动。同时，举办职工羽毛球赛、职工运动会、职工恳谈会等活动，增强团队协作，提升员工素养。注重以工匠精神打造优质“蓝领团队”。与常州大学怀德学院共同举办培训学校，围绕“质的提升”，实施具有岗位针对性的内训，培养高技能人才。充分发挥好“范洪亮劳模工作室”作用，实施专业人才的定向孵化。围绕产业报国，开展立功竞赛活动。2015 年城北自动线工段被江苏省总工会认定为“省工人先锋号”。深入推进“要约协商制”。建立企业与职工互利、共赢、发展的和谐劳动关系，荣获江苏省厂务公开民主管理“先进单位”。工会坚持党建带工建、工建促党建，不断提高广大

职工的凝聚力和向心力，2016 年工会荣获“全国模范职工之家”称号。

3. 感恩“回馈社会”，率先引领共享企业发展成果

企业发展了，社会责任不能忘。公司切实发挥企业资源优势，参与村企共建等活动；每年无偿利用企业产品、技术及模具定点扶植周边 20 多家小微企业发展；率先与靖城街道慈善分会签订 120 万元的留本捐息协议，每年慈善捐赠 12 万元，得到了社会广泛赞誉。

三、案例 2：靖江供电——创新党课模式，焕发党建活力

国网靖江市供电公司党委在加强企业党建的过程中，始终贯彻“党课信党”的要求，坚持党课的政治性、时代性、实效性，不断创新丰富党建内容，力戒碎片化、表面化、娱乐化宣讲，确保党课既有“党味”又有“鲜味”，既有“意义”又有“意思”，让党课春风化雨、深入人心，让党课推动党的领导深入电网建设各个环节，使党建工作与中心工作同频共振、相融并进。

（一）实景党课，让党课“动”起来

公司党委挣脱固定思维，更新观念，切实改变“只有课堂上党课才是教育”的认识误区，将“固定课堂”变为“实景课堂”。以活动日、党员微课堂等为载体，充分利用靖江当地红色教育资源，把党课地点搬到渡江战役“东线第一帆”纪念馆、靖江弯腰沟红色文化旅游基地、爱国实业家刘国钧故居等地，由党委书记黄宏亲自讲述主题党课，让大家感悟历史、追思伟人，促进党员对革命传统的传承，将“红色基因”转化为党员的行动指南，并使党员干部将党的科学理论转化为谋划业务工作的思路，激发党员的工作热情，提升党组织的凝聚力。组织党员干部参观廉政建设教育基地，以亲眼所见、亲身感受强化警示教育的效果，提升拒腐防变的能力。

（二）情景党课，让党课“活”起来

公司党委围绕中心工作，以支部和广大党员为主体，发挥党的政治引领作用。举办“我和祖国共奋进”爱国歌曲传唱活动，承办“泰电好声音”歌唱比赛，通过一首首耳熟能详的革命歌曲、慷慨激昂的抗疫歌曲，将“简单漫灌”变成“身临其境”，引发党员深层次的体验和共鸣，让党员“听得进去、学得明白”。把党课教室搬到舞台上，通过公司创作的《师徒》《假戏真做》

等小品，加强情景党课的吸引力、感染力和生命力，使党业融合得到进一步提升。他们利用业务部门专业优势，结合业务需求，通过支部联动、支部共建等，优化电力营商环境，在供电区域内开展进社区、进农户、进企业等活动，组织党员服务队定期开展用电回访，帮助用户解决用电需求和困难，大力宣传和推广“网上国网”线上购电服务，持续提升供电服务水平，充分展现了“一名党员就是一面旗帜，一个支部就是一个战斗堡垒”的精神，树立了良好的企业形象。

（三）故事党课，让党课“近”起来

把身边同志的先进事迹拍摄成党课专题片，把理论政策转化为一个个感人的小故事，讲党员的担当作为，讲身边的好人好事，讲群众的真情实感，用小事例来阐述大道理，用小切口来烘托大主题，达到以小见大、见微知著的效果，充分发挥党课启发引导、共同勉励的作用。“金香橼”共产党员服务队积极响应号召，在新冠肺炎疫情防控第一线当先锋、做表率，在S356沿江公路新桥德胜村弯刀圩红绿灯路口参加疫情防控工作，构筑起一道严防疫情输入的坚固防线；配合各镇政府、村委做好路卡点的接电工作，完成100多个道口的临时接电任务，在做好安全防控的前提下组织职工义务献血，大大缓解了靖江市血站的燃眉之急，为了迎接复工复产兵分九路，分别对接各个乡镇，为即将复工的企业做好用电检查和电力设施维护，绝不让企业因用电问题延产一天，让党旗在疫情防控第一线高高飘扬，以实际行动展现了国有企业的政治担当。

（四）竞技党课，让党课“潮”起来

为了促进党课质量上水平、上台阶，组织了“建凝聚人心好支部、做遵章守约好党员”微党课擂台赛活动，共征集各基层党组织初评推荐的微党课案例21篇，在比赛讲堂上，各基层党组织书记配合多媒体演示，“讲”出了党员干部新风采，“赛”出了先锋模范新活力，以短小精悍却又触动灵魂的微型党课给党员带来了一场深刻的精神洗礼。《大力弘扬井冈山精神，为新时代公司改革发展再立新功》《初心不改，牢记使命》《扬信念之帆，存敬畏之念，怀感恩之心》等6篇党课被评为优秀潮流微党课。公司党委呈报的党课《坚持党旗高擎 强化担当作为 全面履行国有企业“三大责任”》入围靖江市2020年度十佳精品党课。

公司党委将继续在党员教育管理过程中，不断创新党课形式内容，不断增强党员的党性观念，促进党员的作风转变，引导党员从爱党、忧党、兴党、护党角度出发，增强“四个意识”，坚定“四个自信”，做到“两个维护”，锤炼对党忠诚的政治品格，自觉在服从、服务国企改革发展大局中坚守职责定位，在解决重点难点问题中体现应有的责任担当和精神境界。为争做建设具有中国特色国际领先的能源互联网企业的排头兵做出更大贡献。

第二节　党建做实：党建与企业发展相融共生

一、方略：抓非公党建促企业转型升级

非公企业党建工作，只能增强不能削弱，要始终围绕发展抓党建、抓好党建促转型。非公企业党组织要充分发挥“两个作用”，推动企业转型升级，关键在于找准党建工作与转型发展的结合点，从而做到彼此渗透、相互交融、互辅互促。

（一）以党管人才原则抓好企业人才队伍建设，从根本上支撑企业转型发展

①建立人才引进机制。加大高层次人才引进力度是企业可持续发展的关键。企业党组织应充分发挥人才“鉴别师”作用，通过多种渠道获取第一手人才资源信息，按其资历、能力和业绩来评判创新能力，然后提交董事会或法人代表确定，真正将优秀人才引进来为企业所用，并由他们领衔企业科技团队，努力做到“正确地选人，选正确的人”。②建立双向培育机制。围绕“把骨干培养成党员，把党员培养成骨干”的思路，着力将党员培养成中层以上管理干部，将中层以上干部培养成党员，同时按照德能勤绩的选人标准，选树一批党员典型中的青年骨干，让其参加企业产学研合作项目的研究和开发，或选派他们去高校读研究生，为企业转型发展储备中坚力量。③建立人才回流机制。在用好、留好现有人才的同时，认真进行调查摸底，弄清他们的基本情况，尽量以真心和诚心动员他们回厂发展。根据他们目前的能力和水平，在岗

位、待遇上给予充分考虑，为他们提供施展才华的平台，缓解转型发展人才匮乏矛盾。

（二）以创先争优活动发挥党员先锋模范作用，从核心优势上推进企业转型发展

①搭建创先争优平台。根据企业业务流程再造的变化，在产业链、工程项目、科技团队、自主经营体、业务单元建立党支部或党小组，开展党员先锋岗、先进班组、红旗技术研发中心、星级员工等创建活动。在定责上岗的基础上，成立党员突击队、攻关队，将重要项目、技术攻关课题和急难险重工作交给党员，在实践中不断提高党员队伍的战斗力和影响力。②紧扣主题开展活动。确立年度创先争优主题，如“创转型佳绩、为党旗争辉”“争当转型升级先锋”等，然后由部门党支部或党小组根据各自工作职能提出具体实施方案，组织开展阶段动员、立功竞赛、提合理化建议、献计献策等活动，并通过个人总结、领导点评、群众评议、评选表彰等方法激发党员创先争优热情，在单位形成比学赶超、争先进位的浓烈氛围。③完善绩效考核机制。认真制定企业先进党组织“五个好”和优秀党员“五带头”的考核标准，明确若干条具体细项及其标准和分值，加大发展业绩权重。实行自评、互评、总评相结合的方法，增强考核的操作性、准确性和导向性，同时加大激励力度，放大示范效应，使党组织活力转化成发展动力。

（三）以党建文化引领企业文化建设，从内生动力上保障企业转型发展

①党建文化和企业文化辩证统一。党建文化要主动融入企业文化之中，为企业文化发展提供思想保证。党组织要将抓好文化建设作为自身的重要职责和关键业务，用党建文化来指导和把握企业文化的出发点和归宿，努力提高党建文化的实效性，做到两者同频共振、同轨并行。②建立文化组织保证领导体制。从有利于发挥党组织、董事会和主要经营者在文化建设中决策作用这一角度出发，成立党组织领导下的企业文化领导小组，下设文化中心，完善以党、政、工、青、妇为主体的组织网络，形成董事长亲自抓、党组织和党委书记负责抓、主管部门专门抓、职能部门具体抓、广大员工参与的工作体系。③健全文化有效落地运行机制。企业党组织要重点建设人本文化、创新文化、诚信文化、市场文化、品牌文化等，并建立以管理制度科学、教育体系完善、专项经

费落实、绩效评估严格为内容的文化长效管理机制。充分发挥企业党校、内刊、板报、广播、视频、网站等文化载体的宣传作用，开展形式多样的文体活动和技能竞赛，使爱企业成为每个员工的理念和行为，从而持续推进企业转型升级、跨越发展。

二、案例：三江电器——“四融合”带动“四促进”

江苏三江电器集团股份有限公司（以下简称三江集团）党委十分重视企业党建工作，把党的政治优势、组织优势转化为推动企业发展的助推剂，坚持将党建融入企业经营制度、融入基础建设、融入企业发展决策、融入人才队伍建设，党建与企业发展的“相融共生”引领三江集团稳步发展。近年来，公司先后获得了“国家知识产权优势企业”“江苏省AAA级质量信用企业”“江苏省文明单位”“江苏省重点培育和发展的国际知名品牌”“靖江市市长质量奖”等荣誉，产品不仅畅销全国各地，还远销欧美。三江集团党委被靖江市委评为五星级基层党组织。

（一）党建融入企业制度，促进“执行力”提升

根据《中国共产党支部工作条例（试行）》，2018年以来，三江电器集团党委对所属党组织进行了重新调整。根据公司内部《人力资源管理制度》《研发项目管理制度》《财务管理制度》等规章制度，对《三江电器集团党员管理制度》进行了完善，同时把“三会一课”送进车间、送到岗位，既保证了党建工作的政治性和严肃性，也体现了灵活性和实效性，使基层党支部战斗堡垒作用在一线得到了充分发挥。在保持和巩固党的思想政治、组织建设、联系群众优势的前提下，最大限度地促进全体员工“执行力”的进一步提升，提高企业运行效率，促进企业和谐科学发展。

（二）党建融入基础建设，促进“战斗力”提升

一是完善党建责任体系。集团党委发挥“中枢”作用、各分厂支部领导班子发挥“主导”作用、全体党员发挥“根本”作用，形成了“三位一体”的公司党建责任体系，夯实了基层基础，激发了党建活力。二是建设标准化党支部。围绕各党支部抓什么、怎么抓，公司党委组织编印了《基层党支部工作实用手册》，把党支部日常工作的基本内容、基本要求、基本标准系统化地编辑

成册，并对全厂近年来的党建工作基本经验进行总结，用以指导和规范基层党建工作。三是建设规范阵地。三江集团党委下设7个党支部，每个党支部建有各自的活动室，在每个支部的活动室门口、内部都放置了标志牌、制度牌、党旗、书报架、党组织机构图以及党员公开承诺牌等。四是规范台账管理。定期整理归档党组织工作台账、党员基础台账、党员发展工作台账、党员教育管理台账、特色党建工作台账、文件台账等基本档案资料，对基础台账分类装订。各支部每开展一次活动，都有规范的活动记录、签到册、照片或现场微视频等痕迹资料，按照有统一标识、有统一规格、有专人管理的“三有”要求，建立标准化档案。

（三）党建融入企业发展决策，促进“凝聚力”提升

将党的方针政策融入三江集团发展战略、指导思想的制定，让“红色文化”成为三江企业文化的基因密码，提升凝聚力。一是党委参与决策重大事项。构建了“董事会决策、总经理负责、党组织监督”的管理模式，对技术转型、扩建项目、人事安排等重大问题，事前征询党委的意见，确保企业决策的民主化和科学化。2019年以来，集团党委已经参与讨论重大事项16起。二是党政共同确定发展目标。由公司党委和总经理室共同制定企业建设目标，例如：2018年集团党委提出的“十三五”期间以点带面地完成智能改造工作。目前，已完成定子绕线智能车间建设工作，并通过泰州市智能车间考核验收。三是党委把好思想之舵。集团党委注重发挥政治思想优势，通过支部党课、专家讲座等，强化党员职工发展理念，让发展成为集团每个员工的共识与责任。

（四）党建融入人才队伍建设，促进“后续力”提升

公司党委坚持党管人才，十分重视人才的引进、培养和使用。目前，公司大专以上学历人数214人，占职工总数的16.7%。一是充分发挥党的政治引领政治吸纳作用。公司坚持每年把科技人才、技术骨干作为发展对象，加大培养力度，把他们培养发展为党员，再从党员中选拔会管理的优秀分子培养成管理人员或中层干部，收到了较好的效果。如公司管理二支部书记苏申科是公司科技开发负责人，他带领公司科技部党员成立了“助攻难关”的党员突击队，2019年成功开发并量产各类电机15款，新增销售150万台，其中“干衣机用

直流无刷电机”正在积极申报江苏省绿色设计产品。二是充分发挥科技人才的作用。在企业创新发展过程中，公司党委充分调动科技人员的积极性和创造性。在技术改造方面，积极推进“智能工厂”建设，近三年公司投入1800万元，完成了“微特电机智能绕嵌线车间”“直流无刷电机智能装配线”建设，其中“微特电机智能绕嵌线车间”被评为泰州市智能车间。通过自身的工艺装备和水平的不断提升，保证了公司产品在激烈的市场竞争中的优势。在转型升级的道路上，公司始终坚持“以市场促开发，以开发促转型”的原则，不断将内在科技成果转化为产品优势。超声波电机、BPM无刷稀土永磁电机、三相变频电机及直流无刷电机，这一系列高新技术产品每年形成订单850万台，占销售额的77.2%。三是加大人才引进培养力度。近年来，公司先后从南京航空航天大学、华中科技大学引进博士3名，培养江苏省333高层次人才2名、泰州市311高层次人才5名，总经理环剑斌成为省科技型企业家，总经理助理苏申科成为泰州市科技型企业家。

第三节　党建做细：党建与企业发展双提升

一、方略：实行党建工作与经营管理有机结合

在“五位一体”总体布局和“四个全面”战略布局下，加强和改善党的领导，实行党建工作与经营管理的有机融合，是企业贯彻党的基本路线的内在要求，是现代企业管理中一大重要研究课题。企业党建工作与经营管理相互依存、相互影响，“合则俱兴、离则俱废”。党建工作与经营管理同频共振、互融共建，党的领导和企业发展才能相得益彰、互相促进。非公企业与国有企业有着所有制形式上的不同，但在经营管理方面相同相通。可借鉴国有企业党建的一些做法与经验，区别处理涉及所有制内容，让非公企业党建既具有企业党建共性，又具有非公企业特性。紧紧围绕党建工作和经营管理的有机融合，积极探索和实践，找准能体现渗透性、黏合性和可操作性的载体和形式，不断提高两者融合的效果，既能使企业不失去方向引领、组织保证和思想动力，又能使党组织永葆生机和活力。

（一）加强企业高管队伍建设，以优化班子组合来满足企业创新发展需要

一是选优配强主职领导，重在物色、选用好企业党政一把手，使领导群体有精明强干的“主心骨”。二是完善班子结构，注意充实那些在决策与经营中举足轻重的“缺门”干部，不以年龄划杠子，不以资格定位子，不以亲疏组班子，而以责任心强不强、业务水平高不高、工作业绩好不好作为评判标准，使每个班子都有擅长分管生产、技术、财务、营销和党务方面的业务内行，做到长短互补、相得益彰。三是理顺党政关系，理顺企业党组织与企业主的关系，理顺党组织与工会、共青团等群团组织的关系，使得各方协调运转，各展其长。通过学习，加强思想作风建设，使班子真正成为具有向心力和凝聚力的团结战斗的班子。四是抓好后备干部队伍建设。采取“内部培养”和“外部输入”双管齐下的办法，从外部进一批大学生，内部选一批优秀人才列为培养对象，认真落实具体培养措施，坚持选准育好，适时把有事业心、有技术、会管理、能开拓的同志充实到中层干部岗位上来，促其尽快成长，为今后优化企业班子储备好人才。通过以上几方面的努力，做到个体合格，结构合理，整体合力，以适应企业高质高效发展的需要。

（二）提高自身素质，以增强参与能力来把好创新发展重大问题的决策关

首先，强化党组织参与创新发展的意识。企业最基本的实践活动是生产经营，党组织若游离于创新发展活动之外，是无从谈论发挥政治核心作用的。只有参与创新发展、服务创新发展，才能找准自己的位置。这并非权宜之计，而是新时代做好党建工作的必不可少的重要一环。

其次，增强党组织的“参与”能力。企业党组织要在生产经营活动中为企业把关定向，就要学习理论和业务知识，增强分析解决问题、驾驭全局的能力。党务干部除平时要参加经济理论方面的讲座或有关经济活动外，有一定规模的企业还可以把他们编入车间过组织生活，以了解厂情、实情，关心和协助车间解决思想、生产等方面的问题。企业党组织负责人还可兼任副总经理，分管某一方业务工作。同时，党组织领导者心中也要有市场，要通过站柜台、推销产品、走访用户等途径，了解产品在市场上的走势，以便及时提出建设性意见，供经营者决策参考，以增强党组织工作的针对性和有

效性。

最后，注意党组织的参与渠道和方式。参与创新发展并不是一句空话，而是实实在在的行动。在参加企业重大问题讨论时，要为经营者的创新决策提供清晰明确的思路以及一些符合实际的好办法。一般来说，经营者在生产经营决策中感到比较顺利时，你就不要多去管，经营者遇到了难点，你就应主动地去关心。总之，要支持帮助经营者依法行使职权，确保重大事项决策正确不失误，对企业经济指标的完成起到保证作用。

（三）从严治党，以发挥党组织的政治核心作用和党员的先锋模范作用来确保企业各项任务的完成

企业党组织的自身建设和两个作用的发挥，必须紧紧围绕企业中心任务来进行。全面开展党员“三争三亮（争当管理能手、争当经营能手、争当技术能手，亮身份、亮承诺、亮形象）”活动，引导党员履职尽责，爱岗敬业，乐于奉献。始终把解决企业工作中的重点、难点作为党建“创优争先”活动主题。如在产品质量发生波动时，应迅速发动广大党员投入技术革新、工艺改进、质量攻关等活动中，并以此带动周围群众，保证产品质量稳定提高。新产品试制、技术改造等苦、难、险任务，应组织以党员为主体的战斗小组去完成，让企业党建有形化、具体化。

要通过多种形式开展树形象、创业绩、比贡献活动，如“党政领导同心共保”竞赛、党员和职工的“一对红”竞赛、“我为党旗争光辉”竞赛。树立先进典型，用以激励广大党员、干部和职工，在公司上下形成讲创新、比贡献的你追我赶的局面。同时通过自查自纠、民主评议党员、党员晋位升格来推动这一活动的深入开展，并按照“控制总量、优化结构、提高质量、发挥作用”的党员发展方针，加强生产一线党员培养发展，使党建工作向基层倾斜，增强党组织的“细胞”活力。

二、案例1：艾兰得营养品——创建党建“5+N”模式

江苏艾兰得营养品有限公司（以下简称艾兰得）党总支下设3个党支部，有党员59名。近年来，围绕“强化党建引领，助推企业发展”这一主题，把目标定位在把艾兰得党总支建成硬件完善、软件规范、时代特点鲜明、企业特

色凸显、党员群众公认、带动作用较强的先进基层党组织，制订党建工作三年发展规划，不断创新工作思路和党建活动载体，深入开展“不忘初心·为艾担当”党建创牌和“5 + N”（主题党日 + N、微 + N、健康 + N、扶贫 + N、星级 + N）系列活动，有力地推动企业创新转型，公司目前已成为全球最大的营养品制造服务商，销售网络遍布70多个国家和地区，连续5年位居中国医药外贸榜单“保健品出口20强”榜首。

（一）开展形式多样的“主题党日 + N”活动

结合企业实际情况，每月开展一次“主题党日”活动，围绕学习教育、奉献岗位、员工关爱、公益服务等，在“ + ”上做文章，将党建工作与企业生产经营和履行社会责任深度融合，开展“红色之旅”、党员先锋岗、主题劳动竞赛、困难员工帮扶、精准扶贫等活动，不断提高广大党员的党性意识、责任意识和宗旨意识，使党员经常受教育，永葆先进性。

同时，公司党总支还以“道德讲堂”“读书会”等形式，积极开展与上级组织及周边社区的交流互动，为“主题党日”活动赋予更加丰富的内涵。在艾兰得员工读书会机制下开设党员专场，让广大党员品味书香、品味经典、陶冶情操。积极推荐优秀党员参加公司各项人才培训项目。同时，以新华书店读书卡的形式对各支部“学习强国”App学习积极分子进行嘉奖，引领党员以学习谋发展、以学习求突破、以学习成果的转化推进工作和绩效提升。

（二）开展“微 + N”主题教育活动

上好“微党课”，充分利用党总支公众号“艾先锋”、微信群、微视频等形式，采取身边人讲身边事、说身边理的方式，邀请总支委、支委和能人党员讲传统、讲管理、讲理论。过好“微生活”，按照“主题党日 + ”活动模式，组织党员开展好党组织“微生活”，实现组织活动规范化、经常化。培树“微典型”，深挖党员群众身边的“微故事”，从党员群众在岗位工作中的善小行为，寻找个人或团队在敬业奉献、职业素养、道德修养等方面的闪光点，通过微信群、党总支公众号等进行宣传报道，达到“选树一个带动一片”的效果。践行“微服务”，每年底征集一次党员群众的“微心愿”，动员党员积极参与，主动认领微心愿，帮助困难党员和员工解决生活难题，推动服务型党组织建设。

（三）打造“健康 + N”活动品牌

每年面向公司员工和社区群众举办两次以上“健康大讲堂”，普及营养知识，宣传健康理念，为健康筑起安全屏障。倡导健康生活方式，组织开展绿色骑行、健康徒步等活动，组建“艾跑团”长跑社团，每年选择一天作为“艾兰得低碳环保出行日”，倡导所有员工在这一天选择步行或公共交通工具上下班。发挥公司的资源优势，与江山社区党委合作，在社区党群服务中心筹建“艾兰得健康小屋”，开展健康检测、营养健康知识咨询等服务，为社区群众健康造福。新冠肺炎疫情发生后，艾兰得启动“抗击疫情”专项行动，通过利用在中美欧三地拥有的10个营养健康品生产基地的渠道，采购了2万双医用口罩、4000只N95口罩、2万双医用手套和1500套防护服用于捐赠，这部分物资于2020年2月1日运抵国内，通过武汉红十字会送达疫区相关医院。

（四）开展“扶贫 + N”活动

与季市镇花家村党委继续“一对一”合作，打造村企党建共建品牌。促成食堂承包人与花家村党委对接，公司食堂全部改用花家村自产的有机大米，全年为村民增收20万元以上。开设花家村困难大学生在艾兰得集团就业的绿色通道。捐建新的基础设施，开展中国传统中草药种植项目，以精准扶贫、农业造血为目标，帮助更多贫困地区的民众开发新的生计，为社会可持续发展贡献一份善意。

同时开展党员志工活动。利用好“艾兰得志工社”平台，贯彻落实艾兰得“善领未来”的公益理念，积极组织党员参加“与艾同行·筑梦未来”爱心助学、“先心病”儿童健康公益项目、社区美化家园、艾兰得员工关爱基金运作、江山路社区党群活动中心“艾兰得健康小屋”筹建、无偿献血等活动，推动党员志愿者活动向深度发展。

（五）开展“星级 + N”活动

在做好党总支换届改选以及调优党支部、党小组设置的基础上，制定和实施《星级党支部评定实施办法》，认真执行“三会一课”、争做“四个合格党员”、“月晒季评年考”、组织生活会、民主评议党员等制度，完善党支部工作台账管理，加强党员教育管理，确保党的组织生活正常化、规范化、制度化，使“星级党支部”评定成为促进基层党组织党建工作“比、学、赶、超”的新动力。还按季度开展“艾兰得党员之星”评选活动，第二季度有三名党员分别被评为党员质量之星、敬业之星、学习之星。

此外，党总支制定并印发了《艾兰得党员积分考核管理办法》，从思想、能力、业绩、守纪、服务五个方面，按照日常工作积分和奖励积分的量化考评方式，每半年对党员进行考评。党员积分考评结果与星级党组织年度评选挂钩，与个人年度评优表彰挂钩，用“小积分”管好“大队伍”。

三、案例 2：华昊建设——探索实践党建“四同八助”工作法

长期以来，华昊建设集团党委（以下简称华昊党委）始终践行“党建引领，企业振兴”战略，坚持党建工作与生产经营协同发展的理念，成功探索实践“四同八助”党建工作法，形成了“一统领五协同”（党建引领发展，党建与企业战略协同，党建与企业文化协同，党建与企业经营协同，党建与人才成长协同，党建与关联组织协同）的党建工作品牌，实现了党建和经营有机融合，开创了互促共进的良好局面。华昊党委实践的“四同八助”的主要做法如下。

（一）党政同心，助定战略，助强管理，共谋发展大计

华昊党委和行政班子成员双向进入，交叉任职，董事长、总经理郑红卫任党委书记，常务副总、财务总监分别任党委副书记和支部书记，党政领导班子共同商讨决策重大事项，党政班子在工作上高度一体化。

（1）成立集团管委会，由党政班子成员，以及党办、总裁办、人力资源、项目、成本、采供等重点业务部门负责人任管委会成员。管委会成员年初要就各自全年工作进行述职，共同商议和部署全年工作。每周六召开管委会工作例会，交流当前工作，就涉及人、财、物等重大事项和需要解决的问题提交讨论决策。项目招投标、合同签订、物资采供等重要事项由管委会成员通过公司 OA 平台实行会审和会签。

（2）党委与行政一起研究出台考核办法，强化对项目建设的管理和支持。实行重点项目、重要工程联系蹲点制度。党组织书记、管委会成员分工联系重点项目，签订目标责任状。

(3) 党委牵头，研究出台《服务跟进式督查督办工作管理办法》。由党办、人力资源、总裁办牵头，成立督办小组，对各条线工作进行督办式跟踪管理，按照时间节点和工作要求，采取面对面逐项逐条过堂督办，强力推进项目建设和质量安全管理。

(二) 风雨同行，助聚人心，助攻难关，解决发展难题

党建工作始终围绕企业生产经营中心，特别是推动项目的进展方面做好保障，解决问题。

1. 实施项目支部工程

创新“项目+支部+党员”模式，做到“工程项目拓展到哪里，党组织建立在哪里，党建工作就做到哪里，党组织、党员的作用就发挥到哪里”。通过派驻党代表、组建临时党支部、成立党员突击队（攻关小组）等方式，发挥党员和党组织在项目一线攻坚克难、创先争优、保驾护航等方面的突出作用。先后与西安沣东中学、安徽材料工程学校、石家庄融创地产等一批一线项目商联合成立了临时党支部和“党员突击队”，带头完成急、难、险、重任务，真正把党组织的战斗堡垒作用和党员的先锋模范作用转化为攻坚克难、助推工程建设的动力和力量。在格力电器项目部、安徽博望中学项目部，“把党旗插在工地上”，以党的建设引领项目建设，项目顺利推进得到了建设方格力董事长董明珠的充分肯定。

同时，到项目一线协调解决纠纷和问题，帮助协调处理与地方政府和部门之间的工作关系，推进工程项目按计划顺利实施。协同行政部门做好一线职工的思想政治工作，强化施工现场的安全生产、文明施工宣传教育，确保项目又好又快完成。

2. 实施党员争先工程

设立23个党员先锋岗、2个红旗责任区，上墙公示，接受监督。坚持新技术新知识优先组织党员学习、重要岗位和重要工作任务优先安排党员承担、先进评选同等条件下优先考虑表现突出的党员，每年优秀员工评选中党员占80%以上。切实增强了党员的自豪感、荣誉感。全面开展党员“三争三亮（争当管理能手、争当经营能手、争当技术能手，亮身份、亮承诺、亮形象）”活动，引导党员创先争优、爱岗奉献。

3. 实施人才强企工程

坚持引进和培养相结合，努力为员工提升技能、成长成才搭建平台。集团常年聘请 PPP 项目专家张大平教授、清华大学王守清教授等一批专家作为企业的发展顾问，并与上海交通大学、东南大学等院校结成人才培养战略合作伙伴关系，每年投入近百万元用于员工培训，在集团党委的支持下，党员和职工自学上进蔚然成风。公司党委正在制定新一轮人才培养计划，努力为员工提供培训学习机会，与相关院校合作建立培养基地，根据发展需求提供“订单式”专业人才培训和定制。

（三）同向发力，助建文化，助兴人才，汇聚发展力量

坚持党建工作与经营管理同频共振、互融共进。集团党委全年的工作、活动都紧紧围绕生产经营来开展。支部活动与业务学习、工作交流有机结合，尽可能地把党内活动开展到项目和工程一线。

一是加强廉政文化建设。实施廉政谈话制度，新员工入职，特别是项目经理、关键岗位人员入职前要履行廉政谈话，签订廉政建设责任书，通过经常性的教育和引导，把好思想政治关口，为项目建设顺利推进保驾护航。

二是深化企业文化内涵。通过多种形式的学习和灌输，把“做好每个细节”的工作要求以及“做人、做事、做品牌”的企业文化理念深深植根于每个员工的心灵和思想深处。

三是强化党建阵地建设。在每个项目部阵地上，以“外塑形象、内强管理”为项目文化建设目标，从党建园地、项目驻地文化、施工现场安全文化、职工文化生活、廉政文化等多个方面打造标准化企业文化示范点。近年来，通过标准化的项目驻地、生活办公场地和工地文化建设，很好地展示了集团公司党建文化理念和企业文化品牌。

四是实施关爱激励制度。开展形象激励、荣誉激励、物质激励、培训激励、关爱激励，建立“四必谈、四必访”制度（党员过政治生日必谈、党员岗位调整必谈、党员情绪波动必谈、党员有苗头性倾向性问题时必谈。党员病假住院必访、党员家庭发生重大变故必访、党员婚嫁或丧事必访、困难党员家庭春节前必访），重点发展关键岗位和一线优秀员工入党，把优秀党组织、优秀党员的评选作为重要部分纳入年度考核表彰，有效增强了党员职工的荣誉感和责任感。

（四）双向同赢，助添活力，助能增值，营造发展优势

近年来，通过党建搭台，集团党委先后与江苏银行、工商银行等多家单位、多个方面达成联创共建协议，既延伸和拓展了党建工作内涵，增强了党建工作活力，又为企业的发展营造了良好的环境。

同时，党建工作的成果也为企业经营加油鼓劲，在项目招投标环节，党委建制能加3分，这在招投标中是一个很高的增值。

近年来，他们按照“六有标准”，新建了1000平方米党员组织生活馆，由“六室一堂”即书记工作室、党建专题室、党员议事室、党员活动室、廉政警示室、远程电教室、先锋讲堂，以及党史长廊组成。制作了党建工作展板，展示企业发展理念，探索非公企业党建发展之路。拍摄制作党建宣传专题片，并通过公司大数据中心、远程电教、微信公众号和手机App等媒介，开展党建活动，推动党建工作信息化、智慧化。

第四节　党建做深：凝心聚力促发展

一、方略：做好“企业党建＋企业文化”的文章

企业党建和企业文化同属于思想意识形态领域，两者服务的对象都是人，两者的目的都是推进和保障企业持续健康高效发展。因此，将企业党建和企业文化建设同时抓、合力抓就能做到优势叠加，达到事半功倍的效果。

（一）坚持将党建文化作为企业文化的核心和龙头

将党的指导思想、宗旨、优良传统作风融入企业文化中，为企业文化正确方向提供思想保证。党组织将抓好文化作为自身的职责和关键业务，当好企业文化建设的设计者和推进者。积极完善以党、政、工、青、妇为主体的组织网络，形成董事长主导、党组织和党委书记主抓、班子成员主动、职能部门主上、一线部门主推、全体员工为主体的“六主”责任联动模式。

（二）以社会主义核心价值观为遵循，确立以企业创新、担当、奉献为基本的价值取向

建立能体现社会主义核心价值观的企业核心价值观，进一步端正经营理

念，调整经营行为，从以生产经营为中心转向以服务用户为中心，从以利润积累为中心转向以价值创造为中心，从以企业为中心转向以全局一盘棋为中心，并将价值观灌输到每个企业员工心中，渗透到生产经营各个环节，力促企业做强做大、可持续发展。

（三）在文化中植入红色基因，激活企业发展动力

弘扬“渡江东线第一帆精神”，学习民族实业家刘国钧创业的宽广情怀和执着追求，“不忘初心、牢记使命”，把爱党爱国落实到具体行动上。以政治坚定性投身伟大工程，以事业忠诚度创新工作特色，以工作责任感全面依法依规治企。运用广大党员、员工喜闻乐见的形式引导他们在机遇和挑战面前提振精气神，强信心攻难关，心往一处想、劲往一处使，共建家园、共创事业、共享幸福。持续推进企业转型升级、高质量发展。

（四）将思想政治工作与企业发展实际相结合

大体是五种形式、五种方法。五种形式：群专结合，系统网络式；宣传形式，正面灌输式；协调关系，疏通引导式；感情投资，精神鼓励式；党政工团，全面参与式。五种方法：批评与自我批评相结合；解决思想问题与解决实际问题相结合；以情感人与以理服人相结合；集中教育与经常性思想工作相结合；坚持正面教育与依靠群众自我教育相结合，把企业职工培养成爱岗敬业的新时代奋斗者。

二、案例：互感器厂——以党建带文化、促工建

江苏靖江互感器股份有限公司党总支下设三个党支部（管理党支部、中压党支部、高压党支部），现有正式党员51人。他们深谙党建强则企业强的道理，紧密结合实际，不断探索实践，创建了抓好党建工作，带动企业文化建设，促进工会建设的模式，有力推动了企业高质量发展。企业文化获得“江苏省企业文化成果奖”，工会获得“党工共建示范工会”荣誉。

（一）围绕政治引领平台，扎实抓好职工思想道德建设

（1）围绕“守初心、担使命、找差距、抓落实”总体要求，组织开展“不忘初心、牢记使命”主题教育。通过每日一刻集中学，每日睡前自觉学，每日一卷见成效的形式，阅读《习近平新时代中国特色社会主义思想学习纲

要》和《习近平关于“不忘初心、牢记使命”论述摘编》两本书，并深刻理解其思想内涵、精髓实质，认真做好笔记，撰写心得感悟，并将应知应会内容口袋书随身携带，及时消化，入心入脑。组织开展“四重四亮”主题党日活动，让每个党员重读入党志愿，重问入党初心，重忆入党经历，重温入党誓词，从而更加坚定跟党走的信念。组织开展“三学”活动，分别组织全体党员学习周恩来鞠躬尽瘁、朴素清廉、全心全意为人民服务的公仆精神；学习赵亚夫艰苦奋斗、敬业实干、开拓创新的忘我精神；学习王继才扎根荒岛、守岛护国、舍小家为大家的奉献精神。

（2）围绕“三新一高”（新理念、新知识、新技能、高素养），开展丰富多彩的新时代文明实践活动。组织开展“奋斗的你最美丽”文化主题培训月活动，把“幸福小屋”内的企业文化与党建品牌有机结合，针对“以人为本、和合共赢、客户员工、知行合一、尚德守信”等十个主题，分别由各事业部相关负责人授课，与员工一起分享。通过培训，帮助员工树立企业就是我的“衣食父母”“生存依赖”的思想，树立“企业兴旺我光荣，企业衰败我耻辱”的主人翁思想，让职工形成强烈的归属感，使大家心往一处想，劲往一处使，为企业建功立业。同时让职工真正理解幸福是奋斗出来的，只有奋斗才能幸福。推行“发现”文化月活动，通过员工“随手拍”去发现工作中的闪光点，并剪辑成视频在公司电子显示屏滚动展示，让身边的典型发扬光大，让员工的付出得到认可，让他们感到发自内心的自豪。深入开展创先争优活动，结合创建“党员示范岗”和“工人先锋号”，开展多种形式的专业技术培训和岗位练兵，培养党员职工“一工多能、一人多用”，对技术过硬的党员职工给予相应的物质奖励；对脱颖而出的标兵实施物质和精神双重奖励，并作为评选“优秀党员”和“文明职工”的必要条件。以培育和践行社会主义核心价值观为宗旨，举办“听党话、跟党走”职工大讲堂，做到“人人当讲师、个个当听众”，分享他们的工作心得、成长故事，树立“员工有信仰、党员有力量、企业有希望”的企业精神。

（二）围绕阵地建设平台，对照“六有”标准，扎实抓好“三到位”（基础设施到位、组织管理到位、活动经费到位）

（1）盘活用好公司各类硬件资源，抓好各个支部活动室、职工书屋、样品陈列室、职工篮球场、党群服务中心、职工（维权）服务中心、青年（志愿者）服务中心、女职工服务中心等硬件基础设施建设。此外，每年投入至少50万元经费用于各类活动开展及设施补充和维护。

（2）积极探索工会组织“会、站、家”一体化建设新路径。坚持组织设置一体化。“会、站、家”一体化，即以依法建会为基础，以创办职工服务站为抓手，以建设“职工之家”为目标，三者有机统一；整合工会人力、财力、阵地等资源，提升服务能力，为职工提供权益维护、帮扶救助、休闲娱乐、志愿服务、科普教育等综合一体化服务。坚持阵地建设一体化。按照统筹安排、综合利用、资源共享的原则，推动阵地建设一体化，将党建、工、青、妇、职工维权、志愿者之家等活动场所整合为一块综合性阵地，实行共建共用、一室多用，建成学习、教育、服务、咨询、活动“五位一体”的多功能平台。坚持活动载体一体化。在活动内容上互相融合，形式上优势互补，工作上形成合力，形成联系职工、服务职工的长效机制和载体，全面提高工会整体水平。

（三）围绕创新创业平台，扎实抓好各类技能培训、劳动竞赛、技能比武

（1）开展科学技术创新。充分利用创新创业平台，成立“技能大师工作室”，组织专业技能大师培育团队，对公司传统生产线进行全面技术改造，以“精工制造、精准控制、精益生产”为核心目标，全面提升车间生产效率。如他们的产线电流互感器、电压互感器实现节拍式生产，由原来的7天交付缩短为4天，生产效率提高20%以上。不断改进现有生产工艺，有效管控“质量、成本、交期”。加大研发队伍培养，用好“博士后工作站”“院士工作站”等平台，通过多种方式了解行业前沿技术，制定技术研发关键绩效指标，目前拥有专利58件，其中发明专利16件，实用新型专利42件，为公司新的经济增长点提供充分保障，不断提升企业核心竞争力。

（2）开展全员劳动竞赛活动。以“增产增收”为目标，开展“比、学、赶、帮、超”劳动竞赛活动，调动一线职工多劳多得积极性，以满负荷、高效率生产确保达到“车间增产值、职工增收入”的竞赛实效。

（3）弘扬劳模工匠精神。组织开展“双培双带、结对同行”党员带职工、标兵带新徒签约拜师活动。设置劳模创新工作室，推动工作室成员对企业生产工艺、产品研发、设备技改给予技术支持。

（4）创新企业管理模式。公司贯彻“客户至上、与客户共成长”经营理念，做到管理规范化；通过推行“阿米巴管理”模式，细化成本核算，做到透明化管理；通过协同比赛、创新改善等，做到管理精细化，不断优化过程管理，提升了公司竞争力。

（四）围绕关心关爱平台，扎实抓好精准扶贫、职工维权、职工福利

（1）深入推进“要约协商制”。组织开好职工代表大会、女职工恳谈会，切实发挥职工代表作用，动员广大职工积极参与企业民主管理，不断建立和完善平等协商制度，从源头上切实维护职工的劳动经济权益。

（2）依靠职工优化制度建设。一是坚持职工大会和厂务公开制度，以“三承诺、三公开、三评议”活动为载体，推进厂务公开民主管理。二是开展征求合理化建议活动，广泛征求职工对各项工作的意见和建议。三是积极推行集体合同和劳动合同制度，建立有效的监督机制，切实保证职工的合法权益。四是坚持把职工关心的热点难点作为平等协商的重点，并在协商中解决问题。

（3）建好“五家”建设阵地。将惠民实事作为工会组织常态化工作，切实抓好落实。一是冬送温暖夏送清凉，建设“温馨”之家。建立并完善“五必访”工作，企业视员工为家人，员工视企业为家。二是倾听职工意见，建设“规范”之家，充分发挥职代会作用，健全职工代表提案落实制度、突出职工主人翁地位。三是科技引领创新，建设“发展”之家。大力开展职工创新创效工作，不断擦亮巾帼建功、工人先锋号等活动品牌。四是夯实安全生产根基，建设“安康”之家。深入开展“安康杯”竞赛活动、“安全生产万里行”活动，为全国、省、市提供了活动现场。五是丰富员工业余生活，建设“和谐”之家。先后组织开展了“岗位·职责”演讲比赛、“党知在心中”知识竞赛、“迎春杯”职工篮球赛、标兵 PK 赛等，丰富智力，促进健身，创出了特色。

第五节　党建做优：锻造激发企业发展动力的“红色引擎”

一、方略：建立健全非公有制企业党建工作机制

非公有制经济是我国经济体系中一项不可或缺的重要组成部分。做优做好非公有制企业党建，对于保障疫情防控常态化和企业长期稳健发展，具有极为重要的现实意义。做优做好非公有制企业党建，提升企业可持续发展能力，应遵循新时代党的建设总体要求，践行党建促发展的主导战略，坚持以人为本、和谐共赢的理念，建立健全非公企业党建工作机制，实行规范化、科学化、标准化管理，以增强党组织的凝聚力、战斗力、创造力。

（一）建立健全非公有制企业党建定位定责机制

党章规定，非公有制经济组织中党的基层组织，贯彻党的方针政策，引导和监督企业遵守国家的法律法规，领导工会、共青团等群团组织，团结凝聚职工群众，维护各方的合法权益，促进企业健康发展。因此，非公有制企业应始终坚持将党建作为企业发展动力的“红色引擎”，把党的领导贯穿公司治理全过程。一是在顶层设计上强化党的领导。明确党组织在企业法人治理结构中的法定地位，将党建工作写入公司章程，将促进企业发展作为党建的出发点和落脚点。二是在重大决策上体现党的领导。完善党组织专题会议制度，严格执行党组织前置研究讨论重大事项程序，切实落实党组织对重大事项决策的参与权、把关权、监督权。三是在机制上保障党的领导。制定内部检查制度，完善效能监督，实行清单化管理；充分发挥工会、共青团等群团组织的积极作用，确保党组织决策部署落到实处。从而真正使非公有制企业党组织做到有位不缺位、有权不越权、有责不失责。

（二）建立健全非公有制企业党建工作管理机制

从联建联用出发，把党建工作管理纳入企业治理体系之中，推进党建工作与经营管理有机衔接。一是严格落实“三会一课”、组织生活会、民主评议会、月赛季评年考核等制度。创新党课模式，将固定课堂变为情景现场，让党课“活”起来；把学习党史作为党员教育的必修课、常修课，从党史中汲取智慧

和力量；在理论教育中融入红色基因，激活党员的细胞，筑牢战斗堡垒。认真开好组织生活会，坚持问题导向、战斗力导向、目标任务导向，对照中共中央《关于新形势下党内政治生活的若干准则》找差距、挖根子，积极开展批评和自我批评，力戒表面化、形式化、庸俗化。根据中共中央办公厅《关于推进“两学一做”学习教育常态化制度化的意见》，健全完善党组织主题党日制度，灵活多样开展主题党日活动，促进党组织做到讲政治、讲团结、讲学习、讲担当，促进党员做到政治合格、执行纪律合格、品德合格、发挥作用合格。积极慎重发展党员，严格按照党员发展标准和程序，把好“入口关”，做到成熟一个发展一个，不断充实党的新鲜血液，提高党员在职工中的占比。二是创新“互联网＋党建”，建立智慧管理系统。运用现代管理手段，提高党建工作台账的登载效率；组织生活与党员组织活动，实行线上线下记事资料互认制度，努力克服党建管理内容多、要求高、人手少的问题。三是按照党员活动阵地“六有”标准（有场所、有设施、有标志、有党旗、有书报、有制度）布置党员活动室。在党员活动室内，设有党史、党组织建设架构、党务公开栏、党员创先争优栏等。在布置党员活动室的同时，布置企业发展史与企业文化建设历程展览室，以方便对党员职工的教育管理。四是扎实有效开展“创先争优”活动。将开展“创先争优（创建先进党支部、争做优秀党员）”活动与开展党建工作“评星晋级，争创‘双强’（党建强、发展强）”活动结合起来，与开展“争先创优”（工作领先、服务领先、业绩领先，学习优、作风优、素质优）的人才重点培养工作结合起来，与党建工作升级规划结合起来，做到统一部署、统一要求、统一管理、统一考核，着力把党组织建设成红色堡垒，把党员培养成先锋战士。

（三）建立健全非公有制企业党建与经营融合机制

（1）党政领导干部任职有为交叉。坚持“双向进入”“交叉任职”，党组织书记、董事长“一肩挑”，履行第一责任；副书记履行重要领导责任；党组织成员大多由分管公司综合管理及经营业务的副总担任，履行“一岗双责”。聚焦企业的热点、重点、难点问题，形成职责清晰、党政同心、同频共振的工作格局，达到党政领导责任互融、党建工作与生产经营互促的目标。

（2）党建工作安排与经营活动部署有效对接。坚持经营管理活动部署到哪里，企业党建工作就延伸到哪里，党旗就插到哪里；将党小组前移到项目建设、生产运转、市场营销的最前沿，明确党小组“抓安全、抓质量、抓工期、抓造价、抓交期、抓市场”等职责，做到关键岗位有党员领、关键工序有党员盯、关键环节有党员扛、关键问题有党员解，全力保障项目推进、生产运营稳定、市场业绩增长。

（3）将开展“创先争优”活动与开展比学赶超竞赛活动有机结合。以“创先争优”为载体，紧紧围绕企业实际，有计划地开展“我是党员我带头”“我为企业解难题”“我为党旗争光辉”等主题活动。设立“流水一线”“智能前线”“销售战线”“管理干线”等赛区，在重点岗位设立党员示范岗、党员责任区、工人先锋号，大力选树和宣传先进典型，“一个党员一面旗”，“一个支部一堡垒”，以正面促带动、以典型促提升，致力形成“示范奋进新时代”“创新助力高质量”的干事创业氛围。

（4）思想教育和业务培训有的放矢。针对党员职工思想状况和企业发展实际，确定培训教育课题，在企业发展、革新技术等方面嵌入“红色引擎”，积极开展职工技能大赛，促进提高党员职工的整体素质与能力。

（5）政工干部和经营干部之间有序交流。让政工干部掌握企业生产经营流程，让经营干部了解企业党建内容，把党员干部培养成业务骨干，把业务骨干培养成党员，进而促进党建工作与生产经营的有效融合。

（四）建立健全非公有制企业党建联建机制

从建设企业和谐邻里关系、促进合作共赢出发，将封闭的党建向开放的党建转变，企业党组织积极主动与所在村（居委），与同行企业、与金融、税务、供电等部门组织共建，实行组织共建、阵地共用、活动共办、资源共享、工作共推，努力实现新冠肺炎疫情防控和企业经济发展双推进、双胜利。

（五）建立健全非公有制企业党建文化引领企业文化建设机制

企业党建与企业文化的服务的对象都是人，两者的目的都是推进和保障企业持续健康高效发展。党建文化是企业文化的基础、底色，企业文化是党建文化的具体体现，两者互相促进，互相补充。应把企业文化建设作为党组织自身的重要职责和关键业务，当好企业文化建设的设计者和推动者，既拓展党建工作有内涵，又落实企业文化有人抓。坚持将“信仰、组织、制度、实践”这一党建文化作为企业文化的核心、龙头，保障企业文化方向正确、根基牢靠；坚持以社会主义核心价值观为遵循，确立以企业创新、担当、奉献为基本的价值取向，树立以人为本、顾客至上、不断创新的价值观。坚持在企业文化中植入“红色基因”，用好红色资源，讲好红色故事；结合党史学习教育，读懂红色基因内涵；创新红色教育方式，传承红色基因，让共产党信仰的种子、精神的谱系、制胜的法宝等渗进血液，浸入心扉。在机遇和挑战面前，“不忘初心、牢记使命”，提振精气神，奋力攻难关，持续推进企业转型升级与高质量发展。

（六）建立健全非公有制企业党建工作绩效评价机制

实行考核评议是有效推进党建工作的一项重要举措。应根据上级党委颁发的党建工作考核标准，结合企业实际情况，科学制定企业自身党建工作自测评议条例，实行量化测评。自测评议体系一般是“五个维度”的“五考五看”，即考核执行制度情况，看基础工作实不实；考核落实重点党建工作情况，看作用发挥强不强；考核完成生产经营任务情况，看中心工作优不优；考核自身作风建设情况，看工作作风实不实；考核党员的口碑与形象情况，看员工评议党员红不红。同时，建立和推进“三查三挂”综合考核制度（月度绩效抽查、半年专项检查、年终综合考查，考评结果与年度考核挂钩，与评先争优挂钩，与干部任用挂钩）。对获得上级党组织表彰的进行权重加计，对于违纪行为发生的实行评先争优“一票否决”。在明确党建工作自测评议标准的同时，掌握党建工作的评价方法。其评价方法主要包括问卷调查、访问座谈、资料查阅等。党建自测评议总体遵循“四个结合”的原则，一是定性和定量相结合，提供评价的可靠依据；二是主观评价和客观评价相结合，揭示党建工作真实状态；三是自评和他评相结合，力求客观公正；四是党组织和基层党员评价相结合，找出现实与标准的差距，明确今后改进方向和工作重点。从而形成责任靠制度落实、工作靠制度推动、行为靠制度约束、成效靠制度保证的工作格局，有效推动企业党组织的主体责任、党组织书记第一责任的落地，把企业党建工作提高到一个新水平。

二、案例：华宇电力——将党建优势转化成企业跨越发展优势

江苏华宇电力发展有限公司是一个专业生产各类高低压开关柜的私营企

业，是江苏省“两学一做”试点单位。现有职工93人，其中党员14人，占员工总数的15%；发展对象2人，入党积极分子3人，各部门、各车间、各重要岗位都由一部分党员或入党积极分子担任。该公司党支部树立“党建强、企业强”的理念，充分发挥党组织在企业职工群众中的政治核心作用、在企业发展中的引领作用，着力将党建优势转化成企业跨越发展优势，取得了令人瞩目的好成绩。公司从2015年年产值2000多万元，纳税80多万元，上升到2021年开票销售5.2亿元，纳税2000余万元，固定资产2亿元，所有指标都超过2015年各项指标的15倍。

（一）成立党支部，探索私营企业发展道路

2002年，公司董事长高洪兴筹资5万元，带领4名员工办起了江苏华宇电力发展有限公司（前身为靖江华宇电器设备厂）。企业成立的前几年，大家凭着一股热情和兄弟意气，取得了不小成绩，有了一定发展。随着时间的推移，企业规模变大，人员变多，经营范围变广，私营企业的弊端日益显露，矛盾、困难接踵而至。在利益面前，一些人你争我斗，无心跑业务；员工情绪低落，精神不振，原来艰苦创业的精神和干劲消失了。辛辛苦苦办起来的企业遇到了“五难”，即业务难订、资金难筹、技术难解、量难保，特别是人心难聚，缺乏精气神。企业面临第一次危机，宛如大海中的一叶小舟，漂泊不定，迷失方向，随时都有倾覆的危险，公司生存发展遇到了瓶颈。怎么办？高洪兴冷静思索，如何在正确的思想引领下，大家目标一致，齐心协力，艰苦创业，多个方案都被否定。最后他想到他们有5名党员，党性强、事业心强，他们是值得依赖和依靠的骨干，于是决定成立党支部。经过半年准备，于2007年华宇电力公司正式成立党支部，董事长高洪兴兼任党支部书记，并聘请一名镇政府退二线的老同志专职分管党建工作。从此在组织建制上保障了企业党建工作有人负主体责任，有人抓具体工作。

（二）建设党支部，打牢私营企业根基

党支部成立后，首先统一思想，确立抓发展必须抓党建、抓党建就是抓发展的理念；理清抓发展与抓党建的关系，坚持以党建工作作为抓好发展的支撑和保证，以企业发展作为抓好党建的目的和归宿。同时，针对公司团队精神不振、管理松散、困难重重的实际情况，在“四抓”上花功夫、下气力。

1. 抓调整，优化结构

党支部成立初期，公司5名党员虽然素养好，但年龄偏大，缺乏企业管理知识。面对这一情况，公司首先将销售、管理、技术等一线关键岗位上最优秀的年轻同志发展到党组织中，并重点培养和大胆起用。经过几年努力，公司党员的平均年龄由原来的61岁降到现在的35岁，平均文化程度由原来的初中水平不到，提升到现在的大专以上。党员分布，由原来单一的一线操作工调整到现在覆盖各部门、各重要岗位和生产一线，使公司充满了生机和活力。

2. 抓学习，提振精神

精神和信仰，是每个人内心最大的力量和难以摧垮的意志。穷，不仅指物质，更含精神；弱，不仅指体魄，也含内心。公司要发展，必须弘扬正气，充满精、气、神。公司从实际出发，从抓学习教育入手，以“六爱（爱党、爱国、爱公司、爱家庭、爱自己、爱同事)”教育为载体，组织党员、骨干带头学习“六爱”，建立党员联系户，互帮互学，共同进步。经过几个月时间的努力，“六爱”教育的内容得到不断充实，党员、员工学习“六爱”、践行“六爱”蔚然成风。党员带头弘扬正气，管好自己，做好榜样；员工做到努力学习，靠拢组织，争做先进。随着“六爱”教育的深入推进，每位党员职工都渴望进步，内心充满了克服困难的信心和勇气，公司处处充满正气和活力，比学赶帮超的动人情景随处可见。自党支部成立以来，公司及员工没有发生过一起违法乱纪事件；先后有15人次受到市级及以上部门的表彰和奖励，优秀党员、五一劳动奖章等荣誉获得屡见不鲜，为公司快速发展夯实了基础。

3. 抓投入，建设阵地

党支部成立后，他们又先后成立了工会、妇联、共青团等群团组织，使每个员工都有自己相应的组织。公司前后投入60多万元，购买、收集了一万多册各类书籍，以及各类健身器材、体育用品、投影设备、配套设备等；建起了“三室一中心”，即支部活动室、电教培训室、职工阅览室和员工文体活动中心，以各种健康向上的娱乐活动，陶冶员工的情操。同时，公司每年还花费一定的资金，组织党员、建党对象和员工积极分子外出参观学习，先后组织参观了周恩来故居、沙家浜、茅山革命纪念馆、黄桥新四军纪念馆、古田会议纪念馆、南湖纪念馆等爱国主义教育基地。每年组织共青团员祭扫革命烈士墓。公司还以党支部活动为载体，每当国家发生重大灾难和突发事件、公司员工及周边群众家庭遇有困难，就积极组织党员，带领全体员工进行募捐和帮扶。从汶川地震到新冠肺炎疫情，公司共组织党员、职工捐资8次，捐物6次，金额达120余万元。2020年公司党支部一次性向红十字会和马桥镇捐资50万元用于抗疫。公司党支部还先后资助贫困学生12名，解决了20多名贫困户家属或子女和30多名残疾人的就业问题。这些活动的开展，树起了公司形象，赢得了社会广泛赞誉。

4. 抓激励，增添动力

党支部每年都认真摸排，对年轻、文化程度高、技术水平高、基本素养好的员工优先进行培训，将他们分成批次，邀请参加党支部活动，让他们接近组织，了解组织。据统计，公司自成立以来已提拔8名党员、预备党员、入党积极分子到公司的重要岗位或部门任职，现在他们都干得有声有色，成绩显著。真正做到常树党员形象，常开党支部大门，现在积极要求入党的人很多，特别是年轻、文化程度高的员工。公司党员队伍的结构越来越合理，素质、层次越来越高，发挥的作用也越来越大。

（三）依靠党支部，加快私营企业发展

他们成立党支部的初衷，就是解决私营企业发展过程中的困难，加快发展企业。围绕这一目标，他们突出知行合一，每年通过开展各项活动，把党员先锋模范作用发挥在日常工作中。一是公司党支部广纳良言，每年开展“我为公司献良策”活动。围绕公司发展、支部建设，以及产品开发、市场营销、内部管理等方面，以党员为先导，中层以上干部为骨干，全体员工为主体，请大家献计献策。十几年来，支部共收到各类建议200多条，其中价值很高的有40多条，成为公司中长期发展决策的重要参考材料；有20多人因献策内容价值高，受到了公司的表彰和奖励。二是每位党员勇于担当，践行党员承诺书。在私营企业中，党员的先锋模范作用究竟如何体现？他们的体会是，体现在不同于普通员工的更大责任和更多担当中。2015年以来，公司党员每年都要做出书面承诺。支部书记在大会上，带头承诺全面负责抓好企业各项重点工作的落实。公司总经理承诺包括本年度公司实现产值、销售、纳税、技改、安全以及员工平均工资福利等指标与增幅在内的内容。每位党员承诺在自己的岗位上干什么、干多少。公司从党员干部到普通党员，人人承诺，以数据说话，不花哨，定期自我对照，并让员工评价、打分、监督，年终党政联合进行考核。另外，党支部还开展结对帮扶和党员先锋岗活动。在党支部的带领下，工会、妇联、共青团积极开展活动，整个公司气氛活跃，充满正能量，为公司快速发展装上了推进器，增添了取之不竭的动力。公司规划，在今后五年内再造一个华宇，党支部将进一步发挥自身的战斗堡垒作用，以促进和保障这一奋斗目标的实现。

第十五章

企业文化

企业文化是企业长青的命脉与支撑。企业文化回答的不是是什么，而是为什么。资源是会枯竭的，唯有文化才会源远流长。“人类因梦想而伟大”，企业因文化而繁荣。企业文化既是员工的“黏合剂”，又是消费者的“兴奋点”。企业文化与经营理念一样，也必须由企业经营负责人亲自倡导、培育、提升，企业文化的落地和执行必须由全体员工认同和参与，其中企业中层干部是关键环节。一个企业的文化，都经历着自发形成→主动设计→文化管理→文化自觉的阶段。要增强文化自觉与自信，以党建引领企业文化，不断注入新的文化元素，为企业培根铸魂。坚持以人为本，打造共创共享文化，从结果导向转向愿景导向，使文化内化于心、外化于行，彰显文化落地而产生的信仰力量。定期总结，对标找差，提炼更具特色的文化价值理念，以企业精神催发新的闪光点。遵循古为今用、洋为中用的方针，学习世界上成功企业的先进文化，不断丰富企业文化内涵，让工匠精神发扬光大。克服“两张皮”现象，实行文化与生产经营、价值理念与企业发展的有机融合，以文化的软实力提升企业的硬实力。按照循序渐进、不断进阶的策略，打造企业文化升级版，力推企业文化与时代发展同步共进，与企业做强同频共振，从而推进企业在经济大潮中“浪遏飞舟、直济沧海”。

第一节　文化建设的本质要求：将文化力转化为生产力

一、方略：核心价值理念与企业发展有机结合

党的十八大对社会主义核心价值观从国家、社会、个人三个层面作了深刻阐述，这为企业建立和培育核心价值理念确定了行为指南，明确了价值尺度。企业核心价值理念是企业文化的核心与灵魂，是判断企业运行大是大非的标准，是全体员工必须遵守的准则。核心价值理念一般包括创新发展、战略制

胜、追求卓越、以人为本、诚实守信、合作共赢等。这既是文化软实力，也是文化的具体体现。但核心价值理念又必须与企业发展实际有机结合，才能使企业文化落地生根，释放和凝聚更多新发展的正能量。

（一）以创新发展理念，推进产业结构优化

创新发展是企业结构优化的动力源泉，而产业结构优化则是创新发展的载体；创新发展理念推动结构优化，而结构优化又促进创新发展理念不断深化。两者相辅相成、相互促进。因此，要以改革求变的观念加快转变经济发展方式。把发展的立足点切实转到提高质量和效益上来，走生态环境与经济发展共赢之路，努力实现由依靠投资拉动、增加物质资源消耗的规模扩能发展向依靠创新驱动、管理提升和劳动者素质提高的质量效益型发展转变；从“重视硬实力提升”向“软硬实力并重提升”转变；从“自我为战”向“构建产业技术创新链”转变。以标新立异的意识推进结构调整。任何产业没有好差之分，只有产业链高低端之分。将结构调整作为企业转变发展方式的主攻方向，将调高、调新、调轻、调优作为结构调整的主要目标。在调整结构中，统筹兼顾，防止顾此失彼。既选上新兴产业项目，也改造传统产业；既开发新产品，也提升原有产品水平。新产品开发要从“以高新技术为导向”转向“以市场为导向”，使新产品既有科技含量，更有市场价值。把搞好产学研合作作为加快提高自主研发能力的重要途径，着力向“高精尖”发展。把技术创新和市场开发作为搞好结构调整的重点，实现差异发展、均衡发展、高效发展。以因时而变的思维促进产业升级。产业升级应当与当今迅速发展的信息化、数字化、网络化、智能化要求相适应，走科技含量高、经济效益好、资源消耗低、环境污染少、可持续发展的道路。围绕建设智慧型产业、智慧型企业，大搞技术创新、管理创新和制度创新，提高自主创新水平，建设自主品牌，由中低端产业链向高端产业链升级。

（二）以战略制胜理念，推进管理不断进步

生产经营管理实践是价值理念的土壤，只有将价值理念持续根植于企业发展战略以及市场、产品、服务之中，才能形成新的优势。海尔张瑞敏说得好：只有时代的企业，没有成功的企业。意思是说，成功的企业，只不过是跟上了时代的节拍，但不可能永远踏准时代的节拍，所以要不断地否定自我，进行自

我批评，摒弃那些不合时宜的思想和方法，确立与时俱进的新理念、新思维，实行新的战略调整。海尔在激烈市场竞争中适时而变，调整经营管理战略，改垂直式管理为扁平化管理，将8万人的庞大机构划分为2000多个自主经营体，让企业全体员工参与市场竞争、研究市场竞争、承担市场竞争，使企业与市场距离越来越近，与用户接触越来越广，与竞争对手越战越强，创造了震撼经济界与学术界的“人单合一双赢”模式。“人”即员工；“单”即用户；“合一”就是把每个员工和他的客户连接起来；“双赢”即员工为用户创造最大价值的同时获得自己的价值。他们认为，当一个战略取胜之后，必须马上根据变化了的新情况，再制定出一个新的战略来替代原有战略，形成新的战略优势，不断地把这个“瞬间竞争优势”连接起来，就能长久制胜。海尔最近又提出颠覆系统，即因时而变，重构互联网时代具有国际性、时代性的新文化。因此，我们要向海尔学习，实行破坏性创新，做一个领先企业，而不做“跑步机型的企业”。因为老是在跑步机上，尽管速度非常快，跑的距离很长，但只是在仪表上显示，只要跑步机一停，还是在原地，长此下去，就会被淘汰。江苏省现代经营管理研究会新编的《现代经营管理大法》，将现代经营理论与方法融为一体，是企业调整经营方略、创新管理方法、赢得竞争优势的一本最好教材，我们把它学到手、用到位，必定大有收益。

（三）以追求卓越理念，推进品牌竞争力提升

品牌是企业综合实力的象征，也是企业家的影子。而品牌对大多数企业来说仍是个短板，这也是中国是制造大国而不是制造强国的一个根本原因。中国梦的主要内涵是强国富民，作为国家经济主体的企业，应该把打造具有国内外一流水平的品牌作为企业发展愿景，作为做强、做大企业的重要载体。在指导思想上，把服务客户、精准求实、诚信共享、创新创优的文化理念融入品牌，赋予品牌鲜明的文化内涵，使文化有效地转化为企业品牌资源，打造出消费者认可、具有市场竞争优势的知名品牌，逐步扩大国内外市场的影响力。在品牌建设中，加强对员工的“厂子、牌子、饭碗子”教育，倡导尊重品牌、尊重业绩、尊重为发展作出贡献的人。加强质量文化建设，牢固树立质量是企业生命的理念，建立和完善质量管理体系，全面实施精细化质量管理，并通过融入先进工艺、技术，提高产品的质量和档次，提高产品竞争力。加强知识产权的创造和保护，拥有省、国家乃至国外的著名品牌

和商标，争取牵头或参与国内外行业标准制定，以获得市场主动权和话语权。从而为企业求得更好的发展，为客户创造更丰厚的价值，为员工谋取更多的利益，为社会作出更大的贡献。

（四）以敬天爱人理念，推进企业生态文明建设

“敬天爱人”是日本著名企业家稻盛和夫的经营理念。所谓“敬天”，就是尊重事物发展的规律；所谓“爱人”，就是把人视作发展生产力的第一要素。运用这一理念来打造生态文化，推进生态文明建设，正是题中应有之义。因为生态文明的本质要求是尊重生态规律，正确处理人与自然之间的变化关系，这与“敬天爱人”的内涵如出一辙。坚持以生态文化引领生态文明建设，尊重自然、顺应自然、保护自然，以保护环境保护生产力，以改善生态环境发展生产力。确立企业治污主体，加强环境保护设施建设，用于治理的钱一分不少花；加强治污排污达标管理，不符合环保的事一件不做；加强科学评价考核，损害环境获得的利益一分不要。推进企业与社会、环境的和谐发展，运用绿色发展、循环发展、低碳发展的生产方式，采用先进生产工艺技术，加强全过程管理，大幅度降低能源、水消耗强度，促进生产、流通、消费过程减量化、再利用、资源化。建立企业生态文明管理机制，使绿色、低碳、循环成为企业发展方向，使绿色环保覆盖企业供应、生产、运营全过程，使环保评价、考核、奖惩成为推进生态文明建设的导向和约束。努力将生态文明建设推向一个新阶段，以应对国际贸易中日益复杂的绿色壁垒和消费者日益增长的绿色需求。

（五）以以人为本理念，推进树立企业诚信商业信誉

企业在市场经济中要获得持久健康发展，不仅需要技术、资本作为支撑，更需要诚实守信经营作为基础，没有诚信这一基石，再多再大的支撑也无济于事。诚信是文化，也是实践。目前有的企业诚信缺失、道德失范，假冒伪劣产品不时抬头，危及企业生存发展，有的甚至会严重影响人的身体健康乃至生命。对此，要注重把以人为本的理念渗透到企业诚信文化建设中，把提高企业家和广大员工的道德素质放在突出位置，在抓人心上下功夫，以“我是用户、我是消费者”换位思考，摆正位置，端正行为，以心换心，以心取信，以心立业。牢固确立“诚信、合规、公平、公正”的经营理念，完善科学决策、制度执行、民主监督、风险管理机制，自觉遵守和践行诚信道德。把诚信文化融入企业生产经营的各个方面，严把原料入口关，不合要求的原料不投产；严把生产质量关，确立下道工序就是用户的观念，不合规范的半成品不流入下道；严把质量检验关，不达标准的产品不出厂。建立以岗位为重心的企业诚信文化体系，倡导立足岗位讲诚信，以岗位诚信度促进诚信经营，让诚信文化真正转化为企业和员工的行为。

在强调企业道德约束的同时，倡导企业增强法制意识，自觉接受和配合执法部门监督和检查，让诚信企业一路绿灯，失信企业一路红灯，使其成为消费者、客户和社会信得过的企业。

（六）以人命至上理念，推进企业安全高效运行

安全生产是一切工作的前提，要重视企业安全文化建设，始终坚持把人的生命安全放在各项工作的首位，形成完整的安全文化建设体系或者安全文化管理模式。切切实实增强五个意识：一是“自我管理”意识。变“要我安全”为“我要安全”，变“监督管理”为“自觉管理”，变“被动接受”为“主动学习安全知识和技能”。做到人人有耐心、细心、责任心，人人有岗位安全风险评判和处理能力，人人成为一道安全屏障。二是增强“预防为主”意识。贯彻“安全第一、预防为主”的方针，加强重点部位、关键岗位的隐患排查，多巡检、多督促，发现违章严肃对待。做到预测于隐患、防患于未然、消灭于萌芽。三是增强“安全无小事”意识。从无足轻重小事，看举足轻重大事；从偶然性发生，看必然性存在；从侥幸麻痹，看惨重后果，真正做到防微杜渐、寻根断源。四是增强“赢在执行”意识。一个行动胜于一万个口号。安全无任何借口，必须一丝不苟地执行安全生产制度和安全操作规程。做到制度执行不走样，问题处理不徇情，措施落实不留缝。五是增强“齐抓共管”意识。建立健全安全生产责任制，实行群防群管，形成系统、全面的安全网络。企业领导班子从心出发，以心为本，用情做事、用心做事、用爱做事。部门、车间（分公司）直至班组，切实承担自身的主体责任，发挥各自优势，协调配合，共同抓好全员、全过程、全方位、全天候的安全管理。真正做到学习培训无漏网，安全管理无死角，各个环节无盲点，天天安全无事故，努力把企业打造成和谐、安全、幸福的大家庭。

另外，以依法治企理念推进企业法治建设，使广大干部职工法制意识和法制观念得到进一步增强，依法治企、依法管理、依法经营的能力和水平得到进一步提高，员工遵纪守法的素质得到进一步提升，为企业规范经营、稳健发展发挥保障作用。

二、案例：光芒集团新能源——党建引领企业文化建设的成功实践

当前，我国正处于化解经济发展三重压力（需求收缩、供给冲击、预期较弱），加快培育发展新动能，推动企业高质量发展，努力实现“十四五”发展良好开局的关键时期。对于广大企业来说，这一时期既有严峻的挑战，又有全新的机遇，需要通过加强企业文化建设来促进发展质量与管理效益的提高。作为一家民营企业，光芒集团积极探索了一条以党建引领，将党建工作同企业文化建设有机结合，共促企业创新发展之路。

光芒集团始建于1975年，经历了“从计划经济到市场经济跨越、从集体所有制到民营股份制改革、从厨卫家电产业到厨卫家电产业与新能源产业并进”的历程。20世纪90年代，江苏省同行业中有33家本土企业，经过44年的大浪淘沙，到目前只剩下光芒集团一家民族企业。如今光芒集团已发展成为拥有4家核心子公司的集团公司，主要从事厨卫家电、新能源两大产业11大类产品的研发、生产、经营，是同行业中历史最悠久、产品系列最全、产业链最完整的国家高新技术企业，是靖江首家荣获“中国名牌产品”与“中国驰名商标”称号的企业。光芒集团深切感受到：企业发展短期靠产品、中期靠管理、长期靠文化。企业文化就是企业的灵魂，是企业创新发展的不竭动力。

光芒文化伴随着企业的诞生而孕育，紧跟着企业的发展而提升，并转化成相应的管理制度和全员活动，在企业落地生根。光芒集团逐步形成了独具特色的以“做对社会有贡献的企业，受客户尊重信赖的企业，与员工和谐共生的企业”为核心价值观，以“使命、愿景、精神、企训”为核心理念的企业文化，增强了企业内部凝聚力与执行力，提升了企业外部竞争力与拓展力。

（一）党建引领——用先进文化引领企业科学发展

1. 在方向上引路

光芒集团坚持将党建文化作为企业文化的核心、龙头，将党的指导思想、宗旨、优良传统作风融入企业文化之中，为企业文化的正确方向提供思想保证。党委当好企业文化的设计者和推动者，在制定企业发展规划时，同步制定

文化建设规划，进行同时部署。成立了党委领导下的企业文化建设领导小组，建立了“五主”责任联动模式，即党委书记、董事长主导—班子成员主动—职能部门主抓—管理部门、一线车间主推—全体员工为主体。

2. 在价值上引导

光芒结合社会主义核心价值观，引导员工树立“爱家、爱企、爱国”的价值取向，在企业内外大力营造“践行诚信文化、倡导奉献精神、承担社会责任”的氛围。用创新的理念谋划发展，用完善的机制发挥作用，用人本的思想经营企业，用核心价值观凝聚人心，用价值观引导员工继续发扬艰苦奋斗、不屈不挠的精神，迎难而上，拼抢市场。通过价值引导，做到了党的建设与企业发展的深度融合。

3. 在行动上引航

光芒创建先进党支部、党员责任区，以党员先锋模范岗为平台，围绕企业转型升级，开展了“创转型佳绩、为党旗争辉”“争做创新发展先锋”等主题活动。近年来，光芒侧重围绕国家能源革命，为市场提供更多更好的产品，开展“两学一做”学习教育，结合对党史的学习，开展“投身新时代，创造新业绩”活动，做到党员示范在岗位之上，奉献在员工之前。并注重把先进党员培养成业务骨干，将优秀员工发展成党员，以党员的先锋模范性引领企业文化的先进性，把组织活力转变成推进文化建设和创新发展的动力。

（二）服务发展——推进文化与经营管理融合落地

“凡是不以服务企业发展、创造经济效益为目的的文化都是不靠谱的。”光芒坚持以人为本的理念和标准化、精益化的变革方向，增强全体员工共同参与的意识。

1. 创新理念，推进组织结构和治理模式变革

从打破传统固有思维定式，保持思想的敏捷性和开放度出发，近年来，光芒多次组织团队到松下、西门子、阿里巴巴、华为、格力、海尔等知名企业交流，认真研究国内外企业的创新实践，从中提炼和学习先进的文化理念、精益生产方式等。将企业使命升级为“为家的温馨尽献天职，为人类创造低碳绿色的美好生活”；将企业发展战略升级为“专业化、规模化、品牌化、国际化”；将企业管理方针再次升级为42字管理方针，“项项工作有标准，各项费用有定额，能源消耗有计量，产品质量有追溯，销售订单有效益，每个环节有考核”。

企业注重营造宽松的创新文化环境，允许试错、接纳失败，做到目标同向、工作同步、攻坚同行，从而有力地推进企业转型升级。

2. 创新实践，开展“创新、创效、创优”活动

从2007年开始，光芒把以前开展的浅层次的献计献策活动升级为“创新、创效、创优”全员性活动，发动大家“排找差距挖潜力、转型升级出主意”，营造“三创”文化氛围。公司成立了“三创”领导小组，制定了“三创”奖励评价制度，鼓励干部、员工围绕“生产改善、质量提高、效率提升、管理优化”等方面提建议。评审组每月对建议内容进行逐条论证，在第一时间将建议立项情况反馈给建议者，确定项目实施人、协助人、监督人、实施时间，实行月度初评、年度总评。公司将当年“三创”活动所创造效益的1/3奖励给提出建议和参与实施的员工。据统计，开展“三创”活动以来，共收到建议2500多条，立项实施1350条，创造效益千万余元，员工参与率超过80%。实现了由过去“自上而下”的管理向“全员共同管理”的提升，有效激发了员工的潜力和工作积极性，促使20多位有智慧和才能的人才脱颖而出，并晋升到各级管理岗位。

（三）传承创新——确保文化与时代发展共同进步

1. 推进“文化传承”向“文化创新”进步

在文化建设中，光芒既传承数十年沉淀的宝贵财富，又与时俱进，加强文化创新，构建具有光芒特色的文化体系，并注重用先进的文化理念推进企业各项具体创新实践。还针对不同时期中心工作，开展具有导向性的专业文化建设，诸如创新文化、竞合文化、和谐文化等，使之对战略和管理更富有支撑服务功能。

2. 推进“科技创新”向“科技领先”升级

不断深化与科研院所的合作，由过去“松散的项目合作型”转变为“紧密的基地合作型”。建立了西安交通大学实践基地，在新能源项目研发、新材料应用攻关、互联网+制造应用、科技人才培养等方面进行合作。同时，光芒集团从有利于推进中国新能源行业产品升级换代的角度出发，确立了打造全球高品质搪瓷水箱基地的目标，着力推进“传统生产模式”向“智能制造模式”升级。他们高位嫁接德国领致（LEASY）公司共同成立领致热能新电器（江苏）股份有限公司，开发了一系列有创意的“高、精、特”家用电器产品。在

2019年中国供暖大会上，光芒新能源荣获“2019中国供暖行业民族品牌100强企业”和“2019年中国供暖大会年度突出贡献”两项大奖。

3. 推进“和文化”向“诚文化”提升

光芒长期倡导海纳百川，兼收并蓄，和气生财的“和文化”，坚持人性化管理、人性化服务、人性化关怀理念，企业内部倡导敬业乐群，企业外部倡导少竞争多合作。在此基础上，近年来，光芒着力推进了由“和文化”向“诚文化”的提升。开展了“诚文化”和“讲规矩、守纪律、做表率”主题活动，着力营造“做人要踏实，工作要务实，与人交往要诚实”的环境氛围，大力培育和践行公司员工“说老实话，做有效事，对公司忠诚、对同事坦诚”。归纳、概括出“六项规矩、四条纪律、五个表率”的基本要求，要求公司高管提升自身管理能力，提升自身觉悟，以身作则，重点抓好创造效益规矩和质量第一规矩，带头做遵守规矩纪律的表率。并且要培养下属，创新管理理念、创新管理工具，为本部门、本岗位做好带头人，运用企业文化、情感疏导来抓“讲规矩、守纪律”的管理落实，切实提升管理执行力。

（四）市场导向——强化文化与品牌建设共同提升

文化的作用对内是凝聚力，对外是吸引力。多年来，光芒集团致力于培育一套以市场为导向的理念和模式，保持企业文化对市场发展的敏感性、前瞻性和进取性，用文化拓展品牌的影响力和扩张力。

1. 以“三品合一”夯实品牌基础

企业只有树立高尚的品格，精诚守信，求真务实，才能生产出高品质的产品；只有高品质的产品，才能塑造消费者信赖、忠诚的品牌。光芒坚持把品格、品质、品牌“三品合一”的文化理念渗透到员工头脑的深处、行动的细节，营造自律氛围，在生产管理、质量标准、销售工作等方面形成自觉意识，养成自然习惯。

2. 以“三精要求”丰富品牌内涵

按照“精心、精艺、精品”要求，光芒将打造精品放到最高位置，用精品展示企业实力和品牌内涵。弘扬工匠精神，积极跟踪前沿技术，加快新产品研发、设计，加大工艺改革力度，引进高精度、自动化、智能化设备；强化精益管理和卓越绩效评价体系，将产品做专做精、做到极致，多个产品获得欧洲、北美、英国等国际认证。

3. 以“三零理念”提升品牌价值

光芒以品质铸造品牌，以服务创造价值。集团围绕“技术与市场零距离、产品质量零缺陷、顾客满意零烦忧”的核心理念，为品牌注入“时尚、科技、绿色”的内涵。侧重推进了信息化、互联网等技术在产品领域的应用。目前，该公司生产的缓冲蓄热水箱在黑龙江省漠河市北极村成功安装并安全运行，成为真正意义上在极寒地区首批长期运行的空气能缓冲蓄热水箱。围绕“光芒的服务一定做到家”的服务理念，重点打造“金牌服务”，为品牌赢口碑。从1999年开始，每年“六、七、八”三个月都会开展光芒服务节活动，为用户进行免费安检、免费维修、免费保养等。在新冠肺炎疫情隔离期，服务不打烊，病毒无情光芒有爱，为消防大队等用户抢维修、抢安装空气能热泵系统，解决了用户的烦恼。光芒金牌服务已经成为继“中国名牌产品”“中国驰名商标”之后的第三张名片。

（五）凝聚人心——文化建设与队伍建设互补双赢

文化建设的本质是人心建设。光芒坚持树立人本价值是企业第一价值的观念，着力打造一支“作风过硬、素质优良、业绩突出”的员工队伍。

1. 企业内训与外部培养相结合

光芒将全年培训学习计划纳入企业年度工作计划中，实施“企业内训与外部培养”双轨并进。坚持每年进行营销、管理、技术专题培训，定期安排员工到高校或专业培训机构学习培训，技术人员带着项目、带着课题与科研院所开展合作研究，促进了专业人才能力提升。

2. 本土人才与外引人才并重

20世纪90年代初，公司先后选拔100多名有潜力、有上进心的员工送到技师学校、大专院校进行定向培养。目前，公司管理、技术、生产等骨干员工大部分是那时培养起来的。同时，企业坚持每年从高等院校、猎头公司招聘高层次对口专业人才，从1995年开始，陆续有东南大学、扬州大学、苏州大学等高校毕业生应聘到光芒工作，成长为公司的管理骨干。企业专门成立了大学生协会，定期开展管理论坛、项目攻关、思想交流等活动，并及时地将优秀人才提拔到重要岗位，增强了他们对公司的认同感和归属感。

3. 物质激励与精神激励同步

坚持责权利相对应、个人价值与敬业奉献相融合、收益分配与人性关怀相结合，做到员工为企业做贡献、与企业共享发展成果。从2006年开始，公司设定员工报酬每年增幅标准，用刚性制度保障员工待遇。公司每年都提供项目资金，凡是有发明、创造、发表学术论文、获得国家专利的员工都可以得到奖励和职位晋升。建立“能者上、平者让、庸者下”的用人机制，“只要你能，舞台跟着你延伸”，培养出一批具有共同价值取向的勇于开拓、敢为人先的生力军。有一位员工叫陈庆才，是“光芒”培养的灶具专家，参加了多项国家标准的起草制定，拥有20多项专利。2001年，浙江一家企业老板想挖走他，给他50万元年薪、一套别墅和一辆轿车，比光芒的待遇高很多。但是他拒绝了，他认为“我的能力是光芒培养的，我所谓的成就是团队的努力，我能力的发挥离不开光芒这块土壤，我要扎根光芒一辈子！”

光芒集团多年的文化实践，使我们深刻体会到：①文化从内凝聚，才能彰显影响力；②文化以人为本，才能增强向心力；③文化凸显个性，才能厚植竞争力；④文化融入诚信，才能永葆生命力；⑤文化创新提升，才能保持生机和活力。

第二节　文化推进策略：循序渐进，不断进阶

一、方略：打造企业文化升级版

李克强总理强调要用勇气和智慧打造中国经济“升级版”，随后一些省份也提出要打造区域经济“升级版”。而经济“升级版”的主体是企业，作为引领、支撑企业发展的企业文化，如何打造“升级版”，是经济“升级版”中的一个重要课题。

（一）提高认识，增强打造企业文化“升级版”的自觉与自信

1. 从优秀企业成长轨迹看文化升级的重要性

美国兰德公司与麦肯锡公司通过对全球成长最快的30家公司的跟踪考察，在联合撰写的报告中指出，世界500强企业胜出的根本原因就在于这些公司善于给他们的企业文化注入活力。我国的优秀企业尤其是中华老字号也无一不是缘于先进文化的沉淀和作用。更有学者预测，企业文化在未来十年

内很可能成为决定企业兴衰的关键因素。企业文化实力和竞争力是企业做强做优的引领和支撑。抓文化升级，谁抓谁得利，谁抓的力度大，谁离成功的距离就小。

2. 从企业管理的特殊性看企业文化升级的必要性

虽然企业在管理上有规章制度来约束员工行为，但再严密的管理制度也有鞭长莫及的时候，在制度约束不到的地方，只有靠价值观来指导员工的行为。企业文化如同一股静水潜流，哪里出现低洼或间隙，它便会自觉地流向哪里去填充。当员工接受企业价值观之后，行为就会超过制度要求，从靠制度约束行为转变成自觉行为。企业文化既渗透于管理之中，又流溢于管理之上。企业文化升级不是可抓可不抓，而是非抓好不可。

3. 从企业实际状况看文化升级的迫切性

目前企业文化发展的不平衡性较大，一部分企业形成了各具特色的文化，取得了丰硕的成果。但也有些企业没有真正将其摆上议事日程，企业文化层次不高，内涵不深；企业文化与企业管理结合不紧，落地不实；文化凝聚力、影响力不强，直接影响着生存和发展。尤其在当前经济发展的“换挡期”，遇到的困难和矛盾越多，越要依靠文化凝聚人心，发挥文化的引领和支撑作用。抓文化升级时不我待，慢步不得，每个企业都要从战略高度来认识和谋划企业文化升级。

（二）因企制宜，明确打造企业文化“升级版”的目标和内容

1. 推进企业文化向企业战略层面提升

企业技术、管理与文化构成企业核心竞争优势，企业发展战略离不开这三大要素。积极实施企业文化与企业发展战略双向融合、双向驱动，构建与企业发展战略相匹配、与产业格局相适应的战略支撑型文化体系。既将企业文化融入企业整体战略以及整体战略下的专项战略中，如竞争战略、营销战略、品牌战略、技术研发战略等，又在企业战略中用优秀文化进行目标引导，并通过文化创新与重塑推进企业战略的调整和实施。

2. 推进企业文化向企业管理渗透

企业文化是形成管理方法的理念，而企业管理则是依赖并逐步改善这种理念的管理方法。两者相互作用和渗透，是企业发展成功的关键。切实推进文化向管理环节渗透，着力打造竞争文化、质量文化、品牌文化、精细文化、安全

文化，形成新的竞争优势。以改革求变的精神持续进行管理体制、机制的改革和完善，探索和创建新的内部运行机制和产供销快速反应机制。譬如依托信息化建设划小核算单位，逐步在企业基层建立利润中心和成本（费用）中心，层层落实责任，挖掘管理潜力，增强企业的活力和后劲。

3. 推进企业文化向特色品牌发展

要根据行业特点和企业实际构建和培育核心理念，如企业愿景、企业使命、企业精神、发展理念、经营理念等。力求有新意、有亮点、有深度，能从核心理念中判断出企业所做的行业以及所处的水平层次，能从理念中得到精神分享，受到教育激励，让人称道不已，又模仿不得。做到寓个性文化于共性文化之中，寓特色文化于大众文化之中。

4. 推进企业文化与企业发展实际结合

以创新发展理念，推进产业结构优化；以战略制胜理念，推进管理不断进步；以追求卓越理念，推进品牌竞争力提升；以敬天爱人理念，推进企业生态文明建设；以以人为本理念，推进树立企业诚信商业信誉；以人命至上理念，推进企业安全高效运行；以依法治企理念，推进企业法治建设，使企业在不确定因素增多的大环境中得到持续健康高效发展。

5. 推进企业文化与党建文化融合

党建文化和企业文化具有同一对象，即做人的工作；具有同一目的，即促进企业不断发展；具有同一属性，即研究思想意识形态领域的内在规律。两者融合顺理成章、相得益彰。要以党建文化指导和把握企业文化，使企业文化保持正确的方向。针对企业重点工作，策划创优争先主题，搭建党建文化和企业文化融合的平台和载体，将党员主题教育与企业文化活动有机结合，引导党员寻找共振点，奉献在员工之先，示范在岗位之上，发挥骨干带头作用，以党员先进性促进企业文化先进性。

6. 推进企业文化向基层延伸

企业班组既是生产作战基本单元，又是思想政治工作的前沿阵地。推进文化深植延伸，应将班组作为企业文化落地的强烈依托，从班组精神、班组形象、班组目标等方面加强班组文化建设，开展企业文化示范班组争创活动，着力推动企业文化在基层发展。

以上六个升级目标，也可说是六个文化推进策略，不能齐头并进，应有选择性地逐步推进，不断深入。总之，只要瞄准升级目标，一步一个脚印，做好落实文章，企业文化必定会迈上一个新台阶，提升一个新水平，文化软实力也一定会转化为现实生产力。

（三）落实举措，提升打造企业文化“升级版”的成效

1. 抓龙头，以提升企业一把手素质推进打造企业文化“升级版”

企业领导在企业文化建设中充当着创造者、培育者、示范者的角色。企业家张瑞敏就自己充当总裁角色，他说：“第一是设计师，在企业发展中如何让组织结构适应企业发展；第二是牧师，不断地布道，使员工接受企业文化，把员工自身的价值体现与企业目标的实现结合起来。”也有人说，是张瑞敏先作出了改变，才有了海尔的改变。可见，企业家的修养和行为是企业文化的“因子”，企业家的素质高低决定着企业文化是否优秀。打造企业文化“升级版”、推进转型发展呼唤着更多的优秀企业家。

要通过加强学习、修炼、提升素质，由企业老板上升转型为企业家。要真正做到：在事业志向上，从胸无大志转向胸怀大志，克服小富即安、小步则满思想，要对发展有一种永无止境、永不服输的执着追求；在发展观念上，从求稳怕乱转向敢闯敢干，抢抓机遇，坚定信心，勇创国内外一流企业；在经营理念上，从见利忘义转向诚实守信，不以利益作为权衡得失的砝码，自觉承担社会责任；在管理方式上，从传统管理转向现代科学管理，构建技术、管理、文化三大核心竞争优势，在创新中发展，在发展中创新；在人格品位上，从“武大郎开店”的小农经济意识转向具有一定领袖气质的人格魅力，干事业激情绽放、锐意开拓、严谨务实、不畏困难、谦虚好学，在员工中形成号召力、影响力、感染力。

2. 抓根本，坚持以人为本释放打造企业文化“升级版”的内力

首先，要树立人本价值是企业第一价值的观念。企业管理者“依靠人、尊重人、激励人”，一切为了一线，一切服务一线，一切围绕一线。将员工视为最可爱、最宝贵的人，从内心深处尊重和热爱身处一线的员工，坚持为员工的切身利益办实事，制定诸如加班、病休、老员工子女就业、双职工住宿安排、各类慰问（包括祝贺与走访）等系列人性化制度，建立特困职工档案和员工互助基金会，着重解决员工急、难、愁问题，让员工感到“家”的温馨与幸福。

其次，实行共创共享企业发展成果。深入对员工进行“厂子、牌子、饭碗子”教育，强化“厂兴我荣，厂衰我耻”的意识，认清企业发展是个人发展的前提与支撑，个人发展是企业发展的源泉和动力。倡导员工为企业、为社会发展做贡献，在不断奉献自己聪明才智和心血汗水的基础上共享企业发展成果，实现他们的人生价值。坚持责权利相对应、个人价值与敬业奉献相融合、稳定的收益分配与全方位关爱相结合。在确保员工收入每年有一定幅度增长的同时，大刀阔斧推进分配机制改革，实行经营业绩考核与薪酬挂钩，让每一位贡献者都得到应有的报酬与奖励，激发大家的奋斗动力。

再次，不断为员工创造成长发展的环境。组织实施“职工职业生涯发展工程”“职工素质提升工程”以及“惠民工程”，搭建施展才华、实现自身价值的广阔舞台，充分发挥员工的积极性和创造性。坚持用“事业留人、感情留人、待遇留人”，建立能者上、庸者下的用人机制，建立“激励成功、宽容失败”的研发机制，让每位员工既有幸福感，又有竞争感。在全体干部员工中树立正确的业绩观，倡导尊重品牌、尊重业绩、尊重为企业发展作出贡献的人，干部带头从严从高要求自己，努力形成积极向上的工作氛围。

最后，拓宽“与天和、与地和、与人和、与万物和”的“四和”治企境界。奉守“三个上帝”理念，任何时候都把员工、客户、供应商视为企业上帝，把诚信作为通力合作的基石，为顾客提供超越价值，为股东创造丰厚利润，为员工搭建成长平台，为伙伴营造共赢局面，助力成就每个利益相关方的价值与梦想。同时正确处理好企业与政府、企业与社会、企业发展与生态文明建设之间的关系，从而建设和谐幸福企业。

3. 抓核心，建设和打造与企业文化“升级版”相适应的企业核心价值观

企业核心价值观是企业文化的核心，是企业文化的“头脑”。这正如德国著名哲学家尼采说过的一句富有哲理而又形象的名言：“当婴儿第一次站起来的时候，你会发现，使他站起来的不是肢体，而是他的头脑。”企业文化“升级版”的成功必须依靠核心价值观这个“头脑”。企业价值观是企业用以判断运行中大是大非的根本原则，是全体职工必须遵循的准则；它决定企业文化建设方向，决定着企业经营方针、经营理念、职工行为取向，关乎着企业生死存亡。

在确立企业核心价值观的基础上，根据行业特点和企业实际，构建具有鲜明个性、简洁明了的企业文化核心理念体系，包括企业使命、企业愿景、企业精神、管理理念、市场理念、品牌理念、创新理念、企业行为标准等。然后采用深入浅出、易懂易记的宣贯方式，向员工灌输核心价值理念的内涵要素，推动理念认知、认同，进而形成共识。经常组织开展专题性活动，搭建学习交流、拓展训练、专题演讲、征文比赛等载体和平台，推动价值理念实践。注重以企业文化核心价值理念的取向与标准来培育企业干部和新一代员工，定期组织中层干部和青年员工参加企业文化活动，丰富企业文化精神生活，提高员工的职业化素质。大力推动文化核心理念融入企业各项管理，让无形的精神力量产生有形的物质财富，让文化软实力转化为企业硬实力。

4. 抓关键，建立保障打造企业文化“升级版”的文化长效机制

一是要有组织。从有利于发挥党组织、董事长和主要经营者在文化建设中的决策作用的角度出发，成立党组织领导下的企业文化领导小组。下设文化中心，内部建立以党、政、工、青、妇为主体的组织网络，形成董事长亲自抓、党组织和党委书记负责抓、职能部门具体抓、广大员工参与的工作体系。党组织要把抓好文化建设作为自身的重要职责和关键业务，作为发挥“两个作用”的有效平台和重要载体，并把搞好企业文化建设和增强企业竞争力作为党建工作的出发点和归宿。

二是要有制度。认真制订《企业文化发展纲要》、《年度文化工作计划》、《文化评价管理办法》（含评价指标、系统评价流程、运行控制机制）、《文化奖惩条例》等，实行企业文化工作与经济工作同步规划、同步实施、同步检查、同步考核，确保文化建设制度化、规范化、效能化。

三是要有经费。按有关规定，在销售额中提取文化建设经费，确保有关文化设施建设、文体竞赛、文化颁奖典礼、爱心捐赠等活动所需的经费能落实到位。

四是要有载体。既有职工学习园地、宣传标语、厂报、广播等传统媒介，又有闭路电视、电子字幕、公司网站、手机 App 等新兴媒介。及时宣传与生产经营、创新转型、企业管理密切相关的案例，使文化入脑入心。

二、案例1：华汇水务——“优”文化创造供水新价值

（一）“优”文化的形成与内涵

水是生命之源，是这个世界上最宝贵的资源，它汩汩流淌为人类提供动力，承载着希望；水是真情之源，水声潺潺传递的是华汇水务人对用户的一片赤诚，留下的是他们以优质服务谱写的高亢激昂的“水之交响”。

靖江市华汇水务有限公司（以下简称华汇供水公司）创建于1966年10月1日，具有50多年水厂历史的一代代华汇水务人，带着骄傲的梦想，点燃激情，响应时代的呼唤，一往情深去追求，不畏艰险去探索，无怨无悔去奉献。2017年9月，军人出身的沈桂荣接任华汇供水公司董事长、总经理，他深谙企业文化是挑好靖江全域供水和污水处理这一沉甸甸重担的灵魂与支柱，树立“用文化管企业”“以文化兴企业”的理念，如何将企业文化与供水事业有机结合在一起，成了他上任伊始思考和实践的一大课题。沈总在全面了解、深入分析原有华汇企业文化和供水实情的基础上，将建树企业标识作为两者融合的切入口。2017年年底，公司征集引入新的LOGO标识，要求标识里有华汇两字的大小写字母“Hh”，经过字形处理，演变成带水滴的“优”字，代表华汇优质供水的含义。简单的一个“优”字，不仅赋予了华汇水务人光荣的使命，同时也是华汇水务人终极的奋斗目标，更是华汇文化的内核与基因。在此基础上，沈总本着继承中创新、创新中提升，对原有文化注入新的文化元素，不断整合优化企业文化，以“用良心守护市民健康、用责任担当社会重担”为企业使命，以“上善若水，和合力行”为核心价值观，以当行业先锋、成百年基业为企业愿景，以“服务无限，点滴总是情”为服务理念，以“人水和谐”为品牌核心，以“踏实、创新、激情”为企业精神，以供水一体化、管理一体化、价格一体化为经营方针。并将初步形成以“优”为内核的文化价值理念，进一步具体细化内涵，然后向职工宣讲、组织讨论，让由上而下、由下而上的酝酿过程变成发动职工认同企业价值观和经营理念的过程，以达到内化于心、外化于行。

（二）“优”文化的培育与实践

在文化培育中，坚持以“优”文化促进和服务于供水事业发展，紧密结合

实际，重点突出责任文化、服务文化、人文文化建设。

1. 责任文化

华汇供水公司历经50余年发展，积累了较多产水、输水经验，但同时也认识到2014年“5·9靖江水污染事件”的深刻影响，以及长江水“伤口”仍处于缓慢复原中的这一现实挑战，将优质安全供水置于所有工作的核心位置，将其清晰地分为优质安全产水、优质安全输水两部分，以军人的“亮剑”精神对这两部分实行了果敢的改造和提升。

（1）“亮剑”于优质安全产水。优质安全产水在工艺流程上涉及的是取水、净水，他们以对事业高度负责的态度，秉承“不合格的水不出厂，不达标的水不进管网，正常时供优质水，应急时供合格水”，从源头上抓起，在目标控制上搞好水质检验，在保障措施上建立应急处置和预警机制。首先严格执行仪器检测和人工检测的“双保险”制度，切实抓好取水这一优质安全产水第一道防线。对长江源水通过水源厂时，一方面经过源水在线自动监测仪24小时不间断监测预警，自动实时检测出水温、pH、电导率、溶解氧、浊度等12项指标；另一方面鉴于目前检测仪器还不能完全替代人工，坚持每小时对源水、净水过程水的色、嗅、味进行人工检验，通过人机协同分析，确保取水达标。

净水流程紧跟取水之后，承接源水的沉淀、过滤、消毒过程，其实质是截污。他们针对净水主力合兴水厂已有20余载历史，供水设备老化等因素会给安全净水带来隐患这一实际，精心筹划与实施净水流程“换血工程”，加大技术改造力度，淘汰和改进落后供水设施，真正达到截污构筑物的“去污”效果。同时，努力实现净水过程不间断。由于净水消毒使用的氯气是危险化学品，需严格规范使用，他们常态化开展全体职工的氯气防泄漏演练，使全体职工熟练掌握操作规程和应对突发事件，确保万无一失。

（2）“亮剑”于优质安全输水。他们以“多供水、供好水”的企业追求，恪守清洁输水的原则。对净水厂出来的达标自来水，严格按照清洁、连续的输水过程送往千家万户。切实抓好供水管网新建、二次供水无负压泵房建设、管网抢修工程等重要环节，让排放的清洗水经过水质检测达标后，再与新旧供水设施联通。

还将经营管理外化为“水质检验介入供水全过程”，加强水源厂、净水厂的厂级水浴锅水质检测。为应对源水的水质污染，加强水源厂高锰酸钾、活性炭应急投加装置的维护保养和投加演练，形成制度化、常态化。

同时，视用户为上帝，站在全局的高度，彻底摒弃过去那种“只要有水，停会儿没关系”的旧观念，针对用水满意度、舒适度这一美好城市建设的衡量指标从严要求自己。对给水工程进度管理实行精确的时间调度，提升公共服务型民生企业形象。积极利用大数据，着手将以往所有停水信息，先行纳入调度中心备案管理，以利于对多项工程进行同步安排，并能提前通知停水片区用水户做好备水，缓解客服部门职工的解释说服压力。另外，市委市政府未雨绸缪，超前思考，于2012年3月建成了牧城生态人工湖，作为靖江的应急水源地，能够基本满足长江水源突发污染时靖江7天的生活用水需求，为安全供水提供了保障。

2. 服务文化

“服务无限、点滴关情”是华汇人的服务理念，一直以来都在探索践行。

（1）主动服务见真情。开展服务零距离活动，在领先周边县市实行银行代扣办理、开通支付宝和微信缴纳税费的基础上，提速加快便捷电子缴费，现已深入市民之心。着力从管网被动抢修转到主动巡查，公司管网维护部门成立管网巡检小组，能更早地、更快地发现管网安全隐患，避免重大损失，降低漏损率。针对二次供水设施与高层用水户关系十分密切这一实际，公司主动配合住建局承担靖江市26套老旧二次供水设施改造任务，确保在当年全部完成。同时对即将到达使用周期的水表，主动地为市民更换或周检，避免不必要的水费计量纠纷，为精确计量、阶梯水价的稳定实施提供坚强的保障。

（2）创新服务上水平。增强“百姓无小事”的意识，建立为民服务长效机制，将公司24小时客户服务，整合成现有的“四平台一热线”，即数字化城管、12345、公司网站、网络舆情平台和84864000热线，并赋予公司调度中心这一职能。这既为将服务时限承诺、服务问责追究和内部双向反馈等“烙印”到华汇职工心中构建了载体，又适应了新型数字化城市管理的需要。

（3）双赢服务求突破。从有利于用户的角度出发，进一步规范和完善城乡供水服务标准，改造和提升城乡供水服务功能，形成了规范化、标准化、人性化的格局。在公司营销服务中，推行漏水控制预警服务，实行漏损控制分区管理。它通过计量设备实时数据化呈现，及早发现管网漏点，提前干预，达到供水、用水双方共赢，也为供水企业实行数字化、智慧化管理打下了基础。

3. 人本文化

（1）抓全员职工培训，增强员工归属感。沈桂荣董事长刚上任时，恰逢公司水质检验部的孙境枫通过泰州市自来水行业组织的水质检验工技能比武初轮选拔，即将晋级省级技能比武。当听说孙境枫正处于妊娠期，他立刻和部门主管经理对接是否参赛，在确认参赛答复后，要求所在部门做好陪练，为她参赛做好后勤服务，同时要求公司人力资源部加大宣传报道力度。对一名普通职工参赛如此重视和关心，源自他酝酿培育先进企业文化中的先手一着，发出全员职工培训最强音。为增强职工综合能力和企业核心竞争力，公司每年制定职工培训计划，并一一落实到位。企业培训工作向制度化、层次化、合理化发展，不断激发职工学技术、钻业务的积极性。2019 年参加行业及专业对口外出培训的职工共有 36 人次，分别参加了工程资料编制、质量监督、管道工程施工、报装系统等项目的培训；120 余人参加抄表工、生产和调度工内部培训；全员参加了安全培训。2019 年，公司员工在省自来水行业泵站机电设备维修工技能竞赛上取得了第四名和第七名的优异成绩，使员工的业务技能和职业认同感得到普遍提升，增强了职工对企业的归属感。

（2）抓核心价值观培育，增强员工责任感。核心价值观是人们思想和行为的总开关和校正仪。公司充分利用企业文化教育载体，继续巩固和延伸道德讲堂建设和社会主义核心价值观培育。2018 年靖江第一期道德讲堂总堂活动由华汇供水公司成功承办；2019 年公司又举办了以弘扬“爱岗敬业”为主题的道德讲堂总堂活动。志愿者队伍是华汇供水公司的优秀文化基因，华汇公司志愿者在泰州志愿服务平台注册率达 95.9%，征集产生了志愿服务品牌“水莲花”。公司还组织志愿者参加公司内外公益活动，包括“3・15”消费者权益日咨询、无偿献血、慈善一日捐、迎新年跑步、寒天检漏、植树、大学生和未成年人结对活动等。使员工的主动服务意识和服务热情得到明显提升，从而增强了员工的社会责任感。

（3）抓员工情操陶冶，增强员工幸福感。华汇供水公司将具有优良传统的文体活动作为陶冶员工的高尚情操和培植团队精神的载体与抓手。沈总不仅是文体活动的组织者，同时还是积极参与者。如逢空闲，他就会选择出一身汗，打一场球。2019 年如期开展的华汇供水公司第一届职工运动会在市体育中心隆重举行；精心组织的“不忘初心践使命、再踏征途追梦行”强身健体绿色健步走活动在市牧城明湖举行。200 余名职工围绕美丽的湖畔快步走、健步走，给职工们带来了趣味和暖意。与武警靖江中队开展庆祝建军节联谊活动，有效促进了华汇供水公司的“双拥”工作。

同时，公司大力开展读书月、法制月、智慧靖江征文活动。客户服务部职工获得市总工会“博雅女性、魅力江苏”读书征文三等奖。开展传统节日系列活动，猜灯谜趣味浓，包粽子热情高，立夏馄饨飘香，腊八粥暖心房等。各种文体活动有声有色地开展，增强了华汇供水公司职工的凝聚力与幸福感。

（三）“优”文化建设的成效

（1）通过开展创建“优”文化的实践活动，使广大员工积极参与，自觉践行企业核心价值观和经营理念，使人们的精神面貌发生深刻变化。人们把个人梦与企业梦乃至中华梦紧紧融合在一起，把个人价值体现在企业价值之中，热爱企业、忠于企业蔚然成风。团队的凝聚力和战斗力不断得到加强，“心系千家，水润万户”；一声令下，雷厉风行；不骄不躁，奋力前行。

（2）通过“优”文化的渗入和拓展，推进企业整合重组向深度发展。2019 年 6 月，原靖江市华汇供水、华汇城市污水处理和清源污水处理有限公司 3 家涉水企业整合重组成立靖江市华汇供水有限公司，现隶属于江苏华靖资产经营有限公司，是一家以自来水生产供应和管道安装维护、城镇污水处理为主体的中型国有企业。在企业整合重组过程中，他们注重将华汇供水的“优”文化渗透到城市污水处理厂和清源污水厂中去，通过文化交融，让这三家企业从表象上的体制联合形成内在思想上的高度统一，达到联合联心，大家心往一处想，劲往一处使，面貌正在发生新的变化。

（3）通过“优”文化塑造与提升，有力地推进了企业创优争先活动的深入开展。无论是供水生产还是污水处理，都不断创造了新的特色、新的水平，使老牌国有企业焕发出了青春活力。公司先后荣获了“全国文明单位”“全国优秀县镇供水企业”“江苏省文明单位标兵”“江苏省供水先进集体”“江苏省保障供水优秀城市”“江苏省建设系统规范化服务先进单位”“江苏省档案管理先进单位”和“江苏省园林式单位”等荣号。

三、案例2：金秋竹门业——以“三个共同”为核心价值观，铸就行业知名品牌

江苏金秋竹门业集团（以下简称金秋竹）在抓企业党建过程中把塑造企业优秀文化作为一项重要工作来抓，以社会主义核心价值观为遵循，紧紧围绕“中国最大、世界一流”工业自动门企业和“百年工业门王国”奋斗目标，确立和践行“三个共同”（共同家园、共同奋斗、共同富裕）为企业核心价值观，凝聚和团结广大员工的智慧和力量，强力推进企业发展，铸就了行业品牌，为振兴民族工业作出了积极的贡献。

（一）心系职工，努力营造“共同家园”

围绕“三个共同”的企业核心价值观，他们既有过早期的自发行动，更注重自觉实践。1991年企业进城时，百废待举，看着员工每天上下班来回奔波近30公里，公司领导十分揪心，时刻想着妥善安排员工住宿的问题。先是动员职工在工厂附近租住，企业补贴租房费用。自1993年起，企业补贴“三通一平”费用，采取“公建私助”的方式，陆续建造了5栋职工住宅楼计100余套，有效缓解了职工住房的迫切需求。企业改制时，公司又支出50余万元，为每个住户办理了房屋产权手续，解除了住户的后顾之忧。

当年，为解决职工子女到城区就学的难题，公司领导也是费尽了心力，倪总利用企业与文教系统的特殊渊源和隶属关系，想方设法帮助职工子女转学到城区学校就读，凡有职工子女升学深造，公司都设宴恭贺。职工深有感触地说，要不是进城工作，要不是倪总的帮助，我们的子女哪有机会到城区的学校接受更好的教育？哪有机会进入名牌大学深造？

公司党支部、工会每年走访慰问困难职工家庭在金秋竹已形成制度化，职工及家庭遇有突发灾难，公司领导都是在第一时间伸出援助之手。有一名安装队员于1996年参加工作，2000年不幸被确诊肝癌晚期，倪总知情后，立即到医院探望，安抚其家属，在公司资金十分困难的情况下，支付了50000元医疗费用。

历年来，公司通过及时足额发放劳保用品、组织全体员工定期体检、组织先进员工外出旅游、邀请退休员工回厂团聚、资助特困学生深造、捐助特殊教

育事业、资助乡村路桥建设、安置残疾人员工作就业等一系列举措，使广大员工切身感受到了“共同家园”的温馨。随着企业的发展，目前公司员工虽然来自四面八方，但“共同家园”的理念已深入人心。

（二）励精图治“共同奋斗”

在“共同家园”的感召下，广大员工迸发出了无限的工作热情，取得了不凡的经营业绩。

1. 党建引领树标杆

他们将坚持正确思想导向、搞好企业文化建设、服务企业经营作为党建工作的重要职责和关键业务，通过“树榜样、立标杆”加强员工队伍建设，教育和引导广大职工树立正确的得失观、荣辱观。有一名销售员从事销售工作20多年，销售业绩一直名列前茅，思想上始终与公司的经营方略保持一致，业务上从未有过走私、挪用等违规违纪行为，尤其是近年来，该同志奋力开拓军队航空市场，无论是合同签订的质量，还是货款的回笼清收，无论是安装现场的协调，还是与客户的沟通，都堪称教科书式的典范。鉴于他的优异业绩和表现，该同志在公司支部换届选举中全票当选为党支部书记。

2. 不惜投入创品牌

从生产开窗机产品开始，他们就高度重视品牌建设。多年来，他们通过实施注册商标、申报产品专利、与国家建设主管部门联合主编行业标准和国标图集、组织召开新产品发布会、参加行业博览会、参与国家重大工程项目建设等一系列举措。在品牌建设上取得了巨大的成就，奠定了金秋竹在金属门窗行业的龙头地位，2006年“金秋竹”被认定为“江苏省著名商标”，同年被评为“江苏名牌产品”，进一步提升和放大了“金秋竹”品牌的美誉度和影响力。

3. 精准发力抓营销

“市场营销是企业的生命线”，销售出身的倪总深谙此道，并为此殚精竭虑。一是市场开发常抓不懈，从源头上牢牢把握市场营销的命脉。公司为此将全国市场划分为五大片区，在营销中心下设专门机构（市场开发部），配备5名市场信息专员，专业从事设计院开发工作，一方面，他们从设计院搜集获取所在片区的建筑工程信息；另一方面，公司定期、分片区组织召开设计院会议，向设计师推介公司的新产品，帮助设计工程师为用户单位定制关于门窗选用的个性化方案。二是细分市场精准攻关。近年来，公司在军用航空、民用航空、核电、城市轨道交通等领域倾注了大量的心血，获得了丰厚的回报，最近三年每年的销售收入均超过集团销售总量的一半。

4. 潜心科研促创新

在产品研发上，他们始终坚持“先人一步、快人一拍”，回顾国内第一台开窗机、第一樘电动伸缩门、第一樘工业提升门的面世，金秋竹始终站立在行业的制高点，引领行业潮流。一是自主创新，2005 年，公司在国内同行中率先成立了“自动门窗研究所”，现有工程师以上职称的科研人员 50 多人，专注于各个系列产品的研发与改进提升，目前公司共获得国家专利 72 件，其中发明专利 10 件。二是国内协作，1997 年，公司联合东南大学对开窗机产品进行技术升级改进，2011 年，公司与中科院（合肥）等离子体物理研究所联合开发核电防护门产品。2017 年，公司与上海天祥检测中心合作，对生物屏蔽门的防火防爆性能进行检测和测试。1995 年至今，公司与住建部联合主编了《飞机库大门》等 5 项行业标准，与国家建筑标准设计研究院联合主编了《高强度中空采光板门窗》等 9 册国标图集。三是高位嫁接国外先进技术，公司先后与瑞典、澳大利亚、德国等国家的专业厂商开展深度技术合作，引进开发了工业提升门、遮阳卷帘门窗、GRP 中空节能板材等具有国际先进水平的产品。

5. 全员管理争效益

随着企业规模的发展壮大，他们不拘泥原有的思维，不断进行管理提升。2010 年集团公司成立后，内部模拟市场核算，他们以产品为单位建立新的经济组织体，实施自主经营、统分结合、自负盈亏，有效激发各子公司的活力，充分挖掘了人的潜力，也培养了一批分公司当家人和管理骨干。公司每年都以“节支降耗”为主题，发动全体员工“排找差距挖潜力、转型升级出主意”，鼓励员工围绕“技术设计、材料采购、生产改善、质量提高、管理优化、效率提升”等方面提出建议。据统计，2017—2018 年，公司共收到提案 312 件，立项实施 265 件，创造效益千万余元，员工参与率超过 80%，实现了由过去“自上而下管理”向“全员参与管理”的提升，有效激发了员工的潜力和工作积极性。通过“共同奋斗”，取得良好的经济效益，从而为公司全体员工“共同富裕”奠定坚实的基础。

（三）与员工共享发展成果，实现共同富裕

自2000年企业改制以来，在良性健康发展的同时，他们适时修订出台了一系列旨在普惠全体员工、保障员工收入稳步增长、激发员工奋发上进的薪酬制度和激励政策，历年的工资普调及奖励分配重点向科技人员、销售人员和生产骨干倾斜，以科技人员为例，其收入包括以下5项内容：

（1）基本年薪：根据科技人员的思想品德、学历、职称、工作年限、业务能力等，每年综合评定一次，评定合格的较上年度递增5%～10%。

（2）合同分解奖：根据营销中心订立的销售合同，如属非常规产品的，视产品复杂程度，公司给予合同金额0.1%～0.5%的奖励，每半年结算。

（3）新产品开发奖：科技人员圆满完成公司下达的产品开发和改进任务的，公司给予相应的嘉奖，并在新产品销售过程中给予合同金额0.5%～1%的提成。

（4）成本节约奖：公司对每笔合同订单的成本情况实行“一单一结算”管理，如实际成本低于目标成本，经公司审计部门核实后，按节约成本金额的20%对营销、技术、生产、安装、质管等部门进行奖励。

（5）年终二次分配：每年年底，公司拿出净利润的20%，以子公司和各职能部门为单位进行再分配，其中技术、营销两大部门的二次分配份额不低于总额的50%。

据统计，近年来，员工的工资性收入年均增幅为7.6%，其中科技人员的增幅超过12%，公司也因此荣获“泰州市劳动关系和谐示范企业”“最具社会责任感企业”等称号。

第三节　文化的核心价值理念：企业精神

一、方略：重塑和弘扬企业精神

企业精神是基于企业愿景使命、经营理念、企业核心价值观等，经过精心雕琢而形成的组织群体的精神风貌。企业精神是企业文化的核心，是引领和促进企业发展的强大精神动能，也是企业外树形象的一个“窗口”。时下，每个

组织都有自己的企业精神文化，但是随着外部环境的变化和企业的不断进步，原有企业精神文化已不完全相适应，需要有序推进，进行重新提炼和塑造。有专家学者认为，企业文化一般在五年之内需要重新调整优化一次，也就是这个道理。

（一）结合总结企业文化建设，重点检视企业精神是否切合时宜

一般可从企业精神的鲜明通达的时代性、激励前行的感召性、凝心聚力的穿透性来盘点。面对后金融危机和新冠肺炎疫情带来的经济下行压力，观察企业是否有克服时艰的坚强意志和拼搏奋斗的精神，能否变逆势为驭势。面对新科技革命带来的新挑战，观察其是否有勇立潮头的勇气和攻克必胜的精神，能否变挑战为机遇。面对市场经济运行格局的大调整，观察其是否有合作共赢的价值主张和同心勠力的精神，能否变竞争为竞合。面对新的变革（质量变革、效率变革、动力变革），观察其是否有“自我归零”的理念和众志成城的精神，能否变劣势为优势。总之，时代在变，世界在变，环境在变，一切都在变化中，我们必须因势而谋、顺势而为、变中求新。如果不及时对某些不适应外界变化的企业精神文化予以重塑淬炼，便会影响到企业的稳健发展。因此，我们论道企业精神文化时，必须提高认识，更新观念，因为企业理念是支配企业精神的，有了先进理念，才会有优秀的企业精神。

（二）讲究实用有效，提炼更具特色的企业精神

企业精神是企业文化体系中的一个重要组成部分。企业精神和企业文化一样，不会自觉产生，要靠长期塑造和建设。所谓特色，即更具特质，更具内涵，更具影响。在具体提炼时，做到“三精”，即精准、精细、精进。所谓精准，即坚持从实际出发，有的放矢。一是融入时代精神，以抗疫的伟大精神来支撑企业精神，使之成为推动经济发展的巨大力量。二是融入红色基因，“不忘初心、牢记使命”，用信念、责任来实现企业梦，为实现中国梦作出贡献。三是融入以人为本的理念，把蕴藏在群众中的智慧和力量释放出来，将企业精神转化为物质力量，以文化软实力来提升发展的硬实力。所谓精细，就是在塑造步骤上一步一个脚印，环环相扣。先由老总拿出优秀企业精神文化的初步意见；然后在各部门负责人会议上进行讨论评价，进而归纳加工，概括出易懂易记又振奋人心的语言表达；最后在全体职工大会上对企业精神进行详细解读，把重塑企业精神的过程变为促进转型升级和高质量发展的过程。所谓精进，即理念上更新一点，主旨上更深一点，表述上更准一点。重塑企业精神，不是否定原来的，而是在原来的基础上拓展延伸，有的只是文字上更换或者嵌入一个字眼，更多是深化原来表述中的内涵。同时，坚持将优化企业精神和优化整个文化体系结合起来，既重点突出，又全盘兼顾。真正做到特色凸显、切合实际、言简意赅。

（三）多措并举，保障企业精神文化落地

有了好的精神文化，还需有效落实的举措。

①以多种宣传形式来启动。除了在公共场所悬挂企业精神标语外，还可在企业文化长廊中，采用图文并茂的方法来展示企业精神，加深员工的印象。在企业召开的各类会议和举办的各项活动中，既讲工作任务要求，又把企业精神渗透进去，达到相互促进，相得益彰。还应将单一宣传转为多元互动，由不同层次的管理人员运用自媒体，以手机微信、QQ 群等形式，与员工开展一些文化分享交流。还可利用企业的局域网，组织主旨专题论坛，促使员工从被动接受企业文化转向主动体验企业文化，做到点滴渗透，提质塑形。②选树先进典型来拉动。结合年度先进评比，选树一批金牌员工、创新标兵、营销明星、操作能手等榜样群体。同时，编写好先进人物可说可听可视的生动故事，逐步将文化理念、企业精神植入内心，融入血液，使其成为推动企业发展的精神动力。③以人本文化建设来撬动。企业发展根本在人，企业文化建设实质是人心建设。只有当员工从思想深处意识到企业发展的好坏与自身切身利益息息相关时，才能将文化建设从口号变为行动，这是企业精神文化落地的关键。因此，要建立起企业与员工共创、共赢、共享的机制，让员工有更多的幸福感、安全感、成就感，从而自觉让文化融入思想与行动中，焕发企业员工与企业同呼吸共命运，以爱岗敬业、奋力拼搏的主人翁精神，大力推动企业转型升级和创新发展。④以企业领导率先垂范来带动。企业领导既是企业精神文化的倡导者、策划者，也是企业精神文化的传播者和实践者。榜样的力量是无穷的。企业家在担当企业使命、描绘企业愿景、践行企业价值观、弘扬企业精神等方面作出示范，个人的人格力量和战斗风貌即能带动和影响整个团队，以崇高的敬业精神来完成卓越事业。

二、案例：富天江电器——企业精神催发新的闪光点

人是要有点精神的，企业也一样，必须有自己的企业精神。企业精神是塑造优秀企业文化的核心价值理念。一般来说，一个新办企业至少需要五六年时间才能初步形成企业精神；一个老字号企业的企业精神及文化，往往是一代或者几代企业领导者与全体员工共同塑造的结晶。它虽然抽象，看不见，摸不着，可它是企业稳健发展的灵魂与支撑，是企业的无形资产，无价之宝。富天江这样一个由江苏三江电器集团公司与日本富士通（将军）株式会社共同经营的新型中日合资企业，从运行一开始，其经营者就被中日双方投资者要求制定自己的企业精神，公司领导集各方智慧，经过认真研究，反复斟酌，提出了“亲和、忠信、高效、奋进”这一企业精神。它既是富天江人在未来应该共同遵守的信条，又是富天江人对外界发出的郑重承诺；它既是富天江人呈现给人们的精神面貌，也是富天江人追求的思想境界。

（一）亲和

亲和即亲近和谐。儒家讲和：和而不同，和而求同；道家讲和：与人和、与地和、与天和；释家也讲和：和为贵；21世纪的今天更讲和：和谐家庭、和谐社区、和谐企业、和谐社会。古人云：“天时不如地利，地利不如人和。”古人把“人和”看成决定战争胜负的第一要素。商场如战场，在现代商贸大战中，变数实在太多，要更好应对不确定环境，企业内部的团结协调无疑是至关重要的因素。广大干部员工亲密无间，和睦相处，人人心情舒畅，个个充满活力，大家心往一处想，劲往一处使，就会形成强大的内聚力，企业便会无往而不胜。公司员工宛如手的五根指头，分散开来绵软无力，一旦紧攥在一起，挥出去肯定是强有力的。倡导以厂为家，就是希望员工把工厂视作一个大家庭，形成厂兴我兴、厂富我富、厂衰我衰，利益休戚与共的团体，如此任凭外部环境千变万化、跌宕起伏，都能化挑战为机遇、化压力为动力，取得长期稳定发展、做大做强企业。因此，他们说“亲和”是决定现代企业成败的第一因素，将“亲和”放在企业精神中的首位，也在情理之中。讲“亲和”也就是讲团结，团结出力量、出智慧、出财富、出人才。当然，讲团结，不是不讲原则，不是和稀泥。工作中产生意见和分歧甚至矛盾，是正常的，不可回避的，问题

是产生分歧和矛盾之后，应该用正确的方法解决它。正确的方法是什么？前人早有教导，成功的企业也有先例："求大同，存小异"，"顾全大局"，"团结一致向前看"。"求大同"，即大问题，原则问题，必须保持一致，不能含糊；"存小异"，即小问题，非原则问题，非主流问题，若不能取得一致，则各自保留自己意见，让时间和实践去检验它、修正它。企业的人力、物力、财力应百分之百地用在自身的生存和发展上，决不能内耗在枝节问题和无原则的纠纷上。因此，他们把"亲和"作为企业精神，且放在突出的位置上，是十分正确的。自公司成立以来，他们深刻理解和执行"亲和"二字，中日投资方之间、企业高层内部之间、上下级之间、员工之间，都以事业为重，识大体、顾大局、重团结，大事讲原则，小事讲风格，从未将工作意见上的分歧演变成人际之间的紧张关系，亲如一家人，为企业应对市场变化，实行稳定发展打下了坚实的基础。

（二）忠信

2500 多年来，忠、信一直是中华民族的道德法则、行为准则中最重要的两个字。王安石曾言：忠者不饰行以侥荣，信者不食言以从利。其意思是说，忠诚的人不用装点自己的行为来得到荣耀，有信用的人不会说话不算数来得到好处。忠，从大的方面来说，是忠于祖国、忠于人民、忠于事业；从小的方面来说，就是忠于契约所规定的义务。个人与企业签订了合约，就要恪守条款，一诺不悔，引申开来，就是热爱企业、忠诚企业，一言一行以企业利益为重。员工从与富天江公司签订合同之日起，就应该忠实于本公司，并矢志为公司的兴旺发达贡献自己的聪明才智，同时必须严格执行企业的各项规章制度。任何时候、任何情况下都不能做损害公司信誉或利益的事，不能"身在曹营心在汉"。即使员工另谋高就、离开企业，也应该坚持做到这一点。这是做人的基本准则，这就是"忠"。全体员工必须忠诚于他从事的电机事业，不朝秦暮楚，这山望着那山高，稍遇不顺就想跳槽。任何岗位都能出成果、做贡献，关键在于自身的素养。很多人在最平凡的岗位上做出不平凡的业绩，原因可能很多，但最根本的一条是他们热爱并忠诚于投身的事业，几十年如一日，痴心不改。

"信"包括两层意思：一是员工对企业的信心，对自己所从事的事业有坚强的信念；二是企业对客户、利益相关者以及市场重质量、讲信誉、重合同、守信用，说话算数，一诺千金。“信用是人生命中的血脉，绝对不能宣布破产”。“对人以诚，人不欺我；对事以诚，事无不成”。企业也是一样，信誉就是企业的生命，是市场的通行证，没有信誉的企业是无法存活的。企业讲信誉当然是通过公司全体员工来实现的，只有公司上下一心，层层负责，人人把关，才能建立起企业的良好信誉。任何不守合同、不重视质量、不信守诺言的言行都是企业的大敌，必须坚决予以摒弃。多年来，富天江公司持有很好的信誉度和美誉度，无论是在产品质量还是交货日期、数量上，都从未失信于客户；企业承诺员工的，无论是工资还是福利，都能按照每年职工工资集体协商和职代会通过的一一兑现；员工对企业不离不弃、尽心尽职，让企业越来越放心和满意，基本形成了一个命运共同体、事业共同体、利益共同体。

（三）高效

高效即高效率、高效益、高价值，这是所有企业都必须追求的终极目标。富天江公司直接将高效作为企业精神，应该说是抓到了问题的关键。试想，不抓运行效率、没有经济效益、不讲用户价值，企业有什么存在的意义？尤其是在当今高质量发展中，更需将高效落到实处。实现企业高效，需要技术和管理双轮驱动。富天江公司创办时就从国外购进了最先进的设备，引进了国际最先进的管理技术，同时，注重不断消化吸收再创新，日方专家对富天江公司在引进设备上再改造、再提升取得的成果非常满意与佩服；他们还率先在泰州将先后通过的 3C 认证和 ISO9001 质量管理体系、ISO1400 环境管理体系、OHSAS 18001 安康管理体系合成“三合一”管理体系，同时通过国家认证。多年来，富天江公司都兢兢业业、不断创新，做好技术改造、管理提升两个大文章，给企业带来了实实在在的好处。出厂的所有产品都是高品质，为用户提供满意的产品，搞好个性化服务。在品质保证的基础上强调高产值，不断提高单位工时产量，达到机械设备效率最大化。同时确保管理人员、一线工人工作效率最大化，办事雷厉风行，今天能处理的事决不拖到明天，本工时的事决不拖到下一工时。企业的生产效率、经济效益和用户价值都不断得到攀升。

（四）奋进

奋进即奋勇前进。古希腊哲学家苏格拉底说：“人类的幸福和欢乐在于奋斗，而最有价值的是为理想而奋斗！”“驾驭命运的舵是奋斗”，奋斗者是幸福的，奋斗者是付出的，奋斗者才能出彩。古往今来，凡成就事业，无不是脚踏实地艰苦攀登的结果。“千淘万漉虽辛苦，吹尽狂沙始到金”。要取得事业进步，“不抱任何一点幻想，不放弃一次机会，不存在一丝松懈，不停止一日努力”。企业顺利时，要总结经验、再接再厉、居安思危；困难时，要千方百计、排除万难、争取进步；挫折时，要百折不挠、愈挫愈强、继续前进。富天江自创立以来，有过顺境时的一路高歌，也有过逆境时的破冰前行，但他们始终坚持每年开发新品，实行技术改造，努力提质增效，达到每年销售、利润均有一定幅度的增长，一年一个台阶，这就是他们高效奋进的真实写照。“奋进”已成为富天江公司全体员工精神状态的高度概括；“奋进”像是一面旗帜，它指引全体员工艰苦创业、不怕困难、一往无前；“奋进”像是一把号角，它号召全体员工精益求精、踏实肯干，向着更高的目标攀登。

富天江公司的企业精神：“亲和、忠信、高效、奋进”四个词是一个有机整体，相辅相成。它们之间既相对独立，又相互关联，且有递进之意。高效离不开亲和、忠信；达到了高效，不能满足，尚需不断奋进，取得更大的发展。奋进永远在路上，企业才能蒸蒸日上，基业长青。因此，我们可以断言，一个企业，只要全体员工亲近和睦、团结一致，忠于职守、增强信心，勤勉工作、提高效率，共同奋斗、与时俱进，就一定会在经济大潮中站稳脚跟，在竞争激烈的市场中享有更多话语权和主动权，朝着胜利的方向铿锵前进！

第四节 文化内涵丰富的渠道：古为今用，洋为中用

一、方略：学习德国的制造业文化

（一）向德国制造业学习的缘由

在经济发展进入新常态的新的历史阶段中，关于中国由“制造大国”变为“制造强国”的参照物，选择哪个国家最为合适，企业界不少朋友都会不假思索地回答：德国。这是因为德国制造业有着从身份低微变为享誉世界的一段佳

话。1887 年，当时工业雄霸天下的英国，主要针对其进口量仅次于美国的德国，专门通过了一部《产品标示法案》，第一次规定，任何进口商品都必须在产品名称下面标明产品产地。因为那时德国产品充斥市场，往往数量大、价格廉、质量低，世人都对德国货避之不及。但此后，一群为德国工业振兴的有识之士，创立了“德国制造联盟”，成立了举世瞩目的包豪斯学院、乌尔姆设计学院等。从此，“德国制造”逐步摆脱低廉劣质的形象，至二战前，德国制造已代表全球工业水平的最高指数。德国制造业用了短短 25 年，成了全球工业的翘楚。有资料显示，2018 年，在德国机械制造业的 31 个部门中，有 17 个占据全球领先地位，处于前 3 位的部门有 27 个。德国制造业被称为“众厂之厂”，是世界工厂的制造者。同时，德国正在加快推进实施“工业 4.0”发展战略，将引领制造业进入一个新的历史阶段。如此表现，除政府正确引导外，还有其深刻的文化因素。我国制造业大而不强，企业的关键设备还是依靠德国等发达国家，但引进德国的设备、零部件和工艺，却不能制造出原装产品的质量。2020 年 5 月国务院出台《中国制造 2025》战略规划，旨在缩小与制造业强国的差距并最终领先。这对千千万万制造业企业来说，既是竞争力提升的契机和条件，也是生存发展的重大挑战和考验。我们要以振兴中国制造业为己任，以时不我待的紧迫感，在抢占信息化与工业化深度融合的这一制高点的大背景下，加快改革创新步伐，同时用优秀的文化来提供精神动力和发展支撑。因此，研究和引进“德国制造”背后的文化，扎扎实实地开展一个制造业文化再造，具有十分重要的现实意义。

（二）德国制造业文化的主要内涵

1. 德国制造业的专注精神

专注是德国“理性严谨”民族文化的结晶，“理性”是民族性格的行为方式。德国企业的一个显著特点，在于其产品往往从缝隙市场进入，一旦进入就会一门心思专注于这一行业，绝不会因为其他行业“钱”景更好而改弦更张或多种经营。德国制造业者严格遵循“小事大作，小企大业”，不求规模大，但求实力强。一旦凭借雄厚的制造技术在细分市场中建立了质量优势，他们就会不断地加大研发投入，通过创新来巩固和扩大优先优势。管理层对于公司的经营目标有着长期的考量，不会因短期业绩压力而放弃长远目标。他们几十年、几百年专注一项产品领域，力图做到最强，并成为大业

（所谓大业，即大事业，在行业中有地位、受尊敬）。一些大业者今天仍然是中小企业，例如，印染压缩链、工业用链、高压专业吸尘器等都是全球领先。类似这样的企业数以千计，如同散落在德国各地的珍珠，人们称之为“隐形冠军”（当时德国教授赫尔曼·西蒙对隐形冠军制定了三条指标：领域内全球市场份额第一或第二，抑或在欧洲市场排名第一；年销售低于10亿美元；在大众之中知名度较低）。同时，也有小产品成为大企业的。如WMF公司，100年专注于厨房用具，生产品种达1.5万多种，是全球厨房用品顶级奢侈品牌，成为不锈钢厨房及餐桌餐具用品的代名词，一直是全球五星级饭店、高档餐厅的指定首选，现已进入我国中心城市高档市场。这些企业是德国的宝贝，是德国经济的脊梁。

德国制造业的专注，除了受民族文化的理性严谨因素的影响之外，也与德国政府的坚定与自信密不可分。德国政府在艰难困苦时发展实体经济，在歌舞升平中也发展实体经济。并利用财政杠杆、金融杠杆和税收杠杆来平衡和稳定经济，在保证实体经济顶梁柱的环境下，也不放松虚拟经济发展，但从未让虚拟经济过度膨胀而超出实体经济承受的范围。实体经济和虚拟经济协调运转，使得经济这辆大车稳健前行。

2. 德国制造业的“标准主义”

德国人“理性严谨”的民族性格必然演化为生活和工作中的标准主义。德国人生活中的标准比比皆是，如垃圾分类规范、什么时间段居民不可发出噪声、列车几点几分停在站台的哪条线等。他们是一个离开标准寸步难行的民族，这种标准化性格也必然被带入制造业。今天我们经常接触的标准大多来自德国。全球2/3的国际机械制造标准来自“德国标准化学会标准”。可以说德国是世界标准化的发源地，其标准涵盖了机械、化工、汽车、服务业等所有产业门类，达到3万多项，是“德国制造”的基础。标准主义在德国企业的具体表现，首先是“标准为尊”。在德国制造的过程中，“标准就是法律”，尊重标准、遵守标准，就像戴安全帽和遵守红绿灯一样自然。其次是“标准为先”。在制造产品之前，先定标准，并完善各个环节和零部件的标准，为实现“零缺陷”目标打下基础。据《欧洲时报》报道，德国制衣业为了制定标准，委托一家研究所，重新测量和统计有关德国人身材的数据，目的是获得更精确的制衣尺寸。这种精确直接给德国制造带来了精密的特性，对于精确的追求必然反过来提高标准精度。德国标准化学会制定的标准——DIM 是世界上最好的工业标准。德国人不精确的话不说，不精确的事不做，他们每天工作安排很精当，完成率也很高，不存在完不成任务而加班加点的现象。中国制造精度不高的文化原因是“差不多”这类高频词汇所产生的模糊性和随意性。最后是“标准为重”。他们执行标准，追求完美。其行为表现是“一丝不苟、做事彻底”，也就是认真、顶真，德式认真比起日式更认真。这是德国人融入骨髓的性格特征。他们严肃认真地对待一切事物，不容半点轻率和漫不经心。德国有句谚语：“犯错误，都要犯得十全十美。”德国人做什么都要彻底到位，不论是否有人检查监督，也不论是工作还是做家务，做不完美有瑕疵就深感不安。据报道：2012 年，我国国内多数大城市遭遇暴雨漫淹，当年德国在青岛埋设的排水系统使用了 100 余年，一些老化的零件需要更换，根据德国企业的施工标准，在老化零部件周边 3 米内居然真的找到了存放的备件。从中我们看到德国人做事的认真与彻底。他们执行标准，严守秩序。这种秩序与制造业有相关的含义：整理、整顿，规则、规章，秩序、顺序，纪律、安宁。德国有句谚语：“秩序是生命的一半。”他们特别依赖和习惯遵守秩序，离开秩序就会感到焦虑和不安。这种秩序首先表现为时间管理。德国社会和企业都在时间坐标轴上理性地运转，他们认为与时间形成密切关系的人才能驾驭人的生命和工作，所以他们的时间观念强，完成工作计划的责任心强。在具体工作中，这种秩序主要表现为流程管理。如要安装设备，先对着图纸和流程图进行开会研究，在明确要求后，再开始工作，看不到闲散窝工者，也看不到慌乱无措者，一切都按秩序悄然推进。加工零部件、安装设备，离不开雷打不动的两个前提：一个是秩序，另一个是工具。什么秩序必用什么工具，什么工具必配什么秩序，不得有丝毫变通。这种秩序的空间表现，则是物品放置的条理性，在德国企业无须推行 5S 管理（整理、整顿、清扫、清理、素质），一切都在自觉之中。

3. 德国制造业的优良品质

提到“德国制造”，人们便会自然地想到：严谨、优质、结实、耐用。“德国制造”早已不仅指产地名，更是代表着一种精密文化。德国制造业的厚实品质，除了“专注精神、标准主义”这一制造文化的“工具理性”层面，还有德意志人“责任感、刻苦、服从、可靠和诚实”这一深刻的“价值理性”基础。德国人对工作负责，对客户负责，对产品负责，并以人的可靠和诚实保证产品的可靠和真实。这使得德国制造的产品在设计和材料使用上，实实在在考虑用户的利益，注重产品内在质量胜过外观功能。大部分企业不希望通过低价竞争获取市场，而是依靠高品质产品进入高端市场。《青岛早报》曾报道，江苏路基督教堂有一座德国制造的钟表，用了一百年没有维修过，根据运转状况，这些齿轮还可用300年，其坚固耐用性令人咋舌。现在德国汽车的安全系数和耐用性，比起一些竞争对手更是胜过一筹。同时德国制造业的优良品质，也孕育和催发了实体经济发展，这种实体经济发展的实质就是一种优良品质的折射。德国中型企业的底蕴和实力开创了一个时代的新经济模式。由于有金字塔般坚实的底座，使得其经济发展在金融危机时岿然不动，始终以品质取胜于消费者，以品牌立足于世界。

德国制造业的优良品质来自德意志人的理念和胸怀。德国人并不把勤俭务实、遵纪守法当作一种对自己的约束，而将其当作一种神圣使命；也不把忠厚老实、信守承诺视作一种付出，而将其视作一种社会责任。他们认为只有自觉这样做，才能保证社会高效有序地运转。这是一个现代国家公民应有的素质，也是一个现代化国家不可或缺的条件和标志。德国莱茵河的西边也是工厂，但水可以喝，做到了金山银山和青山绿水兼而有之。这是德意志人文明素质一个最有说服力的佐证。

德国制造业的优良品质，也得益于德国成熟的教育体制和对人才的重视。德国独特的双轨制教育体制和成熟的职工教育体制，以及“发挥自己”“独立思考”的教育宗旨，堪称“世界一绝”。德国10年级以后的学生，大多选择去某家企业或职业学校半工半读，三年后成为技术人才。德国教育既培养高端人才，也打造出色的技能人才。德国双轨制教育制度，像一台永不停息的发动机，源源不断地输送专业后备军，为德国将百年制造“品质”锤炼成一种神话提供了有力的人才保障。虽然中国教育体制也在改革，但儒家“学而优则仕”的思想仍根深蒂固，不施新政，难以奏效。

（三）学习德国制造业文化的途径和方法

1. 将学习德国制造业文化与创建优秀企业文化结合起来

目前大多数企业都有自身的文化建设纲要及文化体系，要将德国制造业文化的主要内涵融入企业文化体系中来。德国制造业文化的显著特点，就是理念先进独特，要根据行业特点和企业实际，构建和培育企业与时俱进的价值理念，如企业愿景、企业精神、发展理念、经营理念等，做到寓个性文化于共性文化之中，寓特色文化于大众文化之中。认真运用实际案例与德国制造的文化进行对比分析，排差距，找原因，自省自改。切实推进文化向管理环节渗透，着力打造竞争文化、质量文化、品牌文化、精益文化，形成新的竞争力。

2. 将学习德国制造业文化与推进企业转型升级结合起来

德国制造业不求最大，但求最好。实践证明，企业真正做强做好，自然就会成为大企业。成就大企业必须建立在做强做优的基础上，否则就会失去“金字塔”的坚实底座而发生风险。在当前转型升级中，我们要学习德国制造业的专注精神，像他们那样几十年、几百年坚守自己的行业领域，专注于把企业做精做强。同时，管理者也要做好自我管理，做任何事情量力而行，不盲目攀比，做出一些超乎自己能力的事情。遇有虚拟经济诱惑，应学习德国实体文化定律，耐得住寂寞和诱惑，不见异思迁，不一哄而上，不轻率从事。既锐意进取，奋力开拓，以创新求变，在变中创新，但又不浮躁、不冒进、不任性。遵循经济规律，按照市场需求，脚踏实地，步步为营，争做行业内名副其实的领先者。政府也要利用各种有效杠杆调节平衡好实体经济与虚拟经济的发展，进而引导企业健康稳健发展。

3. 将学习德国文化与提高企业管理水平结合起来

文化也是管理，文化是管理的升华，且是最高境界的管理。在推进科技创新、产品创新、市场创新的同时，还要把管理创新摆上重要议程。坚持管理创新与技术创新并重，克服和纠正重技术轻管理的倾向。在管理创新过程中，学习德国文化的精髓，尤其是德国制造业的标准主义，要像他们将标准当作法律一样来对待，崇尚标准、尊重标准、严肃标准。坚持道德管理和质量管理齐头并进，彻底纠正和克服标准问题上的主观性、随意性、贪利性。积极创造条件，主动地贯彻标准，争取早日通过行业、国家乃至世界有关管理体系认证。有条件的企业要争取牵头和参与标准的制定，以争取更多的话语权和主动权。严格执行各项制度和标准，做到一丝不苟不走样。遇有违章，动真格，不徇情，不和牌，让产品成为客户和消费者的放心产品，让企业真正成为有高度社会责任感的社会自然人。

4. 将学习德国制造业文化与创品牌结合起来

一个品牌尤其是名牌，是制造者素质的外化。制造者素质的高低直接关系到创品牌的成效。要通过塑造优秀企业文化来提高员工素质，增强员工的理性严谨，改变不守时、不认真、不精确的陈陋旧习，在认真做事中改善自己，提高自己。做到像德国员工一样认真做好一个产品，目光中充满欣赏，将美学与工作结合，尽量将事情做得完美无缺。学习德国制造的优良品质，弘扬工匠精神，在专业领域中脚踏实地、精益求精。将对企业负责、对消费者负责和对社会负责保持一致性，并始终将消费者利益放在第一位，做到货真价实、互利共赢。

5. 将学习德国制造业文化与招引德国等发达国家合作项目结合起来

在大众创业、万众创新的热潮中，应采用多种渠道和方法，加快推进与德国等国外先进企业合资项目的招引与建设，在引进先进技术的同时，把国外优秀文化嫁接到中国文化中来。同时，认真总结和推广现有中德合资企业文化相互融合、相互促进的做法与经验，放大文化效益。积极利用到德国对口企业学习考察的机会，现场感受德国制造业文化，增强学习先进文化的自觉性与积极性。从而让德国制造业文化在中国制造业中生根、开花、结果，让中国制造业在“中国制造 2025”等战略机遇中得到更好更快的发展。

二、案例：高新窑炉——制胜要靠智慧与文化

靖江高新窑炉材料有限公司（以下简称高新窑炉）在 20 多年发展过程中，有意识、有计划、有步骤地运用参观学习、技能与知识竞赛、各类会议、出外旅游、扶贫济困以及开展“两学一做”学习教育等多种形式和渠道，引导全体员工并对其灌输新理念、新理想、新价值、新担当，积极塑造优秀企业文化，彰显了“高新”特色文化内涵，有效地促进了企业可持续发展。

（一）创造革新鼎固精神

“高新窑炉”一班人回忆创办时用“高新”冠名，体现了用高新技术生产高新产品的本意，以及开发高端高分子材料切水板产品、建立国内首家引进当时最先进模具设备全自动化生产线、与国内 20 余家大型冶金石化企业建立长期合作伙伴关系的历程，他们深深体会到：人类最高的欲求，是在时时

创造新生涯。假如没有独创精神，不去摸索更新的途径，只是随着别人的足迹走路，总会落后别人一步；要想超过别人，非有独创精神不可。企业同样需要具有独创精神，才能进步，才能发展，才能永远立于不败之地。尤其是在当前不确定因素日益增多，市场瞬息万变的情况下，只有适者才能生存。鉴于此，他们引导广大干部员工树立“适应变化的唯一途径就是应变，在变化中推动发展，在发展中孕育变革”的理念与思路，增强改革创新“苟日新、日日新、又日新”的紧迫感和责任感，建立健全创新发展机制，深入谋划创新，推动创新，落实创新。基于这一思考，他们研究确定在城北园区新征用地，建立一座新型的现代化企业，新上智能生产流水线，围绕产业链部署创新链，全面提升企业全要素生产力，使企业产能和水平再上一个新台阶，实现一个新跨越。

（二）打造工匠卓越品质

工匠品质是指在工作中追求精益求精的工作态度与精神，是职业道德、职业能力、职业品质的体现，是从业者的一种职业价值取向和行为表现。对高新窑炉的每一位员工，他们不要求做到十全十美，但必须做到尽善尽美。保证每个员工都有一个良好的工作态度和工作表现，对所做事情和生产的产品精益求精、精雕细琢，注重细节、追求完美，一丝不苟、耐心专注，着力打造高新品牌。公司承建的酒钢工程建设等项目，以高质量的施工产品和细致周到的服务，使客户满意度达100%，实现“零投诉”，赢得了行业普遍认可和社会各界的广泛好评。

（三）塑造勤劳克难品格

勤劳克难，顾名思义，就是既勤劳又克服困难。2020年，新冠肺炎疫情的出现，给本就低迷的市场又泼了一盆冷水。在这种不利的大环境下，他们引导全体员工树立勤劳克难思想，端正工作态度，艰苦奋斗，不怕困难。充分发挥各自的主观能动性，结合自身的工作岗位，开动脑筋，努力摸索出高效节流的生产工序和技术要点。组织发动大家提出合理化建议，公司专门设立意见箱，方便员工投用。大力提倡和积极鼓励员工搞发明和创新，公司对有重大贡献的员工给予“高新奖”，对有发明或创新的员工给予“高新发明创新奖”，对工作表现特别优秀的员工给予“高新劳动奖”。

（四）营造从严务实作风

他们要求管理者崇尚从严务实，勤勤恳恳做事、踏踏实实做人，兢兢业业地把工作做好，落到实处，做一名称职的管理者。要求员工做到以下几点：一是围绕大局做，着眼于小事干。找准自身定位，视自己为一颗螺丝钉，在公司全局这部大机器上起好固定作用，当好“助推器”，不做“绊脚石”。二是精工细作，高标准严要求，做事认真严谨，做到生产因精巧而增产，管理因精致而增效，服务因精准而增色。三是建立一套科学公正的管理机制，这也是老板最重要的职责。因为企业中好的机制能让坏人变好，坏的机制能让好人变坏。做法上，让员工通过机制看到希望、实现价值，让公司更稳健、可持续地发展，而不是没标准、没要求，凭感觉发工资、给红包。倘若薪酬设计得不好，往往发的就是利润，加薪加得不靠谱，加的就是贪婪！

（五）锻造团结合作风格

作为一个制造业企业，要使赛如一台庞大机器的各个系统协调高效运转，关键在于把团队建设好。因此，他们在团队建设中不断锻造团队的团结合作风格。一是树立一个团队就是一个战斗单位的理念，围绕企业的目标或任务，以车间、班组和职能部门为单位组建团队，对管理者和员工进行结构设计，把拥有不同知识、技能和经验的人组合在一起，形成“麻雀虽小五脏俱全”的作战方略，从而科学合理地利用每个员工的智慧和才能，做到优化组合，互相补充，互相支持，增加整体合力。二是从自我管理、自我分享出发，由企业高层进行公司目标任务分解，列出清单，下发到各个团队，并明确相应的具体绩效考核条例，促进团队增强内生动力。三是建立健全每两年全员轮训一次的制度，让团队人员具有良好的从业心态和技能，具有大局意识和协作精神，将个人利益和公司整体利益相统一，从而汇聚成强大的凝聚力。四是加强企业管理层与各个团队之间的沟通，及时帮助解决在运转过程中遇到的困难和问题，形成全厂一盘棋、共同下好棋的运行体系。五是坚持每年选树一批先进团队和标兵，采用物质与精神相结合的方式进行奖励，以先进集体和个人来影响和推动人人思上思进，使公司得以整体高效协同运行。近几年，该公司各项经济指标能取得显著进步，就是将团队战斗优势转化为发展优势的结果。

公司总经理郑国庆深有体会地说："制胜不凭体力而靠智谋文化，成功不仗命运而靠奋斗精神。人生最重要的是，知道自己要去哪里，怎么去。"他们表示，在今后前进的道路上，将始终确立"每一份专注的背后，都是担负在身的责任，做出高品质的原创，都是自己的认真"的理念，继续提振"战必胜、攻必克、使命必达"的信心和勇气，做勇敢走在时代前列的奋进者、开拓者、奉献者。

第五节　文化竞争力的关键：内化于心，外化于行

一、方略：增强自觉与自信，深入推进企业文化建设

文化对于一个国家、一个地区乃至一个企业都是十分重要的。习近平总书记在江苏视察时，突出强调"做好各项工作必须有强大的价值牵引力、文化凝聚力、精神推动力的支撑"。在庆祝中国共产党成立95周年大会上的讲话中，习近平总书记提出"坚持中国特色社会主义道路自信、理论自信、制度自信、文化自信"。这深刻地表达了文化实力和竞争力是国家富强、民族振兴的重要标志；企业文化实力和竞争力则是企业做强做优的引领和支撑。实践证明：企业发展短期靠产品，中期靠管理，长期靠文化；企业文化是企业的灵魂，是企业发展的不竭动力。我们要增强自觉与自信，不断推进企业文化建设，以提升企业的软实力与核心竞争力。

（一）文化动能转换，是企业文化建设的本质要求

文化动能转换，即将运用先进的核心价值理念所产生的无形动能——文化力转化为生产力，进而转化为竞争力，从而达到为企业发展服务的目的。而企业核心价值理念的确立应通过上下充分讨论、反复酝酿，达到集思广益、精准构建，并把这一过程变为推进员工认知认同的过程。与此同时，从推动价值与行为一体化出发，将企业核心价值理念转化为企业的经营方针、工作标准和行为规范，从而把企业文化融入企业发展的全过程，渗透到生产经营管理的各领域、各环节，固化到企业组织架构、经营流程、资源配置之中，促进企业文化与企业战略、市场营销、人力资源管理等工作的深度融合。运用核心价值理

念，统一员工的道德标准和做事方式，把员工个人工作同自己的人生目标联系起来，唤起员工的工作激情和团队精神，并通过思想政治工作对员工的理想进行引导，把个人目标同化成企业目标，紧紧地把人心拴在一起，增强企业的向心力。从而将企业员工打造成一支能吃苦、善战斗、讲贡献的团队，并通过发挥整体的智慧和力量，最大限度地提高全要素生产力，创造出最佳的质量和效益。

同时，蕴含在企业中的那些人们共同的道德意识、积极的价值观和先进的精神境界、思想修养，以及企业在生产经营中积累的先进科学技术、创新理念、服务观念，也必将会通过自己的产品、服务和员工这一载体，悄然地渗透到社会中，影响着企业以外的社会成员，从而产生连锁效应。譬如，吸引一批能人志士加盟，交往一批志趣相投的朋友，结识一批各领域的领导专家，企业也就积聚了一批发展资源和发展要素。事实证明，优秀企业文化确实会给企业带来好处，不仅可以产生巨大经济效益，而且能培养一批具有共同价值理念和做事方式的员工。正如美国著名管理学家约翰·科特和詹姆斯·赫斯克等人的研究指出："企业文化（特别是当它的力量十分雄厚的时候）会产生极其优秀的经营业绩。"

（二）坚持以人为本，是释放文化内力的唯一选择

人是第一财富，人的本质是人性，人性的核心是被人尊重。文化建设的实质是人心建设，是通过人的无形的精神力量激发人的主动性，提高人的自觉性，增强人的责任感，进而提升人的价值创造力。这充分体现了现代管理"以人为中心"，而区别于科学管理"以物为中心"的理念。人管人很累人，制度管人固化人，文化管人管灵魂。基于此，无论企业文化如何表述，都应当体现人文关怀，都应当真诚地尊重、关心企业员工和广大消费者，视他们为"上帝"，始终采取负责任的态度。一旦员工在思想深处意识到企业与自身利益息息相关时，企业的文化价值理念、团队精神、行为方式等便会融入员工的思想、言谈和行动中去，潜移默化地产生教育、鼓励、规范管理等效应。上下同欲者胜，同舟共济者赢，拥有共同的目标就能产生强大的向心力。因此，要坚持以人为本，树立人本价值是企业第一价值的观念，不断强化职工与企业之间的利益纽带、平台意识和情感联结，着力建设职工与企业的利益共同体、事业共同体、命运共同体，激发大家的奋斗动力，凝聚成应对挑战、加快发展的合

力。同时，坚持奉行合作共赢的理念，把诚信作为通力合作的基石，为顾客提供超越价值，为股东创造丰厚利润，为员工铺设成长平台，为伙伴营造共赢局面，助力成就每个利益相关方的价值与梦想，努力建成受员工爱戴、受客户尊重、受社会信赖的和谐幸福企业。

（三）培育特色文化，是厚植文化核心竞争力的关键所在

文化是一种理念，是一种无形力量。企业的产品可以同质，管理可以同法，技术可以同步，而文化却不能相同。企业的个性化特征决定了企业文化的差异性，也决定了文化是企业竞争力的核心。对一个企业来说，要实现健康成长和可持续发展，企业文化是其中最持久的决定性因素。企业文化不可照搬照抄，需要我们潜心研究、集思广益。要根据社会主义核心价值观和地域的精神与品格，结合行业特点和企业实际，构建个性鲜明、言简意赅的企业核心价值观，塑造对上下都有激励作用的企业精神，使之成为企业员工工作、生活的精神水准和目标。并且应根据企业发展阶段不同，调整变革企业文化，深化文化体系建设，培育各具特色的企业文化，不断提升企业文化的内涵和生命力。同时，注意梳理提升长期实践活动中“孵化”出来的诚信文化、研发文化、品牌文化、生态文化、团队文化、安全文化等这些价值理念、行为规范，把全体员工的思想行为引导至企业发展所需的方向，激励员工工作的积极性和创造性，从而让文化内化于心、固化于制、外化于行，使整个团队基本形成共识（学相同、思相近）、共鸣（思相近、言相和）、共振（言相和、行相辅）的态势。

（四）文化落地生根，是企业文化建设取得成效的基本保障

文化内涵很宽泛、很深刻，它像空气一样，无时不有、无处不在。文化不能是墙上标语，也不能是空中花园。文化只有真正落地，才能服务发展，取得成效。而基层是企业制度落实的基础，是企业文化培育的土壤；员工既是生产主力军，又是文化建设的主体。要使文化落地，不能仅仅停留在管理层，要着力推进企业文化延伸到班组员工。做到这一点，要有一个好班子、一套好机制、一批好榜样。所谓一个好班子，就是“一班人”，尤其是班长，要重视企业文化建设，当好企业文化的设计者、推行者，并以身作则，当好企业文化的实践者，在员工中产生号召力、感染力，从而通过一层一级带动，影响到每个人。所谓一套好机制，即有好的宣传机制、培训机制、管理机制、考核机制。通过四个机制的综合运用，提高全体员工整体素质，使他们能接受企业文化的感染和教育，能自觉执行由核心价值理念转化形成的各项具体要求。并使其通过文化价值内容考核指标列入企业综合考评，促使企业文化建设常抓常新。所谓一批好榜样，即在考核评比的基础上，选树一批先进典型。以先进个人带动全体员工，以先进团队凝聚职工力量。并利用多种形式宣传先进典型的事迹，营造比学赶超的氛围，使置身其中的员工的情感和精神能自觉与企业精神相融，从而做到自我教育、自我约束、自我提升，为企业发展集聚更多的正能量。

（五）不断创新提升，是永葆文化生机和活力的根本保证

企业文化是一项复杂而系统的工程，是一个日积月累、思想厚植的过程。企业文化的形成不会一蹴而就，也不可能一劳永逸。文化要在继承中创新、在发展中创新才有生命力。十多年前，国内外一批“骨干脊梁”，现在有的已经销声匿迹，有的僵而不发，但有的仍生机盎然，其根本原因，是能否保有先进的企业文化作引领和支撑。因此，不能将企业文化束之高阁，要力求踏准时代的节拍，注意不断地改善提高，既保持原有文化的相对稳定，又不断与时俱进。在创新提升中，针对不同时期的中心工作，适时对核心价值理念赋予新的内容，或是引申出新的理念。而后，通过这些导向性文化来推进企业成功进行战略转型、技术创新、体制创新和管理创新。当前要破解新常态时期的诸多矛盾和问题，特别是落实供给侧结构性改革的具体任务，必须以改革求变的创新精神，把发展立足点提到质量和效益上来；以市场为导向，加快结构调整和产业升级的步伐。在资产兼并重组中，要积极探索符合自身实际的文化融合模式，通过凝聚共识，提升企业优化整合能力。在产业升级中，要强化新经济经营意识，突出体现信息化、数字化、网络化、智能化，走科技含量高、经济效益好、资源消耗低、环境污染少、可持续发展的道路。积极践行这种顺势而变的理念与意识，就能让企业文化真正成为企业核心竞争力，为企业实现可持续发展提供有力保证。

二、案例1：马桥供电所——“马”文化体系成就全国电网“供电示范所”

马桥供电所位于靖江西郊的国家级生态镇——马桥镇，承担着全镇3.7万农户和400余家企业的供电任务。近年来，他们根据国网公司的要求，以塑造优秀文化推进企业创新发展，取得了卓尔不群的业绩。先后获得国网公司“标准化示范供电所”、“五星级供电所”、江苏省“群众满意基层站所”、“省巾帼文明岗”以及泰州市和靖江市授予的多项荣誉。

马桥供电所在塑造企业文化过程中，紧密结合自身实际，精心提炼，形成了颇具特色的“马”文化。他们之所以取名“马”文化，是因为该所地处马桥，当年抗金英雄岳飞跃马扬鞭穿过这片土地时留下了令人难忘的精忠报国的佳话。几千年来，马用自己的力量和赤诚经历了血与火的洗礼，形成了一种忠诚、高贵、奔驰、不可征服的意象。这正切中了国家电网提出的“人民电业为人民”的服务宗旨、“努力超越，追求卓越”的企业精神、“以客户为中心，专业专注，持续改善”的核心价值观的要义。将“马”冠于文化之首，形象生动，言简意赅，让我们一览即能在瞬间领略到企业文化蕴含的那种忠于职守、奋发向上、乐于奉献的品格和精神。在具体实践中，他们以习近平新时代中国特色社会主义思想和党的十九大精神为指导，对照国网公司“百千万”工程建设要求，将国网公司企业文化与自身发展实际情况相结合，形成了以“精、稳、全、快”为核心的“马”文化体系，有效地推进了供电所专业管理、安全管理、人才培养和优质服务向精益化、常态化、全能化和高效化发展。

（一）以“精”引领专业管理，塑造精益文化，跃马扬鞭提质效

经过驯化的马才能为人所有，最终实现人马合一、配合无间，跃马扬鞭就是一个从粗放管理向精益管理迈进的过程。面对现代化管理的高标准、严要求，该所以“精”领航，在“精”字上做文章花气力，保障管理提质增效。

1. 精化文苑建设

该所将门前的绿化区改造为文化宣传教育基地，东侧为以岳飞精忠报国为背景的“精忠文化园”，用于进行以“精于业务、忠于客户”为主旨的文化教

育展示；西侧为“企业文化园”，是以“社会责任报告”、“小马管家”服务品牌为主线的宣传阵地。同时，营业用房一楼以“优质服务”为主题、二楼以精细管理为主题、三楼以队伍建设为主题营造文化氛围，全面完成企业文化可视化管理工作。

2. 精准业务分工

按照“末端业务融合”的建设要求，该所将原有的运维采集一班和二班整合为运维采集班，担负外勤工作，作为外勤总管，实行台区经理制，由对应的台区经理负责网格内所有营销、运检等业务；保留原营业班，担负内勤工作，作为内勤总管，实行综合柜员制，负责所有业务的内部流程及各类仓库管理。内外两块双管齐下，有力推进班组业务分工合作、深度融合。

3. 精细网格管理

该所按照每个网格覆盖45个台区或1500个客户的基准，将辖区划分为11个网格，通过竞聘和选聘相结合的方式确定11名台区经理，并制作《台区经理工作手册》，明确台区经理工作职责与要求；将邻近区域的2～3个网格组合成5个片区，每个片区内的台区经理组合成供电互助服务小组，从班长、专职中竞聘或选聘小组长（片区经理）。通过落实指标责任，有效缩短服务链条，推进营配业务末端融合，切实解决管理中的难点、短板问题。

4. 精心服务营销

从适应“服务一次到位”要求的角度出发，融合业务咨询、受理、查询、缴费等职能，设立“综合业务”柜台，改“模块化”服务为“一站式”服务，进一步方便客户办事。通过实施“综合柜员制”与“台区经理制”做到协同支撑，内外联动，让服务营销由“刚”转“柔”，实现了“让用户最多跑一次”的目标。精益管理产生了好的效益，截至目前，该所各关键指标名列前茅，年售电量6159.23万千瓦时，同比增长11.74%；台区低压线合格率100.00%，同比提升0.26个百分点；采集成功率99.99%，同比提升1个百分点；客户满意度、设备消缺率、电费回收率均达100.00%。

（二）以“稳”引领安全生产，塑造安全文化，马不离鞍绷紧弦

鞍不离马背，甲不离将身。只有时刻绷紧安全意识这根弦，高度警惕安全生产过程中的风险点，才能实现安全管理长治久安。作为供电安全尤为重要的行业，他们树立安全为天意识、预防为主意识，全面优化安全环境，力推“要

我安全”到“我要安全”“我会安全”“我能安全”的转变。

1. 一心想安全

以全员参与、一致认同、实践性强、趣味性浓为四大提炼原则，融入地域特色、行业特色，在内部常态化开展安全警示教育素材征集活动（安全主题漫画、安全标语、安全合理化建议等），重点提炼特色安全管理形象等，将全员一起参与思考的过程转化为全员接纳、认同安全文化的过程。

2. 两眼见安全

亲情最能触动人心，他们将“家”元素融入安全文化管理。开展“员工亲属进班组”活动，通过让员工亲属走进员工的工作环境，了解员工的工作任务与风险，增进他们对员工的理解和支持，促使他们与员工共同担负生活和工作的风雨，提升安全宣教效果。

3. 三番讲安全

开展“领导干部上讲台”活动，通过邀请公司领导干部深度参与、率先垂范、身体力行，展示“有感领导”形象，引领员工主动学习安全知识、抓实安全工作，掀起“学安全、讲安全、抓安全”的热潮，营造“知责尽责、重视风险、信息畅通、分享互助”的良好安全氛围。

4. 四肢行安全

严格落实安全生产责任制，强化“十个规定动作”培训和“两票”填写培训。同时，常态化开展“安全大找碴”、安全员“360 度扫描”等活动，对检查中发现的违章现象进行拍照，并将安全隐患制作成 PPT 在安全例会中进行分析、探讨，杜绝违章现象，加强施工现场安全管控，连续安全生产 5807 天。

（三）以“全”引领队伍建设，塑造人本文化，秣马厉兵争标杆

马能日行千里，夜行八百，渡水登山，如履平地，是全能冠军。他们通过三管齐下，将员工培养为能文善武的“千里马”，建设“一专多能”复合型员工队伍，打造高绩效团队。

1. 文化聚心

老马能识途，是因为心中有一个指南针，知道正确的方向在哪里。国网公司的企业文化理念就是该所员工的指南针，无论在任何时候都能将“诚信、责任、创新、奉献”的核心价值观作为自己行事的准则，做一名合格的国网人。

该所将历史的传承文化与时代的行业文化有机融合在一起，积极弘扬岳飞精神，传承“精忠”文化，成立“精忠党员义工”服务队，定期开展“党员一对一电力服务大走访大落实”活动，对内辅助监督供电服务质量，对外拉近与客户之间的距离，让文化内化于心、外化于行。

2. 培训聚力

路遥知马力，马能跑是天生的，而想跑得久就要借助系统、专业的训练，强肌健骨。该所以营配知识贯通为重点，常态化开展台区经理岗位培训，组织开展光伏发电业务全过程办理、电动汽车充电、电能替代等新型业务知识培训，进一步优化员工的理论知识和业务技能结构，大力培养工匠人才与多面手。同时，由各班长担任班组的兼职培训员，聚焦供电核心业务，分析优质服务危险点、业务流程梗阻点、专业管理薄弱点，激励员工立足岗位、发挥长板、补足短板，形成“一年入行、两年入职、三年成熟、四年成才”的新风尚。

3. 绩效聚气

马无夜草不肥，要想马群跑起来，就不能吝惜手里的那把草。我们常说，财聚人散，人聚财散，也就是这个道理。该所通过实施“工作积分制”，将绩效考核与积分挂钩，实行班长和职员、片区经理和台区经理捆绑考核，分解、传递指标压力，引导班组之间、员工之间密切配合，心往一处想、劲往一处使，促进各项指标业绩提升。同时，借力外脑，开展创新思维提升培训，鼓励员工开展小发明、小创造，对成熟的创意给予资源上的投入，并在绩效管理上给予倾斜，加大奖励权重。

另外，通过引入竞争机制，确保就职能进能出，岗位能上能下，收入能高能低，有力地调动了员工的积极性和创造性，涌现出一批以全国优秀农电工、江苏省电力公司技术能手陈新波，江苏省电力公司农网配电营业工职业技能竞赛一等奖、江苏省电力行业技术能手、泰州供电公司“青年好榜样”施烨，江苏省“质协杯”QC 小组成果活动一等奖得主王小奇为代表的先进典型。2016 年，运维采集班的配电箱多功能操作工具、安全防护面罩、电力系统储物箱等三项发明成果获得国家实用新型发明专利证书。

（四）以“快”引领营销服务，塑造客尊服务，马上就办服务优

树立客户为尊的理念，闻客户需求而动、马上就办、一口对外，强调业务

受理就办、办就办好、好上加快。该所以创建服务品牌“小马管家”为动力，在优质服务规定动作不变形的基础上不断创新服务手段和方法，以“快”体现服务的差异化、特色化，适应客户越来越高的心理预期。

1. 借力“互联网+”

该所创新应用“互联网+营销服务”“互联网+配电运检”的业务手段，积极推广应用台区经理移动业务终端，简化客户办电流程，打造现场服务工单处理以及信息上传、更新的智能助手；建立常态化电子渠道推广机制，加快推广银行代扣及“电 e 宝”、微信、掌上电力、支付宝、扫码等在线缴费方式；创新“滴滴电工”管理，为客户提供有资质的社会电力安装施工队伍信息，方便用户自行选择为其处理内部故障的施工队伍；以台区经理为中心，建立“台区电力客户服务”微信群、张贴台区经理告示牌、发放联系卡，实时传递信息，畅通沟通渠道。

2. 开展分类服务

该所依据工程类别、客户类别的不同，创新“用心服务五项工作法”，以重点工程跟踪服务法、民生工程上门服务法、客户办理业务时间控制法、特殊客户定期走访服务法、潜在客户提前服务法为依托开展分类服务，为用电客户提供高质量的服务，得到地方政府、电力客户的一致好评，优质服务取得显著成效。2016 年，马桥供电所营业班申报的《以“五项工作法”促优质服务满意度提升》典型经验入选省公司班组建设基层典型经验汇编，成为唯一由供电所撰写的优质服务类典型经验。

3. 打造智能营业厅

该所以增强用户体验为切入点，进一步完善电能替代展示区、智能家居体验区、“互联网+”线上服务办理区、24 小时自助服务区的功能，开展互动化智慧营业厅建设，推进营业厅综合服务能力提升。同时，应用客户一次性告知书、用电业务同城异地办理、全业务线上受理线下服务、推行电子账单和电子发票、营业窗口双屏、手机充电等相关暖心小举措，让营业厅服务更加人性化。在“小马管家”的引领下，该所供电服务效率和质量得到显著提升。截至 2019 年 3 月，该所抢修工作平均到达现场时间缩短至 26.2 分钟；平均故障处理时长缩短了 10 分钟；95598 回访客户满意度 100.00%。该所的“小马管家”服务品牌，通过近三年的打造，积累了无数的口碑，得到了社会各界的广泛赞誉，并被新闻媒体多次报道，品牌形象深入人心。

三、案例2：光芒集团——积健为雄的光芒文化

江苏省“三会”会长、省政协九届副主席吴冬华在省企业文化示范单位光芒集团评审会上如是点赞：光芒是我省民营企业中首家被评定为全省企业文化示范单位的企业，光芒文化具有鲜明的个性，是全省以党建工作引领企业文化建设的典范。

（一）追寻光芒文化塑造和创新的足迹，光芒文化如同颗颗珍珠串成的项链，晶莹透亮，弥足珍贵

光芒文化伴随着企业的诞生而孕育，伴随着企业的发展而提升。经过40多年沉淀历练，形成了内涵隽永、特色鲜明的核心价值理念体系，指引着企业发展，为企业提供源源不断的动能。1987年5月23日，靖江县政府组织学习推广县第三机械厂（光芒集团前身）以改革精神抓管理、实行单人核算经济责任制、实现“双增双节”的经验，至今仍不失它的现实意义。在这市场多变的漫长岁月里，他们永葆争创一流、砥砺前行的情怀，顺应着时代的脉搏而律动，较早地获得了“中国名牌产品”“中国驰名商标”称号，成就了厨卫家电行业民族品牌和多能源搪瓷水箱产业领袖地位，持续保持经济指标两位数增长势头，企业先后获得百余项国家级、省级荣誉。这是他们用文化汇聚全体员工智慧和汗水结出的丰硕成果。

（二）光芒文化如同一泓静水潜流，哪里出现低洼或者间隙，它便会自觉地流向哪里去充盈

员工接受企业价值观后，执行制度已成为自觉行为。一名非党员缴纳“特殊党费”，受到省委组织部表彰；一名员工连续多年资助数十名寒门学子读书，那个班被命名为“光芒班”；17年光芒服务节，惠及1000多万用户……这深刻体现了光芒文化既渗透于管理之中，又流溢于管理之上的特征。

（三）光芒文化如同一块强力磁铁，紧紧地把人心吸在一起，增强了企业的凝聚力和战斗力

光芒人深深懂得，只有行为才能产生价值，他们通过推进理念和行为一体化，形成了强大合力，全面激发了企业的整体活力。50万元挖不走的燃气具专

家、60 天研发出太阳能热水器、162 天诞生光芒首款冬夏切换燃气热水器等事例，生动诠释了光芒文化的正向“磁场效应”。

（四）光芒文化如同一股和煦春风，为企业营造了团结和谐、相互支持、奋发向上的组织氛围

全体员工在同一个企业文化环境中，具有共同的价值取向和行为准则，做到热爱企业、以企为家，以诚朴敬业共创事业；做到热爱家庭、以家为乐，以互敬互爱厚植感情；做到热爱国家、以国为重，以提升行业水平为民族争光。

（五）光芒文化如同一块晶莹玛瑙，它通过企业品格、企业信誉、企业风貌等来扩大企业的影响力，提高企业的运行效率

2008 年，国家工商行政总局局长周伯华到靖江考察，被董事长范朝洪振兴民族工业的拳拳之心所打动，当场表示：“驰名商标就是要支持这样的企业。”2009 年，一位大客商来公司考察，经过一番交流，客户为企业家的创业精神和对社会的责任情怀而感动，当天就达成了合作。这充分印证了文化是企业发展的软要素、文化力催发生产力这一真谛。

光芒文化之所以具有如此的魅力与活力，源于他们的精心塑造和不断创新。

1. 坚持以党建工作统领企业文化建设

企业党建工作与企业文化辩证统一、相通相融。光芒集团党委长期坚持用党建指导和把握企业文化建设，把抓好文化建设作为自身的重要职责和关键业务，作为新时代做好党建工作的主要抓手和载体，将增强企业核心竞争力作为党建工作的出发点和归宿。创建了党委书记、董事长主导—班子成员主动—职能部门主抓—管理部门、一线车间主推—员工为主体的“五主”责任联动模式。紧紧围绕企业重点工作，策划“创优争先”主题活动，搭建党建工作和企业文化融合的平台和载体，引导党员寻找共振点，以党的先进性促进文化先进性，以党员的模范作用感召员工、引导员工，做到文化的动人音符与党建工作的铿锵之音同频共振，提高了党建工作与企业文化融合的实效性。

2. 坚持以核心价值观构建先进文化体系

核心价值观是企业发展的灯塔、前进的引擎。他们根据社会主义核心价值观的内涵，结合行业特点和企业实际，构建了个性鲜明、简洁明了（包括价值观、使命、愿景、精神、企训等）的文化价值理念体系，并折射出一系列行为文化。公司经常组织开展专题性活动，推动价值理念深入实践。大力推动文化核心理念融入企业各项管理，让文化内化于心、固化于制、外化于行。整个团队基本形成共识（学相同、思相近）、共鸣（思相近、言相和）、共振（言相和、行相辅）的态势。

3. 坚持以人为本释放企业文化的内力

企业文化的实质是人心建设。光芒文化坚持以人为本，树立人才是企业第一资源的观念。不断强化员工与企业之间的利益纽带、平台搭建和情感联结，着力建设员工与企业的利益共同体、事业共同体、命运共同体，激发大家的奋斗动力，凝聚应对挑战、加快发展的合力。坚持奉行“精诚守信、和谐共赢”的理念，把诚信作为通力合作的基石，为顾客提供超值服务，与伙伴建立多赢机制，助力成就每个利益相关方的价值与梦想。基本建成受员工爱戴、受社会尊重、受政府信任的和谐幸福企业。

4. 坚持以与时俱进文化推进企业持续稳健发展

文化在继承中创新、在创新中发展才有生命力。在文化建设中，他们针对不同时期中心工作，通过开展具有导向性的企业文化建设加以补充，使之对战略和管理富有支撑服务功能。为促进新常态下企业创新发展，他们把理念创新作为首要工作来抓，先后多次组织有关人员到国内外知名企业学习考察，认真研究国内外先进企业的创新实践，从中提炼汲取先进的文化理念、精益生产方式、新的工艺技术，确立了“用国际思维打造智慧工厂”的发展思路。积极营造良好的创新环境和创新氛围，深入组织开展“三创”（创新、创效、创优）活动，做到目标同向、思想同心、工作同步、攻坚同行，有力推进了转型升级。企业实现了由传统生产模式向自动化、智能化生产模式转变；产品从“中高端”向“高精特”升级，实现了从追赶到引领同行的重大突破。

5. 坚持以强化领导班子建设带动企业文化建设

一个企业领导班子的素质高低决定着企业各项工作（包括企业文化建设）开展的成效如何。公司党委在加强班子思想作风建设的同时，还要注重不断提高自身的综合素质。企业一把手注重学习与修养，以对事业的执着追求和人格魅力，带领和影响着“一班人”。“一班人”相互信赖、精诚团结、尽心尽责，干事激情绽放、踏石有痕，在员工中有号召力、影响力、感染力。从而使得

“一把手”的言传身教带动了“一班人”，“一班人”的良好形象带动了公司全员，公司上下形成了讲大局、比绩效、争先进的浓郁氛围。

时代呼唤创新，创新永无止境。我们衷心祝愿光芒集团在新的征程上，以“江苏省企业文化示范单位”命名为动力，紧紧围绕“打造百年基业”这一既定目标，深入地探索和创新，创出更多的鲜活经验，将“光芒”内在潜能释放得更加充分，让“光芒”发展得更好、更快，为振兴我国民族工业、加快靖江经济社会事业发展铸就新的辉煌！

第六节　文化落地的根本：以人为本

一、方略：知识经济时代背景下的人本管理

（一）人本管理的基本概念

人本管理，即以人为本的管理，这是过去企业管理以物为本的飞跃。人、财、物、技术、信息、知识等资源要素中，人是第一位的。倘若将企业中的“企”字拆开来分析，即是“人”与“止”，可见，企业离开了人即会停滞不前，办企业离开人则一事无成。人是生产力中最活跃的因素。国际管理大师安德鲁·卡耐基说过：“带走我的员工，把工厂留下，不久后工厂就会长满杂草；带走我的工厂，把我的员工留下，不久后我还会有个更好的工厂”；韦尔奇明确提出：“人力资源系统比财务系统更为重要。”他还道出了自己成功的秘密是“让你身边的人不断发展和创新，而不是设法控制你身边的人”。这充分说明了“以人为本”的重要性。

以人为本的核心是以心为本，其本质是经营人性，也就是建设人的心灵品质，塑造人的高尚精神。企业是社会的细胞，也是一个社区，通过人本管理，让员工“明心”和“静心”，从而开发员工心灵宝藏主宰行为作用，充分调动员工积极性和创造性，提升员工自身价值，增强企业的活力和后劲。人本管理的核心思想是以人心为本，其实质是尊重人、理解人、信任人、激励人、帮助人、培养人，给人最大的发展空间，给人更多的关爱，这种管理思想能发挥人的最大潜能，促进企业持续发展。

以人为本主要体现在三个方面：第一，经营以员工为本，员工是企业第一资源，经营企业即经营员工，依靠员工的积极性和创造性来发展企业。第二，经营共创共享，员工分享经营成果。财散人聚，财聚人散，成果分享即凝心聚力，否则，即貌合神离。第三，培育员工，不断给员工赋能，包括提高员工职业素养和作业能力，满足企业高质高效发展需要。人本管理有五个层次，即情感到民主、民主到自主、自主到人才、人才到文化。

人本管理经历了两个发展阶段，企业管理由以物为本到以人为本是第一次飞跃，以人为本到以心为本是第二次升级。通过心本管理，搞好人心建设；心本管理是企业文化的新跨越，已成为企业生存和发展的根基。在人本管理中，最需要关注的是人的价值创造，使每个人价值最大化，海尔的变革就是打造人性化的公司，让每位员工成为 CEO。企业经营中是以人为中心还是以物为中心，这是企业高维者和低维者的分水岭。

（二）人本管理的基本方法

1. 以情感交流尊重人

尊重和认同员工，用情义感动员工，这是人本管理中最为重要的部分。沃尔玛的三大基本信仰是：尊重个人、服务顾客、追求卓越。在谷歌公司，大家的办公场地都一样，而且员工的餐谱属于重大事项，需要董事会来讨论决定。对企业员工特别是普通员工要像对顾客一样，用心研究他们的需求。既要满足员工物质利益方面的需求，更要满足员工精神层面上的内在需求，真心诚意地解决员工的实际问题，用热心换真心，用诚心换忠心，让员工由衷感谢企业，自觉主动地提升工作责任心和执行力。领导更新观念，将自己放在与员工同等重要的位置上，不能妄自尊大，应扑下身子站到员工队伍中，到一线倾听意见与心声，和员工同甘苦、共进退。领导遇见员工，主动与员工打招呼，道声“你好”，拉近彼此之间的距离。做到像通用与惠普两公司一样，尊重个人、全员平等，从上至下都直呼其名，大家绝无尊卑之分，互相关系融洽亲切。

在企业重大事件决策中，让员工有知情权、参与权、建议权乃至有参与决策权。比尔·盖茨的做法颇具启发性，他在每次公司发生重大事件时，都要用电子邮件与全体员工交流看法，并把总部召开的会议在网上直播。切实搞好有职工代表参加的劳动集体合同协商与工资制度协商会议，开好职工代表大会，搞好厂务公开，让职工充分表达诉求，充分体现职工当家作主的理念。

同时，领导要善于与下属沟通，运用沟通技能和合作技巧，让员工掏心底话，以真正了解员工的想法。由美国市民评选出来的最受欢迎的公司中，有一家英格拉姆计算机批发公司，其董事长有一个专用24小时畅通的电话，欢迎各方与他随时沟通。美国CDW公司首席执行官每月要同25名员工共进午餐。公司每位员工会收到5个贴好邮票的信封，以鼓励员工提出意见。美国联信公司董事长劳伦斯除了每月给用户写信外，还要举行几次早餐会，邀请的员工是计算机随机挑选的，这些做法都是可借鉴的。要做到真诚沟通，需换位思考，站到对方的立场上去考虑他们的意见与愿望，从本质上理解对方需求，同时表明自己的意见，以获得对方的认同。这样既可将领导的理念与要求及时传递到企业中去，让员工自觉呼应与作为，又能增强企业领导的亲和力，有针对性地做好工作，收到事半功倍的效果。

2. 以满足需求激励人

要从外在激励上升到自我驱动。人的驱动力有两种基本力量，一是他动力，如同一个火车头带动整车向前推进；二是自动力，如同动车每个车厢有自己的驱动力向前推动。对人们的激励，应从他动力转向自动力，外在激励是被动力，不可持续，而自我激励是主动力，能持续向前。自我驱动是一种内在力量，既强烈又长久。企业要想把为客户创造价值这一根本落到实处，只有用心用情超越员工的期望值，才能使员工发挥出自己的潜能，超越客户价值，这样才能不断提高经营人心的回报率。自我驱动的形成基础在于信任，信任是最好的激励；一般说来应以鼓励为主，好员工是鼓励出来的，要把鼓励作为礼物送给员工，员工即会以更好的行为回馈主管，形成良性循环；即使要批评，也不能直接指责，而是正面引导，动之以情，晓之以理，将员工导向好的结果。自我驱动的核心在于价值观，自我价值的实现是最强的激励。因此，对企业中不同的人群，应采取不同的管理方式，对于能干自觉的人，要像喂牛一样分槽，防止互相竞争，让其有更多的自主和自由，充分发挥其才华；对于懒散的人，要像喂猪一样合槽，鼓励互相竞争，构成员工比拼状态，充分焕发员工的热情和创造力。自我驱动的关键在于利益激励。在利益激励方面，对员工薪酬的设计一定要科学，一定要高于行业的平均水平。在激励方面要从工资制转向分享制，企业财富由员工共同创造，投资者在取得合理资本回报后，创造财富应由员工分享。要树立有恒产才有恒心的理念，对关键人才，实行恒产激励，如股权激励、房产激励、保险激励等。恒产激励的本质，就是让人才与企业形成利益共同体，与企业共同成长、共同发展。对现代企业员工，要少管理，多激励，正确处理好效率与情感的关系，对事要讲效率，讲效率才有竞争力；对人要讲情感，讲情感才有凝聚力，两者是一个完整体系，论先后，效率为先，论轻重，情感为重。

3. 以德才兼备培养人

对员工培养要舍得投资，投资设备能有今天，投资员工才有明天，对人投资是最好的投资。培训是投资不是成本，投资有回报，培训员工产出比可达1:100，回报率非常高。日本著名企业家稻盛和夫有一条成功公式，即成功=理念×能力×激情，虽是对企业家而言，但也同样适用于员工。一是理念，正确的理念。理念是个矢量，决定能力和激情的正负向效果，这是员工成功与价值的关键所在。与时俱进的理念也即人的态度，积极主动的意愿。在职业培训中，首先要培训员工新的理念和职业道德，确立职业文化，让员工具有敬业精神，专注于职业，忠于自己的职业，以企为家，以岗为荣，以责为重，进而精益求精，向工匠精神发展，发挥积极性和创造性。二是能力，有能力才能敢担当、担大任，才能提升执行力和战斗力。鉴于员工从操作型转向服务型，主要从事流程监管、专配调试、质量检测、设备维修等，服务比操作更重要，要加强知识和技术的培训，赋予员工新理念、新知识、新技术，提高新的工作能力，熟练掌握现代自动化设备操作本领，充分发挥员工的积极性与创造性，促进劳务型向知识型转变，以适应知识经济时代的需要。三是激情，激情源自人的价值动力。这种动力体现人的内心，是最根本的动力，作为企业经营者，要研究发挥人的价值动力，通过多种形式引导和表扬激励，帮助员工形成崇高思想境界，以及对新目标的价值追求，勇于自我挑战自我加压，从而让员工尽其智，倾其力，追求价值最大化。同时，注意及时将优秀员工提拔到胜任岗位上，让他们挑重担、增才干，不断进步成长，努力创造新的业绩。

4. 以价值创造选用人

企业因为客户创造价值而存在，而企业价值又是由员工创造，所以企业需要有能为自身创造价值的员工。其选用的条件，一是员工创造价值的胜任力（潜在能力），主要体现在知识（包括从事某一职业领域必须具备的专业知识，也包括某一组织中所必须掌握的相关信息）、能力（某一岗位的业务操作能力即问题解决能力）、职业素养（包括思想道德、意识行为习惯）等方面；二是员工创造价值的实际绩效（实际价值）。目前胜任力和绩效评估已经发展形成胜任力模型、关键业绩指标、平衡计分卡等较为成熟的方法。关键业绩指标，看一个部门或员工关键业绩贡献的评价指标，即衡量贡献业绩的多少，从另一个角度就是衡量目标实现的程度。在选用决策时，潜在能力和实际能力兼有的员工为用人首选；其次是选用尽管绩效有些逊色，但胜任力表现出高潜质的员工；而对那些胜任力较差的尤其是素质指标差的，即使绩效指标再高也不能重用。

5. 以优秀文化凝聚人

企业凝聚人，最根本的要靠文化，所以我们常说，短期靠待遇报酬，报酬要超过同行业平均水平，报酬与业绩挂钩；中期靠发展空间，不断提拔优秀的有能力骨干；长期靠企业文化，用卓越的文化来凝聚人心。因此，应用企业愿景引导人，用奋斗目标鼓舞人，用榜样力量激励人，用企业精神感召人，让文化真正内化于心，固化于制，外化于行。

（三）人本管理的终极目标

1. 有一支优秀的高管团队

企业的成功因素很多，如技术进步、管理精细、市场景气等，但第一位的成功因素，是建设一支好的团队，特别是将领导团队组织好。对于团队来说，没有完美的个人，但可以建设完美的团队；团队成员都不可能是完美无缺的，但只要有共同的价值观，相互信任，互相补充，形成一个完美结合的团队，就能产生倍数能量。领导团队最重要的素质体现在四方面：一是忠诚事业。团队的每一个人都忠诚于企业，忠诚于职业，不仅自身不断得到进步成长，而且能带动员工一起发展。二是胸怀宽广。领导团队，尤其是一把手要善于团结具有不同意见甚至反对过自己的人一起工作。领导团队要团结得像石榴籽一样紧紧拥抱在一起，心往一处想，劲往一处使。三是专业精湛。注重不断更新知识，每个成员都有较强的业务能力，并由不同的专业组成。四是敬业。坚持吃苦耐劳，永不言累，永不言败，成就事业。企业经营团队是一个多元化的整体，既要有帅才又要有将才；不仅要有技术人才，还要有市场、资本、人力、信息等各类人才。在组织团队中，要以人才定组织，以组织保战略，让人才有充分施展才华的平台，建立起一套人才自我奋斗而又终为企业做贡献的全新机制。因此，要把合适的人放到合适的岗位上，选对的人做对的事。松下幸之助的用人之道遵循70%的原则，对70%左右的中上等人才比较偏好，这些人才具有独特优势，包括积极向上的发展动力，更加忠诚于公司，更容易融入团队，这是十分独到的管理智慧。

2. 有一支优秀的中层骨干队伍

中层是联系上下的桥梁和纽带，是企业的中坚力量，要努力将中层锻造成大局意识强、专业性强、独立作战能力强、组织协调能力强、解决实际问题能力强、交流沟通能力强的团队。既要确保本部门生产任务的圆满完成，又要将包括职工的思想工作内容的人本管理做好。

过去企业人本管理主要靠人力资源部门，但该部门有职能范围内的大量工作要去做，对基层员工的关爱无暇顾及。由于缺少对实际情况的了解，也不能及时掌握脉搏，对基层员工管理的参与度不高，不能充分理解和帮助员工。要改变这种状况，就要使人本管理有效下沉，不能局限于人力资源部门，要把中层骨干作用发挥好，不断提升他们作业计划完成保证能力、问题解决能力、员工思想政治工作能力。要在人力资源部门的主管下，建立好上下左右一致人本管理网络，同时倡导人人管理、管理人人，相互帮助、相互爱护。并充分利用现代技术信息手段，包括微信、QQ等，加强沟通与联系，真正做到管得及时，管在关键，管到心里，管出效果。

3. 有一支优秀的员工队伍

通过人本管理，建立起具有“五能”（能敬岗爱业、能遵章守纪、能团结友好、能技术精湛、能热爱学习）的优秀员工队伍。使员工能自发自动，发挥自己潜在能力和聪明才智，达到两个新的境界：一是人的内在潜能能得到充分的发挥与体现。人在平时只能发挥平常的能力，但人的潜能是巨大的，这好比冰山一角，冰山的水面部分仅占十分之一，这是看得见的正常能力，而冰山的水下部分为十分之九，这是看不见的潜在能力。把看不见的潜力挖掘出来，就达到了企业管理的极致。二是人的主观能动性能得到充分的发挥和体现，不能像过去传统火车的动力主要靠火车头，而要像高铁动车，靠各车厢的电力；不能像过去传统火车的制动是强制动，而要像高铁动车的制动一样实施自制动，由少数车厢不发电来制动。

总之，通过加强人本管理，建立起三支优秀团队，企业组织的学习力、执行力、竞争力、创新力、生产力一定会得到不断提升，企业也必定会基业长青，持续繁荣；一定会成为被员工爱戴的幸福企业、受社会公认的具有责任担当的企业、让政府放心的优秀企业。

二、案例1：靖江互感器——对“家”文化内涵的解读

江苏靖江互感器股份有限公司注重以塑造优秀文化来推动企业稳健高效发展，建立了以“家”文化为核心的文化体系，现将该公司的“家”文化的主要内涵解析如下。

（一）有目标、有追求的家——【理念】

明确并践行使命（保障电力设施稳定运行，喜迎幸福美满春天）、愿景（争创行业一流，打造百年基业）、价值观（敬天爱人，尚德守信，开拓创新，和合共赢），做到人人明德、利他、爱人，打造为客户、员工、企业、社会提供共同幸福的家。

（二）公平、公正、愉快的家——【算盘】

运用科学的方法，按劳分配，实现精细、规范、标准；客观、公平、公正；互利、无私，打造信任团结、融洽愉快的家。

（三）有规矩的家——【管理】

运用先进的管理理念，规范并激发每个人的积极性、主动性、创造性，实现自主管理，通过KPI、PK等方法，ERP、OA等信息化平台，挖掘员工潜能，让强者更强，弱者变强，最终实现团队高效能之家。

（四）温馨和谐的家——【以人为本】

建设温馨的工作场所、和谐的人文环境，打造让每个人平安、健康、开心、被关怀、被肯定的家。

（五）共同成长成才的家——【自我修炼】

建立学习型组织，帮助每个人实现“自我超越、改善心智模式、建立共同愿景、团队学习、系统思考”的五项自我修炼。通过协同比赛、标杆文化，打通各职系通道，打造一个使每个人能不断成长、懂得感恩、诚信笃实、廉洁自律、学习成才的家。

（六）创新改善、勤俭富裕的家——【客户至上】

通过创新、改善、勤俭，提高劳动生产率，减少浪费，降低成本，实现多赚钱、多分钱、持续分钱、共同富裕的家，将“家”文化根植于每位员工心中，将“家”文化传递给每个客户。

（七）人人为幸福努力奋斗的家——【铁肩担纲】

共同爱护这个家，为之添砖加瓦。通过全体靖互人的不断创造、追求卓越，为打造行业一流、百年基业的家而作出新的贡献！

三、案例2：华雕机械——企业视员工为“家里人”，员工视企业为“自己家”

江苏华雕机械有限公司在转型升级过程中，深谙“心之所及，力之所达”，再好的制度也要靠人去执行，而执行的好差取决于人的觉悟，坚持用文化凝心催生发展力，从制度管理转向心力管理。

（一）华雕机械将心力管理作为塑造优秀文化的重要载体和内容，以爱为根，以人为本

从真心出发，关注人心的各种需求，做好人心培育与心力开发。他们建立爱心基金，努力打造幸福企业。多年来，董事长朱旭斌每年个人拿出一笔资金投入爱心基金，并从销售额中提取部分投入爱心基金，职工也纷纷主动捐款充实基金。爱心基金专款专用，透明公开，全部用在职工身上，为困难职工家庭提供医疗救助、子女学费；职工有燃眉之急，爱心基金随时支出；对有子女考上研究生、大学本科的职工，由爱心基金给予奖励。爱心基金的建立增强了公司的凝聚力，形成了企业“大家”呵护员工“小家”、员工“小家”助力企业“大家”的氛围。

（二）华雕机械采用多种渠道和方法，大力打造优秀员工团队

定期举办各种类型的培训班，提高全员思想、业务和技术素质。积极开展技能比赛，提升岗位操作水平。每年坚持组织全体员工外出旅游，通过旅游陶冶员工情操，拓宽员工视野，同时增进员工与员工之间、员工与管理人员之间的沟通和感情。每逢大的节日举办联欢活动，对出差在外的员工，请其家属参

加，让大家充分体验企业如同家一般的温馨。

（三）华雕机械善于做细致的思想工作，促进员工不断成长

帮助员工搞好职业发展规划，让他们在企业感到发展有奔头、工作有劲头。还定期对管理人员“把脉问诊，对症下药”，做到柔中有刚、刚中有柔。同时不断提高员工薪酬，做到发展企业齐努力、创新成果共分享，有力地促进了企业的高质量发展。

第十六章

附　篇

经济的系统运行，需要宏观经济、中观经济和微观经济三个层面相互配合。本书第1—15章为正篇，属于企业这一微观经济主题的内容；第16章为附篇，大多介于宏观经济与微观经济之间的中观经济方面的内容，既有属于区域经济的长三角一体化开发、江苏沿海开发方面的文章，又有属于市域经济的市、县工业经济发展方面的文章。在研究探索如何做强做大企业时，了解和掌握宏观经济与中观经济的运行状况，能让我们把握全局、精准目标，并很好地与国家级、省级、市级产业规划与政策无缝对接融合，充分发挥市场主体的主观能动作用，不断创出新经验、新优势、新特色。

同时，附篇中全球汽车知名企业日本丰田、我国存续时间最长的晋商等文章的编入，意在导入一种思想，即任何企业要想做强，就要在遵循经营原则和经验这类共性之道的同时，奉行“博采众长，为我所用”和“适合自己的才是最好的”两个法则，学习和应用优秀企业经验这类个性之道，包括学习和借鉴国外企业的先进经验，吸纳我国近代企业的经营精华。这是因为强企之道中的共性之道与个性之道相辅相成，缺一不可。只有这样，才能拓宽国际视野，丰富实践经验，使企业在复杂多变的环境中把握机遇，自信自强，行稳致远。

之一　构建长三角一体化发展新格局

长三角一体化发展，是习近平总书记亲自倡导、谋划、推动的重大战略，担负着东部地区率先高质量发展、参与国际竞争合作，以及由东向西更好地辐射中西部，带动整个长江经济带发展的重大使命。因势利导，全面合作，加快构建多赢模式，形成长三角一体化发展的新格局，已成为沪江浙皖四地重中之重的议题。

一、思想一体化——合力开发

一体化发展，关键在于树立一体化意识和一盘棋思想，上下形成合力。但是少数干部群众囿于行政区划的不同，认为一市三省基础条件不同、利益诉求不一、政策供给主体多，方方面面的决策与协调难以一锤定音，思想深处患得患失。为了统一一市三省广大干群的思想和行为，需要处理好以下三方面的关系。①“红花”与“绿叶”的关系。如果只发展大中型城市这些红花，不发展相对滞后地区这片绿叶作衬托，就显不出诱人光彩，并且这个关系在一定条件下是会转换的。因此，要主动将先进地区作为参照系，找准自己位置，明确主攻方向，在不改变现行行政构架的基础上，消除制约要素合理自由流动的行政壁垒，做好“我们共同的事”，努力实现共性与个性相得益彰、合作与竞争互促互进、集聚与辐射相辅相成。②优势与劣势的关系。一市三省各有各的优势和劣势，由于劣势的影响，优势的潜在效能难以发挥。目前，三省的比较优势蓄势待发，一旦高新技术项目与江苏的较强制造业基础、浙江的网络优势和安徽的科技潜力相结合，潜在优势便会转变为现实优势，缩小三省与上海之间的差距。③全局与局部的关系。长三角一体化的目标定位是实现“一极三区一高”（即把长三角建设成为全国发展强劲活跃增长极，高质量发展样板区，率先基本建成现代化引领区，区域一体化发展示范区，新时代改革开放新高地），这是加快发展的战略选择，也就是全局。每个地区都要围绕这一大局，彻底冲破行政区域的“藩篱”，形成在地域上联合发展的一体化，凡是涉及区域合作的事情，定政策、搭平台、抓项目等都要考虑兄弟区域的关切与需求，真正做到思想上同心、目标上同向、工作上同轨、合作上同拍，实现共商共建共享共赢。

二、规划一体化——科学开发

①坚持规划的整体性，自觉与国家长三角一体化规划纲要相对接。联合建立统一空间规划体系，即“1 + N”（“1”代表长三角整体规划；“N”代表各大类子规划），推进在不同省市行政区域内“一张蓝图管全域”，纵向衔接，横向融合。认真审视本区域现有规划与长三角一体化总体规划是否吻合，合理调整到位，“无缝接轨”。在实施方案中，以“一极三区一高”作为坐标，以构

建现代产业体系为载体，以提升区域经济实力为着力点，以城市群品位升格来提高开放开发层次，按照深化、细化要求，抓好分层次、分区域、分专项规划的编制，把规划中的重大项目、重大事项落实落地，做到长三角地区基础设施互联互通，科创产业协同发展，城乡区域融合发展，生态环境共同保护，公共服务便利共享。②坚持规划的合理性，尽力与区域自身实际相衔接。根据“错位发展、互利互补”的原则，依托原有优势进行产业定位，尽量避免因产业布局雷同而导致相同产业与地区之间的同质化竞争。调整既有布局，对非重点项目应予转移，各地开发区应与长三角一体化发展示范区前呼后应，整合区域优势，做到优势互补、相互支撑。③坚持规划的科学性，积极与长三角一体化可持续开发相嫁接。立足当下，着眼长远，按照长三角生态绿色一体化发展要求，高瞻远瞩，博采众长，高起点，高标准，高水平规划。坚持环境保护与长三角开发相协调，在开发中保护，在保护中开发。不搞大拆大建，降低制度性开发成本；不搞将非核心功能从一个城市输入另一个城市；更不搞低水平的重复建设，努力走出一条高质量、高效益、可持续开发的路径。

三、产业一体化——纵深开发

①立足自身资源，错位竞争，差别发展。从自身优势出发，明确产业方向，努力在长三角区域之间形成错位。对发展中难免遇到的产业同构问题，依靠市场竞争之手，推动资源要素流动与配置趋向合理。同时，通过主攻高新技术项目，使同一产业在更高层次上形成差异，实现区域产业协调。走“引进来—输出去—引进来”这一外向型经济发展之路，重视引进国外先进产业，通过消化吸收再创新，提高资金和技术密集型企业所占的比重，由扩大规模转向开发内涵，由制造走向智造、质造。②立足支柱企业，拉长“链条”，集聚发展。培育、发展、巩固一个优势产业，须充分考虑区域产业的相关资源，形成新的有机整体。有能力牵头的企业，应按照资本运作的方式，积极吸收跨地区的生产要素，并将其纳入自身体系中去。还要依据现有产业基础，运用多种形式和方法，构筑承接国际、国内资本和产业转移的平台，主动迎接辐射，促进产业集群，扩大溢出效应。③立足产业功能重构，突出创新，高质高效发展。围绕核心技术和核心工艺，加快构建科技、产业、金融、市场、人才等合作机制，打造开放式创新平台，构建创新共同体，集聚国内外各类创新研发资源，走聚

合式创新之路，充分利用互联网+、5G、人工智能等新技术，加快产品迭代更新，推动企业向产业高端环节和高附加值环节延伸和转移，努力实现顶尖技术自主自控，以求拥有更多创新成果的知识产权，真正体现自主创新。④立足现有企业，运作资本，滚动发展。以现有规模骨干企业为基础，促进长三角区域企业联合、并购和重组，组建一个一体化运作集团，也可在一体化内部形成区域竞争和协调能力，将企业扩张成本降到最低限度，共同扩大发展空间。加快科技企业在科技板上市进程，实现产业资本和金融资本相融合。通过多种渠道多种方式融资，以解决技改和流动资金问题，让企业做大做强。对具有一定规模和实力，目前又急需提质扩能的企业，要引导和鼓励结合其技术改造在新区建立生产区。银行需进一步调整信贷结构，加大现代产业放贷力度，保证龙头型、效益型项目所需资金。

四、市场一体化——高效开发

①联手建立沿江自由贸易区。面对全球贸易竞争的加剧，可考虑以原有保税区为基础，积极向上争取规划建设自由贸易区。沿江市、县应从区域“一盘棋”出发，切实负起各自责任。目前没有保税区的地区，可通过合作和协调，进入保税区范围。②联手扩大产品出口。注重以外引外，依托外贸产品吸引外商投资相关产品。在外商云集的国际商贸城设立联合办事处，以利于与外商多接触、多洽谈。企业之间相互帮助引荐口岸公司和客户，扩大贸易渠道，有进出口自营权的企业方便相关企业“搭车”，搞好进出口贸易；有需求和条件的企业积极申办进出口自营权。同时，注意不断扩大外贸合作，促进与外商的交往，带动外贸、外资工作。③联手缔结内贸联盟。加强长三角上下游企业的紧密合作，在同等价格、质量的前提下，优先选用区域内产品。发挥专业批发和调剂市场作用，以打造诚信为纽带，积极吸纳相关企业成为他们的成员或客户。建立产业联盟，联合召开交易会、订货会、展览会，以共同“造势”赢得“财势”。

五、示范区一体化——持续开发

中央已经明确，上海青浦、江苏吴江、浙江嘉善为长三角一体化示范区。一体化并不是一样化，更不是均等化，而是通过有效资源的重新配置与组合，实现更高层级、更高水平、更具特色的科学发展。示范区一体化，不仅是自身高效发展的需要，更是以示范区样板作用带动长三角区域整体高效发展的需要，应积极实践与探索。①建立与示范区发展相适应的决策与开发的体制与机制。借鉴国内外成功经验，结合自身实际，可建立示范区管委会＋公司的开发体制。管委会由三个县市政府主要负责人组成，管委会在长三角一体化发展领导小组权威决策、有力统领下，共商共治开发建设中方方面面的具体事项。同时，由沪江浙的三级（省级、地市级、县市级）政府财政共同出资，组建开发公司，负责示范区启动区域开发与重大基础设施建设，从而形成统一、科学、高效的开发机构。②创新投融资模式。设立示范区科技产业基金，优先用于产业发展引导资金，加大示范区专项资金拨改投使用力度。围绕示范区主导产业、新兴产业，设立细分领域产业发展支持资金，通过政府的引导资金，吸收PE 投资（私募股权投资）、风险投资等市场资金参与，培育良好的创新创业基因，形成若干个以主要产业为支撑的基业，让更多基金投资的项目种子开花结果。③变革社会领域一体化制度。积极探索可行的区域成本共投、利益共享的财税分配机制。打破行政区划对环保、人才、设施、资金、市场、企业需求的割裂状态，三地政府可就环境共治、公共服务共享、市场监督互认、公共信用信息应用、土地收益共享等领域的相关事项，通过签订专项协议的方式，推动区域一体化高质量发展。同时围绕重点难点问题，开展深入调研，做出创新性、前瞻性分析，提出切实可行的对策建议。三地人大协同加强一体化发展重点领域、重点事项的立法与监督，建立健全示范区建设推进机制，提升开发的内生动力，努力将示范区打造成集生产、生活、生态为一体的试验区、新标杆，成为生产高效、生活富裕、生态良好、发展有生机、企业有生长的生态绿色的一体化开发示范区。

之二 加快崛起：苏中的历史选择

自江苏省提出“强（经济强）富（百姓富）美（环境美）高（文明程度见识高）”新江苏这一奋斗目标之后，苏中地区涌动着新一轮学习苏南、产业强市、快速崛起的热潮。这既是苏中地区广大干群的迫切愿望，也是历史的必然选择。

一、“双学”：外学苏南经验，内学先进典型

学习苏南，一般号召不行，要付诸行动。应联系自身，对照苏南，细排差距，深找原因。20世纪70年代，苏中与苏南的差距较小，到了90年代，差距就拉大了。早在80年代中期，无锡等地就建立了工业发展基金、科技发展基金、外贸发展基金，较好地克服了国家宏观调控、紧缩银根等因素给经济发展带来的困难。苏南在一股劲地上项目，苏中还在急于搞结构调整时，苏南已将结构调整到位，抢先一拍，缓解了金融危机的冲击。十多年前，苏南又超前规划和建设专业性工业园区，吸引了较多的外商投资和高科技项目。2018年又提出了“两高两新”（即集聚高端要素，发展高端产业，培育创新业务，营造创新生态）。可见，苏南发展商品经济的意识、区域合作的整体意识、创新意识是何等强烈。这也正是苏中与苏南之间产生落差的原因所在。苏南上去了，苏中地区不甘落后，奋起直追，把千军万马都动员和组织到学习苏南、加快发展的活动中来，真正形成人人思学、思进、思干、思富的强烈氛围，不断缩小与苏南之间的差距。

学习苏南，不能简单仿效模式，要因地制宜，找准自己的发展路子。在多个产业的综合开发中，比较哪个有优势，宜农则农，宜工则工，宜副则副，宜贸则贸；根据各个产业的内在结构及整体水平，认真细分市场，进行企业定位、市场定位、产品定位。对有基础、有优势、有潜力的项目，集中力量，促其快速发展，拉长产业链条。学习苏南，也不能有急躁情绪，要脚踏实地，循序渐进。

学习苏南，要典型引路。干部蹲到第一线，选择典型，培养典型，推广典型。用身边的事教育身边的人，帮助一些同志克服思想上认为苏南地理位置优越，接受上海经济圈辐射快，而苏中地处偏远，跟苏南不可比的条件论；克服那种认为苏南正在搞资本运作，争跨越式发展，而苏中一些市（县）刚刚完成工业经济的原始资本积累，要赶上苏南不现实的自卑感，从而树立起万物变化靠内因，只要自强不息，坚毅开拓，没有条件可以创造条件，没有前人现成经验，可以摸着石头过河，即使再高的平台也能跃上的思想和理念。通过典型效应，整体推进，运用大思路、大气势打造经济创新发展“巨轮”的“强引擎”，既把握机遇，做到志存高远，放眼未来，又讲究

策略，做到脚踏实地，真抓实干，一步一个脚印，朝着实现阶段性目标迈进。

二、“双引”：大开放引外，快兴业引私

在大众创业、万众创新的深入推进中，如能牵住大开放引外这一“牛鼻子”，又能引导重要增长极的私营经济迅速发展，就能取得跳跃式发展。

（一）大开放引外，在招商、亲商、安商、富商上取得新突破

（1）多种渠道招商。大力拓宽招商渠道，充分利用涉外机构和外商，实行委托代理招商；利用计算机上网进入信息高速公路，开展网上招商；选派精兵强将在客商和信息高度集中的地区和城市安营扎寨，开展窗口招商；采用“敲门”战术，组织赴台、赴日上门招商；争取参加和举办各类招商活动进行招商；利用亲戚、朋友、战友、同学的关系实行全民参与招商。

（2）环境宽松安商。抓好润扬大桥、苏通大桥等过江通道建设通车的契机，完善投资环境以吸引外资，主动承接上海、苏南等地的产业转移，大力发展金融、保险、物流等现代服务业。倡导“对外商不说不、不说不能做，只说怎么做”的亲商意识。切实解决扰乱三资企业正常经营活动的问题，创造一个按国际惯例投资、经营的优良环境。完善政务公开制（办事程序、办事时限、办事承诺三公开）和一站式的服务承诺制（审批立项一条龙服务、施工建设过程全方位服务、竣工投产后经常性服务）。设立外商投诉中心，及时协调解决经济纠纷。建立外商座谈会制度，定期听取外商对改善投资环境的意见和要求，及时采取相应措施加以改进。同时，规划建设外商投资工业园区，作为硬环境建设的重点来抓，完善五通（路、水、电、讯、气）一平（土地平整）等基础设施，促进项目在区内安营扎寨。

（3）政策优惠富商。根据国家有关规定，结合本地实际，健全完善招商引资的优惠政策。譬如，对新办外商投资企业，在税收上给予优惠，严禁对外资企业乱收费、乱罚款、乱摊派等。在资产转让上，算办成外资企业对地方税收、劳动力安排这个大账，确定合理价位。凡利用本地资源发展贸、工、农龙头企业的外资项目，乡镇可自订更加优惠的政策。引导外商投资资源消耗少、环境污染少、附加值高的产业，大力发展高新技术产业，延伸传统工业产业

链，形成产业集群，加大产业内和各产业之间的关联度，扩大经济的正外部性。

（二）快兴业引私，在四个“点”上做出新文章

把多种形式办个体、办私企作为发展民营经济新的启动点。充分调动各方面积极性，吸收各方面的资金，依靠社会力量发展私营个体经济。解放思想，放活科技人员、机关事业单位干部领头兴办一批；积极支持，鼓励大学生创业办一批；多方动员，广揽能工巧匠办一批；深入宣传，招纳外地工商业主办一批。总之，应利用私营经济单位小的特点，发动千家万户，形成小规模、大群体的格局。

把搞好基础管理作为发展私营经济的切入点。帮助私企健全财务管理，完善管理制度，搞好5S管理，推进信息化建设，强化依法守法经营意识。引导他们开发新产品，搞好质量管理，增强产业的竞争能力。努力做到政治上不失管，经营上不多管，社会负担不硬管。

把培植企业“小巨人”作为发展私营经济的爆发点。在大办私营经济的基础上，结合结构调整，引导个体大户向私营企业发展，私营企业向专业化、特色化、集约化方面发展，向创汇企业发展，向高新技术企业发展。通过高新技术、现代化管理，塑造民营“小巨人”，提升发展层次，凸显规模优势。

把建设私企工业小区作为发展私营经济的兴奋点。从有利于带动小城镇崛起的高度，进一步搞好乡（镇）园区规划建设。采取“多方合办、共同建设、逐步配套、逐步完善”的办法，坚持高标准、严要求，规划一次到位，工程分步实施。建设资金筹集上，入区企业拿一点，财政挤一点，银行贷一点。有条件的地方，可按照“经营园区”的理念，开辟多元化投入渠道，组建工业区股份有限公司，进行市场化运作。新办私营企业在小区落户，在规费收取上给予优惠。对办得好的私企，在区内搞贷款技改，通过政府政策扶持，增强小区吸引力，促使企业适度集中，提高他们加快发展的积极性。

三、“双创”：体制创优，技术创新

其一，优化股权结构，壮大企业支撑，增强科技创新实力。通过退出的公有资本和流转的股份向优势产业、企业、产品集聚，不断提高股份集中化、规

模化、合理化和多元化的程度，努力把闲置资产盘活、优势企业盘大、劣势企业盘强。要加快建立以企业为主体的科技创新体系，大力运用高新技术改造传统产业，尽快提高工业技术装备水平；高起点调整产业结构，把开发高技术含量、高附加值、高效益、低消耗的产品作为主攻方向，通过技术创新，发展大产业，培植大支柱，充分发挥混合所有制企业、大型骨干企业、私营经济“小巨人”在科技创新中的示范、带头作用，使得民营经济、外资经济和国有经济成为苏中发展的“三驾马车”。

其二，完善激励与约束相结合的运行机制，调动各方积极性，增强科技创新活力。新经济组织应根据《公司法》和市场竞争的要求，改革和完善法人治理机制，促进“三会一层”（股东会、董事会、监事会、经理层）各司其职，互相制衡，协调运转。健全现代企业制度，提高科学管理水平。完善国有集体资产监管营运体系，确保公有资产保值、增值。对高层人员实行竞争上岗，实行高层人员年薪制下的期股奖励，以充分调动他们的积极性和创造性，从而释放深化改革红利，激活微观主体活力。

其三，激活科技进步机制，走产学研结合的路径，增强科技创新能力。进一步引导和推动企业设立科技开发机构，大集团设立科技开发中心，中型企业设立产品开发研究所，一般企业设立产品技术开发办公室，开展工艺研究和技术攻关，提高技术水平。积极寻找技术依托，加强与大中院校、科研院所的技术合作，加大科技开发和新品开发力度。通过各种渠道、各种方式积极吸纳和培养专业技术人才，特别是高层次人才，造就一支能打硬仗的人才队伍；加强技术教育和培训，努力培养一批有高级技术和实践经验的职工队伍。以此推进构建以新兴产业为主导、先进制造业为主体、现代服务业为支撑的现代产业体系。

其四，提升高科技园层级，发挥主区域集聚辐射效应，增强科技创新合力。抓好关键领域、关键技术、关键部件的技术攻关，努力实现自主自控。把高科技园视作技术“特区”，给予特殊的优惠政策。及时把科研成果转化为生产力，形成新的核心竞争力。放大科技成果的孵化作用，真正把科技园建成高新技术的开发、试制、生产基地，培养各类人才的摇篮，传播科技信息的中心和崇尚科学技术主义的样板。

之三 从沿江开发看沿海开发

从2002年年底江苏省委扩大会议提出实施沿江开发战略，迄今20年时间，由于坚持开放开发两轮驱动，取得了令人瞩目的成就。沿江地域的市县不仅成了江苏经济新的增长极，而且提供了弥足珍贵的经验。以靖江市为例，“十一五”期间该市探索了“一个集中三个同步”的发展路径，具体为“三联”（两岸联动、市镇联动、城园联动）、“三集”（集中建园、集群产业、集约经营）、“三兴”（兴港口、兴港城、兴岸线）、“三统”（统筹三业、统筹城乡、统筹经济社会事业）。近年来，靖江又实践探索出了一条“项目为王、创新驱动、精准转型、智慧融合、人才新政”的高质量发展路径。这些做法与经验，得到了上级领导和新闻媒体的赞许和推广。时下，沿江开发已上升到长三角一体化发展国家战略，且已进入密集实施、加速推进的新阶段，区域发展格局出现合作更加深入、竞争更加激烈的“两大态势”。近期，江阴、靖江正在共同打造高质量跨江融合发展实验区，两地在行动中以产业联盟为核心，共同推动产业协同高端发展。

在全省沿江开发期间，省委省政府高屋建瓴、因势利导，于2007年4月在盐城召开沿海开发工作会议，全面启动沿海开发。后在2009年6月由国务院讨论并原则通过了《江苏沿海开发发展规划》，使其从地方战略上升为国家战略。江苏沿海有着长达954公里的“南融长三角、北联渤海湾、沟通中西部”的黄金海岸，区位优势独特，土地后备资源丰富，战略地位重要。沿海市县抢抓机遇，创新实践，掀起了沿海开发的热潮，取得了阶段性成果，三大产业结构持续优化，第二产业尤其是工业发展迅猛，产业竞争力不断增强，目前正在向深度和广度推进。通过先行的沿江开发来看后续的沿海开发，笔者认为有三个方面的问题应引起重视和研究。

一、高起点调整和完善沿海开发规划

规划的水平，决定着开发成效。而一个好的规划不可能一蹴而就，一步到位，但也不可能等规划完美无缺时再去行动。连云港、南通、盐城三市虽然早

已有了自身的开发规划，但仍需在实践中不断修正和完善。应进一步通过多种渠道、运用多种形式听取各方面的意见，尤其要注意通过高层次的评审、咨询，向专家、学者求计问策，以使规划真正具有“三性”。

（一）规划的全局性

放大视野，用全局的战略眼光来审视规划。既从本地区域优势、交通优势、资源优势、产业优势等综合考虑，又不囿于一港一市，而将其放至全省、全国“一盘棋”中去谋划。如此才能有利于长江三角洲地区产业优化升级和整体实力提升，完善全国沿海地区生产力布局，促进中西部地区发展，加快中国与中亚、欧洲和东北亚国家和地区的交流和合作。自觉与省沿海开发总体规划相对接，与省及国家的开发重点园区相对接，与本地经济发展相对接。切实做好分层、分区、分项规划的编制。

（二）规划的科学性

按照建设江苏沿海重要“经济桥头堡”和中国东部“经济新增长极”的要求，根据“错位竞争、差别发展”的原则以及以港口为龙头、产业为重点、港城为载体这一战略取向，构架好港口、港城、临港产业三大板块。在产业园合理布局好高新技术产业区、经济开发区、海洋经济集中区、物流园区、临海工业集中区，尽量避免因产业布局雷同而导致相同产业和地区之间的同质化竞争。在港城建设上，围绕发展港口型城市，以“港城相依”为主导，突出中心城市建设。坚持新城建设和老城改造并举，将新城建设作为城市方位移动的“跳板”。临港老城改造要积极通过“填海造田”来解决用地问题。在港口建设上，按照一港几区的格局，布局好组合港、产业港、喂给港位置，做到港口功能层次分明、合理利用，经营分工明确、优势互补，经营航线干支相连、形成网络。在临港物流产业构建中，坚持把二、三产业融合起来，推动港口功能由传统物流向现代物流转移。在沿海岸线开发上，按照统一规划、综合开发、深水深用、浅水浅用的原则，合理划分产业带、城镇带、生态带，做到大力发展产业岸线，严格保护生态岸线，合理使用生活岸线。同时积极调整现有布局，对非重点项目予以转移。

（三）规划的前瞻性

从沿海科学和可持续发展的角度出发，坚持环境保护与沿海开发相协调，在开发中保护、在保护中开发；坚持培育后备岸线与提升岸线使用效益相统一，在使用中培育，在培育中使用。真正做到建功当代，造福后代。

二、大力度实施产业大项目推进战略

项目是沿海开发的重要载体和先决条件，有了大的项目，才能取得大的突破。沿海开发要立足于“项目为王”，“一切为了项目干”。充分发挥自身区域优势、政策优势和体制优势，卓有成效地抓好外引、内联、上争，上一批高技术、高水平、带动性强的产业大项目。

（一）在外引上花气力

加大招商引资力度，千方百计引进带动性强，产业关联度大、产业链长，形成上下游产业配套的大项目。在引进项目的取向上，突出对资本项目的引进，一些资源型国际大公司、大企业投资的资本项目代表着世界经济结构调整的方向，且是集资金、技术、市场、资源、管理为一体的好项目；突出有针对性、有步骤地引进高新技术项目，让新科研成果嫁接沿海优势，尽快转化为新的生产力，以高新技术产业来带动其他产业的发展；突出引进由高层次科技领军人物组成的技术研发中心，不断提高自主创新能力。同时要创新招商引资方法，通过对现有资源的整合，增强自身实力，筑好承接国际资本的平台，提高对国际资源的利用水平和参与国际市场竞争的能力。在外引上，不能仅靠廉价劳动力和低价土地来吸引国内外投资，而要靠产业特色来集聚资本、技术和市场等资源。譬如好行业要找到好伙伴，应先行整合技术，待掌握核心技术后，再去组合人才与资源。为防止“跑马圈地”倾向，坚持土地集约使用，对项目从投资总量指标、投资强度指标、产出水平指标、建筑容积率指标、环境保护指标等五个方面进行重点控制，克服产业布局上的小、散、乱。在合资合作中，既算大账，又算长远账，把自身资源的价值算清算活，合理给予优惠，并按市场化、公司化机制运作，以谋取长远利益。同时，建立资本投资开发公司，培育精于资本运作的市场主体。还要努力拓宽引资渠道，充分利用市内市外、国内国外、官方民间、集体私有等一切可用资金，以解决上大项目中遇到的资金瓶颈问题。打破传统的港口招商模式，坚持“两不招”，即不招运输公司，不招投资公司，而招有资源背景的领军企业。港口码头要按照全新模式来做，码头后面搞堆场仓储，堆场仓储后面搞交易市场，交易市场后面搞加工园区，形成码头、仓储、加工、贸易“四位一体”的物流体系。

（二）在内联上做文章

重点是应用高新技术和先进适用技术对传统产业进行改造，做到结构优化、产业升级。引导企业树立现代化大生产理念，立足全局“一盘棋”，破除“诸侯经济”旧观念，摆正企业每颗“子”。用政府的公权力来推动效益差和经营不善的企业以及资源相容性较强的企业进行重组或并购。以优势企业或以优势产品为主体，按照“产业集中、资源集聚、企业集群、经营集约”的要求，以及“资源共用、发展共进、成果共享”的原则，通过市场化、产业化、股份化的规范运作，大力推进优质资源向优势产业集中，创造条件上好大项目。突出拉长做粗产业链条，铸造一流品牌，培育基地型产业。这样由单打独斗转向战略联盟，造就资本集聚化、产业专业化、企业规模化、效益最大化的优势，变弱势为强势，变“小个子”为“大块头”，形成核心竞争力，实现企业的华丽变身。

（三）在上争上下功夫

重点上争国家扶持新能源、新材料、节能环保等新兴产业项目。江苏沿海开发已上升为国家级战略，要积极研究和探索能与自身资源优势接轨、与国家产业政策接轨、与完善沿海功能接轨的好项目，认真搞好可行性报告，力求获得国家重大项目落户。同时，国家正在大力度支持中西部地区建设，而江苏省沿海开发有着辐射和带动我国中西部发展的优势与重任，可大胆提出一些多赢的合作性项目，主动联合上报，争得国家的重视与支持。

三、硬功夫提高沿海开发效率

江苏省沿海开发适逢我国经济新一轮发展的战略机遇期和国际经济重新分工大洗牌的关键期。我们要只争朝夕、抓住机遇，开拓创新、迎接挑战，务求又好又快搞好沿海开发。

（一）上下形成合力，提升沿海开发的战斗力

融入沿海开发，既是战略工程，又是长线工程。要把融入沿海开发作为第一要务来抓，增强全党全民大融入、快融入的使命感、责任感和紧迫感。发扬

敢闯敢试、敢为人先的精神，勇于实践，大胆探索。地方党委政府要在系统部署和周密组织的同时，深入研究和探索沿海开发方略，及时协调解决开发中遇到的困难和矛盾。政府有关部门要立足全局，密切配合，形成合力，为沿海开发提供高效、规范、便捷的服务。加快建立健全由政府组织、指导、监督，社会共同参与的多主体、多层次的社会化服务体系，为沿海开发提供项目咨询、融资担保、法律援助等方面服务。

（二）讲究运作方略，提升沿海开发的竞争力

在加大交通、电力、供水等基础设施投入的同时，加快工程实施进度，以形成设施齐全、功能配套、吸引力强的投资载体，来满足沿海开发提升层次、扩大功能、增加容量的需要。通过港城与港园、港口与城市、港区与乡镇建设项目的互动效应，做到前呼后应，前延后伸，加快开发，放大效应。根据项目前期准备情况，利用时间差和空间差，实行梯次开发和并行开发并举，以加快整体推进进度。同时采用选树典型、结对竞赛等方法来推进开发。

（三）建立健全推进机制，提升沿海开发的内生力

实行干部能上能下、能进能退的制度，按照干部任用标准，配齐配强各级领导班子，将愿干事、能干事、干好事的同志安排到重要岗位。强化和提升执行力，及时排除执行不力的人和事，做到一声令下，雷厉风行，事半功倍。建立分级、分层、分项目标责任考核制。将工作内容、目标任务分解到相关部门和单位，实行定期督查、专项督查、跟踪督查相结合，确保工作到位，举措落地。认真推行项目责任制，实行从项目选项到立项再到施工，最后到投产的全过程的“一揽子”承包，确保责任到人、考核到人、奖惩到人。拓展人才引培渠道，加快各类人才的引进和培训，以适应沿海开发的需要。

之四　市、县工业振兴的选择：将科技与经济紧密结合

科学技术是第一生产力，是推动经济发展的有力杠杆。实行科技与经济的紧密结合是振兴市、县工业的战略选择。本文就如何建立起有利于实行科技与经济有效结合的运行机制，形成科技和经济的良性循环作一探讨。

一、抓人才开发，以智力结构的优化促进经济结构的优化

产品、产业结构的调整，关键在于科技人员的数量与质量。但是，目前大多数市、县都面临着专门人才不足、专业结构不配套、学历层次不合理、高级专门人才匮乏、年龄结构出现低谷区等问题。因此，必须像抓经济工作那样，紧紧抓住自己培养这一获取专门人才的主渠道，合理调整培养专门人才的教育结构关系，通过自办学校、联合办学、委托培养、函授培养、自学成才等多种途径和方法，多出、快出、出好人才，使其年龄结构处于动态平衡之中。同时，要重视抓好原有工程技术人员的继续工程教育，使他们的知识不断得到更新和深化，以适应世界技术革命迅猛发展的需要。进一步解决一面人才缺乏，一面有些人才专业不对口、岗位不上劲的“积压”现象，尽最大努力提供发挥他们专业特长的条件和机会，真正做到人尽其才、才尽其能。还要大力抓好业余自学和岗位培训，使现有中青年干部和工人尽快地提高知识能级，由“借脑”逐步向“换脑”转变。还要通过招聘进才、政策引才、联合借才、乡友荐才等多种渠道，大力引进急缺人才，尤其是科技青年骨干和高中级人才，人事部门要帮助重点单位、重点项目解决所需的专业人才。对引进人才，有关部门和企业，特别是离城市较远的企业，必须采取有效措施，使他们愿意进、愿意留。通过大力开发和合理使用人才，来加快开发一批技术起点高、用料少、附加值多的产品；对重点骨干企业和现有拳头产品进行技术升级，提高档次水平，促进劳动密集型产品向劳动与技术密集型相结合的方向转变，向高新技术、知识密集的产业过渡，逐步形成以技术进步支撑为主的新产品群体。

二、抓更新改造，以技术增量挖掘现有“存量”潜力

许多老企业都有技术人才多、生产手段完备、技术水平相对较高等技术存量，只要增加少量投入，用高新技术引进改造，实行技术增量，就能优化存量，推动存量增值，提高现有生产水平。一个地区、一个行业、一个企业，一是要在国家经济发展的产业重点和行业发展规划的导向下，结合自身实际，按照加快技术进步的要求，围绕开发新品、节能降耗、提高产品质量与企业内在素质的目标，认真修订和切实实施技术改造规划。对技改项目一定要反复论

证，科学决策，尤其是急于转产的企业，要克服见佛就拜的现象，以提高项目的可靠性。技术改造不能搞低水平重复，有条件的都要运用具有现代水平的新技术、新设备，特别要注意将信息技术与行业技术结合起来，推动两化融合，以内涵方式为主扩大再生产。对引进的关键设备，要加强调研，选准机型，使其价格合理化，并解决好配套设备的替代进口国产化，对国产和引进设备实行嫁接，从而使某些传统技术和传统工业跨越若干发展阶段，达到一个较高水平。二是要坚持走“高起点、大批量、系列化、多品种”的路径，一方面集中力量上好带动能力强、发展前景好的新一代信息技术、高端装备、新材料、新能源、节能环保以及生物医药等高新技术产业和战略性新兴产业项目，壮大地方经济实力；另一方面结合各自实际，上好一批小而专、小而特、小而精的短平快项目，提高投入产出比例。三是政府有关部门要帮助企业落实好笼子、票子、法子。在技改立项、资金投向上优先工业互联网建设、自主创新提升、行业龙头骨干企业培育、科研生产联合体、高端设备制造。对于技改所需资金，通过多种渠道，注意引用外资搞技改，继续发展中外合资、合作企业。为了使技改发挥应有的经济效益，建立项目达产达标的组织保证体系，加强从项目决策到效益跟踪的全过程管理，实现项目投资、建设周期、经济效益、按期还贷责任体系，定期考核，奖惩兑现。

三、抓样板示范，以推广科技成果增加新的生产力

引进技术是实现技术进步的捷径，应坚持从实际出发，加强对国内外先进、适用、成熟科技成果的引进，使其迅速地转化为新的生产力。引用国外技术时，能一次达国际先进水平的，就引进最先进的设备和生产技术，不能引进最先进的就以比国内现有技术先进为原则，确保引进后能产生良好经济效益。大多数企业应分层次引进、分期分批达到国外先进水平。鉴于此，应确立和培养不同层次、不同项目的科技样板，挑选推广价值大、经济效益好的关键技术和重点设备，组织力量进行高层次消化、仿制，使技术引进进入提高创新阶段。还要切实改进技术的组织管理，提高引进质量，坚决防止和克服重复引进现象，更多地引进“软件”，少购些“硬件”。在引进关键设备的同时，还应引进设备制造技术，力争做到第一台买，第二台造。在引进整机装配技术的同时，注意引进原料、元器件生产技术，使主要原材料、元器件立足于国内，以

免受制于人。克服过去重引进、轻开发，重硬件、轻软件，重使用、轻消化的倾向。从区域层面来讲，还需特别注意把国家科研部门以及其他地区研究成熟正在推广的新工艺、新材料、新技术、新设备引进本地。对难度高、运用性强的项目，应通过招标竞争、组织联合攻关、协作消化后再推广到生产中去，以点带面，推动全行业的技术更新。

科技进步是设备和生产技术问题，管理也是一门科学。管理上出了水平，就能产生新的效益。应从企业升级入手，把管理现代化作为推进企业科技进步的一项重要措施来抓，走质量效益型道路。继续做好管理现代化的总结、推广工作。并有计划地组织国内外专家对部分企业进行诊断。进一步健全企业现代化管理手段的组织体系和实现管理现代化的规划与措施，从而切实加强对国内外先进技术和现代化管理手段的引进、消化、吸收、创新和推广工作。同时完善技术市场管理，加快科研成果转化，消除科研成果进入企业生产的利益阻碍。

四、抓横向联合，以科研单位和大中型企业的技术优势提高企业技术素质

发展各类科研生产联合体、发挥各自优势，是克服科研与生产“两张皮”的有效途径。联合要以产品或项目为龙头，形成科研和生产一体化，实行科技开发和生产开发同时计划、互相衔接，彻底冲破行业界限以及条块分割的体制，组织促进和吸引诸路科技大军投入经济开发。在科学分工、合理安排、风险共担、利益分享的前提下，促进企业由松散型更多地转向紧密型或半紧密型；与大中型骨干企业联合，由经济协作型更多地转向经济协作结合型，进而加入企业集团。通过依托科研单位和大中型骨干企业的技术优势，不断提高技术素质，在缩短产品开发周期、改进工艺设备、采用国际先进标准、专业岗位技术培训和现代化管理等方面取得新的突破。科技、经济及各有关部门积极帮助企业疏通渠道，牵线搭桥，提供方便。各地政府要通过举办技术交易会、招标会、咨询会、信息发布会、高层论坛等多种形式，在科研与生产单位之间增进了解，沟通信息，扩大合作。同时，加强区域内各种形式的联合，在更大范围内推进技术转移。发挥由政府负责牵头、各有关部门参加的技经协调领导小组的作用，定期或不定期地讨论和协调经济与科技工作中的重大问题。另外，

深化体制改革，促进科研和生产单位形成不断追求进步的主动力。围绕完善社会主义市场体系，从外部给企业及科研单位造成依靠科技进步的强大压力，把科研和生产单位推到优胜劣汰、激烈竞争的市场上去，迫使其找出路、求生存、谋发展，促进科研和生产单位关心自己的效益增加和资产增值，进而产生追求技术进步的强烈愿望。在企业内部推行技术进步考核制度，把技术进步指标纳入企业综合考核指标体系之中，在各项评比中设有一票否决权。

五、抓产研合一，以优势叠加增强企业的技术吸收和开发能力

强化科技意识，突出科技在企业中的位置，不断充实自己的技术吸收和开发力量。经地方科技部门批准，企业可建立独立型研究所，独立核算，自主经营，自负盈亏，享受独立科研机构的税收、奖励等方面的优惠。非独立型不对外的研究所，由企业自行批准成立，报地方科技部门备案。自办研究所可实行在总经理领导下的所长负责制。企业可对新产品研制、新工艺、新技术开发应用、技术改造中的技术关键项目及产品攻关等任务，进行课题招标或委托，由科研机构或科技人员自由组合进行技术承包，并且努力把研究所办成技术开发阵地、新品试验阵地、企业和用户的技术培训阵地。企业根据任务完成情况及经济效益等确定相应报酬。

同时，建立和完善科技开发网络。采取官办和民办相结合的办法，发展科研开发组织，形成以企业科研机构为主、全民科研机构和民办机构为辅的“一体两翼”的科技开发网络。进一步加强企业博士后工作站和院士工作站等平台建设，更多地招引双创人才，联合攻克核心领域、关键环节上的核心技术难题，努力达到自主可控，掌握市场的主动权和话语权。树立对科技投入即是生产性投入的观念，不断增加财政对科技的投入，倡导和鼓励企业、行业与金融界对科技的投入，逐步形成多渠道、多层次的科技投资体系。

六、抓技术渗透，以宽松的外部环境推动科技力量进入经济建设主战场

一是动员和组织机关、科研、事业单位的各级各类的科技人员，通过多种形式到工业生产第一线搞技术开发、技术承包、技术服务。科技承包应通过合

同方式把技术供需双方的责、权、利明确化、法律化。这既是技术商品化的一种重要形式，又是运用经济杠杆和市场调动供需双方积极性的有效手段，有利于加速科技成果推广应用，有利于科技知识的传授和普及。搞科技承包，关键是要制订一系列鼓励性的配套政策性措施，吸收大批科技人员到生产第一线去一试身手，贡献才智。对于科研单位和科研人员以其方式从事经济开发，也要予以大力支持。比如鼓励科研单位自办或联办各类科研、生产经营实体，实行科工贸一体化；鼓励科技人员兴办自筹资金、自由组合、自主经营、自负盈亏的科技开发企业，开展技术转让、技术咨询、技术服务、技术培训、技术承包和技术入股等，以多种形式向生产领域转移科技成果。二是积极创造条件，促进科技人员合理流动，特别要鼓励、支持人才密集单位的科技人员流向急需人才的中小型企业。鼓励科技人员在全面完成本职工作和不侵犯本单位技术权益、经济权益的前提下，搞业余兼职活动。提倡和保护科技人员通过合法劳动多得、先富。在倡导科技人员通过科技服务取得合理奖酬的同时，引导他们不计名利得失、刻苦钻研、积极奉献。三是鼓励职工学习先进的管理手段和技术，经常开展合理化建议和“双革四新”活动，开展操作竞赛和增产节约活动，从而将科技渗透到日常的生产、技术和管理工作中去。

之五　聚沙成洲，奋发超越：
靖江经济高质量发展的实践与探索

风送帆张，江阔舟轻——江苏省靖江市坚持以党的十九大精神为指引，高扬现代化建设“东线第一帆”，以“争当表率、争做示范、走在前列”为使命，以“跻身全省高质量发展第一方阵，争当长三角一体化发展先行市”为坐标，以“绿色创新融合”为路标，弘扬“聚沙成洲、奋发超越”的靖江精神，抢抓“一带一路”、长江经济带和长三角一体化发展的历史机遇，潜心打造长三角智造城、创建一体化示范区、建设高质量幸福城，善于在危机中育先机，在变局中开新局；从而昂首挺立高质量发展大浪的潮头，探索出一条行之有效的高质量发展的路径，令全市经济结构得到进一步优化，市场竞争优势明显增强，经济整体水平趋稳有升，经济社会的发展活力正在释放。

一、项目为王

靖江市位于长江下游之畔，紧扣“三比一提升”，将“项目为王”作为经济工作的“头版头条”。

首先，围绕靖江的产业体系，梳理产业链，开发产业投资路线，精心策划地标产业、高端产业，对标找差攻项目、科学方法招项目，以“特色园区＋高端产业”“标准厂房＋优质项目”“投资＋引资”模式引项目。诸如，靖江市招引的与香港恒基合作的大健康产业、与华为合作的大数据产业、与国鹰航空合作的无人机产业、与凯飞合作的民用航空结构件产业、与香港汇林合作的汽车循环经济产业、与青山控股集团合作的总投资120亿元的靖江不锈钢深加工生产基地等项目中，高新技术项目、新兴产业项目和新业态项目的占比达到45%以上。

其次，高强度推进项目落地，建立全流程闭环式项目推进机制，全面实施重大项目“容缺预审、过堂会审、挂钩联系、公示承诺、责任追究”5项制度，吹响项目建设的“加速令”。对列入市重点项目库的项目，由市重大项目推进办公室协同相关镇和部门，进一步强化分类指导、督促推进，务求早签约、早落地，确保重大项目建设走在泰州前列。

最后，高效率保障项目建设，推出“1230”服务承诺，推进柔性执行模式，组织专业“店小二”团队，实现“交地发五证、拿地即开工”，确保项目全过程服务到位，用“辛苦指数”换取项目建设的“成功指数”，将靖江建成集聚优质项目的“区域洼地”、各类投资者施展才华的舞台。

二、创新驱动

靖江非常注重创新驱动战略，重点突出三方面的创新。

一是科技创新。围绕产业链布局创新链，围绕创新链培育产业链，引导企业针对关键技术与工艺受制于人的突出问题，深化产学研联盟，强化技术团队建设，加大研发投入力度，高效集中创新要素和科技资源，加快突破核心技术和关键技术，努力实现关键核心技术自主自控，让核心技术成为企业核心竞争力的主心骨，成为产业发展的“金钥匙”。亚泰公司开发的罐式集装箱物流装备、赛德力公司研发的拉袋刮刀式离心机、恒力集团开发的盘式制动器等产品，填补了国内空白，获得了国家发明专利。全市拥有高新技术企业231家，高新技术产业产值占规上工业产值的比重达46%；拥有发明专利1500件，万人有效发明专利拥有量22.61件，授权专利及申报号总数在江苏县级市中名列前茅，获评国家知识产权强县工程试点县。

二是模式创新。运用系统思维创新和实施“三个+”战略，即“标准化+技术创新”“机器人+智能制造”“互联网+新商业模式”，增强了集成创新的驱动力，有力推进传统产业向高端迈进，新兴产业裂变发展，抢占行业制高点，构建产业新优势，受到泰州市委的高度肯定和推广。积极打造高端创新载体，形成“一院三站三中心”等研发机构和人才合作培养机制，大力推进创新要素的全方位集聚，大中型企业及规模企业研发机构建有率达到96.8%，创造了一种具有靖江特色的“跨境孵化+产业协同”的新模式，已建孵化基地63家，曾获泰州市离岸孵化先进单位一等奖。靖江企业与国内外500强企业实行高位嫁接，如与德国凯傲、芬兰科尼、日本富士通等一批企业嫁接产生了蝶变效应。华达汽配与北汽集团合作后，依靠北汽集团的资金实力，加快对优势产业兼并，实现了产业的多元化。同时，以前瞻的眼光，推动各类公共服务平台建设，广泛汇集国际国内先进生产要素、科技创新资源，充分释放了国信电厂、重金属治理中心、暖通空调交易中心、靖江检品中心等平台效应。

三是制度创新。创建“管委会+公司”制度，加快“管办分离”，构建扁平化的管理体制、企业化的运作模式、市场化的融资方式、多元化的薪酬体系，不断提升开发区行政效率和服务效能。按照布局一体化、板块特色化、载体协同化思路，园中建园，园企共建，布局多个引领未来的高端特色产业园。比如，卓然智能重装产业园、智能包装产业园、天靖环保智能装备产业园、鼎新高端产业园、鼎盛智谷产业园、循环经济产业园、高端装备制造产业园，彰显了虹吸效应，其产业特色与优势正在凸显。“区镇一体”（园区与园区所在镇）改革，激发目标同向、工作同心、节奏同步的工作创新力。充分发挥财政资金的撬动作用，设立靖江市产业投资资金，稳妥推进高投新兴产业基金、精密制造产业基金市场化运作，形成“投资+引资”的良性互动。强化金融服务实体经济的取向，鼓励金融机构开展融资租赁、投贷联动等业务，鼓励商业保理公司开展权益类质押融资业务，满足多样化、个性化金融需求。

三、精准转型

一是由靖江制造向靖江智造、靖江创造嬗变。靖江市以智能制造作为产业强市的重要抓手，认真贯彻《中国制造2025》规划纲要，相继出台了《关于推进企业机器人+智能制造技术改造的实施意见》《关于推进传统产业高质量发展提升的若干意见》《靖江市企业科技创新积分管理办法》，助推科技进步和制造智能升级。支持全市重点骨干企业结合自身实际和行业特点，聚焦“设备互联、数据互换、过程互动、产业互融”四个关键环节实施改造升级，不断提升全要素生产率。现拥有国家两化融合贯标试点企业12家、省两化融合示范试点企业43家，建成智能车间59个，智能生产线119条，创建省智能示范车间6个，制造业关键工序数控率达到70%。大中公司超高效节能电机项目被国家认定为智能制造新模式项目，还涌现一批单打冠军和行业巨头，譬如亚星锚链公司开发全球最高级别R6系泊链，并牵头制定了国际标准，已成为全球最大锚链市场系泊链生产基地；鼎新环保公司研制的“分区控温回转窑式等离子固体废弃物连续热解炭化炉”，打破了国外技术垄断，跟上了国际先进水平。

二是由靖江产品向品质靖江、品牌靖江嬗变。引领同行业企业建成合作同盟体，实行技术联合攻关、业务联合争订、商标联合使用，抱团提升行业品质。支持企业引进先进装备，有针对性地组织技术攻关、工艺升级，推动产品更新、品质提升。并鼓励企业参与或牵头主导制定行业标准、国家标准乃至国际标准，以争得市场话语权和主动权。推动企业从卖产品到提供整体解决方案、从生产型制造向服务型制造转变，借力互联网这架“梯子”向“微笑曲线”高端攀升。持续开展“诚信靖江”活动，提升质量保证能力。用好国际咨询委员会、靖江籍院士工作室的影响力，深化“双月会展行动”，积极承办符合靖江产业特色的国际国内高峰论坛、学术会议，组织开展靖江标准发布、新品上市、行业交流等活动，推广靖江品牌、展示靖江品质，扩大对外影响。现拥有靖江双鱼肉脯等三件地理标志证明商标，有47家企业主导参与制定210项国家标准、行业标准。自主品牌企业增加值占GDP比重从不到10%上升到15.3%。2017年，荣获“江苏省首届品牌建设金凤奖”，全市拥有一批江苏精品及国家驰名商标。

三是经营资本向资本经营嬗变。帮助企业克服“小富即安”“担心透明”和上市挂牌难的情绪，掌握上市的程序和方法，增强上市的信心和恒心。推动已上市企业再发展，引导主板上市企业充分发挥企业品牌优势和再融资能力，实现企业内生自我快速成长和外部拓展并购再提升；引导新三板挂牌企业进一步提高运行效率，争取早日进入创新层，以享受更多政策红利，获取更多发展机遇。全市现有主板上市企业5家，上市挂牌企业8家，拟上市企业4家，后备培育企业增至115家，资本市场“靖江板块”初具雏形。同时，引导在行业内拥有领先技术、科技含量较高的企业“走出去”，前往发达国家投资、参股、新设、并购，赢得当地技术、人才、市场、品牌优势，助推企业向高端制造转型升级。艾兰得公司利用自身品牌优势，从“走出去”兼并整合国外多家企业又走回来，集聚了全球资源，助力“健康中国”取得突破，提高了国际影响力，被商务部高度评价为“中国制造”走向海外的典型案例。

四、智慧融合

融合发展是资源互补、优势叠加从而放大效应的一种重要途径和方法。靖江将融合发展不断引向深入，做出新的文章。一是跨江融合发展，通过放大沿江生态效应、功能效应、协同效应，在同城化跨江融合中激发新动能。将全国首个跨江跨行政区的江阴靖江开发区作为载体，以产业联盟为核心，推动两地产业协同、科技创新、人才交流等环节深度融合。导入产业，培植后发优势产业，不断提高承接高端产业能力。建立产业联盟，以整合兼并同质化企业资源方式，深化两地产业分工协作。靖江精密制造产业园招引的航空零部件产业项目，就是两地优势叠加一个好的例证；并通过地处苏南的江阴更好更快地承接苏南国家自主创新示范区优势与发展先势的溢出效应，继而承接上海的辐射效应，分享上海自贸区的红利，在由北向南的承接中拓展靖江的发展空间，努力打造出具有国际能力的特色鲜明、独具优势的先进制造业和现代服务业物流的长三角产业集中区。靖江与江阴高质量跨江融合发展试验区被纳入《江苏省长三角一体化行动方案》。

二是军民融合发展，《关于促进军民融合产业加快发展的政策意见》的出台，有力有效地推进了军民技术、产品、资本和人才融合，使军民融合产业取得了突破性进展。东华测试公司打破国外技术垄断，研制的航空发动机综合参数记录仪，荣获首届军民融合创新大赛优胜奖；双江能源公司研发生产的用于武器装备清洗与防护专用油获得军队“科技进步三等奖”，已在全军推广使用。现有通过军工保密资质认证、从事军工产品生产的企业30多家，主要产品有50余种。

三是港产城一体化融合，形成“以港兴市、产业强市”的发展路径，以建设长三角地区具有江河换装和“水公铁”联运功能的中转港口、资源型亿吨大港为目标，打造国际制造业基地和先进物流基地，使港口、产业、城市、生态“四位一体”融合协同发展的内涵不断提升。国家微特电机及控制产业基地、全国船舶出口基地、国家中小企业创业基地在国家级开发区发展壮大，船舶、钢构木材、粮食、金属材料加工、能源等五大临港产业已具规模。同时，坚持沿江开发与生态保护并重，预留10公里生态岸线，实现永不开发，为长江“留白”，为未来“留绿”，人民日报报道此举措为“靖江不开发区”。

海关、海事、边检等联检机构的资源、效率、优势得到进一步整合和优化，帮助企业解决了“出口退税、通关结汇、仓储保税”三大“痛点”。并能更好地承担起各大产业板块的仓储物流、加工装配、检验检测、采供分拨等业务，还能带动现代生产性服务业，已成为港产城融合发展、外向型高位拓展、产业链不断延伸、多元化相互并进、城市化强劲带动的重要增长极。另外，将航道建设视为港口发展最重要的“生命线”，在交通运输部的支持下，建设12.5米深水航道并通过竣工验收，可使更深吃水船舶直达靖江港，有力提升了货物吞吐能力，步入大港大船时代。2020年港口货物吞吐量达1.97亿吨，创历史新高。同时，通过艰辛努力，保税物流中心（B）基本建成，将更加有利于靖江经济的快速发展。全力以赴构建立体交通体系，加快推动扬泰锡常宜铁路及过江通道等重大交通设施建设，以利人力、物力资源更加便捷高效流通。

五、人才新政

做好人才队伍建设，完善党管人才机制，出台了“4+10”新政，以人才政策吸引人才。对原有的、共性的支持举措进行大幅度提档升级，在“三个着力”上做文章，有力保证创新要素的激活，以建设人才高地来保障高水平高质量发展。

着力集聚产业紧缺人才。一是招募产业高端人才，聚焦航空零部件、高端装备制造等重点领域，招引一批产业发展急需的高端人才。二是延揽产业双创人才，优化“双创计划”支持模式，对评选出的重点项目，向市天使基金推荐，由天使基金按照市场化原则，对企业进行直接投资；支持企业柔性用才，鼓励企业通过各种方式聘用海外研发智力；支持企业“飞地”揽才，由企业在外设立研发机构，全职聘用科技创新人才。三是夯实产业基础人才，着眼填补用人缺口，统筹运用定向招聘、专场招聘、市场化引才等方式，引育一批技术技能人才；鼓励企业与市内外职业院校联合办班、定制产业工人；对接市内外优质人才机构开展帮办招才；在劳务输出省市建立劳务协作基地，安排专职工作人员跟进对接。对通过多个渠道、多种方式聘用的各类型、各层次人才抛出重磅橄榄枝，从项目资助、薪酬奖补、工资补贴、融资扶持、住房补贴、跟奖补奖等各个方面给予人才最优待遇，并强化人才服务保障；对为靖江引才育才做出贡献的单位和个人也给予相应的奖励和补贴。

着力培育和提升本土企业家。为加快培养和集聚领军型企业家、科技企业家和新生代企业家，靖江以企业家人才“提升工程”为主线，通过企业大讲堂、“名家民企面对面”报告会、新生代企业家成长论坛、企业家转型升级培训班，以及国际咨询委员会、靖江籍院士工作室等载体，不断给企业和企业家赋能，更好地发挥企业家推动创新转型和高质量发展的中坚作用。

着力挖掘乡土人才。重视有乡土气息的“土专家”“田秀才”，把乡土人才工作纳入人才工作总体布局。2018 年下半年，组织开展了乡土人才摸排工作，选送的 47 名乡土人才获评省乡土人才“三带”名人、能手、新秀。

靖江已从一个传统的农业县，蝶变为一座新兴的工业港口城市，在改革开放的大潮中，靖江人民以前所未有的变革力量、开拓力量和创新力量，创出了具有鲜明时代特色的“靖江符号”；走出了深化改革的“靖江新路”；打造出了扩大开放的“靖江样本”，彰显了高质量发展的“靖江品质”。迈入新征程，靖江市委、市政府正在动员和组织全社会力量，精心实施《靖江市国民经济和社会发展第十四个五年规划和 2035 年远景目标纲要》，届时将会又是一个新的天地、一个新的辉煌、一个新的纪录。

之六　镇（乡）域工业高质量发展构想

镇（乡）域工业在我国农村经济发展的进程中起着无可替代的重大作用。面对我国经济由数量速度型向质量高效型转变的大势，尤其是面对不确定因素日益增多的经营环境，如何谋篇布局，因势利导，抓好镇（乡）域工业，把民营经济发展好，为推进乡村振兴战略作出新的贡献，这是每个乡镇需要作出的一份重要而有意义的答卷。

一、力推企业以创新转型推进高质量发展

镇（乡）域工业企业与城市工业企业相比，就总体而言，无论是产品层级、管理水平，还是体量规模、经济实力，都差了一大截，给转型升级带来了更高难度。但要看到各级政府对发展民营经济出台了一系列扶持优惠政策，给镇（乡）域企业的发展带来了新的机遇，提供了动力源；同时还要看到一批优秀的镇（乡）域企业正在由小到大、由弱到强地茁壮成长，有的已成为全国乃至全球的一流企业，为我们树立了榜样，提供了发展经验；更要看到乡村振兴战略要能得以实施，产业兴旺是基石，发展现代农业是产业兴旺的重要内容，发展工业经济是产业兴旺的支撑。因此，我们要克服镇（乡）域工业发展困难多、转型难的思想，以时不我待的紧迫感和舍我其谁的责任感，汇聚更多的智慧和力量，扎扎实实地以创新转型来推进镇（乡）域工业高质量发展。

洞察市场、吃透政策、掌握实情是谋事之基、决策之本。我们需在全面分析目前市场情况及本镇产品结构和运行质态的基础上，遵循“创新、协调、绿色、开放、共享”的发展理念，进行谋篇布局。坚持以市场为导向，以产业政策为引领，以创新为动力，以转型升级为重点，制定全镇（乡）工业高质量、高水平发展规划，并通过精心组织、深耕细作，全面推进落实规划。通过优先配置创新要素以及鲜明的考核奖惩制度，引导全镇（乡）工业企业实行三结合一嫁接（与资本结合、与人才结合、与技术结合，与知名企业进行嫁接）；并通过产品、技术、制度和管理创新，加快推进全镇（乡）工业从中低端走向中

高端、从粗放经营转向集约经营、从依靠生产要素转向依靠创新驱动、从单打独斗转向抱团发展。从而使每个乡镇都能达到“六个有”，即有一群优秀厂长，有一簇优秀产品，有一叠知识产权，有一个两化融合试点企业，有一家在全乡左右工业形势的骨干龙头企业，有一批开拓进取的人才队伍。

二、加大招商引资力度，在优化营商环境上下功夫

新上项目的多少，决定着一个区域的发展速度，各镇（乡）需要多种渠道、多种方式招商引资，常抓不懈，抓出成效。多渠道招商，利用涉外机构和外商，实行委托代理招商；利用上网进入信息高速公路开展网上招商；选派精兵强将在客商和信息高度集中地区和城市安营扎寨，开展窗口招商；争取参加各类招商活动进行招商；利用亲戚、朋友、战友、同学的关系实行全民参与招商。根据国家和上级政府有关规定，结合本镇（乡）实际，制定招商引资的优惠政策。切实协调解决外资企业在项目建设和经营活动中遇到的问题，创造一个良好的环境，让他们放心大胆投资经营，并通过他们的现身说法帮助招商，达到以外引外。

三、加强创业创新载体建设，提升镇（乡）域工业组织水平

在推进创业创新、发展民营经济的热潮中，规划建设好工业小区，解决过去在相当长的时间内，资金、土地、人口等要素单向由农村流入城市，造成农村严重“缺血”的问题。要本着科学、合力、高效的原则，把建设私营企业工业小区作为发展民营经济的兴奋点。站在有利于带动小城镇崛起的高度，搞好乡镇工业园规划建设。采取多方合办、共同建设、逐步配套、逐步完善的办法，坚持高标准、严要求，规划一步到位，工程分步实施。建设资金筹措上，入区企业拿一点、财政挤一点、银行贷一点。对土地使用可实行流转的办法，一定30年。有条件的乡镇，可按照“经营园区”的理念，开辟多元化投入渠道，组建工业园股份有限公司，进行市场化运作，不断提高工业园的营运水平和管理效益。新办企业在小区落户，在规费收取上给予优惠。对办得好的企业，在园内搞贷款技改，政府用贴息扶持。对于一、二、三产业融合的进园项目，尤其是农副产品深加工项目，可另行制定特殊优惠政策等。从而增强入园

吸引力，促进企业适度集中，提高他们加快发展的积极性。关于重大投资项目，以及涉及环保有严格要求的化工、电镀等项目，应引导他们进入市（县）工业园区，接受双重管理、双轨考核。

与此同时，积极探索和创新集团化运作的方式和方法，尤其是产业结构趋同的乡镇，要把集团化运作摆上议事日程。学习外地先进经验，结合乡镇实际，科学合理构架，先松散后紧密、先业务后资产，实行联盟作战，避免“窝里斗”，增强产业竞争优势。

四、引导企业强化管理，全面提升运行质态

总体上说，镇（乡）域企业在管理上存在的薄弱环节较多，其管理水平远远跟不上发展要求。针对这一问题，应先推行并切实抓好“3 定 5S”管理，在此基础上，再推进精益管理。要像抓安全生产那样重视推进 5S 管理。目前推进 5S 管理不仅有企业内部缺少 5S 管理专业化人才的问题，而且由于对员工实行的是计件工资，对推行 5S 管理积极性不高，有一定的难度和阻力。鉴于此，应实行镇政府分管工业的领导挂帅亲自抓、工业指导站负责抓、各企业具体落实抓。要通过塑造企业优秀文化，将企业核心理念及 5S 管理理念传递给每个员工，让他们认识到推行 5S 管理对于改善生产环境、提高运行效率的重要意义，从而自觉地参与到 5S 管理中来，并贯彻到工作的各个环节。在推进的过程中，组织员工去外地进行对口学习，掌握 5S 管理的内容与要求，将 3 定 5S 管理与财务管理、成本控制、品质管理等结合起来，不断提升管理水平与实际成效。通过先行试点树样板，带动全盘。同时，将 5S 管理纳入乡政府对各厂的年度考核内容，达到鼓励和激励的目的。

五、抓骨干上台阶，带动影响全镇（乡）工业经济稳健发展

对骨干企业实行重点倾斜政策。在资金、技改、人才、能源、土地使用等方面，实行全方位大力度支持。党政领导蹲点包干。改过去的“联系”制为包干制，明确分工，建立包保体系，奖励与业绩挂钩，确保骨干企业年年有重大技改项目，多产多贡献。抓骨干促一般，抓乡域厂促村域厂。针对目前村域企业的状况，切实加强领导和服务，实行级级抓、层层包、厂厂扶，拉长

“短腿”，接好“断腿”，新植“缺腿”，争得总分，扩大规模，提高效益。

六、打造人才高地，保障镇（乡）域工业又好又快发展

镇（乡）域工业的创新发展必须依靠激发人才的活力来实现，应坚持“人才强乡”战略，不断加大优秀人才的集聚与管理力度，推进人才红利向科技创新资源转化，加快提升核心竞争力。针对目前镇（乡）域企业人才匮乏、人才难引难留等问题，要多管齐下，建设一支优秀的人才队伍。一要多渠道引进人才。坚持立足本土人才市场，吸纳本地高校毕业生回乡，在招聘时，优先录用本地毕业生，并重点培养。通过与科研院校合作，柔性引进一批优秀人才。通过建立各类研发平台以及院士、博士后工作站招引一批人才。二要多形式培养人才。建立宽渠道、多层次的培养体系。建立“师傅带徒”机制，促进技能和本领的传承与提高。三要多方法留住人才。组织优秀人才承担重大科技项目的技术改造，激发他们的积极性和创造性，在工作中实现人生价值，用成就事业留住人才。积极营造良好的工作与生活环境，加强人文关怀和情感交流，增强他们的满意度和归属感，从而用乡情留住人才。

之七 关于镇（乡）民营企业发展路径的思考

思路决定出路，出路决定财路。发展路径选准了，把镇域工业搞上去，就能让一方经济活起来、富起来、强起来。笔者认为，镇（乡）民营企业发展路径可被归纳为“五抓五上五增”。

一、抓科技，上水平，增后劲

大力开发高新技术产品，做到“三个立足三个转”，即立足现有基础搞开发，立足技术进步搞开发，立足国家产业政策搞开发；由配套产品逐步转向成套产品，由单一产品逐步转向系列产品，由低档产品逐步转向高档产品。大力采用新工艺、新技术、新材料、新装备，提升企业制造水平。大力加强技术改造，以规模大小组合、投效长短互补、技术高低相间为原则，找准投向，抓紧

实施，尽早产生效果。在培养、引进、聘用各类专业技术人才的同时，大力提升职工技术素质。采用“考核进厂、持证上岗、办班培训、操作表演、技术比赛、‘五小’发明等”行之有效的形式，把职工队伍的技术素质提高到一个新的水平。

二、抓营销，上批量，增市场

做到四个接轨：①观念接轨。充分认识市场问题大于资金问题，牢固树立“市场第一、销售是第一车间，一把手第一抓营销”的“三个第一”意识，做到时时、事事、处处都把营销工作放到突出的重要位置来抓。②机制接轨。规模骨干企业建立经销公司，小型企业建立经营部。同时，以各厂的销售基地为依托，在大中城市设立销售窗口，既捕捉信息，又洽谈业务。③营销策略接轨。积极推行和实施全员推销、全方位推销、全过程推销、全乡联合推销的“立体推销”策略，形成千人抓营销、万人跑市场的氛围。④队伍素质接轨。充实壮大营销队伍，提高营销人员占职工总数的比重，发展一定数量的女营销员，聘请编外营销员、营销信息员和营销顾问，“正规军”“地方军”“游击队”一起组织，全面出击。定期举办营销人员培训班，加强职业道德和敬业精神教育，不断提高他们的业务水平。建立健全营销工作责任制，分配政策上倾斜，政治上关心，生活上照顾，用激励机制和感情投资唤热营销人员火红的心。

三、抓管理，上档次，增效益

重点突出抓好财务、质量、现场和安全生产管理。财务管理上，坚持执行财政财经纪律和各项规定，定期组织互查、抽查和专项检查，发现问题及时处理。加强经济核算，推行目标成本管理。严格报支审批手续，严格各项开支标准，调整各种消耗和费用定额，正常开展财务分析活动，加强财务监督和审计，建立民主理财小组，实行民主理财。努力提高财会人员的专业水平，搞好以资金管理为中心的企业理财。推行全面质量管理，充分发挥 TQC 小组的作用，在生产经营过程中重把“五关”，即原辅材料进库关、操作技术关、上下交接关、质量检验关、设备完好关。现场管理上，努力达到5S（整理、整顿、清扫、清洁、素养）的要求。安全生产上，始终坚持“安全第一，预防为主”的方针，遵循生产必须安全、安全保证生产的原则，警钟长鸣，常抓不懈，把事故消灭在萌芽状态。

四、抓机制，上规模，增活力

深化企业改制，将股份合作制改为有限责任公司，并按《中华人民共和国公司法》规范运行。继续发展多形式的联合体，通过多种渠道、多种关系与大集团、大公司、大专院校、科研单位搞联合，在信息、资金、技术、产品、人才、设备、销售等方面找到靠山。推进军民融合，互促互进。优化企业组织结构，以骨干企业为依托或以形象产品为龙头，兼并一个或几个企业，发展不同层次、不同所有制之间的联合经营，借助外力优化生产要素配置，加快做强做大。

五、抓融资，上项目，增实力

资金是上好项目的基本保证，组织资金应在“四向”上下功夫、做文章。“向内”——增存款。大力组织吸储扩储；发动全民投资；发挥乡合作基金会的作用，管好用好乡有资金。“向上”——争贷款。利用知名企业的优势争规模，协同金融部门向上打通关节争额度，恪守诚信多贷款。“向外”——多融资。瞄准外地大企业、大公司、大“老板”，采取联营、办分厂、搞承包或设备单项投入等形式融入资金；争取通过与有关部门的合作借入资金；了解经济实体单位的备用金、周转金结存情况，临时短期调用资金；向关系单位和客户借设备、欠材料、拿定金，权且把物料当资金。“向下”——抓搞活。强化销售，加快回笼，快速周转；清仓查库，减少库压，处理残次报废品，变呆钱为活钱；下硬功清理不合理占用的三项资金，功夫用在抓“头头”，抓“大头”、抓“滑头”，强化内部管理，大力压缩“三非”，严格控制非生产性开支，防止和杜绝跑冒滴漏；积极推行股份制，面向社会吸收更多的股本金。

之八 有感于日本丰田汽车集团（公司）

2000年5月，笔者随省纺织品进出口公司组团参加江苏省在日本大阪举办的第五届商品展览会。在会议刚刚落下帷幕时，有幸参观了日本丰田汽车集团（公司）。该公司坐落在名古屋的一个渔村，从市中心到该公司约需两小时。这个渔村有12个生产工厂，我们参观的是汽车组装厂。据该厂木林小姐介绍，有25个国家、41个工厂为总公司生产零部件。这个组装厂有6000名员工，每天生产汽车2400辆，一个月生产64000辆，一年是76.8万辆。该公司生产的大多是“爱知”牌汽车，主要销售地在本国和美国。工人是12小时工作制，每辆车价格在100万日元以上，相当于人民币10万元，卖价比中国低得多。参观丰田汽车集团（公司），给我留下以下深刻印象：

一、自动化生产程度十分高

该公司有冲压、焊接、喷涂、组装四条主要生产流水线。焊接有2000多处，全是机器人操作。组装是机器人和生产工人相结合，细小零件由工人来完成，粗大、简单的零件由机器人完成。如在哪处发生故障，将发出红灯信号，然后只需按一下电钮，牵涉到哪个部门，立即就有人来会合研究解决。

二、管理十分严密细致

每天领发的零部件算得很准确，没有半点差错。哪一道工序质量不合格，决不会流到下道工序。工人生产十分紧张而有秩序。组装前后有100多处检验，尤其是组装完毕后的几道测试，手段先进，要求严格。

三、十分注意充分发挥工人积极性

该公司全面开展“品考”活动，工人提出好的建议一旦被采纳，将得到总部的奖励。譬如，为了安装方便，工人们动脑筋，自制调节阀，坐上凳子可以自由地转到不同的角度和方向。再如每道组装工序中，由于不同类型的汽车用的是不同零件，为了防止分错，工人创造了用不同的颜色方块来区别的方式，等等，都是工人发挥聪明才智的结果。

四、敬业精神十分强烈

在丰田集团总部的门前花园中间，屹立着公司创始人丰田健义郎的铜像，以此来激励自己，珍惜企业。他们对自己取得的成绩永不满足，不断地研究开发新型汽车。他们设计的第三代车型更为先进，汽车发动前，只要把提前制作好的线路板装进电脑，车子即能朝着目的地行驶。倘若因驾驶不慎，两辆对开而来的汽车即将冲突时，自动调节器会使汽车偏离避开，即使发生碰撞，也会因冲力降到了最低程度，而不发生重大事故。真正做到生产一批、开发一批、储备一批。

五、十分注重环保

生产过程产生的边角废料通过机器分开，然后对可用的边角料进行再加工。汽车的尾废气排放遵守超低标准。废水都是通过处理达到排放标准再排出。

六、十分注意宣传自己

参观时，除由木林小姐在生产每道工序向我们介绍外，还用图片和录像向我们作系统宣传。同时还让我们坐上驾驶坐凳，随着你按电钮，电脑屏幕中会显示汽车行驶的动态图景，使我们身临其境，倍感亲近。参观临近结束，木林小姐把我们带进停着组装好汽车的宽敞大厅内，提供多种类型的汽车让我们选择学着试开。还有纪念品供我们选购，为培养学生智力，备好了给我们带回去的玩具类组装零部件。参观后没有人不赞叹：日本人实在太精明了！

日本丰田汽车公司之所以会这样做，与丰田公司转败为胜有关。早在20世纪50年代，日本丰田皇冠车开始出口到美国，以每小时80英里的速度试车时，不久就爆发出很大的杂音，汽车的功率急速下降。原因是他们的发动机是为当时在日本的窄路上低速行驶设计的，根本不能满足美国人对汽车性能和持久力的要求。而德国大众公司的“甲壳虫”牌小汽车在美国高速公路和大小街道上畅通无阻。但他们不肯认输，认为即使每年卖不出几万辆，卖出几十辆也是好的，因为这样可以起到桥头堡作用。后来技术问题成了堆，才不得不把车运回日本。为了保住它的小小的桥头堡，他们又改销四轮驱动的巡游汽车。他们在美国销售失败，产生了一种奇耻大辱的刺激作用，促使他们努力制造更好的产品。丰田公司花了19年战胜了大众公司，成为世界汽车之王。现在看来，丰田公司当时拒绝从美国市场撤出是非常明智的，他们能打开成功之门，就是凭着实现最大理想的炽热抱负和坚韧精神。他们深知创业难，守业更难。只有不断提高品质，赢得用户信赖，才能立于不败之地。

之九　晋商雄霸商界500年探秘

晋商为中国近代十大商帮之首，曾称雄商界500年，跨越了明、清两个朝代，与犹太商人、威尼斯商人并称世界三大商人。在当时既无官府保护，又无法律支持的背景下，为什么晋商能长盛不衰？2020年6月，笔者参加在中国山西平遥古城召开的全国商业企业家活动日会议时，实地参观考察了晋商文化，后又阅看了有关资料，颇有感悟。

一、晋商兴盛缘由之一：有强烈的经商意识

过去社会把从商排列在所有行业的末位，而晋商崇尚商业，把经商视为实现财富自由的最佳选择和自己一生追求和价值的体现。在他们心中，商与农一样，都是本业。当时有句惊世骇俗的歇后语："秀才学生意，改邪归正！"借此开启了一个价值多元的人生，让有才华的人跻身于商界。进入清朝，即以"学而优则商"来替代"学而优则仕"，把学生意放在首位，向官本位和功名利禄发出了挑战。当时民谣说："有儿开商店，强如坐知县"，"皇帝看故宫，民间看乔家（晋商八大家族之一）"。在晋商们看来，当官的荣耀和好处，通过经商同样可以得到，甚至更好，不需去挤那座做官的独木桥。并以"祖训"的形式强化世代经商观念，使之不乏其人。希望后世能将家业经营得更大更好，既坦坦荡荡，又义无反顾。外贸世家常氏家族的祖训是"吾家世资商业为生计"，经过世代强化，这种观念已成为常氏子弟经营人生和追求自我价值的准则。以"祖训"形式强调经商重要性是晋商首创。这与徽州迥然不同，徽商重科举，

使一批成功商人和后代的人生取向左右为难，进退维谷。在山西多个家族出现了弃文从商、弃官从商的现象，同时，他们深谙没有学识的人，要把生意做大，取得成功是不可能的。经商之人，必是人中之强者。他们既要有丰富的知识，又要有非凡的胆识；既要看准市场，又要善于经营管理。因此，晋商十分重学，且具有以学保商、商学结合的特点，有世兼儒贾为业之称。最早晋商做俄罗斯的茶叶生意，他们开始是从福建买茶叶，后来在福建买了地，然后雇人种茶叶，既有生产又有加工还有销售，一条龙服务，用现在的话叫作整合了一个产业链。在明朝时代，没有点文化底蕴是做不到这一点的。

二、晋商兴盛缘由之二：有纯朴的经商灵魂

中国最早的票号日升昌认为“一日要奸，可以欺世；二日要奸，可以愚民。但没有哪个字号可以数年、数十年靠要奸混迹于世”。骗人只能使自己面临被顾客唾弃的困境。商人若想做大做好事业，必须恪守商业道德。晋商将仁义和诚信作为精神支柱，如纽带一般把晋商紧紧连在一起，且以此取信于百姓。

一是有诺必践，以义制利。他们以关公为偶像，视其为诚信忠义的化身，用仁和之风为人处世与经商。各商号在号规中规定“重信义，防虚伪”，晋商乔致庸说：“首重信，次讲义，第三是利。”晋商讲义气在明清十大商帮中显得尤为突出。1990 年，八国联军攻占北京。晋商设在北京的分号不但银子被抢劫一空，甚至连账簿也付之一炬。按理可以推托兑现，但以日升昌为首的所有山西票号都没有这么做，只要储户拿出存银的折子，不管数目大小，票号一律立刻兑现，昭示了诚信在票号中至高无上的地位。战乱过后，当他们在北京分号重新开业时，不仅普通百姓纷纷放心大胆地将积蓄存入票号，甚至朝廷也将大批的官银交给票号汇兑、收存。还有一个令人感动的故事。有一个山西商人，他爷爷和英国一位商人通过香港做了一大笔生意，后来他爷爷破产了，一直欠着英国人的钱，到他这辈，经商发迹起来，他就给这个英国商人写信。当时接信的人是英国这个商人的孙子，信中说我们家还欠你多少多少万英镑，这个钱我爷爷还不了你，我父亲也没有办法还你，但他们死的时候都传下来了，说一旦发迹之后，要把这笔钱还给你，才能称得上良心。这位英国商人的孙子看了十分感慨，夸说跟中国人做生意尽管放心。这也是晋商许多字号存在时间能以

百年计算的原因。

二是慎待“相与”（晋商对业务合作商号的称呼），宽容以待。如“相与”在生意中亏欠倒闭之时，晋商不落井下石，而是竭力相助，不再苛求债务。有些商家借了巨款无力偿还，借出的商家便大方地一笔勾销。如太顺公绒毛店亏损倒闭时，欠复盛公现洋1000元，无力偿还。乔家为了照顾对方的自尊心，就让他象征性地还了一把斧头、一个箩筐。这种豁达大度自会导致财源大开。复字号发行钱票，远近百姓看得比银钱还重，都以能和乔家复字号交往为荣。

三是遵守规则，暗利有度。明清时期，白银是市场上流通的主要货币。为了稳定市场，规范行为，他们联合制订统一的银子成色标准（作有通行银色歌）、统一的砝码计量标准（设有“官秤”）、统一“平色”盈利标准（“平”指计量，暗利取千分之五六；“色”指成色，暗利取千分之四，平色相加为百分之一）。晋商严格遵守上述标准，始终保持着一种度，不因厚利而过贪，如有违规将受重罚。乔家大院乔致庸的堂名是“在中堂”，意在不偏不倚，执用两中，主张做人和经商都要中规中矩。在当时没有计算机的情况下，为了保证数字准确，乔家制作了有一间屋宽的大算盘，同时能站四五个人打算盘，掌柜凭听算盘珠子响声是否一致就知对错。从而使晋商在百姓中树起了信誉和形象。

三、晋商兴盛缘由之三：有敏锐的生意眼光

眼光的敏锐体现在看得准、看得深、看得远。

（一）晋商能看准机遇，抓住机遇

晋商崛起于明朝初期。朱元璋推翻元政权后，明政权先后在北边设立9个重镇，商人们向这一财富集中地带贩运军需粮食，抓住了发财机会。当时朝廷推行“开中法”，不必自出巨银输边，而是由商人按照官方要求将粮食运到指定地方换取盐引（明代由官府发给盐商的贩运、出售盐的凭证），使晋商经营盐业区域和规模大大扩展。明朝中期政府改“开中制”为“折色制”，规定盐商只要向政府交纳白银就可以从相关机构领取盐引，而不必再纳粮取盐引，使得边关粮食市场化，为商人获取巨利创造了先决条件。政府给予了盐业和粮食

贸易的机遇，且晋商紧紧抓住了这一机遇，挖到了“第一桶金”，揭开了500年繁荣的序幕。

（二）晋商能洞察商机，以变应变

开中折色制度的推行，既是机遇，也是挑战。由于权要豪商排挤，一般商人很难插足盐业贸易，被迫向经营多元化发展，于是他们纷纷转向丝绸、棉布、木材、矿冶、中药材、茶叶、典当等其他行业，经营地域遍布全国。由于经营种类多、规模大、多元化，逐渐形成了集团化的经营模式，为晋商崛起为一个全国性的商帮打下了坚实基础。但在鸦片战争之后，由于中俄不平等条约，使得俄商深入中国沿海、沿江、内地20多个城镇进行“自由贸易”，且在茶叶集散地开设洋行和机械制砖茶厂，使得晋商在中俄恰克图一处口岸贸易的局面被打破。当中俄茶叶大战进入白热化程度，晋商以变应变，采用“敌进我退”的兵法之道，凭借长期经营经验和良好信誉，由恰克图借道俄边行商，再由俄地与“西洋诸商”贸易。晋商各商号在莫斯科、多斯克、新西伯利亚等十多个俄国较大城市设有分庄，截取俄商的后路，分割占领其已有的茶叶市场，由被动转为主动。

（三）晋商能放眼天下，做大生意

晋商对机遇不仅看得准、看得深，而且看得远，他们将整个中国版图都列在视野以内。当康熙皇帝开始实行满蒙友好政府、停息边陲战火之后，晋商反应最早，组建了面向蒙古国、新疆乃至西伯利亚的庞大商队。商队带出关的商品必须向华北、华中、华南各地采购，因此他们又把中国物产特色和运输网络掌握在自己手中。晋商的着眼点，不仅仅是一城一地，而是全国乃至世界大市场。他们北上蒙古、俄罗斯，东去朝鲜、日本，南下江南，西走河西、新疆、伊朗以至欧洲。但在近代中国，最让商人感到不便和不安的是货币的流通和携带。优秀商人善于洞察时势、利用时势并造就新的时势。当时平遥西裕成商号大掌柜雷履泰，在李家主事李大全支持下，推进了两项重要变通措施：一是借鉴会票的做法，改书信为会票，作为拨兑的凭证，以白银为汇兑货币，即专用银票进行拨兑。二是成立了中国第一家专营异地汇兑和存放款业务的票号——日升昌票号，专门从事银票拨兑业务。此外，还创造了一套用汉字作代码的保密方法，用来作为汇票签发时间和银两数额的密押。此后，其他晋商仿效“日升昌”模式，至清朝末年，票号在全国100多个城市开设了450家分号。“一纸符信遥传，万两白银立集”，汇票方式代替了现银往来，不仅方便安全，更重要的是它使原来凝滞的商业血脉顺畅起来，使整个社会财富得以迅速增长。山西票号由此获得了“汇通天下”“九州利赖”的名声。

四、晋商兴盛缘由之四：有精明的理财方略

理财是一项复杂的智慧活动。晋商以开阔的眼界，过人的胆识，不断开拓业务，让资本流动起来；以灵活机动的战术，不断进行业务调整，尽可能将资本投入利润最高行业，让资本实现良性流动。晋商理财要略有三：

（一）大力打造自己的票号品牌（联号制）

太谷曹氏家族是清朝晋商中资本最雄厚、经营规模最大的山西商人家族。曹家的商业由清初的一家豆腐坊成长为一个大规模的商业集团，那么如何管好一个由600多家商号、3万多名员工构成的庞大商业集团呢？这个家族发展出一套与现代企业制度非常接近的规矩，即联号制。所谓联号制，就是东家对自己所有分布在不同地域、跨不同行业的商业机构实施有效管理的一种模式，类似于现代企业的集团公司。曹氏联号经营制按分级管理的原则，总号统辖分号，东家管理掌柜（总经理），掌柜率领伙计，形成了三级或四级管理机构，各级权限清楚，职责明确，逐层上报，不能越级。联号制中的分号实行独立核算，自主经营，同时各分号在上一级商号领导下，经常交流信息，并在物资、销售、资金方面相互支持，实现资源共享，以利整体做大。为了更有效地对各分号掌柜进行管理，了解各地的经营状况，晋商推行钦差制。钦差由东家委托，由总号派遣，他们可以代表东家清查各商号、票号的财务经营状况，了解掌柜是否称职等，但不能直接干预商号的经营。联号制使晋商能把商业资本和金融资本融为一体，既投资商品经营资本，又投资货币经营资本。联号经营制的成功，促进了“汇通天下”的票号成功。可见要把企业做大，作坊式的运作模式必须脱胎换骨。

同时，晋商有严格的号规。号规包括各分号与总号之间的关系、业务经营原则、对工作人员要求等。尤为可贵的是，晋商号规不只针对下属，对财东的职权也有明文规定。财东只能在结账时行使权力，平时不得在号内食宿，借钱

或指使别人为他办事，不得干预号内人事。通过严格的自我约束，在无序中求得有序，这是晋商的独特之处。

（二）敢于并善于和朝廷做生意

清初八大皇商都是山西商人。票号之所以能够以少数资本经营数以万计的业务，从而获取巨大利润，其主要秘诀在于做官生意。在明末清初，八大商人为尚未入关的女真提供生活和军需品，为满族入主中原立下了汗马功劳。所以在顺治时期，他们获得了许多优厚待遇和政策，同时也获得了与官方做生意的优先权。协同庆曾为晚清买官无银的张之洞慷慨借银十万两，当张荣任两广总督时，即将两广的官方财税解汇全部交给了协同庆，协同庆从中做了一大笔业务，赚了一大笔钞票。在清朝中后期，晋商政治嗅觉更加灵敏，不惜用银子换取官帽子。当时有指导买官的“工具书”，有趣的是，晋商不仅为自己买官，还为妻子、儿孙买官，甚至恩及三辈五代。晋商从重商轻仕走向官商兼顾、官商相维，以至发展到官本位的过程中，充分利用与官方极为密切的关系，不失时机获得“肥差”，从中获取暴利。进而使得部分晋商代官方“解饷”、运军需、赈灾，最后竟扮演起了国家银行和财政部的角色。在清王朝内忧外患之际，山西票号也大发“国难财”。当然商家和官家的本性都是牟利，作为官方最大势力——皇家也不会永远让利给商家。在清亡之际，朝廷欠票号的白银已达七百余万两，归还无着落，导致票号衰败。

（三）积极推行合股经营

有些商行掌握整省的贸易，甚至是大区的贸易，为克服依靠单个资本积累资本的缓慢性和狭隘性，他们把某一地区的所有商人都招来入股（晋商实行股份制远早于西方，它萌芽于明代，大兴于清代）。在晋商所开商号中，一般东家往往多达数人、数十人，“出资者为银股，出力者为身股”。持银股的为东家，即股东。实行投资者“按入银股均分”红利，合理的盈利和分红使得股份制得以良性运转。另外，东家对字号承担无限责任，即“亏东家不亏伙计”，如果商号倒闭，则所有负债全部由财东偿还。东家有“抽股”退出投资的自由，如需“抽本”，只需按股清算账目即可。为了充分调动各方积极性，晋商还采取“倍股”（指股东分红时，提留一定比例的红利充作流动资金）、“厚成”（折扣部分资产，使商号实际财产超过账面资产）、“公座厚利”（是对银股身股分配之前提取部分利润，参加流通周转）等办法，保证了商号有充足流动资金。晋商的股份制企业之所以红利滚滚，越做越大，一个极其重要的原因就是“东家同心”，旧股不退，又添新股，用部分红利“倍股”“护本”。同时晋商分家不分号，字号仍由大家共有，只可续增，不可削减，更不会变更或废止。分家只是把家产所有权分成了几份，商业经营依然不分开。这样，等于把原来的独资或合资企业，改造成几个拥有相同股份的股份制企业。

在经营管理上，晋商与其他商帮的区别在于所有权与经营权分离。无论是股份制企业还是独资企业，晋商都专用“外人”经营。以“外人”之智、之力甚至“外人”之命来为自己挣银子。东家对掌柜的挑选十分谨慎，一旦聘用，则充分放权。财东不会去直接管理经营企业，而是放手让大掌柜（总经理），二掌柜去经营。“东家出资，伙友出力”，东家只看结果，总经理只抓过程，各有侧重，互不干扰，从根本上避免了政出多门，令不行禁不止的弊端。这种两权分离的经营制度被晋商称为“东伙制”，完全符合现代企业管理分权限权的要求。为了使总经理的权利与商号捆绑在一起，结成利益共同体，一般东家允许总经理参股，并享有东家给最高“顶身股”（指没有实际资本，只以人力、智力顶一定限额的股份，并参与分红，不承担票号相应责任，属虚拟资本）。且伙计们顶上生意后，票号也会根据其业务能力和贡献大小，不定期增加顶生意份额。这与今天西方普遍推行的职工股有异曲同工之妙。这个建立在情感与利益双重纽带之上的制度，迅速让一个个小小的商号发展成辐射全国的商业网络。

五、晋商兴盛缘由之五：有独特的用人之道

晋商的兴盛是人才的兴盛。用什么样的人，关系到企业的生存和发展。晋商数百年长盛不衰的根本原因就在于“江山代有人才出”。晋商当时对人才的重视有其独到之处。

（一）选人非常慎重

选人遵循三条原则：第一条原则是只用山西人。因为同乡同心，可以增强企业凝聚力，同时同乡最知根知底，整体素质用不着面试和政审，只要用他做

生意就行。第二条原则是应聘者必须有担保者为之担保。这有利于建立有效的防范机制。第三条原则是家世清白，人品端正。票号主要是与钱打交道，自然要让人品好、值得信赖的人去做。小伙计入店之前要经过笔试、面试一整套程序。主考官由总经理一级人物担任，考试都在商号的总号进行。

（二）育人非常严格

通过考试的孩子入号那天，举行“请进”仪式，意思是说只要勤奋刻苦，将来也可能成为统领全号的大掌柜。小伙计有10年漫长而艰苦的学徒期，分三个阶段进行。第一阶段称为使用考察期，是做“相公”阶段，看其是否为可塑之才。经过考察之后，才能进入第二阶段——培训期。培训期一般是三年，不发薪水，只管饭。他们有机会接触实际商业知识，对他们的培训是全面和严格的。既帮助提高技能，包括掌握一种或多种外语，还注重品德修养方面的提高。培训期后，进入第三阶段，把已经掌握足够商业知识的学徒派往全国各地分号参加实际经营，而且往往是条件最艰苦的分号。晋商对未来接班人的考察更是别出心裁，把他们放到诱惑最大的地方去，看他能不能在繁华地方不沉迷，保持自己本色。合格者可派往分号任事。晋地有“十年寒窗考状元，十年学徒倍加难”的谚语，感叹学生意的辛苦超过了考状元。山西商人这种为了生意需要而严格训练员工的做法，在各地方商帮中尤为突出，从而使山西票号造就了一代出类拔萃的金融家。

（三）用人非常讲究

明代中期，晋商在北京创办的六必居老酱园，随着生意做大，采用了一套特殊用人方法。明文规定，酱园和重要管理部门不用“三爷”（少爷、舅爷和官爷）。不用舅爷或姑爷是为了避免在商号出现“外戚专权”；不用官爷，是为防止商号被官化；不用少爷是他们坚持“一切为了生意”的理念所致。“少爷”作为“少东家”，不一定就有经商才干。少爷即使能胜任大掌柜，在能力相同情况下，晋商依然选用“外人”。这并非对少爷不信任，而是恪守商号的经营权和所有权分离原则。选择最高管理人员不局限家庭血缘关系，可以在更大范围内挑选最合适人才，以达到实现企业收益最大化的目的。东家聘用掌柜用人不疑，疑人不用。掌柜一经确定，东家就把票号的经营管理大权交付给他，对其一切经营决策、人事任用一概不过问。在票号内长期传诵这样一则故事：太谷曹家计划在东北开办一处钱庄，曹财东精心物色一位掌柜。先后拿出了三次7万两白银让其创业。掌柜开始二次都是空手而归，财东觉得造成亏赔责任不在掌柜，决计在第三次再拿出7万两给他去创业。掌柜拜谢东家开始三闯关东。这一次掌柜抓住机遇，从酿酒起步，在沈阳一连办了3家酒坊，后办钱庄，皆获成功。可见，东家与掌柜之间充分信任，东家对掌柜的信任表现在让掌柜全权经营，而掌柜对东家的信任则表现为忠诚。各掌柜所在的分号，都在千里之遥，其间交通不便，信息不灵，全靠信义维系。

六、晋商兴盛缘由之六：有高度的团结合作意识

（一）商号之间同舟共济，互帮互促

在晋商看来，“天下晋商是一家”，有银子大家公开合理地赚。因此没有因为利益上的竞争而相互倾轧，逐渐形成了“同舟共济”的互惠互利群体。太谷曹家、祁县乔家和渠家都是明末清初崛起的巨商。其三家陆续开办票号。有一年因乔家、渠家两家在市面上发行的“钱帖子”（即票庄发行的一种原始纸币）较多，受社会上散布的渠、乔钱帖子贬值的谣言影响，一时挤兑成风，东北尤甚。乔、渠两家面对这一突然袭来的挤兑旋风，感到束手无策。而当时，曹家的钱帖子信誉仍然甚好。为了不被排挤出关东市场，渠、乔两家主事者亲赴曹家求援。本来只要曹家表示爱莫能助就能把“竞争对手”置于死地，曹家就可独霸关东。而曹家慷慨允诺，鼎力相助。社会上得知曹家应允兑付现金，挤兑风波被平息下来。乔、渠两家渡过了难关，不忘曹家之助，在东北市场，处处谦让曹家，使曹家在东北更加扩展。随后，乔、渠、曹三家子女通婚更多，关系更密切，他们的钱帖子都有了良好的信誉。

（二）晋商以大局为重，合力解难

一是合力赎买矿产。在20世纪初，英国福公司与山西政府联办山西矿产。英国福公司一拿到矿权，马上明令封禁山西小煤窑、民办煤窑，严重侵犯了中国主权，一时间群情激愤，纷纷要求把矿权夺回来。山西票号在商人渠本翘倡导下，从大局出发，先从各票号挪借，结果如期缴清第一笔170万两白银的赎矿款，而且踊跃认购了新组成的开采山西矿产的保晋公司股票。山西的矿产之所以能保值，没有像其他煤矿那样在19世纪末期落入英国人、德国人之手，

应是晋商的功劳。晋商齐心协力的赎矿行为，称得上是一次商人救国壮举。二是合力稳定市场。清代光绪年间，归化城（今呼和浩特市）市场民间私铸的沙钱（就是含铜量低品质不好的铜钱）越来越多，导致正常市场受到很大影响。于是晋商协商，设立交易所，让人们以等量的沙钱换足制钱，费用则由各商号分担，最后将换来的沙钱融毁。此外，在异地经商的山西人，也经常在生意上采取步调一致的做法，通过会馆协议出共同遵守的决定。晋商通过对自身经商活动的自律，有效地促成了家族的良性延续、企业的顺畅运转以及整个晋商内部的团结。

（三）晋商家族内部各尽其业，互补互益

晋商家族盛极百年，打破了“富不过三代”的古谚，一个重要原因就是家族内部兄弟团结一心，共同经营。家族内各自从事的行业互相增补。在晋商中，有的家族众兄弟分别务农、做官和经商，各尽其业，互补互益；有的家族兄弟在同一个商号内经营不同的项目，互有股份，独立核算，按股分利；有的官商结合、官商合一、官商互利，为经商提供方便和保证。如薛氏一家家产五世没有分开过，就是为了兄弟共同经营。到薛氏的第四代，长兄务农，三兄经商，以资助老二读书，老二考中进士，得授高官。后又辞官回家，振兴家业。这种耕读商三业俱进，互为增补的方式，有力地保证了薛家家业兴久，历经几代不衰。

之十 倾情为企业家鼓与呼

——江苏省靖江市企业家协会创就中国5A级社团组织的实践与经验

斗转星移，转瞬间，靖江市企业家协会从2004年成立至今已走过了17个年头。

17年来，在江苏三江电器集团董事长环一军这面旗帜的招引下，该会始终坚持以党和国家的战略部署和重大政策为遵循，以打造全国一流社会组织为目标，以高质量高水平服务企业和企业家为宗旨，凝心聚力，勤思善为，推进协会管理创新，不断提升服务水平，助推企业转型升级，取得了较好成绩，赢得了政府、企业和社会三满意。现为中国5A级社团组织、江苏省社团组织示范单位。企业家协会之所以能一路成功走来，用常务副会长许开文的话说，离不开市委、市政府历届领导的关心重视；离不开业务主管部门和登记管理机关的关爱帮助；离不开有关部门的真诚合作；离不开广大会员的大力支持；也离不开驻会人员的奋发努力。其做法和经验归纳起来有“五个一”。

一、有一个好的基层协会工作思路：切合实际，管用管久

协会起步较晚，但方向明，起点高，经过两年多时间的实践与探索，即在起初“一二三四五”工作思路的基础上，重新梳理归纳了一条更为简明扼要、切合实际的基层协会的“四三二一”工作路径，“搞好四项服务”：为提高企业家素质服务、为维护企业和企业家权益服务、为企业文化建设服务、为企业家健康服务；“实施三大工程”：人才培育工程、企业文化建设工程、企业家健康工程；“健全两个机制”：为企业和企业家维权机制、协会工作机制；“打造一个品牌”：将办好《靖江企业家》刊物作为协会的窗口和形象来打造。

协会围绕这一思路，每年根据靖江市委、市政府的中心工作和企业家的需求，紧贴实际抓重点、开拓进取创特色、务求实效出亮点，不断拓展服务平台，丰富服务内容，提升服务效能，做到年年产生服务的新载体、新成效、新突破。连续多年受到泰州市、江苏省等有关部门的表彰奖励；继2012年8月，获得我国社团组织最高等级荣誉“中国5A级社会组织”之后，2016年被中国管理科学研究院评定为“2015—2016年度中国管理先进单位”，2017年获评“江苏省示范性社会组织”，为促进企业做强做优、推动靖江经济发展作出了积极贡献。在荣誉面前，保持清醒头脑，将获得的荣誉作为新起点、新动力，不断深化创新，确保工作持续向前推进。协会的工作思路与做法得到了国家、省企业联合会、企业家协会的认可，中国企业联合会、企业家协会在《协会工作通讯》上刊登推广了这一工作思路与做法。

二、有一个好的组织管理系统：横向到边，纵向到底

协会是政府联系企业的桥梁纽带，而协会联系企业的桥梁纽带由谁担当？经过一番思考，协会在全国首创会员单位设立联络员，联络员一般由办公室主任兼任。明确联络员“六大员”（报道员、接待员、协管员、代理员、传递员、

调研员）职责，每年根据协会工作任务赋予“六大员”工作新的内涵。深入开展争当优秀联络员活动，促使联络员同志增强责任担当，创新工作方法，做好六大员工作。通过评选先进，表彰先进，奖励先进，使这一活动得以有声有色有效开展。中企联在全国范围内推广了该会的这一做法。

与此同时，该会针对会员多、分布广这一实际，从及时、高效服务企业和企业家的角度出发，在各镇（园区、办事处）设立分会，分会会长由协会副会长担任，副会长由镇工业三产办公室主任担任。协会制定了分会管理条例，明确分会会长当好指导员、协调员、组织员的角色，分会开展重要活动，协会派员参加，邀请市有关部门做业务辅导，镇分管工业领导做总结提要求，收到了良好效果。协会定期召开分会会长会议，通过交流互动，取长补短，共同提高。另外，协会还与中企联、省企联、上海企联建立了学习沟通机制，获得上层高新信息及时为我所用；与兄弟县市建立了友好交流关系，以取他之长，补己之短。这一横向到边、纵向到底的条块状组织架构，及时畅通了服务企业渠道，提高了服务效能。

三、有一套好的为企服务模式：注重创新，讲究实效

协会解放思想，更新观念，破除老思维、旧方法，寻找和完善新的服务模式。

（一）以点带面的联动模式

为把创建优秀企业文化、维护企业和企业家合法权益、提升企业家素质、推进企业转型升级和高质量发展等多项工作落到实处，协会注重发现典型、培养典型、推广典型，以典型带动一般，以先进企业的经验来推动和影响面上工作。2016 年，选树光芒集团创建“江苏省企业文化示范单位”，其间，协会派出专人帮助该单位梳理总结用党建工作引领企业文化建设的做法与经验。后经申报和评审，光芒集团被评为江苏省民营企业首个“企业文化示范单位”。同年 8 月份，省“三会”在靖江市召开“江苏省企业文化示范单位（光芒集团）现场会”，产生了积极影响。省“三会”还以《党建引领、文化为魂：全力推进企业创新发展》为题，将其刊载在内部资料上，抄报省委、省政府，抄送泰州、靖江党委、政府。为了在广大企业中推广光芒文化经验，协会与市委组织

部、市总工会联合印发了《关于组织开展学习光芒文化活动的意见》，不少企业通过学习资料和组织现场参观，学到了经验，取得了好的效果。目前，靖江有1家省企业文化示范单位，14家省优秀文化企业；10家市企业文化十佳单位，60家市企业文化优秀单位。

（二）牵手机关部门的合作模式

机关部门工作面向基层，服务的对象主要是企业，而协会服务的对象也是企业和企业家，双方联合开展活动，可以获得优势叠加、放大效应。协会与市非公企业党工委、科技局、工信局联合开展的“三创”（创新、创优、创效）活动、与人社局联合开展争创和谐企业与和谐园区的活动，与公检法先后开展的企业家学法、懂法、用法活动等，有声有色，效果明显，体现了机关与协会互相主动联系合作开展活动的好势头。据统计，协会先后与市委、市政府15个部门联合开展了活动，有力地提升了服务企业的效能与水平。

（三）协会与企业的上下互动模式

该会积极主动上门了解或应企业的需求，尽心尽力搞好服务，让他们感到协会是他们的娘家。多年来，协会想企业之所想，急企业之所急，解企业之所难。几年前，按照市领导要求，对会员单位两证（土地证、房产证）办理情况作了调研，并会同有关部门、镇沟通协调，解决了许多历史遗留问题。在有关部门的支持下，帮助企业解决用地、用电、用水、环保等方面的矛盾问题。协会先后帮助150多家企业分别在生产销售、新品开发、引进人才、银行贷款、有关扶持资金等方面取得了好的效果。譬如，协会应企业需求，联系自动化专业企业共同开发相关设备，投资少，效果好；帮助一家公司从美国引进一名高层次人才，前年已列入泰州（靖江）双创人才计划，2019年年初，根据国家电网发布的2019—2020年智能配电工作计划，对开发的智能配电样机进行全面优化升级，取得了大的突破。同时，每当企业、企业家权益受到侵犯，该会都及时商请有关部门从快处理，先后帮助20家（位）企业（企业家）伸张正义，维护其正当权益。在帮助企业和企业家维护权益的同时，积极引导他们承担社会责任，促使企业在抗震救灾、挂钩扶贫、济困公益、驰援武汉等方面慷慨解囊，展现了企业家的宽阔胸怀，提升了社会正能量。

（四）会刊、网站的结合模式

从信息平台常态化、效用化出发，协会把《靖江企业家》刊物作为服务企业和企业家的主要抓手，坚持不懈地办好会刊，不断提高办刊质量和水平，让刊物具有指导性、实用性、可读性。做到连续性最长，连续 16 年，每月一期，从不间断；做到及时性最强，期期月刊 10 日前寄发到企业家手中；做到发行量最多，每期 6000 余册，发送到所有会员企业家、企业联络员、各镇（园区、办事处）、各机关部门、全市列统企业以及镇村居委、各大酒店以及外省县市企联交流单位。由于覆盖面广、质量较高，赢得了大家的好评。

同时，为帮助企业更好地捕捉信息，拓展市场，搞活营销，该会与工信局联合办了马洲贸易网，后台有上海专业公司作为技术支撑，前台有专人负责有关业务。做到界面及时更新，信息及时传递，业务及时对接，网上的访问量和贸易洽谈批次不断提升，助推了企业发展。

四、有一系列长效服务企业机制：内固于制，外化于行

有了好的服务模式，尚需有好的服务机制与之相匹配。协会心连企业，拓展思路，建立了多个有效机制，努力将服务效果发挥到极致。

（1）坚持每年开好两个大会。一是开好一年一度的高规格的企业家协会年会。年会参加对象除协会全体会员之外，还会邀请市委、市政府有关部门负责人和各镇（园区、办事处）分管经济工作的负责人参加，邀请市四套班子主要领导出席。由于市领导重视，每年年会开得热烈隆重，内容丰富，影响较深。二是开好一年一度的联络员工作会议。坚持以开好年会的标准开好联络员工作会议，增强了联络员的责任感和光荣感，使得协会联系企业的桥梁纽带处处相连，环环紧扣。

（2）坚持每年主动参与研究雇主工作，协会作为雇主组织代表参加市劳动关于三方机制，积极主动推进靖江市企业构建和谐稳定的劳动关系，助力营造宽松发展环境。在市协调劳动关系三方会议上，对讨论的各项议题，建净言、献良策；积极参与靖江有关劳动关系方面的地方性法规和政策的研究和制定。2010 年，协会根据国家、省有关文件精神，结合本市企业实际，起草的“靖江市企业工资集体协商指引”，提交市劳动关于三方会议讨论通过

印发，“指引”得到江苏省、泰州市劳动部门的认可和推广。通过在《靖江企业家》刊物上开辟“劳动关系”专栏等形式，帮助企业深入理解和执行新的劳动合同法，有效地促进劳资关系处理规范化、效率化，提升了创建和谐企业的层次。

（3）坚持每年搞好一个主题活动。根据市委、市政府的年度工作部署和企业实际需要确定主题。譬如：创建自主创新型企业、企业转型升级、企业文化建设年、创新发展在企业、制造业在新科技革命中的作为等，做到主题明确，内容具体，评选公正，成效显著。2017年作为企业信息化建设推进年，协会与省科技干部进修学院、省企业发展工程协会联合举办了由80多位企业高层人员参加的、为期四天的大数据培训班，收到了以信息化建设推进企业转型升级的效果，同时根据活动主题，积极搞好调研，现已形成中小型企业自主创新的难点和对策、中小型企业如何转型升级、关于民营企业代际交接的探索、不确定环境下的企业战略初探、重塑企业家精神深入推进企业家创新发展、制造业在高质量发展中的作为、积极推进大数据在企业的应用等12项调研成果，用以指导企业创新发展，并分别被省级刊物选登，形成了较好的影响。

（4）坚持每年培训企业家。或组织办班，2010年与上海大学联合举办了为期两年半的MBA工商管理靖江班，有56名企业家和高管人员获得了结业证书；或举办讲座，以及组织或参加省举办的培训讲座，累计提供各类短训班二十余次；或是在每期刊物上设立学习专栏，等等，使得企业家素质不断得到提高。

（5）坚持每年搞好亲情服务。会员生日，协会带贺卡、鲜花和礼品上门祝贺；会员体检实行一站式服务，并建立个人健康档案；会员生病上门慰问，会员家中有要事派员到场。

（6）坚持每年协助企业家申报高级经济师职称和各类荣誉，目前已有183位企业家获得高级经济师职称。

五、有一个好的协会班子：勤思善为，乐于奉献

好班子、好素养、好效能。协会不断加强自身建设，以保障提升服务效能。按照上级社团管理组织的要求，建立健全了各项管理制度，做到系列化、规范化、效用化。注重加强自身学习，不断提高政治素质和业务素质。驻会

“一班人”自觉按照“团结爱会、诚信守纪、民主求是、勤俭高效”的会风要求自己、激励自己，克服了人手少、任务重的困难，协会整个工作规范有序进行。协会积极支持党支部开展各类活动，充分发挥党组织战斗堡垒作用和党员先锋模范作用。在开展“两学一做”和“不忘初心、牢记使命”的主题教育中，在学深弄懂党的十九大精神的基础上，自觉对照办会初心、会员期盼和先进标杆，排找差距，找准着力点和突破点，持久深入地创新，推动十九大精神在协会落地生根、开花结果，为推进新时代新一轮企业繁荣发展而携手共进，真正做到新时代、新作为、新贡献。

之十一　工地上的沉思

——献给广大企业管理者

钢管脚手架、楼房整板基础，貌似平淡无奇，可它们在平凡中蕴含着不平凡，把可贵精神和美德深深埋藏，熠熠映照着多少优秀企业管理者、多少优秀儿女那种尽其所能、乐意奉献的精神，那种一身正气、满腔热血的情怀，那种忠于职守、不畏时艰的意志，那种铁肩担当、甘为人梯的风尚，那种坦荡踏实、公允谦虚的品质，那种……引起多少人的赞许和折腰！

一、钢管脚手架

钢管脚手架，一身钢筋铁骨，一腔端正大方，任凭烈日炎炎，寒风嗖嗖，总是傲然屹立在工地上；

脚手架，甘为人梯，铁肩担当，让建筑工人拾级而上，将层层楼房伸向空中正上方；

脚手架，忠于职守，从不换岗，远到一处又一处，安得广厦一幢又一幢，从不带走寸土半房；

脚手架，极其所能，干到“退休”，投入炉膛，献出全部，心相望，身相忘，留下人们心中难以磨灭的珍藏。

二、楼房整板基础

楼房整板基础，貌似平淡无奇，可她心中却把美德隐藏：

她质朴——简约明快，没有特殊复杂的结构，只需钢筋结网与混凝土相伴浇成板块形状；

她坦荡——表里一致，处处一样，纯真而没有半点“心眼”，更没有丝毫“包装”；

她踏实——坚守岗位，一步不离，哪里安下哪安家，永不变卦不退堂；

她公允——只需按规范设计图纸施工，高大楼房总能安然无恙；倘若偷工减料，她便会以墙体裂缝倾斜甚至坍塌相抗；

她谦让——深深埋在地底下，挺起坚硬的胸膛，承载着地面建筑全部重量，可她一声不吭，从不露面张扬；

由此，我想起做人的起码水准，应该像楼房基础那样质朴、坦荡、踏实、公允、谦让……

参考文献

[1]中共中央文献研究室. 习近平关于社会主义经济建设论述摘编[M]. 北京:中央文献出版社,2017.

[2]中共中央,国务院. 关于营造企业家健康成长环境弘扬企业家精神更好发挥企业家作用的意见[Z]. 2017.

[3][美]彼得·德鲁克. 创新与企业家精神[M]. 蔡文燕,译. 北京:机械工业出版社,2016.

[4]李宝山. 管理经济学[M]. 北京:中国人民大学出版社,2002.

[5]王方华. 企业战略管理[M]. 上海:复旦大学出版社,2006.

[6]钱志新,陈华蔚. 现代经济管理大法[M]. 南京:南京大学出版社,2013.

[7]钱志新. 智新——企业家智库[M]. 南京:南京大学出版社,2017.

[8]钱志新. 钱教授课堂 500 讲[M]. 苏州:帮盟汇骏出版有限公司,2020.

[9]本书编写组. 中共中央关于全面深化改革若干问题的决定辅导读本[M]. 北京:人民出版社,2013.

[10]金亮新. 国外公司法人治理结构的模式分析与借鉴[J]. 改革与战略,2008(2).

[11]朱宏任. 以创新引领发展,建设世界一流企业[J]. 企业管理,2019(12).

[12][美]安德鲁·哈格丹. 持续创新[M]. 龙沙波,译. 北京:人民邮电出版社,2016.

[13]常修泽. 新阶段如何推进企业转型[J]. 江苏企业管理,2020(1-2).

[14]黄继伟. 华为经营法[M]. 北京:中国华侨出版社,2017.

[15]陈庆新. 品牌时代[M]. 广州:南方日报出版社,2007.

[16]陈凯元. 晋商的智慧[M]. 北京:海潮出版社,2005.

[17]张瑞稳. 财务管理[M]. 合肥:中国科技大学出版社,2008.

[18]陈劲,李佳雪.企业管理新思潮[J].企业管理,2020(2).

[19]周济.抓住历史机遇,走出智慧新路[J].江苏企业管理,2019(12).

[20]季明.时尚产品数字化应用与趋势[J].发现,2019(9).

[21]广东省人民政府.关于创新完善中小微企业投融资机制的若干意见[Z].2015.

[22]李杨.发达国家中小企业融资方式的经验与借鉴[J].经济导刊,2011(3).

[23]姬会英.当前我国中小企业融资难的原因及对策探析[J].对策与战略,2011(2).

[24]蒋黔贵.学习海尔努力探索互联网时代新模式[R].全国企业管理创新大会,2012.

[25]钱志新.企业新潮流[M].南京:南京大学出版社,2016.

[26]董超.企业大数据[M].北京:化学工业出版社,2017.

[27]杜品圣,顾建党.智造观[M].北京:机械工业出版社,2020.

[28]袁学伦.家族企业传承:“禅论”与“世袭”的博弈[J].实效管理,2012(9).

[29]李忠义,马建辉.企业文化[M].北京:清华大学出版社,2015.

[30]胡笛.德国实体文化的魅力[J].江苏企业管理,2012(3).

[31]陈华蔚.敬天爱人以德经营[M].南京:南京大学出版社,2009.

[32]中共中央,国务院.长江三角洲区域一体化发展规划纲要[Z].2019.

感言集锦

拨亮“智慧”一盏灯，照亮“钱景”一大片。

河流水位再高，高不过自己的源头；个人水平再高，高不过集体的大脑。

长寿企业功于正确理念，短命企业溃于私心杂念。

以人为本，即以心为本，以诚为纲，以情为魂。

创新是金，改良是银，模仿是铜，原样是铁。

科技是第一生产力，创新是第一驱动力，数据是第一资源力，文化是第一支撑力，人才是第一核心竞争力。

谦虚永远是进步的“伴侣”，骄傲永远是进步的“间谍”。

有德多助，无德寡助。

呐喊不如实干，读书不如实践，蓝图不如实景，不如不是不要，而是后者比前者更重要。

会做人，做像人，不论从事何种行业，便赛如万丈高楼夯实盘固的“根基”，永远会有底气，也一定能成大器。

表里如一是人最高贵的品质，鼓励别人超过自己是人最宽阔的胸怀，万劫不移是人最坚强的意志，懂得感恩是人最美丽的心灵。

淡泊名利是人一生身心健康的“密码”。

执着是成功的基因。

信仰是精气神的渊源。

人生不能没有目标，有了目标，只要奋斗不已，定能从“必然王国”到达“自由王国”；目标没有穷尽，只要不断地追求，即使年事较高，也能保持青春魅力。

物质财富与精神财富相媲美，物质财富是暂存用得完的，精神财富是永存用不完的。

后　记

《强企之道》一书，经过较长时间的编纂与修改，现得以付梓，笔者心中颇感欣慰与舒坦。这是我人生旅途中的一处驿站、一段记载、一点收获、一份激励。

值此机会，衷心感谢关心和支持本书出版的各位领导、各位企业家和社会各界朋友。

感谢江苏省政协原副主席、江苏省工业经济联合会原会长（现首席专务）吴冬华为本书题名。感谢江苏省发改委原主任、南京大学教授、博士生导师钱志新为本书作序。感谢长期从事企业经济工作研究知名学者、研究员陈华蔚对本书提出的宝贵意见。

感谢企业家协会全体同志，协会会长、江苏三江电器集团董事长环一军赞许编撰本书；感谢常务副会长、组织部原常务副部长许开文一直给予我鼓励及帮助策划，与他相处多年，在学习与工作交流中，常常因思想共鸣而令我产生新的认知；感谢副会长陆庭良、陈建新真情相助，建新同志还为部分文稿打印付出了辛劳。

感谢工信局领导给予支持，范宇同志常用休息时间尽心帮助排版与校正。

感谢入选单位企业家真诚相助，以及联络员同志的密切配合。感谢黄斌、陈志龙、史雅儒、刘恩到、孙雷、顾林江、朱峰、张伟、盛萍、何章荣、刘锦霞、黄金木、陆峰、包鲁峰、毛天和等同志关于所在单位“企业案例”文章的合作。

感谢《上海企业》期刊编辑部原执行总编杨杰、《现代经济观察》总编姚志勇、《东方企业家》总编徐广华等多年提供发表文章平台。杨杰同志为本书出版尽情赋能，帮助校审了部分文稿。

感谢责任编辑贺静同志，从我联系出书到本书出版，有近三年时间，因受新冠肺炎疫情影响，从未见过面，其间，全部通过电话和微信沟通，可她总是那么耐心与认真，令我不可忘却。

本书编撰过程中，参考了一些文献，有的已注明，有的难以查考，未能注明；部分文章引用了一些学者、专家的观点乃至原句，为节减篇幅，恕不一一标明，一并致以深深的谢意。同时，也感谢我的家人给予的理解与支持，薛晓峰还在多篇学术文章上与我进行了合作。

《强企之道》成书，虽然做了较大努力，但尚有不足和缺陷，敬请广大读者朋友不吝赐教，以便再版时予以修正。

薛汉根

2021 年冬